Maria Erlenberger
Das Erlernen der Totgeburt

Roman

das neue buch
rowohlt

Lektorat: Jürgen Manthey, Delf Schmidt
Erstausgabe
Veröffentlicht im Rowohlt Taschenbuch Verlag GmbH,
Reinbek bei Hamburg, August 1979

Umschlagentwurf Christian Chruxin
Gesamtherstellunng Clausen & Bosse, Leck
Printed in Germany
1800-ISBN 3 499 25124 8

Das Erlernen der Totgeburt

Schwangerschaftsturnen ist eine genauso überspannte Aktion wie alle Vorsorgeübungen, die man für eine schmerzlosere Geburt zu absolvieren versucht.

Früher war die Arbeit die Vorübung für das Blutbad, und die Frauen gruben ihre Angst in die Erde, rührten ihre Sorge in die Kochkessel und fanden ihre Wachsamkeit recht am Platz. Diesen Frauen waren ihre Launen und Ängste um die Vorbereitung auf den Wurf erlaubt. Jetzt wird dieser Schutz der Tradition durch ein steriles Kontrolltraining im Spital ersetzt. Niemand kann den Ort und die Zeit voraussagen, denn der Körper schlägt den weisen Berechnungen der allzu Wissenden gern ein Schnippchen, was diese ihrerseits auch wieder einberechnet haben. Heute soll jeder wissen, wie eine Geburt vor sich geht, wie so etwas aussieht, was man tun kann, falls etwa eine Frau Lehrerin mitten im Unterricht akuten Wehen erliegen sollte.

Zirkel und Dreieck, Tafelschwamm und Häkelgarn kann rasche und sichere Hilfe leisten. Am besten sollen von den Schülern die wilden Raufer als unmittelbare Geburtshelfer fungieren, da sie kräftig sind und genug Energie besitzen, zu pressen und zu ziehen, zu geben und zu nehmen.

Auch ich habe mich in die beruhigenden Klauen eines Spitalsbetriebs begeben. So hat es mir mein Arzt geraten, und ich bin ein Kind meiner Zeit und Tradition, meiner Sippe und deren Regeln. Ich fühle mich sicherer in ihren Fängen und oft auch schmerzlich genarrt, oft angewidert und oft mit unverborgenen Waffen zum Kampf gerüstet gegen diesen gallertigen Koloß: Meine Gesellschaftsordnung.

Vier Wochen vor dem errechneten Geburtstermin kreuzte ich dort erstmals auf. Das ist so üblich, und weil das so üblich ist, kann ich mich auch so genau daran erinnern.

Komm, geh mit mir, Ungewöhnliches muß man mit Andacht tun, mit einer Energie von innen heraus, einer sinnentleerten Bewegung, sich entfernend von Gedanken, Überlegungen und Zielvorstellungen. Langsam, verlangsame deine Bemühungen, auf dem Teppich zu bleiben, das heißt, eigentlich auf der Matte, denn die Frauen lagen, eine neben der anderen,

auf dicken, nicht allzu weichen Matten auf dem Boden, mit den Augen an die Decke und den Ohren in der angenehm ruhigen Stimme der Hebamme, die uns in die Atmung und die entspannte Körperhaltung während des Geburtsvorgangs einführen sollte. Weißer, schmuckloser Raum, peinlich sauber, nichts lenkte die Blicke auf sich. Nur die bunten Pölsterchen an der Wand, die man sich ausborgen durfte, wenn man sein eigenes vergessen hatte, und die bunten Leibchen der Walrösser, die am Boden lagen, machten das Bild lebendig.
Die Hebamme war eine energievolle imponierende von innen heraus dozierende Entleerte, die ihr Schweigen auf uns übergehen ließ. Rechts von mir bewegte sich eine etwas ältere Frau, die schon drei Kinder in die Welt gesetzt hatte. Weiter links von mir, aber nicht in derselben Reihe, lag eine junge hübsche Blonde, die mich so sauber berührte in ihrer unschuldigen Schwangerschaft. Ich kann mich nur mehr an diese Frauen erinnern. An die Ältere wahrscheinlich, weil es außerordentlich unüblich ist, als Geburtsgeübte einen Vorbereitungskursus nicht als lächerlich abzulehnen. Die Junge war so putzig in ihrer kurzen Hose und dem Leibchen. Ich stellte mir ihren Mann vor, es muß ein sehr aufmerksamer Typ gewesen sein. Ich habe ihn nur einmal von hinten gesehen, als sie abgeholt wurde. Sie war umsorgt und behütet, sie hatte noch keinen harten Zug um den Mund. Ich glaube, sie hatte keine Sorgen. Verdammt, sie war so unverschämt sauber und hell, daß mir dieses verlogene Weibsstück nicht aus dem Kopf gehen will.
Wir sollten die Gedanken, die sich so zäh winden um dieselben Unwichtigkeiten, um Angaben von Orten, Vorstellungen von Richtigkeiten, um Sinn und Zweck dieser Tätigkeit, jeder Tätigkeit weglegen mitsamt dem Buch und die bewegten Gliedmaßen zur Seite legen. Unser Buch liegt jetzt im Bauch, in der Mitte deines Körpers unter dem Nabel nicht länger verborgen, selbständig atmend, ein Nichts – außerhalb unseres Bekannten. Dorthin, dort hinein fließen wir ohne Bewegung, dort hinein atmen wir, tief atmen wir, der Bauch hebt sich. Ein, ein, ein, das Zwerchfell übernimmt wie von selbst . . . und wir atmen aus . . . aus . . . aus . . . ewig aus, so als hätten wir bis ans Ende aller Geburten Luft, Zeit, Ruhe, Sorglosigkeit und Unsinn – um wieder wie von selbst einzusaugen alle Wartezeiten, jenseits der letzten Schwelle sind wir hinübergeatmet in den Bauch, in das Buch, in diese Zeile und in die Erinnerung an das Vorhaben, ein Kind leichter zur Welt zu bringen.
Wenn es weh tut, lasse dich nicht mitreißen in den Schmerz, halte die Luft an, halte an und laß es wehen unter dir, halte an und laß dich nicht ansaugen einsaugen überschwemmen von der Flut, die dich will, um dich in den Sog zu zerren und dir dort dein Bewußtsein mit brüllendem Gurgeln zu entreißen. Halte die Luft an in Ohnmacht . . . denn was kannst du sonst tun.

So habe ich das in Erinnerung, dieses wollte uns die weise Eule Hebamme lehren, ohne klug zu sein. Wir lernten unsere Glieder zu spüren, wir lernten unseren Körper, wir lernten ihn zu entspannen und zu spannen. In der Gegensätzlichkeit beruht die Aufmerksamkeit, in den Zwischenräumen liegt das Bild, dort, wo es leer geblieben ist. Im Übergang bildet sich das zu einer Form Zerfallende. Ruhig liegen, auf dem Rücken, schwer, so schwer wie eine schwangere Frau, die ihr ganzes Volk im Bauch trägt, die Gliedmaßen liegen wie die Stützen des Universums untätig daneben, leben für sich allein, als Hand, als Fuß, als Morod, als Amrud. Ein Kopf wie ein erloschener Sternenball schwerelos auf einer fliegenden Matte im All mit geschlossenen Augen in einen Leerraum gefallen – immer fallend . . . immer noch tiefer in Breiten des Körpers liegst du da mit Hand und Fuß und Kopf.

Eine neben der anderen. Die Zehen spannen und entspannen.
Knie spannen . . . und entspannen
Oberschenkel spannen – und entspannen
Popobacken spannen – und entspannen
Bauch spannen – und entspannen
Brustmuskel spannen – und entspannen
Schultern heben – und locker
Arme heben – und locker
Augen rollen . . . hineinschauen . . . Nase rümpfen – und locker
Mundwinkel heben – und locker
Stirn heben – und locker
Buch heben . . . und locker
Finger heben . . . und senken
Denken . . . und locker . . . nicht zuviel überlegen, nicht zu lange kleben, nicht zu klug sein, nicht zu ulkig sein, nicht unbedingt . . . aber alles – alles – im Raum lassen, was da hingehört. Manchmal nahm eine entspannte Schwangere ein ausgeborgtes Polster mit. Aus Versehen, Frau Hebamme, weil sie so schön bunt sind.

Im Umkleideraum entspannte man dann die Zuckermündchen und sprach von Betten, Wickelutensilien, Blutungen und Brustschwellungen, aber nur so beiläufig im Fluß der Gewohnheit. Man sprach nicht so, als wäre alles wirklich wahr, denn Wahres hat nicht nötig, gesprochen zu werden. Das besteht für sich und kommt nur zum Ausdruck in den Pausen, dort, wo Luft geholt wird zum nächsten Plapperanfall.

Das Leben, ein epilleptischer Anfall an der Schwelle zur nächsten Aura . . . ein Übergang . . . hellwach im Dunkel erstarrt . . . ein Übergang . . . in einen bebenden Krampf . . . ein elektrischer Schock vor der Leere nach der Geburt . . . ein Angstschweigen vor einem Freiraum im Unbekannten . . . wird abgelöst von tönendem Geplapper, auf daß es nie

still sein soll und die Herzen hörbar würden, die Schläge des Ungeborenen, die Schläge der werdenden Mutter, die letzten Schläge des verendenden Bocks neben dem aufgespießten Jäger.
Kennst du den Junimonat? Da wird es recht warm um das Herz und an der Haut. Aus den Eskimos sind wir die Sommermenschen geworden, die lockeren Südseeinsulaner, die Früchte auf der Straße essen und in die Wiesen und Gärten und in den Wald und gar nicht mehr recht in die Hütten wollen. Die Hütten sind für den Winter gut, und da liebe ich meine Wohnung wie meinen Brustkorb, aber jetzt dehnt er sich weit und weiter und will überhaupt frei sich bewegen in reiner Luft. Und der kann es auch. Beim Schwimmen gerate ich manchmal ziemlich außer Atem. Mir reißt es die Seelenschlacke durch, wenn ich noch an etwas außer Atem geraten kann, und mir gefällt das. Aber unter Wasser, da sehe ich jetzt so ein Bangen. Eine Frage. Es ist wie eine schlangenhafte Gestalt, die, wenn ich näher nachsehen will, sich davonschlingt um den nächsten Stein. Und diese Gestalt macht mir das Schwimmen unsicher und läßt mich nicht ganz wegschmelzen unter dieser Sonne beim Liegen auf dem Badetuch, und diese Gestalt macht es auch, daß ich Sebastian so oft beim Spielen zusehe und seine Bewegungen beobachte und horche, was er mit den anderen Kindern spricht, ich bin eine Beobachterin meiner Junizeit geworden und nicht nur ein Genießer.
Die Sache liegt ja einfach und wäre überhaupt auch viel unverblümter, denn es handelt sich um etwas, was jeder oder zumindest viele kennen. Erstens einmal kennt es ein jeder von sich selbst als Betroffener und viele noch als Verwickelte, als Zeugen oder Täter, als Schriftführer oder als Saalwärter oder als Ankläger oder als Verdächtigter, mein Gott, jedem wächst einmal in irgendeiner Form die Schulpflicht ins Haus und das im Juni, wo alles blüht und wuchert. Im Juni vor den großen Ferien der bereits Gesteinigten müßte ich Sebastian einschreiben lassen. Anderenfalls würde ich mir eine Behördenlücke einreißen, und die Kontrolle würde meinem Versäumnis nachspionieren, und zwar offen – ohne Deckung. Das ist ihr Geschäft, das ist ihr Krieg. Und gegen diesen Gegner kämpfe ich nicht gern auf kleiner Fläche wie auf einem Badetuch. Schulpflicht ist Staatspflicht. Und wie soll ich gegen den Staat sein dürfen. Ich darf es natürlich sein hinter meiner Stirn unter den Sonnenstrahlen, wie laut ich dabei in die Lüfte reden dürfte, so daß es jeder hören könnte, weiß ich eigentlich gar nicht, und es liegt mir nicht daran, das auszuprobieren.
Alle politischen Vereinigungen haben es darauf angelegt, sich abzusondern von den anderen Vereinigungen, denn darin besteht allein ihre Einheit, und die wird benützt, um Krieg zu führen, auszuprobieren, wie weit sie gehen dürfen in der Absonderung und wie viel sich die anderen gefallen lassen und welche Ideen sie entwickeln, um ihren Stand zu behaupten,

worauf sie sich stützen und welche Methoden sie zurechtbasteln, um harmlos zu erscheinen dem Volk. Und eben dieses Volk ist es, das diesen Flirt angezettelt hat, der seinen Weg unweigerlich in eine heiße Haßliebe nimmt, das kennt schon ein jeder, so war es immer schon. Und dieser Weg des Kampfs scheint ein Menschenmal zu sein, das er braucht, um sich als so einer zu behaupten, unter Beweis zu stellen, täglich und stündlich mit jedem Atemzug, das ist Mensch, sich andauernd zu sondern, zu verbünden und wieder zu sondern, sich herauszuheben und sich zu spüren als ein Einzelwesen, um sich sofort wieder in den gallertigen Schlangenkörper einzugliedern und die gemeinsame Richtung zu nehmen, immer um den Baum herum, um den Baum der Erkenntnis, um den Maibaum, um den Weihnachtsbaum und den Lebensbaum. Und wenn der Hund die Haxe hebt und seine Lacke hinmacht, kommt sicher der nächste und macht sie wieder dorthin. Und wieder und wieder und wieder und wieder geht ein Kind in die Schule und wieder erfüllt es seine Staatspflicht und wieder wird ein Kämpfer mehr für das Leben erzogen, für das er bluten soll, weil das die einzige Nahrung des Volkes ist. Blutsauger sind wir – Blutsaurier – Hirnsaurier mit dem Schicksal der Echsen geschlagen, wenn wir nicht noch rechtzeitig die Laufbahn der Delphine einschlagen, die ins Meer zurückgekehrt sind und eine andere für uns kaum vorhandene Zivilisation gebildet haben als die der Menschensaurier. Nur im Kampf kann der Mensch sich als so einer behaupten, und Friedrich der Große und Maria Theresia hatten besser gedrillte Soldaten gebraucht, und da haben sie die Schulpflicht eingeführt. Wer lesen kann, kann die Bedienungsanleitung der Kanonen entziffern auf freiem Felde, während er bereits fällt, noch mit der Anleitung in der Hand, und wer schreiben kann, kann Befehle festhalten auf Papier, und die muß dann jeder glauben, denn sie stehen auf Papier geschrieben, und das ist soviel wert wie ein Geldschein. Ein Papierfetzen hat den Wert, den man ihm zumißt, und es ist Befehl, daß ich Sebastian gemäß seinem Alter mit Formularen und Dokumenten, Impfzeugnissen und noch allerhand im Juli einschreiben lasse für das kommende Schuljahr in der zuständigen, seiner dem Wohnort nächstgelegenen Schule.

Und diese Tatsache, muß ich sagen, nämlich nicht einmal so sehr diese Möglichkeit, die ich als solche ja gar nicht schlecht finde, sondern sicher selbst erfunden hätte, hätten es nicht, wie alles, vor mir schon andere getan, diese Tatsache als unumgängliche Pflicht an mich und an das Kind, die erregt meine innere Ruhe zutiefst, und ich lauere auf meinem Sonnenplatz auf meine Form eines Entschlusses, den ich fassen werde. So kenne ich mich. Ich bin nicht vernünftig, ich füge mich nicht und besonders deswegen nicht, weil ich mich in genau dieserselben Sache schon einmal gefügt habe, damals als ich in die Kampflaufbahn eingestiegen bin, und ich

habe gedacht, es sei freiwillig gewesen. Ich habe ihn verschüttet gehabt den freien Willen, ich hatte ihn nicht, ich wußte nichts von mir, ich war ohnmächtig, ich war ausgeliefert, ich hatte mich freiwillig ausgeliefert, dort habe ich ihn scheinbar hineingepumpt diesen Willen, so daß ich ihn nicht anderswo verwenden konnte, nicht für mich, denn ich hatte kein mich, ich war alle, und ich war vor allem meine Mutter, ich war das Gesetz, und das Gesetz regelt und bestimmt die Freiheit, mit der gedacht werden darf und mit der gehandelt werden darf, mit der gekämpft werden darf und abgesondert und vereinigt werden darf, und das Gesetz ist der Staat und dort hinein wurde ich geschult, eingeschult, eingeschrieben und nicht mehr meiner Mutter war ich zu Willen, sondern sie hatte mich abgegeben an die Allgemeinheit, die sich selbst abgegeben hat an das Gespenst Ordnung, an das Monster Gerechtigkeit und Solidarität in Gestalt der inhaltslosen Gewohnheit der Kampfmaschine.
Und meine Gedanken darüber sind geprägt von meiner Laufbahn, und ich bin ein Kämpfer wie alle anderen geworden und alles, was ich mir jetzt ausdenke, ist ein Teil meines Lernens zum Verlernen zum Vergessen, daß ich meinen freien Willen für immer verloren habe. Aufgegessen haben sie ihn mir, und ich muß mich dazu bekennen, daß es mein Wille geblieben ist, nichts zu tun. Gar nichts. Darin allein kann ich ihn erkennen. Wiedererkennen, so wie er mein Kinderwille, war mein ureigener, mein Wille zum Menschentier, zum Delphin, der allzubald gelernt hat, sich zu messen mit denen, die sich messen mußten, und es ist ein Zwangsspiel daraus geworden aus dem Kinderspiel, ein Lebensspiel, und ich bin nicht unverschuldet da hineingeraten, denn ich wollte da hinein. Ich wollte erwachsen werden, ich hätte mir diesen Weg nicht einmal sparen können und nicht wollen, ich hatte Sehnsucht danach, erwachsen und frei zu sein von den Großen, und ich bin daran groß geworden, aber ich habe nicht berechnet, daß ich dafür bezahlen müßte an die Welt der Erwachsenen, der Erwachten. Jetzt bin ich eine Frau, und jetzt bin ich blutleer, ausgesogen, ein leerer Sack, der gesteuert wird von der Sackzentrale Zwangsgasse 3, und das im Juni in der Sonne. Und da denke ich mir dann so komische Sachen aus und weiß, daß ich nicht tun will, was ich schon einmal getan habe und woran ich verloren habe meine freie Beziehung zu mir.
Ich hatte gar nicht den Eindruck von einem Schulschrecken, ich nahm diese Situation als stillen Befehl hin, und ich hatte nicht einmal mehr die Möglichkeit, mich in meinem Hinterkämmerchen dagegen aufzulehnen und zu erkennen, daß ich das nicht will, ich getraute mich nicht einmal, es für mich festzustellen, ich war wie starr vor Angstzwang, hinein in die Pflicht, und da gibt es kein Überlegen und kein Denken, das muß sein, einzig das darf sein und da muß ich mitschwimmen, sonst bin ich verloren, allein auf der Strecke, ausgesetzt den wilden Menschenhorden im

Sommer. Wenn ich mich da so recht zurückversetze, mache ich einen Satz vorwärts und werde mir immer klarer, das ich wirklich nicht will. Nicht weil ich mich gegen eine Pflicht oder ein Gesetz wehren will, denn ich selbst habe in mir Pflichten und Gesetze gemacht, die ich hochhalte und einsetze als meinen verlorenen Willen und meine nicht existierende Freiheit, denn die gibt es so wenig wie die Unfreiheit. Nicht weil es Vorschrift ist, bin ich hier in der Sonne so unruhig, sondern weil ich spüre, daß sich diesmal eine Vorschrift sehr mit meinen eigenen Gesetzen schlagen will und es diesmal schwierig sein wird, dem Kampf aus dem Weg zu gehen, denn ich spüre, daß mein eigenes Gesetz diesmal stärker ist als das allgemeine, und ich habe nicht das Recht, mich zu überhören oder zu übersehen, ich habe nicht das Recht, mich zu vergessen, ich bin mir selbst verpflichtet, in erster Linie mir selbst, und mich erregt das Rühren meines eigenen Willens, der sich sonst nur verschwommen aufwellt, und mein Entschluß nimmt langsam eine Form an.
Ich habe ja schon lange daran gedacht, aber ich habe nie mich in der Situation gesehen, daß es wirklich notwendig wäre, es zu tun. Es war die Zeit nicht, noch nicht, es war nur Zeit, mich damit auseinanderzusetzen und den Gedanken reifen zu lassen, mir eine Möglichkeit zu geben, mir Wege auszudenken und mich damit zu befreunden. Mich dort sanft anzufassen, wo ich mich selbst mit Absicht verletzt habe, wo ich mir mich selbst für ein besseres Ich herausgerissen habe. Diese Narben glänzen in der Sonne, und sie gehören mir, sie machen mich aus und haben mich hierhergeführt und zurückgeführt an meinen ersten Schultag, und die machen es vielleicht auch, daß ich nicht mit Gram daran denke und daß ich nicht Waffen heben will und daß ich mich nicht berechtigt fühle, ein neues Gesetz als ein besseres aufzustellen. Ich habe mich willentlich eingegliedert. Kinder haben dieselbe Schuld wie Erwachsene. Sie wollen erwachsen werden, das ist ihre reife Lebensschuld. Und ich wollte das, ich bin nicht unverschuldet hierhergeraten, wo ich jetzt stehe, auch meine Mutter nicht und meine Großmutter nicht, aber ich will Sebastians Schuld eine andere Form geben, vielleicht, oder vielleicht will ich mir selbst eine andere Schuld geben, eine andere Möglichkeit zu demselben Ergebnis, ich spüre das in mir, und ich höre auf mich. Ich bin nicht böse, ich bin erregt, und daraus werde ich handeln. Ich selbst habe an meinem Staat einen Teil, ich selbst habe ihn mitgeformt, und er lebt von mir wie von allen anderen, und deshalb kann ich in ihm auch einmal etwas tun, was er nicht vorschreibt, aber vielleicht auch gar nicht verbietet. Damit rechne ich sehr, und damit spielen meine Gedanken. Ich bin nicht besser als meine Ordnung, an der ich mitgeordnet habe und es noch immer tue, denn wenn ich für viele etwas aufschreibe, zähle ich auf diese Ordnung, auf diese Gedankenordnung, auf das Gedankenvolk, das gezwängt ist, wie ich in seine Art des Wesens Mensch,

und ich wende mich einmal gegen mein Gesicht und sehe in meine Augen und finde dort nur mich, und ich weiß, was ich nicht will. Ich will mein Kind nicht in die Schule schicken – das weiß ich –, ich will das nicht.
Und jetzt nutzt es mir nicht mehr viel, mit diesen Gedanken zu spielen, jetzt muß ich mir die Flügel anschnallen und machen, jetzt muß es getan werden, was ich mir ausgedacht habe, so daß es nicht wieder so riecht wie in meinen ersten Schultagen.
Ich weiß nicht, waren es die Federschachteln oder ist es das Graphit gewesen, aus diesen steifen Schultaschen roch es so seltsam gleich, aber doch irgendwie anders. Das Jausenpaket, das machte das andere aus, den etwas abgewandelten Geruch desselben. Und die Art der Schultasche war es auch, die anders roch, das Leder muß es gewesen sein. Aber sonst war in diesen Taschen alles gleich. Die Hefteinbände und die Tintenfarbe, die Tische in der Schule waren gleich und die Bänke braun und abgesessen, die Luft war erfüllt vom Dampf und Dämpfen junger Mühsal, die riecht ganz besonders milchig, schwere, saure Milch wurde da aufgekocht in den Tintenfässern, die in die Tische eingelassen waren, und eingemaserte Blauflecke haben meinen Tisch geprägt, ihm ein besonderes Gesicht gegeben. Und wenn ich manchmal so träumend dagesessen bin und in die Jahresringe meines Tisches versunken war, ist er mir zu meinem eigenen Hirnmuster geworden und ich war eins mit allein seinen Benützern vor mir. Ich hätte diesen Tisch an seinen Flecken überall herausgekannt, an seiner besonderen Art des Wachstums dieser Platte. Auch er hat gerochen. Schule heißt überhaupt sehr intensiver Geruch. Aus dem Lehrmittelkasten, aus den Fächern, und die Lehrerin, die hat auch gerochen. Meine Lehrerin hatte einen damenhaften, sachlichen, absolut anziehenden Geruch für mich, auch einen mütterlichen hatte sie; nur die Schulmilch, die wollten wir alle nicht trinken, die hat für alle gleich gestunken. Die Flaschen müssen mit irgendeinem intensiven Mittel gereinigt worden sein, und das roch erbärmlich. Die Tafel, die schwarze, die war fast gebrechlich und hatte auch ein Ritzen- und Spaltengesicht der Jahre, und ich kannte dieses Gesicht auch so sehr, und sie roch nach Kreide und Staub, altem Holz und nach dem stinkenden nassen Schwamm, wobei wir uns immer so darum rissen, die Schriften abzulöschen, die wir gerade gelernt hatten. Die Hände wurden davon stinkig und weißlich überzogen, und hinter dem Katheder war ein Waschtisch, wo man oben Wasser nachschütten mußte, daß unten bei dem kleinen Hahn ein wenig davon herauskam, und dieser Katheder war wie unsere Tische, nur größer, und da herrschte immer Ordnung darauf. Ich wäre so glücklich gewesen, wenn meine Lehrerin öfter in ihren eigenen Kleidern unterrichtet hätte. Manchmal hat sie das getan, aber meist nur, wenn irgendeine Feier war. Ansonsten hatte sie immer so einen schwarzen Arbeitsmantel über ihren Rock und ihre Bluse

gezogen. Er hat aber weiße Tupfen gehabt, und ich war froh, daß ich nicht in der anderen Klasse desselben Jahrgangs war, denn die hatten überhaupt noch ganz alte und dunkle Bänke, und wenn ich dort einmal etwas zu tun hatte, wurde mir ganz schwarz vor der strengen Lehrerin, die so viel älter war als meine und einen Knoten am Hinterkopf hatte, und ich war froh, daß ich in der helleren, moderneren Klasse war und die jüngere Lehrerin hatte. An der Hinterwand hingen unsere Kleider und darüber waren unsere Zeichnungen aufgehängt. Auf den Fensterbrettern standen auch ein paar Blumen, und überall war dieser Geruch, der mir jetzt wie undefinierbar erscheint. Ich will ihn absichtlich nicht zu etwas machen, was er nicht war. Er war nicht schlecht, er war noch viel ärger, er war undefinierbar, er zog sich in meine Kleider und in meine Hände, er überzog mein Leben, und er wich nicht, auch nicht zu Hause oder in der frischen Luft. Er klebte mir an, und ich konnte ihn nicht loswerden, und ich wußte auch nicht, daß ich ihn loswerden wollte. Er war zwingend, einfach zwingend durch seine Macht, durch seine Masse wie ein Gasgeruch ein geruchloser, man nennt ihn ungiftig, aber es roch nach Gas, ich kann mir nicht helfen, Graphitgas, Schulgiftgas strömte aus und in mich hinein, und ich war betäubt für mein Leben, und bin diesen Geruch heute noch nicht los. Er hat mich geprägt, die Tafel und meinen Schultisch, meine Haltung und mein Tonfall sind geprägt, sind in mir ein Muster, eine Struktur geworden, in meinem Kopf eingegerbt mit Schriftzeichen der Notwendigkeit, Zeichen lernen zu müssen für das Überleben neben diesen vielen Menschen, die den ganzen Vormittag neben mir saßen und genauso rochen wie alles und wie ich und die Lehrerin und auch die Blumen am Fenster.

Es waren so viele Menschen da und die atmeten mit mir dieselbe Luft und sie saßen nur da über ihren Heften und sie taten sonst nichts, es waren auf einmal so viele, und ich war immer allein gewesen, und ich habe mir nicht gewünscht, mit so vielen Menschen beisammenzusitzen und über Heften zu dampfen, ich sehe nicht ein, warum ich so an dem Nachbarn kleben soll, Tag für Tag muß, und es ein Versäumnis ist, wenn ich nicht komme zu diesem Massensammelplatz von Geruch und von Dämpfen über dem Tisch, der in meinen Traum eingekehrt ist. Es muß sein, jeden Tag, um die Zeichen zu lernen, die mich mit diesen Menschen verbinden sollen, mich mit ihnen lebensfähig machen sollen. Ich wäre gar nicht so gegen sie gewesen, wenn sie nicht ihrerseits gegen dieses Müssen gewesen wären und daher gegen mich und gegen sich und für alles, denn was hätte es denn sonst noch gegeben? Was sollte man denn sonst tun, als täglich in die Schule gehen, wie es verlangt wurde. Jeden Tag eine Sucht nach Gas. Eine Abhängigkeit, die eingeimpft wird ins Hirn, langsam, Tag für Tag, und wenn einmal der Zwang nach diesem Gift unterbrochen wird, regt sich die Lust

an dem Bruch des Zwangs wie ein leises Aufflattern der eigenen Zeit, aber nur ein bißchen und nie wirklich rührt man sich von diesem Tisch weg, in dessen Flecken man einen Raster findet, innerhalb dem das Leben ein Spiel gefunden hat zwischen Lust und Zwang, Sadismus, Unlust, Freude, Gewohnheit, Schalheit und Zorn, Traum und Leben und Einsinken in eine Unausweichlichkeit und es riecht, und ich habe es gehaßt, aber auch geliebt wie heute noch, denn ich bin es geworden und es ist mir auch ein wenig gleichgültiger geworden, mein Schicksal, und ich weiß, daß ich kein anderer Mensch hätte werden wollen, sonst wäre ich es geworden, und ich habe einen gesunden Blick für das, was ich nicht will, und damals war ich mir nicht sicher, ob ich nicht ganz gern in die Schule gehen mußte. Ich hätte ja keine andere Möglichkeit gehabt, ich habe mir auch keine gegeben. Das heißt aber noch lange nicht, daß es nicht heute eine andere Möglichkeit gibt und es mir keine Freude macht, sie zu wählen. Und dabei frage ich mein Kind genausowenig wie mich meine Mutter gefragt hat?
Ich habe gefragt und gehorcht und feststellen können, daß meinem Kind Schule oder nicht Schule gleichgültig ist. Es würde mit keinem Ohr wakkeln, wenn es in die Schule ginge. Es wehrt sich nicht gegen diesen Schritt, es steigt dorthin, wo ich hinsteige, und was soll ich da noch sagen oder fragen. Da bleibe nur ich und meine Bedürfnisse, Sebastian macht mit, er steigt überall ein, es ist sein Los. Er weiß nicht, wogegen er sich stellen möchte, er will alles, und er ist gegen nichts und wenn, regt er sich und gibt kund, was ihm nicht paßt, und wir einigen uns oder einigen uns nicht. Aber die Möglichkeit, sich zu regen, wann immer er das Bedürfnis dazu spürt, macht die Zwiespälte so klein und macht ihm kein Problem, ob er in die Schule gehen wird oder nicht. Er denkt nicht an Möglichkeiten, er weiß immer, was er will, ohne sich danach zu fragen, er tut ja nichts, er lebt ja nur, und dazu muß man nicht viel tun. In der Schule aber, da wird dann das Leben ausgelöst aus den Knochen, und da lernt man das Kochen mit Fleisch, und da braut man dann gute Suppen und schlechtere Suppen, und da wird dann abgeschmeckt und beurteilt und das Kannibalenspiel studiert. Und erlaubt ist es, Zwang wird es, und Sebastian würde mitspielen, genauso begeistert wie er andere Spiele spielt, da bin ich sicher, und ich werde uns eine andere Spielregel ausdenken, die wir nicht einhalten müssen, aber ich will nicht mehr ohne Schuld sein an unserem Verhalten. Ich will nicht mehr sagen müssen, ich kann nichts dafür, und meine Mutter kann auch nichts dafür. Ich will schuld sein, daß alles so kommen wird, wie es jetzt ist.
Also ist es ernst geworden. Jetzt wird es ernst, mein Kind. Jetzt nehme ich mich ernst. Meine Zeit hat sich mir ergeben, mein Leben hat sich in seiner Form ergeben wie zufällig, aber jetzt erkenne ich mich, jetzt, wo es sich ändern soll, erkenne ich, daß ich es mir gemacht habe und daß es so

aussieht wie ich bin, und jetzt will ich dafür aufstehen von meinem Badetuch und die Sonne auch ein wenig mit dem Schatten vertauschen. Ich spüre, ich muß jetzt für mich sein und für mein Spiel hart setzen, ich werde mich einsetzen für mein Kind, denn noch ist mein Kind ich, und ich habe mir mein Leben gerichtet, meine Zeit mir selbst gemacht und mein Kind selbst gemacht. Ich stehe auf, wann ich will, und koche, wann ich Hunger habe, ich bin traurig, wann ich will – und ich wähle meine Langeweile und meine Arbeit, und ich arbeite nicht weniger als die, welche müssen. Und ich tue es deswegen so, gerade so, weil ich es so lange gemacht habe wie alle anderen, weil ich auch mußte und meinen Zwang als Freiwilligkeit ansehen wollte, und nicht darüber hinweggekommen bin, daß ich mich aufgeben sollte für meinen Lohn. Ich habe nicht schlecht verdient, ich habe nicht einmal gelitten. Ich habe geglaubt, ich würde ganz gern arbeiten, sowie ich geglaubt habe, ich würde gern in die Schule gehen, nur waren mir die Umstände und die Einteilungen nicht ganz recht. Die Umstände sind aber alles, in und hinter ihnen steckt nichts mehr und da kommt nichts mehr, um die Stangen des Himmels aufrechtzuhalten für die Prozession, die nirgendwohin geht, als zu ihrem Ausgangspunkt und wo der Himmel ein flatternder Papierschein geworden ist und nur der Brauch gebraucht wird, dort gehe ich nicht mit, da muß ich nicht unbedingt dabei sein. Und wenn mich jemand zwingen will, da mitzugehen, dann bin ich besonders empfindlich und besinne mich meiner Eigenart und meines Lebens als eines besonders kostbaren Gutes, das ich mir erworben habe, um es jederzeit verlieren zu können. Aber bitte nicht auf dieselbe Art, wie es schon einmal geschehen ist, nicht unbedingt so, und ich weiß nicht, ob ich nicht ohnehin mittue, weil ich es ja nicht ungern mache, so unter dem Himmel zu gehen, ich mache es ja ohnehin jeden Tag wie die anderen, aber wenn ich genau hinsehe, doch um eine ganze Wendung anders, aber so, daß der Unterschied fast nicht mehr aufscheint.

Jetzt aber lege ich Wert auf meinen Unterschied, und ich mache einen Ernst aus meinem Leben, und ich will es nicht lassen, was ich mir so sorgfältig verloren habe, wichtig zu nehmen. Ich werde es versuchen, mir zu entsprechen, denn ich weiß, was mir entspricht und was ich nicht will. Ich will nicht, daß Sebastian in der Frühe aufstehen muß und zu einer bestimmten Zeit in der Schule sein muß und ist er das nicht, dann ist das nicht recht und es wird dann so vieles nicht recht sein, was in unserem Leben gar keine Bedeutung von Recht oder Unrecht hat. Sebastian geht mit mir schon so viele Jahre des Lebens. Er ist mir zu einem Kameraden geworden. Er hat alles an mir gesehen, er erlebt mich, meinen Zorn und meine Kindhaftigkeit, meine Strenge und meinen Zusammenbruch, meine Nervosität und meiner Erschütterung, meine Liebe und meinen Schlaf, meinen Sommer und seine Winter, unsere Zeiten und unseren Geruch

und meinen Geruch, und es ist mir nicht angenehm, wenn ich die Sorgen und Ängste anderer Familien in meine aufnehmen muß, nur weil Sebastian damit konfrontiert wird. Er wird mir allen Zwang nach Hause bringen, was ich bei uns ausgemerzt habe in mühseliger, sorgfältiger Kleinarbeit an meinen Gefühlen und Lüsten, Trieben und Menschlichkeiten. Ich bin gegerbt und gesotten, gebrannt und gerannt, überrannt von allen Bemühungen, ein eigenes Leben zu führen, und deswegen will ich keine Einmischung, weil ich weiß, daß nichts, aber schon gar nichts an meiner Eigenart und an meiner Einsamkeit gelegen ist.
Ein – riß – Ein – mischung – ein Riß – eine Mischung – Einmischung von anderen Leben in meines, indem sie gar nichts tun, aber sie werden kommen in meinen Schlaf und in mein Wachen, ich weiß das, und sie werden meine Träume bestimmen, und ich werde nicht von mir träumen, sondern von ein wenig mehr Freiheit. Ich habe es mir abgewöhnt, Freiheit als etwas Bestimmtes zu verfolgen, aber ich werde sie dafür verwenden, sie einsetzen, um sie zu bewahren, diejenige, die keine Form hat, sondern die die Form annimmt, die man ihr gibt.
Und diesmal werde ich nicht instinktiv meinen Weg gehen, zu dem Ausgangspunkt zurück.
Ich habe mich nicht willentlich von den Schicksalen der anderen abgewandt, ich habe mich ihnen zugewandt und immer nur mich gesehen, und ich habe versucht zu helfen, wo Not zu sein schien. Nur war es keine Not, denn die Schicksale waren die einzige Möglichkeit, und es war meine Möglichkeit, mich auszulösen, um mich freiwillig wieder einfügen zu können in das Gewebe der Gesellschaft. Nicht mit Instinkt allein werde ich wieder zum Tier werden, diesmal wird mir die Überlegung helfen, mich wieder zu machen, so wie ich es einmal schon getan habe. Ich werde einen Weg finden, und der geht über dieselben Ämter, die mich beordern wollen. Mit denselben Mitteln, die mich zwingen wollen, muß ich wirken, um mich herauszulösen.
Die Mühsal liegt in der Form, und mir will ein Narr aufsteigen, und ich will zornig werden über soviel Kleben an meinem Stil, an dieser langwierigen Art, etwas zu verfolgen und zu erklären und zu untermauern und mit Worten zu beweihräuchern, so als wäre etwas von Wichtigkeit. Aber darum geht es jetzt, ich kann nichts tun, ich kann dir nicht helfen und mir nicht helfen, es ist unser Wunsch, und manchmal sind Wünsche so langwierig zu erfüllen, wo sie doch eher den Charakter eines Blitzes haben, und Lichter sind über dem Meer der Unüberschaubarkeit. Schwimme mit mit mir auf diesem Weg unter den Irrlichtern des Geistes, der schon lange zerstoben ist, bevor er noch gewünscht werden konnte. Ein Narr, ein eigener Narr meiner Einsamkeit im Weltenmeer der Nöte und Wendigkeiten, flink sein, geschickt sein, über die Mauer gehen und dabei nicht über-

kippen. Alles verschütten und Buchstaben ausleeren, aus meinem leeren Sack dir auf den Tisch oder ins Bett oder in den leeren Hosensack und in eine Gemeinsamkeit hinein, die du als deine Einsamkeit willst, nimm sie bitte, nimm sie dir, nimm sie mir und gehe mit. Aber nicht, weil du mußt oder glaubst, daß du es gern tun würdest, sondern nur so, nur aus diesem einen Grund, der noch übriggleibt. Einen Grund gibt es, einen einzigen, und den mußt du selbst finden.

«Manche Frauen können keine Kinder kriegen, weißt du. Manche Menschen können keine Kinder machen.»

Ich höre noch den verschämten Tonfall und spüre noch das Prickeln und die leise Erregung, die meine Mutter befielen, wenn ich kleines Zopfmädchen immer wieder auf dieses Thema zu sprechen kam. Ich kam darauf nur, wenn sie gut gelaunt war. Das versteht sich von selbst. Ich war ein stiller Beobachter, eine liebenswerte Stille, aber eine hartnäckige Forscherin, dort, wo ich Tierisches witterte, besonders wenn es im Zusammenhang mit Menschen stand.

«Ja, weißt du, die Tante könnte schon Kinder bekommen, so sagen sie zumindest immer, aber der Onkel Karl soll im Krieg eine Verletzung erlitten haben, und jetzt sind sie froh, daß sie nie Kinder wollten.»

Ein seltsamer Schluß, ein ausgedachter, ein gelogener Schluß, ein Schriftstellerschluß, eine Verlegenheit meinerseits. Verzeih, Mutter, daß ich dich vorhin wegen deiner Verlegenheit belächelt habe. Machen wir quitt. Jetzt darfst du über mich lachen.

Kann ich meiner Wahrheit treu bleiben? Meine Einfachheit erzählen? Ich lache schallend, aber ich kann. Ja, ich konnte Kinder bekommen. Es erwies sich viel schneller und unvorbereiteter, als es mir recht war. Es war mir gar nicht recht.

Ich war nicht sicher, ich fühlte mich leicht schwindlig und ermattet. Ich war aus der Ordnung, wenngleich ich damals immer wenig Ordnung hatte, in meinem Stand, den ich in dieser Welt verlieren sollte. Ich fühlte mich krank und legte mich einen Tag lang ins Bett, und dort wurde mir langsam bewußt, was mir nicht fehlte, sondern was ich dazubekommen hatte. Vorher wollte ich es nicht recht wahrnehmen. Ich bin ein Meister im Verschließen meines Bewußtseins nüchternen Tatsachen gegenüber. Die Wahrheit war nackt und klar. Die Wahrheit war nur eine Tatsache und kein Geheimnis und schon gar keine selige Erkenntnis. Aber ich kann es nicht leugnen, es war trotzdem vom ersten Augenblick an spannend und erregend. Ein erster kalter Wahrheitsschauer im Einatmen, im Herzen. Dann war ich nüchtern, stand auf und holte mir die Gewißheit bei einem Arzt.

Spritze. Wenn Regel nicht eintritt – schwanger.

Außerdem war der Arzt sich ohnehin schon vorher über meinen Zustand

ziemlich sicher, weil der Gebärmutterhals weißlich belegt gewesen sein soll, und außerdem ist meine Regel überhaupt ausgeblieben, und außerdem, ja und?
War in meinem Leben alles so unsicher, so hatte ich jetzt eine Sicherheit. Ich war schwanger. Ich war nicht eine von den Frauen, die keine Kinder kriegen können, und der Mann, der mir das Kind gemacht hatte, war scheinbar nicht Onkel Karl, der im Krieg eine Verletzung davongetragen haben soll. Das wurde auch meiner Mutter klar, als ich über meinen Zustand Bericht erstattete. Und damit hatten wir für immer das heiße, nie ganz aufgeklärte Zopfmädchenthema beendet.
Zopf ab – jetzt bist du erwachsen – klar . . .
Von nun an nahm ich mir das Recht, schwanger sein zu dürfen. Ich hatte einen Halt in dieser Welt. Meine Zeit hatte einen Sinn. Mein Bauch hatte einen Sinn. Ich hatte eine Zeit. Ich trat heraus aus der unwichtig gewordenen Betriebsamkeit Leben. Horche, horche . . . ob sich in mir eine Erinnerung bewegt, an die lautlose Zeit, an eine gefühllose Zeit, da es sich zugetragen hat und ich nicht darüber nachdachte, weil ich es ja war. Kann ich die Erinnerung als Bewegung zurückschicken in einer lockeren Schleife um die starre Tatsache, daß ich einen Menschen im Bauch hatte und mich das nicht rührte. Soll ich jetzt noch daran rühren? Jetzt, wo alles so lange her ist, soll ich jetzt an deine Erinnerung rühren? Du hast nie ein Kind bekommen? Ist es wegen Onkel Karl? Oder konntest du nicht? Bist du vielleicht der Onkel Karl? Oder wolltest du keine Zöpfe haben, die abgeschnitten wurden, weil du zuviel gefragt hast? Ja, der Krieg. Ich weiß schon.
Ich wollte immer. Ich habe mir als kleines Zopfmädchen ein putziges kleineres Zopfkind gewünscht. Ich wollte es so lieb haben, ich wäre so zärtlich zu ihm gewesen, ich hätte mich aufgelöst im Leben mit diesem Wesen, das mir gleich war, das ich war . . . und traumhaftes Grauen . . . es ist alles wahr geworden.
Noch war es nicht entpuppt, aber es war schon alles da. Ich wußte damals schon, daß dieser Mensch mein Leben erneuern würde, mich halten würde, aber daß das Märchen vom Puppelinchen so schaurig sein könnte, wenn man mitspielen muß, das habe ich mir als Zuschauer nicht träumen lassen.
Ich werde nicht entlohnt für diese Vorstellung – oder doch – lohnt sich das? Lohnt sich meine Erinnerung. Ich habe Zeit. Ich nehme mir das Recht zu erzählen, was du erlebt hast. Wenn du es nicht erlebt haben solltest, kann ich dir nur sagen, es gibt nichts, was du nicht auch kennst. Jeder, der geboren wurde, weiß, wie es ist zu gebären. Du glaubst nicht, weil du nicht sein möchtest wie ich. (Wir sind gar nicht da . . .) Es war ja noch lange nicht da, es kommt ja noch lange nicht, das dachte ich in dieser

ersten Schwangerschaftszeit recht oft. Es war wie eine Beruhigung vor dem Sturz in die Kälte, in das Unbekannte. Ich fühlte mich wohl im Vorgefühl auf Neues. Ich brannte in gesättigter Ruhe. Ich hatte ein Recht für mich, ich war mit mir in Ordnung.

Die Sehnsucht nach Erneuerung meiner ersten sich langsam an Begeisterung totgelaufenen Jungmädchenjahre war es, die mich erfüllten mit einem Ziel, ich war damit einverstanden, ich wollte es jetzt mit derselben Energie, wie ich es vorher abwehrte. Ich hatte nur eine Sehnsucht, die nach einer Essenz Leben. Aber die vielen Umstände, die sich mit dem Atmen unter diesem Himmel verbinden, mit denen rechnete meine Sehnsucht nicht. Die Umstände sind immer nur jetzt, und die machen uns stöhnen. Die ersehnen wir nicht. Wirklich nicht?

Warum sagte ich wohl so bombensicher vor einigen Tastenschlägen: «Von nun an nahm ich mir das Recht, schwanger zu sein.» Das klingt passend und überzeugend. Davon will ich aber niemanden wirklich überzeugen, am wenigsten mich selbst. Für die Richtigkeit meiner Erinnerungen bin ich kein Zeuge, obwohl ich dabei war. Der Täter kann nie der Zeuge sein. Ich war es. Ich war das Schlachtfeld, der Freund, der Gegner, der Gefangene und der Richter, ich war der Gott, der sich dieses Treiben ausgedacht hat. Trotzdem habe ich es nicht anständig gefunden, daß ich nicht gefragt wurde, ob ich einen Menschen in diese Welt setzen wollte.

Heute lege ich Zeugnis dafür ab: Ich hätte es auch nie gewußt, ob ich wollte oder lieber nicht oder noch nicht wollte – oder was ich überhaupt wollte.

Sei beruhigt, du mußt nicht ich sein, du mußt nicht glauben, was ich mir als Wahrheit ausdenke. Für mich hat meine Wahrheit viel damit zu tun, was andere gerade nicht denken und zu ihrer gemeinsamen Wahrheit machen. Wahrheit ist nicht alles. Alles ist nicht Lüge. Wahrheit ist nicht das Gegenteil von Lüge. Alles sind aber Worte, und mit denen beschäftige ich mich hier.

Es war wie ein Schicksal nach dem Schicksalsschlag. Nicht wie eine Krankheit, nicht wie eine Gesundheit. Ein Mensch in meinem Bauch: Was hat der hier zu suchen? Eine Frechheit ist das eigentlich, eine Distanzlosigkeit sondergleichen, man könnte Sodbrennen davon bekommen. Einmal hatte ich Würmer, oder vielleicht auch nur einen, jedenfalls ging er unter ärztlicher Behandlung sehr rasch wieder ab. Nie wußte ich, was Sodbrennen war, über das meine Tante Elfriede so zu klagen hatte. In den ersten Wochen der Schwangerschaft lernte ich Tante Elfriede besser verstehen. Weil du natürlich Sodbrennen auch kennst, weißt du auch, daß so etwas gar nicht schlimm ist. Es war auch gar nicht schlimm, überhaupt nicht. Es war nur eine unbestimmte Veränderung meines Körperbefindens zu verspüren, das nicht nur auf den Bauch zu orten war. Und eben

das war nicht angenehm, das war mir nicht recht. Der Mensch in meinem Bauch war mir wie ein Fremdkörper. Er war mir so nahe und so fern wie ich mir selbst. Er war so lebendig und tot wie ich mir selbst. Er war ich, aber ich mit einem Schicksal. Dem Schicksal der Schwangerschaft, der Trächtigkeit. Ich zahlte der Natur meinen Tribut. Es gibt auch Menschen, denen nichts am Kopf wächst anstatt der Haare. Und auch die sind lebensfähig.
Meine Brust, die schwoll an und wurde sehr empfindlich. Die ganze Hautoberfläche wurde reizbarer und gespannter. Bevor ich mich zum Tragen von Umstandskleidern entschließen mußte, konnte ich keinen Druck von Rock oder Hosenbünden vertragen. Es war mir vieles lästig, und ich begann meine alte Form zu verlieren. Ich war matter und vielleicht auch mißmutiger. Ich war nicht glücklich. Ich aß nicht mehr und nicht unregelmäßiger als sonst, was ohnehin nicht sehr geordnet und korrekt in meinem Leben ablief. Der Bauch war so voll, die Schamlippen angeschwollen, ich war eindeutig schwanger in den ersten Wochen. Brechen mußte ich damals allerdings nicht und mir war auch nie wirklich elend zumute.
In der Nacht schlief ich wie eine Tote. Ich war ein arbeitender Mensch und schlief so tot, weil ich wie tausend andere wußte, daß ich wieder gehorchen werde müssen einem nicht einemal personifizierten Einteiler, Zeitmesser, Herzhetzer, Gesinnungsregler, Wahrheitssetzer, Gehirnmetronom, das jeden Morgen sogar die Toren weckt, die sich mit den gleichen Bewegungen anziehen, die Türschnallen schließen, mit dem gleichen überspülten Lächeln den Leidensnachbarn, den sie jeden Tag an derselben Stelle treffen, grüßen, und die sich wie die Säue in die Straßenbahnen keilen, in den Verkehr gurgeln und stoßen. Da gibt es keine andere Möglichkeit, da zählt sonst nichts, als die Weckzeit und die Arbeitszeit, da gibt es keine Lebenszeit.
Auch nicht für Schwangere und schon gar nicht für die neuen Menschen in den Bäuchen. Lebenszeit muß für die Menschen beizeiten ausgetilgt werden.
Es war sicher. Darüber war ich sicher. Eine Sicherheit hatte ich, eben in diesem Rahmen, in dem selbst die Sicherheit unsicher bleibt. Ich war schwanger. Der Arzt hat es gesagt, was nicht alles, aber viel bedeutete. Ich fühlte mich danach, mein Körper verhielt sich nach diesem Erfahrungsmuster, nur war mir nicht so übel, wie es hätte sein dürfen, und außerdem glaubte ich selbst, schwanger zu sein; es schien mir absolut nicht ausgeschlossen, und dieser Glaube war wohl das sicherste Anzeichen für die Richtung meines Schicksals.
Ich habe mir diesen Zustand nicht mit Vernunft erstanden, aber ich habe eigentlich keinen Anhaltspunkt zu sagen, ich hätte mich nicht mit einem

Großteil meines Bewußtseins in diese Lage gebracht. Ich ordne mir meine Geschicke oft hinter den Kulissen, und die Aufführung ist dann hervorragend improvisiert und begeistert mich als Hauptzuschauer immer am meisten. Mit einem Wort, es war kein Wunschkind, wirklich nicht, oder es war viel mehr, als Wünsche sein können. Wünsche sind oft nicht so stark wie Tatsachen.
Mein ungeformtes Leben, das sich ohnehin schon sehr nach einer Richtung sehnte, stellte sofort alle Weichen auf sachlich. Nicht die Schwierigkeiten, die mir meine neue Lage bringen könnte, beachtete ich, sondern ich organisierte in der kürzesten Zeit mein weiches Leben auf Kind und Mutter ein. Ich freute mich auf dieses Schauspiel und sah, daß ich schon lange alle Requisiten bereitgestellt hatte für dieses Spiel. Ich konnte aber auch leise beobachten, daß ein kleiner Unterschied sich auftat zwischen meinen früheren Lebenswendungen und dieser. Ich war kein Neuling mehr in der Anforderung, die das Leben an ein Menschenkind stellt, das ist niemand, aber mir schien dieses Schicksal doch ein irgendwie endgültigeres zu sein, ein greifbarer Schicksalsschlag, ein sehr spürbarer Schlag für mich. Ich fühlte mich voll gefordert und voll eingesetzt in dieses Menschentheater, aufgenommen in diese Gesichter, die ein Schicksal gezeichnet hat.
Und ich muß sagen, es streifte mich damals eine starke Ahnung von der Unberechenbarkeit und Plötzlichkeit und vielleicht auch Ungerechtigkeit von Lebenswendungen, die manchmal in ihrer Unsinnigkeit und Zusammenhanglosigkeit so grotesk grausam sind. Ich ahnte, daß es in dieser Welt närrisch und bodenlos zugehen sollte und eher nicht nach den Regeln der Vernunft und berechenbaren Ordnungen. Ich war auf die Verantwortungsschaukel gesetzt, und dabei war ich selbst ein schaukelndes Kind, wie jeder, wie jeder, wie Gott sei Dank jeder, lehne ich, muß ich jede Verantwortung für Gott ablehnen. Ich erkannte mich gern in dieser gefaßten Ruhe größeren Wendungen gegenüber, und ich kann bis heute begeisterte Neugier an mir beobachten für starke Lebensschwünge. Aber vielleicht will ich das auch genauso gern wieder zurücknehmen, weil ich zugleich nichts mehr liebe als meine Ruhe und Langeweile. Da es sich aber um dieselben Energien handelt, nämlich um mich, schreibe ich mit einem stursinnigen Jauchzer alles auf, was ich mir genausogut sparen könnte. Aber sparen ist eben nicht immer meine Sache, obwohl ich auch das manchmal gern tue.
Mögerlicherweise sind mir die Knie zwischen all meinen neuen Ideen und Bildern weich geworden, möglicherweise habe ich zwischen all meiner Stärke kurz stehenbleiben müssen und mir die Hand an die Stirn gedrückt, um einen Sammelpunkt für meine wirren Gedanken zu setzen, und mit Sicherheit habe ich die Falte an der Stirn, die zu den Brauen der

Nasenlinie entlangläuft, gemacht. Ich habe dieser Falte den Grundriß schon in der Volksschulzeit gesetzt, und heute ist sie zu einem meiner Merkmale geworden. Möglicherweise mache ich sie auch jetzt. Das heißt, mir hat der Schädel und die Seele arg gebrummt über die Erkenntnis, wie schnell Arges geschieht, aber ich hatte es ja herausgefordert, und das gab mir, gab mir, gab mir . . . mich.

Ich war jung, und bin auch heute noch nicht alt. Ich organisierte für mich und mein Kind. Nicht wirklich, ich dachte mir keine Äußerlichkeiten aus, nicht wie und wann und wo, aber ich machte mich bereit. Ich sah dieses Leben eigentlich nur in meinem und des Kindes Licht, andere Menschen spielten dabei wenig Rolle. In der ersten Zeit der Schwangerschaft redete ich wenig, wich Menschen aus und hatte alles, nur kein Verlangen, mich jemandem, außer meinem Mann, anzuvertrauen oder weise Ratschläge zu hören. Ich entdeckte meine eigene Weisheit, und die heißt, mich im Unbekannten freihändig und blind zurechtzufinden, während ich bereit bin, völlig in die Irre zu gehen. Ich war so sehr in die Irre gegangen, daß ich schon wieder auf einem rechten Weg zu sein schien. Wie ja eigentlich immer.

Also nicht aus Freiwilligkeit, nicht aus Klarheit, nicht aus einer Ordnung heraus geschah das Leben, ja, das war es, nicht aus einer Einsicht heraus lebten und litten die Erwachsenen, sie heißen ja auch nicht Erwachene, sie sind nie mehr erwacht als die Kinder und die Jungen und die Uralten und die Tiere und die Steine und Gott und der Mechaniker an der Ecke, dieser Glaube, der löste mich auf, der erlöste mich, ich kehrte ein in meinen eigenen Unverstand, und ich nahm mir mein erstes Recht. Das Recht, schwanger zu sein.

Immer am Übergang zur Narrheit
voll getroffen von der Wirklichkeit
schaukle ich in der Möglichkeit
mich angesichts jeder Unmöglichkeit
lebendig zu fühlen
und in diese Wahnsinnswelt wollte ich mein Kind setzen.

Ich habe nur den direkten Weg, und der muß jetzt gegangen werden. Direkt dort hinein, wo es herauskommt. Ich habe keine Umwege, ich habe nur einen Ausweg, und der ist der Einweg, der eine direkte Weg. Jetzt darf ich nicht nur ausdenken und aufschreiben, jetzt muß ich meinen Traum unter die Arme nehmen und ihn durchführen. Ich bin so. Wenn ich von einem Traum stark gemacht bin, wenn ich mich an ihm lang genug ernährt habe, dann ist mein Leben dieser Traum, und ich handle wie im Traum und nicht wie im staubigen Alltag. Die Zeit muß stimmen, denn wenn es Juli wird, herrscht überall Urlaubsstimmung und die Ämter sind mangelhaft besetzt, besonders diejenigen, die mit der Schulverwaltung befaßt sind. Mir träumt die Wirklichkeit, und ich mache meine ersten Schritte in ihr. Es geht sich gut, aber wie auf Luft.

Früher haben die Reichen ihre Kinder nie in die öffentlichen Schulen geschickt, weil es sich nicht geschickt hat, daß sie mit dem Volk in Berührung kommen. Sie haben Hauslehrer bestellt und bezahlt. Es muß noch so ein Gesetz bestehen, daß den Privatunterricht möglich macht. Heutzutage ist es ein Fortschritt, alle Volksschichten durcheinanderzumischen, obwohl sie es in Wirklichkeit nie tun, nicht tun können, denn bei uns in der westlichen Welt herrscht das Kastenwesen genauso wie in Indien. Es scheint ein Zug von Freiheit zu sein, als Reicher sein Kind mit dem des Arbeiters die Schulbank drücken zu lassen. Aber da hat man nicht mit dem Stolz des Arbeiters gerechnet, der gar nicht daran interessiert ist, nicht Arbeiter zu sein. Das ist es, was ihn abtrennt von den Reichen, und das hält ihn hoch, oder vielleicht hält es seine Klagen hoch, die er braucht, um seinen Stand zu bekräftigen. Denn Klagen geben Kraft. Klagen sind eine Mauer gegen die übrigen, die ihrerseits ihre Klagenauer haben. Jeder auf der anderen Seite, aber nie zusammen, und da stehen sie und beklagen die Mauer, und das ist gut so, denn das ist alt und historisch und vertretbar und an dieses Althergebrachte, das unsere heutigen Gesetze bestimmt, die, wie jeder weiß, gar nicht geändert wurden, werde ich mich halten. Ich, als Arbeiterkind, was ich, wie jeder hören kann, mit unsinnigem Stolz hervorhebe und mich damit als ein solches unter Beweis stelle, werde Kasten überspringen, und ich werde auch Zeiten und Gebräuche und Errungenschaften und Ansichten überspringen, ganz einfach die Klagemauer überspringen und ein Privileg der Reichen von früher in Anspruch nehmen. Jetzt, für mich, heute.

Das zuständige Ministerium arbeitet noch, ich suche telefonisch die genaue Auskunft bezüglich der Schulpflicht. In mir herrscht die Sachlichkeit und nicht das Zögern, ich bin angespannt an meiner Leitung, und ich habe nur mein Vorhaben eingespannt und sonst haben keine Gefühle Vortritt, obwohl sie es sind, die in ihrer Aufgerührtheit meine Spannkraft ausmachen. Ich werde verbunden mit einem höheren Schulbeamten.

Ich trage ihm kurz mein Anliegen vor, daß ich mein Kind nicht in die Schule schicken will, und er macht dann eine kleine Pause und meint, daß diese Sache etwas ungewöhnlich sei, aber er beunruhigt mich nicht, absolut nicht. Ich bin auf alles gefaßt. Er könnte ja auch lachen oder mir mit der Polizei drohen oder mich für irrsinnig stempeln und abholen lassen. Aber dazu brauche ich ihn nicht, und er weiß das, und er ist höflich und reserviert, überhaupt nicht überrascht, sondern mit Sachlichkeit geschmückt. Er spielt mit mir, ich spüre das in dem Draht, er ist nicht einmal daran interessiert, mich abzuwimmeln, er überlegt sich etwas, er denkt nach, er geht mit, und das ist der erste Erfolg, den ich in diesen kurzen Sekunden nach meinem Vortrag spüren kann, und das ist etwas, was ich vor einigen Sekunden noch nicht wissen konnte. Meine Sache läuft bereits, und sie ist nicht abgewürgt worden, sondern ich bin richtig. Nur nicht ganz richtig bei diesem Herrn, denn ihm ist die Sache etwas zu heikel und ausgefallen, und er schlägt vor, mich weiterzuverbinden an einen anderen Mann. Und zwar an einen Älteren, wie er mir vertraulich mitteilt, denn in seiner Amtszeit sei ihm so ein Anliegen noch nicht vorgetragen worden. Obwohl er weiß, daß solche Möglichkeiten in irgendeiner Form bestehen.

Der andere Beamte ist im Augenblick nicht anwesend, und eine Sekretärin will sich vorher meine Wünsche anhören, um sie dann gesiebt dem Herrn vorzutragen, aber das kenne ich schon. Ich muß also wieder ganz von vorn anfangen, und bei anderen Menschen sehen dieselben Dinge wieder ganz anders aus, und ich sitze wieder ganz unten auf meiner Anliegenbank, und es kann noch alles fürchterlich schiefgehen. Ich kann noch immer ausgelacht werden, es kann noch immer alles passieren. Wenn dieser nette Herr von vorher mich hätte verbinden können, wäre das ein Riesenstein im Brett gewesen, weil, wenn einer eine Geschichte angehört hat, es geschafft hat, sie zu hören, dann ist sie für den nächsten schon zurechtgeschliffen und nicht mehr so scharf im Hirn. Hat einmal einer meinen Gedanken folgen wollen, vielleicht in diesem ganzen Schriftstück da vor dir, dann ist es für den nächsten gar nicht mehr so ein Abenteuer oder Wagnis zu folgen. Und für einen ersten Schritt danke ich jetzt hier an dieser unpassenden Stelle dem, der weiß, daß er damit gemeint sein könnte, weil er der erste war, der mich überhaupt hören wollte. Ich will also dieser Sekretärin nicht sagen, was ich auf dem Herzen habe. Sie würde mir alles verdrehen oder überhaupt vergessen oder anders betonen, auf jeden Fall könnte sie die Strippe nicht mit meiner eindringlichen Vibration versehen, denn sie vibriert ja nicht in diesem Anliegen, es ist ihr ja keines, obwohl das vielleicht gar nicht stimmen muß. Ich bin höflich, denn ich werde sie noch einmal brauchen, wenn sie mich verbinden wird und verlange die Nummer, um später den alten Herrn zu erreichen. Sie tut das, und ich spüre, ich muß mich ein wenig von der untertänigen Art lösen, ich darf ruhig ein wenig fordern, ich will etwas, wozu ich mich berechtigt fühle, und darauf kann ich ein wenig mehr bestehen, und ich muß einmal nicht so viel bitten und mich beugen. Vielleicht ist das in dieser Sache gar nicht gut. Es ist überhaupt ein Irrtum, daß man als Bescheidener immer besser fährt, denn es soll bereits unter das Volk gedrungen sein, daß man sich hinter Bescheidenheit nur versteckt und sie benützt, um aus Mitleid zu bekommen, was man will. Man wird nie bekommen, was man will, man wird immer nur bekommen, was man braucht. So sieht es jedenfalls derjenige, der gibt. Ich sollte durch mein unsicheres Auftreten dem anderen in

nützlich sein. Sie sieht mich dazwischen an und fragt wie von ungefähr: «Brauchen Sie das für sich? Ist es für ihr Kind?»
«Ja, ich habe mit dem Ministerium gesprochen. Ich bin genau informiert. Ich brauch dieses Formular.»
Sie kramt wieder und kann sich dann doch nicht zuürckhalten, mich zu fragen, ob ich mit dem zuständigen Herrn meiner Schulbehörde Näheres besprochen hätte, sie würde mir das empfehlen, und sie würde auch empfehlen, ihm das Kind vorzustellen. Und sie würde zu bedenken geben, daß das bald, noch vor den Ferien, geschehen sollte, auch wenn ich mit dem Ministerium im Einvernehmen handeln würde. Ihr Chef hätte es gern, wenn solche besonderen Anliegen mit seinem Wissen abgewickelt würden. Und jetzt hat sie das Formular gefunden und mich in die Tinte gesetzt, genau dorthin, wo ich nicht hinwollte. Ich habe aber hier nicht viel Auswahl meiner Lieblingsplätze, und ich muß nehmen, was mir angeboten wird, und ich komme nicht umhin, einen Termin mit ihr auszumachen, an dem ich ihren Chef sprechen könnte. Übermorgen soll ich erscheinen, wenn möglich mit dem Kind, dann sei sie zufrieden.
Und auf dem Formular ist diese Spalte, in die der Name und die Daten und die Nummer der Lehrbefähigung und noch allerhand Genaueres über den Lehrer eingetragen werden muß, der das Kontrollorgan sein soll für den Lernfortgang. Und ich habe so einen Lehrer nicht zur Hand, und alles soll übermorgen bei dem Herrn Beamten hier aufscheinen, das ist vereinbart, und ich möchte natürlich diesem Herrn schon alles ordnungsgemäß vorlegen, ich bin aber völlig in Unordnung mit meinem Ordnungen, denn wo soll ich bis übermorgen einen Lehrer auftreiben, der mir da unterschreibt, was er vielleicht gar nicht glaubt oder ihm zumindest unbekannt ist. Und diesmal bricht mir nicht der Freudenschweiß, sondern ein anderer Schweiß aus, aber das tut nichts zur Sache. Ich habe mein Formular, und das wollte ich mir besorgen, und das gibt es also, und das ist weiterhin ein Punkt für mich.
Ich laufe auf Touren, denn ich habe nicht viel Zeit, und Komplikationen treiben mich eher an, als daß sie mich entmutigten. Ich überlege wie ein Zug, und ich gestatte mir nicht, keinen Ausweg zu finden. Mich läßt mein Vorhaben nicht los, besonders wo es in seiner Absurdität sich so weit als möglicher Schnitt in die Gewohnheit hineingeschnitzt hat, und da etwas daraus zu werden scheint, etwas, das ich vielleicht nie für möglich gehalten hätte, daß es formbar wäre, und ich habe nicht geschnitzt, und ich sehe doch, daß ich einen Zug in der Hand habe, der ohne Ausbildung dieses Talents zum Zug kommt, der formt aus sich selbst, je weiter ich mich hineinwage in dieses Holz, wobei etwas herauskommt, was dem noch viel ähnlicher zu sein scheint, als was ich mir vorgestellt hatte. Mein Traum ist es, der sich formen will unter dem Fieber meiner Tat. Und Träume wer-

den Wirklichkeit, wenn man sie lang genug träumt und ihnen Zeit läßt, die rechte Zeit zu finden, um sich zu entpuppen. Und wahr wird der Traum, und die Wirklichkeit ist oft wie Eis, und auf dem scheine ich mich jetzt zu bewegen.

Es gibt eine Nachhilfestelle, die Lehrer an Kinder vermittelt, die sich beim Lernen nicht sehr leicht tun. Diese Lehrer sind interessiert an einem Nebenverdienst, oder es sind Lehrerinnenmütter mit kleinen Lehrerbabies, welche eine Ausübung des Berufs ihrer Mutter unterbinden, diese wieder können es nicht lassen, doch zu lehren. Ich suche mir diese Stelle aus dem Telefonbuch, und nicht das Kloster, in dem ich einmal Nachhilfeunterricht in Mathematik hatte. Die Nonne hat so winzige Zahlen geschrieben, daß es zum Staunen war, aber absolut zum Lesen, denn ihre Schrift war wie gestochen und von einer gespenstischen Erkennbarkeit trotz der Unsichtbarkeit. Ich wurde nicht besser im Rechnen, und außerdem trat sie einmal an mich heran mit dem Anliegen, zu den Nachhilfestunden doch lieber in einem Rock und nicht in einer langen Hose zu kommen, und das wollte ich nicht. Eigentlich war mir das völlig egal, ich wäre auch im Pyjama gekommen, aber ich wollte die Rechenstunden nicht und diese Schrift auch nicht, und da ging ich dann auch im Rock nicht mehr hin. Ich will nicht so eine Nonne haben, die auf dem Formular so klein unterschreiben würde, sondern eher eine junge Lehrerin oder einen Lehrer, und das sage ich auch dem Mann, der dort die Kartei führt über die Kräfte, die sich für solche Arbeiten anbieten. Ihre Schrift ist mir völlig egal, und dem Herrn scheint mein Anliegen, das ich ihm vortrage, auch egal zu sein. Ihm geht es nur darum, seine Bewerber ins Geschäft zu bringen, und er zweifelt vorerst nicht daran, daß sich dieser oder jener gern dafür hergeben würde zu unterzeichnen, Geld dafür zu bekommen, um nur dreimal im Jahr aufzuscheinen und das Kind zu prüfen. So stelle ich mir das praktisch vor und bekomme auch eine Telefonnummer von einer Lehrerin, die in der Liste an die Reihe käme, denn sie scheint derzeit nicht allzu viele Schüler zu haben, und Zeit und Platz in ihrem Arbeitsplan für mich und mein Vorhaben und für ein paar Scheine mehr, ohne viel zu arbeiten. Lehrer, die derzeit im Dienst stehen, werden nicht so begeistert von meinem Anliegen sein, denn sie dürfen eigentlich nicht neben ihrer Arbeit Geschäfte führen, wenn ich den Herrn recht verstanden habe, zumindest keine offiziellen Lehrtätigkeiten sollen sie ausführen. Lehrer, die nicht im geregelten Arbeitsverhältnis stehen, jedoch ihre Lehrbefähigung immer behalten, dürfen alles. Und darum geht es mir.

Der Mann spricht so lang auf mich ein, und er gibt auch zu bedenken, daß die Ferien bald beginnen und daß die Lehrer vielleicht nicht mehr zu Hause zu erreichen sind, und ich bin schon ganz müde von seinen Ausführungen und will mir endlich Gewißheit verschaffen, ob diese Dame einver-

standen sein würde mit meinem Vorschlag. Ich kann ihr ja nicht mehr berichten, als daß ich im Einvernehmen mit dem Ministerium handle, und es ist immer noch die Möglichkeit, daß sie nicht da ist und nicht rechtzeitig wiederkommt, und es ist nicht mehr viel Zeit, sie zu überzeugen, und es ist überhaupt schon alles zu spät. Mir schwirrt der Kopf. Ich müßte morgen zu ihr hin, mindestens morgen, wenn nicht noch heute, und da müßte sie schon einverstanden sein mit dem Ungewöhnlichen und schon unterschreiben, und es müßte, das Ganze müßte schon endlich fertig sein, und ich komme überhaupt nicht weiter. Irgendwie hat der Mann vorerst so getan, als sei alles schon geritzt und jetzt auf einmal sollen die und der nicht zu Hause sein und jetzt auf einmal kommen ihm Bedenken, und er erzählt mir noch einmal diese Sache mit den Lehrern im Dienst, die nicht dürfen und dann meint er, es läge überhaupt nur beim Lehrer und seiner Entscheidung, und ich sollte es probieren. Er hat mich zuerst gestützt in der Fraglosigkeit meines Vorhabens und hat sich hineinverharmlost in diese Geschichte, so als ginge es um Alltagsprobleme, und jetzt läßt er mich sitzen auf der vagen Hoffnung, ob es gelingen könne.
Und ich wage es gleich. Ich rufe die Nummer der Lehrerin, und da meldet sich niemand. Es ist Nachmittag, später Nachmittag, und es ist niemand da. Ich habe noch einen Abend. Diese Lehrerin scheint kein Baby zu haben, denn mit Babies bleibt man nicht so lange aus, das weiß ich, und ich warte.
Am Abend rührt sich auch niemand, in der Nacht versuche ich es nicht, und am Morgen rührt sich wieder niemand, zu Mittag funktioniert mein Telefon nicht, und am Nachmittag rührt sich wieder niemand. Ich werde auf Telegrammstil in meiner Abfassung dieses Berichts übergehen, denn ich merke, ich habe den Antrieb verloren, meine Anspannung aufzuschreiben. Ich habe überhaupt ein wenig den Antrieb in meiner Sache verloren. Ich bin müde, und noch habe ich nicht begonnen. Ich habe heute schon so unausgeschlafen oder unausgeschlachtet begonnen. Ich immer, beginne, wieso beginne ich immer wieder immer wieder immer wieder dasselbe. Meine Gefühle, vor mich herzutippen wie ein blöder Vogel, der sich immer auf den eigenen Kopf klopft. Wie in irrsinniger Monotonie und vorher bin ich in mein Tippen hineingefallen, und ich habe nur mehr auf die Schläge gehört und bin da eingesunken und habe nicht mehr gewußt, was ich da ausschreibe. Was soll ich berichten von Geschichten, die stehengeblieben sind, die die Spannung ausgeleiert haben. Ich selbst bin ausgeleiert an meinem Vorhaben, und ich sitze da wie ein Automat und haue herunter meine Zwischenzeiten, und ich bin mutlos, ich hänge da, ohne ein Echo in meinen Bemühungen, mich an etwas zu begeistern, mir ist das zu blöd, mir steigt eine Fratze auf, die meine Buchstaben als Rotz in der Nase stecken hat, der so hart geworden ist und keine Luft mehr, keine Lust mehr, manchmal geht mir alles ab, was ich sonst

nicht suche. Da bin ich mehr verbissen als vertieft und schlapp schlapp schlipp schlapp schlipp und schlapp und schl – ich steige aus aus meinem Schuh, weg damit, wer sagt, daß ich nicht barfuß gehen darf, es ist warm, und mir stinken die Schuh. Meine Musik in den Tasten, die ist ein Lied zu keinem Text, und aus meinem Hirn schwingen Oleanderzweige vor meinen Augeh, die Orangen prallen zusammen und geben einen dumpfen Ton in sich hinein, sauer sauer ist der Saft von Tagesfrüchten, alltäglichen Früchten auf den Bäumen in den Vorgärten, und der Staub liegt so schal in den unsichtbaren Ritzen der Gedanken. Ein schorfiger Schrund, der ein eigenes Gesicht hat, meines, ein eingekerbtes Bild, das ich nie loswerden will, meines jeden Tag ein und dasselbe. Herauskratzen so wie Kratzen ist so wie Schürfen zwischen den Zehen ist oder Schaben an einem juckenden Mückenstich oder Auskratzen unter dem großen Zehennagel.
Dazu brauche ich keine Nonnen mit winzigen Schriften und keine Hauslehrer und Vermittlungen und diesen ganzen Ernst nicht, mit dem ich mich da hineinverbissen habe. Ich steige aus, bitte aussteigen, bitte noch aussteigen, ich werde nie mehr mitfahren, wenn sie mich nicht aussteigen lassen, diese Gespenster meiner Bißwunde. Mir kratzt die Weile über das ewige Dach des Nachbarhauses, und ich hacke wie ein Specht in mein Geschlecht blödsinnig verloren in einer Ausweglosigkeit ohne Losung ohne Lösung.
Während der Straßenbahnfahrt war ich immer etwas von Aufstoßen und schlechtem Geschmack im Mund gelästigt. Vielleicht waren es auch die Kleider der vielen Schlächter, die um diese Zeit in den Schlachthof fuhren. Es haftete ihnen ein intensiver Geruch von Blut und rohem Fleisch an. Ich weiß das, weil mein Großvater, mit dem ich als kleines Kind lange im gleichen Haushalt lebte, Schlächter war, woran ich mich nie gewöhnen konnte.
Ich war noch nicht dick genug, daß mich jemand niedersetzen ließ. Ich war jung genug, daß niemand Platz machte. Kavaliere gibt es am Morgen nicht. Hätte es doch einen gegeben, wäre ich auf meinem Platz sicher eingeschlafen.
Körperzustände – Körperzustände, stelle dir vor, du müßtest in meinem Bauch sitzen, nicht auszudenken. Wünsche ich mich in meinen Bauch zurück? Wenn ich mir vorstelle, ich müßte heute in den Bauch meiner Mutter zurück, stellen sich mir alle Haare auf. Mir wird gleich ganz schlecht dabei und ein seltsames Lachbedürfnis verlegt mir die Kehle. Herrgott, ich glaube, ich muß es doch sagen: Ich wollte dieses Fleischstück absolut nicht in meinem Bauch haben. Es war mir störend bis unheimlich, vielleicht war ich auch wütend über dieses Menschenleiden, dieses ewig selbe Leiden, seit es Leben gibt. Und das gab es immer schon. Ich fühlte mich hineingelegt, überführt in dieselbe Bahn verfrachtet mit allen Menschen-

häftlingen. Ich konnte jetzt nicht mehr für mich haften. Ich habe bemerkt, daß ich genauso anfällig für die Ergebung in dieses ewige Menschenspiel war wie alle anderen. Ich hatte mir immer ein Kind gewünscht, denn ich bin eine normale Frau, aber da, wo es geschehen war, wollte ich anders sein. Übertölpelt – total übertölpelt!

Hatte ich vorher die schützende Distanz meiner tatsächlichen Lage zu meiner Vorstellung in einen Wunsch gekleidet, so hatte ich jetzt eine Bundweite, die allen Konfektionsweiten spottete, und ich entschloß mich schon sehr früh dazu, einen weiten Leibrock über Blusen und Pullover zu tragen. Damit erlaubte ich dem nun einmal unaufhaltsam wuchernden Bauch mehr Freiheit und mir selbst, da ich ja zur Hälfte aus Bauch und Magen bestehe, mehr Atemraum in meiner so neuen Lebenslage. Das tat gut, und ich glaube, daß damals meine ohnehin geringen Übelkeits- und leisen Schwindelzustände ausgelaufen waren in eine beruhigendere Bereitschaft, mich selbst in mir zu tragen – auszutragen, meine Menschenart zu ertragen.

Ich zeigte mich meinen Spiegeln mit Bauch. Bitte, seht her, ich bin ein Mensch. Das Wesen in meinem Bauch hätte auch ein Skorpion sein können oder ein verirrtes Mondmännchen, ich stelle es mir nicht sehr menschlich vor. Das war es ja auch nicht, das war es überhaupt nicht, und mir verwirrten sich alle Menschensinne, wenn ich daran dachte, wie sich das zutragen sollte, wenn es herauskäme, irgendein erschreckendes Wesen vielleicht, irgendein Auswuchs meiner gesammelten Schuldgefühle und aller Schulden dieser Menschentiere.

«Die Erde ist ein Sühneplanet!» Sprach's und stopfte sich seinen Pint zurück in die Hose.

Ich wollte nur mich erhalten, nur die Vorstellung von mir, nur diese Vision von einer Mutterschaft, nur die Liebe als Gefühlshirnwoge, wie einen feuchten Traum, aber doch nicht wirklich stürzen auf das Schlachtfeld. Da tut sich was – ich kann dir sagen, was ich gar nicht wissen dürfte, weil du nicht willst, daß jemand so klug ist wie du. Ich weiß, ich will das auch nicht. Ich glaube das auch nicht. Mich will ich erhalten und nicht dich machen, um daß du mich einmal auffrißt und übertölpelst. Eben das aber haben wir schon lange vor unserer Zeit gemacht, und wir sind bereits die von uns selbst überführten Götter. Wir erhalten unsere Art, weil es sinnlos und überflüssig ist, uns selbst zu erhalten. Daß wir die Menschheit nicht gern aussterbend denken, ist, weil wir uns selbst nicht gern sterbend denken.

Aber keine Sorge, es kehrt alles wieder zu sich selbst zurück. Die Rückkehr der Menschen in den Bauch der Mutter Erde, das ist ein Fest für unsere Brüder, die Würmer, unsere Schwestern, die Asseln, da kehre ich zurück zu den Skorpionen und Meerjungfrauen, zu den Fischen und Kreb-

sen, Löwen und Wassermännern. Vorerst bin ich Schütze und schieße scharf auf alle Klugen, die feststellen, daß wir Arterhalter sind. Selbsterhalter bitte vor!
Da ich aber nun einmal einen wachsenden Menschen im Bauch hatte und nach Menschenart sehr neugierig bin und mich mit Wollust in mir unbekannte Gefilde begebe, tauschte ich langsam meine hartnäckige, aber nutzlose Abwehr meines Loses in Gedanken an eine Zukunft mit diesem neuen Menschen ein, wechselte über von Gebücktsein zu langsamem elastischen Beugen vor mir selbst. Ich erkannte mein Schicksal als meinen eigenen Willen, der mir auf der Vernunftebene sonst nur sehr schwer zugänglich war. Ich muß wohl gewußt haben, was ich tat, warum ich es tat und wofür ich es tat. Daran schließen sich keine Fragen. In der Aktion ist der Mensch fehlerfrei, gedankenlos, er selbst.
Ich hatte eine Zukunft. O Jubel, o Leid, eine Zukunft wie jede andere Menschenfrau. Wie jede Kinderfrau. Erdstern voller Gefühle, voller Sehnsucht, voller Haß und voller Zärtlichkeit. Wie in einem Rausch geht der Wunsch nach einer Zukunft auf, nach einer Hingabe an meine Verbündeten, so daß ich sie mit in meinen Tod nehmen muß. Noch einmal sah ich einen neuen Horizont an meinem alten Erdenhimmel aufgehen. Ein altes Leben, belebt in dem Experiment, eine neue Beziehung aufleuchten zu lassen. Und doch zu lebendig, um zu experimentieren. Ein Mensch – aus mir, sich aus sich bewegend, in sich blickend – zurück zu mir, aus mir . . . Ein neuer Mensch. Mein Messias.
Mein Alltag grüßte mich mit Bewegung und Energie, Beruhigung und kerniger Sinnhaftigkeit. So als hätte ich mit diesem kleinen Menschen meine eigene Kindheit ins Rollen gebracht, einen schmerzlich abgetöteten Ast endlich wiederbelebt, mich selbst gerührt unter meinem eigenen Herzen. So ähnlich berauschte mich der Gedankentraum im etwa vierten Monat meiner Schwangerschaft, und mit solchen Gefühlen ließ sich leicht leben, ließ sich ein molliger Körper leicht ertragen. (Schwangere Menschen sehen ulkig aus.)
Zugleich gewann ich eine gewisse Unabhängigkeit von allem und allen. Ich war eine andere in einem abgesonderten und noch dazu nicht ungewürdigten Stand. Ich hatte einen eigenen Lebensinhalt, ich brauchte wenig, denn ich war ja ziemlich gefüllt. Ich aß nicht übermäßig. Ich war eher ordentlich und bedacht, ich hatte ja eine nicht zu unterschätzende Lebensstütze: Ich wußte, was mit mir los war. Ich hatte neun Monate Gewißheit über mein Treiben, über mein Wohin und Wozu und Warum. Wahrscheinlich ist diese Zeit lang genug, daß man sich so sehr daran gewöhnt, daß niemand die Kinder dann wirklich ausstoßen möchte. Niemand will wirklich gebären. Der Gedanke, daß nach neun Monaten dieser fleischliche Gedanke wirklich herauskommen könnte, liegt einer Schwan-

geren so fern wie einem Gesunden das Sterben, auch wenn er oft davon spricht und daran denkt.
Spannend, erregend, aufgeladen, voll ausgerichtet auf den ersten Flug nach innen in die mir bekannte Ferne, aber auch in einem Schauer zusammengeduckt und blind vor soviel Schicksal, zieht man durch die Schwangerschaftstage. Ich zog an Geschäften vorbei und sah auf Babyjäckchen, Rasselbüchsen und Lulleruller, gab mir an fremden Kinderwagen das Fahrgefühl, ließ mich aber lieber fahren als selbst zu fahren, denn ich war ein bißchen träge. Ich durfte. Manchmal gestattete ich es mir. Ansonsten wehrte ich jede Fürsorge entschieden ab. Ich wollte weiterhin als zurechnungsfähige Einsamkeit respektiert werden. Wer wollte, durfte Strampelhosen stricken oder bringen, das war mir lieber als jede übertriebene Sorge. Ich wollte nichts davon wissen, daß es auch schwierig werden könnte, dieses Schauspiel. Ich hatte ja Angst, wie sich versteht. Verstehst du?
Ich gab mich ruhig. Es fiel nicht schwer, da ich mich wohl fühlte in meiner Haut. Wie ein Luftballon im Karneval, der dem Kirchturm zuzieht, stetig, ohne es vorzuhaben, rotbackig und beliebt.
Jäckchen strickte ich selbst nicht, obwohl ich natürlich stricken kann. Aber diese Handlung wäre mir wie ein derbes Vorgreifen meinerseits in ein blutiges Feld gewesen, vor dem ich mich scheute. Nicht so wirklich bitte – nicht so schnell, laßt mir Zeit –, ich bin ja schwanger. Aber an Geschenken dieser Art hatte ich damals eine so kindliche Freude wie an Spielzeug. Meine Erwartung erfüllte mich mit derselben ganzen uneingeschränkten Freude, wie wir sie alle an uns als Kinder festgestellt haben.
Manchmal versuchte mich mich zu erinnern, welcher Fick es wohl gewesen war, der mir das Christkind bescherte. Ich hatte es mir ja nicht vorgenommen. Oder doch? Ich habe damals aus jugendlichem Leichtsinn keine Pille geschluckt. Manchmal habe ich gerechnet und versucht, mich nicht allzu bedenkenlos in die Hölle zu stürzen. Aber ich war immer schon eine schlechte Rechnerin, und außerdem war ich so etwas wie ein Instinkttier, das sich sehr menschlich fühlte, und nicht stank, was das Fickbedürfnis meines Partners rege erhielt. Ich war jung, nicht zu jung, um nicht zu wissen, wie mir geschah, aber ich liebte immer das Risiko. Damals – damals – heute? Heute. Vielleicht auch nicht. Vielleicht war es gar kein besonders glücklicher Fick. Vielleicht ein sachlicher, an dem ich an eine vergessene Geldbörse dachte, vielleicht ein Gefälligkeitsfick, weil ihn der Wochenzeitplan vorschrieb. Es wurden mit der Zeit so viele gleichartige, unauffällige, lustige und genußvolle, liebevolle und gehässige, erinnerbare und verborgene sowie verschlafene. Ich möchte aber fast glauben, daß die Empfängnis Mariä ein erinnerbares Spiel ist.
Eigentlich müßte es kalt gewesen sein, ich sehe mich aber ohne Kleider, vor dem Zubettgehen, dort, wo ich gar nicht vorhatte, die Nacht zu ver-

bringen, ich aber wußte, daß das Bett noch eine Rolle spielen würde, auf einem Küchentisch knien. Nackt beugte ich mich zum Fenster hinaus in den Garten und empfand die kalte Luft wie rein auf meiner Haut. Es war viel zu kalt, um sich ungeschützt in Vernunft zu baden. Ich war noch allein, ich war es gern. Es war dunkel, und niemand rundum konnte mich unvernünftig oder verrückt finden, denn siehe und staune, es sah mich niemand. So dachte ich, obwohl mir damals auffiel, daß ich angefühls dieser Luft auf meine Nacktheit wenig bedachte. Ich genoß das Hängen und Schweigen in dieser Kälte, und ich habe den Verdacht, daß ich viel lieber da hinaus aus dem Küchenfenster in den Garten gestiegen wäre, in die Büsche der Unvernunft hinein, über die Hecke der Ausgeliefertheit und raus beim Freiheitstürl, nackt, ohne Kleider und Gefühlverwicklungen, ohne Glieder- und Hirnverschiebungen, ohne Gebärmutter und Brustwarzen, aber mit einem Orgasmus der Einsamkeit in Kälte und Losgelöstheit. Dort verschwand sie – dort – die letzte Bewegung – noch ein Rascheln und ein Aufblitzen weißer Haut in dunkler Nacht. Ich habe alles gesehen, ich habe alles gewußt, was kommen würde. Ein Kälteschauer bewegte mich wieder, und ich ging zurück ins Zimmer.

Ich glaube, in menschlicher Wärme eines Ofens, in menschlicher Weichheit eines Diwans, in menschlichen Bewegungen, mit menschlicheren Samen als mit denen des kalten Geistes, hat sich mein Inneres dann gefüllt.

Ein Diwan in der Eisregion hängt über einem erkalteten Ofen. Ein Pinguin sitzt in der Bettlade, hat sich meine Unterhose angezogen, und er lacht.

Ich hatte ein neues Spielzeug. Genauso fühlte ich es, genauso wie damals, wenn ich ein ersehntes Stück bekam. Ich legte außerordentliche Sorgfalt in seine Verwendung, seinen Zweck und hatte zu den Dingen eine lebendige Beziehung wie zu einem Menschen. Ich hing an meinen Gegenständen mit mehr Leben als an Menschen. Sie waren mir näher, sie waren mir lieber. Tote Gegenstände belebte ich, und da war ich mein Kindermeister. Es war immer ein großes Abenteuer, wenn ich einen Kinderwagen schieben durfte, wahrscheinlich auch, weil mir der sehnliche Wunsch nach einem Puppenwagen immer und Gott sei Dank verwehrt blieb. Ich, mein Schiebebedürfnis, war als Kind nie gesättigt worden.

Ich bekam einen übertragenen, aber noch recht schmucken, tiefen Kinderwagen von einer Bekannten geschenkt. Autofahrer hervor! Vielleicht hast du einen neuen Wagen, wenn er auch alt sein sollte, aber ich glaube, du weißt, wie man da putzt und schmiert, schaukelt und poliert. Mein Wagen, mein Fahrzeug in die Geburtsklinik.

Ein schwachbrüstiger jungendlicher Idiot, der kein Gefühl für das hatte, setzte sich einmal aus grobem Spaß in meinen Kinderwagen. Seitdem hing er auf der linken Seite immer ein wenig herunter, der Wagen. Ich tarierte seinen Stand durch irgendeinen schweren Gegenstand aus, wie Milch oder Obst. Es soll äußerst schädlich sein, kleine Kinder in eine schiefe Lage zu bringen, da das Hirn einseitig in Fluß kommt, hatte man mir gesagt.

In diesem Wagen lagen all die kleinen Wichtigkeiten, die sich langsam anschenkten, all diese kleinen Spielzeuge, die ich legte und rollte, faltete und strich, manchmal auch wusch, oft auch stolz vorführte und sorglich verwaltete, so als würde ich mich damit selbst bereiten für die Unmöglichkeit meines monatelangen Weges über Erwartung, Angst, Erschütterung und Lachen. Diese Unwichtigkeiten waren meine reale Beziehung zu dem, was scheinbar außer meiner Macht lag, und ich beschwor damit wie mit einem Totem das Tabu. Ich hielt dem Gespenst meine ausgedachten Waffen entgegen und wies meine ausgedachte Angst vor dem Unbekannten damit in Schranken.

Ich kaufte nichts selbst, auch nicht den Teddybären, der im Wagen oben sein Domizil hatte und etwas derb für einen menschlichen Teddy wirkte. Weiße Baumwolleibchen und glatte, einfache Hemden zum Hintenbinden, ein weißes Köfferchen mit einer weichen Bürste für die fehlenden Haare, einen Haufen Schminke für das Baby, Creme und Puder, lauter sicher völlig unnütze Sachen, vielleicht, ich weiß ja nicht, denn ich habe dann mein Baby immer fleißig gepudert und gestaubt. Vielleicht hätte es heute weniger Staub im Kopf, hätte ich nicht so viel Mehl verwendet.

Ein besonderes orientalisches Babyjäckchen mit dem Verschluß auf der einen Seite und einer Stickerei auf der anderen, es wirkte gar nicht babysch, und das gefiel mir. Ich erwartete ja einen Menschen und keinen Wurm. Kleine Schuhe und gummine Enten, die Wuzeln und Muzeln, Dingeln und Dangeln. Ich achte alles wie meine Spielzeugkiste. Auf die Straße jedoch nahm ich den Wagen nicht mit, kam aber einmal jemand ins Haus, so versäumte ich nicht, meine Schätze zu zeigen. Sie waren wie ein Ausweis für meinen Stand: Bitte, sieh her, es ist mir ernst, ich habe keinen leeren Luftballon unter dem Rock. Vielleicht zeigte ich auch gern, um meine Bereitschaft, Neues anzunehmen, an den Mann zu bringen. Ich zeigte auch manchen Männern meine Kiste, aber nicht allen, nicht wahllos.

Ich ging auch gern in Spielzeuggeschäfte, wo ich die neuen rohfarbenen Spielzeuge, Mammuteisenbahnen und Wippschaukeln, betrachtete. In meiner Stadt gibt es da einen vorzüglichen Selbstbedienungsladen. Für die Kindermöbel war es noch viel zu früh im Lebensalter, aber eine viereckige, hölzerne Kinderschelle mußte ich haben. Diesen Schritt war ich meinem Wesen schuldig, obwohl ich natürlich als interessierte werdende

Mutter genau wußte, daß Holz für ein Neugeborenes völlig ungeeignet ist. So drehte ich meinen Tanz um meinen ja immer noch nur gering geschwollenen Bauch und sammelte Totems, um dem gefürchteten Tabu zu vertrauen – anzuvertrauen – zu nähern –, Unmögliches zu gestatten, meine Wehrlosigkeit gegen mein Wachsen und Schwellen zu ertragen.
Jenseits einer Vernunft – jenseits meiner Macht – aus den Vorzeiten meines Verstands gesteuert, muß mein Menschenhirn passen, weil es mit erzwungenem Denken nicht mehr kontrollieren kann; solche Bewegungen jenseitiger Art zum diesseitigen Bereich und wieder zurück zu diesem und jenem, wie Tod und Geburt und Zeugung, bewegt sich so mächtig, ohne meinen Verstand zu benötigen. Unnötig ist mein gepriesenes Hirn angesichts solcher Spiralen, so daß ich, da ich keinen herkömmlichen Zugang zu diesen Zwischenräumen habe, sie zu einem Unberührbaren, zu einem Undenkbaren erkläre und von meiner Verantwortung abschiebe – tabuisiere. Chaotisieren wir im Tabu herum, schnell.
Die Geburt. Wer ist wer? Wer ist die Geburt, wie sieht die aus, siehst du dieses Fischwesen in den Hirndärmen, das soll lebendig sein?
Ich bin nicht um vier Gräten lebendiger, wie ich jetzt da so hocke und tippe. Belegen wir manche Arten von Wandlungen mit einem Geheimnis, weil sie die klarsten und reinsten Gedankenreste sind, befreit vom Zwang, menschlich erscheinen zu müssen. Während es geschieht, faßt uns die Atmosphäre gleichzeitiger Austauschbarkeit der Denkbereiche und die tabuisierten Bewegungen lösen sich auf zu kristallener Klarheit und Einheit mit unserem Menschsein, und nichts ist unmöglich oder unvorstellbar, während es geschieht. Aber vorher, jetzt oder dann oder nie, da denke ich nicht gern über mein Sterben, da dachte ich nicht gern über die schmerzhafte Geburt, da spricht man nicht von der Zeugung, denn das liegt jenseits einer Vernunft und meiner Macht, aus den Vorzeiten meines Verstands gesteuert, muß mein Menschenhirn passen. Das ist ein Tabu. Wahnsinn ist auch ein Tabu.
Verdammt, wenn mir nicht so gern übel wäre. Hallo, Kind, was ist, was ist mit dem Lehrer. Bitte, sei mein Lehrer in deinem Wahn. Lehre mich deine Ausgeleertheit, aber du bist es ja nicht. Schau an, ich kann nicht mehr warten auf diesen Anruf, ich bin nicht einmal mehr ungeduldig, ich bin es müde, und noch habe ich nicht begonnen. Warum muß ich immer machen, was andere nicht machen, warum kann ich nicht so wie alle, aber ich bin es ja doch und warum nicht wie alle und ich und wer sind alle und für wen das Ganze und wohin eigentlich und was ist mit wer ist mit womit damit und es ist Abend, bald Abend, noch ist es Nachmittag, später Nachmittag und die Lehrerin meldet sich nicht. Aber ich versuche es ja nicht, ich versuche mich glücklich zu machen, wo ich doch unglücklich bin. Und daß ich mich glücklich machen will und mir nicht erlaube, un-

glücklich zu sein, das macht mich noch mieser, und ich fahre hinein in die Miesheit und hinein und hinein und verbeiße mich jetzt da, weil ich es aufgegeben habe, mich in meine Geschichte zu verbeißen, jetzt mache ich meinen Narren aus mir selbst und nicht mehr aus den anderen, und da ist kein Unterschied und nicht mehr Glück. Das Glück ist ein Narr. Ein Glück, ein völlig überraschendes und unerwartetes, vielleicht sogar unerwünschtes Glück ist es, daß sich jetzt doch jemand rührt am anderen Ende der Schnur. Eine Frauenstimme.
«Ja, der Herr Wieser von der Vermittlung hat mich schon kurz unterrichtet. Es geht hier um eine außertourliche Sache. Ich würde mich da schon gern noch näher mit Ihnen unterhalten. Ich muß schon sicher sein, daß diese Sache in Ordnung geht. Vielleicht könnte ich Sie sprechen?»
«Das trifft ganz mein Vorhaben. Mir wäre es am liebsten, so bald wie möglich, weil ich bereits morgen mit der zuständigen Schulbehörde einen Termin vereinbart habe und dazu bereits Ihre Zustimmung brauchen würde. Könnten Sie vielleicht noch diesen Abend. Hätten Sie kurz Zeit für mich. Ich wäre dankbar?»
«Bitte gern, mir ist es recht. Ich erwarte Sie.»
Sie gibt mir ihre Adresse, und es ist zum Glück nicht am anderen Ende der Stadt. Ich hätte nicht gedacht, daß ich heute noch so spät in meine Geschichte und in mein Vorhaben einsteigen würde und daß ich noch einmal alles einsetzen müßte an Überzeugungskraft für mein Anliegen, daß sich so entfernt hat aus meinem ersten Energiebogen, der so frisch war. Aber auch so kenne ich mich, und ich bin mir keine Neuigkeit in meiner Ermattung, ich weiß, daß meine Träume nicht von meiner frischen Energie und nicht von meinem ersten Mut und Anlauf und nicht von meinem Glauben und nicht von meiner Freude und von meinem Glück leben. Ich bin zäh in meiner Schaffenskraft, ich bin bedenkenlos in der Gestaltung meines Lebens, und im Grunde irritiert es mich überhaupt nicht, daß mir die Begeisterung abhanden gekommen ist. Ich hätte mich gewundert, wenn es nicht so gekommen wäre. Mein Erkennen lebt von der Verdunkelung der Hellsicht in meine Seele, denn ich würde das Licht nicht als solches genießen, wenn ich nicht die Schatten mit wonnigem Lasten auf mir spüren würde. Ich bin keine, die sagt, daß man nicht über den eigenen Schatten springen kann. Ich bin nur mehr ein Schatten meines Anlaufs, und meine Geschichte hat sich schon lange selbständig gemacht, und sie ist schon zu dir übergegangen, und sie gehört schon dir, und du machst schon damit, was du bist, und ich habe schon nichts mehr damit zu tun. Außer, du machst mir ein Geschenk aus deinem Verständnis für mein Irren, weil du zugibst, auch zu irren, und in der Irre, dort treffen wir einander, nicht auf den sicheren Straßen der Vernunft, dort tun wir nur so, als hätte es einen Sinn, ernsthaft zu schreiben und zu lesen und Pläne zu erfüllen.

Ich packe meine Zettel zusammen und ordne mein Gewand und begebe mich auf die bereits dunkle Straße, um meine dunklen Geschäfte abzuwickeln, und ich bin müde und still, aber in dieser Stille ist Raum für jeden Irrsinn, für jeden Ton, für jeden Gedanken und für jede Tat jenseits von Tatendrang oder Aktivität. Ich rolle ab, ich steuere in der Nacht, ich habe verloren, was ich verlieren könnte, und gewonnen, wenn ich vergesse, worum es mir geht. Ich leiste meinem Vorhaben ein Taxi, weil ich jetzt nicht mit der Straßenbahn herumgondeln und dort auch nicht zu spät ankommen will. Ich läute, und es öffnet eine wider Erwarten ältere Frau, als ich sie an ihrer Stimme am Telefon vermutet habe.

Ich hänge in ihrer gepflegten, ruhigen und unauffällig eingerichteten Wohnung zwischen meinem Recht, meinem Zorn, meiner Müdigkeit und der Bitte, sie solle es mir nicht lang und schwer machen und zwischen der Abneigung, überhaupt irgend etwas in dieser Sache erklären zu müssen. Ich bin niemandem Rechenschaft schuldig über die Einteilung meines Lebens, und mich belastet es wie die Schulpflicht selbst, daß ich Wege suchen muß, um eine Mühe durch die andere Mühe zu umgehen. Wenn es so schwierig wird, loszukommen von allgemeinen Einigungen, dann verschwimmt mir im Hirn, was mein Recht sein soll und warum ich in diese Regel gefallen bin. Ich erfülle meine Umwege und könnte doch gleich den allgemeinen Weg gehen, aber jetzt sitze ich schon hier und mir gegenüber die Lehrerin, und jetzt am Abend soll ich vortragen, warum ich Sebastian nicht in die Schule schicken will. Und das soll ich einer Frau glaubhaft machen, die selbst Lehrerin ist und absolut dafür sein müßte, Kinder auf jeden Fall zur Schule zu schicken.

Mir segeln Lügen über die Stirn, aber ich bringe sie nicht recht hervor. Ich kann dieser Frau nicht sagen, daß ich Sebastian keiner Lehrerin anvertrauen möchte, daß ich keinen Wert auf Schulzwangsgemeinschaft lege und daß ich keine Geister in mein Leben aufnehmen möchte, weil ich es muß, das kann ich irgendwie nicht sagen, und ich spüre auch, ich spüre, daß es mir gar nicht so sehr drum geht. Jetzt, so spät, am Rande meiner Hartnäckigkeit, geht mir etwas auf, was ich bis jetzt noch gar nicht die Möglichkeit hatte auszukosten, weil ich in meinen Bemühungen noch nicht so weit war, noch nicht so weit vorgegangen in meinen Traum, in die Wirklichkeit hinein, hereingezogen in einen faßbaren Bereich von möglichem Leben, von Leibhaftigkeit der Gedanken. Bis jetzt war mir eher so, als würde ich etwas von mir abwehren müssen und möglicherweise sogar mit Druck und Entschiedenheit, so als würde ich mich abwenden von dem, was sich in mein Leben einschleichen will, rasch und ganz. Aber diese Frau, muß ich bemerken, die will nicht angelogen werden, und ich will nicht lügen, und ich will auch nicht zu einfach ehrlich sein und Geld auf den Tisch blättern. Jetzt, zu dieser späten Stunde, erkenne ich ein leises

Aufglühen einer Liebe in mir, um die es hier scheinbar überhaupt geht. Es geht nicht um Abwendung, sondern um Hinwendung, um Verweilen und Beschäftigung, um freiwillige Annahme und glühendes Interesse an so etwas wie Mutterschaft. Ich habe mein Kind geboren, ich habe es gestillt, ich habe es gepflegt und beobachtet und verdammt, wenn es mich nicht schlafen ließ. Ich habe gesehen, wie es das Gehen gelernt hat und habe mich mit ihm gefreut, wie es nicht mehr in die Windeln, sondern in den Topf gemacht hat, und ich habe es genossen, als mich mein Kind das erste Mal bedient hat, weil ich krank war und nicht es krank oder unbeholfen war, und mir geht eine innige Begeisterung auf, die in ihrer Lösung so strahlend an Einfachheit ist, und ich sitze da in der Nacht bei der Lehrerin und sage ihr, daß es mir darum geht, meinem Kind selbst das Lesen und Schreiben beizubringen, daß ich mich darauf freue, weil ich das Interesse meines Kindes danach verspüre, was meinen Trieb entfacht, ihm wie immer schon zu geben, was es sich wünscht. Und ich will das selbst tun, denn ich kann das, mich interessiert das, und ich bin entflammt für diese Aufgabe und für diese Rolle einer Mutter, wie sie immer schon war. Ich will keine fremden Wege gehen, ich will nicht, daß mir mein Kind fremd wird, weil andere es lehren, was es hören muß, weil das so gut ist, und weil man glauben muß, was die anderen sagen. Ich will kein Entfremden auf unfreiwilliger Basis, denn das ist Mord.
Das letzte sage ich allerdings der Frau Lehrerin nicht, und es liegt mir auch nicht daran, sie von dieser Ansicht zu überzeugen, ich will sie nur davon überzeugen, daß ich mein Kind selbst unterrichten möchte in all den Zeichen und Buchstaben und Fertigkeiten und Zahlen, die mir in meinem Leben so lieb geworden sind, so aber erst, wie ich sie mir selbst erworben und erlaubt habe zu benützen, wie hier in diesen Zeilen und nicht damals, als ich sie erlernen mußte. Damals waren es Schreckenszeichen und haben mich gelehrt, daß ich nicht benützen kann, was mir einfällt, daß ich nicht sagen darf, was ich mir denke, daß alles nicht so einfach erscheinen darf, wie es ist. – Und sie haben mich verwirrt und mich gelehrt, daß die Welt nicht mir gehört und ich nicht machen könne was ich wolle, denn ich müßte ja noch vorerst soviel lernen und erfahren, und fremd bin ich mir geworden und den anderen, und kompliziert ist das Leben geworden, und verloren habe ich meinen Traum von der Wirklichkeit, und das Leben habe ich verlernt, und den Lehrstoff habe ich zerrissen in tausend Fetzen und konnte mir kein Gewand mehr daraus machen. Und dann war ich nackt und habe gefroren, weil mir alles genommen worden war und nichts gelassen wurde außer Stückwerk meiner selbst, und gut so war es, gut so, muß ich sagen, ich habe meinen Plan daraus zusammengesetzt, und mich selbst, wie ich war, bevor ich zur Schule gehen mußte, und da bin ich jetzt mitten in der Nacht vor dem Tag, und ich will nicht noch einmal

so beginnen, obwohl ich gar keine andere Chance habe. Ich habe nur die Chance Mensch, aber was so ein Menschenwesen ist und kann und will und muß und darf und soll, das kann ich für mich, ganz allein, für mich neu bestimmen, denn ich bin der erste Mensch für mich, ich bin der einzige Mensch für mich, und ich habe nur mein Leben und sonst nichts.
Ich spreche sachlicher zur Lehrerin und nicht so viel wie zu dir, aber ich stütze mein Begehr auf ein tiefes Interesse für mein Vorhaben und enthalte ihr nicht vor, daß ich es als mein Experiment gesehen haben will und daß es das bleiben darf und daß ich keine Regeln aufstellen will für eine bessere Welt, und ich fühle, daß sie froh darüber ist, daß ich auf ihrem Boden bleibe und sie sichere mit meiner Zuversicht. In der Entschiedenheit meiner Schilderung vermutet sie ein Gelingen meines Vorhabens und hängt selbst nicht so in der Luft. Sie ist irgendwie eingestiegen mit mir in den Zug, aber sie ist auch mißtrauisch, das muß ich schon sehen, und hinter ihrer Stirn tut sich alles, was ich mir vorstellen kann. Meine Versicherung, daß alles mit der Abteilung des Ministeriums abgesprochen sei, beruhigt sie, und daß ich die Namen der Herren und die Adresse ihres Amtes und meine Vorladung zur zuständigen Schulbehörde anführe, ist ihr eine große Erleichterung. Ich spüre, sie will mich aus irgendeinem Grund nicht wegschicken, aber sie täte es am liebsten. Ich glaube, sie weiß, daß sie an einer Ablehnung mehr nagen würde als an ihrer Zustimmung. Sie ist eine stille Frau und denkt sich viel, und sie ist eher ordentlich und geht gern auf Nummer Sicher. Aber sie würde auch gern mit mir mitspielen. Es reizt sie fast mitzutun, vor allem hätte sie wenig zu tun und bekäme Geld, und ungesetzlich ist die Sache auch nicht. Eben ungewöhnlich, aber damit wird die Frau Lehrerin fertig. Sie liest das Formular genau durch und sieht, daß es einen Vordruck für meine Verrücktheiten gibt, und das macht sie fast bereit, zuzustimmen und zu unterschreiben. In ihrem Kopf dreht sich wahrscheinlich das abwesende Kind, es könnte ja unfähig oder total blödsinnig oder überhaupt kein Menschenwesen sein, aber diese Bedenken hat sie eigentlich nicht zu sehr. Es ist verständlich, daß ich das Kind zu so später Stunde nicht mehr herumschleppe, und diese Tatsache beruhigt sie scheinbar mehr, als hätte ich Sebastian zum Ansehen mitgebracht. Sie hält das Formular in der Hand, und sie sieht mich an. Sie sagt, sie stimmte meinem Wunsch zu, wenn sie sich mit der zuständigen Schulbehörde absprechen könnte. Ich verstehe ihr Anliegen und schiebe dieses Gespräch hinaus, indem ich das zu arrangieren übernehme. Ich habe gar nicht den Willen, es unbedingt zu vermeiden. Warum auch, was ich tue, ist erlaubt, und vor lauter Überzeugungsversuchen von etwas völlig Verständlichem ist mir selbst wieder alles unverständlich geworden, und ich muß mich selbst wieder bei meinem Kragen herausziehen aus der Annahme, daß hier irgend etwas nicht ganz so richtig und allgemein vertretbar

sei. Und das ist ja die Wahrheit. Allgemein vertretbar wird meine Handlung nie sein und mit Zustimmung der Schulbehörde und der Lehrerschaft wird es nie sein, und das macht dieses Geheimnis daraus, dieses Stillschweigen und dieses Mißtrauen. Aber das Gesetz gibt mir recht, denn ich bin mein Gesetz, und dieses Recht spürt diese Frau, und da nimmt sie sich selbst gern das Geld, das ich ihr dreimal im Jahr geben werde, wenn sie Sebastian abhören wird und sich damit vergewissern kann, daß sie keinen Grund zur Sorge haben müsse über ihren Entschluß, mir zuzustimmen und sich einmal auf ein Gesetz zu stützen, das gegeben ist und im Buch steht als eine Möglichkeit der Gesetzesumgehung, was aber unüblich ist, wenngleich nicht weniger erlaubt.
Sie sucht ihre Lehrbefähigung heraus und trägt die Nummer in das Formular ein und ihren Namen und ihre Adresse und ihre Unterschrift, und wir vereinbaren ein Telefongespräch, in dem ich ihr von meinen weiteren Wegen Bericht erstatten werde, und wenn mit den Behörden alles in Ordnung ginge, würde ich mit Sebastian hier auftauchen und ihn vorstellen als lernwilliges und ganz normales Kind, das ihr keine Schande bei der Jahresabschlußprüfung machen wird. Ich lasse den ersten Betrag hier, er gehört ihr, auch wenn noch alles in die Hosen gehen würde. Sie ist blond und so reinlich und älter als ihre Stimme am Telefon war, und sie ist noch immer mißtrauisch, und ich möchte eigentlich nicht in ihrer Haut stekken, wenn ich jetzt weggehe und sie mit ihren Gedanken, Befürchtungen, Idealen, Vorstellungen und Wünschen allein lasse. Sie hat unterschrieben, das ist mir wichtig und ihr vielleicht nicht ganz geheuer, aber ihre Bedenken werden sich legen, wenn sie sie ein- oder zweimal überschlafen hat, und sie wird nicht mehr daran denken. Sebastian ist ja wirklich ein lieber Bub, der ihr kein Mißtrauen einflößen kann, das tue nur ich und mein Vorhaben.
Ich habe das Formular noch zur rechten Zeit, denn es ist jetzt schon sehr spät, und morgen muß ich zur Behörde. Ich hab nichts, außer wieder einen neuen Anfang zu setzen, aber ich habe alle vorgeschriebenen Dokumente, und das ist ein großer Vorteil.
In dieser Sache habe ich schon so viele Anfänge gemacht, daß sie nur aus Erprobungen zu bestehen scheint. Nie wird eine greifbare Gewißheit aus der Hoffnung, aber die Sache arbeitet für sich selbst. Sie formt sich heraus und erscheint mir langsam als schemenhafte Blüte in der Luft aufzusteigen, und immer wieder muß ich die Zuschauer neuerlich darauf hinweisen, ihnen meine Sicht kenntlich machen, obwohl sie an denselben Himmel sehen und unter denselben Sternen leben. Es gibt viele Schichten des Himmels. Immer wieder kann es ein, daß einer nicht will, daß einer mich nicht will und daß er hartnäckig ist, daß er etwas sucht, um mir, um mich zu verbieten, ich stehe immer wieder am Anfang, und ich selbst bin ge-

worden zu dem leibhaftigen Wunsch meiner Einsicht. Mein Wunsch ist eine Einsicht in mich, dort entspringt er und dort ist er einfach und nicht schwierig zu begründen und zu erschwindeln. Es geht um keinen Schwindel und um keinen Taumel, es geht um kein Glück und um keine Bequemlichkeit, es geht nicht um ein Absondern, sondern um eine Einsicht, es geht um keinen allgemeingültigen Vorschlag, ich stelle keinen Anspruch an irgend jemanden, ich stelle nur den Anspruch, nicht benützen zu müssen, was mich zwingt, leben zu müssen.
Diesmal habe ich denjenigen, um den es hier gehen soll, mit, und Sebastian stört das nicht, daß er gewünscht wird zum Begutachten. Ihm ist es egal. Er tut nichts, nur ich muß wieder beginnen, dort, wo ich schon so oft gestanden habe und von wo ich immer tiefer in den Abgrund meiner Ursache hineintauche, denn ich kann mir den ganzen Flug nie sparen. Ich muß immer wieder denselben Absprung tun und immer wieder in eine andere Seele hinein, und manche ist verborgen und manche klar erkennbar, aber die Klippe bin ich, und das Gesetz bin ich, und das Wort ist bei mir, und ich bin ein begeisterter Schwimmer, immer schon gewesen.
Wir sind rechtzeitig da, und ein Herr wird auf mich warten. So ist es vereinbart. Die sind alle so streng. So sehe ich sie zumindest vor meinem inneren Mädchenauge. Vor mir pflanzen sich hundert Vatergestalten in einem Mannsbild auf, und ich soll, ich, die Kleine, soll meine Bitte nach Selbständigkeit vorbringen. Nicht ihre wütenden Absagen wären es, die mich irritieren würden, sondern das Lachen ist es, daß ich an ihnen fürchte und das herablassende Tätscheln meiner geröteten Wange, wenn sie mich bemitleiden und mir sagen, daß ich erst brav sein müßte und noch viel zu lernen hätte und nicht so dummes Zeug reden soll. Das ist es, was ich in mir mitbringe und das macht mich bange. Das ist es aber auch, was meine Hartnäckigkeit verursacht und stärkt. Aus der Unterdrückung springe ich doppelt so hoch, und da stelle ich mich auf, und da kämpfe ich für mich und meine Röte auf den Wangen, denn die darf sein, alter Herr, die darf sein, und du wirst mir keine Schande daraus drehen. Hinter dieser Röte habe ich all meine Träume verborgen, vor denen du Angst hast, denn die sind der Boden deiner Wirklichkeit, den du verloren hast. Das ist es, was du in Frauen vermutest und nie ganz unterdrücken kannst mit deiner Überhebung, dieser Boden zum Fall, dieses Loch, im Boden, hinein in einen Flug ins innere All, und dort bist du nicht alles, denn ich fehle dir, und heute werde ich kommen und mich anbieten und zeigen und vorstellen mit meinen Wünschen und du wirst wieder wie immer größer als ich sein und auf mich herabschauen und nichts sehen wollen, denn du würdest in mir verschwinden, und das kannst du dir nicht leisten, denn dann würdest du dein Amt verlieren und dein Podest, von dem du herab-

siehst. Ich bin gegen dich klein, und ich bin ein Beben in meiner Unsichtbarkeit, aber ich bin die Erde unter deinen Füßen, die du brauchst, um deinen Stand zu bewahren.

Bewahre nur, bewahre dich da oben und bleibe einsam in der dünnen Luft und baue Schulen und Türme und Häuser und Ideale wie immer schon, wie immer schon, denke dir Sachen aus und ergründe das Geheimnis. Lehre deine leeren Lehren – in der Feuchtigkeit der Erde –, indessen kehren die Keime zurück zum Ursprung des Geheimnisses in dir. Und ich komme heute als Botin von dort und will dir ankündigen, was sich langsam aufbraut in der Erde deiner Stellung, denn dort wühlt ein Geist, der nicht aus Haß gesotten ist und nicht aus Liebe, sondern aus einfachem Nichts. Dort bahnt sich eine ewige Heimkehr an und wenn du dich nicht bald dem Zug anschließt, wirst du den Anschluß verpassen. Paß gut auf, ich weiß, was du willst, aber du bekommst, was du brauchst, und das allein bestimmst du. Und du wirst heute wieder über mich bestimmen, wie immer schon.

Ich melde mich an bei derselben Sekretärin, die mir das Formular gegeben hat. Ich muß draußen noch ein wenig warten. Der Herr Beamte hat noch zu tun. Sebastian setzt sich auf eine Bank, und wir sind uns einig, daß er überhaupt nicht gleich mit hineingehen soll. Schließlich hat der Herr ja seine Anwesenheit nicht ausdrücklich gewünscht, sondern die Gehilfin hat dazu geraten, und das muß nicht das Beste sein. Wenn seine Anwesenheit angezeigt ist, kann er ja jederzeit eintreten und dem Herrn Beamten freundschaftlich auf die Schulter klopfen. Man könnte erwarten, daß Sebastian in dieser Sache selbst etwas zu sagen hätte oder meinen müßte. So liegt dieses Kapitel aber nicht. Jeder, der Sebastian dazu nach seiner Meinung fragt, ist ein Lügner oder ein Lehrer oder einer, der nicht daran glaubt, daß ein Kind auch ein Mensch ist. Kinder fragt man nicht nach einer Meinung in Angelegenheiten, die von Erwachsenen errrangiert worden sind, um sich über die Kindheit zu erheben. Ein Kind hat nichts mit Schule, nichts mit der Institution Schule zu tun, bevor es nicht dorthingegangen ist und man ihm seine Seele zerfressen hat. Jeder weiß das, auch der Herr Beamte muß das wissen, und ich will ihn und mich und das Kind gar nicht in diesen Lügenturm einsperren, wo wir uns dann mit Sicherheit verlaufen und keinen Ausweg mehr finden, als nur in den alten Rollen von Verachtung und gespielter Anerkennung und vor allem in Toleranz und Respekt. Darauf setzten wir uns dann wieder resignierend und verschöben das Leben auf später. Und in diesem Fall wäre auch der Gewinner der Resignator, denn der Befehl des Mannes ist seine Resignation.

Sebastian hat in mir eine geheime Größe. Ich weiß, daß er mit seinem Leben zu tun hat und daß er ein eigenes Tun hat und das hat nichts zu tun mit den Fragen der Behörden, was denn sein Wille sei. Niemand, der Kin-

der nach ihrem Willen fragt, will sie und ihre geheime Größe sichtbar werden lassen. Sehen muß man, sehen und nicht fragen, selbst sein und nicht tolerieren. Lieber töten als foltern – lieber köpfen als durch Sand ersticken – lieber still sein als nichts sagen – lieber nichts tun als wie ein Huhn rennen hinter den Hähnen. Und um dieses Nichtstun geht es hier, und deswegen muß ich soviel tun und erwarten und aussprechen, um nicht ewig denselben Kreis tun zu müssen, mittun zu müssen bis zur Erschöpfung meiner Anteile am Nichts.
«Bitte eintreten, gnädige Frau.» Der Herr Beamte öffnet selbst die Tür und heißt mich genädige Frau. Das müßte gar nicht sein, darum geht es hier nicht, aber das Beiwerk ist das Hauptwerk und ist letztlich das Wichtigste. Der Herr ist fast zu jung, um mein Vater zu sein, und auch ich sitze in einem Polstersessel, und zwischen uns ist ein Tisch, auf dem keine Blätter und Schriften liegen, sondern Zigaretten und eine Glasschüssel. Über dem Herrn hängt ein Bild mit Blumen. Mir gefällt der Mann. Er ist anscheinend schon unterrichtet über mein Begehren. Das ist einerseits gut und andererseits wieder nicht, denn diese Berichterstattungen sind nie ganz rein und eindeutig gegeben, da fliegt viel Beiwerk dazwischen und viele Feststellungen und Bemerkungen, die mich im Kopf des Herrn bereits zurechtgerückt haben, und er hat mich schon eingeteilt nach «links oben Karies» oder «rechts unten Exitus», und ich habe es jetzt doppelt schwer einzusteigen und ihn zu erfrischen mit meinem sachlichen Vortrag. Es ist mir auch gar nicht geheuer, daß er gleich zu Beginn meint, daß mein Wunsch absolut gerechtfertigt sei und unbedingt in den Bereich der Möglichkeit greift. Irgend etwas denkt sich dieser Mann, und das ist mir recht, er zündet sich rege eine Zigarette an und bietet mir auch eine an. Ich weiß, daß das Zigarettenanzünden ein Spiel ist, aber es ist mir doch lieber, als das Spitzen von Bleistiften über meiner Idee.
Der Herr macht ein gesellschaftliches Spiel daraus und keine Amtshandlung, was mir überhaupt keinen Vorteil bietet, aber auch kein Nachteil ist. Er zeigt Interesse für mein Vorhaben und hat mich wieder einmal gefangen in einem Spiel von Menschen, er hat sich abgesichert, daß ich nicht im Leopardenfell ins Büro presche und meine Zähne blecke. Ich bin wieder die Liane aus dem Urwald, die sanft den Tarzan umwirbt mit einem gewagten Wunsch, den sie übergibt. So wird das gemacht und erlaubt, so geht alles, und recht ist das so. Immer wieder erkenne ich mich in der Rolle der Bittstellerin und, verdammt noch einmal, ich habe nichts zu bitten, mir muß kein anderer gestatten, was ich tun darf. Ich kleide meine Bitte um Leben in eine Idee, vielleicht in eine interessante Gedankenkette, aber ich bitte, und jetzt leuchtet mir auf, jetzt, wo ich mich aufrege, daß ich die anderen um mein Leben bitte und gar nicht so sehr um die Erlaubnis zur Durchführung meines Plans, sondern einfach nur um mein Leben, jetzt

leuchtet mir auf, daß das wahr zu sein scheint und auf einmal nicht mehr unberechtigt ist, sondern sehr recht. Es ist keine Armseligkeit, das «andere Menschen um Leben zu bitten», am Leben gelassen zu werden. Es geht ein Kampf um das Überleben. Ein Auslesekampf wie bei den Löwen und Giraffen und das Recht zum Leben, das man ursprünglich als selbstverständlich annehmen will, das ist überhaupt nicht gegeben. Am Leben sein heißt nicht, am Leben bleiben können und am Leben gelassen werden, das Recht dazu, das muß man sich suchen aus der Spirale der Überlebenschancen. Die sind in unseren Zeiten nicht mehr gesichert als in anderen oder keinen, wir sind nackte Lebenserstlinge, in der Verblendung von Lebenssicherung, und ich bin eine, die jetzt nicht sterben möchte, und da gehe ich meine Wege, und da bitte ich, und da mache ich mich bemerkbar, und da ducke ich mich, und da beobachte ich und lausche in die Gefahren hinein, die mir mein anderer bieten kann in dieser Wüste, denn er ist ein Tier wie ich und will leben wie ein Mensch und es wird nicht gemessen nach Anstand, Recht oder Respekt oder Toleranz, sondern das Ducken und Warten und Springen und Fliehen, das ist es hier.

Die Filmkamera, die wir über das Verhalten der Tiere gleiten lassen, die hängt uns im Hirn, und da läuft der Film und spielt uns vor, während es passiert, und es bereitet Lust zu jagen und sich zu sättigen und zu ruhen und zu verteidigen.

Lebenslust ist Lebensangst. Lebensenergie ist mein Lebensgefühl und dafür kämpfe ich, dafür bitte ich, denn ich weiß, ich lebe unter reißenden Tieren, und ich liege einem immer halb im Maul, während ich den Schwanz des nächsten zu fassen kriege. Es ist nicht kleinlich zu bitten, es ist eine Erkenntnis, daß auch die anderen leben wollen, es ist mir eine Wahrheit, und ich nehme das an. Ich will nicht sagen, daß ich allein auf der Welt bin und tun und lassen kann, was ich will, denn ich resultiere aus den anderen, und meine Erhebung und mein Überleben ist mein Antrieb zum Leben überhaupt, und das ist kein Anspruch, sondern eine Tatsache, und deswegen kann ich nie ganz übergehen zu einem Zorn und zu einer Abwendung von den Regeln der anderen. Da gibt es nichts zu übersehen, denn die persönliche Freiheit hat ihren Ursprung in einer kollektiven Auseinandersetzung mit den Überlebenschancen jedes einzelnen. Dazu bekenne ich mich und deswegen lichtet sich meine Abneigung gegen die Erkundung der Erlaubnis nach meiner Lebensart, der die anderen nicht zustimmen müssen.

Ich sehe, daß die Menschen, denen ich mich vortragen muß, immer eine andere Seite in mir öffnen und mir mein Verhältnis zu meinem Plan immer anders beleuchten. So wie die Lehrerin mich auf den Grund meines Lehrtriebs als Muttertier geführt hat, so leuchtet mir der Herr Ober-Beamte mit der Laterne der gesellschaftlichen Verantwortung. Denn auch

die schwingt in mir in meinen Plan von der Aufhebung einer geachteten gesellschaftlichen Einrichtung, die sich zu einer Notwendigkeit aufgespielt hat. Es legt sich mir ein größeres Verlangen nach Gemeinsamkeit frei, als ich an mir vermutet hätte.
Was ich eigentlich zu ihm sage, ist mir im Kopf untergetaucht und hat sich verwandelt in eine Blüte in meiner Wüste, und der Herr da gefällt mir. Er hat sein Mißtrauen hinter einer lockeren Möglichkeit, sich über Ernsthaftes hinwegzusetzen, in Glaubwürdigkeit verpackt und in einem geraden Blick. Er ist keiner, der an Buchstaben hängt, obwohl er sicher einmal Lehrer gewesen sein muß. Und das ist ein großer Vorteil, er war es und ist darüber hinaus, dieses Amt hochhalten zu müssen, denn er ist mehr, er darf erlauben oder zumindest die Fragenden unterstützen mit seiner Lokkerung des Problems, das sich ja auch verdichten könnte zu einem Knoten der Unmöglichkeit. Er macht kein Problem daraus, und das ist mir recht, denn dann machen seine Untergebenen auch keines daraus. Könnte man vorerst annehmen. Ich bin wachsam und gefaßt auf alles, ich bin jetzt in der Übung dieser Sache gegenüber, sowie mit ihr.
«Sie haben das Formular?»
Ich zeige es und lege auch alle anderen Dokumente bereit, damit er ungehindert Einsicht nehmen könnte. Er liest alles durch und gibt es mir wieder zurück, und er hat nichts zu bemängeln, und das erregt mein Horchen. Mein Horchen für meinen Kampf. Es ist und bleibt ein Kampf, aber nicht gegen jemanden, sondern mit mir und mit dem, was mich dem Herrn gleich macht. Emanzipation, Befreiung, ist Gleichung und ist eine Rechnung, die nicht verfolgt, niemanden verfolgt, sondern entgegenkommt, indem sie sich nie trennt und daher richtigstellt.
Um diese Ruhe geht es mir. Mein Kampf in Ruhe. Für die Ruhe in meinem Leben ergehe ich mich in Unruhe und Wachsamkeit, und dieser Mann scheint diese Art des Übereinkommens auch zu schätzen, und er läßt mich so erstaunlich frei, er kann es sich leisten, locker zu sein. Und ich habe fast das Gefühl, daß es ihm in dieser Sache Spaß macht, so zu sein, obwohl er natürlich auch ganz anders sein könnte. Er hat ja auch Chefs, und die sitzen im Ministerium, und mit diesen Herren habe ich gesprochen, und das wiederum läßt den Herrn locker sein in seiner Verantwortung und seiner Entscheidung. Er entscheidet gar nichts, darum scheint es hier nicht zu gehen. Mein Ansinnen bedarf keiner Erlaubnis, ich trete in eine offene Lücke, und dort werde ich hineinfallen. Ordentlich auf die Nase wird es mich noch hauen, und das hat vielleicht der Herr Beamte als versteckte Ahnung in sich, das vergönnt er mir vielleicht, und deswegen ist er so frei und freundlich zu mir und behandelt mich nicht wie eine Partei. Ich bin für ihn nicht von der anderen Partei, obwohl ich bei genauerer Ansicht da fast etwas zweifle, aber eigentlich auch wieder

nicht, denn ich habe ja meine Kaste übersprungen und bin nicht mehr einzugliedern, weil ich das getan habe. In diesem Sprung faßt man mich nicht, und da ist man lieber vorsichtig mit mir, denn ich fliege da wie dort und sehe über diese Mauer wie über jene und esse mit dem Bettler unter der Brücke, so wie auch mit Salome im Bett den Kopf auf.
«Der weitere Vorgang ist wie sonst auch. Sie melden das Kind zum Einschreibungstermin an, in der zuständigen Schule, mit der Anmerkung auf Freistellung zum Privatunterricht. Welche Schule ist die nächste von Ihrem Wohnort?»
Ich gebe Auskunft, ich habe mich auch darum umgesehen, und er will die Leitung dieser Schule von diesem Sonderfall unterrichten. Mehr hätte er gar nicht für mich tun können. Er ruft seine Sekretärin und verlangt die Telefonnummer von ihr. Sie kommt herein und fragt mich, ob der liebe Bub da draußen meiner sei und weist den Herrn Inspektor damit leise darauf hin, daß man den lieben Buben doch hereinholen könnte und ein wenig auf Herz und Nieren prüfen könnte und fragen könnte, wie er über seine Mutter denkt und deren seltsame Lebensvorstellungen, ja, wie sich die das Leben eigentlich vorstellt, ob sie da machen kann, was sie will. Aber der Herr gibt nicht vor, ein Kinderfreund zu sein, er hat das nicht notwendig, er ist klug, und das gefällt mir, und Sebastian soll nur draußen warten und die Flecken an der weißen Wand zählen, er soll nur üben, damit die Jahresabschlußprüfung nicht in die Windelhose geht, denn dann sind wir ordentlich beschissen und der Herr Beamte lachte sich in die Zigarette und die Sekretärin würde befördert. Aber so wichtig sind wir nicht, das darf ich nie vergessen. Wir sind überhaupt nicht wichtig, und kein Mensch sieht uns überhaupt oder bemerkt uns, nur dann, wenn er sich bedroht fühlt, dann, dann bemerkt er alles und das lasse ich ihm sowie mir, denn das ist ein Grund für meinen Wunsch.
Ich stehe mit mir in einer offenen Tür, das kann ich jetzt langsam erkennen. Es gibt scheinbar keinen Grund, sich gegen meine Lüftung zu wenden, und es gibt auch keine Handhabe, wenn man sie nicht sucht. Und daß sie nicht gesucht wird, das scheint ein Geschick von mir zu sein und das nicht aus Raffinement, sondern aus einer Gemeinsamkeit, denn auch ich bin eine andere, auch ich bin eine Schulpflicht, auch ich bin wie alle, und das scheint diese Luft zu sein, die erfrischt mich und meine Partner in dieser Sache, die gern mit mir atmen und nicht gegen mich in dieser offenen Tür, die sie mir aber auch leicht auf die Nase schlagen könnten, wollten sie lieber allein ersticken. Das wiederum macht ein einigermaßen gesunder Mensch nicht, der selbst ein Rühren für einen verborgenen Traum von sich selbst hat, und dort hinein lasse ich mich vorsichtig wie eine Hand, in deren Adern ein Gesicht aufscheint, das Menschengesicht, das liebe Gesicht eines jeden Kindes, das jeder einmal war und nie aufgehört

hat zu sein. Ich bin eine offene Hand, und ich will Händen begegnen und keinen Fäusten. Nicht Hände, die mich halten wollen, nicht Hände, die mich streicheln müssen, nur Hände, die von derselben Wärme sind wie meine, und durch solche Finger verrieselt jede Pflicht zum allgemeinen Aufschwung zu neuen Ideen und besseren Verhältnissen, die streben nichts an, die versinken im Anblick der Lebenslinien – hinein in die Zellen des Gewebes, verloren im Wahnsinn der sinnlosen Betrachtung von Idealen und Pflichten zu Gesetzen des Zwangs eines gemeinsamen Lebens, das dazu führt, daß wir uns immer weiter voneinander entfernen und fremd werden der Gesundheit, lernen zu wollen, Zeichen zu finden, uns zu merken und auszubilden, einen Flug in die Wirklichkeit durch den Traum von Menschlichkeit. Immer schon – immer schon. Und möglich ist es, indem es sich bewegen darf, und ich merke, ich darf mich bewegen, ich kann es, ich bin gesund und bewegungsfähig in der offenen Tür der Gesetze und der Pflichten, und das hätte ich nicht erwartet und das wiederum heißt, daß ich nie aufhören werde, alles zu erwarten.
«Brauchen Sie noch die Dokumente?»
«Nein, ich brauche nichts. Erst bei der Einschreibung müssen Sie sie mitbringen.»
Ich gehe wieder wie auf Wolken, und ich fühle mich leicht. Ich fühle mich bereit für den nächsten Schritt in mein Unternehmen Sommer.
Dieser ist einmal ein leichter. Es handelt sich nur um einen informativen Blick auf einen Zettel, der am Schultor der nächsten Schule vom Wohnort Sebastians aufgehängt sein muß. Der nächsten Grundschule wohlgemerkt, und das ist ein schönes modernes Gebäude, ein paar Minuten von unserer Wohnung entfernt. Wir spazieren hin und besehen uns den Zettel, wie einige andere Mütter und Kinder auch. In der Schule ist Unterricht, und es ist warm, die Fenster stehen offen, und es kommt Singen und Sprechen heraus, und es macht alles einen sehr freundlichen Eindruck, die Mütter haben es nicht schwer, ihren Sprößlingen, die so klein sind wie meiner, den Schulbetrieb schmackhaft zu machen. Warum nicht. Mich hebt aber etwas so seltsam an und beschwingt meinen Schritt, der das Gehen in diesen neuen Schuhen meines Traums so besonders genüßlich macht. Niemand kann es sehen, denn diese Schuhe sehen ganz gewöhnlich aus. Es sind meine Zauberschuhe, und heute haben wir eine leichte Aufgabe zu erfüllen. Es singt in der Schule, und wir singen auch. Unser geheimes stilles Lied ist, daß wir nicht singen müssen und weder Sebastian noch ich haben ein Wort über Schule oder nicht Schule zu verlieren. Darum geht es eigentlich nicht, es geht um viel einfacheres, es geht um die Stille, mit der wir singen, es kann uns niemand hören, wir singen die Stille, und die versteht sich von selbst.
Die Buchstaben A bis H werden in der zweiten Juliwoche zur Einschrei-

bung erwartet, von 8 bis 12 Uhr mit allen Dokumenten und Impfzeugnissen. Auch wir sind erwartet. Sebastian hat eine Schule, der er zugehören wird, und eine Klasse, in der sein Platz frei sein wird. Ein Kind weniger in einer Klasse. Es wird immer mitgezählt, ist aber eben nicht anwesend. Ein seltsames Lied, das keine Vorstellung gibt, weil es sich erübrigt. Ein Platz in der Gesellschaft, den ich nicht einnehmen muß, ob das etwas Gutes ist?

Wir merken uns den Termin, und wir werden anwesend sein zur Einschreibung. Die Kinder müssen mitgebracht werden, steht unten angeführt auf dem Schriftstück, und wir gehen wieder in unsere echte Ungewißheit zurück, und damit leben wir lieber als in falscher Sicherheit.

Ich besuchte regelmäßig den Arzt. Einmal im Monat.

«Falls sich eine Komplikation einstellt, sofort kommen!»

Ich war gesund, aber als Schwangere zählte ich zu den streng beobachteten, gefährdeten, besonders zu beachtenden Gesunden. Das heißt, als Schwangere ist man voll einsatzfähig für das Leben, aber doch nur in bestimmtem Rahmen. Ich war vorsichtiger als sonst, wachsam, aber nicht zimperlich.

Mit Anspannung saß ich im Warteraum. Jede Frau sitzt mit Anspannung beim Grauenarzt. Er behandelt und hat Einblick in ihren besonders behüteten Individualbereich, und früher oder später hat jede Angst vor einer Erkrankung ihrer Weiblichkeit. Der Arzt stellt das Urteil.

Das spürte ich im gefüllten Warteraum hängen. Bei guten Grauenärzten ist immer viel Betrieb und sehr lange Wartezeit für dampfende Frauen. Ich hatte schon eine Nummer, mußte mich aber noch für unbestimmte Zeit niederlassen.

Jede war sicher gebadet oder zumindest zwischen den Schenkeln gewaschen. Ich bin sicher, jede hatte eine frische Unterhose an, sogar die Schmutzigste. Es wurde nicht gesprochen. Man beobachtete die Mitleidenden, ohne es zu zeigen. Ein junges Mädchen holte meinen Krankenschein. Sie sah ungeübt aus, sie war, wie ich sehen konnte, keine Assistentin, aber sie half. Was das wohl für eine Bewandtnis hatte?

Es läutete, sie öffnete im Vorzimmer. Ein ebenso junges Mädchen trat ein. Langes Haar, unsicherer Gang, liebes, aber verkrampftes Gesicht, unauffällige Kleidung. Sie fand keinen Platz mehr. Sie mußte stehen. Sie war noch jung. Sie hatte keinen Bauch. Ob ihr etwas passiert war und sie den schweren Schritt jetzt tat, nach langem qualvollem Zögern, Wochen zu spät? Die ganze Schuld des Weibes lag ihr zwischen den Beinen und die Angst vor dem gestrengen Arzt, der wie ihr Vater war. Sie glühte vor Zusammenbruch, aber sie stand. Eine ältere Frau, dort hinten beim Fenster, die konnte dieses Leiden wohl kaum haben. Auch sie hatte Angst. Sie schien schwer zu sitzen.

Die Jungen kommen mit unerlaubten und ungewollten Fleischstücken im Bauch, und die Älteren holen sich das Urteil, ob sie Geschwüre haben und operiert werden müssen und nie mehr hochkommen, oder doch noch, oder sonst wie. Eine Frau war zu einer regelmäßigen Untersuchung da. Eine Tapfere, die, obwohl gesund, die Probe nie scheute. Jedes halbe Jahr? Ich war da nicht so sicher, sie kam mir etwas zu fidel vor. Sie hat das Schweigen als erste gebrochen, und das war verdächtig. Wenn jemand drückendes Schweigen nicht aushält, sein Schweigen in sich, sollte er lieber schreien, nicht aber seine Tapferkeit kundtun. Allerdings hatte ich hier nichts zu beurteilen.
«Lange muß man hier warten, das ist da immer so, weil der Arzt hervorragend ist. Ich besuche ihn regelmäßig.» Niemand hatte sie danach gefragt, oder sollte diese Frage in der Luft gelegen sein? Natürlich – diese Frau hatte recht, aber sie hat auch gelogen, mit Recht. Das Gespräch wollte nicht beginnen, es stockte. An manchen Tagen sind die Menschen so geartet, daß sie ihre Angst verharmlosen und wild drauflosplappern, um sich abzutöten, aber damals waren andere Schwingungen im Raum. Im Arztzimmer klapperten Instrumente. Es wurde etwas in einer Emailschüssel abgelegt, eine spitze Pinzette oder eine Zange, jedenfalls kein blutiger Tupfer, den hätte ich nicht gehört. Aber gespürt, hier spürt jede alles.
Eine Patientin ging. Ich konnte sie nicht sehen. Hier verließ man den Raum durch eine andere Tür. Die Frau bekam einen neuen Termin. An ihrer Stimme konnte ich nicht hören, ob sie bange oder erleichtert war, jedenfalls stellte ich sie mir in mittlerem Alter vor. Sie war sachlich, vielleicht eine Sekretärin.
Die Patientin mit der nächsten Nummer hatte sich schon bereit gestellt vor der Tür, als man innen Sprechen des Arztes vernahm: «Wie gesagt, ich bin, ich muß noch auf den Laborbefund warten. Sollten Sie Schmerzen haben, kommen Sie sofort, ansonsten zum Termin, den Ihnen das Fräulein gibt.»
Die nächste hat sich die Hand am Rock abgewischt, damit sie dem Arzt keine Schweißhand geben mußte. Wenn nicht gleich geöffnet würde, müßte sie noch oft wischen, was dann allerdings schon auffällig wäre. Sie bereitete sich zu einem Lächeln, falls der Arzt öffnen sollte. Sie wollte ihn mit einer sorglosen Miene bannen und beschwören, daß er nichts Krankes an ihr finden sollte.
Der nächste bitte – sie verschwand.
Lauter wurde im Behandlungsraum nur am Anfang und am Ende einer Untersuchung gesprochen, so daß ich vage verstehen und mir zurechtreimen konnte, worum es ging. Während der Untersuchung war es drinnen immer still, nur manchmal klapperten Instrumente und einmal hörte ich: «Tut das weh?»

Ja, Himmelherrgott, das Warten tat weh. Immer wieder richtete sich eine auf und streckte ihr Kreuz im Sitzen durch oder schabte mit den Beinen. Jede Neue war eine willkommene Abwechslung für Auge und Hirn. Manche blätterten in einer Illustrierten, eine war in ein Buch vertieft, so tief, so tief. Es dauerte so lang. Ich schreibe und schreibe und komme nicht dran. Ich war ja noch nicht hochschwanger, es war kaum zu sehen, hätte ich nicht diesen weiten Rock getragen. Manche Schwangere hatten Eheringe, manche nicht, manche waren hochschwanger, manche nur wenig. Manche verdächtig. Am harmlosesten waren die Schwangeren mit Ehering. Man mußte sich ja auch über mich etwas gedacht haben. Auch andere Menschen denken ja. Manchmal denken sie so laut, daß es läutet.
Wieder jemand: «Bitte, ich habe Schmerzen, ich kann nicht warten. Könnte ich vielleicht gleich zum Herrn Doktor!»
«Ja, jetzt müssen Sie aber schon erst ein wenig Platz nehmen. Ich werde fragen, wann Zeit ist.»
Eine gutaussehende Dreißigjährige setzte sich vorsichtig auf einen Platz, der ihr freigemacht wurde, sie verzog das Gesicht, sie konnte nicht lange warten. Als die erste Neugierde am Leid der anderen verglommen war, waren alle sauer, weil sie vorgenommen werden sollte.
«Wenn das noch lang dauert, sitze ich am Abend noch da.» Langsam begann der Beschwerdestrom zu fließen und alle wollten lieber wieder gehen. Die letzte Nummer ging, und der Arzt nahm die Schmerzensreiche vor, und die nächste Nummer mußte warten. Langsam wurde die Angst zu Brei und sie legte sich säuerlich an die Mundschleimhäute an.
Ich hatte einmal ein Tampon im Loch vergessen, dann das nächste draufgestopft – oder vielleicht hatten wir es hineingefickt. Jedenfalls wußte ich nicht, wieso ich so bräunlich absonderte. Ich dachte an eine Geschlechtskrankheit, und der Arzt hat mich gescholten: «Wieso kommen Sie mit einem alten Tampon in der Gebärmutter zur Untersuchung!» Dieser Idiot. Er fischte es heraus, und ich ging wieder. Es war nicht dieser Arzt.
Die Schwangeren, die zur Kontrolluntersuchung kamen, mußten immer Harn abgeben in hohe Gläser, die sind gar nicht unschön, aber ungeschliffen. Sie gingen mit dem Glas aufs Klo. Ich hatte immer Mühe hineinzutreffen. Das wird wohl jeder so gehen. Ich trank viel und konnte oft Harn lassen, aber ich war auch schon so nervös gewesen, daß ich nicht konnte.
«Dann müssen Sie wiederkommen. Der Arzt braucht den Harn.» Nur selten war das der Fall. Jede war so klug wie ich und hob sich das Wasser auf. Sie standen verschämt mit dem Glas in der Hand, etwas versteckt an der einen oder der anderen Seite des Schenkels. So als dürfte Harn nicht gelb sein, so als könnte man ihre Schuld darin schwimmen sehen, sehen, wie oft sie in der Woche onanieren oder ihrem Partner einen Orgasmus

vorgespielt haben. Ich setzte kindlichen Protest und hielt mein Uringlas nicht versteckt. Dieser Protest brachte mir aber nichts ein, nicht einmal eine verkürzte Wartezeit. Die Frau des Arztes wohnt in der Nachbarwohnung und brachte ihrem Mann einen Kaffee. Eine bräunliche Flüssigkeit, sah ziemlich krank, verdächtig aus und sollte ohne Verzug im Labor untersucht werden.
Ein paar Nummern noch. Ich war schon gar nicht mehr da. Ob dieser Arzt wohl abtreiben würde? Ich war glücklich, daß ich ihn nicht darum fragen mußte. Was er wohl für Augen machen würde? Meist werden solche Helfer empfohlen und man setzt sich nicht der Ungewißheit aus. Ich weiß nicht, ob dieser Arzt – es könnte sein. Man sagt, er sei ein guter Arzt. Ob das nicht wieder schlecht ist? Wofür? Für die Wartezeit? Meine Nummerntafel war schon ganz aufgeweicht in meiner Hand. 47. Ich wußte nicht, welche Nummer dran war. Es war ja noch immer die mit den Schmerzen drin. Die hatte keine Nummer, sondern Schmerzen. Sagte sie, das konnte ja jeder sagen. Frechheit. Die Frau mit dem Buch kam zwei Nummern vor mir dran. Sie hatte ihre Nummerntafel als Lesezeichen eingelegt. Aber es hätten ja noch viele mit Schmerzen kommen können. Ich hatte viel zu früh in mein Glas gepinkelt, und ich hielt es verkrampft in meiner Hand. Auf den Tisch traute selbst ich es mich doch nicht zu stellen. Jetzt lichtete sich mir das Geheimnis dieser Helferin.
«Sehen Sie, Jutta, jetzt sind sie schon recht tüchtig und gar nicht mehr so traurig», sagte die Frau des Arztes, als sie mit dem leeren Tablett wieder in ihre Wohnung gehen wollte. Jutta lächelte und war geschäftig. Das heißt, ich sah sie nicht, ich hörte sie nur. Abgetrieben oder gestorben oder lebt das Kind bei einer Bekannten? Jedenfalls war der Arzt ein Sozialer, möglicherweise vielleicht sogar ein Sozialist. Bei Ärzten mit gutgehender Praxis glaube ich das allerdings kaum. Jedenfalls wurde das Mädchen resozialisiert. Sie hob Telefone ab und teilte Nummern aus. Manchmal mußte sie Auskunft bei der Arztfrau holen, wenn Unklarheiten über Krankenkassen oder ähnliches auftraten. Recht tüchtig war sie. Ob sie sich wohl bestechen hätte lassen in der Ausgabe der Nummernfolge? Ich glaube, das hat der Arzt schon selber gemacht. Jeder hat seine «Zwischendurchhineinschlüpfpatienten». Ohne Worte, ohne Schmerzen, ohne Angabe von Gründen.
Manchmal kriechen auch diese Medikamentenvertreter hinein und bleiben langmächtig drinnen. Da werden die Stimmen gehoben, und da geht es nicht um Angst, da geht es um Geld. Der Arzt schämt sich nicht für seine Sucht. Wer nicht zu ihm kommen will, soll bleiben, wo der Krebs wächst. Den hat er nötig. Der schlüpft geisterhaft bei jedem Schlitz hinein.
Es war an der Zeit. Auch ich stellte mich vor der Tür auf, noch bevor die Vorgängerin draußen war. Ich bereitete mich vor. Es war ja nicht so klar,

daß mit meinem Kind alles in Ordnung war. Es hätte falsch liegen können oder die Herztöne hätten nicht vernehmbar sein können. Es hätte im Wachstum stehengeblieben sein können oder mein Zustand hätte zu wünschen übrig lassen können. Ich hätte in einem Orgasmus dem Kind die Sauerstoffzufuhr entzogen haben können und es damit umgebracht haben. Mein Gott, heutzutage wird man mit so vielen Ängsten belegt, weil wir sonst keine näherliegenden Probleme haben. Sagt man.
«Der nächste bitte.» Der Arzt begutachtete meine Evidenzkarte. «Also im vierten Monat. Schmerzen? Übelkeit? Sonstige Sorgen? Ist der Schwangerschaftspaß schon ausgestellt? – Unterkörper frei machen.»
Ich zog meine Strumpfhose und meine Unterhose aus. Ich versuchte flink zu sein, um den Arzt nicht zu verärgern. Er sah ganz angenehm aus, nicht besonders weiblich und nicht besonders männlich. Er war nett und nicht nervös, er durfte mir in die Gebärmutter leuchten. Ich stieg auf einen hohen Stuhl. Ich legte mich zurück und stützte die Füße links und rechts seitlich auf kleine erhobene Plattformen. Die Knie waren aufgestellt und der Rock hochgezogen, ich war in einer sehr häßlichen Lage. Die Scheide klaffte offen, so stellte ich mir das zumindest vor. Der Arzt trat ungerührt zwischen meine Beine, richtete sich seine Vergrößerungsleuchte auf der Stirn zurecht, schob mir den Rock noch etwas zurück, so daß der ganze Bauch frei wurde, nahm zwei lange elastische Stäbe, oder vielleicht war es auch eine Zange, und weitete damit das Geburtsloch und sah hinein. Die Stäbe waren außerordentlich unangenehm, bereiteten aber keinen Schmerz. Es schmerzete überhaupt nichts, aber ich wartete immer mit Bangen darauf.
«Locker lassen, locker lassen.»
Der Arzt erhob sich wieder. Ich hatte die ganze Zeit an die Decke geschaut. Er hatte noch seine alte Ruhe, er schien nichts Erschreckendes in mir gesehen zu haben. Er betastete meinen Bauch. Er drückte ziemlich fest, und ich hatte Angst, daß er mir das Kind zerdrücken könnte.
«Tut es weh?»
Nichts tat weh. Ich sah jetzt schon tapfer in sein beobachtendes Gesicht. Er blieb ungerührt. Er sah ohne Blick über mich hinweg. Er fühlte, was er nicht sah. Dann holte er ein seltsames Gerät, das mich an einen Winkelmesser oder an einen Zirkel erinnerte, und maß meinen Bauch ab. Er errechnete, ob der Geburtskanal normal breit war, wie er mir erklärte, ohne aufgefordert zu sein. Er hat auch meinen voraussichtlichen Geburtstermin errechnet, er schien ein guter Mathematiker zu sein. Er legte die Zangen in einer Emailmuschel ab. Es klapperte, und diesmal hörte ich es nicht im Wartezimmer, sondern konnte es sehen und erkennen als weniger schrecklich als vorher.
«Sie können sich wieder anziehen.»

Er verschrieb mir eine Schwangerschaftssalbe. Damit sollte ich mir zweimal täglich meinen Bauch einschmieren. Die Salbe sollte die Haut elastisch machen, und nach erfolgter Geburt sollte der wieder zurückgebildete Bauch keine häßlichen Schwangerschaftsstreifen zeigen. Ich bin ihm heute noch dankbar für diese Salbe. Ich mußte noch einen Harnbefund abwarten, und außerdem sollte ich Blut in einem Labor abnehmen lassen. Der Befund würde mir zugeschickt werden.

«Essen Sie nicht zuviel und verwöhnen Sie sich nicht. Sie dürfen auch ruhig leichte Gymnastik machen.»

Vor der Geburt wollte er mir die Turnkurse im Entbindungsspital empfehlen. Ich sollte mich in einem Spital anmelden und dort auch regelmäßig untersuchen lassen. Während er Zettel ausfüllte und das Rezept schrieb, zog ich mich schnell wieder an. Er schien nichts Besorgniserregendes bemerkt zu haben. Zumindest für das eine Mal. Ich bedankte mich und wollte wieder bei der Eingangstür hinausverschwinden. Aber ich mußte ja bei der anderen Tür hinaus, die in den Vorraum führte, wo mich die noch immer Wartenden nicht sehen konnten. Ich zog erleichtert meinen Mantel an, bekam vom jungen Fräulein einen Termin, und hinter mir fiel die alte schwere Tür ins Schloß. Manche Frauen sind praktisch. Nur – praktische Frauen sind es meist übertrieben. Völlig unpraktische Frauen sind wie wehleidige Männer. Leid tut natürlich weh, und auch Männern tut viel weh und sie leiden, aber wenn sie glauben, es nicht zu dürfen und doch tun, sind sie mir ein Alptraum.

Ich bin eine wollüstige Leiderin, aber auch praktisch. Was ich allerdings eingangs wirklich sagen wollte, ist, daß man beim Kinderkriegen sehr mit Jahreszeiten rechnet.

Ich hatte schlecht gerechnet, denn es ist unpraktisch, im Sommer schwanger zu sein.

Was ziehe ich heute an – ich öffne den Kleiderschrank und reiße die verschiedensten Sachen heraus und springe in das ulkigste und angenehmste, das mir in die Hände fällt. Hast du gestern viel gegessen, dann ist ein bundloses Kleidungsstück bequem, warst du gestern einer allgemeinen oder ganz persönlichen Pflicht wegen elegant und kostbar beisammen, so springst du mit Wonne in die alten Jeans und den rauhen, aber nicht kratzigen Pullover. Hast du dich längere Zeit schlampig gehalten und deinen Körper vergessen, steigst du einmal wieder in das beste Kleid.

So konstruiere ich mir diesen Part für ein abwechslungsreiches Schreiben, tatsächlich aber hatte ich immer sehr wenig Kleiderauswahl und zog, bevor ich mich am frühen Morgen auf den Arbeitsweg machte, ohne Gedanken dasselbe an wie gestern. Ohne Gedanken, aber nicht ohne Gefühl. Ich fühlte gar nicht gern diese Spannung um den Bauch, sei es bei Rockbünden oder Hosengürteln, und das sollte mir langsam zu einem Problem werden, worauf ich, wie du schon gehört hast, früh zu einem Leibrock überwechselte. Nun hatte ich aber nur diesen einen ockerfarbenen aus Schnürlsamt, und das ewige Tragen dieses Kleidungsstücks machte alles ocker und es war immer kühl, und ich brachte langsam den mittleren Knopf nicht mehr zu. Ich sah nicht gut aus, mußte ich mir gestehen, ich fühlte mich nicht richtig ausgerüstet für diese Bauchbesteigung. Die Wölbung war noch nicht sehr groß, aber auch nicht wegzuleugnen. Ein wenig härter wurde der Inhalt. Eine Zeitlang hatte ich mich früher in einem sorglosen Schafspelz aus der Türkei recht wohl gefühlt. Meine Arbeitskolleginnen wehrten sich aber, ihn seines Geruchs wegen neben ihren parfümierten Mänteln im allgemeinen Kleiderschrank hängen zu haben, und ich mußte mein Schaf zu Hause lassen. Bä . . . bah . . . bä . . .

Bäuche werden in der Regel immer verkrampft und gespannt gehalten. Eine gerade, aufrechte Haltung vom Rückgrat her läßt auch größere Bäuche nicht schlapp erscheinen. Ein stattlicher, vom Leben gespannter Mensch geht hier. Niemand, und besonders die Frau nicht, bekennt sich zu dem Bauch, und sie ziehen ihn ein und zusammen, holen nicht ordentlich Luft, atmen die verbrauchte nicht wieder aus und haben daher soviel gern Stuhlverstopfung, was ja zu diesen harten Säcken unter den beiden weicheren Säcken führt. Dann bekommen sie häßliche Tränensäcke, und davon wird das Wetter nicht wärmer und ich konnte noch immer nicht ohne Mantel gehen.

Nun hatte ich mir schon einen Kleiderstoff für ein luftiges, buntes Sommerkleid ausgesucht, und außerdem konnte ich jetzt auch noch die beiden von Natur aus weiten indischen Kleider anziehen. Aber wolltest du im Hochsommer hochschwanger sein? Ich habe immer alles so genau genommen.

Jetzt, wo ich wieder im Bikini herumkollere, sehe ich immer mit Schadenfreude auf die schwangeren Frauen, die mit kurzen Hosen und einem weiten Kittelchen im Bad in der Sonne dünsten. Ihre Männer und ihre Brut wollen sich das Sommervergnügen nicht abgehen lassen, nur wegen dieser dicken, lahmen Kuh. Trächtige Kühe müssen besonders auf ihre Stiere sehen, falls sie nicht einen geruhsamen Ochsen der Bequemlichkeit halber vorziehen.

Ich sollte es schon noch zu spüren bekommen, daß ich ein Sonnenkind war. Ganz schön ins Schwitzen bin ich oft gekommen, wenn ich bei 40 Grad die Einkaufstasche und noch dazu meine Kugel zu schleppen hatte. Ich trug meinen Krieg mit indischem Gleichmut, dank meiner Kleider. Indische Stoffe sind meist sehr schlecht gefärbt, und es war schwierig, sie oft zu waschen, weil sie ausfärbten. Als sie schon sehr verschwitzt und stinkig waren, schätzte ich das bunt Bedruckte aus meinem eigenen Land und ich hatte daher wieder nur eines.

Die Beine, die spürte ich. Wenn es besonders heiß war, zog ich manchmal mitten auf der Straße meine Sandalen aus. An den Oberschenkeln traten dünne blaue Äderchen hervor, dem Popo zu bildeten sich kleine Grübchen in der Haut, die Knie waren geschwollen, die Fesseln liefen dick an und die Füße wurden heiß und müde und wollten absolut nicht in Schuhen stecken. Ich war gar keine dicke Schwangere, aber meinen Beinen war ich an manchen Tagen entschieden zu schwer. Ich weiß aber, daß ich keinen Grund zur Klage hatte, denn mir blieben Krampfadern und Bandagen erspart, und das wußte ich auch schon damals zu schätzen. So schwer wurde dieses Gestell manchmal. Es fiel nicht leicht, mich im Rückgrat gerade zu halten, es zog alles der Mitte zu, und ich wollte mich in meinen Bauch zurückziehen und dort hineinverschwinden. Wäre ich kein stolzer Mensch gewesen, hätte ich mir wahrscheinlich auf allen vieren mit hängendem Bauch leichter getan. Es wäre mir organischer, gesünder und leichter erschienen. Ich war aber Mensch genug, mich nicht schon als Schwangere einer möglichen Einlieferung ins Narrenhaus auszusetzen, denn dort hätten sie mein Kind vielleicht behalten, und das wollte ich eigentlich lieber vermeiden.

«Die Katze verliert immer das eine Ohr.»

Sebastian klebt mir schon zu lange an diesem Lederstückchen herum. Vielleicht haben wir es zu klein geschnitten oder der Klebstoff wird wirklich immer schlechter. Die kleine Holzscheibe, die ein Katzengesicht aufgemalt hat und auf die das Lederohr geklebt werden soll, ist schon ganz verschmiert. Verschmierte Holzkätzchen will ich der Großmutter nicht zum Geburtstag schenken. Ich helfe ein bißchen dem Ohr nach, denn ich vermute fast, daß diese Frau, die ich schon so lange nicht gesehen habe, nicht sehr viel Verständnis für kindliche Ungeschicklichkeit hat und lieber eine saubere Konfektionskatze aus dem Andenkenladen möchte, die allerdings schon von Sebastians Hand gefertigt sein soll. Denn das will sie gern erzählen und den Nachbarinnen zeigen und will dann sagen, daß sie einen tüchtigen Urenkel hat. Ich denke mir das so, denn ich habe diese Großmutter nie als eine solche benützt. Ich habe sie zuletzt mit vielleicht zwölf Jahren gesehen. Aus Gründen familiärer Art, mit denen ich nichts zu tun hatte, aber davon betroffen war, hatte ich kaum Kontakt mit dieser Frau.

Morgen wird sie fünfundachtzig Jahre. Diesmal hat die Geburtstagskarte, die meine Mutter aus einer lieben Gewohnheit regelmäßig schickte, eine Antwort auch für mich gefunden. Wir sind für morgen eingeladen. Es ist gar nicht so meine Art, viele Besuche zu empfangen oder zu machen. Ich bin auch kein treuer Familienanteilhaber und Nehmer oder Geber, aber ich bin nie in Streit mit meinesgleichen, und das ist jeder. Es ist nur so, daß ich nicht viel Ausdauer im Gespräch und im Umgang mit nur Spre-

chenden habe, und man bemerkt meinen Rückzug, und jeder denkt sich seinen Teil, und ich auch, und einige tratschen darüber gern, und ich schreibe darüber vielleicht noch lieber. Mir bleibt manchmal die Sprache weg angehörs der vielen Worte, die so wahnsinnig normal aus den Löchern der Menschen sprudeln. Ein ordentlicher Furz riecht mir wesentlich klarer als schlechter Mundgeruch.
Die Katze hört jetzt gut. Mit zwei Ohren. Der Kopf klebt auf einer größeren Holzscheibe. Vier Beinstäbchen tragen das Tier hoffentlich recht lange, und der Schwanz steht, das ist das wichtigste. Meine Großmutter soll früher einmal recht viel Wert auf solche Förmlichkeiten gelegt haben. Aber das weiß Sebastian nicht, obwohl er es sicher ahnt.
«Kaufen wir auch noch ein paar Blumen.»
Ich glaube, das Bürschchen weiß, was sich gehört. Andere Buben denken sonst eher nicht an solche Geschenke. Ich habe mich dazu entschieden, diesen Besuch zu machen und werde alle Anweisungen meines Kindes befolgen, um die Erwartungen einer fünfundachtzigjährigen Großmutter zu erfüllen. In der Auslage des kleinen Blumengeschäfts stehen Astern, Rosen, ein paar Stöcke und Friedhofsblumen. Die werden wir der Großmutter nicht bringen.
«Nehmen wir eines von diesen kleinen Rosensträußchen?»
Sebastian stimmt zu: «Ich trage die Blumen und du gibst ihr die Katze . . . Nein, sonst glaubt sie, du hast die Katze gemacht! Ich gebe ihr die Katze und auch die Blumen!»
Mir soll es recht sein, aber noch haben wir die Blumen nicht und dort sind wir auch noch nicht. Wir haben noch Zeit genug, uns zu streiten. Wir sind schon wieder einmal zu früh dran. Wir kaufen die Rosen, und die Stengel stechen gar nicht. Die Dornen sind entfernt. Das ist zwar sehr anständig, aber für die Lebensdauer der Blumen nicht sehr einträglich. Es ist nicht gesund, ohne Dornen zu leben. Aber eigentlich sind abgeschnittene Blumen ohnehin schon tot und sehen nur mehr wie lebendig aus.
Sebastian riecht und riecht, als wäre auch schon Kuchen und Kaffee mit im Seidenpapier verpackt. Wir gehen langsam die etwas steile Straße zu dem Haus hinauf, in dem die Großmutter eine kleine Wohnung hat. Ganz schön mühsam für eine Fünfundachtzigjährige dieser Weg. Ich trage nur meine leichte Handtasche über der Schulter, in der die Katze noch schläft, aber mit einer Einkaufstasche und mit fünfundachtzig Jahren auf dem Buckel, heiliger Sebastian, er geht einige Schritte vor mir und spricht irgend etwas vor sich hin. Es klingt nicht wie ein Gebet. Er sieht gut aus in der karierten Jacke mit dem Gürtel und der Stoffhose. Wir haben heute die Jeans abgelegt, uns nicht übertrieben herausgeputzt, aber doch eher nach den Vorstellungen einer älteren Frau gerichtet. Ich trage ein schwarzes Schnürlsamtkleid mit braunen Lederaufsätzen an den Taschen und am

Kragen. Es wirkt nicht wie Trauer, sondern eher sportlich-elegant. Sebastian hat den Hemdkragen ausgeschlagen.
Mein Sinn ist nicht dunkel, aber ich kann eine gewisse Anspannung nicht vertreiben, die mich ein bißchen beklemmt. Ich war schon so lange nicht hier, und hätte mir diesen Besuch wie alle anderen auch wirklich sparen können, ich fühle so genau, wie sich diese Begegnung abspielen wird, und in meinem Mund ist es schon jetzt so lau. Das Kind freut sich auf alle Besuche, weil es gern andere Wohnungen sieht und gern bewirtet wird und überhaupt nicht mehr erwartet, als zu erwarten ist, und ich richte mich auf und gebe mir ein bißchen von meiner alten verlorenen Kinderunbekümmertheit und Anspruchslosigkeit und auch Sorglosigkeit.
Ich folge dem Kind rasch nach, vergesse meine Gewohnheitsjahre in ein paar rascheren Schritten. Ich habe wieder keine Uhr und frage eine Frau, die mit einer Einkaufstasche an uns vorbeizischen will. Etwas vor drei.
«Danke.» Sehr gut, sehr gut.
Dort ist das Haus, das weiß ich noch. Mehr weiß ich nicht mehr. Aber ich habe die Adresse und Wohnungstüren sind nicht schwer zu finden.
«Ist es dieses Fenster?»
Ich kann keine Auskunft geben, ich weiß es nicht, aber ich komme nicht umhin, Sebastian noch einmal zu bitten, nicht allzuviel zu fragen und vielleicht nicht allzuviel mit den Fingern anzutappen. Bei älteren Leuten kann man nie wissen, ob sie das wollen und wie sie darauf reagieren. Damals, als ich noch klein war, hat die Großmutter allerdings keinen übertriebenen Sauberkeitsfimmel gehabt und ist mir ganz angenehm in Erinnerung geblieben, aber man kann ja nie wissen.
«Die Katze mußt du mir noch geben!»
Katze raus und wir rein in das große alte Haustor. Tür 7 weiß ich. Also erster Stock. Hinauf, nicht zu schnell, daß der Atem nicht durchgeht, Kragen gerichtet, Haare geschüttelt und jetzt Augen zu und Hände weg, Mund auf . . . nein, nein, so geht das nicht. Ob Kindern auch vor spannenden Momenten so viel Narrentheater im Kopf herumwitzelt? Sicher, aber es wird ihnen nicht seltsam vorkommen, und sie müssen es nicht aufschreiben.
7! Sebastian hält den Finger an die Glocke und dreht sich nach mir um. Ich finde es sehr anständig von ihm, daß er sich noch einmal in einem kurzen Blick mit mir vereinigt, bevor es viel zu laut aufratscht. Eine Glocke, die Tote wecken kann und Lebende erschrecken muß. Wir sind gebannt. Still. Widererwarten rasche, feste Schritte nähern sich der Tür. Die Großmutter öffnet weit die Tür und den Mund und umarmt ohne Umschweife den kleinen Sebastian. Und dann auch mich, und ich umarme sie auch, weil sie mir den Eintritt abgenommen hat und ich keine Worte finden mußte. Sebastian fallen die Rosen hinunter. Er gibt ihr die Katze, wortlos

– hoffentlich verliert sie das Ohr nicht –, und dann hebt er die Blumen auf und sagt: «Alles Gute für deinen Geburtstag!» Er sieht sie dabei nicht an, sondern fummelt an seinem Gürtel.
«Kommt herein», sagt die Oma. Ich kann sehen, daß sie eine starke Brille trägt und trotzdem schlecht sieht. Ich sehe auch mit einem kurzen Blick, daß ihre Hände nicht mehr so wie meine aussehen, sondern steifgliedrig sind, sehr blaß und mit braunen Flecken versehen. Außerdem hat sie ja auch die Blumen in der Hand, und ich rate, sie ins Wasser zu geben. Auf den Füßen ist die Oma noch recht gut. Sie bewegt sich und hantiert ohne zu zittern mit einer Vase herum.
«Ja, Mädchen, wie geht es dir denn. Ich habe dich ja so lange nicht gesehen.» Sie sieht mich allerdings auch jetzt nicht an, aber mich stört das gar nicht. Mir ist angenehm, daß sie mit ihren Blumen noch nicht fertig ist und keine komplizierten Wortlosigkeiten und Verlegenheitsgedanken über meine oder ihre lange Abwesenheit auftreten läßt.
Wir haben uns einstweilen umgesehen. Ich habe nicht viele Geschichten gemacht und bin Sebastian in das Zimmer gefolgt, das an die Küche anschließt. Vorzimmer hat die Wohnung keines.
«Das ist aber ein liebes Kätzchen. So etwas habe ich noch nie gesehen. Es gibt ja heute schon so viele Sachen. Zu meiner Zeit hat es das ja alles noch nicht gegeben. Wir haben Puppen aus Fetzen gehabt.»
Sie bleibt stehen, an die Tischkante gelehnt, sieht die Katze an, fährt mit dem Finger über den steifen Schwanz. Ihr Finger ist verkrüppelt von der Gicht. Sie wirft mir einen wachen Blick zu und sagt zugleich, indem sie sich Sebastian zuwendet: «Gut siehst du aus, ist das Kleid neu? – Ja, schau dich nur um, die Katze stellen wir da zu dem Zwerg dazu. Die können sich unterhalten.»
Das Kind kann es nicht lassen, alles neugierig anzuschauen, aber ich sehe, er greift nichts an. Die Wohnung ist nicht ungemütlich, aber sehr angeräumt mit zufällig abgelegten Sachen, die mir dort nicht ihren Platz zu haben scheinen. Allerdings kann ich bemerken, daß es sauber ist und daß eine ordnende Hand vor unserer Ankunft Eingriff genommen hat in noch größere Verwirrung. Ich darf nicht vergessen, daß diese Hand gichtig ist und daß diese Augen, die eine Ordnung absehen sollen, nicht mehr gut sind, und außerdem darf ich nicht vergessen, daß ein alter Mensch eine andere Vorstellung von Ordnung hat als ich. Vieles soll hier leicht griffbereit sein, was ich hervorholen und hinaufheben kann. Es riecht leicht nach Mottenkugeln, aber nicht schlimm. Es hängt auch ein wenig Kampfergeruch in der Wohnung und der wieder erinnert mich an meine andere Großmutter, die bereits gestorben ist und bei der ich viele Jahre als Kind verbracht habe. Kampfergeruch ist mir tief vertraut und gibt mir ein Gefühl von Geborgenheit.

Ich sehe auf die vielen Medizinfläschchen und Tiegel, die da auf einem kleinen Extratisch an der Wand aufgestellt sind.
Ich ziehe damit das Interesse der Oma wieder besonders stark auf mich, und sie läßt Sebastian bei der Katze und dem Zwerg auf dem Spitzendeckchen, das auf einem geschnitzten Ständer liegt und sicherlich etwas staubgrau gefärbt ist, zurück, und setzt sich, vorsichtig den Fall abstoppend, neben mich in einen alten etwas verschlissenen Fauteuil nieder. Zwischen uns eine Stehlampe, die auf einem winzigen Tischchen montiert ist, auf dem noch so ein Deckchen liegt. Darauf steht ein altes kleines Radio, noch mit Drehknöpfen links und rechts und einer Stoffverspannung vor dem Lautsprecher. Im Fach unterhalb liegen ein paar Illustrierte, und zwei Bücher haben da Platz. Die Fauteuils sind von der alten Art, mit Holzarmstützen und mit dunklem Stoff bezogen. Braun und nicht sehr tief und auch nicht sehr weich. Ich sehe, sie sitzt nicht gut, die Oma. Ich glaube, sie sitzt sonst immer auf einem Sessel in der Küche.
Sie legt mir die eine gichtige, sehr kalte Hand auf meine, die ruhig auf der Lehne hängt, und mit der anderen zeigt sie zielstrebig auf ihre vielen Medizinheiligtümer.
«Ja, alt soll man nicht werden. Gestern war ich wieder bei dem Dr. Wallner. Er hat mir etwas zum Einreiben verschrieben gegen meine Rückenschmerzen.»
Sie rückt etwas auf dem Stuhl. Ich habe es ja gewußt, sie sitzt hier nie. Und sie steht auch wirklich gleich wieder auf, indem sie sich an den Lehnen herausstemmt aus dem Stuhl, sie geht zu ihrem Altar und bringt mir den Tiegel mit der Einreibungstinktur.
«Der Frau Blauensteiner hat das so geholfen, aber mir hilft das nicht mehr, manchmal bin ich schon ganz verzweifelt. Die Straße hier herauf ist so steil. Ich habe schon öfter an einen Wohnungstausch gedacht, aber wer will denn schon so eine kleine Wohnung. Und weißt du, wenn man alt ist, will man auch nicht mehr weg vom gewohnten Ort.»
Ich rieche an der Salbe.
«Und die hilft dir nicht?»
Sie bewegt sich zu dem Kasten, der an der gegenüberliegenden Wand steht. Sie öffnet, und Sebastian staunt, daß die Fächer mit weißen oder besser gesagt vergilbtem Spitzen verbrämt sind. Ihm gefällt das. Er wakkelt damit hin und her und hält die Nase in die Wäsche. Es riecht nach Lavendel. Er kennt das nicht, und die Oma zeigt ihm das getrocknete Kraut. Sie wird ganz rege, und sie erinnert sich an die Lavendelfrauen.
Sie beginnt auch für mich überraschend mit recht klarer Stimme halb zu singen und zu sprechen:
«Lavendl ham wir da, kaufts mir's aaa, ein Busch drei Kreuzer nur . . .
Lavendl ham wir da!»

Sie lacht das Kind an, ich stehe auf und gehe zu den beiden hin und rieche selbst an dem Kraut. Auch mir ist dieser Geruch ja nur mehr eine Erinnerung.
Sie gibt es wieder in den Kasten zurück, und Sebastian will mir unbedingt den Zwerg aus der Nähe zeigen und auch den kleinen Krug, der auf der Marmorplatte eines Schubfachkastens steht, über dem ein großer Spiegel hängt, mit goldenem Rahmen. Auf dem Krug ist eine Kapelle abgebildet, und ich erinnere mich, daß ich noch immer die Salbe in der Hand halte. Ich stelle sie auf den Altar zurück, und die Oma steht da und hat die Arme in die Hüften gestützt.
«Ich weiß nicht, jetzt wollte ich dir etwas zeigen, und jetzt habe ich wieder . . . Ich sag dir, ich bin so vergeßlich, völlig verloren wird man . . . Ja, dieser Flanellgürtel hat mir früher immer noch gegen die Schmerzen geholfen.»
Sie öffnet den Kasten noch einmal und holt von ganz unten einen großen weichen Fleck hervor, der mit Bändern versehen ist. «Wärme ist gut, Wärme soll ich haben. Ich fürchte mich jetzt schon wieder auf den Winter. Jetzt geht es ja noch, aber im September, wenn ich wieder heizen muß, weiß ich gar nicht mehr aus und ein.»
Diese Bänder baumeln unnütz an dem Stück Stoff herunter, und ich weiß nichts anderes, als daß ich den Stoff nehme und ihn zusammenlege. Sie tut ihn wieder in den Kasten, den alten Fetzen, der nicht mehr helfen kann.
Die Oma gibt sich wieder einen Ruck. Sie sieht mich an durch die Brille und nimmt meinen Arm und wiederholt:
«Na, und wie geht es dir, Mädchen, was machst du denn so immer. Das Kleid steht dir wirklich sehr gut. Trägst du die Haare immer so glatt? Eine kleine Dauerwelle würde dir sicher auch passen. Aber heute ist die Mode ja ganz anders, ich weiß schon. Die jungen Leute muß man lassen. Früher, wie ich jung war, da haben wir machen müssen, was die Alten gesagt haben. Wir haben sogar zum Vater noch Sie sagen müssen. Da hat es nichts gegeben. Wer aufgemuckt hat, hat schon seine Tracht Prügel bekommen. Das hat sich ausgezahlt. Und später, da war es auch nicht anders. Leicht haben wir's nicht gehabt. So manchen täte es heutzutage gut, wenn sie ein bißchen strenger behandelt würden.»
Sie sieht Sebastian an, der zu uns hergekommen ist, um mich mit einem kleinen Gebetbuch zu überraschen, das er entdeckt hat. Ich glaube, er will damit das Gespräch auf andere Dinge lenken, denn ich weiß, er hört genau zu, und solche Reden waren schon mir als Kind ein Greuel. Ich bin ihm dankbar dafür, weil ich die Alte jetzt nicht mehr ansehen muß, sondern ich betrachte verbissen ein Heiligenbildchen, auf dem Christus am Kreuz zu sehen ist, darunter seine Großmutter und daneben die Schächer in Gestalt einer Katze und eines Zwerges.

«Ja, das hat mir mein Mann einmal von einem Ausflug in einen Wallfahrtsort mitgebracht, wie wir noch ganz jung waren, das waren Zeiten . . . wie der alte Kaiser noch gelebt hat.»
«Erzähl vom alten Kaiser!»
Ich bin getroffen. Sie hat ohne es zu wissen oder wer weiß, was sie alles hinter ihrer Brille tut, das Lieblingsthema meines Knirpses aufgegriffen. Er interessiert sich sprühend für alte Geschichte oder vielleicht für alte Geschichten, eben wie alle Kinder und Menschen.
«Ja, das ist schon so lange her . . .» Sie nimmt Sebastian um die Schulter. Er ist als Siebenjähriger gar nicht soviel kleiner als die Fünfundachtzigjährige. Erstaunlich diese Verrückung der Erwartungen eines naiven Menschen wie mich. Und da reckt sich das Kind und nimmt der Frau ein loses Haar vom Kragen. Meine Erwartungen sind wieder einmal übertroffen von der Aufmerksamkeit eines kleineren Menschen als ich es bin.
«Ja, Kind, was soll ich dir denn da erzählen . . . das ist ja schon so lang her. Aber mir ist, als ob es gestern gewesen wär. Damals war ich noch jung, mein Gott, da hab ich noch fesch ausgeschaut. Damals warn die Mädln alle fesch. Net alle, das wär nicht wahr. Gehabt habn wir wenig, aber glücklich waren wir.»
Während die Oma den Blick schweifen läßt in ihrem früheren Glück und keinen rechten Standpunkt finden kann, zweifle ich kräftig an ihrer Aussage, aber gebe ihr für hier und jetzt absolut recht. Sie lügt jetzt nicht. Sie glaubt an diese Worte sowie an alle anderen ihrer Ansichten.
«Ja, es war schon schön damals. Das muß ich sagen, auch wenn heute anderes geredet wird. Das war eine andere Zeit. Die Paraden, weißt du, wenn die Soldaten in ihren Uniformen aufmarschiert sind, da hat alles nur so geglänzt und gefunkelt. Das waren Männer – die Offiziere, wenn sie voranmarschiert sind. Stramme Burschen, kann ich dir sagen. Die haben noch etwas vorgestellt. Da ist keiner herumgelungert in schlampigen Kleidern, die haben alle einen Haarschnitt gehabt!»
Vor ihren Augen zieht eine ganze Armee geschniegelter Frühhitlers vorüber und blinken ihr mit den Knöpfen zu.
«Aber der Kaiser selber, mein Lieber, der hat einfach gelebt. So ein einfacher Mensch. Geschlafen hat er in einem Feldbett und gegessen hat er nur mageres Fleisch.»
«Hat er auf Holz geschlafen? In Indien gibt es Fakire, die liegen auf Nägeln», gibt Sebastian sein Wissen eifrig kund.
«Nicht auf Holz natürlich, aber hart eben. Ein einsamer, harter Mann war das. Der wollte es nicht besser haben als sein Volk. Der ist mit gutem Beispiel vorangegangen.»
«Und die Soldaten haben auch hart geschlafen? Aber weißt du, fettes

Fleisch mag ich auch nicht. Da graust mir. Vielleicht hat der Kaiser Diät halten müssen», gibt das Kind wieder zu bedenken und schmälert der Oma immer die Sensation.
«Ja, das weiß ich alles nicht so genau, ich war ja ein einfaches Mädel damals. Das Volk war arm. Aber manchmal haben wir ein Fest gehabt. Da war allerhand los. Wenn der Kaiser Geburtstag gehabt hat, da hat sich die ganze Stadt getummelt. Der Kaiser hat überhaupt alle Parks und Gärten für sein Volk zugänglich gemacht. Früher war das nicht so, daß du konntest überall hineingehen und dich auf die Bänke setzen und die Blumen anschauen und die Springbrunnen. Da konnten die Kinder nicht so wie du in den Parks spielen. Das hat alles erst der Kaiser erlaubt.»
Die Oma bremst sich ein bißchen in ihrer Schwärmerei und sieht mich an. Wie als Entschuldigung für ihre Sentimentalität meint sie mit Nachdruck: «Ja, der Kaiser wurde damals sehr verehrt, über den hat sich niemand zu schimpfen getraut, trotzdem – trotzdem . . .»
«Und was war dann?» interessiert sich Sebastian.
«Ich sage dir, das war dann eine Wirrnis mit den Parteien, man hat sich überhaupt nicht mehr ausgekannt. Und dann, dann ist wieder einer gekommen. Das ist ja auch irgendwie so ein Kapitel für sich, aber es war wenigstens Ordnung, man hat gewußt, woran man ist, und vor allem hat uns wieder jemand geführt. Das ist ja das Wichtigste für ein Volk. Bitte, daß dann alles schiefgegangen ist, da waren viele schuld, viele waren da schuld!»
«Warst du auch schuld?» will der Bub wissen.
«Ach, von Schuld kann man doch da gar nicht sprechen, ich kann dir das nicht so erklären, und du würdest es auch gar nicht verstehen! – Mein Gott, ich schau so aus . . .»
Die Oma fährt sich mit der gichtigen Hand durch die Haare und drückt eine graue, noch gar nicht so schüttere Welle gekonnt zurecht. Das beherrscht sie noch so wie früher. Ich vermute auch stark, daß diese Frisur nicht älter als höchstens drei Tage nach dem Friseur sein kann. Sie hat sich also für uns zurechtmachen lassen, damit sie dann sagen kann: Ich schau so aus. Das ist üblich, so kenne ich das, was sicher mit ein Grund ist, daß ich nie zu einem Friseur gehe. Ich will aber bei Gott diejenigen meiner Leser, die Friseure sind, nicht vergrämen. In diesem Fall würde ich natürlich alle meine Grundsätze sofort über den Haufen schmeißen. Da bin ich arg charakterlos.
Die Oma steht überhaupt irgendwie sehr gekonnt da, den Arm um Sebastian, fühlt sie sich betrachtet und beachtet. Sie wechselt das Standbein mit einem Hüftschwung, der nicht die Fünfundachtzigjährige vermuten läßt. So von ferne sehe ich diese mollige, lebenslustige Frau, die sie einmal gewesen sein soll. Heute ist diese knusprige Unverschämtheit abgeschlafft –

geschrumpft, abgemagert, leicht gebeugt und ermüdet, aber wenn sie hinter den starken Brillen die etwas verschwommenen blauen Augen auf ihren Betrachter richtet, ist der Blick klar herausfordernd und nicht uncharmant. Das hat ihr die Familie scheinbar immer übel genommen. So etwas muß es gewesen sein.

Ihr Kleid ist grau, aus guter Wolle, einfach, aber wie ich genau erkennen kann, eigens für diesen Anlaß aus dem Kasten genommen. Sie trägt wider Erwarten keine Hausschuhe. Sie trägt Schuhe, und das enthebt uns der leidigen unausgesprochenen Anforderung mancher Gastgeber, uns der Schuhe entledigen zu müssen. Jetzt wäre es ohnehin schon zu spät. Sebastian hat mit seinen Gummisohlen schon lauter Fahrer am Holzboden gemacht. Das sehen die alten Augen aber nicht mehr so genau. Die Oma hat keine Gummisohlen, sondern welche aus Leder, und außerdem geht sie meist auf den beiden kleinen Läufern, die nebeneinander ziemlich unpassend aufgelegt sind. In der Mitte bildet sich eine kleine Unebenheit durch den Wulst der aufeinandertreffenden Gewebe, und mich wundert, daß sie da nicht öfter am Tag darüberfällt. Sie tut das nicht, nur ich bin vorhin einmal gestolpert, als ich zum Fenster ging und auf die steile Straße schaute, auf der wir gekommen waren, bevor wir noch wußten, wie es hier zugehen würde. obwohl ich natürlich alles geahnt habe. Jetzt bin ich in meiner Ahnung schon sehr zu Hause, und mein Atem geht wieder ruhig und hätte schon wieder ganz gern frische Luft. Aber solche Besuche kann man nicht abkürzen. Ich habe ihn mir vorgenommen, und ich mache jetzt mit, bis ich nicht mehr mitmache.

Mein Atem setzt wieder ein wenig reger ein, als die Oma, die noch immer den Arm um das Kind gelegt dasteht, die unvermeidliche Wendung macht: «Na, du kommst ja jetzt in die Schule. Da geht's dann in einem anderen Ton, mein Lieber!»

Sebastian sieht sie treuherzig an und beteuert:

«Ich gehe nicht in die Schule.»

Die Frau sieht mich an, diesmal eher ratlos als charmant. Sie ist nicht belustigt, aber auch nicht beleidigt, aber endlich einmal sprachlos.

Ich habe gewußt, daß das kommen mußte. Und ich möchte um nichts in der Welt mit dieser alten Frau aus Kaiserszeiten in eine Diskussion über Schule oder nicht Schule verwickelt werden. Ich habe ihr nichts zu beweisen, nichts zu erklären, und ich habe keine kleinste Frage an sie.

«Ich habe die Erlaubnis von der Schulbehörde, daß ich Sebastian selbst unterrichten kann.»

Erlaubnis haben klingt immer gut. Wenn der Kaiser allen Soldaten erlaubt zu töten, darf das sein. Wenn Herodes erlaubt, alle Kinder zu morden, muß das sein. Wenn Gott befiehlt, daß die Welt untergeht, glaubt das die Oma nicht.

«Ja, glaubst du, daß das gut ist, so ohne Kontakt zu anderen Kindern. Er als Einzelkind? – Willst du nicht mit anderen Kindern spielen?»
Sebastian faßt das nicht als Frage auf, und die Großmutter hat das auch nur in einem nachdenklichen Tonfall vor sich hin gesagt. Sehr langsam, irgendwie über uns hinweg, so wie als Frage an sich selbst.
«Ich habe oft nicht in die Schule gehen können, weil wir so weit draußen gewohnt haben, und im Winter war die Strecke oft ganz zugeschneit.»
Sie sagt aber nicht dazu, daß ihr das leid getan hätte, sondern wird von Sebastian mit Interesse überfallen:
«Habt ihr auch Tiere gehabt, wo du gewohnt hast?»
«Mein Gott, wir waren arm. Eine Ziege und einen Hund haben wir gehabt.»
Die Frau ist zu alt, um ein Ideal zu verteidigen, die Oma hat keine Ideale mehr, sie bleibt nicht hängen an der Unvorstellbarkeit. Ich triumphiere innerlich und glaube, der leidigen Erklärung ausgekommen zu sein, weil sie jetzt über sich selbst weitersinniert. Menschen, die mich nicht mit ihren Idealvorstellungen quälen wollen, sind mir angenehm. Selten genug. Aber trotzdem bemerke ich, daß die Oma den Arm von Sebastian nimmt. Sie schützt ihn nicht mehr, weil er sich nicht unter den Schutz der sie beschützenden Behörden stellt. Sollte das eine Wahrheit sein und zutreffen auf viele Reaktionen von Menschen, denen Sebastian noch begegnen wird? Spürt er das? Er spürt es, und er weiß es, vielleicht leidet er auch darunter, aber die Großmutter müßte wissen, daß das Leiden in jedem Fall jede Form annehmen kann und keine Gründe braucht, um sich in eine Menschenseele zu schwingen. Leiden beschwingt, das muß ich sagen, und gibt Kraft, wenn es sich zum Glück wendet.
Das scheint der Kuckuck zu rufen, der diese ungeklärte Situation fast wie eine zu gute Regieanweisung unterbricht. Wir haben die Uhr noch gar nicht entdeckt, weil sie in der Küche hängt und wir so rasch ins Zimmer gestürmt sind. Das Kind geht hinaus und freut sich über diese Entdekkung. Er geht nicht in die Schule, aber er zählt wie zur Beruhigung der Oma: «1 – 2 – 3 – 4 –» Den ersten Ruf hat er sogar noch, ohne zu wissen, worum es hier ging, im Zimmer gehört und jetzt doch richtig dazugezählt, aber das beachtet die Oma im einzelnen nicht so genau. Für sie heißt vier Uhr Jausenzeit, und diese einzuhalten, ist für sie wesentlich wichtiger als die Frage, ob Sebastian in die Schule geht oder nicht. Und noch jemandem ist das sehr wichtig. Es wird kein Zweifel darüber bestehen, daß Sebastian die Jause wesentlich lebensbejahender findet als die liebenswert geheuchelte Teilnahme eines geldverdienenden Lehrers, der ihn nicht zur Jause einlädt, sondern zum Diktat zwingt.
«Ich weiß nicht, ob euch das schmecken wird. Ich habe das Bisquit gestern gebacken, und es ist mir ein bißchen speckig geworden. Ich war

ganz verzweifelt. Ihr müßt kosten, wenn es nicht schmeckt . . .»
Sie holt einen großen blaugemusterten, länglich geformten Teller aus dem Backrohr, auf dem ein goldig gelbes Bisquit mit viel Staubzucker obenauf liegt. Von Speck sehe ich keine Spur. Ich weiß nur, daß ich, nach langer Kucheneßerfahrung bei meiner anderen Grußmutter, speckig gewordene Kuchen immer mit besonderer Vorliebe aß. Aber das sage ich dieser Großmutter nicht. Sebastian weiß überhaupt nicht, was sie für Bedenken hat. Er hat keinerlei Bedenken, daß er mindestens vier Stück dieses Kuchens essen wird, und er zählt jetzt mit, wie die Oma gar nicht ungeschickt Scheibe für Scheibe abschneidet. Fünf, sechs, sieben . . .
«Willst du lieber Kakao oder Kaffee? Darfst du Kaffee trinken?» Sebastian will Kakao, und ich will auch Kakao. Sebastian hätte vielleicht gern Kaffee gehabt, aber er weiß, daß ich mir angewöhnt habe, nach zwei Uhr eher keinen Herzantreiber mehr zu genießen. Er ist aufmerksam und kann zählen und teilt mir lieber Kakao zu, der mich zwar verstopft, aber das scheint ihm nicht so unangenehm zu sein wie eine herzflatternde Mutter. In solchen Kleinigkeiten neige ich ein bißchen zum Kompliziertsein, aber heute muß ich mich einmal vergessen, denn ich habe mir – wie gesagt – diesen Besuch vorgenommen, und ich habe alles erwartet.
Tassen werden herausgeräumt. Untertassen, Löffel auf ein weißes Tischtuch gelegt. Wir essen in der Küche. Der Küchentisch ist groß genug. Eine Eckbank eckt, und das weiße Tischtuch ist mit einem unvermeidlichen Plastiktuch bedeckt. Durchsichtig ist es. Ich sitze schon in der Ecke, Sebastian steht beim Herd und sieht zu, wie richtiger Kakao in Zucker eingerührt wird mit ein wenig Milch, während die restliche Milch am Herd eine Haube macht.
«Sie kommt, sie kommt!» Das Kind wird ganz kribbelig, aber die Oma faßt mit einem noch recht sicheren Griff zu und leert Milch in die Tassen auf. Zwei Tassen sind es, mit einem Goldrand.
«Trinkst du nicht mit?» geht es mir durch den Kopf und den Mund. So als hätte sie schon lange gewartet, es loszuwerden, so als könnte sie diese Äußerung heilen, kommt es hastig:
«Zucker, weißt du, ich hab Zucker! Ich darf nichts Süßes, wenig Reis, wenig Kartoffeln, immer nur wenig, nur Fleisch darf ich, da darf ich viel essen und auch Gemüse darf ich mehr. Kuchen habe ich nur für euch gemacht, den darf ich nicht nehmen.»
Sie hat alles hergestellt, ein Löffel ist zuwenig, und Sebastian nimmt einen aus der offenen Lade. Er schließt sie, und wie er sich mit dem erhobenen Löffel in die andere Eckbankseite drängt, denn der Tisch ist etwas zu nahe an die Bank gerückt, fällt mir ein, daß ich schon gehört habe, daß auch Kinder an Zucker leiden können. Er gibt sich zwei Löffelvoll in seinen ohnehin schon gezuckerten Kakao. Mir kommt das komisch vor. Wie

wenn Sebastian sagen könnte zur Oma: Ja, ich habe auch schon Zucker . . . Oder kommt mir vielleicht komisch vor, da Sebastian sonst nur Kakaorersatz kennt und gar keinen richtigen dicken Kakao mehr, oder denke ich vielleicht, daß ich jetzt das reine Verstopfungsmittel zu mir nehmen muß und nicht mit der Wimper zucken darf, obwohl mir der Kakao ohnehin hervorragend schmeckt. Ich könnte ja meine Gründe vorbringen, warum ich Kakao nicht trinke, aber ich möchte nicht klagen, ich möchte gesund erscheinen und der Oma ja keinen Anlaß geben, sich an meinen Sorgen zu begeilen. Ich habe etwas gegen Obszönitäten dieser Art, die als erlaubter Tratsch gelten. Jedenfalls bin ich ein bißchen ratlos und weiß auch keine Antwort auf die Zuckerkrankheit meiner Großmutter. Aber Zucker hat keine Antwort. Nicht Mehl und nicht Fett und nicht Speck.
«Der Kuchen ist überhaupt nicht speckig», findet Sebastian.
«Greif zu, greift zu, nimm dir noch», fordert die Oma lebhaft auf und freut sich, daß Sebastian schon das zweite Stück nimmt. Er macht nicht viele Bröseln, er glüht vor Wohlgeschmack und riecht nach Wohlbefinden. Ein voller Erfolg ist dieses Kind. Nein, ich meine dieser Besuch für mein Kind.
«Der Kakao ist bei uns nie so süß», stellt Sebastian nicht ohne Zustimmung für den neuen Geschmack fest.
«Ich habe dir ja auch schon Zucker hineingerührt. Aber nimm nur noch, du darfst ja. Iß, so lang es dir schmeckt. Wenn man alt wird, schmeckt das Essen nicht mehr so gut und man schläft schlecht, alt soll man nicht werden», und die Oma setzt sich schwer auf den Sessel an die dritte Tischkante und legt mir das zweite Stück Kuchen auf den Teller.
Ich mache auch nicht viele Bröseln, obwohl der Kuchen leicht und flaumig ist. Nur ganz in der Mitte kann ich einen gewissen unerlaubten Fettglanz erkennen und weiß jetzt, daß die Oma nicht lügt. Jetzt weiß ich auch, daß sie wirklich Zucker hat. Teuer ist Zucker, Zucker ist teuer, aber darauf ist die alte Frau erstaunlicherweise noch nicht zu sprechen gekommen.
Sie erhebt sich etwas aus ihrer Andacht, mit der sie das essende Kind betrachtet, wird rege und meint, nicht das von der Teuerung, sondern:
«Jetzt geht es ja schon wieder, aber wenn ihr so vor zwei Wochen gekommen wärt, da war ich schlecht, da habe ich wieder diese Brechanfälle gehabt, wie ich sie schon jahrelang kenne. So arg war es noch nie.»
Sie blüht wieder zu einer neuigkeitsträchtigen Form auf, fast wie in alten Tagen, wahrscheinlich sprüht sie über den Tisch. Ich bin da nicht so heikel, und Sebastian hat überhaupt nichts gemerkt oder vielleicht hat er nichts abbekommen. Mein Kakao ist Gott sei Dank schon ausgetrunken. Ich bin bereits verstopft, Sebastian läßt sich das dritte Stück schmecken und hört, glaube ich, gar nicht recht zu. Er geht daran, mit Konzentration den Zuckerersatz aus der Schale zu löffeln. Die Oma neigt sich über den

Tisch zu mir vor: «Diese Anfälle sind unvorstellbar. Ich kann dir gar nicht sagen, wie mir da ist. In Schweiß gebadet. Das Innere nach außen. Ich glaube, ich muß alles ausleeren, und ein Krampf ist das. Mir zieht es alles zusammen, und dann muß ich mit einem Stoßen von innen heraus alles auszwingen. Wie ein Zwang, ich kann nicht anders, und ich habe diesen Brechzwang, auch wenn gar nichts drinnen ist. Ich bin schweißnaß, und das Gesicht läuft mir auf, wie wenn ich aufgeblasen wäre. Ich kann dir das gar nicht schildern, so etwas von Brechen. Der Arzt gibt mir jedesmal, wenn ich die Anfälle wieder habe, ein, zwei, drei Injektionen, und dann legt sich das langsam wieder.»

Das scheint mir allerdings schon recht bedenklich zu sein. Sebastian ißt und löffelt seelenruhig weiter, aber ich frage: «Wie oft hast du das, und wie lang dauert das immer?»

«Oft monatlang nicht, oft glaube ich, es kommt nicht mehr. Der Arzt hat mich einmal auf einen Leberschaden hin behandelt, aber davon ist es nicht besser geworden. Nächste Woche muß ich zum Nierenröntgen. Sie rätseln herum. Es kan mir ja keiner sagen, was ich habe.»

Sie holt aus dem Zimmer, ich glaube aus der Lade des Medizinaltars, ich kann es um die Ecke nicht genau sehen, ich bin auch gar nicht neugierig darauf, mit geschäftiger Sicherheit ein paar Befunde und ein Röntgenbild, während sie weiterspricht:

«Ein bis vier Tage liege ich da immer, mutterseelenallein. Es kümmert sich ja keiner um dich. Verrecken kannst du da, niemand würde es bemerken. Essen kann ich dann überhaupt nichts. Mir graust es vor allem, was wie Essen aussieht. Mich ekelt derart, daß ich es nicht beschreiben kann.»

Sebastian schluckt sein Stück hinunter. Er ist fasziniert von dem Röntgenbild. Er sieht es genau an und wundert sich über die durchsichtige Dunkelheit eines schattenhaften Lebens. Und das ist die Oma.

«Sehr komisch», meint er, sonst hat er nichts dazu zu sagen. Er hält das Bild vorsichtig.

«Erst ganz langsam nach den Injektionen kann ich wieder anfangen, ein paar Löffel Suppe zu essen. Langsam muß ich essen, immer nur ganz wenig und öfter. Manchmal reizt es mich sofort wieder zum Brechen. Ich kann dir sagen ...» und sie lehnt sich schwer auf die Tischkante, schaut starr auf das Plastik und beginnt dann mit monotonem Streichen ewig wieder aufsteigende kleine Falten zu glätten.

Ich sehe wie interessiert in die Befunde: – reagiert sauer – füllt sich normal – wirft einen kleinen Schattenrand – Blinddarm verdickt – Milz etwas vergrößert – Blutandrang.

«Wann mußt du zum Nierenröntgen?» Ich finde die Vorladung für nächste Woche. Ich lese durch und habe nur einen festen Blick in die Augen

meiner Oma. «Wir werden sehen, warten wir einmal diesen Befund ab.»
Sie sammelt ihre Scheine wieder ein. Sie verwaltet sie sorgfältig.
«Kommt, Kinder, eßt noch, eßt.» Wir haben beide genug und bedanken uns mit einem bestätigenden Schnaufer.
«Nein, Sebastian, aber du mußt noch ein Stück essen, schau, ich hab den Kuchen ja für euch gemacht. Ein Stück geht schon noch. Komm, iß.» Sie fragt nicht lang, sie legt ihm noch einen Kuchen auf den Teller, und jetzt liegt er da und was jetzt?
Sebastian sieht mich an, und ich habe den rettenden Einfall. «Komm, wir teilen ihn uns.» Die Kinderaugen belohnen mich.
Viele wissen, wie Hunger brennt, und einige wissen vielleicht, was es für eine Qual sein kann, wenn man nach übermäßiger freiwilliger Sättigung noch gezwungenermaßen nachlegen muß.
«Mein Gott, jetzt haben wir die Rosen ganz vergessen, auf den Tisch zu stellen. Die hätten schön ausgeschaut», sagt die Oma. Die Vase steht noch immer auf der Anrichte, wo die Blumen allerdings auch schön sind. Wenn sie auf dem Tisch gestanden wären, hätten die Befunde und das Röntgenbild keinen Platz mehr gehabt und auch nicht der verzweifelte Oberkörper der Oma. Es ist schon besser so, wie alles ist, gewesen ist und sein wird.
«Willst du noch einen Kakao?» Nein, Sebastian will wirklich keinen Kakao mehr. Er bittet um ein Glas Wasser, damit er alles hinunterspülen kann. Er trinkt und trinkt, und ich helfe der Großmutter, das Geschirr in die Abwäsche zu stellen. Sie freut sich über meine Aufmerksamkeit, und der Kuckuck fährt heraus und ruft, und Sebastian hebt sein leeres Wasserglas fünfmal und zählt dem Vogel zu.
«Weißt du was, das letzte Stück Kuchen packe ich ein. Nimmst es mit. Schau, ich kann es ja nicht essen. Morgen zum Frühstück vielleicht, da ist es noch frisch.»
Ich stimme zu und bin erfreut, daß ich es nicht noch jetzt vertilgen soll. Was morgen sein wird, werde ich schon sehen. Gut war er ja, der Kuchen.
«Vielleicht will der Robert auch ein Stück. Wie geht es ihm denn, was macht er denn?»
Ich lehne es ab, das als Frage aufzufassen. Ich selbst spreche nie über Robert. Er hat es nicht notwendig, daß ich ihn erwähne, und ich habe es nicht notwendig, ihn anderen in Erinnerung zu rufen, die sich unmöglich an ihn erinnern können. Wenn es allerdings um Essen, und wie hier um den Kuchen geht, habe ich es leicht und ich kann antworten und noch dazu ehrlich: «Ja, da hast du recht, der wird ihm schmecken.» Und bei dieser Vorstellung regen sich meine Lebensgeister so, daß ich mir vorstel-

len könnte, den Kuchen auf der Stelle mit ihm zu teilen und die eine Hälfte noch mit unverdorbenem Appetit zu essen. Sie tritt so nahe an mich heran und berüht mich so seltsam um die Hüfte, während sie das Nylonsäckchen mit dem Kuchen in der anderen Hand baumeln läßt und kommt meinem Ohr so nahe und lispelt gierig in mich, so daß es Sebastian ja nicht hören soll: «Ist er auch brav?»
Ich trete energisch einen Schritt von ihr ab und sehe sie an, und damit habe ich meine erste Empörung schon abreagiert, und es steigt mir eher wie ein sanftes Verständnis für sie in dem Mund; aber ich finde trotzdem die Worte nicht, ich suche auch keine, ich habe dafür keine. Wir sprechen eigentlich in der Regel nicht beim Ficken, daher kann ich der unmißverständlichen Frage meiner Oma auch keine wörtliche Auskunft geben.
Ich weiß, wie gern die Oma gehört hätte, wie Robert im Bett ist. Ich könnte ihr sagen, daß Robert brav ißt, auch gern Kuchen und daß er brav ins Bett geht, wenn er müde ist, und daß er selten mit dem Fuß aufstampft. Passend wäre gewesen zu beteuern, daß Robert nicht trinkt und kein Spieler ist. Aber Robert trinkt gern mit mir ein Glas und meistens sogar zwei, und spielen tun wir manchmal den ganzen Tag. Wir spielen Leben, und da spielt es sich schon oft ab. Wir verspielen an einem Tag alles und gewinnen in der Nacht den nächsten verlorenen Tag. Während ich so stehe und in meinem Kopf alle Gedanken durcheinanderflitzen, war einen Atemzug Zeit, in dem die Oma scheinbar bemerkt hat, daß sie zu vertraulich und zu gierig für ihr Alter war und sie tut wieder auf sachlich und meint: «Na, du wirst schon wissen, was du tust.»
Da bin ich mir eigentlich gar nicht so sicher, aber ich bin froh, daß die Alte nicht weiterbohrt in meinen Genitalien und die ihren nicht auspackt und Sebastian untersucht, ob er auch schon ein fettes Schwänzchen hätte hinter dem Hosentürl, oder ob sie ihn besser noch ein paar Tage mit Kuchen füttern sollte, bis er zur Schlachtung reif wäre. Da würde ich aber ordentlich das Backrohr heizen und nachschieben . . . Es ist ja gar nicht gesagt, daß eine junge Frau die Sexualität einer Fünfundachtzigjährigen nicht interessieren würde. Irgend etwas muß diese Frau in diesem Alter ja auch empfinden außer Schmerzen, aber von der Oma will ich das nicht hören, und außerdem hat sie in ihre unverschämt gelogene Frage ihre unverschämte Antwort für mich gelegt.
Ich habe nicht gern sich windende Schlangenmenschen, die ihre Nacktheit des Körpers und ihrer Seele, das heißt ihre Exixtenz verbergen wollen und so tun, als seien sie gar nicht da oder so tun, als sei sie nicht nackt unter den Kleidern oder unter den Gedanken. Ich habe nicht gern diese ängstlichen Lügner, die ihre Zurückhaltung zu Vorhaltungen anderen Menschen gegenüber machen. Diese Sorgenscheißer und Busenquetscher, diese Rauschverächter, aber Giervertröpfler. Aber ich habe auch nicht gern,

diese unverschämten. Scham ist eine aufrechte Haltung, Scham ist gesund. Scham an Körper und Seele, das ist Feingefühl und Respekt, sich selbst und anderen gegenüber. Manchmal, wenn ich mir viel Zeit zum Baden nehme, bürste ich auch meine Schamhaare, und mir ist das recht so. Ich weiß nicht, ob die Oma das tut. Wahrscheinlich hat sie keine mehr. Vielleicht interessiert es mich wirklich nicht. Jedenfalls kann ich bemerken, daß sich Sebastian hier genauso für das Fernsehen interessiert wie zu Hause. Die Oma hat im Zimmer zwar ein uraltes Radio stehen, aber in der Ecke hat sie einen Fernseher, der zwar nicht für Farbe ist, aber nicht zu den ältesten Modellen gehört. Sebastian weiß, daß heute Mittwoch ist. Ich weiß zwar nicht, ob er ihn mit doppel «t» schreiben würde, aber das ist überhaupt nicht nötig, um zu wissen, daß eine Tiersendung laufen wird.
Er ist brav, endlich einmal einer, dem ich dieses Wort zumesse, und er dreht nicht auf und murkst nicht selbständig herum, er raunzt auch nicht und unterbricht nicht meine Überlegungen über die Geilheit meiner Großmutter, die ja eigentlich nur wissen wollte, ob Robert ein Hurenbock ist und Geld versäuft oder verspielt, vielleicht hat sie nur das gemeint, aber warum hat sie es dann nicht gesagt, die alte Hure die. Wie gesagt, Sebastian schleicht auffällig um den Guckkasten herum und will mir klarmachen, daß es sicher zu spät sei, wenn nicht bald einer auf die glorreiche Idee kommt, hier einzuschalten.
«Ja, ich weiß nicht, Kind, ob jetzt etwas für dich ist. Man muß im Programm nachschauen.»
«Ich weiß genau. Heute ist der Gepard. Im zweiten Programm!»
Die Oma dreht auf. Die Knöpfe sind etwas anders angeordnet als bei uns zu Hause. Wir setzen uns in die beiden Fauteuils. Der Apparat ist irgendwie schlecht aufgestellt. Es fällt zuviel Licht auf den Bildschirm. Fernsehapparate sollen die Lichtquelle immer im Rücken haben. Licht von vorn reflektiert. Ich sehe eigentlich keinen Grund, warum ich das Tischchen nicht etwas schräger rücken darf, etwas mehr hervor aus der Ecke neben dem Kasten und mehr vom Fenster weg ins Zimmer hinein, und ich mache es ganz einfach. Ich frage nicht. Ich mache es, und Sebastian ist ungeduldig, weil ich den Gepard, der schon wild durch die Steppe mäht, kurz verdecke.
Jetzt spiegelt sich kein Tageslicht mehr im Bildschirm, und ich bin froh, daß ich es gleich gemacht habe, sonst wäre es nicht geschehen und die Oma hätte vielleicht Angst gehabt, sich zu begeistern über das bessere Sehgefühl. Ich hätte ja auch alles umwerfen können, zusammenbrechen hätte der ganze Kasten können, und das wäre ein Tod gewesen. Den möchte die Oma nicht sterben. Ohne Fernseher. Tage, Abende ohne Fernseher. Allein im Zimmer nur mit dem Herzschlag, der nicht mehr recht schlagen will. Ich glaube, er hätte vorzeitig ausgesetzt. Der Fernseher ist ihr innigster Freund, ihr Le-

bensspiegel, ihr Lebenszeichen. Ihr Partner, und der muß brav sein, der muß jeden Abend brav spielen, er muß sein Geld einspielen, während sie ihr Achtel Roten für die Gesundheit trinkt. Und manchmal schafft er es, da macht er der alten Frau noch ein bißchen Saft zwischen den Beinen, wenn die alten Filme gesendet werden, und die Uniformen die Parade abziehen und die Oma am Fenster steht und den Mund wischt. Rotwein ist gut für die Gesundheit. Jeden Tag ein Achtel.
«Das hast du gut gemacht. Ich habe immer geglaubt, daß es meine schwachen Augen sind oder die Spiegelung der Brille, die so ein Flimmern macht. Wirklich gut ist das Bild jetzt.»
Und Sebastian rückt auf die Seite und will die Oma bei sich sitzen lassen. Das geht nicht, auch rückt er nicht weit genug ab, weil er ja hauptsächlich in den Fernseher starrt, und da nimmt ihn die Oma, setzt sich in den Sessel und ihn auf den Schoß. Sebastian rutscht hinunter zwischen ihre Beine und lehnt sich so halb hängend auf sie, und da kann ich mich erinnern, daß auch ich oft so eine angenehme Schlapperhaltung bei meiner anderen Großmutter gefunden hatte.
Der Gepard fegt, er durchschneidet die Luft, der Gepard ist ein fliegender Muskel. Ein gieriger Asket am Schlachtfeld des Lebens. Sein Atem fliegt ihm, er berührt den Boden fast nicht. Ich merke, daß ich in eine Muskelanspannung verfallen bin, so ähnlich, wie wenn ich konzentriert und gebannt ein Rennen verfolge, gehe ich mit dem Körper mit, aber ich kann spüren, daß auch Sebastian diese verbissene Haltung eingenommen hat. Er ist zugleich die Gazelle, die in blindem Schreck ihren Atem zerstäubt. Ihre Beine sind dünn.
«Schau, wie der läuft», bemerkt die Oma überflüssigerweise. Ich weiß nicht, sie ist so ruhig und gelasssen, sie fliegt nicht mit. Ich glaube, sie sieht fern. Sebastian sieht hinein, er sieht sich. Er ist der Jäger und das Opfer. Er ist mein Kind. Die Gazelle ist wundgehetzt, aber auch der Gepard kann nachlassen. Er ist ein Pfeil, aber er kann nicht sehr lange seine Spannung halten. Noch sehe ich keinen Wechsel seines Verhaltens, fühllos im Blindflug trifft er auf sein Opfer, das sein Leben ist. Ein Schlagen, ein Knirschen, Staub, feuchtes Rinnen, fliegendes Ausatmen, langsamer werden die schlagenden Glieder.
«Schau, jetzt hat er sie», und die Großmutter tut so, als würde ihr etwas weh tun, sie dreht sich wie angewidert auf die Seite. Ich möchte nicht wissen, wie viele Menschen und Gazellen und Hühner sie schon gerissen hat. Jede heuchlerische Billigung eines Mißstands ist ein glatter Mord. Sie hat kein Ohr gerüht, als Menschen vor ihren Augen verendet sind, sie frißt bergeweise Fleisch und besteht selbst aus Fleisch und Blut, aus Staub und Atem, aber sie will so tun, als hätte der Gepard nicht recht und sie nichts gesehen.

Der ist nicht brav, nein. Der Gepard ist nicht brav, leben will er, leben und nicht brav sein. Ich will einen Lebenden und keinen Braven! Herr Gott noch einmal, ich will leben und nicht brav sein. Leben und Bravsein läßt sich niemals vereinen. Tun und Denken ist nicht brav. Leben ist auch nicht das sterile Aufrechterhalten einer Gesundheit. Leben ist nicht in der Schule und hat mit Vernunft nichts zu tun.
Sebastian entspannt sich wieder und ist still. Der Gepard beginnt die tote Gazelle vorerst zu begutachten, denn fängt er sein Mahl an den weichen, saftigen Teilen der Genitalien des schlanken Tiers an.
Die Großmutter beugt sich etwas vor und tätschelt die Schulter des Buben. Sie sagt nichts. Der Gepard frißt, gefaßt und gar nicht gierig wie ein unmenschliches Vieh, sondern wie ein Gepard in der Steppe, und die Kamera schwenkt ab, und ein Mann spricht über die Lebensart von Raubkatzen.
«Warum hast du eigentlich kein Tier, Oma?»
«Mein Gott, letzte Woche hat mir der Herr Rotter einen kleinen Rauhhaardackel angetragen. Er war so süß, der hätte dir gefallen, aber ich kann mit dem Hund nicht mehr so hinuntergehen. Und seitdem mir der Piepsi ins heiße Fett gefallen ist, möchte ich auch keinen Vogel mehr. Ich weiß nicht recht, ich habe auch schon öfter daran gedacht, aber ich kann mich auf meine alten Tage nicht mehr recht entschließen.»
Sie hat den Kuckuck in der Uhr. Er ruft um sechs. Es wird allerdings erst dreiviertel sein. Mich ruft die Ruhelosigkeit der Wildnis, und ich erhebe mich und strecke meine Glieder nicht sehr auffällig, aber doch als Einleitung meines baldigen Aufbruchs, und auch Sebastian löst sich aus seiner Hängehaltung, und er streckt sich, allerdings ohne jede Zurückhaltung.
Die Oma kann nicht mehr aus dem Stuhl, sie ist ganz krummgesessen vor geheucheltem Mitleid mit dem Gepard oder der Gazelle oder der Welt oder sich oder was weiß ich, jedenfalls macht es Sebastian Spaß, die alte Frau aus dem Sessel zu ziehen, und sie steht dann mit der Hand im Kreuz sich stützend wackelig da:
«Alt soll man nicht werden, sag ich dir», aber dabei lacht sie noch immer über das lustige Spiel mit dem Urenkelkind. Der Gepard wird nicht alt werden, liebe Oma. Die Gazelle ist nicht alt geworden, liebe Oma, denn wenn du recht aufgepaßt hast, war es ein Jungtier. Geparden stehen besonders auf Jungtiere, nicht auf zähe alte Kühe. Sebastian wird vielleicht nicht alt werden, gute Oma. Ich werde vielleicht nicht alt werden. Du bist alt geworden. Du rätst uns, nicht alt zu werden, und willst nicht sehen, wie es in der Wildnis zugeht. Ich glaube fast, ich glaube fast, die Oma mogelt uns hier etwas vor. Ich glaube, sie will alles, nur nicht sterben. Ich auch nicht. Ob sie noch jung und frisch sein will? Ewig jung und frisch und nie alt und krank. Ich glaube, eine ewige schmerzfreie Jugend wäre

ein Anlaß zur besten Alterskrankheit. Nämlich die Jugend, die niemals bestand zu verherrlichen.

Ich möchte die Jugend meiner Großmutter wahrhaftig nicht haben, ich möchte die Jugend meines Kindes auch nicht haben, und meine eigene auch nicht noch einmal.

Meine Jugend war wie meine Jetztzeit, verflogen, bevor ich mir der Zeit bewußt werden konnte. Das ist so die Eigenart der Lebenszeit. Die Erinnerung allerdings, die erhebt sich genauso groß wie die Gegenwart und auch die Zukunft, aber es ist nicht notwendig, das Früher und das Später in einem anderen Licht zu sehen als das Jetzt. Die Not der Blindheit für den Augenblick wird nicht gewendet durch die Verherrlichung irgendeiner Zeit. Kaiserszeiten oder Atomzeiten, Notzeiten, Kriegszeiten und Fernsehzeiten. Es ist keine Notzeit – es ist immer nur die Lebenszeit.

Sebastian muß noch einmal aufs Klo. Das ist am Gang, und es belustigt ihn, mit einem großen Schlüssel hinauszugehen und dort sein Geschäft zu verrichten. Er hat soviel Wasser getrunken.

«Und jetzt wollt ihr mich wirklich schon verlassen?»

«Ja, wir brauchen lang, bis wir wieder nach Hause kommen. Der Anschluß ist um diese Zeit recht schlecht», weiß ich aus Erfahrung, und ich liebe diese überfüllten Straßenbahnen nicht, wo ich mit allen Geparden und Gazellen und Omas so in Tuchfühlung gehen muß. Am unangenehmsten sind mir die kleinen Sebastians, die mir immer auf den Füßen herumtrampeln. Aber sie können ja nichts dafür, wenn die Bahn so überfüllt ist. Manche Kinder, die aus den Ganztagsschulen kommen, haben ihre dicken Schultaschen auf dem Rücken, auf denen harmlose Bienen und Schneemänner oder Mickymäuse kleben, und die machen sich so breit, Himmel, die haben dicke Taschen und laute Stimmen. Da geht es zu wie im Leben. Die Kleineren sind nicht harmloser als die Großen. Sie verhöhnen einander, sie treten einander in die schwachen Stellen der geistigen Eingeweide, sie krümmen sich in Todesangst zusammen, wenn der Starke droht, sie steigen nicht aus, ohne ein Opfer gefunden zu haben, dem sie anhängen können, was in Kürze wieder auf sie niedertrommeln wird. Schläge jeder Art, Unterdrückung jeden Stärkegrads. Ein ewiges Macht- und Kräftespiel müssen sie mitmachen mit den Erwachsenen, die am Tag gedrückt worden sind. Niemand kommt hier aus. Der Bedrückende ist so bedrückt wie der Bedrückte, und besonders bedrückend ist es für mich immer, daß sich dieser Lebenskampf in der täglichen Wildnis dieser zu Tode verletzten Gesichter und gequälten Seelen hinter den harmlosen Masken von Mickymäusen und Spielbienen auf den Schultaschen verbergen. Jugendzeit, Jugendzeit, Kinderzeit, eine Kriegszeit ist es, ein Menschenkrieg, ein Auslesekampf, ein Lebenskampf in der Wildnis von Regeln, Ordnungen und Moralvorstellungen, die hinwegtäuschen sollen

über die reißerische Härte eines Kinderdaseins, eines Menschenlebens. Sebastian kommt erleichtert mit dem großen Schlüssel zurück. «Ich habe wieder abgesperrt, und hinuntergelassen habe ich auch.»
In meine Gedanken hat der Kuckuck gerufen, und in der Küche, die nur ein Fenster auf den Gang hat, ist es um sechs Uhr schon recht düster. Die Oma holt eine Schere aus dem Zimmer, weil sie mir einen Faden am Saum des Kleids abschneiden will, der keck herunterbaumelt, und ich halte Sebastian die Jacke, damit er rascher hineinfindet, langsam werden wir fertig, die Oma kommt mit der Schere und meint:
«Du mußt dir den Faden selber abschneiden, ich sehe ja nicht mehr so gut.»
Ich bin sonst immer froh, wenn mir der Faden nicht abreißt, aber diesmal schneide ich ihn kurzerhand ab, weil ich schon weg möchte. Die Oma holt aus einer Lade ihre Geldbörse und beginnt darin herumzukramen. Sie sieht nicht genug und dreht sich das elektrische Licht an. Sie öffnet nach einem kurzen Stieren im Kleingeldfach das Papiergeldfach und hält einen Fünfziger heraus.
«Kaufst dir was.» Und sie steckt den Schein Sebastian, so als hätte sie es nicht wirklich getan oder gewollt, zusammengelegt in die Hand, so von unten her und schnell, vielleicht sollte ich es diesmal nicht sehen. Sebastian sagt klar und deutlich, auch für mich leicht hörbar: «Danke», und faltet den Schein breit auseinander, zeigt ihn mir stolz und berichtet: «20!» Jetzt ist es aber ein Fünfziger und fünfzig ist viel mehr als zwanzig, und die Oma hat ihr Spiel verloren. Ich versuche sie mit der abgedroschenen Formel zu beruhigen: «Das wäre wirklich nicht nötig gewesen, soviel Geld. Du hast es ja auch nicht so dick», und ich drücke ihr ein bißchen den Arm, so als wollte ich ihr spürbar machen, daß ich jetzt gelogen habe. Aber das will die Oma nicht wissen, und sie beteuert:
«Nein, nein, nimm nur. Geld stinkt nicht!»
Und ich möchte aufjubeln vor Einverständnis, aber diese Ehrlichkeit wäre nicht anständig gewesen. Nein, Geld stinkt nicht, und Sebastian gibt mir den Schein, damit ich ihn in meiner Geldbörse aufbewahre.
Zur Vollendung meiner Besänftigungsversuche wegen dieses kleinen Mißgeschicks fällt mir noch rechtzeitig der Kuchen ein, der im Nylonsack auf der Anrichte liegt, und ich stecke ihn sorgfältig ebenfalls in meine Tasche. Es rührt sich dabei in mir ein Gefühl von Wärme und Leben von Wildnis und von zu Hause. Aber dazu habe ich wieder keine Worte, und ich kleide meinen Aufschwung in einen Abschiedsantritt von der Oma.
«Ich denke, du solltest jetzt einigermaßen in Geduld die Untersuchung der Niere abwarten. Hoffentlich wird es heuer nicht zu rasch kalt. Ein paar milde Tage würden uns allen guttun. Geh ein bißchen an die Luft, die ist gesund.»

Ich stecke voller guter Ratschläge. Wir halten uns schon seit einer Minute die Hand, schütteln sie manchmal und lassen sie dann wieder hängen, aber lassen sie nicht los. Sebastian turnt schon ungeduldig an der Schnalle.
«Kommt bald wieder. Ihr habt halt wenig Zeit. Ich habe mich sehr gefreut.»
Ich bin stark genug und sage nicht aus Verlegenheit baldige Besuche an und lade auch nicht ein, und biete auch meine Hilfe nicht an, nur um den schwebenden Abschied, der kein Ende nehmen will, zu vereinfachen. Ich umarme die Oma, und der Sebastian ist froh, daß er sie endlich busseln kann, um dann hinauszukommen in die frische Luft.
Als ich die Stiege hinuntergehe, die mit einem schwarzen Schmiedeeisengitter gerahmt ist und an den Treppenabsätzen kleine Ablagegitter mit Klapptischchen hat, die das Kind begeistern, fällt mir auf, daß weder aus der Sprache noch aus den Ansichten, noch aus dem Aussehen der Großmutter hervorging, ob sie eine gebildete oder eine gewöhnliche Frau ist. Sie ist gepflegt und spricht manchmal ein sogar sehr wohlklingendes Deutsch. Nicht immer nach der Schrift, aber doch sehr geordnet und mühelos im Ausdruck. Sie soll nicht viele Schulen besucht haben, aber ich habe einmal gehört, daß sie eine außergewöhnlich geschäftstüchige Ladnerin gewesen sein soll. Der Laden hat allerdings nicht ihr gehört. Dort soll sie meinen Großvater kennengelernt haben.
Als wir die Straße hinuntergehen, dreht sich Sebastian um, so als hätte er gewußt, daß die Oma das Fenster aufgemacht hat, an dem ich vor einiger Zeit stand und mich hier herauswünschte. Sie winkt, und Sebastian winkt, und ich winke. Aber das Kind winkt am stärksten. Er winkt oft noch voll Eifer, wenn der zu Grüßende schon lange verschwunden ist.
Die Oma ist wie alle alten Frauen, daß sie aber so sehr bricht, ist wirklich bedenklich. Die Schilderung dieser Anfälle scheint das einzig Wahre an allen ihren Beteuerungen gewesen zu sein. Mir wird gleich ganz schlecht, wenn ich an die Straßenbahn denke. Es ist aber inzwischen schon später geworden, und um diese Zeit ist sie doch nicht mehr so überfüllt. Wir sind froh, daß die Bahn schon sichtbar wird. Sie kommt, und wir steigen ein.
Zuerst war der Bauch unförmig. Er nahm an Volumen zu, er trat hervor, aber ohne sich nach oben oder unten zu lokalisieren oder zu konzentrieren. Er war etwas erhärtet, aber nichts Fühlbares war drinnen außer Schnitzeln und Brot. Ich kann mich erinnern, daß ich mir schon sehr bald angewöhnte, mit ihm vorsichtiger zu sein als sonst. Ich lernte mich so zu bewegen, daß ich nirgends anstieß und von niemandem in den Bauch gerammt wurde. In der Straßenbahn hat mir einmal ein Mann mit einer Schachtel, aus Versehen möglicherweise, in die Mitte gestoßen, als er sich noch schnell zum Aussteigen entschloß. Das soll sein Glück gewesen sein,

aber ich hätte ihm sicher nichts getan. Ich habe allerdings nicht verzeihend gelächelt wie sonst, wenn mir jemand mit aller Wucht mit einem hohen Absatz auf die Zehen trat oder mir eine Latte, die er in der Bahn zum Möbelbasteln nach Hause beförderte, ins Auge rannte.
Mein Bauch wurde langsam zu einem Auge, das selbständig wie ein Radargerät Gefahren für seinen Inhalt aufspürte, noch bevor ich selbst etwas wahrnehmen konnte. Ein Gefühl, das unabhängig von mir das Spüren des Kindes war. Ein praktisches Gefühl des Ungeborenen. Mein Ungeborenes war recht praktisch. Es verlagerte sich zur Blüte der Schwangerschaft und Sommerhitze eher hinauf, dem Magen zu. Ich selbst wurde fast ein wenig schlanker, aber der Bauch war eine außerordentlich feste, nicht sehr voluminöse, genau lokalisierbare Kugel unter dem Magen. Meine Hände legte ich oft schützend darüber, und es wurde eine Gewohnheitshaltung aus diesem Händeschließen über dem Bäuchlein. Es war beruhigend für mich, für meine Mitmenschen und den kleinen Innenmenschlich. Ich war irgendwie gefaßt und geschlossen. Ich wußte, was ich mit meinen Händen tun sollte und fuchtelte nicht ruhelos nach einem Ausdruck meiner selbst ringend. Jeder weiß, wie ergreifend so mancher Mensch wirken kann, der, ohne mit den Händen zu verdeutlichen, einfach spricht, was er sich denkt und nicht tut.
Ich war müde. Mein Bauch wölbte sich. Ruhig auf dem Rücken liegen – ganz schwer – die Augen blicken nicht – du bist unter deinem Nabel – dort – dort – mmmmmmm – summt das Nichts – hoffentlich hat es keinen aufgeregten Stachel – mir witzelten die Gedanken im Nabel herum –während ich mich von der tiefen Stimme der Hebamme einlullen ließ. Sie hat uns einmal eine Lage empfohlen, in der wir mit unseren Bäuchen besser liegen konnten. Ich kann beobachten, daß ich sie auch noch heute manchmal einnehme. Daraus schließe ich, daß sie wirklich entspannend ist. Als solche ist sie angepriesen worden.
Auf die Seite legen, als Schwangere wenn möglich nicht auf die Herzseite, den zuunterst liegenden Arm unter dem Körper durchschlüpfen lassen. Er lag etwas angewinkelt ruhig hinter dem Rücken. Das Bein an der Oberseite leicht anwinkeln und das untere Bein wie gestreckt lassen und den restlichen Arm anwinkeln und die Hand vor das Gesicht legen. Wer wollte, konnte dann noch den Finger in den Mund stecken und lutschen. Das sollte besonders entspannend sein. Und so konnte man ruhig seinen Bauch neben sich ablegen, er übte keinen Druck auf den eigenen Körper aus, er hatte seinen eigenen Platz. Es sollte ja auch Menschen mit größeren Bäuchen geben, die keine Jungen im Bauch haben. Wenn ich meinen so recht betrachtete, legte ich ihn in der letzten Zeit ziemlich oft auf der Seite ab, und das hat mir wahrscheinlich die beratenden Worte der Hebamme in Erinnerung gerufen. Diese Liegestellung hatte einen Haken.

Die unter dem Körper durchgezogene Hand starb leicht ab, da sie weniger Blut bekam, etwas abgesperrt war. Dann mußte man sie eben unermüdlich so lange hin und her schieben, bis es Morgen war und du nicht mehr einzuschlafen brauchtest. Entspannt aus dem Bett, die tote Hand etwas geschüttelt und der Unsinn begann von neuem. Mahlzeit.
Was für ein verbrutzelter Arsch kann so strenge Augen haben, daß ich glaube, es sei meine Prüfung, seine faulen Furze zu riechen. Das gibt es, das gibt es, wenn ich an meine Mutter denke und an ihren strengen Zurechtweiseblick, das gibt es, wenn ich an Lehrer denke und an ihre Lehrerinnen. Ich habe mich immer ansehen lassen mit wilden Augen, die auf mich herausfallen wollten, die ausfallen wollten, die ausfällig werden wollten. Gegen mich, gegen mich habe ich mich schuldig gemacht, weil ich mich habe messen und prüfen lassen. Da, riech an der Faust, haben die Buben manchmal gemeint, und ich habe geglaubt, es ist schon wieder Prüfung.
Lebensprüfung . . . mich stinkt das an. Wenn es so etwas geben darf, dann bitte nur, wenn ein Neugeborenes stehend geboren wird und wenn es den Fall auf den Steinboden des Kreißsaals überlebt, dann Prüfung bestanden. Ich akzeptiere nur Tatsachen. Strenges Augenrollen genügt heutzutage nicht mehr, um einen Lebensschüler in Angst zu versetzen. Diese Blicke sind abgeschaut. Durchgeschaut, durchgewetzt wie alte Hosen am Hintern. Sie können Bücher schreiben, bitte, ja, soviel ihnen Saft aus der Birne rinnt, ich werde es verpacken und versenden, aber den Titel bestimme ich, ich bin hier der Meister mit den rollenden Augen. Sie schreiben brauchbare Ware auf, aber nur ich kann bestimmen, wie das heißen soll und was bleiben darf und was unwert ist. Das, meine Liebe, können sie nicht. Dieser Prüfung halten sie nicht stand. Einfallen kann ihnen viel, und ich bestimme darüber, was sein darf und was nicht, was ich hören will und was nicht, was ich ihnen zumesse und was nicht, was sie wissen dürfen und was nicht noch alles . . .
Immer wieder sitzt du da mit deinen Augen und liest und vergißt zu sehen, daß auch andere Augenblicke haben, die deine sind, daß auch du aufschreiben würdest dasselbe wie ich und nicht um ein Haar anders. Aber du bist stolz, du beurteilst lieber, du machst wilde Augen, und du richtest lieber, und ich kriege wieder mein . . . ein . . . Wahrscheinlich würde ich sonst keine Bücher aufschreiben, keine wilden Gedanken fassen, wenn ich nicht in die Wildnis geraten wäre.
So wie damals, ich kann mich noch an einen Kinobesuch erinnern. Es war ein Film über jugendliche Frische, ich habe noch einen saftig-herben Geruch in der Nase, wenngleich mir eine nähere Erinnerung daran abgeht. Da bin ich als Schwangere gesessen, und mir ist der jugendliche Leichtsinn so unter den Pelz gekrochen, daß ich meinen Zustand vergessen habe.

Und wie ein Blitz ist es mir gekommen, daß ich ja keine Zukunft in diesem Leben hatte.
Wenn wieder einmal eine verdammt wichtige Prüfung war, morgen oder vielleicht in drei Tagen, und wenn es sich ergeben hat, daß ein freudiges Ereignis in Kürze ins Haus stehen sollte, etwa ein besonders lieber Besuch oder eine große Fahrt oder etwas ersehntes Neues und diese Lebensprüfung, die über mein Sein und Nichtsein entschied, dazwischenlag, habe ich mir auch immer gedacht, ja, wer weiß, wie ich über den Abgrund komme, wer weiß, ob lebendig oder tot. Für mich haben zukünftige Freuden keine Wahrheit, sie müssen verlorene Liebesangebote sein. Lebensangebote, Werbungen des Lebens an mich, Anregungen zur Lebensfreude. Aber ich muß erst die Prüfung bestehen, ich muß mir erst Lebensfreude verdienen, und da müssen erst noch viele Augen rollen. Meine Augen rollen am glänzendsten. Ich kenne das. Ich rolle oft die Augen.
Und so eine Prüfung türmte sich vor mir auf. Vielleicht war es eine meiner damals umfangreichsten. Die Zeit nachher, die Monate nachher, eine Zeitrechnung nachher, die existierte nicht für mich. Ich ging auf den Tag Null zu, und alles, was ich nachher erahnen konnte, war wie das Leben nach dem Tode. Ich rechnete nicht damit. Ich wünschte es vielleicht, aber ich war davon abgesondert durch das Leben, durch meine Schwangerschaft, durch mich und meine Prüfungsangst, durch rollende Augen des Schicksals geängstigt. Ich kann nur sagen, ich hatte Angst, durch diese Erlösung zu gehen, und ich wollte nicht recht hinsehen. Nicht riechen, was nach diesem Film kommen würde. Ich verlor mich in einem vergessenen Bereich meiner Zukunft, ich wünschte, aber ich war gepanikt vor der unbekannten Tiefe des Abgrunds, vor der Abschlußprüfung meiner Mädchenzeit.
Sollte es eine Erlösung geben? Ich sehnte sie herbei. Ich war neugierig, wie ich mich nachher fühlen würde, ich liebäugelte mit einem Blick an das andere Ufer. Ich brannte darauf, ein erlebtes Leben zu führen, ich wollte ausharren, ich wollte Angst erleben, ich wollte in einen Abgrund fallen, und ich wollte wieder mich erheben in einer neuen Zeitrechnung, ich war ja gierig darauf, weiterzuleben nach der Geburt und nach dem Tod. Der rollt seine leeren Augen ganz besonders wild, der Gute. Ich brenne auf einen Blick über diesen Abgrund. Ich gehe auf Null zu und werde dort hineinfallen, und es wird genauso bekannt sein wie jede Prüfung, aber wenn sie sich ereignet, hat sie nie etwas mit den Überlegungen darüber zu tun. Ich rechne damit, daß ich wie nach allen Prüfungen der Schule und des Lebens mich nicht um einen Atemzug verrückter finde, aber ich war im Abgrund, darüber wird es keine Geheimnisse und Fragen geben. Erlebnisse haben keine Fragen. Schwangere haben keine Fragen. Geborene geben keine Antworten. Sterbende haben keine Lebensrätsel. Menschen

haben Angst vor Prüfungen, vor dem Steinboden, auf dem sie zu zerschellen fürchten, bevor sie leben konnten.
Es gibt viele Abgründe. Die Zeitrechnung ist die Stoppuhr. Die Zeitrechnung ist diejenige, die uns die Zeit nimmt. Eingeführt, um uns das ewige Leben zu nehmen. Die Erbsünde ist die Einteilung in Abgründe und Aufschwünge und die Erfindung der Uhren, die rollende Zahnräder haben, mit denen sie mich schrecken und in Prüfungsdruck versetzen, und mich das Leben vergessen lassen, weil ich mich vor dem Ende fürchte.
Was war mit dem erfrischenden Film, vor dem ich noch eine Lebensprüfung abzulegen hatte? Heute kenne ich ihn, und er war nicht so gut wie mein eigenes Leben. Ich habe meinen eigenen Film gemacht, ich habe auch, verdammt noch einmal, alle diese beschissenen Rechen- und Sprachtüftelprüfungen gemacht und keiner schert sich heute darum wie. Aber damals haben sie gerollt und mir die Faust unter die Nase gehalten, und ich vermaledeiter Idiot habe ihnen nicht ins Gesicht gelacht. Ich lache auch heute noch nicht über meinen Verleger, der mich schreiben läßt, aber selbst den Einband aussuchen muß, weil ich das angeblich nicht kann, und ich lache auch heute noch nicht über dich, der vielleicht anderes für richtiger findet, und ich lache noch immer nicht über mich, wenn ich mich in der Wichtigkeit von unwichtigen Worten verbohre und mich selbst prüfe, ob ich mir etwas zu sagen hätte.
Die Uhren ticken im Meer, und auf Druck wird die Schleuse geöffnet und ein Fisch wird ans harte Land gewuchtet, möglicherweise gehen ihm die Lungenflügel auf und er lernt das Fliegen über dem Steinboden und gleitet durch die rollenden Augen Gottes in, in einen Freiraum, wo er sich freispielt davon, sich nach der Freiheit zu sehenen, und er es nicht nötig hat, die Furchtlosigkeit vor Prüfungen zu erlernen oder überhaupt zu erlangen.
Nicht vor dir, nicht vor meinen Meistern, nicht vor meinem Kaiser, nicht vor meinen Brotgebern, nicht vor meinen Lesern und Modeschöpfern, nicht vor meiner Nachbarin und nicht vor meiner Mutter, nicht vor meinen Kritikern und nicht vor meinen Vorgängern, nicht vor meinen Liebhabern und nicht vor einem Gott, nicht vor mir und nicht vor meinem Kind. Ich stehe nach wie vor und zittere vor Herodes' Soldaten, aber ich habe mich kampflos ergeben. Ich kann mich nicht mehr selbst prüfen. Ich will nicht mehr potent sein müssen. Ich habe mir meinen Schwanz in den glühenden Kohlen verbrannt. Ich möchte nur mehr leben. Ich habe nur mehr Angst vor der Angst, Prüfung der Prüfung, und meinen Atem für meine Lungenflügel und meine Gedanken mit dir, für dich und für mich und Finger, um diese Buchstaben zu tippen.
Dahingehend war die Geburt und die Schwangerschaft eine dieser Lebensprüfungen, auf die ich nicht zugehen wollte. Ich hätte damals nicht

um alles in der Welt daran gedacht, daß ich heute noch dieselbe sein würde wie damals und daß ich hier sitzen könnte, um davon zu schreiben. Das hat es für mich nicht gegeben, davor hätte ich wahrscheinlich zuviel Schiß gehabt.
Der Tag der Einschreibung ist gekommen. Ich schlafe und erwache meistens so ins sichere ungewisse Wissen hinein, daß morgen nichts, oder dies oder das, oder etwas Erfreuliches passieren wird. Ich erhebe mich eigentlich oft ziemlich gelassen, ohne unaufschiebbare Aufgaben vor mir zu haben, außer meinen Tagesablauf, und diesmal ist mir wieder wie vor einer schwierigen Prüfung zumute. Mich drückt mein Durchhaltenmüssen auf den Scheitel und die Strenge des Gedankenzwangs: bei der Sache bleiben, aushalten, gefaßt sein – eine Leistungsanforderung ist dieses Gefühl für mich, das mich schon so in Unruhe einschlafen ließ und meinen Schlaf zu einer Leistung machte. Wie zu manchen Schulzeiten ist es mir, wenn letzte entscheidende Prüfungen abgelegt werden sollten, die noch alles wenden könnten, was in meiner Vorstellung schon so fertig war. Der Wunsch war fertig, ich war fertig, ich hatte ausgewünscht, ich war ausgeleert, und nichts habe ich gewußt am Tage vorher und in der Früh und überhaupt.
Jetzt, wo es mir um eine ureigene Sache zu gehen scheint, bin ich meiner Bange etwas näher, und ich bin auch neugieriger auf mich und mein Verhalten. Ich spiele jetzt ein wenig mehr mit meiner Unsicherheit mit, und in der Abwechslung meines Aufwachgefühls liegt ein gewisser Reiz, aber nichts desto weniger graut mir der Morgen grau herauf, und ich sehne mich nach meiner geliebten Langeweile und süßem Hängen im Nichtstun, was ich ja eigentlich auch wiederum nicht immer tue. Ein wenig starr bin ich in meiner Erwartung. Es kann noch alles passieren. Es können sich kleine Mißverständnisse ergeben, die ich nie berechnet habe und die ganz unauffällig waren, die vielleicht auf einen Irrtum auf einer Liste entstehen könnten oder die aus der Nasenform der Person, die die Einschreibung vornehmen wird, resultieren könnte oder gar aus dem Schulwart, der vielleicht schlecht geschlafen hat, ich glaube an so einen Blödsinn, denn die Welt hängt an lauter Blödsinn und manche Kriege brechen wegen solcher Lappalien aus. Jedes Ereignis ist recht, alles in Rollen zu bringen, die ganze Erde und die Venus noch dazu. Mir hängt das alles an den Beinen, als wir hingehen, wiewohl schönes Wetter ist. Vielleicht ist diese Schule für Sebastian nicht zuständig, und der Beamte hat doch gerade mit dieser Direktorin gesprochen, hat er gesagt, ich selbst war ja nicht dabei, ich habe ja nur gehört, wie er von der Sekretärin die Nummer verlangt hat. Ich habe eines gelernt, schon früher und auch jetzt in dieser Sache. Bezüglich Formalitäten hängt alles in der Luft. Glaubst du, daß in einer Sache strenge Gesetze und Regeln herrschen, dann gehst du trotz deren beinharten

Bestands völlig fehl. Sie sind gerade dazu geschaffen, daß man völlig fehlgehen kann, weil sie jeder anders benützt. Am ärgsten ist es, wenn es sich um unübliche Sachen handelt, denn dann ist die Regel überhaupt eine Verwirrung. Das natürlich ist diesmal auch wieder ein Vorteil für mich. Nichtsdestoweniger kennt sich keiner wirklich aus in dieser Sache, keiner will die Verantwortung übernehmen für seine Irrtümer, noch dazu, wo sie auf Unwissen der Vorschrift beruhen. Jeder Beamte fühlt sich schuldig vor seinem Höheren, daß er die Ordnung nicht richtig gelernt hat, die in Wirklichkeit nirgendwo aufgehängt ist. Unsicherheit herrscht auf allen Linien, nicht nur in mir, und das ist gesund so, denn das gibt mir Spielraum. Besonders für Lehrpersonen ist es ein Vergehen, nicht recht Bescheid zu wissen. Im Warenhaus, wenn der Verkaufsleiter nicht weiß, wo der dritte Gehilfe die Annahme herhat, daß er wüßte, wieviel die Dose Bohnen kosten soll, ist das doch nicht ganz so verfänglich wie in der Schule, wo es darum geht, daß Verantwortung herrschen soll und Wissen – und nicht Unwissen. Schule baut auf das Unwissen, nur Antwort hat sie keine.
Es ist gleich acht Uhr, und wir sind die ersten. Mir auch recht, nachher sollen, wie ich gehört habe, die Horden nur so Schlange stehen, um eingeschrieben zu werden. Eingeschrieben, damit sie das Recht haben, auch in schlechten Zeiten Anrecht auf Brot zu haben. Die Kinder schreiben sich hier ein, um gesichert zu sein für ihre Pension und ihr wohlfeiles Begräbnis. Und wir müssen dabei die ersten sein. Wir essen gern.
Die Kinder, die schon Insassen sind, tröpfeln noch vereinzelt heran mit schweren Schultaschen. Sie sind spät dran, der Unterricht wird gleich beginnen. Sebastian sieht neugierig auf die Kinder, die Taschen und die Bilder, die überall hängen. Eine schöne Schule ist das. Hell und freundlich, mit allen Tücken eines sehr überaus freindlichen Menschen ausgestattet. Blumen machen Sauerstoff, und die Nachzügler sind außer Atem, und die Westen hängen ihnen den den Schultern. Auf den kleinen Menschen lastet dasselbe Gebot der Zeit wie auf den Großen, und schwer wird denen das, das kann ich sehen. Aber das Gebot ist ihr Wille. Nicht ihre Einsicht. Es läutet. Sebastian ist begeistert von der schrillen Glocke. Mir schlägt sie ins Hirn wie der Wecker, den ich auch im Kopf habe, und den bringe ich da nie mehr heraus. Selbst eine Operation nützt da nicht. Er wuchert, der Wecker und er macht mir den schalen Geschmack auf der Zunge und den abgestandenen Geruch in der Nase und das Flimmern in den Augen und das eingeschlafene Gefühl in den Gliedmaßen. Mit den Sinnen scheint dieses Geräusch etwas zu tun zu haben. Mit allen Sinnen, die scheint er zu betäuben, immer dann, wenn es wieder an das Leben gehen soll, am Morgen. Muß ja, muß ja, wie sollte man das sonst aushalten. Wenn Sebastian gern die Glocke hört, bitte, sie läutet lang, es wird ihm schon zuviel, und er hält sich die Ohren zu.

«Bitte!»
Wir treten ein in die Kanzlei. Die Frau Direktor hat noch zu tun. Sie legt hierhin und sucht da und bespricht mit einem Kind noch etwas. Es hat einen Schlüssel vergessen. Die Frau Direktor geht sehr intensiv auf das Kind ein. Vielleicht immer oder vor mir. Ich glaube aber nicht, daß sie mich so wichtig nimmt, daß sie etwas vorgibt, was sie nicht immer so tut. Sie sieht irgendwie sehr menschlich aus, diese Frau Direktor. So wie eine Frau aussieht. Solchen, denen ich oft begegne. Sie hat etwas Mütterliches im Gesicht und in der Figur. Sie ist weniger streng und gelehrt, sondern eher eine Frau als ein Lehrer. Ich weiß nicht, ob gerade das von Nutzen für mich sein wird. Sie läßt uns Platz nehmen und spricht noch immer mit dem Kind. Es scheint um ein Mißgeschick, um eine Verwicklung mit der größeren Schwester zu gehen, und die Frau appelliert an die Vernunft des kleinen Kindes zum Nachdenken, wo denn der Schlüssel sein könnte. Aber das Kind ist verrotzt und weiß überhaupt nichts. Ihm sitzt die Angst vor dem gestrengen Vater in den Knochen. Die Frau Direktor gibt ihm ein Papiertaschentuch und läßt es nach Hause gehen und ein wenig vom Unterricht versäumen, um vielleicht den Schlüssel, und ich kann nicht herausbekommen, welcher Schlüssel hier vermißt wird, zu finden. Sie gibt ihm eine Chance, damit es sich für das nächste Mal klüger verhalten soll. Sie hat viel zu tun, die Frau Direktor. Das sehe ich schon. Es ist der erste Tag der Einschreibung, und diese Aufgabe scheint neben der normalen Arbeit ganz allein auf ihr zu lasten, das drückt sie, jetzt, wo noch überhaupt nichts geschehen ist. Sie seufzt und sieht mich an. Sie hat große sorgenvolle Menschenaugen, die sicher auch lachen können.
«Noch dazu sind neue Formulare eingeführt worden. Ich kenne sie noch nicht. Im vorigen Jahr waren noch die alten.»
Sie richtet sich alles auf ihrem Schreibtisch zurecht. Sie will beginnen. Sebastian ist aufgestanden, während die Verhandlung mit dem Schlüsselkind geführt wurde. Ich habe interessiert Anteil genommen, und die Frau Direktor hat auch öfter zu mir hergeschaut und hat mich als Beteiligte betrachtet, vielleicht. Aber Sebastian war unbeteiligt, er hat überhaupt nichts mitgespielt, er sieht sich die Bilder an und die Uhr, die an der Wand hängt, und er will sogar ein Maskottchen, eine kleine Wollkatze, vom Schreibtisch nehmen und begutachten, aber ich verbiete ihm das mit einem Blick. Mir ist es nicht recht, daß er da so herumstiefelt und nicht sitzen bleiben kann wie ich auch. Das fällt so auf. Ich möchte ihn aber auch nicht zwingen zum Sitzen, das scheint mir auch wieder nicht gut, ich bin froh, daß es endlich beginnen soll. Und richtig, sie hat alles bemerkt, während sie mit dem anderen Kind beschäftigt war.
«Du kannst dir die Katze schon ansehen. Nimm nur. Willst du vielleicht auch ein Zeichenblatt? Schau, da hast du einen Bleistift. Zeichnest mir et-

was, während ich mit der Mutti spreche. Vielleicht eine Katze und einen Menschen. Was du willst. Ich schau es mir dann an!»
Nicht daß ich darauf vergessen hätte, aber so richtig leuchtete mir jetzt erst ein, daß die Frau Direktor die einzuschreibenden Kinder auch in irgendeiner Weise testen muß, um zu beurteilen, ob sie überhaupt schon reif für die Schule seien. Sebastian ist groß für sein Alter und sieht ziemlich gesund aus, aber nicht alle Kinder sind so gestaltet. Als ich selbst in die Schule kommen sollte, hat mich eine Lehrerin sogar vorher nach Zahlen und Farben gefragt und mich sozusagen geprüft auf meine Aufnahmefähigkeit, und hier macht das die Frau Direktor gleich bei der Einschreibung, auch das scheint eine neue Einführung zu sein. Ob sie dann bei der Einschreibung noch sagt: Wissen Sie, das Kind sollte lieber doch noch ein Jahr zu Hause bleiben, weiß ich allerdings nicht. Eltern und Kinder, die sich schon ein ganzes Jahr auf den Schulbesuch vorbereitet haben, würden dann sicher sehr dumm dastehen. Es wäre ihnen wahrscheinlich nicht recht. Ich lege meine Dokumente heraus und gebe sofort an, daß es sich hier um eine Freistellung zum Privatunterricht handelt.
«Ach so, das ist die Freistellung. Das ist aber schade. Du hättest mir gefallen.» Sebastian lächelt sie still an und zeichnet weiter.
«Ich bin bereits verständigt worden.» Mir fällt ein Stein vom Herzen, daß sich die Frau Direktor nicht einer völlig unerwarteten Komplikation ausgesetzt fühlt, jetzt, wo sie überhaupt so angespannt ist und überlastet.
«Ich habe alle Dokumente mit und auch das Formular, das dafür notwendig ist.» Ich will jeder Überlegung vorausgreifen und den Arbeitsvorgang einleiten, um langen Gesprächen zu entgehen. Es ist noch viel zu tun, Frau Direktor, denken sie daran.
«Ja, wie macht man das denn in diesem Fall?» Na, das kann schön werden. Nur keine Ratlosigkeit aufbauschen, und ich sage: «Ich denke, wie alle Einschreibungen, nur mit dem Zusatz, Freistellung zum Privatunterricht, so steht es im Gesetz, und so bin ich angewiesen worden von der Behörde, das zu benennen.»
Sie nimmt das erste auszufüllende Formular etwas unsicher in die Hand, liest es durch und setzt Namen und Daten ein, prüft die Ausweise, und ich räume alles Kontrollierte säuberlich wieder in mein Kuvert, um den Eindruck von bereits geleisteter Arbeit aufkommen zu lassen.
«Hast du einen Buntstift?»
Mich zuckt es zusammen. Er sagt du und nicht einmal bitte zur Direktorin. Aber er ist so begeistert im Zeichnen, und das ist vielleicht mehr wert als Förmlichkeiten. Ich spüre, ich muß hier zu meinem Kind stehen und zu seinen Umgangsformen, denn es sind meine, und ich habe Sebastian zwar gesagt, daß er nicht allzu viel fragen soll und sich etwas beherrschen

soll in seinem ungezwungenen Drang nach Neuem, aber ich habe keine genauen Anweisungen gegeben.
«Mach es nur mit Bleistift. Ah, sehr schön. Ein Kamel und ein Vogel. Ist das im Tiergarten?»
«Ja, ich muß noch das Gitter machen, und da kommt ein Mensch her. Ich habe aber ein Dromedar gemeint. Ich kann das noch nicht so gut. Ich werde es noch einmal nachziehen», und Sebastian hat den Wunsch nach Buntstiften vergessen. Wir machen weiter in den Formularen. Viel ist auszufüllen mit immer denselben Daten, aber auf den verschiedensten Zetteln und in die verschiedensten Spalten hinein. Es gibt auf diesen Vordrucken keine Sonderspalten, in die mein Anliegen hineinpassen würde, die Frau Direktor führt nur manchmal als nähere Erklärung meinen Wunsch nach Freistellung an, und manchmal fügt sie es hinzu unter: sonstiges. Sie ist im Erfüllen der Formulare lockerer, als ich angenommen habe, und machmal läßt sie überhaupt etwas aus.
«Diese Drucksorten werden immer mehr. Man kann das schon gar nicht mehr ernst nehmen. Jedes Jahr mehr. Niemand liest sie durch.»
Ich staune, daß die Frau Direktor sich auf die Seite der Kunden stellt und sich mit mir gegen die Ämter verbinden will, die ihr Arbeit aufbinden, die sie für nutzlos und blindes Machwerk hält. Ich stöhne mit ihr im stillen mit und schenke ihr einen verständnisvollen Blick, schimpfe aber nicht mit ihr mit, weil es ihr dann vielleicht zu bewußt geworden wäre, daß sie das eigentlich nicht tun sollte. Ich will mich überhaupt nicht viel in ihr Gedankenfeld rücken. Obwohl sie alles ohne mit der Wimper zu zucken erfüllt und für sie diese Sache scheinbar festhaltbar auf den Scheinen ist. Sie kann das aushalten, und sie behandelt mich eher als ihresgleichen, kommt mir vor. Je näher wir dem Ende der Zettelwirtschaft kommen, um so mehr scheint sie mein Recht fraglos zur Kenntnis zu nehmen. Mich wundert das eigentlich wieder einmal, wie gelassen man im Himmel mit dem Teufel umspringt, und ich vermute, daß gar kein Haß zwischen Gott und dem Satan besteht, sondern daß sie feine Kumpel sind, die sich den Schrecken für die Menschlein nur ausgedacht haben, um besser zu leben, und ihr Theater zu haben in den verschiedenen Logen, einer unten und einer oben. Das geht alles so durch, daß ich mit meiner Sache so weiterkomme, das öffnet mir immer ein Tor, das ich mit Kraftanstrenung aufbrechen will und dann mit einem Lächeln und mit etwas Geduld öffnen kann, so als wäre es nicht verschlossen. Ich bin aber wachsam, und ich sitze gerade. Ich vertraue auf nichts und niemandem und auch mir nicht. Reizvoll ist diese Prüfung aber schon. Auch Sebastian findet es schön zu zeichnen und nicht untätig warten zu müssen, bis wir wieder in die Sonne hinauskönnen. Er ist bald fertig mit seinen Sachen. Er ist, glaube ich, kein besonders realistischer Zeichner, aber seine Figuren haben Köpfe, Leiber

und Gliedmaßen und die Tiere unterscheiden sich von den Männchen.
«Und jetzt zeichnest du mir noch einen Baum. Ja? Wir heben die Zeichnung auf und hängen sie dann da dazu zu den Zetteln. Und die werden dann in das Amt geschickt. Daß du nicht zu uns in die Schule kommst . . . Was spielst du denn am liebsten?»
«Mit Tieren, ich habe Tiere gern, ich habe aber keines zu Hause. Hast du ein Tier?»
«Nein, ich habe auch keines. Einmal habe ich einen Sittich gehabt, aber der ist mir weggeflogen. Und jetzt habe ich keines mehr.»
Sebastian sieht sie so lange an, und der fliegende Sittich geht ihm durch den Kopf, ich kann das sehen, und er sagt nichts mehr und wendet sich wieder seiner Zeichnung zu.
«Das ist schade, groß ist er für sein Alter», und sie gibt mir die letzten Impfzeugnisse zurück, sieht mich an und dann zur Tür, weil dort geklopft wird. Sie öffnet, und ein Mann lugt herein, und die Frau Direktor meint: «Bitte, noch ein bißchen zu warten.
Und jetzt, na ja», sie denkt etwas nach und ordnet ihre Scheine. «Ich werde dieses Sonderformular mit der Unterschrift des Privatlehrers einfach dazuheften. So könnte das gehen.» Und ich freue mich ich über die Frau Direktor, die es uns allen anscheinend so leichtmacht.
«Die Vorschriften für die allgemeine schulärztliche Untersuchung gebe ich ihnen schon. Sie werden sich sicher dafür interessieren. Nächste Woche Montag von acht bis zwölf hier im Schulgebäude. Impfzeugnisse bitte noch einmal mitzubringen.»
«Gern, ich bin an einer Untersuchung interessiert und werde kommen.»
«Ich bin fertig.»
Die Frau Direktor sieht die Zeichnung an und dann Sebastian und dann streicht sie ihm mit der Hand über das Haar und sagt noch einmal: «Schade.»
Sie reißt sich von irgend etwas los, von Sebastian oder von dem Gedanken, den sie aus irgendeinem Grund nicht ausspricht oder von vielen Gedanken, zu denen sie vielleicht keine Zeit hat und packt den Packen Papier zusammen und hängt entschieden die Zeichnung vorn drauf und darunter mein Sonderformular und hält dann den Binkel etwas in die Höhe und meint wie triumphierend, aber mit einem ergebenen Seufzer: «Da schau dir das an. Jedes Kind muß so viele Zettel haben, und die muß ich noch alle schreiben.»
Sebastian rührt das nicht, er rückt mit dem Kätzchen auf dem Schreibtisch herum und stellt es dann fein säuberlich wieder so auf diesen Platz zurück, wie er es genommen hat. Die Direktorin bemerkt das und sagt zu mir gewandt: «Brav ist er. Haben Sie viel zu tun?» Ich bin etwas erstaunt

über diese Frage, und ich glaube eigentlich nicht, daß sie allen Eltern mit solchen Anliegen kommt, oder ist das heute so üblich? Möglicherweise kennt sie meinen Beruf, ich mußte ihn ja angeben, mir scheint er auch ein sehr geeigneter, um mein Vorhaben zu untermauern, sie fragt mich vielleicht deshalb so schwesterlich. Ich fasse das nicht so sehr als Frage auf, sondern eher als Abschiedsformel, ich antworte nicht, und mir ist das recht so.

«Ich sende diesen Akt mit den übrigen mit, und wir werden dann eine Verständigung bekommen, ob das Ansuchen durchgegangen ist. Ich wüßte nicht, warum es nicht gestattet werden sollte.»

Mir kommt das überraschend, denn es sieht jetzt fast so aus, als hätte diese Frau recht gut Bescheid gewußt über alles, wenn sie so genau Auskunft geben kann über das Weitere. Vielleicht weiß sie überhaupt alles, und vielleicht ist sie eine, die in ihrer Harmlosigkeit mitbestimmt hat über die Gewährung oder die Versagung meines Wunsches. Das kann sein, muß aber nicht sein, jedenfalls ist es mir recht, daß sie mich sogar noch zu unterstützen scheint in meinem Unternehmen, oder gibt sie mir Hoffnung, um mich dann treffen zu können mit einer Absage? Kennt sie solche Fälle? Ich frage mit Absicht nicht und bin froh, daß ich wenig geredet habe und daß Sebastian sich so und nicht anders benommen hat. Es scheint alles zu laufen, und wir haben wieder einmal gut getreten im Wasser, es ist gesund. Bewegung des Körpers und der Seele und der Sinne und der Angst und der Geduld ist gesund, ich fühle mich gut, wir haben uns nichts ersparen wollen, wir sind voll eingestiegen und daran wieder einmal frischer geworden. Und niemandem haben wir weh tun müssen und uns hat niemand weh getan.

Ermüden tun diese Anspannungen immer, aber wer wäre nicht gern rechtschaffen müde, so daß der Geist locker liegen kann, entspannt ist, weil er sich durch Arbeit befreit hat für seine nächste Bewegung. So lokker liegt mir die Welt in der Seele, und ich bin gedämpft und still in meinem Glück, das so ruhig geworden ist. Es hat viele Wetter, das Glück, und manchmal ist das Glück ein Unglück. Wir reichen die Hand, und ich bin schon mehr draußen als drinnen, und es war gar nicht schrecklich hier, nur ermüdend.

«Also», meint die Frau Direktor mit einem Seufzer und blickt mich mit einem Stöhnen über den Eintritt der nächsten an, «auf Wiedersehen», und sie schiebt Sebastian sanft an der Schulter aus der Tür. Nach uns kommen ein ernster Mann und eine ernste Frau und ein Mädchen, das viel kleiner ist als Sebastian und sehr geschreckt schaut. Daß da gleich zwei strenge Erwachsene auftreten müssen! Ob das notwendig ist? Ich möchte das ernste kleine Mädchen nicht sein. Schon gar nicht ihr zukünftiger Sitznachbar in der Klasse, denn irgendwohin muß sie ja diesen täglichen

Schrecken von zu Hause weitergeben.
Wir gehen und halten uns am kleinen Finger gehakelt und schlenkern mit den Armen, aber Sebastian tut das nicht lange, er läuft lieber vor und zurück.
«Was sagst du, daß das so gutgegangen ist. Ich hätte das nicht erwartet.»
Er antwortet nicht, er bleibt nur kurz stehen von seinem Lauf und verharrt etwas in der Bewegung und mit seinem Auge in meinem. Er sagt nichts und er meint nichts, aber ich spüre, er hat etwas gehört, über das auch er seine Gedanken hat. Und die sind so wichtig und unwichtig wie meine. Aber sie sind mir lieb.
Daß jetzt alles so gekommen ist und ich wieder unter der Sonne liege, mit einen Atem, der gelebt hat in allen Meeren, die ich kenne. Atmen wie unter Wasser, das ist meine große Erschöpfung für mich Menschenkind unter der Sonne. Sebastian spielt wieder mit seinem Gummifrosch und mit den anderen Kindern, und durch mich hat das Meer gespült, aber man kann es nicht sehen, denn ich sehe genauso aus wie vorher auf meinem Badetuch in der Wiese, nur bin ich um eine Wirklichkeit dicker geworden und um einen Traum reicher. Ich kenne jemanden, der sehr gern Anteil an meiner Erleichterung nehmen würde, und ich werde heute abend die Lehrerin von der gelungenen Aktion verständigen, daß sie ruhig in die Ferien gehen kann und nicht von Formularen verfolgt wird. Diese Lehrerin, bei der ich in der Nacht gelernt habe, die Schriftzeichnen und die Zahlen zu lieben, dort, wo sich der Geruch aus der Federschachtel erstmals gehoben hat und der Graphit mir angenehm in die Nase stieg, dort, wo ich meinen Lehrtrieb für meinen kleinen Wölfling in der Höhle erkannt habe und wo ich mich nicht wie eine wilde Wölfin betragen habe, sondern wie eine gierige Mutter, die sanft geworden ist an ihrem Verlangen, sich von ihrem Kind zu befreien, indem sie es lehren möchte und selbst schuld sein will an seinem Untergang und die Schuld nicht anderen zuschieben möchte; diese Lehrerin hat mir unterschrieben, und die muß ich verständigen, daß sie gut daran getan hat und daß alles anerkannt worden ist vom hohen Rat der Tiere.
«Ich war heute mit Sebastian bei der Einschreibung. Es wurde alles zur Kenntnis genommen. Der leitende zuständige Schulbeamte hat mich selbst bei der Direktorin angemeldet. Sie hat alles aufgenommen und wird die Formulare an die zentrale Stelle schicken, wo noch einmal alles geprüft werden muß. Wir bekommen dann im neuen Schuljahr eine Verständigung schriftlich ins Haus. Wenn ich mit Sebastian zu Ihnen komme, werde ich Ihnen alles zeigen. Ich hoffe, Sie haben schöne Ferien. Wir vereinbaren noch telefonisch unserern ersten Besuch bei Ihnen. Ich danke noch einmal sehr herzlich für Ihre Hilfe.»

Sie sagt nicht viel, aber ich spüre, sie ist erleichtert, und sie hätte allzu gern einmal hier angerufen und nach dem Rechten gesehen, sich vergewissert, ob ich auch in Ordnung bin, und ich habe den Verdacht, daß sie das vielleicht auch auf irgendeinem Wege getan hat, aber das bleibt bei ihr, sie darf das tun.

«Ich bin schon sehr neugierig auf das Kind und freue mich schon, wenn Sie kommen. Ich bin froh, daß alles in Ordnung gegangen ist. Ich werde im kommenden Schuljahr einmal bei der Schulbehörde oder bei der Frau Direktor mich vorstellen, das gehört sich so. Aber fürs erste wünsche ich Ihnen auch schöne Ferien.»

Sollte ich der Sklave der Worte geworden sein? Sicher nicht der einzige, aber doch einer? Wir sind es alle geworden, alle und manche haben sogar eine Berufung daraus werden lassen. Worte sind ein Magnet, der das Denken anzieht. Da Denken aber immer im Kreis geht, gehen auch die Worte immer im Kreis, und dann kommt es dazu, daß ich mich frage, ob ich nicht der Gefangene in diesem Lauf bin. Habe ich ihn nicht selbst angetreten?

Ich bin so ein treuherziger und naiver Mensch geblieben, der noch immer glaubt, das Wort der Weisen zu finden, einen Schlüssel zu meiner Glückseligkeit mitten in den Buchstaben. Aber bitte, bitte, so kann doch das nicht gehen. Ich nehme so viel ernst, was gar nicht wichtig ist, oder doch? Himmel, ich möchte mich hinlegen mitten auf den Steinboden auf den Bauch, platt und ausgeronnen, ich bin es, ich bin es. Es ist nur so, das kenne ich schon, das habe ich schon gemacht, das bin ich. Und immer noch ist das ein Drang, mich zu beseelen, und mir scheint, der wird immer ärger. Sollen das Worte sein. Sie lassen mich nicht los. In meinem Hirn knödelt sich die steigende Verzweiflung über meine Weglosigkeit, und zugleich spüre ich mich doch auf einem Weg, aber ich kann nicht sehen, oder ist da nichts zu sehen? So wird es ein. Ich weiß das ja schon alles viel zu gut.

Jeder spürt, daß ich nicht wirklich verzweifelt bin. Richtige Verzweiflung hat keine geordneten Worte. Ich bin nur an meinem Stolz müde geworden und weiß nicht, wie ich mich auswechseln könnte. Ich möchte nicht aufgeben, ich werde das aber tun müssen, irgendwie werde ich das lassen können oder dürfen? Das soll meine Weisheit sein. Das ist sie. Ich stehe dazu. Die Worte sagen es, aber sie meinen etwas anderes, so etwas, wie wir in der Muttermilch getrunken haben. Weiß und klebrig, etwas süß.

Willst du wissen, wie es ist, schwanger zu sein, dann lese mit mir ein Buch, dieses Buch außer allen anderen und schreibe mit mir. Du tust es jetzt, denn ich würde mich nicht erklären wollen, wüßte ich nicht, daß du es lesen wirst.

Das ist schwanger. So lange schwanger an einem Ende, das nicht absehbar ist, aber kommen muß. So befristet, aber so unendlich an einer inneren Schwerkraft angeschlossen, die an Sinn zerbrochen ist. Eine zerbrochene Kraft. Ja, so geht es an, eine zerbrochene Kraft. Aus Kraft allein kann man nicht zeugen, nicht gebären, nicht lieben, nicht still sein und nicht sprechen. Mit Kraft nicht. Aber das soll keine Weisheit sein, auf die ich mich stützen könnte. Weisheit ist eine frei schwingende Schaukel ohne Gerüst. Eine Traumschaukel, auch mitten auf dem Boden. Liegen heißt immer wieder aufstehen, denn sonst gäbe es das Liegen und das Lügen ja nicht.

So ist schwanger sein. So mit mir leben, so mit sich leben, ohne Glücksstrahlen, aber selbst ein Lichtstrahl, der beleuchtet, wenn er etwas sehen will, und dunkel läßt, wenn er leiden will und verzweifelt sein will. So völlig ohne Ausgang, Durchgang oder Übergang. Wir alle sind schwanger an diesem ewigen Leben, und wenn eine wirklich Leben im Bauch hat, ist das ja nichts Besonderes, worüber man lange Abhandlungen zu machen braucht.

Beschissen habe ich mich gefühlt und wohl habe ich mich gefühlt, beklemmt habe ich mich gefühlt und wach und wacher. Kraftlos, ohne Blick auf das Getriebe in meiner Gefühlsmaschine. Ich bin nicht mein Mechaniker. Aber ein geduldiger Weber am Handwebstuhl, auch wenn das Licht ausgegangen ist. Ich habe meine Hände verwoben in das Geflecht, das für niemanden wichtig ist und für niemanden fertig werden muß, aber das sicher jemand nehmen kann, um es mir zu geben.

Ich glaube, ich glaube, ich muß noch einmal schwanger werden, dann wird die Breite meiner Erinnerungslücken nicht so episch. Oder ist es vielleicht nicht näher, was sich ereignet, gerade vollzieht. Vielleicht bin ich die Ferne, vielleicht, woher es wissen, bin ich schwanger. Ein Zeugnis ist kein Glaubensbekenntnis. Glauben ist die Erinnerung an sich selbst, bevor man bemüht ist, Zeugnis abzulegen.

Sebastian, wieviel Uhr ist es? Schon so spät. Ich spüre es, meine Augen hängen schon so traumschwer über dem Blatt. Lassen wir es gut sein. Gute Nacht.

Ich träume in der Nacht immer von mir – ich glaube, ich habe nur mich. Ich atme tief, wenn das Licht ausgedreht wird. Ist die Dunkelheit jetzt mein Freund oder mein Peiniger? Meine fliegenden Gedankenblätter suchen das Licht nicht. Im Dunkeln ist die Grenze unsichtbar, nicht da, einfach weg. Ich dringe überall durch, ich zerstreue mich überall hin und es tritt mir nichts entgegen. Fliegende Gedankenleere – Ein Baum auf leerem Feld – Farben in der Finsternis – eine Hand – meine Hand – ein Schleier weht im Wind – Nebelhafte Bilder steigen auf, wenn man sie läßt, sie kristallisieren sich schemenhaft aus der Finsternis, sie ziehen einander zu, sie sind der Traum der Entspannung auf der Brücke zum Schlaf.

In der Finsternis, dort auf der Brücke, da stocke ich manchmal, und ich bin nicht drüben und nicht herüben. Dann treten mir die Hindernisse des Lichts entgegen und sie beklagen mich lang und schwer. Wer will da den Schlaf finden? Ist die Dunkelheit mein Reich? Ist das Licht härter und schneller als das Dunkel?

Meine Realität ist die Geschwindigkeit des Leerlaufs, mit der er in Ewigkeit auf meine Angst trifft.

Erhalten, erhalten, wie soll ich dich erhalten, Kind, wenn wir nicht bald mehr Geld haben. Wie soll ich wieder diesen Behörden begegnen, diesen Bauklötzen aus Stumpfbeton. Die rücken ja nicht, die lassen uns ja keinen Platz. Teufel noch einmal, die werden uns vielleicht noch Schwierigkeiten machen. Deine Pflicht – Pflicht –, ich habe es satt, zu kämpfen für das, was kein Kampf sein soll. Ich bin müde, müde, ich will schlafen und träumen. Mir ist es verteufelt langweilig und quälend, mit Menschen über das zu verhandeln, was nicht mit der Technik des Handelns zu bewältigen ist. Hier geht es um Menschenhandel. Ich werde doch mein Kind nicht verkaufen an diese geilen Machtprötze.

Ich versetze dich für meinen ruhigen Schlaf, Kind. Ich glaube, ich tausche dich ein. Geh du zur Schule und ich werde schlafen können. Glaubst du? Glaube es nicht. Ich lüge ja. Ich schlafe ja immer, auch wenn ich wache, und ich wache, wenn ich schlafe. Seitdem du allerdings auf der Welt bist, habe ich nicht mehr so einen tiefen Schlaf wie früher. Das sagen viele Mütter.

Ich werde nicht schlafen wollen müssen. Außerdem ist heute schon Vormittag und ich bin ja schon eingeschlafen, und die Panik, der Sorge meiner Ohnmacht ausgesetzt zu sein, ist ja lange abgerollt. Mit Macht kann man nicht schlafen. Aber ist die Dunkelheit jetzt mein Freund oder mein Peiniger . . . Beide werden mir noch begegnen. Ich erwarte sie mit gemischten Gefühlen.

Ich nehme mir frei vom Rasen meiner Gedanken. Ich schaue ihnen heute nach. Ich habe Ferien. Ich rase heute nicht ans Ziel meiner Müdigkeit. Ich nehme frei von meinen gewohnten Gefühlen, die Tag für Tag zur ähnlichen Zeit, ähnlich auftauchen. Diese Kerle, diese liebenswürdigen Monster, ihr pummeligen Trolle, ihr Spritzraketen, ihr Schleichschlurfe, ihr Kichertriller, ihr ihr ihr, alle ihr Kobolde meines märchenhaften Lebens, ich bin so gern euer Schneewittchen. Prinz? Prinz, du blonder Jüngling mit dem hellen Strahlen in der Gestalt. Schläfst du noch? Es ist schon bald Mittag. Lirum – larum Löffelstiel, wer nichts ist, der ißt nicht viel.

Wie viele Knödeln fehlen auf zehn, wenn du zwei ißt, einen unter dem Tisch verlierst und die übrigen mir gibst. Nimm die Rechenmaschine, Sebastian, du packst es schon. Diese bunten Knödel – Herr Gott, wie viele Knödel fehlen auf die Weisheit, wenn du eines, das härteste, dem Lehrer an den Schädel schmeißt und alle anderen in den Mistkübel wirfst. Ja, du hast recht, dann brauchen wir einen größeren Mistkübel, und dann paßt die Weisheit auch noch gut hinein. Bitte, trag ihn hinunter, den Mist, vielleicht bekommst du dafür eine gute Note, daß du schon Mist austragen kannst.

Ich tue nichts
Ich verfolge nichts
Ich jage nichts

Auch dich nicht, mein Kind, der Jäger soll der bösen Königin mein Herz bringen. Er bringt es nicht übers Herz und erlegt ein Reh. Er bringt der bösen Königin ein Rehherz. Sie verschlingt es mit blutigem Speichel. Sie glaubt, es ist meines. Heute habe ich ein freies Herz. Ich lasse heute frei. Ich nehme frei von meinem Herzen. Königin, Königin? Wer ist die schönste im ganzen Land. Ich bin es, ich bin es, du bist die Gierigste im ganzen Land. Du frißt zuviel Herz. Du wirst fett werden und dann an Herzverfettung zugrunde gehen.

Ich habe ein gutes Herz, Sebastian. Heute schreiben wir nicht und rechnen wir nicht. Wir nehmen heute frei von der Realität, wir vergessen sie heute, wir gehen frei
frei sein ist nichts – frei werden ist alles

Ich befreie mich nicht

Ich bin heute frei von mir. Ich suche mich nicht. Ich tue es einfach nicht. Ich schreibe heute keine Spuren auf weiße Blätter mehr. Ich tue es einfach nicht. Sebastian, wieso liest du. Kannst du denn nicht folgen. Ich habe gerade beschlossen, daß heute nicht gelesen wird, und du getraust dich, meinen freien Entschluß zu brechen, nicht mit mir zu ziehen? Du unterstehst dich. Mein Gott, du hast noch so tierisch mit deinen Gliederchen im Körbchen gestrampelt und jetzt sitzt du da neben mir auf dem Boden und liest, obwohl ich heute frei habe und ich dir nicht einmal versprechen kann, daß ich dich liebe. Ich habe frei von der Liebe. Ich habe freigenommen

Ich nehme mir nichts
Ich nehme mir frei vom Leid
Ich nehme mir frei vom Glück

Ich bin es müde, ich bin es müde, meine Müdigkeit zu beklagen. Ich nehme mir frei von der Feststellung meiner Müdigkeit. Ich schreibe es einfach nicht auf. Die Leser schlafen mir ja dabei ein. Darf das sein? Um Gottes willen, darf denn das sein? Ich glaube, ich träume. Eine Schar von Schläfern sehe ich vor mir . . . ich fasse es nicht. Das also habt ihr mir zu sagen, und so sehr bitte ich euch, mir doch klar zu antworten auf meine Fragen, die keine sind.

Ich fordere von euch, ich fordere, daß ihr im Unterricht nicht schnarcht. Schlafen könnt ihr zu Hause. Hier gilt nur Interesse und Aufmerksamkeit bis in die letzte Kammer des Gehirns. Ihr Nichtsnutze, ihr Zeitschinder, ihr Schindluder, ihr alle. Ich befehle, ich befehle hier auf der Stelle, nicht zu träumen. Hier wird gelernt und gelernt und wieder gelernt, bis ihr erlernt habt, wie man verlernt, was ihr nicht könnt. Auf, nieder – auf, nieder. Siehst du das Buch dort! Beugen, strecken – beugen, strecken – zahlen, lesen – zahlen, lesen – öffnen, schließen – öffnen, lies, lies! Lies jetzt! Schlaf nicht, schütze keine Müdigkeit vor. Deserteur. Deserteure werden gehenkt. Du Schulschwänzer, du elender Schulschwänzer. Jetzt ist es heraus. Wir werden deiner Mutter einen Brief schreiben, daß sie vor dem Herrn Direktor erscheinen soll. Dann wird sich herausstellen, was mit dir zu geschehen hat in diesem Leben. In diesem Leben wird nichts aus dir werden.

Nichts

Du wirst diesem Leben nicht gewachsen sein.
Herr Lehrer, wie groß sind Sie?
Du unverschämter nichtiger Zwerg. Frech sein? Ich werde deiner Mutter alles berichten. Ich bin gespannt, wie sie sich dazu stellen wird.
Herr Lehrer: Ich habe keinen Vater, ich habe keine Mutter. Ich habe keinen Befehl. Ich habe keinen Befehl erhalten von dort, woher ich komme. Ich habe keine Empfehlung mitbekommen. Ich habe hier keine Pflicht zu erfüllen. Ich habe nichts.

Nichts

Ich kann mich an nichts anderes erinnern. Wer ist mein Bruder, wer ist meine Schwester, wer ist mein Vater, wer ist meine Mutter. Ich bin nicht ihr Lehrer und Sie sind nicht meine Mutter, denn die sitzt zu Hause und schreibt lustige Geschichten in ein Heft, und die befiehlt mir, nicht recht haben zu müssen.

Ich nehme mir kein Recht

Rechts und links, rechts und links. Soviel weißt du, mein Kind, aber wo rechts und links ist, kannst du dir nie merken. Du zeigst immer vorn und oben oder unten und schräg hinten. Du bist völlig desorientiert. Du bist völlig daneben. Himmel, wie sollst du diese Prüfung bestehen, wie soll ich das durchhalten. Na ja, es ist ja schon spät, es ist kein Wunder. Wir haben uns heute so viel freigenommen, daß ich ganz müde vom vielen Freisein bin. Ich habe heute gar nichts geschrieben. Mein Gott, was wird mein Verleger sagen. Ich werde sitzenbleiben. Nein, bitte lieber liegen. Ich bin schon so müde. Du auch, Kind? Komm, dreh das Fernsehen auf, jetzt ist die Reklame. Nehmen wir uns frei vom Tag. Es ist Abend geworden. Auf deinem Pyjama tanzen die Zwerglein, die Königin, das Schneewittchen und der Prinz. Es traben Pferdchen, und die Räuber von den Bremer Stadtmusikanten essen Knödel, und die Babies strampeln in Körbchen, und am Rummelplatz dreht sich das Ringelspiel. Die alte Drehorgel spielt in mein Ohr. Hörst du sie auch? Die Hirnmusik am Abend, wenn wir frei sind

Freiheit ist nichts – frei werden ist alles

Sebastian soll Brot holen. Ich schreibe hier am Küchenfenster. Ich sehe die Gasse hinunter, an deren Ende der Bäcker ist. Sebastian kommt. Ohne Brot, dafür mit einem Pudel an der Leine. Pudel fressen kein Brot, glaube ich. Der Hund zerrt, und ich habe kein Brot, dafür erfüllt sich der Herzenswunsch für mein Kind, mit einem Tier zusammen zu sein. Er wäre lieber mit einem Tier zusammen als mit mir. Einem Meerschwein oder einer weißen Maus. Das Kind bezeichnet die Fliegen als seine Haustiere. Ich halte mich davor zurück, Lebewesen in mein Haus aufzunehmen, die versorgt werden müssen, für die man Verantwortung tragen muß.

Jetzt sehe ich. Die Besitzerin des Hundes trägt das Brot, und alles ist wieder gut. Nur weiß ich, daß sie sofort in die nächste Tratschpartie einflechten wird: «Dieses arme Kind, es hängt so an den Tieren. So ein warmherziges Kind ist das, und diese Frau ist wirklich eine kaltblütige, arrogante Person. Sehen sie, wie sie grüßt, so von oben herab oder überhaupt nicht. Sehr verdächtig, sehr verdächtig, was die wohl so den ganzen Tag tut? Ein erwachsener Mensch kann doch nicht immer so frei haben, die tut ja gar nichts, das geht ja nicht mit rechten Dingen zu, das ist doch nicht erlaubt.»

Ich tue Unerlaubtes – Unerlaubtes – Unerlaubtes! Hö – hö – hö! Mich kriegst du nicht! Auch nicht, wenn ich mein Buch verkaufen will? Lasse ich mich dann fangen? Werde ich dann freundlicher? Neige ich mich vor meinem Verleger? Krieche ich dann auf dem Boden? Lecke ich ihm die Schuhe? Krieche ich nicht dauernd meinem Leser in die Seele und bitte ihn auf den Knien: «Erkenne mich an und empfiehl mich weiter!»

Nimm dir Zeit für deine Laster, nimm dir Zeit für deine Haltung, nimm dir Zeit für deine Kinder. Jetzt habe ich Sebastian schon vorausgeschickt in den Hof.

«Ich bin gleich soweit, warte unten. Wir gehen dann spazieren.» Ich jedoch sitze schon wieder hier und bin in mein Heft gefallen.

Nimm dir Zeit für deine Ungeduld, nimm die Zeit . . . jetzt nehme ich meine Beine unter die Arme und reiße mich los von diesem elenden Papier und nehme mir Zeit für einen Spaziergang auf den Berg. Also, jetzt aber los. Es läutet, und eine kleine Gestalt steht in der Tür, ratlos mit den Achseln zuckend: «Wann kommst du. Wie lange dauert es denn noch?»

Jetzt aber raus mit dir, junge Frau. Frisch spaziert, damit du keine Krampfadern kriegst. Und jetzt sitze ich da mitten auf einem Berg und habe schon wieder die weißen Blätter vor mir, die ich vorsorglich in die Tasche gesteckt hatte. Ich habe gemeint: Nimm dir Zeit für das Laster, Zeit für die Begebenheit, Zeit für das Jetzt, weil ich gar nichts erwarte für diesen Tag und für alle Tage. Ich bin wie geblendet von der Hingabe an die Ereignislosigkeit, daß ich schon ganz stumpf und dumpf da bin, davon bin, dabei bin. Was sollte denn auch schon sein? Was, um Gottes willen, sollte kommen?

Ich öffne die Tür und der Erzengel Gabriel steht mitten im Eingang und sagt: «Du bist gebenedeit unter den Frauen und gesegnet ist die Frucht deines Leibes – er muß nicht zur Schule gehen. Der himmlische Vater stimmt zu, er befürwortet dein Ansuchen.»

Sebastian geht feierlich am Weinberg mit einer abgebrochenen roten Dahlie am Kopf umher, die er im Schmutz gefunden hat. Himmel, ist dieses Leben wie irre, was soll ich da noch sagen. Ich glaube, ich sollte besser lachen.

Und jetzt fällt es mir wieder ein, wie ich gesessen bin, als kleines Mädchen mit Zöpfen, gespannt vor Wut, Wehrlosigkeit und Angst. Ich habe immer aus einem Augenwinkel zu meiner Mutter und ihrer Freundin hinübergesehen. Sie sind jedesmal, wenn wir dort einen Besuch abstatteten, beim Tisch gesessen und haben mit schneidenden Stimmen die Schwierigkeiten und Empfindungen ihrer Seelen angeschnitten. Am Tisch, mit scharfen Stimmen und verzerrten Gesichtern, haben sie ihr Brot der Enttäuschung gegessen. Ein Auge manchmal zugekniffen, wie in äußerstem Haß gegen einen anderen. Gegen wen nur? Gegen mich?

Ich habe mich da oft so verlassen gefühlt und ausgestoßen. Das war nicht meine Mutter, die manchmal lieb zu mir war. Eine spitze, jäh fanatische Person, die mit äußerster Energie würgte an ihrem jugendlichen Leid. Das Leiden, ein Kind zu haben und gefesselt zu sein. Ja, so war es. Wie in Fesseln saßen die beiden da und zerrten und bissen und nagten an ihren kreischenden Ketten. Was für Ketten?

Mutter, wohin willst du? Willst du mich nicht mehr? Wohin willst du, wenn du reißt, wenn du dich entfesselt hast? Bitte, laß mich nicht allein. Ich verstehe dich auf einmal nicht mehr. Wovon sprichst du da mit dieser seltsamen Stimme. Bist du ein Tier geworden? Und diese junge Tante? Wohin wollt ihr beide denn. Weg, weg, weg von mir, dem sanften Engel mit den Zöpfen.

Im geheimen aber, da kniff auch ich schon ein Auge zu und zog die Stirn in Falten und versteifte mich gegen diese beiden Hasserinnen. Wut, Wut, wütend war ich, aber ich war stumm. Nur das Knirschen meiner Zähne war, wenn es hier einer gehört hätte, unverkennbar zu vernehmen ...

Ja, jetzt ist mir das wieder eingefallen, wie ich dich hier so sitzen sehe, etwas zusammengekrümmt, trotzig. Mich hat ein starkes Aufschlagen eines Kinderbeins am Tischbein aufmerksam gemacht auf deine Anwesenheit, mein Kind. Tut mir leid, ich habe dich im angeregten Gespräch mit meiner Mutter, deiner Oma, ganz vergessen. Einfach vergessen. Wovon haben wir gesprochen? Von der Vergangenheit, von der Zukunft, von den Leidenschaften in diesem Leben. Ja, jetzt höre ich meinen leidenschaftlich

erhöhten Tonfall noch nachklingen, und es hängt eine sich überschlagende Schwingung in der Luft, und ich fühle und ich fühle, wie sich mein Gesicht langsam wieder glättet aus einer Verzerrung. Meinen Leidenschaften muß ich nachgehangen haben. Weg, weg war ich von Kind und Fenster, weg, weil ich hier nicht sein wollte, keine Ruhe im Leib finden konnte. Keine Zeit für meine Laster, meine Ruhe und meine Unruhe und mein Kind mir nehme. Und da mußt du mit dem Bein ausgeschlagen haben, um dich bemerkbar zu machen und mich wieder zurückzuholen aus dem Nebel. Ich stehe jetzt da und sehe in dein zusammengekniffenes Auge. Deine Fäuste sind geballt, und zugleich sehe ich mich mit den Zöpfen versteift sitzen, und ich glätte mich langsam wieder, und falte mich für diese Erinnerung und Erkenntnis der immerwährenden pulsierenden Bewegung der Generationen und der Bewegung der erstarrten Zeit.
Die Omi wird dir ein Märchen vorlesen. Vielleicht der kleine Däumling oder der Teufel und der liebe Gott?
Der Haushalt ist gehalten. Gekocht, gewaschen, gesaugt, Blumen gegossen, Hefte vollgeschrieben, Ohren geputzt. Wir werden noch einkaufen gehen. Dann brauchen wir morgen weniger schleppen. Am Wochenende stehen die Menschen immer hartnäckig Schlange. Willst du allein gehen?
Kaufe – geh und kaufe, Kind, könnte ich dich nur loskaufen von deiner Sklavenpflicht. Ein früherer Herrscher hat die Schulpflicht eingeführt, weil er bessere Soldaten brauchte. Kleiner Soldat! Geh und kaufe dich frei. Ich gebe dir mit, was ich habe. Alles gebe ich dir. Ich will nicht die Geißel auf deinen nackten Rücken prasseln fühlen. Ich bin selbst ein Sklave. Ich kann mich nicht freikaufen. Ich kenne die Währung nicht. Ich habe dich in der Gefangenschaft des Schicksals, mich als Sklave zu fühlen, geboren, und ich habe dir mit Anstand alles vererbt – so wie es sich gehört.
Geh und schau dich um, vielleicht kannst du herausfinden, womit hier bezahlt wird. Womit kann ich dich kaufen? Wie, wenn du dir den kleinen Plastiksoldaten kaufen dürftest? Ich glaube, ich träume, ich bin des Herrschers Ehegemahl, du blonder Erpresser. Mach keine Witze, wir gehen ganz ernsthaft einkaufen mit dem Merkzettel. Schreib auch noch Bröseln auf. Ich weiß nicht, dieses Kind ißt am liebsten Bröseln, geröstete Bröseln mit Zucker. Welcher Ernährungsfachmann findet heraus, woran es diesem Kind mangelt, daß es dieses einseitige Bedürfnis entwickelt hat. Es wird wieder vergehen. Der Herrscher hatte viele Fachleute um sich versammelt. Ob die da helfen können?
Noch einmal schwanger werden. Wenn ich noch soviel Zeit hätte, wenn ich noch einmal soviel Ernst hätte, noch einmal soviel Unsinn im Kopf hätte, noch einmal mein Idealist wäre, noch einmal das, eben das wollte.

Aber was soll ich dazu sagen, ohne mich in Klugheiten zu verstricken. Mir fehlt der Ernst zu solchen Unternehmungen.
Wenn es wäre, bitte nur angenommen, denn was wirklich ist, soll einmal verborgen bleiben dürfen, vielleicht, dann würde ich goldene Fahnen auf den Abtreibungskliniken hissen, Freibier austeilen lassen von meinem Verlagsgeld, vom letzten Vorschuß, und wir würden in den Kliniken einen Tag der offenen Tür veranstalten und Museumsvorträge halten lassen von den im letzten Augenblick zum Leben gelassenen, zur Abtreibung bestimmten Neugeborenen. Es sollte ein Volksfest sein, wenn alles kommen darf, wie es will, und nicht dieser Alp der Zivilisationsangst über uns hängen würde, dieser Menschlichkeitswahn, dieser Intellektuellengeist, dieser Freiheitsjammer und dieses Unabhängigkeitsgewinsel, dieser verdammte Persönlichkeitskult und meine vielen Gedanken über nichts als das Geld und meine Scheiße.
Manchmal habe ich alles bei mir, was ich zu verlieren bereit war, vielleicht klarer als überhaupt jemals einmal. Ich fühle das so, wenn ich aber heutzutage nicht mehr schwanger sein will, so habe ich einen ordentlichen Platten, da kannst du sicher sein. Da brauche ich keinen Luftdruckmesser mehr, da speie ich mir in die Augen, ohne es zu bemerken, da suche ich zu Weihnachten im Fernseher nach den Ostereiern vom vorigen Jahr, und da kannst du mich glauben machen, daß der Kardinal einen Büstenhalter und ein Strumpfbandgürtel trägt. Seine Exzellenz ist aus moralischen, nein, göttlichen Gründen dafür, daß es keine Abtreibung geben dürfe. Dürfe, dürfe, er kann ja nur sagen dürfe, als Möglichkeitsform. Solche Formen sind nur möglich, aber wer sollte nicht vor Lachen brüllen, doch niemals wirklich. Ich würde mich angesichts dieser bodenlosen Lächerlichkeit bis in die Gehörschnecke hinein schämen. Ich glaube, der Herr Kardinal hat rosarote Unterwäsche. Aber was will man, es ist ja auch nur sein Beruf, und einen Beruf erfüllen, heißt immer förmlich sein, die Form sein und nicht selbst sein. Schau mich an, schau Mensch an, schau dich an, jeder erfüllt seinen Beruf: Mensch; in allen seinen Formen und allen seinen Förmlichkeiten in jeder nur erdenklichen Möglichkeitsform.
Das Gehör des Kardinals muß irgendwie gestört sein für die Lebenslaute dieses Daseins. Es ist sicher wegen der Scham in der Gehörschnecke. Ich habe meine Scham zwischen den Beinen. Und dieser Mann sollte sie im Ohr haben? Ein rotes Ohr, zu Ostern. Ein Kirchenfest ist es, im Fernsehen haben sie es zu Weihnachten verkündet. Zu Ostern, da haben sie die scharfen Nägel poliert, die werden im Vatikan erzeugt, gute Ware. Der Vatikan ist reich daran geworden, ein Elitestaat. Umgeben von kostbaren Wäldern. Reich, reich, reich an diesem besonderen Holz, auf das sie ihre Werbungen und Reklamegags anschlagen, annageln, mit diesen besonders fachgerecht geschliffenen eisenen Stiften. Sie stiften überall, stiften

die größte Verwirrung unter ihren Gläubigern. Wucherer, Wucherer an einer besonders guten Idee, die sie einmal hatten. Daran verdienen sie sich noch immer krank. Ich bin gespannt, langsam läßt ihr Geschäftsgang nach, sie müßten einen neuen Werbechef annageln, aber die Menschen heutzutage steigen nicht mehr so intensiv ein aufs Heil. Es hat sich ausgeheult, diese Menschen sind frech geworden, sie scheinen die Angst vor der Rache des Kardinals zu verlieren, sie munkeln sogar öffentlich von seiner Unterwäschemarke. Auch diese Firma soll im Vatikan die Zentrale haben, wo es doch nach den Regeln der Obrigkeit weder Büsten noch einen Unterleib geben dürfte, möglicherweise, möglicherweise ist etwas schief, schief an dem gehörlosen Verbot der Abtreibung. Sollte es vielleicht ungehörig sein zu verbieten, was jeder oft, nie oder manchmal tut? Oder soll es nur blindwütig sein, oder verblendet, an Geboten festzuhalten, mit denen kein Geld zu verdienen ist. Der Staat hat Angst um sein heiliges Geld. Er braucht einen Neuen, unbedingt einen neuen Werbechef, einen, der wieder einmal sein ganzes Leben für nichts hinhält, denn sie können ihn bei ihrem derzeitigen spirituellen Defizit nicht mehr bezahlen. Wer läßt sich schon aufnageln, wenn der Lohn erst nächste Ostern ausbezahlt werden kann. Sie brauchen unbedingt einen neuen, moderneren, und wie sollten sie dazu kommen, wenn es jeder kleinen Menschensau erlaubt sein darf, ihren Wurf abzutreiben, so einfach, wie sie es bestimmt. Tiere, die können ja nicht denken, die sind nur zum Fressen und Gefressenwerden da.
Als ich das Tier war, habe ich die Jungen genährt, geschützt und sie das Überleben gelehrt. Ich wußte das, ich tat es. Ich habe das Wachsen der Jungen in meinem Bauch gespürt, und ich wunderte mich nicht über solche Natürlichkeiten. Ich war Natur und kein Geist, ich war kein Mensch. Aber ich hatte den Drang, in der natürlichen Bewegung mitzugehen mit meiner Fraglosigkeit. Ich tat meine Fragen, und ich entschied, indem ich natürlich reagierte. Nachgeben, nachgehen dem Zugzwang der Erhaltung meiner Wiedergeburten, meiner Art, meiner selbst, meines geschwollenen Bauchs, in dem es sich regte und es mir keine Frage war, ob ich das wollte, oder ob ich den Namen für ein Gefühl finden könnte, noch kein Mensch gewesen zu sein. Kreatur soll einfach sein, sagt man, sagt derjenige, der sich über die Kreatur erhebt oder sich zumindest von ihr abgesondert wissen will.
Diese willentliche Trennung von Untrennbarem hat ihm den Fluch des Bewußtseins eingetragen, hat ihn zum Menschentier gemacht. Einer neuen Sorte von Kreatur mit denselben Trieben und Mechanismen, denselben Bewegungen. Es hat ihn nicht glücklicher gemacht, nicht unglücklicher, nicht reicher, nicht gesünder und auch nicht um eine Pfotenlänge klüger, aber diese Mutation Mensch hat mir die Worte und das Spielen mit diesen Worten ermöglicht, was mich wiederum nicht glücklicher oder klüger

oder ärmer macht, aber was mir eine Eigenart gibt, zu der ich mich gern bekenne.
Ich hatte ein Junges im Bauch und viele Gedanken im Kopf. Das ist für mich Natur. Meine Natur ist es, den Namen Mutter zu verwenden, etwas damit zu verbinden, meinem Bezug dazu nachzugehen, mich zu erinnern, zu erinnern, wie das war, als ich noch ein Tier war.
Mütterlichkeit . . . Mutter werden.
Ich behütete mein ungeborenes Gefühl im Bauch, dessen Aussehen mir nicht unbekannt war, nicht als werdenden Menschen. Das Wesen in mir, das war ich selbst, ich trennte keinen kommenden Menschen von mir ab, ich gab nur auf mich und meinen Körperzustand acht. Wollte ich diesen besonders schonen oder behüten? Ich lebte nach meinen Notwendigkeiten und reagierte auf meinen Körper, aber ich war nicht vernünftiger als für mich selbst, und ein sehr vernünftiger Mensch wollte ich nie sein. Aber ich war gesund, glaube ich, und als gesund bezeichne ich es, wenn die Wölfin nicht fragt, ob ihr Ungeborenes auch gut und richtig genährt ist, ob es sich in dieser Welt glücklich fühlen wird und was es einmal für Schulen besuchen soll. Ich dachte mir für dieses Wesen kein eigenes Wesen aus, es war ich als Ungeborene, aber bitte doch Hochwohlgeboren im Reich des Uterus.
Hände weg, keine werdende Mutter denkt daran, daß sie ihren Mörder gebiert, ihn langmächtig austrägt, um von ihm getötet zu werden. Von seiner Eigenart getrennt zu werden, von ihrem Selbst abgerissen oder vielleicht erlöst zu werden?
Wohl dem, der sich seinen Mörder selbst zu züchten kann, denn der will sich ihm hingeben, der will ihm seinen auf schmerzensreichem Weg der Individualisierung erworbenen und oft so bedrückenden Charakter opfern, aufgeben, endlich sich aufgeben für den Neuen.
Wohl dem, der aus seiner Menschenmasse einen eigenen Charakter, eine Persönlichkeit formen kann, sich aus sich herauskristallisieren kann, um den Stein zu sehen, um sich nicht nur als Tier, sondern als Stein zu sehen oder Kain zu sehen. Aber dann soll es ein besonderes Wohl, eine Erlösung vom eigenen Charakter sein dürfen, wenn man wieder einkehren darf in das Paradies des allgemeinen Lebens, des Allebens, für alle und niemanden, für sich und sein Kind, für sich und den gleichen, der immer ähnlicher wird, noch ähnlicher, als man sich selbst, während sich das Kind entfernen will, um seine eigene Persönlichkeit zu werden. So hat Familie einen Sinn, so hat die Frauenbefreiung einen Sinn, nicht weil sie gut ist, sondern weil sie wahr ist.
Wohl dem, der die Tat begehen kann, und wohl dem, der sie geschehen läßt.
Sollte Mütterlichkeit eine Bereitschaft zu diesem Persönlichkeitsverlust

sein? Eine Bereitschaft, die nicht erdacht werden kann, sondern nur erlebt werden darf. Dann hängt Mütterlichkeit nicht an den Frauen, nicht nur in Frauen. Sie hängt nicht am Intellekt, sie hängt im Instinkt. Instinkt ist der Intellekt des Tiers.
Mütterlichkeit kann Persönlichkeitsaufgabe sein, aber nicht Lebensaufgabe. Sollte jemand für sein Kind sterben, freiwillig? Wenn es sein muß, notgedrungen sein müßte, bitte, dann ist es nicht freiwillig. Wohlgemerkt – und zugleich alles vergessen.
Ich wollte es ja, ich habe es ja oft gespürt und brauche es nicht zu leugnen, ich wollte mich ja aufgeben, ich wollte ja eine Aufgabe haben, endlich eine Möglichkeit, aus meinem Wühlen in meiner charaktervollen, selbstigen Vereinsamung aussteigen zu können. Auch heute bin ich das einsame Wühlen in meinem Kopf noch nicht losgeworden und steige deshalb meinem Kind so oft auf den Kopf. Aber ich brauchte es, um endlich von meinem Krampf loszukommen. Ich wollte zumindest einen anderen Krampf, oder wollte ich mir einen Kampfpartner zeugen, einen mir ebenbürtigen, einen aus meinem eigenen Stoff, und für diesen Feind soll ich meine Persönlichkeit opfern? Ich habe mir einen geschaffen, der mir die Flausen ausreißt, manchmal sanft und manchmal hart, wie das Los einer Mutter zu sein pflegt.
Ich habe mein Kind nur für mich bekommen. Ich kann nur für mich sein. Ich kann aber eines noch, ich kann Mütterlichkeit als Lebensprozeß sehen: sich selbst und den anderen zu sich kommen lassen, aus nichts nichts werden zu lassen, indem ich nicht forme, nicht verforme, indem ich nicht feststelle, was mir nutzen soll und der Bestätigung meines miesen Charakters, den ich mir so menschenmühselig aufgebaut habe, um endlich jemand zu sein, den ich dir opfern darf, um, daß du vielleicht damit noch etwas anfangen könntest, denn ich verachte ihn nicht. Als mein Kind klein war, da hättest du mich sehen sollen, ich war wie eine Lüchsin. Ich habe es niemandem in die Hand geben wollen. Ich muß ein bißchen irrsinnig in meinem kreatürlichen Behütungszwang gewesen sein, aber es legt sich alles, und das Wetter wird immer wieder milder, die Geschichten werden immer wieder lustiger. Ich badete das Baby jeden Tag mit besonderer Sorgfalt, fütterte es sorglich, ich beschäftigte mich mit ihm, es beschäftigte mich immer, und es sog mir langsam die Opfergaben aus meinen letzten Schürzentaschen, und ich war erschöpft an Opferbedürfnis, und wo war ich dann? Sollte ich das Ende meiner Mütterlichkeit gewesen sein, damals, damals, oder hat sie damals noch gar nicht begonnen, sicher war jedenfalls die Unsicherheit, als ein Teil dieses Werdens und sich Wandelns im Leben mit sich, mit den anderen und für einen anderen aus sich.
Mutter kann man nur sein und nicht vorgeben.

Behüten darf sie nur das Baby, dessen Hunger und Hintern. Vor dem Leben soll sie nicht schützen, dann muß sich die Mütterlichkeit in eigener Wertlosigkeit genügen. Und welche Frau wäre nicht jedermanns Mutter, die sich selbst genügt.

Liebe kann man nur machen, sie nicht ausdenken
Liebe kann man nicht zwingen, man kann sie sein.

Es flattert mir ein Kuvert mit der Post ins Haus. Ein blaues Amtskuvert. Als Absender steht die Schule angeführt, in der wir einschreiben waren. Ich halte es mit Brennen in der Hand, aber eigentlich doch nicht ganz so bebend, wie ich annehmen würde. Ich weiß nicht recht, ich habe darauf gewartet, aber die Entscheidung doch noch nicht so bald vermutet. Mich verläßt der Mut, ich bin ewas schlapp an dieser Nachricht, die ich noch nicht gelesen habe. So schnell ist das gekommen. Ich glaube fast, ich hätte mich noch gern auf meiner Ungewißheit ausgeruht. Sie ist mir in den letzten Wochen so ein reger Begleiter geworden, und ich kann leben damit, ich habe mich richtig daran gewöhnt. Die Ungewißheit ist meinem Lebensgefühl so eine Würze, und ich kenne sie eigentlich in den verschiedensten Geschmäckern. Ich öffne nicht, und meine Gedanken gehen, aber wie jeder weiß, nur ganz kurz und sekundenschnell im Kreis, tatsächlich öffne ich eigentlich ohne Verzögerung, und wer nicht genau schaut, sieht mich nicht denken. Ich lese: «. . . von der Schulbehörde zur Kenntnis genommen», und «die Schule hat am Ende des Schuljahrs das Prüfungsergebnis über den Stoff der ersten Klasse zu übersenden . . .» Kurz und bündig. Die Antwort auf meinen Traum, in Amtsdeutsch. Und jetzt habe ich es. Es ist alles wahr geworden. Mir ist weich, ich bin erleichtert um eine Pflicht, aber ich bin kein Sieger über jemanden, und mich faßt kein Taumel. Ich bin gefaßt. Ich fühle mich wahr, und das ist eher still ergeben in mich und meine Wege.

Ich bin richtig, ich scheine auf dem richtigen Stern zu sein. Es ernüchtert sich der Traum zur Wahrheit, und ich habe meine ganze Geduld und Aktivität in die Aktion und ihre Zeit fließen lassen, so daß ich jetzt ausgeflossen bin angesichts meines Einzugs ins Meer. Ruhig und wie übergangslos strömt meine Erkenntnis über das Unmögliche hinein in mein Leben als Mensch unter Menschen. Ich habe mich gerührt und bin dorthin gekommen, wohin ich wollte. Ich habe mir mein Ziel so vorgestellt, wie meinen Weg, und mein Weg dahin war mein Ziel, und jetzt bin ich da, müde, aber glücklich, nüchtern tragend an meiner Kostbarkeit, die ich nicht schützen werde, sondern die mit mir ins Leben muß.

Und die Sache lebt. Der Geburtsschein ist ausgestellt. Und damit lebt alles, was damit verbunden ist, und das ist viel. Oder vielleicht gar nichts. Ein Leben, zwei Leben, vielleicht noch mehrere. Und die Behörde hat mir auch gleich alle Nebenkosten mitverrechnet. Den Zwang, unter den ich mich jetzt begeben habe, indem ich Sebastian ordentlich lehren muß, damit er die Prüfung bestehen kann. Soll mir das egal sein? Ich bin wahrhaftig kein Sieger. Die Behörde zeigt mir schon, wer letztlich der Stärkere ist. Sie erspart mir nichts. Wie verteile ich jetzt diesen Druck, den sie mir aufgebürdet hat, den Lehrstoff, auf das Kind. Ist es eine halbe Sache, eine halbe Freiheit oder gar keine, ist das eine neue Chance für mich zu lernen, daß es keinen Wert hat, der beste zu sein, weil es keine schlechten gibt? Ist es eine Möglichkeit für mich, mein Kind frei zu lassen, indem ich mich freier lasse? Daß es sorgloser sein darf, ein wenig mehr Kind? Aber Kinder sind nicht sorglos. Um den Aufwurf dieser Fragen ist es mir zu tun, nicht nur um die Fragen, sondern um ihre Gestalt, mit der ich zu tun haben will. Keine Vorstellungen mehr, sondern Tatsachen sind es geworden. Freiheit und Liebe und Leben und Geduld, die haben eine Gestalt und nicht nur einen Namen. Die leben jetzt mit mir, und ich träume sie mir nicht. Ich habe sie zu meinen Partnern gemacht, und ich bin gespannt, wie sich diese Brüder verhalten werden zueinander und miteinander und mit mir. Wo diese Mir ist? Wenn ich lang suche, werde ich überhaupt nicht mehr orten können, wo sie verschwunden ist. Ich sollte geduldig warten, vielleicht hat sie ihr Kostüm gewechselt und ich kann sie noch nicht als die alte Mir erkennen.

Ein Jahr haben wir Zeit, und ich bin zuversichtlich in dieses Jahr. Die Hälfte unserer Revolution hat sich aufgefaltet in Klarheit und in Falten. Das Gewebe ist gut, ich habe es mir selbst gemacht. Sonst sind wir heutzutage nur gewohnt, fertige Kleider zu tragen. Manche kaufen den Stoff und nähen selbst, und ich habe sogar gewebt, und Sebastian war das Schaf, und für wen soll dieses Gewand jetzt werden? Für Sebastian oder für mich? Dem wächst die Wolle von selbst nach. Ich lasse ihn wachsen. Geschoren wird erst am Jahresende. Bei der Prüfung.

Und jetzt ist es so weit, daß sich etwas zeigt. Das heißt nicht als traumhafter Blutandrang, sondern einfach und schlicht, aber nicht weniger erregend in seiner Nüchternheit. Das, was wir erträumt haben, ist in die Tat übergegangen, ganz von selbst und innerhalb dieser verschwindet die Sonderbarkeit. Die Tat zieht alles an sich und verwandelt Unsichtbares in die Beschäftigung damit.

Um dieses Unsichtbare geht es Sebastian, das möchte er aufdecken und dabei hält er sich nicht an Ferienzeiten und Methoden, da wird er sein eigener Lehrmeister, und mir ist das recht so, denn mein Lehrunternehmen bewegt sich bereits, bevor ich noch überlegen konnte, wie wir das eigentlich anstellen werden. Und es zeigt sich, daß wir nicht «selbst lernen» wollen, um dem Lernen zu entgehen, sondern wir sind geradezu besessen davon. Jetzt aber ehrlich – wir sitzen auch oft untätig herum, aber diese Untätigkeit hat einen anderen Charakter angenommen. Es ist eine

Spannung in unser Verhältnis eingekehrt, das ich in dieser Art früher nicht so beobachten konnte. Ich habe auf einmal so viel mit meinem Kind zu tun, es geht mich so an, ich fühle, es rührt an mein eigenes Leben, dorthin tastet es, es kriecht mir hart auf den Pelz, denn diesen möchte es ergründen. Es hat irgendwie überlauert, daß es meine Regeln beherrschen muß, daß es meinen Code, meinen Erwachsenencode, ergründen muß, um mir hinter meine Lebensschliche zu kommen. Um mich aufzuheben als Macht, als Herrscherin, als die Größere von uns beiden. Wachsen will Sebastian nicht nur in seinem Körper, sondern in meine Zeichen hinein. Er will benützen können, was mir selbstverständlich erscheint und ihm ein Geheimnis ist. Er weiß, er kann mich nur mit meinen eigenen Mitteln schlagen, er kann nur an mir erwachsen werden, und ich schätze dieses starke Bedürfnis an ihm, weil ich mich darin wiedererkenne. Aber ich bin auch eine erbarmungslose Kreatur, ich kämpfe um meine Übermacht, ich gebe mich für mein Kind nicht auf, ich kann das nicht als natürliche Wesenheit. Ich bin ein Mensch und der genügt sich nie als Wesen, der will gefordert sein und sich einmal selbst erlösen von seinem Sein, indem er hingeben kann seine Macht, um gelassen untergehen zu können, satt von dem Rasen dieser Welt.

Ich spüre das, es beginnt nicht nur für Sebastian eine Schule, ich beginne mich zu lösen, aus meinem Schicksal, unschuldig zu atmen. Ich mache mich an meinem Kind schuldig, wenn ich es die alten Zeichen lehre, nach denen sein Bedürfnis drängt und was mein Bedürfnis ist. Mehr schuldig, als wenn ich ihn nichts lehren würde. Ich selbst mache diesen Menschen zu einem begrenzten Wesen, so wie alle anderen sich fühlen. Ich gebe in ihn wieder alles das hinein, was mich zu dem gemacht hat, was ich bin, ich lasse ihm damit wenig Chancen, für sich selbst Neues zu finden. Ich stelle fest, ich untermale, ich stelle richtig und erkläre für falsch, ich pflanze alles in das weiche Hirn ein, was ihm auch in der Schule geschehen wäre, aber Sebastians Schuld ist es, daß er es so will. Wie alle anderen auch immer schon. Sein Weg geht nur über mich, und meine Schuld liegt wahrscheinlich schon in mir und die will er unbedingt lernen. Die Unzufriedenheit, den Mangel, die Erkenntnis und die alte Form, die Menschenform.

Ich bin verpflichtet, sie ihm beizubringen, das weiß ich, und dieser Druck lastet schwer auf mir, denn sonst entzieht man mir den Waffenschein Elternrecht. Aber dieser Druck bewegt mich auch zutiefst und fordert meine Energie, und das mag ich. Eines tue ich nicht, und das ist das, worum es mir ging, ich habe keine Methode, ich habe keinen Plan, ich will keinen haben, obwohl auch wir Regeln entwickeln und Gewohnheiten. Ich bin ein erregter Lauscher geworden. So als würde ich in mich selbst hineinlauschen können, in mein eigenes Bedürfnis, einzukehren in die Welt der

Zeichen und so, als würde ich sie von neuem finden und noch ganz andere, so höre ich, was das Kind wissen will, wohin es sich richtet. Ich nehme zuerst einmal an, daß es alles weiß und alles kann, daß alles in ihm ist und es nur daran geht aufzuklären, aufzudecken und wissen zu wollen, welche Mittel es gibt, um den Rätseln beizukommen. Ich könnte überheblich sein und so tun, als könnte ich schon alles, so tun, als wüßte ich über diese Geheimnisse schon lange Bescheid und sie würden mich nicht mehr reizen, aber das gebe ich mir nicht, ich lerne genauso angeregt hören, wie das Kind Ansätze findet zum Merken, und ich gehe mit diesen Ansätzen mit, leite sie weiter, aber ich lehre nie etwas in ihn hinein, was sich nicht weist als Frage. Ich verlerne das Lehren, während ich es tue, und ich lerne das Verlernen der versteinerten Bilder und Lehren. Wir sind auf Entdekkungsreisen gegangen in die Welt der Buchstaben, Symbole und Zahlen, und wir sortieren nicht unsere Landschaften, wir steigen ein in jede Wildnis, und es gibt keine Grade an Schwierigkeit. Sebastian schreibt alles, was ihm einfällt, was ihm aus dem Maul fließt, hemmungslos auf. Wenn er keine Zeichen kennt, zeichnet er das Bild. Und ich bin hemmungslos, ich bessere aus, ich stelle richtig, so wie es sich gehört, und Sebastian hat nichts dagegen. Manchmal korrigiert er selbst, und wenn er es nicht will, tue ich es. Er muß es sich noch nicht merken, wie es geht, ich schlage es vor und lasse es ihn oft ansehen. Wir haben ein Heft. Und wir haben auch eine Schulglocke. Die alte Christkindglocke ist täglich in Betrieb. Er läutet die Stunden selbst ein. Ich renne nicht wie ein Narr, ich benütze seine Bereitschaft zu lernen, und bange nicht, denn im Notfall kenne ich mich nicht und läute auch selbst den Unterrichtsbeginn ein.
Uns begleitet seit neuestem ein frisches Begegnungsfeld, und diese Schule ist wie unser Leben. Das Leben ist unsere Schule. Und es eröffnet sich ein Mißverständnis zum Verständnis. Wir lernen nicht für die Schule, und wir lernen auch nicht für das Leben, wir lernen das Leben, und unsere Schule ist das Leben, und lernen tun wir, was wir schon lange wissen, nur geben wir dem Wissen eine Form, und diese Form gebe ich gern selbst, und Sebastian will seine eigene Form finden, und dazu scheint es notwendig zu sein, die herkömmlichen Formen zu beherrschen, und dazu werde ich ihm helfen, soweit er sie ergründen will. Er hat sie alle in sich und will sie gesondert auflegen vor mir und allen, sich erweisen als einer, der dazugehört, als einer, der von derselben Art ist.
Ich war früher nicht so eine Mutter, die sehr viel mit ihrem Kind gespielt hätte oder die aufgegangen wäre in der Beschäftigung mit ihrem «kleinen süßen Sprößling». Ich war da, wenn etwas weh getan hat, oder wenn etwas geklemmt hat, oder wenn die Hose voll war, aber sonst krabbelte das Kind um mich herum und später baute es allein seine Baukastenhäuser und töffte mit den Holzautos umher, kritzelte auf Papieren und blätterte

in Bildern. Ich habe immer genug Material geboten, aber eine sehr anregende Mutter war ich nicht. Ich konnte mich nie dazu überwinden zu glauben, daß ich aufgehen könnte in der Errichtung einer Sandburg oder der Verfolgung eines Plastikmännchens, das der Zauberer gestohlen hat und das jetzt im Bauernhof bei den Schweinen schmachten soll, während die Magd die Grete aus dem Kasperltheater holt, welches ich allerdings selbst gebastelt habe. Ich war da nie ganz bei der Sache, ich hing lieber meinen eigenen Gedanken nach, und das schien Sebastian zur Kenntnis zu nehmen und wir begegneten uns dann irgendwie in stillem Einverständnis, daß wir dasselbe auf eine andere Art tun, und manchmal waren wir auch böse aufeinander, daß der andere immer alles anders machen wollte. So wie Menschen eben sind.

Und jetzt auf einmal sind wir so entbrannt aneinander, jetzt geht es um etwas. Scheinbar. Ich falle auch oft auf diesen Schein hinein, ich spüre das immer, wenn es schon geschehen ist, und da tritt etwas ein, nämlich Sebastian tritt ab. Er macht es so wie in früheren Zeiten, er geht und beschäftigt sich mit seinen Figuren und Werken und Blättern und Farben und legt mit Nachdruck Wert auf seine Unabhängigkeit, die er durch stille Beschäftigung mit sich selbst bekundet. Und ich habe damit die Gelegenheit, mich ein wenig zu fassen und mich abzukühlen von meinem Eifer und meinem Ernst, der mich an der Beschäftigung mit den Buchstaben, Weisheiten und Zahlen beschleichen wollte. Sebastian lehrt mich das, was ich lernen wollte. Nur nicht glauben, daß es um irgend etwas geht, nur nicht hängenbleiben in einem Starrsinn, Starrsinn und unter einem Druck selbst drücken, sondern cool bleiben, meine Liebe, auch wenn die Behörden mit dem Prüfungsbesen winken. Nur nicht so leidenschaftlich sein und die Lust verlieren an der Freude, die so einfach ist, wenn man sie tut. Nicht immer eine Pflicht aus allen Notwendigkeiten machen und unter ihr leiden, sondern still sein und für sich sein, wenn jemand quälen will. So genau meint das Sebastian nicht, aber so tut er es, und ich sehe das. Und er kommt selbst wieder und bringt einen Zettel, auf dem steht: Die Grede wilein neies Gleid. Und jetzt hat er mich wieder, denn jetzt geht es darum, ordentlich zu sprechen.

Bei uns wird in letzter Zeit überhaupt sehr viel gespuckt. Das kommt von einer übertrieben deutlichen Aussprache, die wir eingeführt haben, nicht nur zu den Schulstunden, sondern den ganzen Tag über. Wir waren gewohnt, auch oft Dialekt zu sprechen, wir haben das sogar mit besonderem Genuß an vielen so herzhaft klingenden Worten getan, haben aber bemerkt, daß diese Aussprache der Rechtschreibung und der richtigen Zusammenlautung von Wörtern nicht sehr entgegenkommt. Wir haben umgesattelt und sprechen genauestes Hochdeutsch, trennen Silben ab und betonen Doppelbuchstaben, machen Pausen nach einzelnen Wörtern

und sprechen harte Endungen und weiche Endungen, wir haben dabei unser eigenes Theater. Und dazu braucht die Grete unbedingt ein neues Kleid. Liebenswert ist diese Sprache, was da aus dem Mund hervorquillt, eine der Anwandlungen des Menschen, eine intellektuelle Leistung, die auch ich akzeptieren will. Ist sie harmlos?
Nichts ist harmlos, was aus dem Menschenschädel kommt. Sprache ist ein Mordwerkzeug wie die Kanone. Sprache ist ein Kampffeld der Emotion, und auf diese Kämpfe verstehen sich die Menschen noch besser als auf das Beißen, Reißen und Schlitzen. Was soll dann daran liebenswert sein? Was harmlos? Weil sie mein Kind lernen will, sie schon so rege benützt in vielen Abwandlungen? Mein Kind ist nicht gut, und mein Kind ist nicht harmlos. Aber es ist liebenswert. Sollte es etwas Verderbliches geben, was ich liebenswert finde? Meine Sprache, die ich hier so ausgiebig benütze? Warum sollte ich das dann tun. Sollte ich sie vielleicht lieber vergessen und stillschweigen, um nicht zuviel zu sagen? Wieder dorthin mich wenden, von wo ich nie abtrünnig werden kann, dort, wo die Sonne scheint und die Stürme brausen in den Höhlen und wo die Haut behaart ist und Töne aus den Mäulern rollen, rollen, wenn die Zunge so in Bewegung gerät und das L lll das R verlängert, so geschickt wird, wie ein Rad das rollt, aus sich rollt wie die Laute, die es macht, obwohl es noch nicht erfunden war. Geweckt im spurenlosen Hirnfeld, eine Bewegung zum Rollen gebracht, einen Gedanken, eine Bewegung der Hände, ein Rollen des Steins ein rund – rund – rund, so weich und ohne Ecken – ohne Hacke – die Hacke hackt zackzack eine Ecke in den Stamm. Keiner hat es noch gekonnt, aber jeder konnte es schon sagen, oder hat er das Hacken gehört, weil die Hacke schon war und er hat das ck ck ck vernommen und gemacht, getan, mitgeteilt, diese Möglichkeit einer Macht einem anderen Mächtigen, der den Speer flitzen ließ. Der lange Speer, der schneidet mit dem eeee durch die Luft, an dir flitzt er nur vorbei, er flitzt tzt tzt nur, und du wendest das Auge wie der Blitz, falls du noch kannst. Blitzen, kurz ist der Blitz, du siehst ihn kaum, aber du kennst ihn, denn er macht das Feuer prasseln asseln sseln prss prss wie die Pommes frites, die in das heiße Öl prasseln. Die kennt Sebastian genau, denn die ißt er gern, und wir lernen prasseln richtig schreiben beim Kochen und beim Essen und nicht in der Schulbank, wo niemand essen darf. Die Pommes frites knacken, kracken im Mund und der Mund ist rund-rund. Wir essen und geben unseren Kren drauf, wir reiben ihn selbst im Mund sorboti sssm sssm brinnnnnnihuch! ffffft schsch, und ich halte alle Mickymaushefte hoch und alle Comic strips, die zumindest zu meiner Zeit in der Schule verpönt waren, weil wir dann die faden Schulgeschichten nicht mehr lesen wollten.
Wer weiß, wer weiß, kann ich es wissen, wissen klingt so scharf ich glaube es ist irgendwie scharf gemeint, es wird geschärft geschliffen mit doppel ff

Wissensschliff, das ist ein Messer wert, aber Messer sind erfunden worden zum Mord. Und darum geht es beim Wissen. Wissen, wie ich den anderen besser morden kann, zumindest mit Worten mich behaupten kann unter den Wilden meines Jahrhunderts in der Wildnis, in der Höhle meiner Menschensippe bestehen kann, mich behaupten kann, benennen kann, was mich durch seine Unberechenbarkeit und Unordnung gefährden könnte. Sprache ist Magie. Sprache ist Bannen der Gefahren, der unbenannten Gewalten in den Fleischklumpen Mensch, mit dem ich lebe und selbst einer bin. Selbst eine Naturgewalt, der ich ausgeliefert bin, gebe ich einen Namen, meinen Namen und der heißt Maria-Maria. So heißt mein Sinn, so lautet er, so mit a und klar und einem raunenden tiefen M, einem überschlagenden r und einem kindlichen i, ende ich in einem A. Aha!
Sebastian – jetzt hat er schon einen Namen und er kann ihn artikulieren, er hat ihm die Zunge gelöst oder war es wie bei allen Kindern, das Ma-ma, oder Ma ra oder Mar i a oder lall-lall-Ball, All, Luller, kuller Bl Bl Bl GrGrgl br br br – so hat es angefangen wie bei allen Menschenwesen, und jetzt soll ich ihn nicht weitersprechen lassen? Selbst wenn es sein Verderben sein sollte? Er würde auf jeden Fall eine andere Sprache erfinden, wenn es nicht diese vertraute ist, und das wäre dieselbe, denn alle Sprachen sind eine einzige Zauberformel, alle Sprachen sind aus Metall, und alle Sprachen schneiden in die Seelen, denn sie sind eine Wissenschaft, und dieser Trieb ist das Verderben des Menschenwesens, weil er sich damit selbst ausrotten wird, und dieser Trieb, den er ohne Erbarmen auf seine Jungen verpflanzt, ist seine Schuld, aber mehr nicht. Seine Schuld ist seine Art und das ist seine Kunst. Kunst ist das feinst-geschliffene Skalpell, die feinen Bohrer in die Hirnnerven, die unsichtbaren Stiche in die Poren des Herzens, ein Wippen des Muskels, eine Sprache im Laut, ein Ton im Wissen, ein Strich auf weiß, ein Bild von sich selbst, herausgenommen aus dem letzten Halswirbel – ein Mark in sich – ein Kern des Atoms – ein Vibrieren im Nichts.
Und es stellt sich heraus, daß schon alles geschehen ist, während ich es nicht bemerkt habe. Ich denke, ich muß mich irgendwohin arbeiten, ich müßte etwas erdenken, etwas rechtfertigen, und ich probe und probiere, sortiere und schreibe da auf und will ein Buch schreiben und tue es und merke es nicht, weil ich meinen Mangel immer wieder aufreiße und mich nicht begnüge, und da geschieht es immer wieder ohne Unterbrechung, daß ich gehe und gehe, und schon die ganze Zeit über tue, was ich machen will, von meiner Energie geblendet, die nicht sehen darf, weil wenn sie lang schaut, muß sie vielleicht lachen und packt ihren Antrieb in den Sack und geht mit dem Geld auf und davon.
Es stellt sich heraus, daß ich Sebastian keine Buchstaben lehren muß, weil er sie fast schon alle kennt, und wenn ich mich recht besinne, tut er das

schon einige Monate lang. Mir fällt das jetzt, wo ich darangehen will, ihn zu lehren, erst richtig auf. Er ist in letzter Zeit oft gekommen mit einem Zettel, wo mitten unter Männchen und Gekritzel Buchstaben, mir bekannte Buchstaben gesessen sind, oft ohne Zusammenhang, oft zusammengelautet irgendwie zu «Sebastin» und «Mamasone is», und ich habe immer gelacht und mich gefreut über die Versuche des Kindes. Oft habe ich auch keine Zeit dazu gehabt, seine Schriften zu bemerken und oft wird ein anderer mit ihm etwas aufgemalt haben und mir ist es entgangen, und oft habe ich es gemacht zwischen dem Kochtopf und der Schreibmaschine, in der Einkaufstasche am Postamt und keiner hat gedacht, daß das Schule sei und keiner ist am Morgen aufgekrochen und hat sich den Schulbinkel auf den Rücken geschnallt und hat rennen müssen, damit er zu den Buchstaben nicht zu spät kommt. Es war den ganzen Tag Zeit dazu, und Sebastian hat sich seine Langeweile damit vertrieben, in die Bilderbücher zu gucken und die Zeichen anzuschauen, die neben den Bildern standen und die ihm einmal oder öfter jemand vorgelesen hat. Er hat sie sich gemerkt, er wollte sich diese Zeichen merken, er hat es getan, er hat es selbst getan und niemand hat ihn darauf hinweisen müssen oder dazu anhalten, sie zu zeichnen. Die Hand, das bemerkte er, die war nicht sehr gelenkig, die wollte nicht so wie im Buch, und ich kann mich erinnern, daß er manchmal ein wenig ungeduldig wurde und mich bat, für ihn ein A aufzuschreiben oder vielleicht sogar Katze unter das gezeichnete Kätzchen zu schreiben oder Pferd unter das Pferd, das wie eine Ziege aussah, und seinen Namen, und ich habe das alles getan und nicht bemerkt. Ich kann mich aber jetzt noch gut daran erinnern, denn es ist noch nicht lange her. Sebastian hat nicht schon im Alter von vier oder auch nicht fünf Jahren um Buchstaben und um eine Eins und um eine Drei gebeten, da war er zufrieden mit seinen Bildern ohne Text, und ich habe mich darüber nicht gewundert, denn auch ich war kein Wunderkind.

Jetzt, wo ich hier darüber schreibe und denke, daß ich erklären müßte, wieso Sebastian ein G kennt und wieso er schon Grede anstatt Grete schreiben kann, fällt mir auf, daß er das alles allein gemacht hat mit sich selbst, und ich mich nur gefreut habe über sein Interesse an meiner Sprache, da sehe ich, wie alles gewachsen ist unter dem Glashaus im Winter, in das ich vor lauter Schneesturm keinen Einblick nehmen konnte, aber das ich mit meiner Wärme gespeist habe, und jetzt ist es Sommer, und wir heben den Deckel, und die Blumen blühen still vor sich hin und sind gute kräftige Gewächse und haben meinen Pflegeeifer gar nicht gebraucht, um so zu werden. Einfache starke Blüten sind das, bunt und stämmig sichtbare Pflanzen, die selber aus sich läuten mit den großen schwingenden wilden Glocken und keinen Wart brauchen, der ihre Zeit einläutet zum Blühendürfen.

Und jetzt leuchtet mir auf, daß überhaupt alles von dem Kind selbst ausgegangen ist, daß er in mir geweckt hat wie der Frühling, das Bedürfnis, ihn zu lehren, mich zu lehren, ihn mich zu lehren, so wie es die Wölfin mit ihren Jungen tut. Er wollte, er wollte, daß ich ihn meine Zeichen lehre, und nicht ich habe mir das an den Haaren herbeigezogen, er hat die Lust dazu in mir geweckt, und mir wäre vielleicht gar nicht eingefallen, ihn selbst zu unterrichten und nicht in die Schule zu schicken. Er hat sich an mich gewandt. Er hätte sich an jeden gewandt, mit dem er gelebt hätte, aber er lebt nun einmal mit mir, und ich bin zufällig seine Mutter, und ich habe ihn aus einem Trieb heraus gezeugt, und ich habe den Trieb gehabt, ihn zu füttern und zu säubern, vielleicht habe ich auch nur die Pflicht gehabt. Vielleicht sind unsere Triebe heutzutage durch Pflichten ersetzt, weil die Triebkraft so nachgelassen hat. Mir ist es recht, mir ist es eine Pflicht, ihm zu geben, was er verlangt. Er verlangt nach der Einkehr in das Erwachsenenreich, und ich werde ihm geben, was ich will, und ich werde ihn nicht jetzt abgeben an andere. Warum soll ich ihn abgeben. Es war mir ein Erlebnis, ihn das Gehen und Sprechen erleben zu lassen, und wir sind Kameraden daran geworden, und jetzt, wo es um einen weiteren Schritt im Leben geht, der nicht weiterführen wird, als bis zur nächsten Tischkante, sollte ich ihn abgeben? Wer reißt sich darum, Kleinkinder das Gehen zu lehren in eigenen Schulen oder das Essen zu lehren in einer Eßschule. Jetzt muß es mit anderen geschehen? Jetzt müssen die anderen als Kontrollorgane funktionieren können, die Lehrer und die Mitschüler, jetzt muß der Charakter geschliffen werden, fein zugeschliffen auf die Skulptur unserer Gesellschaft? Ich habe geglaubt, es geht hier um eine Entwicklung des Geistes, oder geht es um eine Beschneidung des Geistes? Sich abschleifen an den anderen, mit ihnen sich hineinleiden in die Unmöglichkeit zum Leben in der Wildnis? Von den anderen geschlagen werden, daß keiner zu groß werden kann in seiner Einsamkeit. Einer allein kann nicht schlagen, aber in der Menge, in der Klassengemeinschaft, da geht das, alle gegen einen, da wird jeder kleingemacht, um ja nicht vielleicht einer zu werden, der die Überhand bekommen könnte. So sieht jeder auf den nächsten. Nicht entwickeln, ja nicht, sondern schön in Grenzen wachsen.

Wüßte ich nicht, daß nirgendwohin zu wachsen ist, wäre ich nicht glücklich an diesen meinen Gedanken, die ich meiner Entwicklung verdanke. Und ich habe mich in Schulen entwickelt, und ich bin ordentlich beschnitten worden, das kannst du mir glauben, und ich beuge mich vor meinem Schicksal, mein Schicksal ist mir eine Lehre, und ich lebe von den Schulen, ich kann sie ja niemals mehr loswerden, meine Lebensschulen, meine Vogelschulen und Baumschulen, meine Hirnschulen und Liebesschulen. Ich glaube, ich bin eine, die die Schulen leidenschaftlicher liebt

als viele andere, und deshalb lebe ich mit ihnen, von ihnen, und meine Ablehnung ist eine Hinwendung zugleich, denn ich erkenne ihren Bestand als zutiefst menschlich, aber das heißt nicht, daß ich immer machen muß, was mein Geschlecht gebietet, denn ich bin Frau sowie Mann und ich bin Tier sowie Stein, ich rede nicht nur, ich denke nicht nur, ich tue es, und ich bin es.
Er hat selbst angefangen, sein Bedürfnis weiterzutreiben, er hat es aufgedeckt, er hat Wege gefunden, es zu betreiben, er scheut es nicht, sich helfen zu lassen, ich werde das tun, soweit es von mir verlangt wird. Wer hat hier Bedürfnisse zu befehlen, wenn sie ohnehin bestehen, wer will an sich reißen den anderen, und ihm sein Bedürfnis nehmen, um es zu einer Pflicht zu machen. Wer will fremd machen das Eigene, das Vertrauen nehmen in sich selbst. Muß das Kind glauben gemacht werden in jahrelanger Arbeit, daß nicht er selbst sich zu dem entwickelt hat, was er geworden ist, sondern daß er dazu gemacht worden ist und daß er ewig abhängig bleibt von seinen Meistern, die keine für sich selbst sind? Muß denn das sein? Was gewinnt man dabei, Macht? Warum diesen Gram anerziehen über dieses unabwendbare Menschenlos – der Fremdheit zu sich selbst, der Abspaltung von seiner Einheit. Diese Bewußtseinsspaltung wird anerzogen und ist ein Ergebnis der Schulungen der Art. Bewußtseinsspaltung ist die Verschulung des Menschen durch seine Geschichte, die Entfremdung von sich selbst, durch Zerstörung des eigenen Antriebs zu leben.
Diese Krankheit hat er sich anerzogen. Das ist sein Ergebnis, und diese Spaltung ist sein Untergang, nach dem er gesucht hat, seine Erlösung (wie die Größe der Saurier ihr Untergang war).
Das gespaltene Bewußtsein bringt das Zwangsdenken, ein Bewußtsein, das vorher ein aufgespaltenes ungeteiltes Denken ist, was wiederum aus dem Alldenken aufgetaucht ist. Die Lösung ist nicht, die Spaltung zu leugnen, sondern die Schizophrenie bewußt anzunehmen, um vereint zum neuen Wesen zu werden, dem seine Krankheit Evolution zu seinem Zusammenschluß geworden ist. Die Aufspaltung ist eine ewige Entwicklungsspirale im Ursprung, der überall endet.
Die Aufgabe des Menschen, die ihm sein Denken stellt, ist, die jüngste Schicht des Gehirns mit der ältesten in Einklang zu bringen, so daß sie nicht mehr gegeneinander arbeiten müssen. Das ist für die Zwangsdenk-Schicht (die jüngste, die den Menschen erst ausmacht) eine fast unlösbare Aufgabe: Nämlich, das Zwangsdenken nicht zu beseitigen, sondern so funktionieren zu lassen, wie die Alldenk-Schicht (die älteste) funktioniert, nämlich von selbst im Einklang mit dem Weltall zu sein. Die mittlere, die Schicht des ungeteilten Denkens, steht genau dazwischen, sie wundert sich über die überflüssigen Verwicklungen des Zwangsdenkens, hat aber selbst noch einen schier unendlichen Abstand zum Alldenken, aus dem sie stammt.

Im Sterben werden oft eingebaute absolut letzte Reserven frei, die der jüngsten Hirnschichte die Fähigkeit verleihen, trotz ihres dazu nicht gut geeigneten Aufbaus sowie die älteste Schicht zu funktionieren, ohne jedoch ihre beachtliche eigenständige Aufsplitterungsvielfalt zu verlieren. Davon gibt es Zeugnisse vieler Art, die jeder Mensch hat, auch wenn er sie nicht kennt. Ist nicht die Geschichte des menschlichen Denkens eine Suche nach diesem biologisch unlogischen Einklang des Denkens?
Muß leben dürfen auf diesem Menschenstern immer auf Kosten des Lebens gehen?
Ja, das muß so sein. Das ist immer so gewesen. Denn aus dieser Spannung zwischen dem Werden und dem Vergehen ist Leben überhaupt entstanden, dort bewegt es sich, im Zwiespalt hängt es, und der Mensch ist mein Lebewesen.
Alle praktischen Schwierigkeiten, die sich die Menschen gegenseitig machen, kommen nicht davon, daß es so ist, sondern davon, daß der Mensch das leugnet. Wenn man sich dazu bekennen kann, fällt dieser Mechanismus, weil seine Ursache das Leugnen der Bewußtseinsspaltung ist.
Jetzt weiß ich nicht, soll es mich reuen, daß ich diesen Besuch bei der Oma gemacht habe. Manchmal ist man freundlich und muß dann später dafür büßen. Nur weil man einmal aus Ratlosigkeit seine Gewohnheiten gebrochen hat.
Ich bin dazu da, meine Gewohnheiten zu brechen. Unfreundlichkeit ist nicht ein Grundsatz von mir. Ich habe meine Grundsätze nicht zu begründen. Ich muß nichts, ich muß überhaupt nicht; nur weil ich einmal einer Einladung zugestimmt habe. Möglicherweise habe ich mich selbst dazu veranlaßt, mich in diesem Fall von einer ungewöhnlichen Seite zu zeigen. Für mich, für andere, für die Großmutter vielleicht. Und wenn ich büßen muß, so habe ich mir diese Buße selbst auferlegt, und ich werde wissen warum. Und so schlimm ist es ja auch wieder nicht. Worte und Einleitung für einen kurzen, vielleicht nicht sehr kurzen Besuch. Es tut ja nicht weh, und wenn, werde ich es ertragen.
Ich halte eine Postkarte in der Hand, und da steht in einer etwas zittrigen, aber noch gut leserlichen Schrift etwas von: Ich fühle mich in letzter Zeit gar nicht gut . . . und von: habe ja niemanden, der sich um mich kümmert . . . Du wirst wenig Zeit haben, aber vielleicht geht es einmal für eine Stunde . . . Sie hat gar keine Fehler gemacht, die alte Frau, nur einmal hat sie ein groß zu schreibendes Wort klein geschrieben. Worte sind geduldig und ich bin es nur manchmal, und die Oma ist es scheinbar überhaupt nicht mehr. Manchmal kann man nicht mehr. Jeder wird das verstehen, auch wenn er keine einsame Oma sein sollte.
Ich habe mich zu einem neuerlichen Besuch ja sofort entschieden, als ich die Karte in der Hand hatte und noch gar nicht wußte, von wem sie war.

Es war ja sofort alles getan, zugestimmt und vielleicht bin ich auch ein bißchen gerührt über diesen Ruf an mich, aber ich kann diese schemenhaften Gedankengespenster, diese Schatten nicht unbemerkt an mir vorbeiziehen lassen, die mir zuraunen: «Laß dich nicht so ein mit deinesgleichen. Jede harmlose Bitte oder Ehre ist ein verstecktes Beil unter dem Wickelrock. Die Not dieser Frau kannst du nicht lindern, außer du läßt dich von ihr schlagen.» Sie wird das tun. Jede Hilfe rächt sich. Jede Sorge heißt einmal Nasenbluten mehr, und noch einmal mehr und mehr. Woher ich diese Klebetinktur in meinem Schädel nur habe, die mir diese breiigen Mißgedanken spinnt. Ich harze eine Erfahrung aus meiner Rinde da drinnen im Herzen oder im Kopf, die den Eindruck einer alten leidgeprüften und vom Schicksal geneigten und so unsagbar weise gewordenen Eiche macht, dabei bin ich eine stattliche Tanne.
Wie das mit der Oma wohl zu Weihnachten werden soll? Na ja, es ist noch lang bis dahin, wer weiß, ob ich dann noch, oder so. Meine Worte und Gedanken klingen ja nur kurz an, ich denke sie nur hier so ausführlich, und im übrigen muß ich die Oma davon verständigen, daß ich natürlich kommen will und natürlich Zeit habe, und das am besten gleich. Aber vielleicht ist das auch wieder übertrieben, es geht ja nicht um das Leben. Eigentlich geht es aber immer um Leben und Tod, und ich suche die Telefonnummer ihrer Nachbarin heraus, um meinen Besuch ausrichten zu lassen. Ich bin ordentlich und finde alles, ich finde jetzt überhaupt alles in Ordnung und der kleine Angriff von Bedenken ist zu Ende gedacht. Die Nachbarin ist freundlich. Schon wieder eine Freundliche. Ich bin überhaupt erstaunt, daß es so viele freundliche Menschen gibt. Ich frage mich, wieso es dann soviel Krieg und Mord gibt und soviel Streit. Das muß in direktem Zusammenhang mit dieser Freundlichkeit stehen. Ein Kriminalfall für einen besonders gewitzten Detektiv. Ich könnte eine Fernsehreihe machen: Detektive des Lebens. Aber das klingt eigentlich nicht spannend, und außerdem ist das sicher schon viel zu oft behandelt worden.
«Ja, die Frau Lehner ist nicht gut beisammen. Letzte Woche bin ich ihr zweimal einkaufen gegangen. In Behandlung? Ich weiß nicht so recht. Ich glaube, sie würde sich freuen, wenn sie kämen. Sie hat mir von ihnen erzählt. Sie ist ja ganz begeistert von ihrem Buben. Wenn sie wieder kommen, müssen sie kurz bei mir läuten.»
Um Gottes willen, so habe ich mir das ungefähr vorgestellt. «Bitte sagen sie ihr, daß ich übermorgen Samstag um drei Uhr kommen werde. Falls es ihr nicht recht so ist, bitte mich anzurufen. Danke schön. Auf Wiederhören.»
Aber hoffentlich das nicht wirklich, denn ich will nicht gern von Allzufreundlichen angerufen werden.
Diesmal bin ich allein unterwegs. Die Straße zum Haus hin kommt mir

heute nicht gar so steil vor. Ich tue mich manchmal allein leichter. Selbst Sebastian ist mir oft mehr als genug. Noch dazu, wenn die Großmutter in Kürze meine Aufmerksamkeit in Anspruch nehmen will. Ich bin manchmal so aufmerksam, daß ich vergesse, mich zu konzentrieren. Ich bin einfach hineingezogen in meine Auseinandersetzung mit meinen Aufgaben. Ja, ich weiß nicht, so ist es, ich will nicht, daß mir die Besuche bei der Oma eine regelmäßige Aufgabe werden sollen, und das fällt mir jetzt ein, wo ich schon die Stufen hinaufgehe.
Oben geht eine Tür, irgend etwas scharrt, ein paar Schritte sind zu hören. Hoffentlich ist es nicht die freundliche Nachbarin, die mir unabsichtlich auflauert. Sie hat ja sicher mein Kommen in ihrem Terminkalender eingetragen. Sie weiß ja alles, die Nachbarin. Nachbarn wissen meist alles. Ich weiß, wann meiner aufsteht und wann er nach Hause kommt. Wann er die Badewanne einläßt und wann er die Spülung am Klo zieht. Er ist allein, und er spricht nicht viel oder zumindest nur leiser mit sich selbst, aber ich weiß, wann er Husten hat und weiß, wann er schlecht schläft, denn dann schlafe ich auch schlechter, weil er rumort. Ich weiß, daß er nur alle drei Tage sein Geschirr wäscht, weil ich das Scharren in der Abwäsche genau als dasselbe Geschirrwaschgeräusch wie meines erkennen kann, nur etwas dumpfer sind alle Laute, etwas übertragener, aber nicht minder lebendig als die meinen. Er gehört zu meinem Leben, mein Nachbar. Er und seine Geräusche, ohne die ich leben könnte, aber die, solange sie gemacht werden, zu mir gehören, und sosehr ich vielleicht darüber mein Mißfallen ausdrücken könnte, doch ein mir liebgewordenes Lebensgeräusch geworden sind.
Diese Nachbarin allerdings ist nicht meine, und sie weiß trotzdem alles. Außerdem war das Scharren scheinbar im oberen Stockwerk, denn die Oma steht in der Tür und nicht die Nachbarin. Sie muß mich bereits gesehen haben. Hinter dem Vorhang auf der Straße. Die Oma? Die Nachbarin? Vielleicht beide. Gescharrt hat wahrscheinlich die Großmutter, aber darauf wäre ich in meiner Vorsicht nie verfallen. Wieder einmal ein Zeichen, daß allzu viele Gedanken vom Einfachsten wegführen und alles nur komplizieren. Daher will ich es mir hier mit Absicht schenken, eine Abhandlung darüber auszuführen, wer jetzt hier in der Küche der Fremde ist. Ich umarme die Oma und ziehe mir unaufgefordert den Mantel aus. Ich habe diesmal nichts mitgebracht.
«Du mußt entschuldigen, daß hier so eine Unordnung ist. Ich fühle mich so ermattet. Bevor du gekommen bist, habe ich mich hingelegt, ein bißchen auf die Bettbank. Ich lasse sie jetzt immer offen. Ich kann sie nicht mehr jeden Tag aufstellen. Ich sage dir . . .»
Sie läßt sich am Küchentisch nieder, während ich mich auf die Eckbank zwänge. Ich sehe sie an, die Oma. Sie war diesmal nicht beim Friseur. Sie

trägt wieder ein graues Kleid, aber diesmal ein anderes, das mir fast besser gefällt, weil es so keck aufgenähte Taschen hat, die für eine alte Frau recht ungewöhnlich sind, aber nicht unpassend. Sie ist schon sorgfältig, die Oma, die Haare sind auch frisiert. Sie hat heute ein dünnes Netz darüber gezogen. Das Haar scheint mir aber matter zu sein, und von Wellen ist nichts zu sehen. Matter, matter. Auch die Haut ist blasser. Müde gibt sie sich, die Oma. Es wird sich alles herausstellen, es wird noch alles ans Tageslicht kommen. Es wird sich alles noch weisen, wie alles wirklich steht und geht. Auch kleiner ist die Frau. Jetzt, wo sie schon sitzt, fällt es mir auf, was mir bei der Begrüßung anders vorgekommen ist. Ich beuge mich unter den Tisch.
«Was schaust du?»
«Ich will nur sehen, ob du warme Hausschuhe hast.»
Heute trägt sie also keine Schuhe. Deshalb ist sie kleiner. Ich habe ja gewußt, daß sich alles und noch viel mehr weisen wird.
«Diese Latschen sind schon so alt, aber ich habe noch keine wärmeren gefunden. Im Kasten habe ich ein Paar ganz neue, aber ich ziehe sie nie an. Die hier gehen schon aus dem Leim. Mit ist immer so kalt. Ich tu mir so schwer mit dem Heizen. Ich verwende in der Übergangszeit immer nur den kleinen Strahler. Soll ich ihn heraustragen?»
Mir ist eigentlich nicht sehr warm, aber ich lehne ab, denn diese Blaseöfen machen so trockene Luft, und das hat meine Haut nicht gern, dann wird sie immer so heiß und juckt mich. Ich glaube aber, die Oma wollte gar nicht wirklich den Strahler herausschleppen, mich aber nicht hinein bitten, da ja das Bett ungemacht ist. Vielleicht hat sie sich schon vorher überlegt, daß sie zwei Flammen des Gasherds aufdrehen könnte. Sie tut das, und mir ist das angenehm. Gas macht rasch eine angenehme Wärme.
«Mußt aufpassen, daß du auch immer die Flammen anzündest», höre ich mich sagen und finde aber zugleich, daß mir da meine Gedanken etwas zu witzig im Ernst klingen und ich weiß nicht, ob die Oma für Witze aufgelegt ist. Soll ich lachen oder nicht? Aber schließlich ist es ja wahr, und das findet scheinbar auch die Großmutter, weil sie nichts sagt. Sie schaut mich an und nimmt mich kurz an der Hand, die auf dem Tisch liegt.
«Das ist lieb von dir, daß du wirklich gekommen bist. Ich habe lang überlegt, ob ich dich bemühen soll, aber an wen soll ich mich denn sonst wenden.» Sie nimmt die Brille ab. Wenn Menschen Brillen abnehmen, ohne die man sie sonst noch nie gesehen hat, ist das oft ein erstaunlicher Anblick. Sie sehen dann meistens anders aus. Wehrloser, aber dafür irgendwie freier. Nackter, aber niemals häßlicher. Nacktheit kann niemals häßlich sein, wenn sie sich dazu bekennt. Brillenträger bekennen sich nicht immer zu ihren schlechten Augen und reiben nur rasch, um dann die Gläser schnell wieder aufzusetzen, um nicht gesehen zu werden. Sie schämen

sich. Manche. Viele. Die Oma ist keine, die sich schämt. Sie ist auch in ihrer Ermattung unverschämt und reibt sich lang die müden Augen. Ob sie schon Sterne sieht? Jedes Kind entdeckt schon früh dieses Spiel mit den Sternen hinter den stark geriebenen Augen. Ich habe es gern gespielt. Angenehm kann es sein, Augen zu reiben, wenn sie brennen, aber irgendwann hört es auf, nur angenehm zu sein und auch die Oma setzt, nachdem sie einen prüfenden blinden Blick durch die Gläser getan hat, indem sie sie in die Höhe hielt, diese wieder auf und sieht so wie immer aus. Oder vielleicht doch nicht. Wie gesagt, sie kommt mir blasser vor und vielleicht auch ein wenig eingefallen um das Kinn. Ob das so spitz war? Ein paar Haare wachsen ihr unten heraus, die länger sind, als daß sie mir nicht auffallen würden. Die waren, glaube ich, letztes Mal nicht da. Sie gefallen mir nicht. Schmale Lippen hat sie. Von einem kecken Schmollmund kann ich nichts bemerken. Sie schmollt auch nicht, die Großmutter, sie scheint mir wirklich nicht mehr nur zu schmollen. Sie glaubt nicht mehr daran, daß ihr der Schmollmund eine Besserung eintragen würde. Sie verwendet ihn nicht mehr, um mehr Liebe zu erlangen. Sie glaubt nicht mehr an die Liebe. Sie glaubt nicht mehr an das Leben und nicht an sich. Sie glaubt nur mehr ihr Kranksein.
Der Glaube des Alters: Krankheit – und ich habe einmal etwas von Weisheit läuten hören, aber das muß an einer anderen Tür gewesen sein, oder vielleicht gar in einem anderen Leben.
«Ich habe schon zwei Tage nicht abgewaschen, ich kann mich nicht aufraffen.» Ich könnte sie ja damit trösten, daß mein Nachbar nur alle drei Tage richtig abwäscht, aber ich weiß nicht, ob ihr das helfen wird.
«Ich werde es dir dann machen.» Jetzt habe ich es gesagt, jetzt ist es geschehen, und ich wollte doch um alles in der Welt nicht in diese Hilfsbereitschaftspflicht verfallen, aber ich bin eben ein Mensch, was soll ich tun. Vielleicht sollte ich mir meiner menschlichen Reaktionen wegen nicht böse sein. Ich weiß, daß Hilfeleistungen in Form von Abnehmen von Arbeiten oder Pflichten oft keine wirklichen Hilfen sind, sondern nur zu Unselbständigkeit, Abhängigkeit und frühem Verfall führen. Ich weiß ein Lied davon zu singen, denn ich habe ein Kind, das sich gern bedienen lassen möchte und meine gedankenlose Bereitschaft dazu auch ausnützt. Manchmal, manchmal oder vielleicht sogar öfter als man annehmen möchte, ist alt und jung dasselbe. Haargenau dasselbe, dieselbe, derselbe. Jeder Mensch derselbe, selbst, selbständig, selbstverständlich auch manchmal hilfebedürftig und abhängig von der Hilfe anderer. Aber bitte nicht von mir – bitte nicht unbedingt von mir. Ich bin nicht gern zur Verläßlichkeit gezwungen. Denn ich bin eigentlich ein allzu verläßlicher Mensch, aber nur freiwillig. Und oft bin ich so gezwungen, daß ich nicht mehr weiß, ob ich eigentlich noch freiwillig bin, ob ich noch einen Willen

habe. Ich weiß eigentlich nicht, ob ich gern Geschirr abwaschen würde. Eigentlich ist das aber ganz gleichgültig, ob ich will oder nicht. Ich werde es tun.
«Na, das wäre ja noch schöner, du kommst ja nicht zum Abwaschen her.» Und jetzt lächelt die Großmutter ein bißchen, und das ist mir angenehm, weil mich diese Wendung aus meinen zwanghaften Gedanken befreit.
«Was hat sich denn bei deiner Nierenuntersuchung ergeben?» Ich steige voll ein in das Hauptthema und ziehe nicht lange herum und versuche nicht, so zu tun, als würde mein Besuch der Gesundheit gelten. Hier und jetzt ist die Krankheit das wichtigste und ich stelle mich darauf ein. Sie ist das Anliegen meiner Großmutter, sie ist ein Anhaltspunkt in ihrem alten Leben, sowie die Bewegung ein Anhaltspunkt in Sebastians Leben ist, sie ist der Blumenstrauß, der heute auf dem Tisch steht, und sie ist das Mittel, das meine Oma einsetzt, um mich zu locken, weil sie denkt, sonst nicht mehr verlockend genug zu sein. Sie hat recht, aber ihr ist es nicht recht, und das macht die Krankheit so schmerzlich und quälend.
«Das war eine langwierige Untersuchung, wenn ich mich daran nur erinnere! Ich habe müssen so lang warten, obwohl ich ja bestellt war. Ich habe schon nicht mehr sitzen können. Ich verstehe das nicht, daß man von einem Kranken soviel Geduld verlangen kann. Ich habe eine Harnprobe abgeben müssen, und dann haben sie mein Glas irgendwie auf eine andere Station verschustert und sie wollten mich noch einmal bestellen. Da hab ich mich aber ordentlich gerührt und gesagt, daß ich das nicht kann. Ein Arzt war dann so nett und hat mich kurzerhand hineingenommen. Eine Injektion habe ich bekommen, und dann bin ich gelegen, ziemlich lang. Ein Kontrastmittel, hat er gesagt, war das, ich kenne mich ja da nicht aus. Ich verstehe ja von diesen Sachen nichts. Alle zehn Minuten ist dann ein Röntgenbild gemacht worden. Ich kann sie dir nicht zeigen, der Doktor Wallner hat sie bei sich. Irgendwie ist mir der auch nicht mehr so wie früher. Wir haben ihn schon so lang. Noch wie der Opa gelebt hat, ist er zu uns gekommen und ich bin ihn gewöhnt, aber er kann mir ja auch nicht helfen.»
Ich spüre, sie will abweichen und vergessen, mir eine Auskunft zu geben. Sie denkt an so vieles, sie spricht so, als hätte sie wirklich schon lang niemanden beredet. Ich will aber wirklich nicht nur beredet werden, weil – ein anderes Mal beschimpft sie mich dann. Ich habe das hier wahrscheinlich völlig unpassende Verlangen herauszufinden, ob sie mehr klagt als sie kann oder ob sie noch mehr könnte als sie will oder ob sie sich gern gesund fühlen würde und wie das aussehen könnte. Vielleicht sollte ich ihr kurzerhand alles glauben, was sie sagt, und mir nicht das Recht herausnehmen, nach der Wahrheit zu forschen, die es gar nicht gibt. Was hat sie? Hat sie etwas? Hat sie etwas außer dem Alter? Hat sie Angst vor dem Leben oder vor dem Sterben? Hat

sie noch eine Freude oder sieht ihre Freude so aus. Sie selbst sieht nicht sehr gut aus, das habe ich einmal festgestellt. Also muß es ja wahr sein. Es scheint die Krankheit zwischen einsamer Wahrheit und geselliger Lüge zu sein. Ob ich das Opfer bin oder sie?
«Ich habe seit ungefähr zwei Wochen manchmal Blut im Urin.»
Das ist ein Wort, da kann ich mir etwas vorstellen, das ist einmal eine Nachricht, und ich werde reger in meiner Anteilnahme, oder ist es meine Neugier?
«Erst nachdem du beim Röntgen warst?»
«Ja, erst nachher habe ich das bemerkt. Ich habe lang geglaubt, ich irre mich, ich sehe ja nicht gut. Ich habe mich nicht getraut, zum Arzt zu gehen und dann bin ich aber doch zum Wallner. Und stell dir vor, er sagt, daß er mir ja schon lang zu einer Durchuntersuchung in einem Spital geraten hätte und daß ich mich nicht wundern soll. Das will ein Arzt des Vertrauens sein! Der sollte doch beraten und beruhigen und mich nicht beschimpfen. Ich war ganz verzweifelt.»
«Hast du noch immer Blut im Harn?»
«Nicht immer. Manchmal aber habe ich jetzt auch Blut in der Hose.»
Sie geht ins Zimmer und holt eine Unterhose heraus. Eine, wie sie alte Frauen bevorzugen, mit langen Ansatzbeinen, und im Mittelstück sehe ich zwei bräunlich-rötliche Spuren und ein paar hellere Flecken. Das passiert mir auch manchmal, aber das kann es bei der Oma ja nicht sein.
«Ich hab dir das aufgehoben, daß ich es dir zeigen kann.»
Ich fühle ein wenig Glucksen in meiner Luft- oder Lachröhre aufsteigen über soviel Aufmerksamkeit, aber ich lache nicht. Ich nehme die Hose in die Hand und denke, daß sie gern hat, wenn es andere Menschen nicht vor ihr graut. Mir tut es das auch nicht, denn ich kann meinen Grausmechanismus ein- und abschalten, wie ich ihn brauche. Nur vor nackten, toten Vogelbeinen graut mir. Da kann ich nicht leicht willentlich umschalten.
«Und du hast keine Untersuchung mehr nach diesen Blutungen gehabt?»
«Nein, der Wallner hat mich so heruntergeputzt, ich trau mich gar nicht mehr. Ich sag dir, ich möchte nicht in ein Spital, ich kann das nicht. Ich möchte nichts wissen von all diesen Ärzten.»
Sie läßt sich schwer auf den Sessel fallen. Die Hose hält sie in der Faust und zerrt daran herum, sie wickelt den Gummizug um ihr Handgelenk. Sie sieht starr auf das Tischtuch. Diesmal liegt gar kein Nylon darauf. Das Stofftuch ist ein bißchen fleckig, aber nicht sehr. Ein rötlicher Wischer, vielleicht Ketchup, aber eher Tomatensauce, denn ältere Frauen verwenden – glaube ich – das moderne Ketchup nicht.
«Damals wir das mit dem Brechen immer öfter gekommen ist, so vor zwei Jahren, da hat der Wallner gesagt, daß ich mich einmal durchuntersuchen

lassen müßte. Ich habe es immer hinausgeschoben, und dann habe ich doch diesen Polypen mir nehmen lassen müssen. Das ist vorbeigegangen und ich war froh, daß ich wieder zu Hause war. Hätten sie mich doch damals gleich untersuchen sollen.»
«Das weiß ich gar nicht, daß du im Spital warst.»
«Ja, niemand weiß etwas, niemals weiß jemand etwas.»
Ich richte mich innerlich auf. Hallo, Alte, denke ich mir, nur nicht so, und sie selbst merkt auch sofort, daß sie sich zu sehr gehenließ, und sie erhebt sich, richtet sich das Haarnetz aus Verlegenheit oder aus Sorgfalt, jedenfalls faßt sie sich und wirft die Hose in die Eckbank neben mir, die ihre Wäschekiste zu sein scheint und steht dann da, die Hände in den kekken Taschen und sieht mich wieder an.
«Wo hast du denn den Buben heute gelassen. Ich hätte ihn gern gesehen. Die Frau Bela hätte ihn auch gern gesehen.»
Und jetzt tritt sie so verdächtig an das kleine Gangfenster, durch das sie auch den Kochdunst auf den Gang lassen kann, und will vielleicht die Frau Bela rufen, aber sie nimmt nur einen Schlüssel vom Riegel und gibt ihn mir.
«Ich möchte gern, daß du diesen Schlüssel an dich nimmst. Es ist der Wohnungsschlüssel. Die Hausmeisterin hat auch einen. Mich würde es beruhigen, wenn du herein könntest. Ich habe jetzt manchmal so Beklemmungen. Es findet mich ja niemand. Ich kann vielleicht auch die Tür nicht öffnen.»
Jetzt habe ich die Bescherung. Jetzt muß ich Geschirr abwaschen, und dann muß ich noch regelmäßig vorbeikommen, weil ich ja jetzt den Schlüssel habe und sehen, ob sie Beklemmungen hat. Mich beklemmt das ein bißchen, wenn sie mir vertraut, nur um ihr vorheriges Mißgeschick mir gegenüber wieder ungeschehen zu machen. Wer weiß, ist ihr dieses Vertrauen morgen recht?
«Du weißt, ich bin oft längere Zeit nicht da, vielleicht solltest du den Schlüssel lieber der Frau Bela geben, die ist näher bei dir und kann dir rascher helfen, wenn was sein sollte.»
«Nimm ihn du!»
Und sie sagt das diesmal in einem so entschiedenen Ton, daß ich keinen Anlaß finden kann, mich dagegen zu wehren. Das gefällt mir, und ich stehe auf und gehe zur Abwäsche. Ich sehe etwas ratlos auf die paar Teller und Töpfe. Ein wenig Besteck, eine angekrustete Pfanne. Viel ist es ja nicht.
«Nein, kommt ja gar nicht in Frage, Maria, du hast selbst genug zu tun.»
Sie nimmt mich sanft am Arm. Ich fühle mich nicht ungeborgen da, und sie hält auch recht sicher. Sie steht noch recht fest, meine Großmutter, und ich lehne mich fast ein bißchen an sie an, und sie mag das.

«Weißt du, vielleicht könntest du einen Tee machen, dann wird uns warm, und dann können wir zusammen die paar Sachen abwaschen.» Das mag sie auch, und sie richtet sich noch einmal energisch das Haarnetz und holt zwei Tassen aus dem Schrank und zwei Untertassen. Dieselben wie beim vorigen Besuch. Es sind anscheinend die Besuchstassen mit dem Goldrand.
«Ich kann dir gar nichts anbieten. Ich habe nur gestern ein paar Kekse gekauft, wie ich gehört habe, daß du kommst. Ich war heute noch nicht draußen. Sie werden halt nicht mehr ganz frisch sein.»
Mir macht das nichts. Die Gasflammen haben die Küche gut erwärmt. Ich gehe zu einem Bild, das über dem Lichtschalter hängt: Eine Herbstallee. Feuchtes Wetter. Keine Menschen auf der Straße. Glitschiges letztes Laub. Vielleicht wie Moder. Etwas faul, aber auch feucht und erfrischend für ein einsames Herz, das nichts will außer seine Zeit. Welcher alte Mensch sollte da nicht in Ruhe verfallen können, welcher junge Mensch sollte da nicht in Ruhe alt werden können, wem sollte da nicht recht sein, daß es Herbst geworden ist, wer sollte da etwas anderes wollen müssen, was sollte es da für Probleme geben in den Jahreszeiten des Lebens, im Herbst in der Allee, die nur einen Weg hat, der eine Linie ist. Es ist noch nicht Herbst, aber das alte Bild paßt zu dem kühlen Abend.
Der Teetopf pfeift. Teesäckchen liegen in den Schalen. Russischer Tee färbt dunkel. Warm ist es, warm ist es mir auch neben dieser Frau, die alle meine Vorstellungen von einem friedlichen, abgeklärten Altwerden über den Haufen wirft. «Wie ist es denn mit deinem Zucker? Warst du wieder bei einer Kontrolle?» Ich zwänge mich wieder hinter den Tisch. «Der Zucker ist jetzt besser. Der Laborant hat mich bei der letzten Blutkontrolle gelobt. Ein junger tüchtiger Bursche, kann ich dir sagen. Selten genug für die heutige Zeit. Ich habe in der letzten Zeit wenig Appetit gehabt, weil ich mich so müde fühle und lustlos. Gar nichts freut mich mehr, nicht einmal das Essen. Da ist der Zucker wieder besser. Wenigstens etwas.» Sie sucht noch herum nach etwas. Die Teetassen sind schon eingegossen, es dampft schon, aber sie ist noch nicht da. «Die Kekse, wo habe ich denn die hingegeben? Ich gebe so etwas doch immer in die Brotdose. Wenn ich sie liegengelassen habe . . . Ich sag dir's.» Sie bückt sich schwer und öffnet das untere Kästchen der Anrichte. «Vielleicht habe ich sie mit den Lebensmitteln . . .» Sie macht noch weiter auf, und ich sehe und bin erstaunt. Da drinnen, wo man sonst Töpfe und Pfannen verstaut, stehen haufenweise Reispakete, viele Salzkartons, Kakao, Rosinen glaube ich zu erkennen, mindestens vier Päckchen, Zwieback, Mehl und auch ein paar Zuckersäcke. Ich hätte es nicht erwähnt, wenn es nicht zu arg gewesen wäre.

«Wieso hast du denn so viele Lebensmittel eingelagert. Das muß doch ungeheuer schwer zu tragen sein.»
Die Großmutter geht mit meinem Erstaunen nicht mit. Für sie ist es selbstverständlich, daß sie einlagert.
«Ja, in den heutigen Zeiten, es wird ja alles immer teurer! Es ist ja unvorstellbar, was die Lebensmittel kosten. Das kann ja nicht mehr lange so weitergehen. Im nächsten Monat soll das Mehl und der Senf wieder teurer werden. Diesen Monat ist das Brot und die Teigwaren gestiegen. Ich kann mir das nicht leisten. Ich kaufe jetzt, wenn es noch billiger ist. Es ist ja nicht mehr zumutbar für einen Rentner.»
Sie öffnet absichtlich weit die Tore und läßt mich sehen. Spaghettipakete und Würfelzuckerkartons füllen hinten noch auf, und jetzt geht sie ins Zimmer und öffnet den Kasten. Dort, wo ich Wäsche und Kleinigkeiten vermutete, kann ich, wie ich mich so um die Küchenecke beuge, wieder Lebensmittelpakete erkennen, und ich weiß dazu nichts zu sagen.
«Ja, man kann nie wissen, was die Zeit bringt. Ich sorge liebe vor! Ich kenne das, früher da haben wir oft nichts gehabt. Puddingknödel und wurmige Erbsen – und das nicht.»
«Aber Zucker darfst du doch gar nicht essen und soviel Reis und Mehl und Teigwaren doch auch nicht. Du schleppst dich da ab . . .»
«Du kennst das nicht, du wirst noch einmal froh sein, wenn ich dir Zukker geben kann, wenn du keinen in den Geschäften kaufen kannst oder wenn er so teuer ist, daß es dir auch nicht mehr ausreicht, du wirst noch einmal froh sein!»
Vielleicht, möglicherweise. Ich kaufe immer eher zu knapp ein, weil ich mir kein Lager anlegen möchte. Vorsorge macht mich trübsinnig. Diese Abneigung scheint mit ihrem Vorsorgewahn unmittelbar zusammenzuhängen. Wahrscheinlich, so vermute ich, ist es ein verschiedener Ausdruck für dieselbe Sache. Jetzt haben wir die Kekse noch immer nicht.
«Schau, was ich habe», flüstert die Oma in versteckter Lust und kommt auf leisen Sohlen mit einer Cognacflasche aus dem Zimmer heraus, wo sie den Kasten wieder geschlossen hat. «Willst du ein bißchen in den Tee? Die Flasche war billig in einem Sonderangebot und ich habe sie mir einmal vergönnt. Dann und wann, wenn doch jemand kommt, möchte ich etwas zum Anbieten haben.»
Sie nimmt meinen Teelöffel und gießt den Schnapps ordentlich über ihn in den Tee. Es riecht betörend, nein berauschend sagt man da.
«Trink, mein Kind, trink!»
Sie trägt die Flasche gleich wieder in ihr Lager zurück. Niemand muß sie sehen.
«Ja, die Kekse werde ich in der Einkaufstasche liegengelassen haben, das passiert mir manchmal. Sie sind packetiert und luftdicht verpackt, ich na-

sche auch manchmal einen, so süß sind die nicht. Ich sollte aber nicht.» Kekse auf dem Teller. Ein bißchen zerknautscht sind sie. Sechs gibt es. Ich trinke langsam. Ich trinke noch einmal langsam einen tiefen Schluck. Mir geht ein Herbst auf. Eine ganze ruhige Landschaft wird weit. Langsam fährt mein innerer Aufzug mit dem Cognac mir ins Hirn. Langsam, aber sicher. Ich muß aufpassen, daß ich hier nicht abhebe in der Küche, ich muß mich bremsen, daß ich nicht aufgehe wie ein leeres Geheimnis. Ich bin so. Aber ich bin still, und mir ist warm. Die Gasflammen sind wieder abgedreht. Drinnen summt und bläst der Strahler. Auch der Oma schmeckt der Tee. Die Kekse bröseln, und auf dem Weg vom Teller zu meinem Mund macht sich eine Straße auf dem Tischtuch bemerkbar. Es muß die Allee im Herbst sein, nur etwas trockener. Recht trocken muß ich sagen. Aber ich sage es natürlich nicht. Der Tee ist mir feucht genug für diesen November, für diesen Lebensherbst, für diesen Besuch bei der alten Frau. Ich putze anstandshalber ein bißchen auf dem Tischtuch herum.

«Laß nur, das beuteln wir dann schon aus. Die Hanni, die hat immer was zusammengepatzt. Da ist sie immer gesessen, wo du jetzt sitzt. Und da ist immer der Opa gesessen», und sie deutet auf die Seite der Eckbank, wo sie ihre Unterhose hineingeschmissen hat. Ich denke kurz daran, was diese Frau eigentlich mit ihrer Schmutzwäsche tut. Die muß sie doch irgendwie in eine Wäscherei bringen, oder hat sie im Haus eine Waschmaschine? Sie wird das aber doch nicht mehr können. Ich sage natürlich nichts, sonst könnte es sein, daß ich vielleicht zur Wäscherin avancieren müßte. Ich habe es zu Hause gerade genug, auch spricht die Oma weiter von der Hanni. Ich weiß, daß dieses Mädchen ein Pflegekind war, das bei ihr einquartiert gewesen war.

«Weißt du, ich habe sie ja nie recht gemocht. Sie war so hinterhältig still, so verschlagen. Kurz und gut, die hat mir immer Arbeit mit den Bröseln gemacht. Sie hat die Haare so gehabt wie du, nur dunkel und die Augenbrauen ganz dunkel. Ich habe mich nie mir ihr anfreunden können. Sie ist dann weggekommen, sie war Jüdin. Wir haben nichts mehr von ihr gehört.»

Langsam erinnert sich die Oma, wie an ein Ungeheuer, und sie wischt Bröseln, die allerdings von früher stammen müssen, weil sie nicht auf meiner Seite die Spur ziehen. Die Bröseln müssen noch von der Hanni sein, die Jüdin war und dann weggekommen ist.

«Ich muß dir sagen, ich war froh, wie sie weg war. Sie hat doch nie dazugehört. Der Opa weniger, aber ich war froh.» Ich werfe einen Blick auf den Gasherd, ob auch wirklich die Hähne abgedreht wurden und trinke noch einmal ordentlich. «Magst du noch eine Schale?» Ich möchte, aber diesmal ohne Cognac.

«Wie ist es denn mit deinen Brechanfällen, hast du seit dem letzten Monat wieder was gespürt?»
Die Oma hebt das Tischtuch, auf dem die Jüdin Bröseln gemacht hat und auf dem ich Bröseln mache und klopft auf die nackte Holzplatte.
«Ich will es nicht verschreien. Nichts, nur eben dafür alles andere. Ist das eine nicht, so ist dafür was anderes.» Ich will nicht wissen, was die Oma sagen würde, wenn gar nichts wäre. Das will sie ja nicht, das ist ja ihre größte Angst, daß sie nichts mehr spürt. Und ich bin schon wieder weise und habe auch ein Herz, genau wie die Oma.
«Das Herz macht mir jetzt so Beschwerden. Ich habe schon seit frühester Jugend einen Herzfehler, aber das hat mir nie besondere Schwierigkeiten bereitet, erstaunlicherweise. Jetzt aber liege ich oft in der Nacht wach und mir wird so bang. Ich kann dir das gar nicht recht beschreiben. Es ist wie eine Angst, und das Herz beginnt sich wie selbständig zu machen. So schnell geht es, und ich wälze mich von einer Seite auf die andere und dann stehe ich wieder auf. Der Arzt will mir kein Schlafpulver verschreiben. Er sagt, ich habe schon so viele Medikamente. Und ich möchte mich ja eigentlich auch nicht daran gewöhnen. Eine Zeitlang habe ich Baldriantee getrunken, aber der hilft mir ja nicht.»
Sie ist allein, die Großmutter, und sie ist nicht gesund. Ich weiß nicht, ob sie daran glaubt, wieder gesünder zu werden. Will sie das? Wozu? Alt sein, allein sein, aus sein, wie vorbei, was ist denn vorbei, vorbeigegangen.
Wer ist vorbeigegangen, ist sie daran vorbeigegangen, an wem? Die Bodenlosigkeit wirft sich, wirft Wellen in das Herz, das Herz wirft sich aus, so bedeutungslos wird selbst der Schmerz, und das ist das Schmerzlichste, wenn man nur noch wütend werden kann über die Bedeutungslosigkeit des Schmerzes. Auch er ist nicht, für nichts gut, auch er trägt nichts ein, auch er ist bodenlos. Wenn keine Zeit mehr ist. Jede Erkenntnis kommt immer zu spät, und wer will beginnen, wenn schon alles aus ist. Wer sollte sich zu so einem Unsinn bekennen können, wo man ein Leben lang geglaubt hat, es würde sich etwas weisen, das Herz würde an etwas seinen Schlag finden.
Da tut sich ein Abgrund auf. Abgründe tun sich im Leben sonst nicht auf, sondern die senken sich langsam, und man fällt hinein – und wer will sich dort hineinlassen. Dort will sich kein Mensch gern hineinlassen –
Dann steht man auf, um sich wieder zu beruhigen, denn die Erwachsenen glauben nicht gern an Gespenster. Aber diese Gespenster, die gibt es. Alle gibt es, die jemals aufgestanden sind, und sie gehen mit am hellen Tag, und sie beginnen in der Nacht, wenn die Oma einsam und krank ist, zu leuchten mit diesem phophoreszierenden Schimmern, Rippen leuchten auf, ein Brustbein, ein Schädel, Armknochen glosen und Beine klappern

und hohl tönt es im eigenen Schädel, und die Angst vor dieser Leuchtgestalt, die kommt, aber sich nicht nähert, die schreit so still in die Schritte hinein, die niemand macht, aber die schlagen und schlagen und schneller werden und noch schneller jagen. Es ist wahr, es ist wahr, diese Gespenster, die gibt es, nur eine Zeitlang des geschäftigen Lebens hat man sich mit anderen Wichtigkeiten umgeben und geschützt und jetzt kommen sie wieder. Unaufhörlich jede Nacht tiefer und niemand kann sie mehr übersehen am Abgrund, am Abgrund stehen sie auf.
Revolution des Alters – und ich hätte gedacht, daß sich alles beruhigen würde, daß ihnen alles klargeworden wäre, daß sie ruhig in den Abgrund steigen könnten oder wollten. Wollen sie noch leben? Aber wie? Der Körper ist abgenützt. Der Geist ist verbraucht. Was ist noch zu wollen. Selbst das Gerippe. Warum denn nicht leuchten? Warum denn nicht, auch wenn es zu Ende geht, gerade wenn es zu Ende geht oder weil es zu Ende geht. Jetzt einsam, jetzt erst und warum nicht schon immer? Ich habe nichts zu kritisieren, was mich nichts angeht, aber ich kann nicht freisprechen, wirklich nicht. Ich will es nicht, denn damit habe ich zu tun, denn da betrifft es mich. Mich und meine Einsamkeit, mich und meine Lebenszeit, mich und meine Angst, mich und mein Herz, mich und meinen Tod . . . ein Grausen, ein Grauen in der Dunkelheit – bodenlos – bedeutungslos – ein bedeutungsloses Leben lang – und was soll ich dabei bedauern? Mich? Die Oma kann ich nicht bedauern. Es wird schon noch eine Weile dauern. Eine Weile, eine Weile hebt sich der Abgrund, dauernd fällt das Herz im freien Flug, ein Leben lang, einen Tod lang – mitten in der Nacht, wenn die Oma allein ist und das Herz ihr Bange macht und sie sich so beklemmt fühlt, so abgeklemmt vom Leben und von mir, daß sie mir lieber den Schlüssel gibt, als daß sie sich weiterhin verschließen möchte wie immer schon, wie schon immer.
Die alte Frau hat sich auch noch eine Schale Tee genommen. Sie hält die steifen, blassen Hände an die warme Schale. Sie sieht mich von unten her an. Lauernd, harmlos getarnt von unten her, so wie vorbereitet, aber doch zufällig trifft mich ein Blick.
«Wann geht denn Sebastian in die Schule?»
Ich glaube, ich träume. Ich weiß sofort, halt, hier läuft ein Spiel. Und ich muß sagen, die Angriffsart dieser Alten hebt mich etwas aus der Fassung. Ich hätte ihr so einen Durchblick nicht zugetraut, nicht so eine wache Bosheit. Ich bin gewarnt. Deswegen also hat sie mich herzitiert, und ich dummer Mensch bin gekommen, um mich quälen zu lassen. Dabei habe ich gedacht, sie ist die Dumme und jetzt bin ich es mit einemmal. In die Enge getrieben von versteckter Hilflosigkeit, die sich jetzt als Schwert erweist. Ich habe es gewußt, es würde sich noch alles weisen, und noch viel mehr.
«Du weißt doch, daß er nicht gehen muß. Vielleicht hast du es vergessen.

Sebastian hat es dir letztes Mal gesagt.»
«Ja, schon, aber man weiß ja nicht. Die Behörde hätte es sich ja auch noch anders überlegen können. Ich habe nur gedacht.»
Sie hat nur gedacht, die alte Hexe. Die ganze Zeit in der Nacht, wenn sie nicht schlafen konnte, hat sie daran gedacht. Die Behörde, die nimmt gar nicht so viel Anteil an uns. Denen ist Sebastian völlig egal und ich und du auch. Die Behörde, die posiert nur und manchmal schreckt man sich und glaubt, sie ist aus Fleisch und Blut. Oft ist sie es auch, aber dann bin ich aus Pappe. Ein Pappmensch an einer Schnur.
«Willst du ihn wirklich nicht schicken. Alle Kinder gehen in die Schule. Hast du keine Angst, daß er ein Einzelgänger werden wird? Er sollte sich auseinandersetzen mit den Menschen.»
Wer hätte diesem verhärmten Stück Fleisch soviel Aufrechterhaltung zugetraut. Soviel zähes Hängen an dem uralten Fetzen Gesellschaft. Soviel Kleben an dieser Lebensbangigkeit um nichts. Hat sie es noch immer nicht gelernt in diesen kalten Todesnächten, daß es völlig egal ist, daß alles völlig anders sind, daß sich nichts dafür steht und schon gar nicht das, was nie gestanden hat, aber immer blind wiederholt wird, um keinen anderen Weg gehen zu müssen, um ja dem neuen Schmerz zu entgehen, der gar nicht größer sein kann als der alte, weil er in irgendeiner Form derselbe sein muß? Ist sie noch immer nicht genug geschlagen von ihrer Aussichtslosigkeit? Gibt sie noch immer vor zu sehen? Mit diesen Augen? Und dabei tut sie so gebrochen und braucht Hilfe. Streit will sie, Auseinandersetzung will sie, leben will sie, und leben kann sie nicht, und ein Mensch will sie nicht sein und ist doch einer, und meine Großmutter ist sie auch noch dazu, und ich nehme es ihr nicht einmal übel.
«Sebastian lernt auch so jeden Tag und mit den Kindern spielt er trotzdem. Es geht gut, und mir ist das so lieber.» Was sollte ich sonst noch sagen. Sie hat mich geschlagen, und ich fühle mich matt. Wahrscheinlich ist es vom Cognac. Die Wärme macht mich müde. Ich will nicht kämpfen. Ich bin eine alte Frau. Ich will meine Ruhe haben. Ich habe ein Recht auf meine Einsamkeit. Und ich habe ein Recht zu leben, wie ich es kann. Ich weiß, was ich will und wenn ich Bröseln mache, so fallen sie eben, und wenn die Nacht kommt, dann ist es eben dunkel. Deswegen, weil diese Alte im Absterben noch Bosheit aufbringen kann, deswegen, weil sie Lebensmittel stapelt, deswegen, weil sie Blut in der Unterhose hat und deswegen, weil sie ihr Bett nicht mehr machen will und deswegen, weil sie froh ist, daß die Hanni weggekommen ist und sie heute nicht mehr wissen will wohin, deswegen schicke ich mein Kind nicht in die Schule. Deswegen, weil sie auch nichts dafür kann, daß die Lebensmittel teuer sind, deswegen gerade, gerade deswegen, weil sie verdammt noch einmal nie etwas dafür kann, daß die Juden Bröseln gemacht haben und deswegen wegge-

kommen sind. Liebe alte Oma, paß du ja auf deine Gashähne auf. Sei nicht so sicher, daß du in deiner Verlorenheit nicht einmal vergißt, daß du nichts dafür kannst. Ich habe zwar einen Schlüssel, aber ich kann dann nichts mehr machen, als die Hähne abdrehen, damit ich nicht auch wegkomme – und nicht weiß wohin.

Ich habe nur mich. Ich habe keine Behörde und keine Frau Bela und keinen Herrn Doktor Wallner und auch nicht fünfzig Kilogramm Zucker, den ich gar nicht essen darf, weil es der Wallner verboten hat. Auch ich liege in der Nacht oft wach, aber ich glaube nicht, daß mir da jemand helfen sollte, und ich glaube nicht, daß sich Sebastian von vielen Gequälten quälen lassen muß, um wieder zu quälen. Es genügt, wenn ich ihm mitgebe die Qual der Gemeinsamkeit, die du mir übertragen hast und nichts dafür kannst. Es wird die Welt dieselbe bleiben, ohne daß immer dieselben blinden Rituale erfüllt werden müssen. Die Welt lebt nicht von unserer Pflichterfüllung. Die Welt lebt überhaupt nicht und braucht uns überhaupt zu nichts. Nichts wird sich ändern – alles wird so bleiben. Der Schmerz wird derselbe bleiben für den Sebastian und für die Juden und für die Frau Bela und den tüchtigen Laboranten, für dich und für mich, aber die Tränen müssen doch nicht immer auf demselben Trampelpfad der Jahrtausende rinnen. Schon ganz ausgewaschen ist dieser Weg. Ich gehe ihn nicht mehr, ich muß ihn nicht gehen, nur weil alle Pfeile dorthin zeigen. Die Welt gehört mir allein, so wie jedem allein, und ich kann gehen, wohin ich will. Wir treffen uns mit Sicherheit wieder, ich glaube nicht daran, daß ich in den Himmel komme und du in die Hölle.

Aber ich möchte schuld sein, ich möchte beteiligt sein an den Spuren, die ich auf meinem einsamen Weg erkennen kann. Ich möchte leben, ich möchte schuld an meinem Leben sein, und ich möchte schuld an meinem Schmerz sein, und ich möchte wenigstens schuld an dem Schmerz sein, den Sebastian mit Sicherheit auch haben wird. Ich möchte wenigstens schuld sein und nicht denken müssen, daß ich nicht weiß, wo er hingekommen ist. Er darf Bröseln machen, Himmelherrgott, und nachher darf er die Bröseln auch noch aufklauben und essen. Dort, wo gegessen wird, sind Bröseln, denn das Essen ist aus lauter Bröseln, dein Leben ist Staub, du bist aus Staub, du alter Staubwedel, du! Du wedelst und wedelst vor dem Gott, der du selber bist. Staub!

Ich trinke meine Schale aus und nehme energisch die der Großmutter. Die restlichen Kekse verschmähe ich aus Protest, daß ich denke, aber nichts sage. Sie stauben mir bei den Ohren heraus, die alten Kekse. Was kann sie dafür, daß sie so teuer sind. Ich drehe das Wasser auf.

«Du hast dir warmes Wasser einleiten lassen. Das finde ich gut.»

«Ja, vor zwei Jahren schon. Das war eine Heidenarbeit. Und das Putzen erst. Da ist das Abwaschmittel. Ich nehme jetzt immer das, weil es billiger

ist. Es schäumt gut, aber es riecht nicht so gut. Meine Nase läßt auch schon nach.»
Diesen Eindruck habe ich eigentlich nicht. Ich habe überhaupt den Eindruck, daß an dieser Frau noch gar nichts nachgelassen hat. Sie gibt etwas vor, aber es wird dazu. Es wird wahr, weil sie es befürchtet. Sie fürchtet das Leben und deswegen wird es so wahr. Und sie ist immer derselbe Mensch geblieben, und eine andere Chance hat man nicht. Nichts läutert, auch nicht die Todesangst. Nichts klärt sich auf, auch nicht die Bosheit. Charakterzüge graben sich ein und ein und ein, ein Leben lang und werden zu dem einzigen, was übrigbleibt. Nicht ein abgeklärter Mensch, sondern eine Karikatur bleibt übrig, macht sich selbständig, kristallisiert sich klarer und klarer heraus, nimmt Herrschaft über Ungeformtes an. Das ist die Klarheit. Klarheit gibt es, aber sie ist nichts, was mit irgendwelchen Vorstellungen von einer besseren Welt etwas zu tun hätte. Eine bessere Welt ist jetzt. Jetzt ist die beste Welt. Jetzt ist das 20. Jahrhundert. Meine Oma ist der Mensch des 20. Jahrhunderts.
Aber nicht zum Denken bin ich gekommen, sondern zum Abwaschen. Es geht mir flink von der Hand, und die Oma trocknet ab und räumt ein. Wir sind ein gutes Arbeitsgespann. Wir müssen doch irgendwie verwandt sein. Wahrscheinlich bin ich meine eigene Oma.
«Na, was sagst du, jetzt sind wir fertig», meint sie trimphierend. Die triumphiert irgendwie. Sollte sie meine Gedanken im Wasser rinnen gehört haben? Ich für meinen Teil habe nie daran gezweifelt, daß wir einmal fertig werden würden. Wie sie so den letzten Topf einräumt, findet sie eine der eingelagerten Schokoladetafeln. Eine ganz große, gefüllt mit Himbeercreme.
«Die nimm dem Buben mit, wenn er schon nicht mitkommen durfte.» Ich nehmen sie gern. Er mag Schokolade mit Himbeergeschmack lieber als alte Großmütter, die ihn in die Schule schicken wollen. Ich frage mich nur, ob es jetzt recht von mir ist, diese Schokolade anzunehmen. Ob da nicht etwas faul daran ist? Ich nehme die Schokolade mit grollendem Herzen, ob dem Sebastian davon nicht schlecht wird? Und dann wäre ich schuld an seinem Schmerz. Und dann soll ich noch froh an meiner Schuld werden können? Seltsam, seltsam, im Nebel zu wandern. Aber es gibt keinen anderen.
«Du hast gar keine Schürze gehabt. Ich vergesse auch alles. Mußt dich selber rühren.»
«Danke, ich trage fast nie Schürzen. Meine Hose ist so leicht zu waschen wie eine Schürze.»
Die Oma streicht musternd über einen nassen Fleck, der sich am linken Oberschenkel zeigt. Sie sagt nichts zu meiner Hose. Es sind meine alten Jeans. Ich habe mich heute nicht anders angezogen als meistens. Ich habe

mich nicht sehr herausgeputzt, aber ich sehe recht ordentlich aus. Ich hatte so ein Gefühl, als würde mich die Großmutter brauchen, weil es ihr recht schlechtginge, und ich habe nicht gedacht, daß sie mich brauchen würde, um meine Kleidung zu begutachten. Von irgendwoher in meinem Kopf habe ich die Vorstellung gehegt, daß einem Menschen, der Hilfe braucht, weil er sich den Lebensanforderungen für einige Zeit nicht gewachsen fühlt oder sich überhaupt elend fühlt, die Kleidung eines anderen egal sei und er nicht schaut, ob er im Gesellschaftsspiel mittut, sondern mehr inwendig fühlt und schaut. Ich muß mich da im Lebenslexikon verschaut haben. Das kann ja passieren. Im übrigen hat die Großmutter ein altes Gesellschaftslexikon, in dem noch nicht steht, daß zum heutigen Gesellschaftsspiel die Jeans gehören und das lässige Verhalten beim Abwaschen. Die Moden ändern sich, aber nicht ihr Zwang, auch wenn die Form der Ungezwungenheit kreiert wird.

«Ja, heute ist das alles nicht mehr so. Zu meiner Zeit da hat man sich noch mehr angetan. Das war nicht so eine freche Zeit. So zügellos. Da war überall mehr Disziplin, überall hat man das bemerken können. Zu Hause und auf der Straße, in den Familien und im Staat. Heute fehlt eine ordnende Hand. Die Leute, die jungen Leute brauchen wieder einen Krieg, damit sie wissen, wie das ist. Sie wissen ja gar nicht, was sie haben, und wie gut es ihnen geht!» Die Großmutter stützt sich auf den Gasherd, der neben der Abwäsche steht, während sie wie abwesend dahinspricht und ich meine Hände abtrockne und ein bißchen mit Creme einschmiere.

Ich weiß alles, außer das, was ich nicht weiß. Ich fühle es, ein alter Mensch kann nie verwinden, daß er wahrscheinlich wird früher gehen müssen als der jüngere. Es liegen Welten zwischen dieser Wahrscheinlichkeit, die gefüllt ist mit Neid, Unverständnis, Haß, Gier, Mordlust und Diebstahl, Resignation und tiefer Erschütterung. Es ist die Kluft zwischen den Generationen, die eine Einsamkeit aufreißt, weil das Leben verschiedene Zeitschwellen hat. Nur eine Generation, das ist im Grunde schon so weit entfernt wie die Saurierzeit oder das Volk der Neandertaler. Verwirrend ist aber die große, allzu große Ähnlichkeit, die verlockt, keine Unterschiede zu erkennen. Ohne Unterschiede ist es nicht leichter zu leben. Gleichsein heißt nicht glücklicher sein. Und wenn ich recht genau hinsehe, so ist die Frau Neandertaler um die Ecke meiner Oma sehr, aber verblüffend ähnlich, und mein kleiner Saurier zu Hause wird sicher schon warten. Das jedenfalls weiß ich.

Ich sehe auf den Kuckuck, der mir noch gar nicht abgegangen ist. 11 Uhr, das kann nicht sein. Mit der Zeitschwelle stimmt etwas nicht. Die Uhr ist nicht aufgezogen.

«Die geht nicht. Ich komme so schwer hinauf. Drinnen hast du einen Wecker.»

Viertel sechs. Ich ordne mich in meine Zeit und überdenke noch einmal sachlich, was ich hier überhaupt wollte. Ich setze mich auf den Fauteuil und ziehe die Oma in den anderen. Jetzt hole ich Luft und fasse zusammen.

«Wie ist das jetzt? Ich denke, du solltest doch zu einer Untersuchung gehen. Das kann man nicht so anstehen lassen, das mit dem Blut. Es macht dir doch echte Sorgen und auch Angst.» Die Oma ist jetzt die Zerknirschte, und sie sieht mich wie treu an. Ich sehe, sie hat hochgradige Angst, nicht um meine Wasserflecken in der Hose, sondern um sich und ihr weiteres Leben.

«Hat der Wallner dir irgendwelche Anweisungen zu einer Fachuntersuchung gegeben? Er hat doch sicher nicht nur mit dir geschimpft.»

Sie steht mit einem Seufzer auf und holt aus der Lade des Altars einen Schein. Es ist ein Überweisungsschein zu einem Facharzt, wie ich schon erkennen kann.

«Das da hat er mir gegeben.» Und sie reicht mir mit Widerwillen zwei Zettel. Ich hatte recht. Sie soll auf die Isotopenstation. Die macht haarscharfe Röntgenaufnahmen sogar durch die Kleider. Weiters soll sie wieder Blut abnehmen lassen und Harn abgeben. Den Harn von 24 Stunden. Die Anweisungen sind auf einem eigenen Zettel beigefügt, und ich fühle mich dem Wallner sehr verbunden, daß er meine Zusammenfassung so präzise unterstützt. Ich habe es jetzt leicht, die Überlegene zu spielen und mitten in die Unsicherheit meiner Oma hineinzuweisen.

«Laboruntersuchungen und Isotopenstation. Und wie ist es jetzt mit einer stationären Durchuntersuchung im Spital, glaubst du, daß du dich dazu entschließen könntest?»

«Um Gottes willen, tu mir das nicht an. Auf keinen Fall. Ich bekomme auch gar kein Bett. Bitte nicht. Ich gehe lieber zu diesen Untersuchungen hin, das werde ich vielleicht doch tun.»

Mir ist also klar, was zu geschehen hat, daß der Eindruck eines Auswegs entstehen könnte, der einen Menschen etwas aus seiner Lethargie erwecken kann. Für einige Zeit zumindest. Glaube ich zumindest. Es geht darum, daß die Oma etwas vorhat, daß sie etwas tun will. Für Alte sind Arztbesuche scheinbar ein kostbares Tätigkeits- und Ausgleichsfeld. Blut im Harn ist aber auch wirklich zuviel. Auch mir wäre das auf die Dauer zuviel. Ich habe gern sauberes Wasser. Mir erst würde die Schnalle klappern, das verrate ich der Oma aber nicht, sondern ich schütze mich rituell davor, indem ich ihr meine Hilfe antrage, und sie jetzt meinerseits benütze, um meinen Harn zu reinigen, mein Gewissen zu reinigen, das Geschirr zu reinigen und überhaupt alles in einem großen Aufwaschen zu bereinigen.

«Weißt du die Ordinationszeiten in der Isotopenstation? Mußt du dich da vorher anmelden?»

«Diese Station ist in dem Spital, wo mich der Wallner einweisen wollte damals, und dort, wo sie mir den Polypen genommen haben. Dort haben sie mir auch vorher schon einmal den Vorfall operiert. Sie haben da gleich gründlich gemacht. Und dort ist auch gleich die Blutuntersuchung», spricht die Oma rasch weiter. Womit diese Frau aufwarten kann, ist ja richtig erstaunlich. Na ja, sie lebt schon lang. Wer weiß, wie ich dann aussehe, falls ich überhaupt noch im Blickfeld der Lebenden weile. Fünfundachtzig Jahre sind ja keine Kleinigkeit.
«Besser ist es, wenn man schon sehr früh kommt, dann sind nicht so viele Leute. Man muß sich da eine Woche vorher anmelden, die sind überlaufen!» Sie wird ein bißchen lebendiger, und mich sollte es nicht wundern, wenn sie sich angeregt fühlt durch diesen Entschluß, den sie scheinbar nicht allein fassen wollte. Sie sieht auch gar nicht mehr so blaß aus, kommt mir vor. Dieses Spital scheint ja ihre zweite Heimat zu sein, wenn sie sich so gut auskennt. Wer weiß, wer weiß, will sie sich so gut auskennen, wie sie jetzt tut. Ich bin gewitzt. Denn ich weiß, was sie will, und darum ging es eigentlich, darauf hat die Oma überhaupt abgezielt, das war und ist ihr Wunsch und ihr Vorhaben, ich bemerke schon: Sie will, daß ich mir ihr dort hingehe, am besten ganz früh, denn dann sind nicht so viele Leute. Sie hätte mich doch gleich in der Postkarte darum bitten können, aber nein, da mußte ich hierherkommen und mich mit ihrem Alter messen und eine Probe abgeben, ob ich auch gut genug sei für diesen Dienst. Und wenn ich mit ihr dorthingehe, was sie genausogut auch allein erledigen könnte, heißt das noch immer nicht, daß es darum ging, ihr Beistand zu leisten. Sie zu stützen oder zu unterhalten, sie zu sichern zu versichern, sie zu entlasten, sie hat immer ein lauerndes Auge hinter dem blinden, traurigen Blick, und das lerne ich langsam sehen, denn auch ich habe ein lauerndes Auge hinter meinem klaren, unschuldigen Blick.
Ich blicke wieder auf den Wecker. Sechs ist es gleich.
«Wann willst du gehen?»
«Ja, ich richte mich da ganz nach dir. Nur früh sollte es sein.»
Mir macht das wenig. Ich bin ein Frühaufsteher. Das weiß die Oma aber nicht, weil das für eine Frau in meinen Jahren eher ungewöhnlich ist. Ich sage es ihr auch nicht. Sie soll nur glauben, ich stehe auf, ihretwegen. Oder vielleicht befriedigt das nur ihren Sadismus? Wenn es darum geht, ihr Gutes zu tun, dürfte mich das eigentlich nicht beirren in meinem Vorhaben. Helfen, wo und wie man nur kann! Das ist heute meine Parole für mich und die anderen. Heute bitte, heute.
«Meldest du dich selbst an, oder macht das besser der Herr Doktor Wallner?»
«Nein, zu dem gehe ich nicht, jetzt nicht wieder so schnell. Der soll sehen, daß er mit mir nicht so umgehen kann.»

Ich muß lächeln über ihre Naivität, denn jeder vernünftige Mensch weiß, was ich jetzt schreiben könnte. Daher kann ich es mir sparen, und ich habe auch das Gefühl, daß jeder schon bemerkt, daß ich eigentlich schon gehen will. Der Schlüssel fehlt mir nur noch dazu. Wo hat sie denn den hingelegt. Sie hat ihn mir doch gegeben vor der Jause. Hat sie ihn mir wieder weggenommen?

Während ich hinausgehe und den Schlüssel auf der Anrichte liegen sehe und ihn nehme, weise ich sie an: «Melde dich an. Kannst du telefonieren bei der Frau Bela?»

«Nein, weißt du, das mache ich so, daß ich einmal, wenn es nicht zu kalt ist, hinspaziere, es ist ja nicht weit von hier. Es ist mir ein Anlaß hinauszugehen, ich kann mich sonst so schwer aufraffen. Da kaufe ich mir dann nachher gleich ein, und da komme ich nicht soviel ins Sinnieren, wie wenn ich hier untätig herumsitze.»

Sollte es doch eine Hilfe gewesen sein. War ich eine Hilfe? Wenn ich mir diese Frau jetzt ansehe, wie sie sich fast freut, daß sie sich im Spital anmelden darf, kommt mir das fast so vor wie . . . wie . . . wie, als daß alles in Ordnung ist. Und daß auch ich in Ordnung bin. Ich fühle mich recht gesund, und ich bin ehrlich froh, daß ich kein Blut im Urin habe. Ich müßte eigentlich noch aufs Klo gehen, aber ich verschiebe es auf zu Hause.

«Du meldest dich an, und sagst mir dann am Telefon rechtzeitig, wann du drankommen kannst. Ich hole dich dann von hier ab. Du kannst auch die Frau Bela bitten, daß sie dir anruft, wenn du dich schwertun solltest mit dem Apparat.»

Ich bin wieder meiner Eile in die Netze gegangen und habe mir die Frau Bela willentlich auf den Apparat geladen, wo ich doch so ungern belästigt werde. Ich habe mich verstrickt in das Hilfespiel und in einen Gefälligkeitshampelmann verwandelt. Ungefälligkeit strikt durchzuhalten ist oft auch nicht angenehmer und schon gar nicht leichter. Ich hebe noch einmal fragend den Schlüssel: «Und du willst ihn nicht lieber jemandem anderen geben?»

«Nein, nein, bitte nimm ihn. Ich habe mir das lange in einer schlaflosen Nacht überlegt.»

Mir wird ganz dramatisch zumute, und ich stecke ihn in das Seitenfach meiner Handtasche und nehme auch die Schokolade für Sebastian hinein. Mich hat der Geschäftigkeits- und Organisationswahn gestreift, und ich löse mich jetzt nur schwer aus diesen Klauen. Die Oma nimmt meinen Mantel vom Haken, sie sieht, ich bin im energischen Aufbruch und putzt mit einer Kleiderbürste am Kragen herum. Sie läßt mich warten, weil sie so lieb ist und mich umsorgen will.

«Also kennst du dich aus? Wenn sonst etwas sein sollte, du weißt ja, und bitte verständige mich rechtzeitig.»

Die Sachlichkeit gibt mir heute einen guten Absprungboden. Ich umarme sie gewohnheitsmäßig, aber nicht ungern. Sie lächelt wieder. Größer ist sie nicht geworden, aber sie lächelt wieder.
«Paß auf der Straße, schön schaun. Heutzutage weiß man nie . . .» Und sie schließt die Tür hinter mir ab.
Wahrheit – Glaubwürdigkeit – Wahrwürdigkeit – Lügenhaftigkeit – Eintönigkeit.
. . . bald darauf beißt das Gewissen auf morsches Holz und die Wahrhaftigkeit die Lüge in den Schwanz. Was soll dieses ewige Sichvergewissern, ob auch alles in Ordnung sei, ob niemand übervorteilt wurde, ob nicht einer der Blöde sei, am Ende sogar ich selbst. Signale aufstellen heißt, nicht sich daran halten müssen. Bescheidenheitslichter einschalten, heißt sie auch zum Leuchten bringen, wenn das Licht ausfällt. Nicht kokett sein, denn dann bist du eine Schlampe. Je tiefer ich krame, um so mehr stinkt der Mist. Faul, faul, meine Liebe! Eingekreist von deinen eigenen Zwängen, unbedingt wahr zu sein.
Niemand will die Wahrheit, denn ich habe noch keinen Menschen getroffen, der in diesem Leben nichts will.
Jetzt bin ich schon einmal in diesem Leben, jetzt will ich auch – und wie ich will! Ich werde meine Gefühle einmal überreiten, diese verdammten Hindernisse des Gewissens hinter mir lassen. Ich bin meine Lebensmaschine, und ich werde mich selbst bedienen und nicht benennen und erklären. Ich stelle mich nicht vor, nicht vor den Spiegel, nicht vor mich. Was hat mich nur so gehemmt, was war das, was hat mir die Freude daran genommen, Gedanken aufzuschreiben?
Ist es, weil ich seit heute eine funkelnagelneue Schreibmaschine benütze und in einem neuen, engeren Zeilenabstand schreibe? Ist es, weil ich mir zurechtgelegt habe, was ich wahrscheinlich, ungefähr, möglicherweise, überhaupt . . .
Wem kann ich nur die Schuld geben. Irgend jemand muß den faulen Warzenkrötenschleicher bekommen. Hoffentlich sitzt die Kröte nicht in meiner Achselhöhle. Oder vielleicht wäre es besser so, dann könnte ich sie fassen und in der Maschine verhauen. Was sollen mir immer die anderen.
Wer bin denn ich ohne Gefühle, ich bin dann noch da zum Schreiben. Soll das mein Aufhänger sein, um besser zu leben? Solltest du herhalten, um daß ich mich besser aufhängen kann? Solche Dienste leistet du . . . jetzt bist du als Kröte überführt. Ich rechne mit Kröten. Ich bin eine Rechenmaschine, die eine funkelnagelneue Schreibmaschine bedient.
Mich läutern, mich schärfen für ein besseres Leben und ein besseres Sterben . . . gewinnsüchtig . . . lebenswichtig . . . gedankenflüchtig.
Witzemacher, Widersacher, Weberknecht –

Teufelsbrut, so ist es. Ich vermarkte meine Innerlichkeit, vor der ich ergraue und entfremde sie. Ich entferne sie von mir, die Warzen der Wahrhaftigkeit. Ich entfremde, ich entfremde, was mir fremd begegnet, ich wühle in meinem Bauch nach Löchern neben den Wucherungen und gebäre wieder und immer wieder. Ich bin zum Gebären gezwungen, und ich gebäre wieder den Teufel, der mir diesen Mangel gemacht hat.
Ich konstruiere, ich berechne und programmiere, und ich fühle vielleicht etwas . . . wenn du glaubst, daß das ist, daß es das ist?
Ich habe mich gefreut, wenn ich trotz meiner behindernden Geschwulst eine vollwertige Kameradin sein konnte. Ich verwöhnte mich nicht, aber ich fühlte mich geadelt, wenn einer oder der andere bemerkte, daß ich voll dabei war. Ich fühlte mich als eine neue Vertreterin der Schwangerschaft an sich, ein frisches Exemplar einer alten, uralten Ausgabe, und ich wurde gelesen, wieder erkannt, und ich war als ruhender Pol geachtet. Mir tat das gut, ich war besonders, besonders still und wunschlos, kräftig im Dabeisein und unaufdringlich bis dahinaus. Ich stieg auf Berge und ging im Wald. Nicht auf höchste Berge und nicht im Urwald. Ich beging Burgen und Treppen, nur das Aufräumen in meiner ohnehin kleinen Wohnung, das wurde immer belastender. Ich hatte da keine Ansporner, keine Bewunderer, niemand sah meinen Dreck. Es war ja auch nicht viel, aber die Polstermöbel waren schwer und der Teppich viel zu groß. Das Bücken absolvierte ich auf zwei Etappen. Zuerst den Oberkörper geneigt und dann in die Knie, zugegriffen und wenn möglich wieder hochgehoben. Tatsächlich tat ich alles viel schneller und bedenkenloser als in meiner Erinnerung. Ich habe alles ohne viel Drama erledigt. Beim Aufräumen bin ich kein Schriftsetzer. Gott sei Dank. Da bin ich flink und gedankenlos.
Blitz – Kreuz – und Donnerlüttchen – etwa im fünften Monat war es, da begann es in meinem Schlitz irrsinnig zu jucken. Durch mein Denken rasten alle Geschlechtskrankheiten, die mit Jucken beginnen und mit Wahnsinn enden. Jucken und kratzen, virtuos auf dem Instrument der Sinnlichkeit, spielt alle Stücke von Lust, Wahn und Schmerz.
Ich riß einen wüsten Fickeifer auf, ich war empfindlich wie ein gespannter unentwickelter Filmstreifen. Der Film war gut, ich konnte ihn fühlen. Er lehrte die Lust und endete im Schmerz, denn allzu lang ließ sich meine innere Haut nicht reizen. Ich kratzte an die Hirnhaut, und ich begab mich zum Arzt. Wieder einmal auf den Stuhl, Beine gespreizt. Die langen Stäbchen des Arztes bereiteten mir weniger Lust.
Ich hatte einen Pilz, der sich manchmal in diesen Monaten bei Schwangeren einschleicht. So der Arzt, den mein Jucken wenig berührte, der mir aber weiße Dinger, die wie große flache Pillen aussahen, verschrieb. Ich sollte sie jeden Abend vor dem Schlafengehen in die Scheide einlegen, oder sollte ich sie mir hinten einführen? Ich glaube, ich war mir damals

nicht ganz im klaren darüber, ich fühlte mich unsicher in der Benennung, weniger in der Benützung meiner Löcher und Spalten. Ich glaube auch, daß ich diese botanische Bereicherung meines so menschlich-tierischen Körpers gar nicht so rasch wieder loswerden wollte, wo ich doch viel Lust damit hatte. Und auch wiederum nicht, wenn alles überreizt war und ich selbst überreizt war, was ja auch vorkam und ich mich dann wieder faßte und mir einfiel, daß ich einen Menschen im Bauch hatte, der vielleicht auch einmal werden sollte und ich mich erinnere, daß diese Geschichte vielleicht auch einmal werden soll . . . da fand ich schon meine richtigen Löcher und die richtigen Tasten, und langsam linderte sich das Rasen, und es beruhigte sich das Jucken von Tag zu Tag.
Falls du mir ähnlich sein solltest und vielleicht auch willst: Ich schlief immer sehr gern, ich tue das auch heute noch, allerdings nicht mehr ganz so ausgiebig.
Mancher schläft aus Unglück, mancher aus Wohlbefinden, mancher aus Faulheit, mancher ist niemals wieder erwacht und viele sind noch gar nicht eingeschlafen. Ich habe aus seelischer Erschöpfung schon viel geschlafen und habe mich vor unliebsamen Aufgaben, die mir der nächste Tag bringen sollte, früh in mein Nest geflüchtet, um nichts mehr zu wissen und in meine Träume einzukehren, die mich vielleicht erleichtern würden. Manchmal wendet sich das Blatt und die Träume sind drückender als das Wachen, dann sei froh, wenn du erwachen willst vor dem Wellenschlag deiner Tiefsee. Aber die Sturzflut ist nicht aufzuhalten, jeder weiß es. Viele wissen schon, daß es ein gutes Ruhen ist, wenn man einmal frei von Schmerzen liegt und nicht unbedingt darauf wartet, bis der nächste Stich kommt. Es wäre möglich, wie es für viele schon wirklich geworden ist, daß es kein gestärktes Erwachen zu denselben Taten mehr gibt. Daß du nicht mehr ißt, weil es dir schmeckt und du dich damit aufrichtest für neues, altes Unternehmen, Atmen und Bewegen. Es könnte sein, daß du erschöpfter aufwachst, als du gegangen bist, am liebsten nicht mehr gekommen wärest, weil es so grausig ist, nicht zu wissen, wann es ein Ende haben wird. Wie und wann und was und warum denn alles gerade so. Erwachen zu neuerlichem Absterben, ohne die Möglichkeit, von einem Glück zu träumen und in ein Unglück zu horchen, weil das Ein- und Ausatmen keine Folge mehr zeitigt. Wem soll da das Essen noch so schmecken, wer soll da mit Lust schlafen gehen und mit Elan sich erheben. Grausig ist es, wenn das Gleichgewicht von Traum und Wachen gestört wird von der Schreckensbotschaft eines Gespenstes, das tiefer und näher ist als die immer vermißte Liebe zum Leben. Jetzt will sie verzweifelt aufglimmen, jetzt, wo es zu spät ist, jetzt, wo es leicht möglich erscheinen will, gern zu leben.
Eine betrübliche Geschichte staubt mir bei den Ohren heraus. Ich habe sie

vergessen, weil ich sie besitze. Ich habe damals, in den letzten Monaten der Schwangerenfrist, ein bißchen von dieser vergessenen Geschichte genascht, obwohl ich damals nie viel genascht habe, im Gegenteil.
Mein Schlaf war beunruhigt. Es schien sich etwas näher an mich herangeschlichen zu haben als Wachen oder Schlafen. Die Wachsamkeit auf das unabwendbare Schicksal hat mein Hirn und meinen Körper dauernd in Schwingung gehalten. Ich war immer wie hellwach unter einem dünnen Schlummerfernsehprogramm. Ich war beunruhigt, es war wie eine bohrende monatelange Anforderung, die jederzeit in Überforderung hätte umkippen können. Ich war nur eine gewöhnliche Schwangere und gar nicht besonders hysterisch, aber ich lag immer wie in beißender Helligkeit und meine Augen konnten nie ausruhen. Wie ein Schreckensmobile baumelte der älteste Meeresfisch über meiner Bettstatt, und ich konnte mich nicht mit ihm anfreunden, obwohl ich gezwungen war, ihm immer und immer ins Auge zu sehen. Besonders bei Nacht, dann besonders, denn dann war es allzu hell und meine Augen allzu offen für die nächste Nähe der Wirklichkeit und die ist eisgekühlt und die hat nicht nur mit Wohlsein zu tun. Wenngleich ich weiß, daß diese Regionen absolut bewohnbar sind. Aber dort werden keine Urlauber eingelassen, dort muß man bleiben.
In den letzten beiden Schwangerschaftsmonaten, da war der Bauch knapp unter dem Magen ein harter Aufbau geworden und es fiel mir fast schwer, ihn im Bett von einer Seite auf die andere zu bringen. Ich glaube, auch das Atmen war nicht mehr ganz so frei. Ich könnte mich nicht erinnern, daß dieser Bauch jemals ein wirklich unüberwindliches Hindernis gewesen sein soll, aber als Bettgenosse kurz vor seinem Abgang war er, und da bin ich sicher, sehr unpraktisch, behinderlich und ärgerniserregend. Schwer . . . sich über ihn hinwegzubücken . . . sich über ihn hinwegzudrehen . . . schwer, über ihn hinwegzusehen . . . noch schwerer über ihn hinwegzukommen.
Die Sehnsucht ersetzt die Erkenntnis des Erlebens, dieses ernüchtert und befähigt zur Auflösung des Geheimnisses. Ich habe sie gehabt, und ich habe es getan und jetzt gibt es nichts mehr, was mir als verborgen lüftenswert erschiene, bis auf eine Tasche, die einige Wochen vor dem errechneten Geburtstermin den vollen Kinderwagen bereicherte. Die könnte ich noch in meiner Erinnerung öffnen und Einblick gewähren. Es war da ein Schlafrock, ein Nachthemd, Spitalspapiere und ein Strumpfbandgürtel, der den schwabbelnd-leeren Bauch gleich nach der Entbindung zurückdrängen sollte, auf daß er nicht hängend werde. Das Waschzeug und die Zahnbürste sollten erst im letzten Augenblick dazukommen. Ebenso die Hausschuhe. Mehr sehe ich in dieser Erinnerungstasche nicht und wüßte auch nicht, was ich noch hätte herrichten sollen, falls ich Eile gehabt hätte. Ich konnte ja nicht mehr wissen, wie mein Morgen aussehen würde.

Ich hing mitten im Raum einer stehenden Veränderung und da war mir die vorbereitete Tasche und die Sorgfalt, die ich in ihr Packen legen konnte, ein willkommener Anhaltspunkt und Sicherheit. Ja, Sicherheit. Sicherheit, immer geht sie ab, immer will man sie bannen. Ich bin sicher, daß ICH nicht sterben werde müssen, ich bin sicher, ich bleibe.
Da, wo die Sicherheit sich wirklich aufpflanzt, da wird sie allerdings dann mörderisch. Sie zerstört das Leben, sie ätzt die Lebendigkeit mit einem einzigen schneidenden Strahl. Die Sicherheit lähmt oder tötet mit unverrückter Sicherheit, da kannst du sicher sein. Da bist du sicher, darauf brauchst du keine eigene Versicherung einzugehen. Bürokratie ist nur ein Liebäugeln mit der Sicherheit. Ein So-tun, als hätte man die Schicksale dieses Lebens in der Hand. Als könnte ich eingreifen in meinen Leib und ein Schwanenei einsetzen und in geiler Wonne zu einer Leda reifen, zur Legende werden und mit derselben Sicherheit, wie die Weltgeschichte eine Lüge ist, ewig weiter, weiter, immer weiter weggehen vor dem Anfang einer Möglichkeit, auch im Angesicht des Todes gern zu leben. Dabei bin ich allerdings auch nicht sicher. In Unsicherheit zu leben ist die einzige Möglichkeit zu leben, auch zu besonders unsicheren Zeiten, wie bei Hochzeiten, Autofahrten und Schwangerschaften.
Als ich das allererste Mal in Sachen Schwangerschaft die Kenntnisse eines Arztes in Anspruch nahm, sein Wissen über «schwanger oder nicht» brauchen und anerkennen wollte, habe ich mich in eine nie enden wollende Kette von Kontrollen, Untersuchungen und Beobachtungen begeben. Das Glied einer Kette zu sein, soll beruhigen, soll Bedenken abnehmen, soll mir das Denken überhaupt nehmen und mir das Gefühl geben, eine Selbständigkeit und eine Selbsttätigkeit, ein Selbst zu sein, um im langsamen Prozeß meine Lebensaufgabe an die Solidarität abzutreten.
Ob Lebensaufgabe, eine Lebensaufgabe haben, Lebensaufgabe heißen soll? Ich gab mein Leben auf, indem ich schwanger wurde und mich und zugleich mein Kind an die Sozietät abtrat? Aufgaben erfüllen heißt Leben ausschütten. Sich ausleeren, das Leben geben? Zeugen? Sich ausleben bis ans Ende dieser Kette? Die hat aber keines. Ketten dürfen keine Enden haben, denn dann sind sie keine mehr. Eine geordnete Zivilisation muß eine Kette von immer kontrollierbaren Unsinnigkeiten sein. In der Kette liegt der Sinn, nicht in dem Wozu dieses Schmuckstücks um des Teufels Wanst.
Falls ich hier nicht übertrieben habe und ja eigentlich schon lange vorher ein Glied dieses Kreislaufs war, weil ich ja selbst ein Kreislauf bin, der allerdings manchmal gestört ist, hatte man mich damals bei der Angst gepackt und sie mir von Ärzten und Untersuchungspersonal wöchentlich und monatlich gewissenhaft zuteilen lassen, denn die waren nun daran, mir eine ordentliche Geburt zu verschaffen. Mein Name war Nummer, denn ich konnte ab nun nichts mehr über mein Kind und den neuen

Staatsbürger entscheiden. Ich habe ihn, indem ich ihn dem Staat anmeldete und seine Hilfe in Anspruch nahm, zugleich für meine und seine Sicherheit, wohlgemerkt scheinbare Sicherheit, verkauft.
Sicherheit. Der Babyatem eines Christuswesens, das eine neue Ordnung in sich trüge, würde sie wie Watte aus dem Bart des Weihnachtsmanns verblasen. Neue Ordnungen sind im Grunde nichts anderes als alte Ordnungen, darum habe ich mich auch dazu entschieden, kein Monstrum zur Welt zu bringen, sondern einen richtigen Menschen.
Scheinbar jedenfalls hatte ich keine Scheinschwangerschaft, das bestätigten mir die Befunde und Untersuchungen, denen ich mich so zahlreich zu unterziehen hatte.
Ich mußte in ein Labor, um mein Blut untersuchen zu lassen. Senkung, die verschiedensten Werte wurden festgestellt und eingereiht, alles dauerte lang und zog sich hin in muffigen Warteräumen. Das weibliche Personal war immer sachlich und geschäftig, manchmal unfreundlich, manchmal verliebt. Natürlich nicht in mich, sondern in Ärzte oder Paketüberbringer, mit denen sie lange Gespräche führten und mich warten ließen. Ich war aber eigentlich gar nicht so sauer darüber, denn für diese Pflichten gab mir meine Dienststelle weisungsgetreu frei und ich knozte lieber hier als dort. Ich konnte vor mich hinträumen oder dösen, lauschen oder mitplaudern, essen oder mich ängstigen, mich langweilen oder wieder abziehen, falls ich meine Pflicht verschob. Ganz so frei war ich allerdings auch wieder nicht, da ich die Erfüllung meiner Vorschriften meinem Helfer dem Sozialstaat gegenüber zu meiner Gewissenssache machte, und wenn ich säumig gewesen wäre und mich schuldig gefühlt hätte vor seinem allgegenwärtigen Blick, hätte ich mich vor seiner Rache nicht schützen können. Verstoßen aus seinem Vaterschoß, direkt aus der Hölle hinauskatapultiert in den Himmel einer genauso teuflischen Ordnung. Ein Erdenbürger sollte man sein, ein nur Erdmensch, ein Erdmännchen, aber die kenne ich schon, die sind vorige Woche die Weltenordnung mit den Ameisen eingegangen.
Nichts zu machen, ich mußte warten. Die Untersuchungen waren ja nie schmerzhaft, höchstens unangenehm. Ich mußte Lunge und Herz ansehen lassen. Ich wurde sozusagen allgemein unter die Lupe genommen. Wie klarsichtig diese Lupe war, weiß ich allerdings nicht. Ich wurde nach durchgestandenen Krankheiten gefragt und nach vorherigen Geburten, Abtreibungen oder Aborti. Nach meinen sozialen Verhältnissen erkundigte sich eine Fürsorgerin, der ich sofort nach meinem ersten Arztbesuch angezeigt wurde. Die Maschine war voll im Gang und funktionierte lükkenlos, so daß man fast übersehen konnte, daß sie eine einzige Lücke war. Das zu vertuschen ist ihre Lebensaufgabe. Sollte meine Lebensaufgabe Bücherschreiben sein, um zu vertuschen, daß ich nicht leben kann oder

vielleicht gar nicht da bin? Nein, wenn ich aufgerufen wurde, war ich immer da, ich war ja eingetragen und das ist genug, um mich von meiner Existenz zu überzeugen.
Nach einer genauen Blutuntersuchung bekam ich ein kleines Kärtchen, auf dem meine Blutgruppe und mein Rhesusfaktor eingetragen waren. Ich sollte es in der Schwangerschaft immer bei mir tragen, da man über seine eigene Hinfälligkeit nie Bescheid weiß. Irgend so ein Schuft hat mir dieses Kärtchen samt Ausweis und Geld unlängst gestohlen. Mit dem Ausweis kann er unbeobachtete Kettenglieder schmieden. Freie Glieder, die mit den alten nicht zusammenhängen und dort nicht fehlen. Kettenglieder sind aber immer blutlos, um einen Blutkreislauf zustande zu bringen, brauchen sie immer den Anschluß an andere und damit beginnt schon wieder das bekannte Lied der Bundeshymne. Einmal geriet ich in eine Routineuntersuchung einer Anzahl Straßenhuren. Auch sie hatten ihre Ausweise, auch sie konnten nicht blind gehen. Blinde Huren sollen selten vorkommen. Sie müssen sich aber oft blind stellen, denn bei so manchen Brüdern werden einem die Augen wässerig, wenn sie ihre Männlichkeit ausweisen wollen oder vielmehr müssen. Man muß können, das ist die Pflicht eines vollwertigen Mitglieds, das Glied muß stehen können, sonst bist du ausgestoßen aus dem Auslesekampf um gute Kettenreaktionen, um eine bessere Stellung im Sterbesaal, mehr Position, mehr Ansehen vor dem Mitmenschen. Dieser muß es gewesen sein, dieser Hurenhund, der mir meinen Ausweis, mein Geld und meine Karte mit meiner Blutgruppenbestimmung gemaust hat.
Diese Kontrolluntersuchungen erfolgten außerhalb einer regelmäßigen monatlichen Untersuchung in meinem Entbindungsspital. Mir wurde ein Schwangerschaftspaß ausgestellt, in dem alle Ergebnisse eine Spalte hatten, wo sie hineinpaßten. Auch für Sonderbemerkungen war eine Spalte vorgesehen. Die Bürokratie ist lückenlos, nur vergißt sie manchmal, daß sie für nichts gut ist. In den Paß wurde nichts gut eingetragen, ob ich meine monatlichen Untersuchungen gewissenhaft machen ließ, ob das Kind die richtige Lage habe, ob seine Herztöne zu hören seien und ob ich Mitglied einer und welcher Krankenkasse sei und wieviel diese für meine Entbindung zu zahlen bereit wäre.
«Schau, wie sie kommt. Die eine da, die ist immer die erste. Ist die nicht lieb? Schau, die kommt direkt auf meine Hand.»
Die Oma und Basti füttern Vögel. Beim Fenster. Mit Kuchenbröseln und Körnchen, die die Oma eigens aus der Tierhandlung holt. Je zwei Kilogramm in weißen Papiersäcken verpackt. Die Meise kommt wirklich bis auf die schrumpelige Hand der alten Frau. Diese Hände tun das oft, merke ich. Sehr fein, ich bin da eigentlich nicht so hilfreich. Außerdem habe ich seit Kindesbeinen eine gewisse Scheu, diesen warzigen, nackten,

fleischfarbenen Krallenfüßlingen der Vögel gegenüber. Sebastian ist froh, daß die Oma nicht so hysterisch tut beim Anfliegen eines dieser Geschöpfe. Er mag sie nämlich gern, und auch mir gefallen die Genossen von der Ferne.

«Mami, willst du nicht? Schau, wie lieb diese Meise ist. Na, willst du? Komm doch!» Sebastian lacht wie ein Katzenfuchs, ein ausgefranster, der weiß genau, daß ich nicht will. Er neckt mich gern, wenn er kann. Er kennt meine Abneigung dem Schwirren von Vögeln gegenüber und begeilt sich an meiner Schwäche. Böse ist dieser Zug an ihm, da kann man nichts machen. Das ist vererbt.

Nicht?

«Pick, pick, pick! Kommt nur, kommt, da gibt es gute Körnchen», lockt die Großmutter. – «Weg da – weg!!!»

Ich schrecke aus meiner Lahmheit auf, mit der ich auf die putzigen Meisen sehe und weiß nicht recht, was das Theater auf einmal soll, das die Alte da aufführt. Sie ist erst so rührend, und jetzt schreit sie und schwenkt ihre Hand abwehrend den Lüften zu. Die muß spinnen. Sebastian sieht mich an.

«Ein Spatz war das», sagt er kleinlaut zu mir. Er ist jetzt wieder mein Freund und nicht mehr mein Tyrann. Er hat die Lage rascher als ich begriffen.

«Diese Viecher kommen mir nicht zu nah. Spatzen füttere ich nicht. Und die Tauben schon gar nicht, die gehören überhaupt vertilgt. Alle Fensterbretter scheißen sie voll und Krankheiten übertragen diese Tiere. Ich mag sie nicht. Die bekommen nie etwas. Hast du gesehen, diese zwei Spatzen, wie die den Meisen das Futter streitig machen wollten!»

Die alte Frau ist regelrecht empört über diese kleinen Spatzen, die ich noch gar nicht zu Gesicht bekommen habe. Da sieht sie gut. Das Grau der Spatzen, das Unauffällige, das fällt ihr auf, der alten Frau mit den alten Augen. Die Unauffälligen bekommen nichts. Die Frechen, die Gefinkelten bekommen nichts. Nur die edlen, die Rassevögel, die bekommen teures Futter aus der Tierhandlung.

Ob die Oma zu den Spatzen oder zu den Meisen gehört? Sehr meisig sieht sie nicht aus. Eher mausig, in der Mauser, mauserig, grau, vielleicht grausig?

Irgend etwas Grausiges ist hier im Gange. So etwas zeigt sich besonders im Anschluß an ganz harmlose, eher gutmütige Aktionen. Gutmütigkeit und noch dazu besonders eifrige Güte hat ihren Ursprung im Grausprung, im Eisprung. Die Oma schließt empört das Fenster, und noch jemand ist hier empört. Ob es die Spatzen sind? Ich glaube, denen konnte sie nicht sehr weh tun. Jedoch Sebastian, der hat da noch etwas in der Hand, und der wartet auf etwas. Ich merke, der führt etwas im Schilde.

Die Großmutter geht in die Küche, um die Körnchensäcke zu verräumen. Sebastian horcht noch einmal auf das verebbende Gemurmel der Oma, die schwert atmet, während sie sich hinunterbückt zum untersten Fach. Diese Mühsal verwendet er, um rasch noch einmal das Fenster einen Spalt zu öffnen und ein paar Körnchen auf das Fensterbrett zu schmeißen. Jeder weiß, für wen die bestimmt sein sollen. Und heimlich mußte er das tun? Gegen die Alte gerichtet. War das jetzt für die Spatzen oder gegen die Großmutter? Was ist da befriedigt worden. Harmloses Vogelfüttern, auch wenn es noch nicht kalt ist.
Auf meinem Kuli steht: Mitdenken – Mitarbeiten. Wenn ich noch einmal drücke, steht: Vorschläge einbringen. Wenn ich noch einmal drücke, steht: Ihre Idee, bare Münze. Mir steigt das Kichern in der Kehle hoch. Komm, lach mit, auch wenn du schon müde sein solltest. Es ist wahr, es ist jedes Wort wahr. Sebastian röstet sich jetzt schon zum fünftenmal Bröseln hier zu Hause. Oder sollte ich lügen und es wäre erst das vierte Mal? Jedenfalls geht er bald schlafen, und dann kann er von den Bröseln träumen und von einer dicken Herrscherin, unter deren Rock lauter Soldaten hervorkollern. Es regnet Bröseln mit Zucker und dazwischen Rosinen, und der Blitz fährt der Kaiserin in den Ausschnitt zwischen die fetten hochgezurrten Busen. Schlaf, mein Kind.
Hätte ich gewußt, wie klar mein Kopf ist, hätte ich ihn mir nicht gewaschen. Hätte ich gewußt wie klar mein Auge ist, hätte ich es nicht geschminkt. Hätte ich gewußt, wie makellos ich bin, hätte ich mich nicht schuldig gefühlt. Und ich hätte keine Angst haben müssen vor der Verwirrung des Geistes und vor dem Zusammenbruch im Leben.
Gehst du mit mir? Wohin? Dort, wo kein Kampf ist. Oder dort, wo du dich nicht stellen mußt? Willst du aufgeben und aus Angst vor dem Ende dich ins Netz fallen lassen? Du weißt ja nicht, in wessen Netz du da fällst. Kammerkätzchen, du hast dich in der Mausefalle verklemmt, die du gestern selbst aufgestellt hast. Du kannst nicht einfach beenden, was nicht zu Ende gegangen ist. Ich weiß nicht – manche Menschen tun es. Wieso können sie es dann nicht? Ich kann es nicht? Ich will es nicht? Vielleicht gehe ich lieber bis zum Ende, aber muß ich?
Ich bin die, die hier anfängt und beendet, die bestimmt, wann wer, wie, wo etwas ist. Das nimmt mir niemand ab. Als Kind hat es mir auch niemand abgenommen. Und meinen Tod nimmt mir auch niemand ab. Ich kann mich nicht drücken – ich höre die Geigen wieder. Ich fühle, ich will mich gar nicht drücken. Ich will dieses Leben, wie es ist.
Jetzt, jetzt, jetzt will ich nichts. Es ist alles.

Dein Kammerkätzchen.

Und jetzt habe ich den schwarzen Pullover und die schwarze Hose noch immer an. Ich bin heute nicht sehr rosig. Ich habe mich so hineingefressen in dieses Unterfangen, und jetzt bin ich gefangen und möchte alles bis zum Grund aufessen, bis ich am blanken Knochen meiner Hirnschale schabe. Ob das gesund ist? Ich glaube, es muß mit dem Essen zu tun haben. Ich sollte ans Kochen eines Abendessens gehen, das sich riechen lassen kann. Der Mensch lebt nicht von Denkpudding und Gefühlsmayonnaise allein. Das bekommt meinen Gästen vielleicht nicht.

Meine stillen Gäste. Meine Kobolde in der Grotte. Ich fahre mit euch, aber ich werde lachen und nicht mehr weinen. Es ist derselbe Weg mit demselben Wagen in derselben Bahn, in meiner Grottenbahn.

Guten Abend! Willkommen daheim! Zwickt es noch im Bauch? Was macht der Bandwurm? Tut der Kopf noch weh? Hat sich der leichte stechende Schmerz auf dem linken Ohr, dann und wann beim rechten Auge herausblitzend, wieder bemerkbar gemacht? Das kommt davon, weil ich immer alles recht machen will und an meinen Gedanken so ernsthaft herumnage. Sehe ich denn nicht, daß da kein Fleisch mehr dran ist? Ich werfe sie den Hunden vor. Ich brate mir ein neues Fleisch.

Sebastian, bitte richte die Pfanne her. Wir werden alles in die Pfanne haun, heute abend am schwarzen Sonntag und braten ihn zu Weißglut. Recht so? Nein, links, links hat es ja gestochen. Sebastian, bitte gib mir ein Glas Wasser, ich glaube, ich werde doch ein Kopfwehpulver schlukken. Warum soll ich mich länger quälen. Als du zur Welt gekommen bist, hätte mir so ein Pulver nicht abgeholfen. Du hast dich nicht beirren lassen. Weh hast du mir getan, du Racker. Rücksichtslos hast du mir den Arsch aufgerissen. Sei genauso rücksichtslos mit mir, wenn ich jammere. Fühle dich nicht schuldig deiner Rücksichtslosigkeit wegen. Du bist nicht schuld an meinen Kopfschmerzen. Oder doch? Du redest immer soviel und bist so laut. Du bist da in meinem Weg, du gehst mir im Wege, du atmest meine Luft, Kind, du erstickst mich! Ich ringe nach Luft – ich ringe nach Lust – ich ringe nach Rosen – wer will mich ein wenig kosen?

Mama, Mama! Bitte habe keine Bauchschmerzen, werde nicht krank und bitte stirb mir nicht weg, bevor ich noch aus deinem Bauch gekrochen bin. Nimm mir nicht den Sauerstoff, bevor ich noch selbst atmen atmen kann. Ich habe meine Lungen noch nicht geöffnet. Ja! Lungenbraten mit Reis und Salat. Heute vom Schwein rosig und saftig. Prost Mahlzeit!

Ich habe mich hierher gesetzt in den alten Schuppen im Garten. Die Holzdecke hängt tief herunter. Die Fensterchen sind schief und klein. Ein altes Sofa steht da, auf dem sitze ich. Flaschen stehen herum. Spinnenhäute, Staub, zerbrochene Einmachgläser, ein rostiges Fahrrad ohne Räder, ein schiefes Landschaftsbild, eine Petroleumlampe, ein zerfaserter Korb ohne Henkel. Liebenswürdiger, nichtsnutziger Kram, wirr durcheinander, bedeckt von ein und derselben Staubschicht.

Da hängt dieser Geruch, der mir die Bilder von damals aufdeckt. Die

Staubdecke hebt sich von meiner Erinnerung. Er riecht so moderig, durchtränkt mit einem süßlichen Geruch. So geheimnisvoll nach Vanille, so sehmig, so feucht, so verboten wie das Naschen von berauschenden Saucen und Cremes.

Es darf niemand sehen, niemand wissen, daß wir hier uns den Staub des Verbots von den Hinterteilen gezogen haben und diesen süßen Geruch verbreitet haben. Daß uns die Leiber so hitzten vor der Angst, entdeckt zu werden, vor der Lust, Verbotenes zu tun. Das Glosen wohlig gelöscht von der süßen Sahne des berauschenden Vanillegeheimnisses – in den zerknitterten Unterhosen meiner beiden kleinen Cousins und meiner Cousine und mein Geheimnis nicht zu vergessen. Es war die nackte Neugier. Wir haben alles probiert, aber wir haben nie probiert, uns nicht zu verstecken oder die Staubdecke der Jahrhunderte wegzublasen, oder uns einmal nicht schuldig zu fühlen, weil wir es getan haben. Hätten wir es getan, wenn es nicht verboten gewesen wäre? Iß nicht so viel Süßigkeiten, du verdirbst dir den Magen! Ja, nachher hat immer alles so geklebt, und der lockende, wollüstig aufgerührte Duft ist stumpf geworden. Wir haben uns sattgelebt am Rausch des Kindseins und der schale Modergeruch des Schuppens hat seine Netze über das Gefühl, ein Kind gewesen zu sein, gebreitet.

Über dem Schuppen ist ein Rotkehlchennest. Ich glaube, die Alten wollen wieder brüten. Sie laufen über die Teerpappe wie mit Nagelschuhen. Es wird wieder junge Rotkehlchen geben. Voriges Jahr ist ein fast noch Nacktes aus dem Nest gefallen. Ich habe es wieder hineingesetzt, vielleicht sitzt es noch immer drinnen. Als Warnung vor dem früheren Treiben. Als starrte Büste im verlassenen Nest? Fast nackt, aber . . .

Ich bin erstaunt, daß meine Gedanken diesen Weg gehen. Ich hätte gedacht, ich wäre voll einverstanden mit diesem haftenden Geruch hier, und meine Erinnerung würde in mir strahlen, aber sie tut es irgendwie nicht, sie riecht ein wenig schal und will unter der Decke bleiben. Es staubt mir zuviel. Sollte ich mich immer noch schuldig fühlen, weil ich damals Verbotenes ohne Unterhose angegangen habe?

Ich weiß, einmal habe ich die Hose nicht mehr gefunden. Ich habe verzweifelt gesucht und meine Panik, daß es meiner Mutter auffallen würde, hätte ich einen nackten Hintern unter dem Rock, stieg und machte mir Verzweiflung. Jetzt ist alles heraus – jetzt bin ich entdeckt. Eine neue konnte ich nicht leicht nehmen. Ich hatte damals nicht so leicht Zugang zu meiner Wäsche und viel hatte ich auch nicht.

Manchmal bin ich so gefesselt an mein Tun, daß ich alle guten Sitten vergesse und mich in meinen Ärmel schneuze wie der Kranführer oder vielleicht der Krokodilforscher im tiefen Busch. Da ist keine Zeit, Taschentücher zu holen und zu kramen und zu stieren. Da wird geschrieben wie geatmet. Da fliegt der Atem, und Sebastian läuft im roten viel zu langen

Gummimantel mit der viel zu großen Kapuze und den roten Gummistiefeln im Hof im Regen herum.
Wie ein Kanalräumer sieht er aus, und ich habe ihn im Verdacht, auch er schneuzt sich in den Ärmel, denn er hat keine Zeit, nach dem Taschentuch zu stieren, das ich ihm der guten Sitte wegen noch in die Hosentasche gesteckt habe. Tu es, mein Kind. Ich bin angeregt von dem lebhaften Interesse an dir und an dieser Welt und wie du da geduldig Steinchen durch das Kanalgitter schmeißt und wartest und horchst. Still horchst auf das leise Geräusch mitten im Straßenlärm. Deine große Kapuze soll dir den Hall sammeln und ertönen lassen in einem reinen Glockenschlag, der dein Zusammentreffen mit der Leere verkündet.
Mit dieser Geduld, mit der du wartest und des Tones sicher bist, der deine Hoffnung auf ihn erfüllt, rechne ich. Mit diesem naiven, bloßen und gierigen Interesse rechne ich, wenn ich glaube, daß du freiwillig aus dir selbst das alles erarbeitest, was andere sich anlernen müssen ohne die Gelegenheit, ein Bedürfnis dazu zu entwickeln, ohne die Gelegenheit, einen freien Willen zu entwickeln und ohne die Möglichkeit, sich selbst den Weg zu finden zu dem, was sie suchen, weil ihnen die Wege vorgeschrieben werden, weil sie zu Unmündigen erklärt werden, weil sie zu Kindern erklärt werden. Beschnitten. Ihr eigenes Streben wird beschnitten. Sie müssen lernen, weil es gut ist zu wissen, sie müssen, weil sie dürfen. Sie dürfen, weil sie müssen. Wissen, daß sie dürfen, aber sie müssen ja doch durch die Beschneidungsanstalt derer, die Angst haben, jemand könnte sie einmal auffinden, jemand könnte einmal das Rätsel lösen, das einen Menschen zum Menschen macht. Das den Menschen vom Tier unterscheidet, das dem Menschen die Hoffnung auf ein schöneres Leben nach dem Tod nimmt und er sein Jetzt nicht mehr verschieben kann auf dann. Wäre das eine Lösung – eine Erlösung?
Du Erlöser, du bist in den Himmel aufgefahren und hast uns hier zurückgelassen und zum Abschied nur mit dem Taschentuch gewinkt. Du hast zeigen wollen, daß du auch ein Taschentuch hast. Dabei habe ich dich im Verdacht, daß du dich auch nur in den Ärmel geschneuzt hast. Damals am Ölberg, da hast du sicher nicht an dein Taschentuch gedacht. Oh, Herr, warum hast du mich verlassen. Du hast uns zurückgelassen und hast gesagt, wir könnten nachkommen, bis du eine Stätte bereitet hättest. Ich werde schreiben, hast du versprochen, aber nicht du, sondern ich habe geschrieben. Und ich sitze jetzt da mit dem kleinen Sebastian und du hast uns lange schon vergessen. Ich kenne das. Und jetzt soll ich ihn in die Schule schicken, wo er sich selbst schon schreiben, lesen und rechnen gelehrt hat. Ganz ohne dich und deine Prügel und Unterstützung. Kein Vorbild. Jetzt, wo er schon von selbst kann, was er lernen soll. Was soll ich da denken? Wonach soll ich mich da richten? An welchen Gesell-

schaftsregeln soll ich mich da orientieren, wenn ich doch von dir und deiner Gesellschaft nie geschwärmt habe. Ich war immer höflich und korrekt und brav und habe Taschentücher benützt, aber was hat es mir eingebracht? Ein Kind und einen kalten Arsch, sonst nichts.
Ich kann dir sagen, weit war der Weg, bis ich mich wieder getraut habe, in den Ärmel zu schneuzen. Dieser Weg ist nie, auch nur andeutungsweise, im Geographieunterricht erwähnt worden. Verschwiegen, gestrichen aus den Landkarten, einfach herausgeschnitten, beschnitten, gelogen – gelogen haben sie alle, diese Friseure, Bader, Dresseure, Chirurgen, Lehrer und Taschentuchzieher. Durch dieses Loch, das sie geschnitten haben in den bunten Fleckenteppich der Welt, dieses Loch, das erst sichtbar wird, wenn man schaut, durch dieses Loch, Kind, wirf deinen Ball, durch dieses Loch im Kanalgitter wirf dein Steinchen und dann horche – warte und horche.
Haarscharf in wildem Ritt an der Demarkationslinie zum Traum fliege ich dahin. Mein Leben und Wachen ist in meinen Traum eingedrungen. Ich schlafe und will im Traum in dieses Blatt denken. Ich tue es. Ich werde das Rätsel lösen, im Traum zu schreiben und mir den brennenden Wunsch erfüllen, meinen Traum vom Schreiben zu leben. Ich werde für mich diese Hürde überspringen, nicht auf dem Papier. Ich werde springen in mein Hirnwasser. Wann? Wie? Ich erwache an der Gier, gut zu sein. Ich sterbe an der Gier zu leben.
Habe ich meine Zeit gewonnen? Mich gewonnen? Mehr Zeit gewonnen? Mich lieb gewonnen? Meinen Leser gewonnen? Mehr Stillstand, mehr Besinnung, Sammlung zur Energie. Sammlung der Zeit zum Teilen.
Teilen mit dir? Meine Zeit? Ich teile mich dir mit. Das scheint mir so. Ich teile mir meine Zeit nach meinem Bedürfnis ein. Ich gliedere den Tag im Verständnis für meinen Bedarf nach Wechsel, meinem Austausch von Geben und Nehmen. Sehe ich meine Zeit? Kann ich mich sehen in meiner Zeit. Jetzt sehen? Losgelassen auf alles und mich in Gedanken, gedankenlos, nicht suchend nach Worten, ohne Bedürfnis, etwas zu finden, zu formulieren und zu klären, keine Schriftstellerin, ein gedankenloser Geist, der Geist meiner Zeit – der muß ich sein. Unsichtbar anwesend und abwesend, geistlos geistern mir die losen Worte über das weiße Papier, und ich spüre, sie werden sich wie von selbst zu dem formen, was sie angetrieben hat, hier aufzutauchen. Ich habe sie nicht gesucht die Worte, ich will mit ihnen nichts gewinnen und lasse sie als Späher auftauchen, um zu beobachten, was sich hier abspielt in dieser Zeit, was mich treibt zu dieser Zeit – tasten, riechen, hören. Sie schmeckt, die heiße Gewürzmilch. Mir wird der Kopf schon ein wenig schwer, und meine Gedanken werden langsamer. Es nähert sich meine Zeit ganz sachte, und ich werde meinem Kind bald treulich Folge leisten. Oder soll ich vielleicht noch ausgehen? In einem knallroten enganliegenden Kleid mit dem Schlitz bis zur Hüfte? Soll

ich noch meine Augen blitzen lassen, den Busen beben und die Haare fliegen? Soll ich noch ausgehen und mir roten Wein in die Unterhose gießen und Flammen aus meinem Mund sprühen? Am Tisch tanzen und brennen im Rausch der Vergewaltigung meiner Einfachheit, Bescheidenheit und Klarheit? Ganz so klar ist das gar nicht. Ganz so bescheiden bin ich nicht. Und einfach? Nein, einen Doppelten bitte!

Eine doppelte Gewürzmilch ohne Rum bitte, ich habe mich für heute entschieden. Ich bleibe zu Hause und bewache die leisen Atemzüge meines Kindes und horche genau, um zu lernen, wieso er so ruhig atmen kann.

Ich schreie auf im Einverständnis mit meinem Zwiespalt, der mir in seiner Qual zu Ulk zerschmilzt. Morgen, morgen gehen wir vielleicht aus. Heute nicht. Ich höre auf mein Kind, ich höre es, und ich lerne von ihm die Zeit. Seine Zeit. Ist seine Zeit eine andere Zeit als meine? Ob diese Brücke standhält zwischen den Generationen. Ich zeichne sie mir auf. Ich baue sie nicht. Ich schreibe sie mir auf, ich stelle sie mir vor, ich denke sie mir und ich spucke von ihr ins Wasser. Treffsicher in einem weiten Bogen. Ich springe mit der Spucke. Wer kann weiter spucken. Du oder ich?

Ich glaube, es ist eine Hängebrücke. Ich neige mich schon sehr verdächtig in die Kissen, und die Zeiten hängen schief im Blatt. Ist das ein Wunder in dieser Zeit? Mich wundert nichts. Ich entscheide mich für die Eselsbrükke. Die Zeiteinteilung ist die Eselsbrücke vor dem Einsturz des Lebens. Die Geschäftigkeit ist die Eselsbrücke über das Meer des Wahnsinns. Das Denken und Schreiben ist meine Eselsbrücke über meine wahnsinnige Leere.

Dort unten geht der Rudi mit seinem Hund. Er ist mit mir in die Volksschule gegangen, der Rudi. Und jetzt geht er mit seinem Hund. Er ist so alt wie ich. Heute geht da unten ein Mann mit einem Bauch und einer beginnenden Glatze. Stattlich, spannkräftig, aber schon irgendwie aus den lockeren Wanderschuhen der Jugend gekippt. Der Traum vom Fliegen ist zum Wein und zum Backhuhn verlegt worden. Dort gehört der Rudi hin, dort fliegt er hin. Und deswegen hat er wahrscheinlich auch dieses Bäuchlein.

Früher, er ist kurze Zeit neben mir gesessen in der Schulbank, da hat er oft blaue Flecken gehabt, weil er soviel gerauft hat und weil er oft von seinem lieben Vater geschlagen wurde, weil er gerauft hat. Ich weiß, dieser Vater, der ist sehr oft zum Wein geflogen. Er hat, glaube ich, nur mehr getrunken und keine Hühner mehr dazu gegessen. Wenn man alles ersäuft, ersäuft man auch den Hunger.

Rudi hat als Kind eine ausgeprägte Beziehung zum Wasser gehabt. So ein rauher Bursche er war, so still ist er am Wasser gesessen und hat geduldig gefischt. Gewartet und gefischt. Mit derselben Geduld hat er mich beschützt, und ich war stolz auf meinen rauhbeinigen Freund, der so ein schlechter Schüler war, daß es schon wieder eine Ehre war, mit ihm beisammen zu sein. Ich kann mich aber erinnern, daß auch einmal die Zeit anbrach, wo er mich zu belästigen begann und ich ihm auswich. Er ist zum Glück sitzengeblieben und wir sind einander nicht mehr so oft begegnet. Vor einiger Zeit hat er mich zum Wein einladen wollen, um Jugenderinnerungen auszutauschen, aber ich habe abgelehnt. Ich kenne meine Jugend und seine Erinnerungen schon.

Rudi wartet geduldig, bis sein Hund ausgescharrt hat.

Du meine liebe Zeit! Nein, nein und nochmals nein. Ich werde nicht hängenbleiben an meinem Unterfangen, die Zeit zu überwinden. Ich werde meine Zeit nicht suchen, ich werde sie machen. Was soll für ein Unterschied sein zwischen früher, jetzt und später. Zwischen meiner Mutter, mir und meinem Kind. Ich bin es jetzt und trage meine Mutter in mir. Ich erlasse meinem Kind die Last der Generationen.

Könnte ich es, könnte ich es.

Frisch, ganz frisch in einem weißen Kleid, nein, eigentlich nackt und atmend, stehe ich am Gipfel und habe keinen Weg vor mir, der hinaufführen könnte. Da ist nichts zu wählen. Da stehe ich, und was soll ich erklügeln, was erkennen. Mutter, komm doch höher, du atmest schon so schwer. Der Weg ist steil, und ich weiß gar nicht, wie ich hierhergekommen bin. Ich glaube, ich bin geflogen. Ich habe mich irgendwie abgestoßen an einem Stundenschlag der Standuhr, die manchmal so klar in den Hof hinausdringt, aus irgendeinem Fenster meiner Nachbarn. Ich habe noch nie gefunden, aus welcher Wohnung sie tönt.

Zu einer vollen Stunde war es, im 20. Jahrhundert. Was tut der Mann da mit dir, Mutter. Der Mann, der da mit den Händen fuchtelt und dich den Weg lehren will. Er hat einen kleinen Schnurrbart, einen strengen Scheitel, und er ist so erregt. Macht bläht seinen Penis auf. Er will ihn dir als Wegweiser benutzen. Er macht den Hosenschlitz auf und läßt alles heraus und glaubt, dich auf dem einsamen Weg schrecken zu können. Mutter, schrecke dich nicht, geh weiter, geh weiter und schau hin, schaue ruhig hin, aber gehe gehe dem roten Mal nicht nach, es ist nur vor Macht gedunsen und gerötet.

Komm hier, gehe wild herauf, auch wenn du schon schwer atmest. Schau, das Glied dieses Mannes schlafft schon ab. Eine Spritze hat er noch, eine letzte Spritze schießt er sich in die Eichel und steht noch einmal, fuchtelt noch einmal mächtig mit den Gliedmaßen wie Frankenstein, konvulsisch, pulshaft zuckt seine Stimme auf, ebbt ab, und hier hängt er an seiner Nabelschnur, der mächtige Mann mit dem Lockruf der Vernichtung deiner Zeit.

Schau, alles ist aus, Mutter. Aber ich sehe dir an, du wirst dieses Schauspiel und den Schrecken vor dem roten Mal der Vergewaltigung nie ganz

vergessen wollen, denn gib zu, es hat dich die Orgie des Blutrausches gelockt, wie der Tanz um das goldene Kind auf der Schlachtstätte der Geburt.
Zerfleischen, zerbeißen und reißen. Ich weiß, was du wolltest und niemals getan hast. Du wolltest dein Kind aufessen aus Gier nach dir. Und jetzt stehe ich aber da auf dem Berg und sehe dich schwer atmen und es ist die Frage, ob du den Mann vergessen willst, den du glaubst nie gefunden zu haben, weil du dich geschreckt hast vor seiner Macht. Ich weiß, er war ein strenger Vater.
Ich lerne auch dann, wenn es nicht weitergeht. Ich lerne Geduld im Chaos der Panik, nirgendwohin zu können.
Ich hänge da, ein schreiender getroffener Vogel, beide Flügel von zwei Pfeilen an das Gipfelkreuz geheftet – blitzartig im rasenden Flug besinnungslos getroffen. Wer trifft mich hier, wer kann so etwas tun.
Hat es dir auch in den Ohren gerauscht beim Gehen? Im Polster da klopft es manchmal heraus, wenn man im Dunkeln liegt und einschlafen will. Mit Bangen und Neugier horcht man auf den Fremden in der Nacht. Mein Herz, mir fremd? Es klopft und klopft und kommt doch nie herein – was ist das? Der Nachbar – der hämmert schon wieder seit frühmorgens an den Möbeln herum. Neu macht er alles, neu, der alte Rentner. Aber jetzt wird es Abend, und ich hoffe, er legt das Werkzeug weg und macht Feierabend. Na ja, ich verstehe schon, er betätigt sich an unsinnigen alten Sachen, möbelt auf, schabt ab, nagelt zusammen, damit er die Einsamkeit nicht so hört. Seine Frau ist vor einem halben Jahr gestorben. Was soll man machen. Früher war er Tapezierer. Einmal hat er mir eine Matratze gemacht. In der hat es so laut geschlagen, daß ich sie dann meiner Mutter gegeben habe. Die schläft noch immer drauf. Und nicht schlecht, das kann ich wohl sagen.
Und heute, mein Kind, ist der erste Schultag. Auch du stehst auf der Liste am Schultor. Der Name ist eingetragen neben siebenundzwanzig anderen Namen. Sechzehn Bubennamen und zwölf Mädchennamen. Auch du wirst hingehen zur Schule, denn wir sind korrekt, wir erscheinen mit unserem Anliegen, wir lassen uns sehen, wir stehen mit ganzer Person dazu ein, daß wir uns freikämpfen von der Pflicht, immer dann dort zu erscheinen, wenn es uns ein automatisches Behördenformular vorschreibt.
Sebastian, sei bereit, deinen Mann zu stellen. Du weißt, gerade Haltung, aber immer bereit, mit tödlichem Handkantenschlag den Gegner schräg unter den Ohren, dem Hals zu in der Beuge zu treffen. Nicht aus Freude am Kampf, nur wenn dein Leben in Gefahr ist. Nimm das Kuvert fest in die Hand.
«Das Ansuchen, betreffend Privatunterricht für S. E., geb. . . . wurde zur Kenntnis genommen.»

Wir haben vorgesorgt. Wir haben die Bewilligung der übergeordneten Stelle, aber ich bin vorsichtig. Ziehe den roten Rollkragenpullover an und am besten den flaschengrünen Jeansanzug. Ein wenig Armut hat Charakter. Schneuzen und frisieren. Ich habe mir noch die Haare gewaschen, und ich werde meinen braunen Ledermantel anziehen und vielleicht einen Rock. Gut so? Heute gehe ich noch mit Sebastian mit. Morgen gehen wir nicht mehr hin. Morgen dürfen wir wieder allein unserer Wege gehen, oder zusammen? Wir können es uns aussuchen. Wir haben keine vorgeschriebenen Zeiten und Gesellschaftsregeln zu erfüllen. Sagt man.
Ich tue es nicht, und heute ist der erste Schultag, und wir machen uns eine Freude daraus, den Schulbetrieb anzuschauen. Wir dürfen die Bewilligung nicht vergessen, sie kann uns die Befreiung leichtermachen. So, auf, auf, ich kaufe dir auch noch eine Zuckertüte. Sebastian bekommt selten Näschereien, aber heute bekommt er einen Zuckerhut, deswegen, weil wir das erste und letzte Mal in der Schule waren. Er und ich.
Als wir auf die Liste geschaut haben, gestern, da sind ein paar Kinder umhergestanden. Sie haben dich gefragt, in welche Klasse du kommst. 1. a, Lehrerin: Rita Bauer. Die Kinder kannten diese Lehrerin. Sie soll nicht jung und nicht alt sein. Wenn sie die Haare hochgesteckt hat, soll sie jünger aussehen. Sie soll nicht streng und nicht mild sein. Ich sehe schon, das Mittelmaß, das ist das schlechteste, das schlüpfrigste. Das Unbenennbare kann man in seiner Wirkung so gar nicht beurteilen und oft nicht spüren.
«Ich bin gespannt, wie die Rita ausschaut», meint Sebastian neckisch. Nein, nein, mein Junge. So schön wie deine Mama ist sie sicher nicht und ficken tut sie sicher nicht so gut wie ich. Halte dich nur nicht an andere, mein Lieber, sonst würde ich dir vielleicht keinen Zuckerhut kaufen.
Es war alles so rasch und kaum meßbar. War überhaupt was? Ja, irgend etwas hat sich da abgespielt. Wir sind hingegangen auf dem freien Weg hinter den Häusern. Es wäre dein täglicher freier Schulweg geworden. Ich habe mich so gefühlt, als ginge ich das erste Mal hin. Gehen? Wie war es. Damals wurde ich von dem Gefühl getragen, heute habe ich es getragen.
Teils stürzen, halb gestoßen auch verlockt, gespannt mit Grauen, ein Blindflug, ein Sturzflug in das Neue. In die Schule.
Heute ist der erste Schultag, mein erster Schultag. Und heute bin ich nicht mehr gegangen. Sehr bald sind wir wieder gegangen, noch bevor die anderen Kinder alle drinnen waren. Es war wie ein Volksauflauf, nur die Bierzelte haben gefehlt. Ich habe diese Frau gesehen, die auch im Kreißsaal war. Sie hat eine halbe Stunde vor mir ein Mädchen geboren. Vielleicht wäre es deine Banknachbarin geworden. Ob sie dich auch beschützt hätte, wie mich der Rudi? Sie hätte sicher auch schon ein Bäuchlein, vielleicht

ein Babybäuchlein. Sebastian, du wirst doch nicht, aber, Bub, mitten im Religionsunterricht auf der Schulbank hast du sie geschwängert . . . so was tut man doch nicht. Diese Frau habe ich schon öfter in meinem Wohnbezirk getroffen. Sie sieht gern weg. Ich glaube, sie will nicht, daß ich weiß, wie sie zerfallen ist in alle Windrichtungen. Die Wehen wehen alles wild durcheinander. Auch heute hat sie wieder weggesehen.
Und jeden Tag bin ich in die Schule gegangen. Gegangen? Getrottet, mit Grausen verlockt, geschleudert, verloren und endlich gegangen. Jeden Tag, und mir ist eigentlich nichts aufgefallen. Ich bin mir nicht mehr aufgefallen. Ich habe mich auf den täglichen Schulwegen verloren. Es war nicht arg, es hat nicht nur geschmerzt. Es war so selbstverständlich. Mit jedem Tag ist die Chance kleiner geworden, mich zu spüren. Meine Schmerzschwelle war irritiert, ich konnte meinen Willen nicht aufkommen lassen. Ich war irgendwie gar nicht. Ich hatte keine Chance, und ich wurde jeden Tag kleiner. Größer an Körper und kleiner an Bewußtsein. Jeden Tag wurde an mir gefressen, kaum merklich geknabbert. Mir wurde das bißchen Willen zu einem ganzen Leben herausgefressen. Vorher von meiner Mutter, nachher von den Lehrern und es war alles in Ordnung und richtig.
Die Möglichkeit, daß alles nicht so schlimm sein müßte, sondern ich ganz anders könnte und wollte, die verschwamm mir unter den ungeweinten Tränen der Eingliederung in die Verzichtsvernunftmaschine.
Mir wird ganz übel, wenn ich mir dieses stetige Knabbern an meinem Bewußtsein vorstelle. So leicht übel war mir manchmal in der Frühe beim Schulweg gewesen. Heute war mir nicht übel. Soll ich sagen, ich war todkrank? Oder soll ich sagen, ich war noch nie so gesund. Und nichts habe ich damals bemerkt. Es war nicht so wie brutale Gewalt, gegen die man sich wehren kann, gegen die man angehen könnte. Unsichtbar war das Mordinstrument, fein, wie mikroskopisch, haarscharf geschnitten hat es jeden Tag an mir, bis ich überzeugt war, daß alles so sein muß. Daß das
Leben ist
Mühe
Zwang
Lockerung
Zwang
Rast
Mühsal
ein wenig Freude
und wieder Mühsal.
Jeden Tag mit der leichten Übelkeit am Rücken in die Schule. So muß es sein, ein ganzes Leben lang. Ich habe es gelernt. Und da steht die Lehrerin, siehst du die Rita jetzt. So habe ich sie mir vorgestellt. So alt wie ich.

Gefärbtes, aufgedrehtes Haar, etwas mollig und ein ordentliches Kleid. Sie steht da und gibt die Hand dem, der sie geben will. Sie drängt sich keinem ihrer neuen Schüler auf und auch den Eltern nicht.

So manches Kind bringt Blumen. Sie hält, frei so gut sie kann. Sie wartet ab und will nicht beherrschen. Das hebt sie sich für später auf. Ich bin froh, daß wir dort waren. Wir hätten nicht entgehen können. Dein Name scheint auf der Liste auf. Herodes – Bethlehem und Kindermord, dein Name stand da, da gibt es nichts. Wir hätten eine Lücke gelassen und uns verleugnet, wir hätten gesagt, uns gibt es nicht, überseht uns. Aber wir sind hingegangen und haben uns nicht versteckt, wir haben uns gestellt den Schwestern der Soldaten, aber man hat uns trotzig links liegenlassen. Die Lehrerin weiß, daß ich die Bewilligung in der Tasche habe wie eine Waffe.

«Ah, Erlenberger, wenn das Kind die Schule nicht besuchen soll, ist das ihre Sache.»

Nein, scharf hat es die Lehrerin nicht gesagt, aber sie hat es so gemeint. Sie hat nicht viel mit mir gesprochen. Die Kinder haben sich in der Garderobe im Keller gesammelt, bevor sie in die Klassenzimmer zogen. Geschlossen 2 und 2, zwei und zwei. Schön in der Reihe und Finger auf den Mund. «Seid alle still, weil's die Frau Lehrerin so haben will!»

Sie hat mich teils unsicher, teils ängstlich, teils neugierig, teils verachtend, aber jedenfalls irgendwie trotzig aus den Augen, an denen sich die Wimperntusche etwas nach unten abgedrückt hat, verwischt angesehen und mir die Hand gegeben. Sie hat mir ihre Hilfe nicht angeboten. Eine weiche Hand, etwas schwitzig, oder vielleicht war das auch meine.

Sie war aufgeregt, kein Wunder, sie empfing hier so früh am Morgen 28 Menschen, die sie vier Jahre lang sachte, genau, fein säuberlich erdrücken muß. Sie muß den Plan einhalten, der so gestaltet ist, daß niemand bemerkt, worum es geht. Wissen vermitteln heißt er – den Willen erdrükken, so funktioniert es. Eine harte Arbeit haben sie sich da auferlegt, Frau Lehrerin. Eine harte Arbeit, Rita, und du wirst nicht einmal sehr gut dafür bezahlt.

Schulbücher bekommen wir keine. Nur die ordentlichen Schüler bekommen Schulbücher vom Staat, aber wir dürfen kommen und uns erkundigen, welche hier verwendet werden, auf daß Sebastian in derselben Art unterrichtet wird wie die Klassenkameraden. Wir gingen wieder, und ich bin froh. Wir spazierten den Schulweg zurück bei den Eseln und Schafen vorüber, die da bei einem Autofriedhof gehalten werden. Sebastian gibt dem Esel sein Brot. Er braucht es ja nicht. Wir können uns Zeit lassen und schauen, ob der Esel so eine Quaste wie das Pferd am Schwanz hat oder nicht. Sebastian interessiert sich dafür. Es ist ihm wichtig. Er wartet nicht, bis er es in der Schule lernt. Er sieht selber nach, jetzt in der Frühe, wo die

anderen Kinder im Klassenzimmer sitzen und Rita ihnen sachte die erste Hirnschraube anlegt. Sie mißt heute nur ab. Sie orientiert sich und legt alles vorsichtig zurecht.
Wie soll der Zuckerhut aussehen, Sebastian? Gelb? Rot? Manche Kinder haben einen getupften. Du bekommst ihn jetzt am Heimweg des ersten Schultags. Er soll dir schmecken, mein Kind! Wir beide haben diese Angelegenheit zur Befriedigung aller gelöst. Wir haben einen leeren Zuckerhut gekauft und ihn selbst gefüllt mit Schokoladen und Saftfläschchen in einer Kartontüte. Da weiß man wenigstens, was drinnen ist.
Früher hätte ich gedacht, ich dürfte das nicht schreiben. Aber das ist ja der Grund, warum ich es tue. Würde ich anders schreiben, ich meinte dasselbe. Ich könnte nichts verbergen oder beschönigen. Ich bin ein gieriger Unmensch. Und sonst habe ich nichts zu schreiben. Alle anderen Kostüme wären schlecht, jeder würde die Lüge riechen. Ich bin ein liebenswürdiger Unmensch – getrieben von der Idee, ein Mensch zu werden. Nichtsahnend was das sein soll?
Ich weiß es. Es ist die Hinterseite meines Unmenschengesichts. Ich trage alles bei mir. Meine Lichtorgeln rasen im Wechsel. Die Farben narren mich in meinem Hirnstrom. Das ist aber noch lange kein Drama.
Ich sitze auf meinem weichen Stuhl in der Ecke. Das heißt, ich bin nicht besonders beschäftigt. Das heißt es für mich und das heißt es für Sebastian. Wir haben das niemals abgesprochen, aber jeder weiß es. Manchmal möchte ich auch nicht besonders beschäftigt werden. Ich bin keine Mutter, die alles liegen- und stehenläßt für die Bedürfnisse ihres Sprößlings. Mein Tagesablauf ist irgendwie geregelt, und ich habe das nicht ungern. Ich nehme mir nicht immer Zeit für ihn. Ich nehme mir auch nicht immer Zeit für mich. Wenn wir sie brauchen und wollen, haben wir sie allerdings immer. Manchmal zerschlage ich die Zeit auf der Schreibmaschine, haue sie in die Pfanne hinein, manchmal verschlafen wir sie, und manchmal gehen wir ihr auf den Leim, so lang, daß wir todmüde nach Hause kommen. Und das ist gesund. Jetzt ist Sitzzeit und Sebastian weiß, daß das eine gute Zeit ist, meine Aufmerksamkeit für seine Forschungen in die Schreib- und Sprachwissenschaft und Zahlenkunde zu erregen und ich muß sagen, ich bin ja außerordentlich interessiert an seinem Interesse für diese Gebiete, denn ich würde schön dasitzen mit meinen Vorstellungen und Berechnungen, wenn Sebastian da nicht mittäte und bis zum nächsten Juli den Stoff der ersten Klasse nicht beherrschen würde. Nicht auszudenken wäre diese Schande. Ich könnte total einpacken, meine ganzen Seiten und meine Begeisterung und mein Leben. Wäre dieses Leben nicht so, dann wäre es anders, aber diese Gedanken sind nicht notwendig.
Sebastian bringt einen Zettel. Da sind Tiere gezeichnet. Eines mit einem Rüssel und eines, das aussieht wie ein langer Hund und ein kleines gut

erkennbares Federvieh. Daneben steht: DER ElEFand EanEadsi mit BLEtta – mir wackeln die Ohren über diese Schreibung.
«Weißt du, ich kann nicht ch schreiben, sich? Wie geht das?»
Liebes Kind, du kannst nicht nur nicht ch schreiben, aber das denke ich mir nur nebenbei. Dieser Gedanke ist aber ein Anlaß für einen Entschluß, einmal ein wenig Ordnung in Sebastians Buchstaben zu bringen.
«Das ist ja ganz schwer, was du da schreibst. Wie sprichst du das?» Wir sagen gemeinsam und langsam:
«Der Elefant –» und ich mache ein recht hartes T, «ernährt –» und ich dehne das Wort ordentlich aus und sage dazu noch «Nahrung, die Nahrung», nach einem gehörigen Abstand folgt «sich», und dann betone ich, «von Blättern.»
Während ich noch die letzten Worte ausprägе oder einpräge, ohne die vorherigen als falsch abzumontieren, denn ich will nicht, daß das Kind seine Unbefangenheit im Aufschreiben verlieren soll, hole ich ein Heft mit einem dicken Deckel, in das wir schon manchmal geschrieben und gezeichnet haben, aus meiner Lade und einen Bleistift, und wir setzen uns gleich an den Tisch ich lege den Zettel dazu, und mir ist so, als sollte Sebastian einfaches schreiben können, damit er nicht immer nur so herauskollert mit den Buchstaben.
«Schreibst du es hier noch einmal hinein?»
«Mach du es, dann kann ich das ch lernen.»
Der Elefant ernährt sich von Blättern – schreibe ich schön in Druckschrift.
«Ich kann noch nicht alle diese kleinen Buchstaben lesen. Die großen weiß ich schon, aber diese kleinen darfst du nicht alle verwenden.»
«Ich darf schon. Ich kann sie ja. Welche kannst du schon in klein und groß?»
«Das A weiß ich, ich kann es klein nicht schreiben, aber ich erkenne es.»
«Schreiben wir hier hinein – A a A a A a. Einmal klein a – einmal groß A – einmal klein a – einmal groß A. Du machst es ins Heft, und ich mache es auf einen Block.»
«Ich geb dir den mit den kleinen Katzen drauf. Das ist jetzt immer deiner, da wirst du drinnen schreiben, und ich werde dir Aufgaben geben.»
Er holt seinen Katzenblock, und ich wundere mich, daß er das Schulespiel mit mir macht und das strenge Aufgabenspiel, das er ja eigentlich nicht kennt. Ich denke aber, daß es auf jeden Fall gut sein kann, wenn er mir seine Anspannung auf diesem Gebiet zurückgeben könnte, denn ich fordere ihn jetzt und es ist möglich, daß er da gar nicht mitmachen möchte, aber ich steige da rigoros über meine Bedenken hinweg. Zuviel Bedenken ist ungesünder als Tun der Bedenken und ich habe sie, denn Sebastian

muß sowohl kleine wie auch große Buchstaben schreiben und lesen können. Ich habe mir den Lehrplan, den jeder in der zuständigen Buchhandlung erstehen kann, gekauft und da steht drinnen, daß der Schüler unbeschadet der verwendeten Methode und Ausgangsschrift die gemischte Antiqua lesen und auch annähernd schreiben können muß.
Mir wird von Sebastian geboten: «Schau, hier ist viel Platz für deine Aufgaben. Wir machen jetzt das A. Du kannst es auch bunt machen, wenn du willst.»
«Groß A, klein a, groß A, klein a . . .» Wir verfallen in einen Singsang, der kein Ende nehmen will, weil er für sich seinen Sinn hat. Ich sehe auf Sebastians Buchstaben, sie sind nicht gerade, sie sind nicht sehr schön, er tut sich mit der Hand nicht so locker wie ich, aber sein Singsang ist locker und die Hand läuft mit.
«Kannst du das m? Das ist leichter zu schreiben, weil es nicht so rund sein muß. Die Bögen, die sollen allerdings auch rund sein. Die kleinen Buchstaben sehen den großen immer sehr ähnlich. Beim A kann ich es selbst kaum erkennen, aber beim M und auch beim I ist es gut zu sehen.
«Zeig her – nein, schau – das I kann ich.»
«Genau – und das kleine I ist nur kleiner und hat einen Punkt oben.» Ich beginne, in meinem Block mit groß I, klein i, groß I, klein i und groß I, klein i . . . und Sebastian singt schon wieder mit mir seine Is und die sind schöner als die As. Und darüber bin ich sehr froh, denn ich kann mich erinnern, daß es auch wichtig ist, schön zu schreiben. Heutzutage bin ich für mich ganz davon abgekommen, aber ich kann es noch. Meine Buchstaben sind sauber, das muß ich schon sagen. Ich bemühe mich auch sehr. Und auf einmal lacht mich ein zahnloser Mund an, in einem breiten Kindergesicht mit blauen Augen und einem blonden Schopf und zwei Löchern vorn im Mund, wie sich das so für das Alter Sebastians gehört, und er weiß etwas: «Schau weg, erst schauen, wenn ich es sage.»
Es wird etwas gemalt, und ich höre, daß Sebastian die Zunge zwischen den Lippen haben muß, vielleicht konzentriert sie sich auch im Wandern in der Zahnlücke, und ich weiß eigentlich schon, worum es jetzt geht.
«Geht!» und das Kind freut sich über seinen Ia, den er hingezeichnet sowie hingeschrieben hat. Lieb ist er, der graue Bursche, ich kann ihn gut erkennen.
«Machen wir noch ein ia dazu. Ich führe deine Hand beim a, daß er ein schönes hat, es ist ein wenig wackelig.»
Wir versuchen das, und ich spüre eine ganz gespannte Hand unter mir, die es nicht leicht hat, diese kleine Rundung zu formen. Diese Hand ist nicht so beherrscht wie bei mir, ich hätte das nicht gedacht, daß es so schwierig sein könnte, wieder an den Ausgangspunkt dieses kleinen Kreises zu gelangen, das ist ein Geduldspiel, und daß der kleine Strich anschließt an den Kreis, ist

gar nicht so selbstverständlich. Ich merke, wenn ich schnell das kleine a schreibe, schließt der Strich auch nicht an, nur macht das bei mir nichts mehr. Bei Sebastian macht das noch etwas. Er läßt meine Hand auf der seinen liegen, aber ich spüre, das ist eine Anstrengung zuviel, sowohl für ihn als auch für mich und es wird lockerer sein, seine Hand wird lockerer werden, wenn ich ihn allein malen lasse. Ich werde da Geduld haben müssen. Die Beherrschung in solchen Kleinigkeiten, in der Hand sowie im Kopf, sind für Sebastian ein großer Anreiz, wie das Fangen einer kleinen Welle in einem großen See, und ich steige auf aus den Wogen meiner Erinnerung an meine kleine Hand, die ihre Fingerspitzen nicht gefühlt hat, in der der Stift steif gepflockt war, ein Fremdkörper war es, über den ich gestaunt habe, was er für Spuren hinterläßt, Beziehung zwischen meinen Bewegungen und dem Stift, die war nicht hergestellt. In diesem Abstand lag eine ganze Welt. Es war meine, die ich lernen wollte, in eine neue Form zu bringen. Und die anderen haben sich da so eingemischt in meine Hirnzeichen. Und manchmal sind sie mir so abgerückt und ich habe sie gehaßt wie meine Mutter. Die Form der Buchstaben wurde zu meiner Verfassung an diesem Tag, sie formte sie. Zeichen meines Zustands. Ein Kleinkind hat keinen Zustand, es ist, was man ihm gibt, und jetzt hatte ich eine Wahl, in meinen Zeichen, in der Sauberkeit, mit der sie gesetzt wurden, lernte ich mich beherrschen, machte ich mich möglich oder den Vorgesetzen unmöglich. Und wenn ich heute noch ein oder das andere alte Schulheft, das meine Mutter aufgehoben hat, betrachte, dann kann es passieren, daß ich mich an dieses oder jenes Schriftbild noch so genau erinnern kann, wie an meinen Zustand an diesem Tag. Eingefräst hat sich mir meine Haßliebe zu dieser Errungenschaft in das Reich der Erwachsenen. Eine Hürde. Und Sebastian soll nicht über die Hürde gehoben werden oder geführt werden, er soll springen, wenn er will auf seinem Ia.
«Ich habe noch ein paar alte Hefte von mir. Die werde ich dir herausgeben.»
«Wo hast du die. Such sie gleich. Ich möchte das gern sehen. Geh bitte, such sie gleich, ich helf dir.»
Wir suchen nicht lange, ich weiß ja, wo sie sind. Das Kramen in den alten Schachteln ist immer ein Erlebnis, sowohl für ihn als auch für mich, aber jetzt muß ich achten, daß wir uns nicht verkramen. Wir wollen ja jetzt in den Buchstaben lesen. Und ich schlage meine ganze Welt auf. Ich springe mir da heraus wie aus dem Mutterleib, nur weiß ich noch ganz genau, wie ich mich da hineingetan habe. Ich habe zuerst die Großschreibung gelernt. Nur die Großschreibung, und ich habe mir nicht leicht getan, und ich sehe jetzt, wieviel das Kind für sich getan hat und auch für mich, daß er ohne meine Mühe diese großen Buchstaben alle heraus hat. Er hat sie irgendwie nicht lernen müssen. Ihm haben sie keine Narben hinterlassen, er weiß sicher jetzt schon nicht mehr, wie er sie sich gemerkt hat, und wir

werden daran nicht rütteln und nicht darin wühlen und nicht kramen.
«Ich habe die Buchstaben mit einer kleinen Geschichte gelernt. Das A war eine Leiter und auf die sind die Kinder zum Äpfelpflücken gestiegen. Meine Lehrerin hat dazu ein schönes Bild gemalt. Das D, kann ich mich erinnern, das war das Dach eines Kinderwagens, weil es geregnet hat. Ich habe das D sehr gern gehabt, weil ich immer einen Puppenwagen haben wollte. Ich habe es mir sofort gemerkt und immer besonders sorgfältig geschrieben. Ich hatte eine eigene Beziehung zu dem D. Sowie ich eine Beziehung zu der Wandmalerei neben meinem Kinderbett hatte, als ich noch sehr klein war und keine Freunde in den Schriftzeichen hatte. Ich habe mit den Mustern gesprochen und ihnen Namen gegeben. Dann waren die Buchstaben meine Vertrauten und ich hatte welche, gegen die ich mich sperrte, wie zum Beispiel gegen das W oder das P, das R hatte einen geheimen Reiz für mich, ich konnte es aber nie sehr schön hinbringen, und wenn es einmal ging, belohnte es mich mit seinem Bild. Stolz war das R. Das B ekelte mich, es erinnerte mich immer an den Busen meiner Mutter und den wollte ich nicht.»
Sebastian ist ergriffen von meinen Geschichten und Gefühlen in diese Zeichen, die zu schreiben all meine Lebensenergie, Sexualität, Beherrschung sowie Haß und Zuwendung ausdrücken konnten und ich lebte mit ihnen, ich mußte es tun, denn das war meine einzige Möglichkeit. Erotik der Symbole und ihre Beherrschung. Ein Machtfeld ist das. Und wir lernen immer die althergebrachten. Wen wundert es dann noch, daß der Mensch unter seinen Grenzen leidet. Erotische Energie wird in überlieferte Zeichen gepreßt und die Schrift ist meine Grenze. Da hast du sie, mehr wurde mir nicht erlaubt zu entdecken.
Ich will das Kind gar nicht allzusehr in meine Beziehungen zu meinen Symbolen, die eigentlich gar nicht meine sind, einweihen, weil es ja seine eigenen Beziehungen hat. Seine eigenen Bilder, und die sind nicht meine. Ich möchte aber nicht vergessen, daß die Schrift für ihn nicht tot ist. Aus ihr schauen Gespensterchen heraus, grausige und freundliche, sowie ein Kind aus dem Teller von lauter Gesichtern und Farben angeblickt wird, und da ist es kein Wunder, daß es so manches nicht essen möchte. Fleischbröckchen sehen sehr menschlich aus. Sebastian ist kein Kannibale. Er ißt nur gern paniertes Fleisch, wo er die Nacktheit nicht sieht. Vielleicht hat das etwas mit mir zu tun, die Erinnerung daran, daß auch ich rasch abgebratenes oder scharfes dunkel sichtbares Fleisch, das in seinen Fasern und in seiner Maserung so blickte, so fleischlich mich ansprang mit den Zellen einer Haut, nicht wollte. Ich wollte mein eigenes Fleisch nicht essen. So vermute ich, daß wir von klein auf eigentlich eher Vegetariertiere sind, und wenn wir erwachsen geworden sind, essen wir jedes Fleisch mit Gier. Ich liebe heutzutage besonders dunkle Steaks, und früher hätte ich ge-

glaubt, Gott persönlich sähe mich neben dem Salat an. Und wahr ist es, aber heutzutage bin ich nicht nur ein Menschenfresser, sondern auch ein göttlicher Esser.
«Ich mache das D, das ist das große Wagendach.»
Ich habe ihm diese Geschichte gar nicht so erklärt. Es kommt ja erst zum D, wenn das Dach auf dem Bauch gelegen ist und der Wind es umgestülpt hat, aber ich spare mir diese Geschichte, Sebastian macht schon das D, und es sieht ihn schon an mit seinen Augen. Schreibt er es freundlich gestimmt hin, so wird es ihn auch freundlicher ansehen . . . und schön ist sein D.
«Jetzt machen wir auch gleich das kleine d. Kannst du dich noch an das a erinnern?»
«Natürlich, das a vom Ia», und er lacht wieder aus der Lücke heraus und ist ganz verliebt in seinen Esel, denn den hat er gefunden, das ist seiner.
«Wenn ich das Strichlein am a verlängere, kommt das d zustande, das kleine d.»
Und ich mache es schon in meinen Block, groß D, klein d, groß D, klein d und wir singen wieder unseren Buchstabenhauer und malen langsam und sorgfältig. Er macht mit, er merkt sich, ich staune und bemerke zugleich, daß ich viel klüger vorgehen könnte, es vielleicht dem Kind einfacher machen könnte, wenn ich ein System hätte, nach dem ich vorginge. Es wäre vielleicht leichter, wenn zuerst das I und dann alle Buchstaben, die einen geraden Strich hätten, wie m und n, anschließen würden. Ich hätte bessere Lernerfolge, ich wäre im Lehrstoff schneller, wir könnten Zeit gewinnen, wir könnten schneller sein, wir könnten besser werden, wir könnten die Erfahrungen der anderen für uns benützen und die Allerbesten sein, mich reitet die Verklemmung inmitten meiner Improvisation der Geduld und ich spüre, wie in mir der Ehrgeiz aufflammen will und ich alle Entwicklung meines Kindes brutal niederrennen könnte, indem ich klug handeln würde, indem ich berechnen, indem ich eine Methode benützen möchte und mir ersparen will, die Schrift leben zu lassen, sie mein Kind finden zu lassen. Ich möchte ihm alles auf den Teller schmeißen und ihm die Gier sättigen, nach dem Unsinn durch Unsinn in Regeln und meine Ds sind blind für mich geworden, leere Formen – leere Formen auf meinem Block, und hätte ich nicht diese lachende Zahnlücke vor mir, in die ich hineinfallen dürfte, ich würde anfangen, das Alphabet mit Sebastian auswendig zu lernen. Und das ist nun wieder auch nicht so schlecht in meiner erregten Ratlosigkeit, und ich beginne einen Singsang: «Aa–Bb–Cc–Dd–Ee!»
«Noch einmal, noch einmal . . . Ich klatsche immer in die Hand bei den Buchstaben, die ich schon kann.»
Jetzt kommt es mir zugute, daß ich mich nie so sehr mit dem Kind ins

Spielen einließ, jetzt ist er begeistert an meiner Art, die uns verbindet, wir haben ein gemeinsames Spielzeug, das ich wieder auskrame für mich, und das ihm neu ist.
«Aa – klatsch, Bb, Cc, Dd – klatsch, Ee – klatsch.»
«Wieso kannst du das E?»
«Ja, das kenne ich klein und groß. Klein treffe ich es nie. Ich habe es aber noch nie richtig probiert.»
«Ach so, na dann kannst du nicht sagen, daß du es nicht triffst. Ich male dir das erste in dein Heft hinein an den Anfang der Zeile. E e.»
«Groß E, klein e, groß E, klein e», und Sebastian singt jetzt das Lied des Tages schon allein, und ich mache stumm meine Zeichen und höre dann auf und sehe ihm zu; e ist besonders schwer, und es ist überhaupt alles vielzu schwierig, was wir da machen, aber Sebastian hat es im Kopf, und ich will da die Grade meiner Einfachheit und meiner Schwierigkeit nicht hineinpflanzen, und nicht – das kannst du schon und das noch nicht. Das wäre so wie, das darfst du schon wissen oder das verstehst du noch nicht. Sebastian versteht alles, was er sich selbst ausdenkt, er versteht nur nicht das, was ich mir an Rationalität für ihn ausdenken würde. Die e's sind unten irgendwie zu rund, weil die Hand zu eckig ist und die Größenverhältnisse von Klein- zu Großbuchstaben sind keine Verhältnisse, die Hintergründe haben, aber immerhin, wir machen da etwas, es tut sich da etwas, und Sebastian hat mehr Ausdauer als ich. Er geht seinen Weg und entdeckt sein Land, und ich gebe vor, es zu kennen und will es ordnen und einteilen, daran müßten wir uns eigentlich spalten. Es ist unmöglich zu lehren, was ein anderer nicht schon weiß. Ich muß daher davon ausgehen, daß er es weiß. Es – Es. Dasjenige, was er aufschreiben will und lesen will. Er will schreiben lernen, das spüre ich, und das ist mein Anlaß, es auch wieder zu lernen. Denn nichts ist endgültig verpflichtend.
«Was können wir jetzt schon?»
«Das Aa, das Ee, das Ii, das Dd, das M wolltest du mir noch sagen.»
Ich habe das schon wieder vergessen und bin froh, daß Sebastian Ordnung in meine Vorsätze bringt, und wir machen einen schrägen Strich an das gerade I und noch einen.
«Nein, das große kann ich schon, das kleine zeig mir!»
«Da machst du ein kleines I und einen Bogen, noch ein I, und noch einen Bogen, immer wie im Rhythmus gleichmäßig und langsam», ich merke, daß Musik mit Schreiben viel zu tun hat und mit dem Rhythmus. Ich sage das Sebastian nicht, aber ich setze dieses gewonnene Gefühl für mein Vorhaben ein, und ich weiß, daß ich nicht darauf gekommen wäre, hätte ich es nicht finden wollen, hätte ich mich nicht auf Glatteis begeben, auf dem ich tanzen lernen muß, immer wieder von neuem hinfalle und das schon spüre, während ich auftrete. Wir machen eigentlich permanent alles falsch, aber das ist

unsere Ordnung, denn es war meine Lehre, daß ich immer alles falsch mache. Ich habe aber gelernt, daß das mein Leben ist und daß ich damit zu mir gekommen bin, und wir gehen blind, aber mit einem untrüglichen Tastsinn durch das Paradies der Symbole für falsch und richtig.
Hallo, ihr, hallo, Brüder, ich grüße euch, ich bin ja nicht mehr böse. Ihr habt mich total umgebracht mit eurer Methode. Sie ist gut. Nur so weiter. Ich spüre es, ich bin tot. Ich bin mausetot gemacht. Meine Lebensfreude, meine Energie, meine Erwartungen, alles ausradiert, so als wäre ich nie dagestanden. Nichts ist übriggeblieben, nichts, und das ist mein Leben und damit kann ich wieder leben. Ich bin froh, daß eure Methode so rigoros ist und keine halben Möglichkeiten läßt. Ich habe überhaupt keine mehr, und das ist meine Lebenschance. Aa Ii! Wäre ich nicht selbst mein Mörder, ich wäre nicht euer Freund, wäre ich nicht selbst mein Mörder, ich wäre nicht so begeistert an diesem Lebensspiel, denn wer gestorben ist, der fürchtet sich nicht weniger vor dem Tod, aber er lebt noch einmal als sein eigener Bruder. Hallo, ihr, hallo, ihr Brüder – Ii, Aa, Ee!
Ich habe einen neuen Lehrer gefunden. Sebastian lehrt mich seine Methode und ich gehe mit. Ich werde mir die Wirrsal und die Aussichtslosigkeit, die Frage und die Hoffnungslosigkeit nicht durch eine Methode ersparen. Wir leben in jede Auseinandersetzung von neuem hinein, in neue Abenteuer. Wir gehen alte Wege in frischer Bewegung.
Sebastian denkt etwas nach. Etwas ist ihm nicht klar.
«Jetzt kann ich noch immer nicht ch schreiben. Sich, sich ch», und mir fällt der Elefant ein, der da auf dem Zettel wartet auf sein ch nach dem si, das an das vorherige Wort angefügt wurde und so unsichtbar geblieben ist. Ich bin Sebastian dankbar für seine Hartnäckigkeit an diesem seinem Text. Unser Vorgehen oder besser unser Vorfallen kann ja doch nicht schlecht sein, wenn der Stürzende selbst sich die Löcher im Knie heilen kann. Sebastian ging es um das ch und er hat es über den vielen neuen Zeichen nicht vergessen. Darf ich da mein Unternehmen zur Unmöglichkeit aufhängen, an Schlüssen und ordnenden Gedanken? Ich werde nicht damit rechnen. Ich werde in dieser Sache überhaupt nicht rechnen.
«Ja, du hast recht, du machst mir Spaß, du weißt, was du willst, das hat einen Sinn. Der Elefant ernährt sich, ch ist ein c und ein h. Vielleicht kannst du dir noch merken ein Cc, Cc. Das kleine ist genau wie das große, nur halb so groß.»
«Viel steht da schon. Meine Hand ist schon so komisch. Mach bitte du das C.»
Ich wundere mich über diese Ehrlichkeit nicht. Ich glaube, daß nicht nur die Hand schon komisch fühlt, sondern für jetzt auch nicht mehr viel in das Köpfchen oder aus dem Kopf will und ich mache die Cs und dann auch noch die Hs und dann schreibe ich noch einmal «sich» und dann le-

sen wir einmal ganz genau durch, wie es sich gehört: Der Elefant ernährt sich von den Blättern. Denn um den ging es ja eigentlich.
«Schau, ich habe da ein Wörterbuch. Das hat keine Bilder. Es ist da nur geschrieben. Es ist ein Schulwörterbuch, das einmal durch Zufall in meine Hände geraten ist, ich glaube nicht, daß es noch von meiner Schulzeit her stammt. Hier sind die Buchstaben eingekerbt, mit denen die Wörter beginnen, die du suchen willst. Du kannst alles selbst finden, wenn du es richtig schreiben willst. Du kennst die Anfangsbuchstaben. Welches ist der Anfangsbuchstabe von Elefant?»
«E – gib her, ich finde das. Da steht wirklich Elefant drin? So wie ich es mir ausgedacht habe?»
«Nein, wo wie du es dir ausgedacht hast, wird es, glaube ich, nicht drinstehen, sondern so, wie man es allgemein schreibt. Siehst du die Spalte von E?»
Er findet das E, und ich zähle dann mechanisch im Lied das Alphabet, und mir gefällt es, und ich hätte nichts dagegen, wenn Sebastian es mitsingen würde, aber der will den Elefanten sehen. «E haben wir, jetzt brauchen wir was?»
«L lllll.»
«Nur ein l braucht der Elefant. Abcdefghijkl.»
Ich suche für den zappelnden Sebastian und weise ihn so ein in den Elefanten, so als wäre es leicht, ihn zu finden, ich zeige da irgendwohin und denke, vielleicht erkennt er das Schriftbild. Aber das tut er nicht. Ich muß zeigen. Elefant.
«Das könnte ich aber nicht lesen, oder vielleicht doch? Zeig auf etwas anderes.»
Ich suche ein leichtes Wort. «Du brauchst nur denken, daß es nicht schwer ist. Es ist wie eine Zeichnung, und die kleinen Buchstaben sehen den großen ungeheuer ähnlich, nur sind sie kleiner. Was könnte das heißen, ungefähr?»
«Das heißt Esel, das kann ich doch, das gilt ja nicht», und Sebastian lacht über seinen Verstand.
«Schwerer ist das Lesen nicht. Es kommt immer wieder dasselbe.»
Ich falte ein ganzes Lesebuch in mir auf, und ich will es sofort schreiben, gleich mit dem Kind da, das überhaupt keine Ahnung von nichts hat, und ich schreibe auf meinen Block deutlich: Sebastian und Mama.
«Sebastian! Das bin ich, das kann ich ja schon lang erkennen und auch schreiben», und die Hand ist wieder auf einmal nicht mehr so komisch und er schreibt unter seine heutige Lehre Sebastian. Ich kann genau erkennen, daß er zu e und zu a und zu i eine andere Beziehung hat als zu den anderen verwaschenen Buchstaben, die er von meiner Schrift abmalt, die aber, die sehr wackelig dastehen, so wie hingeweht.

«Was steht noch da? Was könnte das heißen, rate einmal. Welchen Buchstaben kennst du da schon?»
«Das d und . . .
«und und und»
«Mama!»
Und es ist, als hätten wir etwas gefunden.
«Ich zeichne uns jetzt da her.»
«Und ich werde dir inzwischen eine Jause machen. Was willst du trinken? Kakao oder Tee?»
«Am liebsten Wasser.»
Lieber Gott, guter Gott, verdammt noch ein paarmal, ich hatte gedacht, ich hätte als normaler Mensch mit sechs Monaten das Sitzen erlernt. Meine Norm wurde zu einem zweifelhaften Hängen auf weichen und auf harten Sitzen. Besonders schlecht ging es in der Straßenbahn, wenn gleich nebenan die Wand anschloß und auf der anderen Seite von mir jemand zum Sitzen kam. Zuerst hielt ich mich noch gerade und wölbte den Bauch vor mich hin. Das Kreuz wurde dabei aber in einer Weise belastet, die wieder gegen den Zweibeiner sprach. Tiere sitzen ja auch nicht so. Noch weniger müssen sie sich am Morgen in Straßenbahnen drängen, zu zweit in der Tür, wo jeder glaubt, er sei nur ein einzelner. Ich drehte mich dann immer etwas auf die Seite und winkelte meinen Oberkörper leicht ab. Das veränderte die Kreuzstellung, aber entlastete es nicht wirklich, und ich neigte mich recht bald auf die andere Seite. Später, als der Bauch so groß war, daß er sich beim Sitzen scheinbar selbständig auf meinen Oberschenkeln breitmachte, galt er als Schoßkind und mußte angenehmerweise keinen eigenen Fahrschein lösen. Er konnte nicht ruhig sitzen, dieser Bauch, manchmal bewegte er sich, besonders am Morgen in den öffentlichen Fahrzeugen, und boxte unverschämt die an mich Gedrängten an. Ruckartige und gar keine schwachen Ausschläge, die manchmal sichtbar meine Haut ausbuchteten, waren das, aber angenehm zu spüren, da sie mir vom Leben des Kindes Botschaft gaben. Besonders wenn ich mich etwas abhetzte und schneller bewegte, als es mir recht war, oder zu oft die Bettlade öffnete und schloß, weil der Polsterzipfel immer wieder herausschaute, oder zu gründlich aufräumte, viel Schweres hob und wieder senkte, dagegen war mein «Sorglosig». Gegen Ende der neun Monate zu war ich bei allzu großen Wölbungen und Windungen meines Inneren immer sehr wachsam, da ich starkes Rühren als Ausbruchsversuch deutete. Und das, das wäre ja schrecklich gewesen.
Die empfehlenswerteste Haltung bei hochgradiger Schwangerschaft, die nicht mitgeteilt werden muß, da jede Betroffene in solchen Angelegenheiten ihr eigener Meister ist, heißt, sich etwas auf die Seite neigen und mit dem anliegenden Arm abstützen, oft die Stellung wechseln, Plätze wech-

seln und auch auf dem Bauch liegen, falls du kannst . . . und zu lesen. Das war weder in der Straßenbahn noch bei meiner Arbeit möglich, obwohl ich mich erinnern kann, daß ich mich zu Ende meiner Arbeitszeit, die sozialerweise sechs Wochen vor der Entbindung endete, oft dünngemacht habe und im Kaffeehaus rastete, anstatt arbeitseifrig zu spielen. Ich hatte ja schon ganz andere Dinge im Kopf. Nämlich, wie es eigentlich nicht üblich ist, wurde mir erst zu Ende meiner Tragzeit in den Fahrzeugen regelmäßig schlecht. Ich mußte damals einen Autobus benützen, der mich viele Stationen in die Vorstadt bringen sollte, wo ich für kurze Zeit meine Wohnung aufgeschlagen hatte. Ich schaffte einige Stationen immer spielend. Wenn ich ab einer bestimmten letzten Kreuzung, wo die vorletzte scharfe Kurve kam, noch ruhig saß, begann ich mich langsam zusammenzuziehen, um dann wieder arg zu gähnen und mich aufzurichten. Manchmal ging es ganz gut und oft hoffte ich, es bis zu der Station zu schaffen, wo ich dann seelenruhig in einen Mistkübel speien konnte. Dann brauchte ich nur mehr zwei Stationen zu Fuß zu gehen. Die Autobusse hatten lange Intervalle. Mußte ich allerdings schon vorher hinaus, war das sehr schlecht, weil ich dann immer auf die Autofahrer angewiesen war, die mich mitnehmen sollten oder wollten. Jedenfalls sollen schwangere Frauen eher nicht Autostoppen, was ja stimmte, weil mir, wäre die Fahrzeit nicht kurz gewesen, neuerlich schlecht geworden wäre. Und wer läßt sich schon gern als Gefälligkeit die Kiste vollspeien.
Es war ein zermürbendes Spiel, in das ich willentlich nur mangelhaft eingreifen konnte. Ich kann mich aber nicht erinnern, daß ich wirklich einmal in einem dieser Fahrzeuge losgegangen wäre, und das rechne ich meinem Willen zu, dem guten. Wenn eine Schwangere in den Rinnstein bricht, ist niemand so angeekelt, als wenn ein Betrunkener sich übergibt, denn der Betrunkene ist nicht schwanger und eine Schwangere darf nicht betrunken sein. So erwartet man das. Es wird auch empfohlen, während dieser Zeit keine Drogen gegen Schwindel und Übelkeit zu nehmen. Und das muß ja wohl so seinen Sinn haben, wenn der Arzt es sagt.
Zu Hause berichtete ich, wie weit ich heute gekommen war. Das wurde von mir erwartet. «Weit bist du», und ich ging an die Bereitung eines Essens, um hineinzufüllen, was ich verbraucht hatte.
Manchmal bleibe ich mit wachsendem Wohlgefühl neben brüllenden Straßenbaumaschinen stehen – ihr monotones Tosen – entleert im Takt mein lärmendes Hirn.
Es ist mir ein wenig zu maschinell, diese Erinnerungsfetzen einfach so auf den Warentisch zu breiten, anzubieten und zu denken: Kauf – oder geh. Es geht ja eigentlich um mich. Ich möchte mich als guter Verkäufer behaupten, ich möchte meinem Stand Ehre erweisen und mich befriedigen an meinem Tagewerk. Nur weiß ich auch: Du sollst die Leser nicht zuviel

mit dir selbst mühen. Ich bin ja auch ein Leser.
Scheiß auf die Mühsal – durch Leid wird man nicht besser – wer zu lang in der Nase bohrt, findet nicht mehr zurück – haun wir das Buch drauf und lassen wir einen ordentlichen fahren. Selbst ist das Hirn – Hut und Kleider runter. Bäuche gezeigt und nicht versteckt – alles rund – Ende rund, rauf aufs Bett und wohin jetzt mit dem Bauch?
Erstens hatte ich eine Matratze auf dem Boden, wunderbar als Bett gerichtet, und zweitens kann ich mich nicht erinnern, ob mir ein Arzt oder irgendeine Informationsschrift verdeutlicht hat, in diesem Zustand nicht Geschlechtsverkehr zu üben, oder besser weniger und sanfter, oder habe ich es in einer Illustrierten gelesen, daß Orgasmen dem Embryo Sauerstoff entziehen. Irgendwelche Legenden kurvten in meinem Kopf, bedeuteten mir wenig, aber gaben mir doch zu denken. Zu Beginn der Schwangerschaft, als die Geschlechtsteile so anschwollen und empfindlich wurden, war ich sehr erregbar, aber ich kann mich auch erinnern, daß zu lange Reizung der Brust und der Schleimhäute in der Scheide schnell zu einer Überreizung führten und es leicht schmerzte. Die Trägheit der ersten Monate kommt der Aktivität des weiblichen Geschlechtspartners nicht sehr zugute. Das kann natürlich bei jeder anders sein, ich schwebe auf nebelhaften Erinnerungen. Manchmal konstruiert man Erinnerungen aus bestimmten Gründen, aber sie kommen dann der vergangenen Zukunft sicher besonders nahe.
Der Körper ging so aus dem Leim. Er war vorerst unförmig, nicht bauchig, aber nicht schlank, er war verändert, und das Verhältnis dazu war verändert. Die Spannkraft und die Energie ließen nach, der Antrieb und der Abtrieb, so man eines davon überhaupt jemals gefühlt hatte. Noch war es mir leicht möglich, auf meinem Bauch zu liegen, und es war leicht möglich, mich selbst auf den Bauch zu legen. Er war weich und groß und warm. Er war immer ein wenig wie geheizt und bewohnt. Alle Geschlechtsteile waren stärker durchblutet. Es schien mir vorerst nichts hinderlich, aber ich glaube mich zu erinnern, daß ich beim Fick nicht mehr ganz bei der Sache war. Ich war bereit, aber von ferne, mit Näherem erfüllt, als mit dem Jagen nach Lust. Mir war das zuviel Arbeit, ich fühlte mich durch meinen Zustand belustigt genug und sah manchmal verträumt lächelnd an die Decke, während der andere seine Wesenheit ausarbeitete. So als hätte ich schon genug getan und würde mich ausruhen auf einer Terrasse über den jagenden Lebensbeflissenen.
Trotzdem hatte ich es gern, wenn man sich mit mir beschäftigte. Ich war geduldig, langsam, eine träge, dunkelrote, unverletzbare Wolke, auf deren Eigenwilligkeit man einmal nicht achten mußte, wie feuchte Erde weich, dampfend und kühlend zugleich.
Sich vergraben in einem Körper wie in warmem Sand am Meer in der

Nacht. Die Gedanken wurden an die Sterne abgegeben und die Zeit wurde von den Wogen mitgenommen. Überspült mit auf- und abflauenden Schauern, leiser und lauter, spülend, nicht an harte Klippen stoßend, aber wie unter einem Fels beschützend die wohlige Geborgenheit, ohne sie gewinnen zu wollen. Feucht war diese Wirklichkeit wie der Traum selbst und es war kein Zweifel über seinen Anfang und sein Ende, das Dösen in wesenhafter, ewiger Windung zurück oder voran in die Spalte einer schwangeren Frau, es muß nicht immer ein Glück bedeuten.
Mit zunehmender Bäuchlichkeit und abnehmender Bewegungsfähigkeit wurde es mühsamer, die Geschlechtsorgane in eine einigermaßen befriedigende Stellung zu bringen. Manchmal war es zum Lachen, manchmal war es zum Weinen. Der Bauch war zu hoch, um auf ihm zu liegen. Ich selbst konnte mich auf ihm nicht mehr halten. Von der Seite war alles möglich, aber nie praktisch. Sollte es angenehm für einen Partner sein, tief in die Gebärmutter hineinzustoßen, wenn er nicht gerade ein Wüstling wäre? Da wohnt schon jemand, da ist besetzt, daher bremst er sich ein, und falls man dazu imstande ist, sollte man sich am Ende der Schwangerschaft lieber auf die händische oder mündliche Art der Befriedigung konzentrieren.
Die Seelenruhe der Frau verschwindet in der letzten Zeit wieder, es wird alles härter und eckiger, schwerer und gespannter, wachsamer und abwesender, teilnahmsloser an sonst so Wichtigem. Die Bewertung der Wichtigkeiten verschiebt sich und man wird ein lauschendes Tier und nimmt wenig Anteil an menschlichen Verwindungen.
Ich jagte keine Orgasmen, kam im herkömmlichen Fick auch jetzt gar nicht dazu, was mich wenig rührte. Ich habe aber nie die Lust daran verloren, sagte ich, sage ich, schreibe ich, beteuere ich, bestätige ich hiermit, finde ich, lüge ich und bewahrheite ich immer wieder dasselbe in einem Bogen von auf- und abschwellender Energie. Begeisterung und Erlahmung. Belustigung. Erstarrung vor dem Grauen am Ende der Auswege in die Genüsse, lustlos an den Wichtigkeiten dieser Vorstellung von einem Leben, zu einem sanften Lächeln, kaum merkbar auf meinem Mund, der noch erblühen kann, obwohl er schon lange verfault ist, kehre ich zurück in das Meer der Unwichtigkeit. Wo die Gedanken sich in den Gezeiten verlieren. Ein Schiffer des Meeres, der wartet, bis er seine Fahrt antreten wird. Der im Lauschen an die Hirnwogen das zu Erwartende vergessen hat. Es kommt niemand, der übergeführt werden will, niemals jemand.
Wir sitzen im Wohnzimmer.
Es läuft da etwas im Fernsehen, was mir schon lang als Frage oder als unausgegorener Gedanke im Hirn herumläuft. Ich habe ja gewußt, es würde sich finden. Was unsichtbar schwelt, zeigt sich immer deutlich, wenn man lang genug Geduld hat, auf seine Flammen zu warten.

Sebastian sieht gebannt und begeistert auf diese Kinder, die da auf den Matten rasche Wendungen des Körpers vollführen, so katzenhaft aufkommen und abrollen, um wieder in die Höhe zu schnellen. Es sind keine Zirkusakrobaten, sondern Kinder, wie sie unter uns leben, über uns und in uns. Ein kleines Mädchen wirft einen viel größeren Jungen über die Schulter und steht wie ein kleiner Stammbaum fest auf ihren Beinen.
«Hast du das gesehen?» Sebastian achtet dieses Mädchen, und ich auch. Mir öffnen Mädchen, junges Blut von fünfzehn oder sechzehn Jahren, das Herz, wenn sie drahtig, aber hübsch wie Heckenrosen in blitzartigem Schwung mit einem Griff in einer Drehung einen Angreifer abwehren über ihren Körper hinweg, einfach hinweg. Mir fliegt die Begeisterung an dieser Disziplin zu. Das ist Disziplin, die ich anerkennen möchte. Das ist nicht ein Turnverein, wo alle in einer Stirnreihe stehen müssen, dann hopp und hopp und einer nach dem anderen und wenn der Lehrer einen Augenblick nicht herschaut, tritt der Hansi den Fritz in den Bauch, weil er der Susi einen Kuß gegeben hat und sie sich besser gehalten hat als bei ihm, aber der Fritz darf nicht stöhnen, sondern er muß so tun, als wäre nichts und die Stirn halten, daß der Lehrer diese Wut nicht sehen soll, die er bei nächster Gelegenheit, vielleicht dann, wenn der Otti springt, der Dicke ist immer so ungeschickt, und der Lehrer muß gut sichern, an dem Hans auslassen wird. Eine eiserne Klammer um den Oberarm von Hans und jetzt drehen, aber es kommt nicht dazu, weil der Otti sich diesmal getraut hat und rascher war – und wieder nichts. Ein aufgestauter Racheorgasmus, den trägt der Fritz mit nach Hause, denn nach dem Turnverein wird der Fritz immer von seinem Vater mit dem Auto abgeholt. Der Elfi, seiner Schwester, wird er's heute geben, dieser dummen Trulle.
Gleich angreifen, gleich nachgeben, gleich reagieren, gleich verteidigen, gleich kämpfen, sich gleichkämpfen, sich gleichstellen, zurückgeben, was noch gar nicht zu einem Wurfballon sich aufmenschlichen konnte, warum nicht gleich einen Sport aus dem Menschenspiel von Angriff, Abwarten und Abwehr machen, nicht um sich das Leben zu ersparen, sondern weil dieses katzenhafte Wurfspiel, das ich da verfolgen kann, ein Zug im Menschenwesen zu sein scheint.
Ich stehe da, und ich sehe dich an, du bist mir in der Straßenbahn auf den Fuß gestiegen, und es tut weh, und du entschuldigst dich, und ich will wegsehen, darüber hinwegsehen, und dir gefällt am Ende mein Buch nicht, und ich will das akzeptieren, und ich will es einsehen, aber ich tue es nicht, ich tue es nicht, ich will es gar nicht tun, denn es baut in mir etwas auf, auf eine Kraft, ein Weg und irgendeinen gehe ich dann irgendwohin, aber ich gehe, ich bewege mich, und wir haben uns angesehen, und wir wären uns so furchtbar gern in die Haare geraten, denn unter den Haaren, da spielt sich der Kampf ab, von dort geht er aus, und er ist ge-

sund. Welcher Mann hält sich zurück, wenn ihn ein anderer tritt, da drischt eine Urfaust heraus aus jedem gesunden Menschen, und die Frauen werden zu den vollendetsten Männern, und da greift eine Hand, die Finger spannen sich um Haut, um Fleisch, um Adern, die mit Blut gefüllt sind und das lebt, das ist Leben und da ist zu spüren ein Widerstand, eine ganze Welt und ein Wille wird spürbar im anderen, da werden Gefühle erst sichtbar, da wird ein Mensch zu seinem Wesen, da kehrt er im Klammern mit dem Gegner in Partnerschaft zu seinen Heimatgefilden zurück, und die Muskeln beben, und ein Vibrieren ist der Mensch zu seinen Zellen, zusammen wird er, hält er sich, hält er stand und bleibt er auf dem Platz, während im einen das Blut sich überschlagen hat und sich in den wilden Augen des anderen beruhigt und legt und frischer durch die Fasern rinnt.

Aber so spielt sich das nicht ab, so habe ich das nur aufgeschrieben, das ist vielleicht erlaubt, aber das Kämpfen ist nicht erlaubt, das, worum es jeden Tag geht. Wir haben so viele Abarten und Wandlungen erdacht, die den Kampf zivilisiert haben, keine Einsicht, keine Vernunft reicht heran an die Sehnsucht des Menschen nach direkter Auseinandersetzung, nach der Möglichkeit zu töten und selbst zu leben, nach der Möglichkeit zu erniedrigen und unberührt stehen gelassen zu werden und sich selbst in Freiheit zu bewegen. Alle tun es, jeden Tag tun wir es, aber niemand soll es bemerken, denn es ist nicht erlaubt. Das Leben darf kein konstantes Aufwallen in sich sein, sondern fortschreiten muß es, in der Stirnreihe voran, im Gleichschritt und keiner sieht den anderen an, alle der gleichen Sache nach, einem Ideal nach, einer besseren, einer reineren Rasse nach und das Heil werde kommen über uns.

Wir haben gesehen, was gekommen ist über uns, und ich schicke mein Kind nicht mehr absichtlich in dieses Kampffeld, wo keiner den anderen ansehen darf, weil ihm sonst aufgehen könnte, daß sich die Zeiten nicht geändert haben und es noch lange nicht Geschichte ist, was im Geschichtsunterricht gelehrt wird, noch lange nicht, alles ist noch da, gleich da an Ort und Stelle, links rechts vorne hinten oben und unten mitten drin in jeder Zeit, aber bitte in Ordnung, bitte in Stirnreihe und Gleich-Schritt. Sollte ich nicht wissen, daß in Sebastian ein Kampfgeist herrscht wie ein König? Sollte ich das nicht glauben wollen, so wäre er vielleicht nicht mein Kind. Mir spannen sich die Muskeln an, wenn ich denke an eine, einen, etwas, irgend etwas, eine Möglichkeit, ein Versäumen, ein Warten, eine Geduld, eine Freude, ein Verlangen, mir spannt sich mein Körper im Denken an, dich, der du da sitzt und liest, und ich möchte dir unter den Pelz kriechen und dich mitnehmen in mein Reich der Spannung über einem Feld, das alle Wetter macht. Komm mit, komm, sei einmal nicht ängstlich, laß mich einmal nicht allein meine Angst und Verzagtheit spüren, geh mit, dorthin, wo nichts ist, dorthin, wo es um nichts geht und steh da mit mir und finde das einmal so, finde es nur so und berechne nicht, denke nicht, daß dich das glücklicher machen wird oder mich zu einer besseren Liebhaberin oder dich zu einem Gesünderen und Mächtigeren, nicht für dann, nicht für das Glück, nicht für die Freiheit von der Liebe, einmal nur, für ein Bekenntnis zur Spannung an deinem Bewegen in dir selbst über mich, und wir stehen da mit unseren Körpern, freie Wesen und sind wir in Griechenland sind wir in Japan sind wir im Märchenland oder im Geistgebiet auf der Körperebene sind wir WIR, und dann beginnt eine Bewegung, die sich gegen mich richtet, die muß sich gegen mich richten, denn ich bin dein Anreiz, dich mit mir zu messen, wir wollen uns nicht weh tun, wir sind nicht an einem Verbot zum Kampf zu vertrackten Raufern geworden, sondern wir tun, was in unserem Leib liegt, was ihn schön macht, was ihn stark macht und wendig. Angriff und nachgeben – Angriff und nehmen können – Angreifen und geben können – angreifen, sich behaupten können als der, der man bleiben möchte. Selbst, mich selbst, mich bekennen zu mir, selbst mich verteidigen vor mir selbst, dich abwehren für mich selbst, dich abtrennen von mir selbst, du dich behaupten für dich selbst, und das nicht, weil wir das nicht zeigen dürfen oder weil das nicht so sein darf, sondern weil es so ist. Selbstverteidigung als Moral zur persönlichen Freiheit. Und dabei liege ich jedem in den Haaren. Ich weiß, daß das nicht verboten ist, sondern daß das gesund ist und daß das für alle gesünder wäre, wenn es nicht unter der Decke der Zivilisation geschehen müßte. Wer kämpfen darf, weil er ein Kämpfer ist, der braucht nicht zu kämpfen, der braucht nicht zu zerstören, was ihn hindert, so zu sein,wie er ist. Selbstverteidigung – und ich stehe da, still in einem weißen frei wehenden Gewand und sehe ruhig in die Runde. Ich tue nichts, aber wenn mir etwas weh tun will, dann bewege ich meine Ruhe, das ist meine einzige Möglichkeit und das ist mein Wille.

Direkt will ich mich auseinandersetzen, mit meinen Händen will ich den Willen des anderen greifen, ich will mir erlauben, mich behaupten zu wollen, ich erlaube das, ich will das fühlen auf meinen Schultern, ich will es an meinen Beinen spüren, in meinem Hüftschwung, wie schwer der andere ist, ich will seine Energie in einem Griff halten mit meinen Armen und ich will mich ergeben müssen, wenn er stärker ist. Er hat mich nicht verletzen wollen, er hat mit mir gelebt und er ist stärker, ich beuge mich vor meinem Schicksal, und wenn er mir weh getan hat, so kann er es, ich kann mich nicht stärker machen als ich bin, aber ich kann an ihm wachsen, denn meine Niederlage bewegt mich und nicht meinen Haß, den ich nicht austragen dürfte, aber den ich doch tun müßte.

Jetzt gleich mit den Händen darfst du dich zeigen, nicht irgendwie hinter den Türen der Kanzlei, daß es nicht aufkommen soll und dir Schuldgefühle aufbaut noch und noch, an denen du dann am Abend in deinem Bett

fressen mußt und du nicht mehr gerade schauen kannst vor Benommenheit. Genommen, alles genommen, weil der Haß und der Kampf nicht sein darf, wo er doch ein Bestandteil des Lebens ist.
Mein Kind mußte nicht der Stärkste sein, nicht der Wendigste, nicht der hervorragendste Judokämpfer, nicht der flinkste Bursche im Kinderkurs, aber daß ihm das gefällt, daran ist kein Zweifel mehr. Wie, wenn wir keine Zeit für solchen Unsinn hätten, was hätten wir denn dann? Sebastian hat zwar keine überdimensionalen Schulpakete am Rücken zu schleppen und nimmt auch nicht die Schulbuckelstellung ein, aber er krümmt sich auch manchmal verdächtig über seiner Konzentration zu Farbstiften, Büchern und stillen Tätigkeiten zusammen. Sie haben in letzter Zeit ein wenig Oberhand gewonnen gegenüber seinem früheren Toben. Manchmal, wenn ich meinen Buckel allzu krumm geschrieben habe und er mir schon so zerrt, schlage ich Spaziergänge vor, bei denen ich aber jetzt oft allein gelassen werde, weil Sebastian seine Faltburg vorzieht oder lieber das neue Bilderbuch liest, das er von einer Verwandten unlängst bekommen hat.
Jetzt suchen wir eine Adresse, wo ein Judokurs für Kinder abgehalten wird. Die Trainingsstunden sind zweimal in der Woche. Wir dürfen zuschauen. Vor den Judoübungen wird ordentlich der Körper bewegt und aufgewärmt, auch gespielt und ich sehe alle Vorteile für Sebastian hervorspringen. Er hätte Kontakt mit Kindern und das nicht hinter dem Gebüsch oder unter der Schulbank, sondern eine direkte Auseinandersetzung mit ihrer Kraft, die ihm im Leben nicht erspart bleiben wird. Wenn er will, soll er auch hinter das Gebüsch, denn im verborgenen spielen sich oft lehrreiche Dinge ab, aber hier soll er spüren, hier soll er fühlen dürfen, was es heißt: ein anderer Mensch – eine Abwehr – ein Angriff – eine Niederlage – eine Verbeugung – ein Kampf – ein Bodenwühlen – ein Halten – ein Wurf – ein Nachgeben – ein Standhalten. Seine Muskeln soll er spüren wollen, und ich kann nicht vorschreiben, was mein Kind wollen soll und wie oft er unten liegt und wie oft er stehen bleibt, ich kann nicht für ihn mich bewegen und ich kann nicht vorschreiben, ob er gut sein soll. Und wenn er der Schlechteste ist, ist noch immer alles gewonnen, denn dann stellt sich etwas heraus und alles was sich herausstellen kann, das kann nur klar sein und klare Schwäche ist keine versteckte Schwächlichkeit. Alle können es sehen, zu verstecken ist da nichts, nur zu sein, wie man ist, so ist es möglich.
Wir haben keine Vorstellungen, und ich lege Sebastian diese meine Gedanken auch nicht so klar wie dir, denn dazu habe ich ja dich, und er würde es eher abwehren, mich abwehren mit meinen vielen Gedanken, denn es geht ja jetzt nicht um Denken, sondern um Tun, und das will er. Das sehe ich und das genügt mir. Ich werde alles mitansehen, und ich werde mich meinetwegen vielleicht auch daran üben müssen zu sehen, daß mein

Kind immer unten liegt und dauernd geschmissen wird. Ich will sehen, wie es ist. Wir werden uns einschreiben lassen, das heißt, nur Sebastian für den Kinderkurs. Bald beginnt es.
Ein junges Mädchen, eine junge Judomeisterin mit dem schwarzen Gürtel, hat die Einschreibeformularitäten erledigt und hat gelacht und war streng und hat zur Bewegung angehalten, hat auch gelehrt und war konzentriert und hat wieder gelacht, und die Kinder spielen und laufen sich warm. Die Spiele haben Regeln, und Sebastian kennt diese Spiele wie Drittabschlagen und Figurenausreißen nicht und es wird Zeit, daß er auch das kennenlernt. Ich habe nichts gegen diese Spiele, nur weiß ich, daß ich jede Art von Wettspielen in meiner Kinderschulzeit nie gern mitmachen wollte, weil ich immer die Langsame war. Auch Sebastian ist langsam, er ist nicht der Geschickteste von den Kindern, die in seinen Kurs gehen, die oft schon ein oder zwei Jahre hingehen, und einige von ihnen, die nicht viel älter sind als Sebastian, haben bereits den orangen Gürtel und viele den gelben. Ich habe bemerkt, daß die Neuankömmlinge mit den Fortgeschrittenen mitmachen, gleich eingegliedert werden ohne viele Umstände, ohne ein unüberwindbares Lehrpensum vor ihnen aufzupflanzen, das die anderen sehr überlegen erscheinen lassen würde. Denn es wird bei Gott nicht nur gespielt. Ungefähr neun bis zehn Kinder in Sebastians Alter, aber nicht jünger, sind es, die sich da auf der Matte angreifen. Und ich kann sagen, die greifen einander an. Sich selbst in der Berührung mit dem anderen, in direktem Körperkontakt mit der Person eines anderen, spüren sie ihr eigenes Bewegen. Angreifen – stelle dir vor, alle würden einander auf der Straße angreifen. Mit Händen angreifen, nicht wünschenswert, und deswegen haben wir auch nichts mehr miteinander zu tun, sondern haben raffiniertere Wege finden müssen, an den anderen heranzukommen, ihn zu treffen um selbst berührt zu werden, um selbst nicht tot zu sein bei lebendigem Leibe. Lebendige Leiber sitzen da aufeinander, liegen aufeinander, Buben und Mädchen, und die Kinder machen hier nicht verstohlene Witze, daß das wie Ficken aussieht, sie tun was, und sie dürfen es, und sie sollen es. Sie müssen nicht raffiniert sein, um den anderen berühren zu können, hier geht es darum. Und sie können es. Sie beherrschen Griffe und Regeln, sie greifen zu, mitten in den anderen hinein, hinein in seine Schwächen und in seine Energie.
«Wer zeigt dem Sebastian die Fallschule?» Er ist der einzige neue und ein Kampfkamerad, der ihn dann wahrscheinlich eisern im Haltegriff haben wird, zeigt ihm, wie man fällt. Auf den Rücken rollen und abschlagen, den Kopf in der Höhe lassen. Vom Hocken fallen und dann aus dem Stehen fallen. Die Sportlehrerin spricht nicht viel, macht es nur immer wieder vor, und Sebastian ist bereit, es nachzumachen. Es geht. Das Abschlagen, hart auf die feste Matte hin, das ist zu hören, ordentlich. Auf Men-

schen wird hier nicht geschlagen, die werden gehalten.
«Die ersten vier Haltegriffe. Partnerwahl. Paarweise zusammengehen.»
Immer zwei und zwei messen ihre Möglichkeit, den anderen im Griff zu behalten und der andere soll auskommen. Dann Partnerwechsel. Und diese Kinder, die plagen sich, die lassen nicht nach, die zerren am Gewand, das zum Zerren gemacht ist. Diese weißen weiten Jacken aus festestem Leinen, die halten Menschenenergie aus.
«Du kommst nicht aus. Leg dich.»
Und da liegen zwei ruhig aufeinander und der untere wehrt sich nicht, und sie machen ein kleines Plauderstündchen über ein neues Comic-Heft und über das von der vorigen Woche. Aber da fährt die Lehrerin dazwischen.
«Komm, tu was, beweg dich!» Der untere rührt sich aus dem Haltegriff des oberen, er dreht sich heraus und liegt jetzt seinerseits oben. Sehr rege scheinen diese beiden aneinander nicht entbrannt zu sein, denn es schleicht sich schon wieder der Plauderton und Lachen ein.
«Der rührt sich nicht, mit dem ist es fad», weiß ein Mädchen, ein etwa neunjähriges, von ihrem dicklichen Partner zu klagen und bei Partnerwechsel fordert sie ein Mädchen in ihrem Alter auf. Mit Verbeugung, immer mit Verbeugung vor dem Gegner. Eine Aufforderung, ihn nicht zu schonen, eine Aufforderung zum fairen Kampf, in dem alles erlaubt ist, auch würgen, nur nicht kitzeln und an den Haaren reißen. Und da geht es anders mit den beiden. Die eine reißt die andere am Gürtel hoch und hockt sich auf ihren Rücken, aber die untere ist schnell, sie windet sich aus und preßt die Angreiferin auf die Matte, seitlich neben ihr sitzend, den einen Arm unter ihrem Kopf, hält sie mit der Hand ihren Arm nieder im Griff um den weiten Ärmel. Das paßt, das ist aus Eisen, wenn sich die untere bewegen will, spränge ihr das Ellenbogengelenk. Keine Möglichkeit. Lerne dich verhalten in Wehrlosigkeit. Mache nichts in Ohnmacht, denn was sollte es da zu machen geben. Keine Aussicht auf Besserung, unterlegen, schwächer! «Partnerwechsel.»
Ein Schwächerer wird jetzt herhalten müssen, aber vielleicht hat der gerade Erfolg gehabt und ist nicht so schwach wie erwartet und da ballt sich die Energie von neuem, die erlaubte Behauptung einer eigenen Übermacht, die der andere sofort umsetzen kann, austragen kann in einem Angriff.
Im Kinderkurs werden alle Regeln und Bezeichnungen der großen Judoschule verwendet, ohne die Kinder viel mit den Zusammenhängen zu belasten. Sie sind unbelastet, sie sind eine erfrischende Wut, und da kommt ein Mädchen mit einem blauen Gürtel, allerdings schon für die nächste Stunde der Größeren. Sie wirkt sehr burschikos. Sie macht schon jetzt mit zum Spaß, sie ist zu früh, und Sebastian soll ein wenig mit ihr üben, weil

sie ihn vielleicht einweisen könnte. Das sagt aber niemand dazu und sie lacht nicht über den Knirps, den sie mit einem Finger umschmeißen könnte. Er wendet auch bei ihr den neu gelernten Haltegriff an, und sie hält sich. Hier muß man sich auch verhalten lernen und nicht sofort in Wut und Kampf entbrennen. Es ist ja auch nicht notwendig, denn es ist Zeit genug, um frei zu kämpfen. Sich freizukämpfen.
«Randori – Bodenrandori – Haschime!»
Jeder hat einen Platz, auch einer, der nicht der Stärkste ist, denn in diesem Rahmen bewegen sich hier die Geister und die Leiber. Hier sind die Leiber die Geister. Ein körperlich nicht so Geschickter hat die Energie im Kopf, eine Verbissenheit, die ihn auskommen läßt. Aber im Judo sind, und da kann ich mir ausdenken, was ich will, die Schweren im Vorteil. Möglicherweise. Sebastian ist langsam im Fangen und im Bewegen, aber er ist kräftig. Er ist nicht sehr verbissen. Aber er ist auch nicht lahm. Ihm macht das Spaß mit den anderen. Spott hat wenig Platz, weil die Ebene der Austragung eines Konflikts schon vor dem Spott gegeben ist. Die Erlaubnis, die Aufforderung zum Kampf macht ihn zu einem Bewegungssport, zu einer Selbstbehauptung in Selbstverteidigung. Wer ist Außenseiter? Die sind da, um als Außenseiter mitzutun, sonst würden sie ja nicht herkommen. Außenseiter im Clinch gibt es nicht. Die lösen sich auf in der Körperebene.
«Huckepack tragen, von oben bis herunter.»
Und da rennen die kleinen Kerle, jeder einen anderen auf dem Buckel, und Sebastian geht schwankend in der Mitte der Matte mit seiner Last ein und alle lachen. Keiner ist beleidigt, denn wie sollte das Beleidigtsein aussehen im eisernen Griff unter dem Lacher? Keiner würde es sehen und es wäre außerordentlich unpraktisch, in der Achselhöhle oder im Würger des Angreifers eine beleidigte Miene zu machen. Die Sorgen sind nicht aufzuheben. Judo macht niemanden sorgenfreier, aber Sorgen erweisen sich als völlig unpraktisch und behindernd im Kampf.
«Judorolle herunter», einer neben dem anderen und manche machen Purzelbaum und einige rollen fachgerecht über den einen Arm ab. Jeder, wie er kann. Da bewegt es sich, da wird nicht gewartet und da muß es nicht still sein, es ist nie still, weil der Atem der Kinder fliegt, weil sie dauernd in Bewegung sind. Die einzige Sammlung der Gruppe liegt in den kurzen Verbeugungen und in der Soremade, am Anfang und am Schluß der Stunde knien alle auf, nebeneinander, der Lehrer gegenüber, und – Soremade!
Während sich Sebastian in der Kabine anzieht, sehe ich den Größeren noch zu. Da dampfen die Körper, und ich sehe, diese Kinder kämpfen hart, die haben schon ein ganzes Leben im Bauch, und die geben nicht klein bei. Die halten sich ran und die wissen bereits, daß es einen Selbst-

wert hat, seinen Körper zu stellen gegen Angriffe von nicht Eingeweihten. Der stärkste Mann ist immer noch der Stärkste im einfachen Leben, bei der Landarbeit, in der Fabrik. Und im Schulleben?
Ich habe fast den Verdacht, daß Stärke, körperliche Stärke, die sich einer moralischen Übermacht unterordnen muß, wie der Schüler dem Lehrer, böse auswirken kann. Alle Judostärke, wenn sie nicht gegen die Eltern angewendet werden kann, ist eine neuerliche Verklemmung, ein wahrscheinlich überlieferter Aufstau, uralt, der die Generationen klaffen läßt und die Menschen zu unglücklichen Wesen macht. Wenn sich mein Bub nicht vor mich hinstellen darf und mich mit Ou-gouchi einfach auf den Boden werfen kann, ohne lang zu fragen, dann hat seine Ausbildung wenig Sinn gehabt. Aber um den Sinn geht es mir nicht. Der Sinn liegt näher, der liegt nicht in einer raffinierten Überlegung oder in Bedenken von mir, die habe nur ich, weil ich kein Körperkämpfer bin, sondern ein Geisteskämpfer und der muß Bedenken haben, sonst hätte er ja kein Kampffeld. Der Mensch lebt von Problemen, sonst wäre er kein Mensch.
Liebe Maria!
Da Du Dich so freundlich angetragen hast, mir bei der Untersuchung Beistand zu leisten, möchte ich Dich bitten, mit mir Donnerstag hinzugehen. Ich erwarte Dich um 8 Uhr bei mir zu Hause. Ich werde fertig sein. In Erwartung, Deine Oma.
Also doch. Es hätte ja auch sein können, daß sie sich doch nicht anmeldet und daß ich doch nicht mitgehen müßte. Heute ist erst Dienstag. Ich habe noch zwei Tage Zeit und kann mir alles einteilen, so daß ich nicht gehetzt sein muß am Donnerstag. Ich habe so eine kleine Abwechslung in meinem Lebenslauf eigentlich gar nicht so ungern. Besonders dann, wenn es nicht unmittelbar um mich geht und wenn die Art der Abwechslungen keine besonderen Ansprüche an mich stellt. Ich werde warten müssen. Und ich bin eine, die gern wartet. Ich hänge wie sinnentleert, aber doch geschützt durch das Eintreffen eines Endes da, und ich habe Zeit. Es ist wie eine gewonnene Zeit für mich, in der ich mir unsinnige Gedanken erlaube, viel schaue und höre. Es ist wie eine Spielzeit für mich. So als hätte ich ein Alibi für das Vergeuden von Atem, so als hätte ich das Alibi Kind, so als hätte ich das Alibi Wartenmüssen für irgend etwas besonders Wichtiges, das ich aber mit Unsinn füllen darf und auch völlig ungefüllt lassen kann, weil sich die Aufgabe von selbst erfüllt und beendet, indem ich mir die Zeit mit Warten vertreibe. Meine ganze Lebenszeit ist so eine Wartezeit.
Jedermanns Zeit, ein Leben, eine Wartezeit von nichts zu nichts. Hineingeboren – soll das Anlaß genug sein zum Warten? Hinausgeboren – soll das ein Ende des Wartens sein? Warten ist Sein. Sein hat den Atemzug des Wartens auf den nächsten Atemzug. Atem geht nie zu Ende, auch nicht im Tode.

Auch der Stein atmet, nur nicht Luft, sondern andere Teilchen. Alles ist Atem, alles ist der Hauch von ein und aus, und der Mensch und sein Leben ist nur ein kleines Bild in diesem Bilderbuch der Erwartung des nächsten Atemzugs. Und ich mit meiner Oma im Warteraum des Spitals werde nur eine winzige, kaum erkennbare Szene sein auf dem Bild der wartenden Menschen im Bilderbuch der Erwartung im Wartesaal zum Nichts. Ein Journal, eine Illustrierte, Tageszeitungen, Handarbeitshefte, Nachrichten und Ärztefachblätter. Es gibt viele Anlässe, die sich zu einem scheinbaren Sinn aufschwingen in meiner Wartezeit und ich wechsle meine Wartehäuschen gern, besonders weil ich weiß, daß sie mein einziges Zuhause sind und immer sein werden auch dann, wenn ich nicht mehr hier bin.
Es ist noch dunkel. Der Herbst war heuer noch nicht so sehr kalt, aber jetzt beißt er schon recht zu. Sebastian schläft noch. Ich habe ihm sein Frühstück hergerichtet und auch gestern noch mit ihm besprochen, was ganz gut wäre, im Buch abzuschreiben, falls er aufwachen möchte, und ich sehe noch einmal auf meine Fenster zurück. Ich habe das Licht brennen lassen. Es scheint alles in Ordnung zu sein. Ich krieche in meine Kapuze und in meine Handschuhe, die Arme verstecke ich wie ein Mönch in den Ärmeln. Ein bißchen eng ist es da, aber wärmer. Leute gehen, gehen schnell. Ich spüre, sie gehen jeden Tag um diese Zeit hier. Als ich noch in die Schule und dann in die Arbeit gegangen bin, habe ich immer dieselben Menschen um dieselbe Zeit getroffen, meist an derselben Stelle, an derselben Ecke, mit demselben Gesicht. Fremde – aber mir bekannter als mein Onkel. Sie waren meine Weggenossen – meine Leidensgenossen – meine Uhr – und meine Gewohnheit. Sie gehörten zu meiner Tagesordnung. Hat einmal einer gefehlt, so ist mir das manchmal gar nicht gleich bewußt geworden, aber im Lauf des Tages aufgefallen, oder erst am nächsten Tag, wenn ich ihn wieder nicht, oder wieder gesehen habe, oder nie mehr gesehen habe. Ob er für immer zu spät war, einmal eines Tages völlig zu spät, er wurde ausgeschlossen aus seinem Arbeitsverband Leben oder Gesundheit, oder vielleicht ist er auch nur in Pension gegangen oder hat seinen Arbeitsplatz gewechselt. Auch ich habe zu den Tagen meiner Genossen gehört und sie haben mich für kurze Zeit vermißt, wenn ich nicht mehr meine alten Wege gezogen habe. Wir haben einander nie gegrüßt, sondern immer gewußt, daß wir heute wieder recht sind, und das ist mehr als grüßen. Wir haben einen stummen Blick gegeben mit der leisen Anweisung, ihn dem nächsten, der kommen muß auf den verschiedenen Wegen, einzuweben in die stille Begegnung.
Grüße, schweigende Grüße weben ein Netz der Gemeinsamkeit am Tage, und wir sind viel mehr miteinander verbunden als wenn wir große Worte über Selbstverständlichkeiten machen, die trennen, was ohnehin verbunden ist. Genauso wie ich das eben mit meinen vielen Worten über das, was

jeder kennt, tue. Manchmal darf man auch trennen, was verbunden ist, um es als solches zu erkennen, was allerdings keinerlei Vorteil im Leben zeitigt.

Heute bin ich ein Sonderling auf der Straße. Auch damit fällt man auf. Ich tauche ungewöhnlich auf und sehe doch so aus wie jeder. Die Krähen sind schon auf Futtersuche. An manchen Baumstämmen liegen Fleisch- und Speckstücke. Die älteren Frauen, die die Krähen mit den Essensresten von gestern füttern, waren schon vor mir da. Die Vögel lassen sich nicht stören. Sie erscheinen mir immer wie die Menschen, gerade die Raben, die schwarzen. Ich bin rechtzeitig dran. Ich sehe es auf der Uhr einer Kreuzung. Die Autos sind um dreiviertel acht recht in Fahrt. Ich bin mir gar nicht so sicher, ob diese Blechbüchsen nicht auch eine Art von Auge haben, mit dem sie den Blechbruder erkennen. Die Scheinwerfer leuchten auf, werfen lange Striche, Blinker geben Zeichen. Auch ein Auto hat eine Zeitrechnung. Benzinzeit – Ölwechselzeit – Reifenweichzeit und Aufpumpzeit – ein Tachometer . . . ja, beim Auto geht es überhaupt um Zeit. Um die Schnellzeit, die noch schnellere Zeit, um das Fliegen!

Jeder Autofahrer möchte im Inneren abheben, er will weg, er will fliegen wie sein Geist fliegen kann hinweg über alle Hindernisse und Grenzen. Im Geist kann er es, aber im Körper kann er es nicht, und selbst das Auto kann es nicht, und auch das Flugzeug kann es nicht, es ist ja nur eine Hilfserfindung für seine Sehnsucht, auch die Rakete ist gebunden an Fesseln – er möchte fliegen und hat ein Auto erfunden, und jetzt muß er warten, der Autoflieger, lächerlich gemacht in seinen Träumen, er muß warten an den Kreuzungen und an der Ecke und vor dem Wachmann und bei den Fußgängerübergängen. Betrogen ist er um seinen Traum. Verraten vom Getriebe, verlassen von der Batterie der Geisterabflugsmaschine. Aus lauter Verzweiflung über sein mißlungenes Modell fährt er jetzt jeden Tag zuckelnd in der Kolonne zu seiner Arbeitsstätte und keift seinen Gram in sich hinein oder in seine Frau hinein, die auch zur Arbeit gebracht werden soll, und in die Kinder hinein, die in der Schule das Fliegen verlernen sollen, auf daß ja nicht ihre Sehnsucht in Erfüllung gehen könnte, die die heutige Zeit so vermißt.

Soweit die Frühnachrichten zum Donnerstagmorgen auf der Fahrt zu meiner Großmutter, mit der ich heute warten werde auf die Untersuchung ihrer Niere in der Isotopenstation.

Sie ist wirklich schon fertig. Im Mantel steht sie in der Tür. Ich habe den Verdacht, daß sie schon sehr lange fertig ist. Es ist kurz nach acht. Sie hat sich schön gemacht.

Sie trägt einen Pelzkragen auf dem Stoffmantel und hat eine Pelzmütze auf. Die Handtasche ist klein, so wie man sie früher getragen hat.

«Kannst du vielleicht so lieb sein und mir diese Dokumente in deine Tasche nehmen, sie gehen nicht herein hier. Du hast eine größere Tasche.» Ich tue es natürlich, aber mir blinkt sofort ein Licht auf, was das heißen könnte. Vielleicht weiß die Oma gar nicht, daß sie sich ihre Wege so haarscharf bereitet und mich damit zwingt, wieder mit ihr nach Hause zu gehen, weil ich ja die Befunde und Nachweise tragen muß. Der Mensch funktioniert unter seiner Schädeldecke so erstaunlich genau, und sein Instinkt, der ihn zu scheinbar völlig harmlosen Fragen, Bitten oder Tätigkeiten veranlaßt, führt genau dorthin, wo sein Wille wohnt. Mit Raffinement könnte man sich niemals so genau zurechtlegen oder einfädeln, was in Länge oder Kürze eintreffen wird. Man könnte in seinem Leben niemals so haarscharf um die Ecken biegen, wenn man nicht dieses Radar hätte. Ich bin ihr nicht böse, denn ich habe es auch und meines führt oft nicht nur in das Krankenhaus zu einer harmlosen Nierenuntersuchung, bei der ich die Dokumente tragen muß.

Sie hätte sicher eine größere Tasche gehabt, die Oma. Wenn sie einen Pelzkragen hat, wird sie auch noch eine Handtasche haben, wenn nicht, werde ich ihr zu Weihnachten eine kaufen. Denn auch ich bin raffiniert. Nur weiß ich, daß diese Rechnungen nicht immer gerade ausgehen. Es bleibt meist ein Rest und an dem trägt man schwerer als an Dokumenten.

«Ich bin wirklich froh, daß du mit mir dahin gehst. Ich fühle mich auf der Straße jetzt immer sehr unsicher. In diesem Verkehr kennt man sich heute nicht mehr aus. Ich muß dir sagen, es macht mir Angst. Mir macht es wirklich Angst, eine Straße zu überqueren, auch wenn eine Ampel hängt. Als ich mir den Termin geholt habe, bin ich minutenlang bei der Straße gestanden, weil ich mich einfach nicht getraut habe hinüberzugehen. Zwei- oder dreimal war schon grün und dann hat mir ein Herr, der selber nicht mehr ganz jung war, geholfen. Die jungen Leute rennen da hinüber und sehen unsereinen ja gar nicht. Grad, daß sie einen nicht über den Haufen rennen.»

Wir gehen die Stiege hinunter. Die Großmutter stützt sich sehr auf das Geländer, sie geht nicht nur mit den Beinen wie ich, sondern sie federt bei jedem Schritt ihren ganzen Körper ab. Sie muß ihren Leib richtig hinuntertragen und nicht nur die Beine vor sich hingehen lassen, so als wäre das das Einfachste von der Welt. Tatsächlich habe ich ja einmal auch nicht gehen können, und ich habe das schon ganz vergessen. Das Abfedern macht ihr Schwierigkeiten, und ich nehme ihren freien Arm samt der Handtasche, und sie stützt sich auf mich. Ich habe nicht gewußt, daß die Oma solche Plage beim Treppensteigen hat. In der Wohnung bewegte sie sich immer recht behende, nur beim Sitzen und wieder Aufstehen habe ich gesehen, daß sie sich schwertut. Ich bin mit meiner Oma schon lange nicht Treppen gestiegen und bin jetzt um Längen weiter. Langsam gehen wir. Auch unten auf der

Straße geht sie langsam. Sie hängt sich in mich ein. Ich hätte nicht gedacht, daß es mit einem alten Menschen an der Hand um soviel langsamer gehen würde. Sie bewegt sich ganz anders, als ich es gewöhnt bin. Und ich tue da mit. Auch ich bin bedächtig. Ich schaue viel vorsichtiger, ich denke viel langsamer, ich setze Fuß vor Fuß und das Gehen allein füllt meinen Sinn. Ich merke, ich wackle immer mit ihr mit. Links und dann wieder rechts. Immer schwer in den Schritt hinein. Langsam geht es, noch viel langsamer, als ich mir es gedacht habe und mir scheint die Wartezeit, auf die ich mich vorbereitet habe, bereits jetzt beim Gehen begonnen zu haben, obwohl ich sie erst im Wartesaal genießen wollte. Ich warte von einem Schritt auf den anderen, und manchmal bleibt sie überhaupt kurz stehen, um zu verschnaufen, während ich locker wie der Wind dahinatme.

Und wie ein Wind fliegt es mir zu und vielleicht muß ich auch ein bißchen lächeln, daß ich gerade jetzt an den Sebastian denken muß, wie er gehen gelernt hat. Ich hatte es schon wieder vergessen und jetzt habe ich es wieder im Gefühl. Schritt für Schritt. Ganz langsam. Ein Bein vor das andere schieben, zuerst an der Hand. Ich gehe hinter ihm und halte seine Arme hoch. Er will schneller, noch schneller, er schnauft und fiebert dem hohen Polster zu, dem wir uns so langsam nähern. Dort läßt er sich dann hineinfallen. Dann später ohne Hilfe. Komm, komm her – und ich stehe mit ausgebreiteten Armen vor ihm und er fällt mir halb, halb trägt er sich, gerade bis in meinen Griff, und ich hebe den kleinen Mann, und wir fliegen eine Runde im Kreis.

Für die Oma gibt es auf der Straße keine Pölster. Hart ist dieser Weg, das muß ich schon sagen, und jetzt auch schon ein bißchen kalt. Es ist zum Glück nicht weit. Das Gesicht der Großmutter wird von der Kälte oder von der Anstrengung irgendwie so bläulich. Ich war mit ihr noch nie auf der Straße, und die Falten in ihrem Gesicht, die sehe ich hier viel eingegrabener, und ich fühle, sie ist arg beunruhigt von der Vorstellung, daß sie aus ihrer schützenden Wohnung sich so weit entfernt hat und noch nicht am Ziel ist und auch wieder zurück soll. Sie schaut unruhig, fast gehetzt, ohne eine Ordnung in dieses Bild bringen zu können, auf den Verkehr und auf die Fußgänger. Sie sieht nichts. Vielleicht sieht sie noch viel schlechter, als ich annehme. Und das Gesicht zuckt unruhig in die Falten hinein und bleibt bläulich gefärbt. Sie ist ein Sack voller Herausgerissenheit, voller Anforderungen, denen sie sich nicht gewachsen fühlt. Sie hält sich schwer an meinem Arm, und sie bleibt immer öfter stehen, um zu verschnaufen. Ich muß gestehen, ich habe noch nie gesehen, daß meine Oma wirklich alt ist, und ich weiß jetzt, daß ich bei diesem Gang nicht ganz so unnütz bin, wie ich annehmen wollte und daß ich auch auf jeden Fall für den Rückweg meine Dienste anbieten werde, selbst wenn keine Dokumente zu transportieren wären.

Ich bin mit einemmal eine Fünfundachtzigjährige, aber mit meinen jungen Beinen und Augen. Und vor allem mit meiner Zeit. Das ist meine Zeit, an der ich mithetze, in der ich mich beeile, Straßen übereile, während ich Bahnen kommen sehe, und während ich schon an der nächsten Ecke in Gedanken die Kolonne vermute, werde ich langsamer, um dann zur rechten Zeit hinüberzublicken zum Fußgängerübergang, der rot zeigt und an dem ich wahrscheinlich bei grün aufkreuzen werde. Ich lasse ein Auto vorbei, während mir der nächste Fahrer zuvorkommend winkt, ich bin ein Kind dieser Zeit, ich webe mit an ihrer Eile und auch an ihrer Verblendung, die dann im Alter meiner Großmutter Wahrheit wird.
Langsam gehen wir, an uns rennen die Menschen vorbei. Sie sehen nicht, aber sie tragen auch meist keine Brillen. Sie wollen nicht sehen, denn dann hätten sie keinen Grund mehr zum Eilen. Eile ist der Herztakt unserer, meiner Zeit. Eile ist die Herzkrankheit meiner Zeit. Herzen haben immer etwas mit Liebschaften zu tun. Sollte es die Liebe meiner Zeit sein zu eilen. Wegzueilen von der Liebsten, um wieder hinzueilen vom Weg. Hin und her geht die Jagd. Früher, da haben sie wahrhaftig noch gejagt. Da hatte das Rennen einen Sinn, da war es gesund für das Herz, denn die Beute, die konnte man dann in den Händen halten, und da konnte man hineinbeißen und dabei konnte sich der Herzschlag wieder beruhigen, beim Essen und beim ermatteten Schlaf vom Jagen nach der Nahrung. Das klingt gut, und es scheint mir so unendlich sinnvoll zu sein, was ich hier beginne auszudenken, und ich will einfache Schlüsse ziehen, doch so einfach ist es auch wieder nicht. Aber: Ich glaube fast, daß auch die Urmenschen dieselben oder ein wenig andere Krankheiten hatten als wir.
Die Jäger mit den Aktenmappen hampeln vorbei mit Stöckelschuhen oder in Jeans. Neuerdings trägt man schon Stöckelschuhe zu den Jeans, und das sieht mir sehr komisch aus. Da ist etwas verlorengegangen. Nämlich die einfache Vielseitigkeit dieses Kleidungsstücks. Widerstandsfähig, leicht zu reinigen und auch schmutzig zu tragen, auch warm, aber wenn es heiß sein sollte, wieder kühl, praktisch und noch dazu außerordentlich schick anzusehen, falls sie die passende Form hat – paßt sie aber nicht gut zu winzigen Stöckeln. Das Verständnis ist dafür verlorengegangen, die Beziehung ist dazu abgerissen, wie die der Werkenden zu ihrer Beute, der Jagenden zu ihrem Fang, der Menschen zu ihrem Herzen. Der Jäger sitzt in gespannter Absprungstellung auf dem Hirsch, etwas gekrümmt und nach vorn gebeugt, lauernd in seinem Bürosessel – da –, er fährt zu seinem Telefonhörer, der Absprung ist gelungen, das Tier hat nichts bemerkt. Er ringt, er hebt seine Lanze, er spricht und verhandelt, er hat soviel Kraft und Wagemut im Körper, er ist angespannt, aber die Telefonschnur ist so locker und der Gegner so weit weg, das Anliegen so nebensächlich, und er hängt mit seiner ganzen Orgasmuskraft an der Schnur. Die hat er überse-

hen, jetzt ist er verwickelt, und der Hirsch kommt frei, und jetzt kommt zu allem Überfluß noch der Chef und der gönnt ihm die lang ersehnte Gehaltserhöhung, mitten hinein in seine Niederlage erhält er einen Trostpreis für den Verlust seiner Beute. Das Herz fliegt noch, und das Geld kann es doch nicht beruhigen. Geld aufs Herz. Mir ist das Geld in die Jeans gefallen. Mein Geldleid. Mein Goldkind.
Da, der Mann ist noch ungehalten, daß ich nicht früher ausgewichen bin. Er fegt in seiner Blechbüchse an mir vorbei und sein Schimpf verfliegt in seinem Fahrtwind. Mein lieber Herr, ich bin heute fünfundachtzig. Ich kann nicht mehr so schnell. Ich bin innerlich schon ganz abgeschöpft, ich habe kein Tempo mehr nachzuschießen. Ich laufe nur mehr auf den kahlen Zahnrädern, und ich kann nicht mehr eingreifen in den Biß der Zeit. Ich kann nicht mehr mitbeißen. Die Zähne sind auch schon alle falsch. Wenn ich schimpfen wollte, fielen sie mir heraus. Ich schimpfe nur zu Hause, ohne Zähne, wo es niemand sehen kann. Hier in diesem Getriebe bin ich verloren, ausgeliefert den Lichtern, den Bewegungen anderer, dem Wechsel von Gefahrenzonen, die ich nicht mehr unterscheiden kann, den Geräuschen, die in mich hineinfahren und mich in ihrem Orchester taub machen, so daß ich meine Stimme nicht mehr finde. Ich habe keine Worte in diesem Tosen, ich bin verloren in einer Welt, in der ich nicht mehr mitspiele, sondern nur mehr geduldet bin, bis ich endlich doch überfahren werde von dem letzten Wagen meiner Lebenszeit. Ein ganzer Lastzug fährt vorüber, ein langer Zug, und der letzte Waggon, der ist erst meiner. Ich kann nicht mehr aufspringen, daher muß ich abspringen von der Lebensbahn, werde aus dem Verkehr gezogen, weil ich nicht mehr so schnell die Straße überqueren kann wie die Grünschaltung Zeit läßt. Sie mißt mit anderen Schritten. Sie mißt jüngere Schritte.
Sie ist für mich noch recht, aber die Oma ist zu langsam, und ich muß einem Autofahrer freundlich zuwinken, um ihm verständlich zu machen, daß wir wahrscheinlich nicht mehr bei Grün drüben sein können. Ich werde die Oma im Taxi nach Hause bringen, das sehe ich schon. Sie ist abgespannt, leergepumpt und verwirrt, als wir in die Straße, in der das Spital ist, einbiegen. Fünfundachtzig Jahre lang gegangen, um sich eine Niere untersuchen zu lassen. Und laut war es und weit war es, obwohl es gar nicht weit war. Wir stehen im Stiegenhaus. Die paar Treppen bis zum Warteraum schafft sie nicht gleich. Die Großmutter hält sich ein bißchen am Geländer fest und lehnt sich an.
«Gleich kann ich wieder weiter, nur ein bißchen möchte ich verschnaufen.»
Ich höre es. Sie atmet schwer. Ich habe Zeit und Luft genug. Auch ich kann ja ein bißchen lehnen. Mir tut das ja auch nicht schlecht. Viel Zeit läßt mir die Oma aber nicht, denn nach ein paar Schnaufern richtet sie sich

auf zu voller Stattlichkeit, obwohl sie eher eine kleine Frau ist, richtet sich ihre Pelzmütze, streicht über den Kragen und steigt dann entschlossen die Stufen hoch. Ich bin überrascht und trotte wie übriggelassen hinter ihr drein. Sie betritt den Warteraum mit sicherem Schritt. Sie nickt jemandem zu. Es sind doch schon viele Leute da. Ein paar Sessel sind aber noch frei. Sie stehen an der Wand entlang, und dazwischen sind die Türen zu den Ärztezimmern. Hinter einer Glasscheibe sitzt eine junge Frau in Schwesterntracht. Die Oma nickt schon wieder, diesmal auf eine andere Seite. Wir sehen uns endgültig nach einem geeigneten Platz um, der zwei Personen nebeneinander sitzen läßt, und ich staune, die Oma nickt schon wieder freundlichst und gefaßt, sogar irgendwie stolz, jemandem zu. Diesmal habe ich gesehen, wer zurücknickt. Es ist eine Frau, etwas jünger als die Großmutter und recht gut angezogen. Ich gehe wieder hinter der Oma drein, wie eine Unmündige, so als würde sie mich hierher begleiten, weil ich mich im Straßenverkehr und im Getriebe nicht zurechtfinden könnte. Sie startet zwei Sessel an, die in der Nähe dieser Frau frei sind. Im Vorübergehen weist sie auf mich: «Meine Enkelin, sie wird mir heute Gesellschaft leisten. Wie geht es denn?»
Ich glaube, ich höre nicht recht. Die alte Frau, die vor ein paar Minuten bläulich angelaufen vor Kälte und Anstrengung im Verkehr verloren wie die letzte Schnecke dahingekrochen ist, gibt mich als ihre Gesellschafterin aus. Dabei wollte ich ihr bei der Heimfahrt eine Kutsche bezahlen. Und jetzt bin ich auf einmal der Diener, oder bin ich die Bediente, oder vielleicht bin ich die Kranke. Vielleicht bin ich unheilbar krank und weiß es nicht, die Welt verheimlicht es mir und die Oma hat sich diesen Trick mit ihrer Untersuchung ausgedacht, um mich endlich einmal zu überliefern, hinüberzutransportieren.
«Ja, es muß gehen. Es könnte schlechter sein. Gesund bin ich aber nicht. Ich werde wieder nach Mallorca fahren. Das tut mir gut. Die Kälte und den Winter schaffe ich hier nicht.» So weit die gut angezogene Jüngere, und wir nehmen Platz, ein paar Sessel weiter. Ich bin wirklich froh, daß neben ihr kein Platz frei ist. Aber vielleicht? Die Oma war noch nie in Mallorca soviel ich weiß, ich war ja auch noch nicht. Die Oma hat sich nur gesetzt, um mich um die Scheine zu bitten. Ich gebe sie ihr.
«Danke dir, mein Kind.» Sie spricht auf einmal ein bißchen anders, aber gar nicht schlecht muß ich sagen. Auf jeden Fall nicht schnaufend oder erschöpft. Sie spricht nicht zu mir, das jedenfalls kann ich heraushören. Ich weiß nicht, welchen Kindern sie hier noch danken will. Es sind keine da. Meist ältere Leute, aber schon auch Menschen in meinem Alter sitzen und dösen oder lesen. Es ist recht still, obwohl oft Türen gehen und Namen aufgerufen werden. Auch Menschen gehen, aber sie tun es auf leisen Sohlen, so als wäre daneben große Operation und es ginge um das eigene Ableben.

Die Oma legt jetzt alles auf ihren Sessel und geht zur Kleiderablage, dort nimmt sie ihre Mütze ab. Manche Frauen haben die Mütze aufgelassen oder den Hut, ich finde das eine blödsinnige Eigenart der Frauen in der Wärme oder auch in Restaurants, nur damit die Frisur nicht leidet, den Deckel aufzulassen. Sie nehmen ihn nicht ab, weil sonst die Locken zerstört werden, daher zeigen sie sie überhaupt nicht und kommen aber auch nicht in den Genuß, überhaupt Haare zu zeigen. Haare lassen muß aber sowieso ein jeder. Sie können bei der Untersuchung ja auch die läppischen Hüte nicht aufbehalten. Nackt am Untersuchungstisch, aber mit Hut auf, damit die Frisur nicht zu Schaden kommt? Irgend etwas stimmt da nicht. Auf der Isotopenstation wird durch das Gewand geleuchtet. Demzufolge auch durch Hüte und Pelzkappen. Ich bin aber trotzdem angenehm berührt durch die Freiheit meiner alten Großmutter, sich doch ohne viele Umschweife von ihrer Pelzkappe zu trennen. Sie streicht sich geschickt durch die Haare, die keine Ballfrisur aufweisen, aber für eine Fünfundachtzigjährige noch sehr gepflegt und dicht aussehen. Hier ist Neonlicht, etwas gedämpft. Wie ich so hinter meine Oma trete und ihr den Mantel abnehme, was sie sich gönnerhaft gefallen läßt und langsam genießt, sehe ich so einen feinen silbrigen Glanz in diesen Haaren. Meine Großmutter hat die Haare getönt oder vielleicht sogar gefärbt. Und zum erstenmal finde ich das außerordentlich gelungen und wirklich sehr geschmackvoll, und ich werde kein Wort über meine Entdeckung verlieren. Sie trägt dieses graue Kleid, das sie bei meinem ersten Besuch angehabt hat. Sie zupft etwas am Gürtel und geht dann, während auch ich meinen Mantel und meine Kapuze ausziehe, zum Sessel zurück. Vielleicht sollte ich die Kapuze abknöpfen und lieber auflassen. Ich folge aber dem unkomplizierten Beispiel meiner Oma.
Ich muß sagen, also ich muß es sagen, diese Würde, mit der sich diese abgehärmte, bläulich angelaufene Hilflosigkeit eben setzt, ist wirklich kaiserlich und königlich. Heutzutage findet man das nicht mehr. Damals, als die Uniformen noch geglitzert haben und das Herz dieses Mädchens schneller geschlagen hat, aber nicht vor Todesangst, sondern vor Begeisterung für den Tod, in den die hohen Offiziere ihre Untergebenen geschickt haben, um nicht selber an der Front zu stehen, damals war das würdig, damals hat sie das gelernt. Niemand würde in dieser Stattlichkeit, obwohl die Oma gar nicht groß ist, Blut vermuten, Blut im Urin, und in der Unterhose schon gar nicht. Und als mir die Oma jetzt mit bittendem, aber selbstsicherem Unterton die Unterlagen für die Untersuchung hinhält und meint:
«Bitte, würdest du so lieb sein und das beim Aufnahmeschalter abgeben», fällt mir etwas ein, was wahrscheinlich alle Würde über den Haufen werfen würde. Wir haben das Uringlas vergessen. Der Arzt hat doch ange-

ordnet, auf dem Zettel bei der Überweisung, den Urin von 24 Stunden zu sammeln. Wie sage ich das jetzt Hochwürden, ohne ihren Glanz merklich ins Wanken zu bringen. Jetzt, wo die Bahn frei nach Mallorca gewesen wäre, jetzt fällt mir das ein. Alles wird ins Wanken geraten. Die Fassung, das Ansehen, das Gelingen des Theaterstücks, bei dem ich mich schon so gut in meine Rolle eingespielt habe und gefunden habe, daß ich sie gar nicht ungern gebe. Ich finde mich gut. Und jetzt mitten in der Vorstellung haben wir vergessen, worum es überhaupt geht, wir haben den Urin, das Blut im Urin, vergessen. Auf der Straße habe ich auch nicht fragen können, weil da die Phase der Erschöpfung geherrscht hat. Ich beuge mich weit hinunter zum Ohr der Oma und frage: «Hättest du nicht den Urin mitbringen sollen?»
Doch ihre Hoheit ist auf alles gefaßt, wahrhaft würdig und bedacht. Gar nicht leise und verhalten weiß die Oma mit Sicherheit meine Bedenken in die Luft zu schlagen. «Bei der Anmeldung habe ich erfahren, daß heute nur das Röntgen und die Blutabnahme erfolgt.»
Also gut, ich gehe endlich mit den Zetteln nur Glasscheibe. Ich stecke sie bei dem kleinen Loch unten hinein und bleibe stehen. Die Schwester schaut mich gar nicht an. Sie sieht alles nach der Reihe durch. «Der letzte Zuckerbefund fehlt. Der Oberarzt legt Wert auf den Gesamtüberblick», stellt sie rauh fest. Also doch ein Mißgeschick in der Vorstellung? «Nein hier, das genügt, hier ist es ja eingetragen. Sind Sie die Patientin?» Jetzt hat sie so lang hineingeschaut in die Zettelwirtschaft und fragt mich so etwas Unsinniges. Ich glaube, sie tut nur so, als wäre da etwas zu sehen. So ähnlich, wie wenn Sebastian Post spielt. Dann werkt er mit Feuereifer Unterschriften herunter, fährt wild mit Stempeln auf Papiere los und liest sich in Weisungen hinein, um dann wieder wie rasend drauflosżukritzeln in steigendem Eifer und Tempo.
«Nein, ich bin mit meiner Großmutter hier. Sie ist die Patientin.»
«Bitte, nehmen Sie Platz. Sie müssen noch warten. Sie werden aufgerufen.»
Schon wieder ich. Ich doch nicht. Die Großmutter, die ist hier die Hauptperson, und die genießt das auch. Aber der Schwester scheint das völlig gleichgültig zu sein. Sie ist nicht Zuschauer und nicht Akteur, sie ist hier nur eine Kartenabreißerin, und ich glaube fast, sie ist es nicht gern. Sie hat den Film schon so oft gesehen, daß sie nichts mehr davon sehen kann. Sie steht auf und trägt die Scheine bei einer Tür hinein.
«War irgendwas nicht in Ordnung?» Zum erstenmal bemerke ich, daß meine Oma auch hier im Warteraum auf der Bühne unruhig werden kann. Sie zieht mich so zu sich her und spricht nur leise. Und mir fällt so nebenbei ein, daß meine Großmutter noch ganz gut hören dürfte, weil sie auch mein Flüstern gut mitbekommt. Sie nimmt die Brille ab. «Geh, könntest

du mir die ein bißchen putzen, die ist so angelaufen da in der Wärme, ich kann nichts sehen. Sei so lieb. In meiner Tasche ist ein Lederfleck. Ich bin verloren ohne Brille!» Leise sagt sie es, aber sie will es auch nicht vertuschen. Mit einemmal benimmt sich meine Großmutter wieder irgendwie natürlicher, und möglicherweise will sie jetzt auch gar nicht mehr nach Mallorca. Ich weiß nicht, was in sie gefahren ist. Vielleicht habe ich mir diesen Auftritt nur eingebildet und vielleicht war ich es, die sich seltsam benommen hat. Es sind jetzt keine Offiziere mehr da, sondern meist mehr alte Männer, aber auch jüngere Frauen hier. Ob die alle was auf der Niere haben? Vielleicht habe ich auch was. Solche Gewißheiten kann man über Nacht gewinnen. Dann hast du verloren. Über Nierenleiden spotte ich nicht gern, da lästere ich noch eher über den lieben Gott. Ich bin da so. Ich putze, das Putzen gibt mir einen Sinn, und ich putze und putze. Dann hebe ich die Brille und sehe durch. Ich kann überhaupt nichts sehen. Total verschwommen. Es weist sich, daß die Oma wirklich noch viel schlechter sieht, als ich angenommen habe.
«Wie ist es denn überhaupt gegangen, diese Wochen über, in denen wir uns nicht gesehen haben. Ist es noch immer gleich?» Ich gebe ihr die Brille wieder, und sie meint: «Es ist nicht mehr geworden, aber es hat nie ganz aufgehört. Ich habe mich fast schon daran gewöhnt. Aber trotzdem, es ist nicht gut – es ist nicht gut.»
Und jetzt spricht die Oma wieder zu mir und nicht mehr für die Frau aus Mallorca, denn die ist überhaupt auf einmal weg. Vielleicht ist sie aufgerufen worden.
Ich bin froh, daß ich wieder meine alte Oma habe, und ich nehme mir neuerlich vor, in einem Taxi mit ihr nach Hause zu fahren. Sie hält sich den Magen, oder hält sie sich den Bauch? Sie lächelt mich an, etwas verschmitzt. «Ich hab so einen Hunger!» Wieso, die Frau freut sich, daß sie Hunger hat?
«Ich muß nüchtern zur Blutabnahme. Nie habe ich richtigen Appetit, aber wenn ich nüchtern bleiben muß, kann ich es kaum aushalten.» Sie freut sich über ein gesundes Gefühl. Hungergefühl ist eines der gesündesten Gefühle, falls man es stillen kann. Nur der Lebenshunger ist unstillbar, aber auch dieser kann stiller werden. Es gibt nichts Edleres, als still seinen Lebenshunger zu essen, dann kommt man sich nicht edel vor, sondern dann ist man es.
«Hast du wieder Schwierigkeiten mit dem Brechen gehabt?»
«Einmal war mir in den letzten Tagen sehr übel, ich habe schon das Schlimmste befürchtet. Dann hat es sich aber von selbst wieder gelegt. Ich glaube, es waren die Linsen. Ich habe eine Dose gehabt, die war oben am Rand ein bißchen rostig. Ich hätte sie nicht nehmen sollen. Wegschmeißen sollte man so was. Da sollte man nicht sparen. Bei der Gesundheit

sollte man nicht sparen, wirklich nicht», und die Großmutter blickt in die Ferne.
«Heiß ist es da», und sie öffnet sich das Halstuch, das sie umgelassen hat. «Bei mir ist es nicht so warm. Mit diesem kleinen Heizstrahler. Den Ofen kann ich nicht mehr heizen. Ich schaffe das nicht mehr mit den Kohlen. Mir ist das zu schwer. Ich kann das nicht mehr.»
Vielleicht hat die Oma zu viele Dosen eingelagert, vielleicht hat sie zu viele Kohlen eingelagert, vielleicht hat sie schon zuviel Kalk eingelagert in den Gefäßen, den Hirnkammern und Herzkammern. Kalkablagerungen, Verkarstungen führen zum langsamen Absterben der Hirnoberfläche und der Auffaltungen der Nebennierenrinde.
«Kann ich so hineingehen? Ist alles in Ordnung?» Die Oma denkt, sie kommt bald dran. Und ich bin noch gar nicht zu meiner genußvollen Wartezeit gekommen.
«Hoffentlich nimmt mich wieder der nette Arzt. Manchmal sind sie so herrisch und behandeln einen wie den letzten Dreck.» Das sagt sie aber ganz leise nur zu mir, während sie sich herbeugt, aber mit den Augen nach der Frau blickt, die jetzt zwar noch nicht in Mallorca war, aber scheinbar die Untersuchung hinter sich hat.
«Frau Retzak, einen Augenblick bitte noch», ruft eine angenehme Stimme, eine Herrenstimme sie zurück.
«Ja, sofort Herr Doktor, ich komme schon», und die Frau Retzak flitzt geschäftig herum, obwohl sie ziemlich beleibt ist, wie ich jetzt, wo sie steht, erkennen kann. Der Arzt tritt in die Türeinfassung und spricht etwas mit ihr. Er gibt ihr einen neuen Zettel, und sie will irgendeinen Aufschub von irgend etwas erreichen. «Liebe Frau Retzak, das muß in Ihrem Interesse sein, ich kann für Sie nicht mehr tun.»
Sie geht mit dem Zettel zu ihrem Sessel. Sie sieht nicht auf meine Oma, sie beachtet sie nicht. Dieser Frau ist irgend etwas über die Leber oder vielleicht die Niere gelaufen. Vielleicht kann sie nicht mehr nach Mallorca fahren. Ob der Arzt da drinnen auch ein Reisebüro leitet? Vielleicht für Lebensreisen in eine bessere Welt, in die Unterwelt, in die nächste Welt? Er hat mir ohnehin mehr wie ein charmanter Reiseleiter gewirkt, der es versteht, viel Trinkgeld bei den Damen zu machen. Der Herr Doktor wird schon wissen, was er macht. Jetzt kommt auch die Schwester, der ich vorhin die Zettel der Oma gegeben habe, heraus. Diesmal macht sie kein saures Gesicht, sie kichert noch zurück: «So etwas kann auch möglich sein.» Sehr rätselhaft. Ernst begibt sie sich wieder in ihren Glaskasten. Ernst ist auch die starke Frau aus Mallorca. Die Oma, und ich muß zugeben, ja auch ich, und wahrscheinlich alle anderen mustern sie mit den verschiedensten Gedanken. Die hat irgend etwas. Ich wäre fast verlockt, ihr in den Mantel zu helfen, aber ihre Sorge scheint mir in irgendeiner

Weise zu schwerwiegend zu sein. Ich getraue mich nicht, der Frau in dieser Lage meine Hilfe anzubieten. Sie hätte mich vielleicht falsch verstehen können. Und so frohlockt hat sie vorhin noch, und so zuversichtlich hat sie ihre Reisekarte gehalten im Geiste. Es muß ein Fahrschein verlorengegangen sein in eine bessere Welt, in eine vor allem wärmere Welt. Ob es ihr vielleicht hier warm genug wäre, doch jetzt vielleicht doch? Und sie geht langsam hinaus. Der Kragen ist verrutscht, und die Handschuhe hängen im Mantelsack des Seehundpelzes, und diese Frau kommt mir jetzt nicht mehr viel jünger vor als meine alte Großmutter.
«Frau Lanke bitte.»
Das geht uns nicht an. Eine neue Frau kommt herein. Auch ihr laufen die Brillengläser in der Wärme an. Sie muß sie sich selbst putzen, bevor sie ihre Zettel selbst abgeben muß. Sie ist sicher so alt wie die Oma. Jeder Neue wird von allen Alten beäugt und mit stillen persönlichen Weisheiten bedacht. Jeder, der fertig ist, wird beim Verlassen des Raumes verfolgt, so mancher erregt die Neugier des einen und das Interesse des anderen wieder nur kurz, so mancher erinnert einen an einen anderen, schon längst vergessenen und man erinnert sich an diesen und an sich selbst in Verbindung mit diesem . . . Gedanken tauchen auf im Wartesaal, steigen auf in der allzu warmen Luft. Stille schwirrende Überlegungen, Befürchtungen, Erinnerungen und Belustigungen machen etwas müde, Zeitungsblätter rascheln, Beine werden gewechselt und geschoben, Jacken ausgezogen, so manche nimmt sogar nachträglich ihren Hut ab, Zettel werden sortiert, während Neue hereinkommen und manchmal, nach einer kurzen Aussprache mit der Schwester hinter dem Glas, die ich bis hierher nicht verstehen kann, auch gleich wieder den Raum verlassen. Vielleicht haben sie sich nur angemeldet. Aufrufe ergehen und Abrufe erfolgen, manchmal rauscht ein Mann oder eine männliche Frau im weißen Mantel über den Gummibelag. Hier gleitet alles ein bißchen wie auf einem Eislaufplatz dahin, wie lautlos, aber doch von mißtönendem Kratzen überrascht, es wird gewartet auf den eigenen Aufruf, und manchmal muß man sich in Erinnerung rufen, wie man eigentlich heißt, damit man es nicht vor lauter Warten auf den gefürchteten oder vielleicht auch erhofften Aufruf überhört. Wäre die Angst vor solchen Untersuchungen, die über jemandes Gesundheitszustand Aufklärung geben sollen, sichtbar und nicht nur in ihren Schwingungen als eigene Anspannung fühlbar, würde sich eine monströse Skulptur aufbauen und winden zu einem überdimensionalen Monster in der Mitte des Warteraumes.
Auch ich warte und noch dazu nicht auf meinen Namen. Ich warte, ich ruhe, ich bin aber hellwach, und ich sehe nirgendwohin, und ich horche niemandem zu, ich beobachte mit dem Auge, das jeder mitten auf der Stirn trägt, wie eine Spirale aus dem Boden, aus dem Gummibelag des

Raumes «Warten» sprießt. Im Wachsen surrt sie leicht, und ich bin mir nicht im klaren, ob sie etwas Bedrohliches bedeutet oder ob es eine seltsame atmende Blume werden soll, ein Gewächs im Raum, im Bauchraum, sie tönt auf und alarmiert die umliegenden Gefilde. Kündigt ihre wachsende Existenz an und warnt vor Aufklärung ihrer Herkunft. Wünscht keine Wahrheiten über ihr Auftauchen und ihr Gedeihen und will keinen Einblick in ihren Unterleib geben. Ein Geheimnis soll es bleiben, ob es eine ferne Art ist, eine Abart oder ob gezüchtet, aber von wem? Von einem anderen Urgedanken ausgedacht, eine Veränderung des Menschenwerdens, eine Bedrohung, weil ein Zusammenbruch der alten Art erfolgen muß oder eine Erlösung vom bereits erfolgten Zusammenbruch, der als Ordnung erschienen ist. Auf wellt sich das Bild in die Höhe, und ich weiß noch immer nicht, wie ich es benennen darf. Es wächst ohne meinen Einfluß und es weiß von meiner Beobachtung. Es weiß, daß ich Mensch bin. Es ist weise, ist es eine Weisheit? Spiralig aufsteigend wird es ein Ende ergeben. Ein sicheres Ende ohne weitere Fragen über seine Art – Wesensart – nicht Mensch, nicht nur Gefühl, auch nicht die reine Angst, kein Rätsel im Dösen, keine Gewißheit im Wachen. Nicht ich werde abberufen, heute sind es andere, aber ich sehe das Monster, und mir steigt es auf vor dem Auge, und ich fühle mich nicht gesünder als meine Nachbarn, ich bin nicht beruhigt, ich bin mitten in der Spirale aller Möglichkeiten, zu einer Wandlung in ein anderes Gewebe – rot rieselt es in dünnen Fäden von oben herunter, von der Spitze der Spirale, die nur zu vermuten ist, aber ja unmöglich sich bilden kann, denn das Oben ist mit dem Unten verbunden und die Klärung liegt in der Zusammenbewegung von Blut, Blutkreislauf, rinnt stärker und gefärbter, in der Mitte des Raumes steht Blut, an- und abschwellend in spiraliger Bahn, und das näßt die Stimmung. Hier ist die Gelassenheit getränkt mit Menschenblut und nur scheinbar so still, weil die Luft dumpf angesogen ist mit diesem Lebenssaft. Hirnblutung, Blutschwämme. Starr vor Unverständnis für den Ausbruch der inneren Blutung. Ohnmächtig vor Abgeschiedenheit im eigenen Raum – steigt spiralig, stetig an- und abschwellend die Befürchtung der Furcht vor dem unglaublichen Wandel in eine neue Wesensart – zu den menschlichen Notdurften wie Aussprechen von ähnlichem, das aber nicht dasjenige ist, das hier im Warteraum quillt.
«Was die Frau gehabt hat?» Jetzt denkt sich das die Oma erst? Oder hat sie deswegen so lange vor sich hingeschaut und gewartet, um mich jetzt in meine Gedankenspirale hineinzutreffen? Sie trifft mich genau, denn ich spüre, sie hat dasselbe gedacht.
«Sie ist eine Beamtenwitwe. Ich habe einmal länger mit ihr hier geplaudert. Die hat ordentlich . . .» und die Oma reibt die Daumen- und Zeigefingerspitzen der erhobenen rechten Hand genüßlich-flink gegeneinan-

der. Deswegen haben wir das Theater abziehen müssen, wegen der Witwe. Ich weiß schon, der Opa war nur beim Gaswerk, Arbeiter. Sollte das meine Oma wirklich heute noch bewegen? Sie hat ärgste Befürchtungen um ihre Gesundheit zu hegen, und sie will noch mitrennen mit der reichen Witwe. Darum geht es im ganzen Leben, aber daß es darum bis in den Sarg geht, das hätte ich mir nun auch wieder nicht gedacht. Sei froh, daß du deine Gasrechnung überhaupt bezahlen kannst. Hätte sie keinen Gasmann geheiratet, hätte sie vielleicht dann den Oberlehrer bekommen? So denkt sie wahrscheinlich, und dann wäre sie auch nach Mallorca gefahren, und sie hätte nicht nur einen Pelzkragen gehabt, sondern einen ganzen Seehund, der nach Tran stinkt. Sie hätte mich nicht gehabt, hätte sie diesen Gasmann nicht geheiratet, und ich bin froh, daß ich aus Gas bin, denn seither habe ich meine eigene Laterne im Kopf und die kann ich anzünden und wieder abdrehen, ganz wie ich will. Und das bringt mir vielleicht einmal mehr zu Reibendes zwischen Daumen und Zeigefinger der rechten Hand ein, als wenn mein Großvater dieser Oberlehrer gewesen wäre. «Ja, Geld macht auch nicht gesund. Sie hat recht verstört ausgesehen, findest du nicht auch? Mit Geld kann man sich nicht alles kaufen – ganz zerknirscht ist sie mir vorgekommen.»
Ich will mich nicht mitbegeilen, vor allem, wo jetzt ein sehr alter Mann an einem Stock hereinkommt. Er gibt keinen Kaspar mehr ab. Ich stehe sofort auf, und er läßt sich mit letzter Kraft auf meinem Sessel nieder. Er spielt nicht einmal mehr Bedanken.
Jetzt ist es soweit. Die Oma drückt mich fest am Arm, bevor sie, nicht wackelig, aber nicht mehr so forsch wie bei unserem Eintritt, hinter der Tür eines anderen Zimmers verschwindet, aus dem die Frau mit dem Seehund herausgekommen ist.
Ich habe jetzt irgendwie in der Bewegung und Veränderung meiner Lage durch den Eintritt des Alten auf den Aufruf der Oma vergessen. Zum Glück war sie an dem Mann nicht so interessiert wie an dem Oberlehrer, sie hätte nichts gehört und gesehen. Sehen tut sie ohnehin nichts mehr und gehört hätte sie auch nichts. Sie hätte vor lauter Erregung nicht mehr gewußt, wie sie heißt. Sie hätte ja dann aber auch einen anderen Namen gehabt und nicht diesen nach dem Gasmann. So aber verhielt es sich nicht, denn dieser Mann sieht wirklich nicht wie der Oberlehrer aus, und außerdem soll der ja schon gestorben sein. Solche Lehrer wie dieser Mann einer ist, solche Lehrer, die würden mir schon eher passen als diese modernen Hirnquäler, die gelernt haben, die Folterschrauben anzusetzen auf einer eigenen Akademie. Diesen Lehrer, der alles verlernt hat, was noch zum Leben gehört, der, und ich benütze jetzt einmal meine neugewonnene Erfahrung im neu begonnenen Umgang mit einer alten Frau, der ist hinter seinen hunderterlei Faltenwürfen im Gesicht und im Kopf und im Herzen

wahrscheinlich kein bißchen weiser, sanfter, verständiger und abgeklärter als der junge Lehrer, der noch mitgehen muß mit seinem Einschullehrer. Aber erschöpft ist der Mann. Er ist so still, weil er erschöpft ist. Nur deswegen ist er so ruhig. Er ist gar nicht ruhig. Er rappelt sich schon wieder auf. Sein Stock fällt auf den Boden. Ich hebe ihn auf. Da kommt die Schwester aus dem Glashäuschen, aus dem Kartenabreißhaus und ist jetzt einmal gar nicht so unfreundlich.

«Bleiben sie nur sitzen, Herr Haller. Geben Sie mir die Karte und bleiben Sie nur!» Er wackelt arg mit der Hand bis zu seiner Brusttasche hinauf, findet nicht hinein, und er muß sich zuerst wieder setzen, bis er die Karte zitternd der Schwester übergibt.

«Der Sohn hat mich hergeführt», sagt er in brüchigem Ton eher leise. Ich bleibe stehen. Ich will mich irgendwie nicht neben diesen alten Mann setzen. Ich bin auch ein wenig steif vom Sitzen und bin froh, daß ich mich anders halten kann und andere Blickpunkte finden kann und daß die Oma jetzt nicht unmittelbar neben mir sitzt und ich mich ein wenig aus meinem Dösen aufrichte. Heiß ist es hier wirklich. Ob die da nie lüften? Das sollte doch im Gesundheitsplan inbegriffen sein. Hier geht es aber nicht mehr um die Gesundheit, sondern schon um den Charakter der Krankheit. Hier ist schon der Übergang zu den ungelüfteten Kammern der Lunge. Hier herrscht schon die künstliche Lüftung und nicht mehr die natürliche.

Ich glaube nicht, daß ich an meiner Oma mit besonderer Liebe hänge. Ich würde ihre Abwesenheit in meinem Leben kaum vermissen, aber jetzt, wo sie da drinnen sein muß, allein mit dem Arzt und der Tatsache, daß es sehr bedenklich ist, seit einigen Wochen einen blutigen Harn zu haben und, wo sie noch dazu die Untersuchung so lang anstehen gelassen hat, regt mich das auf. All diese Instrumente, die soviel aufdecken können an Sünden und Geheimnissen des Leibes und der Seele, die man selbst vor sich verheimlicht, all diese Autoritäten von Zeigern und Schattenschirmen, diese Durchleuchter der Wahrheit, die das ganze Leben bedeutet, diese Zähne an den Zangen und diese spitzen Spritzen, die in die Haut eindringen, sie so leicht aufheben, so eine ganz dünne Schicht nur anheben und hier hinein, knapp unter der Hautoberfläche – oder auch oft wieder ganz anders, nämlich tief in das Gewebe hinein – rücksichtslos eindringen, mit einem Quälen der Fasern, sticht der Arzt langsam, ganz langsam durch die äußerste Haut und dann in das weiche so wehe Fleisch ein, tief hinein, und im Kopf schreit dieses Weiche auf, weil es verletzt ist, zu Tode verletzt, niedergestochen sein Herz, dieses weiche Wesen, das lebt, für sich selbst schlägt, so offen sichtbar liegt unter einer dünnen Deckhaut, rot schimmernd, blutig innen, reines Herzblut, und es schlägt wie ein eigenes Wesen, und wenn du es in die Hand nimmst, hältst du

Leben, hältst du das Schlagen, hältst du den Schmerz und den Ekel und die Abscheu und das Grauen, nimm ein Herz, ein rohes schlagendes Herz und drücke es zusammen, dieses Schlagen, und es bewegt sich, es schlägt noch immer, und du kannst dieses Schlagen nicht zerdrücken, es wehrt sich, es wehrt sich ewig, du drückst dein eigenes Herz, du bist dieses rohe Schlagen, und der Arzt hebt langsam, ganz langsam diese feine Haut des Lebens und sticht dir hinein in das Schlagen und es überschlägt sich der Gedanke an den Schmerz, den so ein Stich mit der Injektionsnadel verursachen könnte, weil es ja wahrscheinlich heute gar keine geben wird. Es wird ja nur durchleuchtet. Und Blutabnahmen ist meine Großmutter schon gewöhnt. Ob sie davor Angst hat, ist noch nie zur Sprache gekommen.
Ich horche. Ich bin wach. Ich weiß nicht, was mit meiner Oma drinnen geschieht. Vielleicht ist die Wahrheit schon ans Tageslicht getreten. Ich weiß nicht, wie ich meiner Großmutter in das getroffene Auge sehen soll. Ich sehe Menschen, die vom Schmerz getroffen sind, nicht gern ins Auge. Ich scheue mich davor, da etwas zu sehen, was mir ähnlich ist.
Ich sehe zum Fenster hinaus, in einen kleinen Lichthof. Ein kahler Baum steht da. Ein kahler Baum steht da. Ein kahler Baum steht da. Ein kahler Baum steht da. Ein kahler Baum steht da. Eine Tür geht auf. Es ist nicht die Tür der Oma, nein, es ist eine Tür, die nicht die Tür der Oma ist. Nicht die bei ihr zu Hause. Es ist eine andere Tür im Wartesaal der Lebenszeit, es ist keine lebendige Tür. Sie wird von Menschenhand bewegt. Es war ein Mensch. Mir ist eine Tür – die Oma wird noch – die Injektion im Schoß – Blut im Schlüsselloch hellrot aus einer Ritze sickert – sickert mein Gedankenstrom über den Gummiboden an Beinen unter Türschlitzen und Perücken und an meiner Wartezeit vorbei.
Die Großmutter kommt aus der Nebentür heraus. Sie wendet sich noch einmal zurück mit den Worten: «Danke schön, ich werde darauf warten.» Noch warten? Aber ich bin fürs erste froh, daß sie noch klar sprechen kann. Das ist schon etwas und ich gehe ihr entgegen. Ich spreche sie nur vorsichtig an und sehe ihr nicht ganz gerade ins Gesicht. Ich will mich erst langsam wieder gewöhnen an diesen Blick, der eigentlich nichts Besonderes aussagt und gar nicht verändert wirkt. Sollte nichts gewesen sein? Und ich hätte mich hier umsonst zerdacht?
Jetzt sehe ich, die Oma hat ja den Gürtel offen. Mußte sie sich doch ausziehen? Ich habe geglaubt, die Isotopen gehen durch und durch.
«Wir müssen noch warten?» frage ich vorsichtig.
«Nein, jetzt nicht mehr, um Gottes willen, du hast vielleicht Einfälle. Den Befund bekomme ich erst im Dezember. Sie schicken ihn dem Doktor Wallner zu. Er kann jetzt noch nichts sagen. Er hat mich doch untersucht. Ich hab müssen unten frei machen. Einen Strumpf habe ich mir auch zerrissen.» Sie schließt ungeschickt ihren Gürtel. Ich will ihr nicht

helfen, vielleicht würde sie das zu hilflos erscheinen lassen vor den Leuten, die jetzt alle auf uns schauen.
«Geh, bitte kannst du mir das machen?» Nichts geniert die Oma mehr, sogar anziehen läßt sie sich von mir. Sie ist müde, auf einmal so müde. Ich zwänge sie in ihren Mantel und richte ihr den Kragen und gebe ihr auch ihre Handschuhe in die Hand, damit sie nicht so wie die Witwe des Oberlehrers abtreten muß. Ich selbst hänge mir mein Gewand nur um und stütze meine alte Kaiserin, und es ist mir keine Frage mehr, ob ich diene oder bedient bin. Wir sind fertig. Die Befunde und alle Zettel bleiben hier, ich muß nichts tragen. Die Ärzte brauchen sie bei der Ausarbeitung des neuen Befunds, der wahrscheinlich wieder nichts gefunden haben wird als die Fragwürdigkeit über die Wahrheiten eines alten Menschenkörpers. Die Wahrheit ist schon lange klar, aber Wahrheit ist nicht alles und schützt nicht vor dem qualvollen Suchen, denn das ist ihr Sinn.
«Blut haben sie mir auch nicht abgenommen, das kann der Wallner machen, sagt der Arzt. Jetzt habe ich auch keinen Hunger mehr.» Wir gehen hinaus und bleiben noch stehen im Vorhaus. Ich lehne die Oma wieder an die Wand und bestelle beim Portier ein Taxi. Sie protestiert nicht. Ich glaube, sie hätte nicht gedacht, noch zu Fuß nach Hause zu kommen. Vielleicht hat sie gedacht, ich würde sie in der Handtasche tragen. Wie gesagt, meine Oma ist nicht groß, aber ich bin jetzt auch schon ein bißchen müde von dieser Luft und dem Warten auf nichts, und wieder einmal nicht mehr als immer, und ich meinerseits habe schon Hunger, obwohl ich nicht nüchtern bin.
«Das ist ein guter Einfall mit dem Auto. Ich gebe dir zu Hause dann das Geld.» Ich sage nichts dazu, denn es ist Zeit. Ein schwarzer Wagen hält vor dem Tor. Die Großmutter kriecht hinein wie eine alte Großmutter, die zwei Stunden oder fast so lang gewartet hat auf ihre Wahrheit über das Blut im Harn, und ich setze mich neben sie. Wir fahren, und ich sehe einige alte Leute, die überrannt werden von geschäftigen hungrigen Frauen in den besten Mannesjahren, und ich sehe alte Leute auf Kreuzungen, die es nicht mehr bei Grün schaffen und dann mitten auf der Straße nicht nach vor oder zurück wissen. Oder vielleicht habe ich mir das in dieser Bildhaftigkeit nur so ausgedacht, weil ich meine Gedanken prosaisch klug vollenden und abrunden will, wie sich das für eine müde Schriftstellerin so gehört.
Die Oma öffnet ihr Täschchen und nimmt, so wie alle Omas das oft zu tun pflegen, ein Säckchen heraus mit bunten Bonbons. Mir raschelt es so vertraut im Ohr und im Herzen. Ich gebe ihr, und diesmal wirklich nicht ausgedacht, einen herzhaften Kuß auf die eingefallene Wange.
«Es sind nur Bonbons für Zuckerkranke. Diabetikerware, aber ich bin so ausgetrocknet.» Ich bin erst ausgetrocknet und nehme mir gleich zwei.

«Nimm dir nur, Mädel, du hast es verdient.» Ob ich damit etwas verdienen werde, wird sich erst herausstellen, jetzt jedenfalls verköstigt mich die Großmutter mit Bonbons und das genügt mir für den Augenblick. Ich werde zu Hause gleich das Reisfleisch wärmen. Ich habe es gestern schon vorgekocht. Sebastian soll noch nicht allein das Gas aufdrehen. Ich lehre ihn das besser noch gar nicht, auch wenn sein Urgroßvater Gasarbeiter war. Der hat nur abgelesen und auch nicht aufgedreht. Ob der Bub ein bißchen gelesen hat? Ich habe das gern, wenn er jeden Tag ein wenig übt. Das soll man so machen. In den Schulen ist das auch üblich. Er wird schon Hunger haben. Einmal hat er, als ich länger weg war, das Mittagessen fast ungekocht und kalt gegessen. Rouladen waren das damals, mit Zahnstochern geschlossen. Es war ihm dann übel geworden, und er hat alles wieder erbrochen. Die Zahnstocher hatte er klugerweise natürlich herausgenommen.
«Weißt du, wenn ich mich so aufrege und ganz aus meiner Gewohnheit komme mit dem Essen und mit meinem Tag, dann kommt oft dieses Brechen. Vielleicht ist das auch etwas nervös. Ich spüre, ich habe gar keinen Hunger mehr, aber ich bin erschöpft. Ich werde mich ein bißchen hinlegen müssen. Kalt wird es sein. Ich muß den Strahler gleich andrehen.»
Wir sind schon recht nahe, und ich will sie doch noch fragen: «Und sonst hat der Arzt gar nichts gesagt?»
«Ach, ich weiß nicht. Der hat mich so lang angeschaut. Weh hat es ja nicht getan, die Schwester da drinnen war mir so unangenehm, die hat immer mit ihm geredet, und er hat sie immer dazwischen angeschaut und dann hat er wieder mich untersucht – gar nicht beachtet wird man.»
«Diese Schwester, die heraußen gesessen ist?» Ich glaube eigentlich, daß es eine andere gewesen sein muß, aber wir sind schon da. Ich bezahle und ziehe die Großmutter vorsichtig aus dem Auto. Sie kommt nicht einmal mehr auf die Idee zu schauen, ob die Hausparteien bei den Fenstern stehen, so ist sie nämlich manchmal, du wirst sie da auch schon ein bißchen kennen, meine alte Oma. Jetzt ist sie allerdings zu müde zu solchen Spekulationen, und sie nimmt ihre letzte Luft und Energie zusammen, um sich, schwer auf meinen Arm und das Geländer gestützt, hochzuziehen. Am ersten Absatz bleiben wir stehen.
«In der Scheide ist alles in Ordnung, hat er gesagt, die Scheide ist in Ordnung, von dort kommt das Blut nicht. Ich soll beobachten, ob es gleich am Anfang kommt oder erst am Schluß beim Urinieren. Wie man das sehen soll, möchte ich wissen», und sie setzt zu neuerlichem Steigen an.
Ich bin mir da auch nicht ganz im klaren über diese Trübsal, aber ich kann bemerken, daß es meiner Oma jetzt gar nicht so sehr um die Lösung dieses Problems geht, sondern einzig um ihr Bett, das sie wahrscheinlich wieder offen gelassen hat.

«Also der Doktor Wallner bekommt den Befund. Wir werden ja sehen, und der nimmt dir auch Blut ab. Du solltest aber schon auch rechtzeitig hingehen. Das ist wichtig. In einer Woche oder so, jedenfalls noch vor Weihnachten.»
«Mein Gott, erinnere mich nicht daran. Ich möchte gar nichts davon wissen. Wenn nur diese Feiertage schon vorüber wären.» Ich bleibe still, aber ich sperre mit meinem eigenen Omaschlüssel die Tür auf. Sie sinkt auf den Küchensessel. «Mein Gott, bin ich froh, daß ich wieder zu Haus bin.» Sie hält mir in ehrlicher Dankbarkeit die Hand, und ich stehe, noch immer meinen Mantel nur umgehängt, neben ihr und verliere kein Wort mehr über Weihnachten.
«Was wünscht sich denn der Kleine?»
«Nur so Kleinigkeiten, weißt ja, was sich so ein Bub halt wünscht. Ein kleines Auto, einen Zeichenblock, Schokolade und so was.» Ich sage mit Absicht nur solche Sachen und sage nichts von der Rennbahn und dem Skateboard, das er sich auch wünscht.
«Freut er sich schon? Mich hat der Ferdinand und die Liese eingeladen, sie wollen mich abholen mit dem Auto und auch wieder zurückbringen, aber du weißt ja, die Liese wird immer so komisch, wenn ich länger bei ihnen bin. Ich glaube, ihr ist das nicht recht, daß der Ferdi mich jedes Jahr einlädt. Wie der Opa noch war, da war das leichter, aber jetzt, mich freut das gar nicht, ich bin für nichts mehr gut. Man soll nicht alt werden.»
«Geh du nur zum Ferdi und der Liese. Die ist halt ein bißchen sonderbar, das war sie ja immer schon.» Ich muß gestehen, ich kenne die beiden kaum, ich weiß nur, daß die Tante Liese immer schon eine komische Alte war, lang bevor sie noch überhaupt angefangen hat, alt zu sein, war sie es schon. Manche Menschen sind so. Aber ich möchte, daß die Oma diese Einladung annimmt, weil, ich selbst möchte sie wirklich nicht einladen zu Weihnachten. Ich habe da meine komischen Gründe und in diesen bin ich mindestens so sonderbar und vielleicht noch viel älter als die Tante Liese.
«Ihr kommt mich aber besuchen nach Weihnachten? Dann nimmst du wieder den Buben mit?» Sie sieht mich an und ist wieder ein bißchen aufgerichtet durch das Planen und das Weiterleben in Glück oder im Unglück. Egal wie immer, sie steht auf und sucht ihre Handtasche.
«Wo hab ich denn nur das Geld? Wieviel hat das Taxi gekostet?» Ich kann ihr nicht ausreden, den Betrag zu bezahlen, und ich tue das eigentlich auch nicht sehr intensiv.
«Gib's dem Buben, wenn du es nicht brauchst. Ich werde mich jetzt hinlegen.» Mir ist diese Wendung der Situation sehr recht, und ich ziehe meinen Mantel an.
«Wenn wir nach Weihnachten kommen, kannst du mir auch schon vom

Befund berichten. Kümmere dich wirklich darum. Soll ich dir noch irgend etwas herrichten?» Ich trete einen Schritt ins Zimmer hinein. Das Bett ist, wie vermutet, offen, aber nicht gemacht.
«Danke, ich kann schon wieder. Essen mag ich jetzt nicht. Ich habe mir da Gemüse und Rindfleisch hergerichtet. Willst du's vielleicht, du mußt ja Hunger haben. Wärm dir's bitte, wärm dir's.» Ich entscheide mich aber für mein Reisfleisch, und ich entscheide mich dafür, die Großmutter endlich aus ihrem Mantel zu schälen, und ich habe mich noch nicht ganz dafür entschieden, ob ich mir jetzt meinerseits ein Taxi leiste, um schneller nach Hause zu kommen. Ich gehe mit der Oma noch ins Zimmer hinein, sage ihr meinen Besuch nach Weihnachten noch einmal zu.
Dann gehe ich endgültig die Treppen hinunter, langsam und ein bißchen schneller und rasch auf die Straße hinaus, und ich habe wieder meinen gewohnten raschen Gang, meine Zeit, meine eigene Zeit, und ich habe mit einemmal Lust, sogar ein bißchen zu laufen und ich laufe bis zur Straßenbahn und denke nicht mehr daran, ein Taxi zu benützen.
Im Rahmen der Vorbereitungsstunden auf die Geburt fand in meinem bevorzugten Entbindungsspital auch ein Vortrag des Oberarztes über die Vorgänge während der Zeugung, während der Schwangerschaft und der Geburt selbst statt. Ich saß mitten unter den Bauchigsten. Wir waren eine Minderheit, wir fühlten so, und ich selbst fühlte, das weiß ich noch genau, mich stolz als Minderheit unter diesen vielen, die dieselben Sorgen drückte. Ich hatte meine ganz individuellen Sorgen, die ich nicht mitteilte. Ich erinnere mich, daß bei den Untersuchungen im Warteraum immer von einem legendären Arzt geraunt wurde, der wie ein Fleischer wirken sollte, aber der beste Entbindungsarzt weit und breit wäre.
Ich sah den Mann in weißem Mantel zu dem Vortragssaal kommen, und ich wußte, das ist der Fleischer. Die Frauen schätzten ihn deswegen so sehr, weil er mit seiner brutalen Direktheit ihnen alle Möglichkeit zu zittern und armes Schwangerchen zu spielen, ratzekahl abräumte. Schwangere sollen besonders dazu neigen, gereizt und aufgeblättert zu sein in alle Schmerzensrichtungen. Übergeschwappt, übergeschnappt, überfallen, überreizt, überbrochen, immer alles ein wenig über der Gürtellinie, immer ein wenig zuviel von allem, zuviel Gefühl, zuviel Bauch, zuviel Essen und zu viele Tränen. Viel zu lang, viel zu lang dauern ihnen die neun Monate Menschenwarten. Menschenskind, ich bin kein Übermensch. Ich bin der unterste Untermensch, noch lange vor den Affen, und dieser Arzt, der sehr an einen großen Affen erinnerte, war der Richtige, uns von dieser fiebrigen Fummelangst zu entheben.
Er kam herein, zu spät, geschäftig, erfüllt von seiner Wichtigkeit, rasch, souverän, massig, sorglos, kräftig im Blick und in der Bewegung, sicher in der Stimme, eine direkte Überraschung in die Unterleibsgedanken der

Schwangeren hinein, die hier aufgefädelt saßen und warteten und harmloses Zeug daherquatschten. Tratsch mit der Sitznachbarin, immer dasselbe.
Der Raum erfüllte sich mit männlichem Sinn, mit Sinnlichkeit. Und das war passend. Begegnung. Darum ging es hier. Nur sah es jetzt nicht mehr so aus, denn nur die Schlachtfelder waren anwesend. Das Schlachtfeld Frau – eine einzige Wunde für immer?
«Keine Angst, meine Damen, ich mache es kurz. Ich habe ja auch gar nicht viel Zeit, Sie zu langweilen. Einige Frauen sitzen jetzt nicht mehr hier in diesem Saal, sondern liegen bereits oben im Kreißsaal, die brauchen mich. Mir liegt aber als Chef dieser Klinik daran, Ihnen einmal etwas zu sagen. Sie dürfen das auch ruhig weitererzählen, ich wäre Ihnen dankbar dafür. Hören Sie – Sie sind nicht krank! Lassen Sie sich das unter keinen Umständen von irgend jemandem weißmachen. Ihr Zustand ist einer der gesündesten, die ich kenne. Die Schwangerschaft ist ein Vorgang des Lebens zur Gesundheit, und niemand soll sie schwach machen.»
Ich vermutete, daß aber gerade das sein Lebenskampf war. Männer, die durch Sicherheit verblüffen, sind selbst die ewig von sich selbst gebluﬀten. Sie dürfen sich nie verblüffen lassen. Und Liebe ist eine der verblüffendsten Seelenregungen.
«Und noch etwas, meine Lieben: Auch die Zeugung ist einer der natürlichsten Vorgänge. Die Natur praktiziert sie schon immer. Man spricht darüber nicht, aber ich weiß, daß viele Frauen sich schuldig fühlen, weil sie einen Geschlechtsverkehr eingegangen sind, ganz gleich, unter welchen Voraussetzungen. Tragen Sie die Köpfe hoch, meine Damen und seien Sie doppelt stark und nicht geschwächt durch das Kind. Die Schuld, die Sie sich geben an einer Weltsünde, die macht den Körper schwach, die macht Sie ängstlich und verkrampft bei der Geburt. Die bereitet Komplikationen und Schwierigkeiten. Kommen Sie bitte einmal zu mir!»
Er hat eine Frau in der ersten Reihe aufgefordert, eine, die er nicht lang ausgesucht hat, die aber recht ansehnlich war, allerdings auch nicht übertrieben schön. Mit einer einladenden oder soll ich sagen zwingenden Handbewegung hat er sie nach vorn geholt und faßte sie mit sicherer Hand am Bauch. Er stellte sie seitlich, so daß wir ihren vorgewölbten Bauch gut sehen konnten, und darauf legte er seine große Hand, und die andere Hand legte er in ihren Rücken, so daß ihre schwangere Figur nicht mehr durch das weite Kleid umwoben wurde, sondern er legte es an. So blieb er, so mußte sie bleiben und so sprach er weiter:
«Hier liegt das Kind. Und so sieht es aus.»
Anscheinend war dieser Vortrag Routine, da die Schwester mit einem großen Glas, in dem ein Embryo schwamm, gerade jetzt hereinkam. Nicht sehr erbaulich dieser Anblick. Für uns nicht und für die Frau da

draußen auch nicht, die in die Klemme des Arztes geraten war und, so vermute ich, nicht recht wußte, ob sie an dieser körperlichen Berührung glücklich oder unglücklich sein sollte. Es beruhigte sie jedenfalls nicht, und auch alle anderen Frauen schien dieses Bild des Mannes unbgeheuer, der den Bauch einer Frau hält und auf ein schwimmendes Wesen zeigt, das wiederum in ihrem Bauch sein soll und noch dazu in aller Bäuchen, nur in seinem nicht, und zu allerletzt fällt mir jetzt erst ein, was eigentlich so peinlich war. Der Glasembryo war ja tot, und es mutet seltsam an, wenn Leben, wenn mein Leben an einem Toten klargemacht werden soll. Da ist um vier Grad zuviel Wahrheit, als daß es angenehm wäre, und das wußte der Arzt.
«Meine Damen, ich kann Ihnen die Angst nicht nehmen. Und die will ich Ihnen auch nicht nehmen. Sie ist genauso natürlich wie die Akte, von denen ich vorher gesprochen habe. Angst liegt in der Natur, wie der Dotter im Ei, und auch für die brauchen Sie sich nicht schuldig zu fühlen. Angst ist ein Teilmotiv, das zur Zeugung geführt hat und mit Angst werden Sie Ihr Kind gebären. Sie ist eine Triebkraft, die wir zu einem gesunden Geburtsvorgang benötigen. Ich kann Ihnen nichts abnehmen, ich kann Sie nur beruhigen, daß Sie Angst haben dürfen und daß das gesund ist für Sie und das Kind.»
Er nahm die Hände wieder weg vom Bauch der Frau und führte sie galant an ihren Sitz zurück. Weniger elegant schob er sich die Ärmel seines weißen Arbeitsmantels, den er offen über einer weißen Hose und einem weißen Hemd trug, hinauf, sah hastig auf die Uhr und meinte: «Meine Damen, ich will Sie nicht länger beruhigen oder beunruhigen. Ich kann auch gar nicht, so gern ich es wollte. Wir sehen uns wieder. Bis dahin, alles Gute!» Er setzte uns ganz einfach auf den Boden, und da waren wir mitten in einem Spital, wo kleine Fleischbälger aus gesunden Leibern herausgezogen werden sollten und sonst gar nichts. Das tat wirklich gut.
Daß ich so betont sachlich, ruhig und beherrscht tat, hatte ja dasselbe Motiv wie das Zagen und Zittern der anderen. Ich tue oft aus denselben Gründen anderes als die anderen. Auch mir tat der Arzt gut, der uns wieder einmal wie saftige Sexbienen ansprach, rauh und direkt über unseren Bauch hinweg. Er vertröstete nicht, er nahm, was da war und gab uns unsere aufreizende Weiblichkeit wieder einmal zurück, die in den letzten Monaten so zugunsten von scheinbar Höherem oder Wichtigerem in Vergessenheit geraten war. Er schonte nicht, er forderte ganzen Einsatz mitten in allen Zuständen, und er erinnerte in seiner verwirklichenden Einfachheit, daß alles auch wahr werden kann, was unmöglich erscheint, daß der menschliche Fick, der uns schwängerte, nicht ein geheimnisvolles Hokuspokus des heiligen Geistes war.
Bei allen Untersuchungen, Vorstellungen und Besprechungen in dieser

Sache ging man dort nie schonend mit uns um. Dort war niemand unsicher, dort sah niemand darüber hinweg, daß wir eben jetzt nicht so . . . und nicht recht . . . und wird vorübergehen. Dort behandelte man uns nicht wie ein bißchen Angekränkelte und Schonungsbedürftige, sondern dort war man wer. Geradezu rauh waren die dort manchmal. Es herrschte das Du vor, und jedem Lamento wurde sofort das Ohr gewiesen. Wenn du nicht lamentieren kannst, mußt du nur die Wahrheit sagen, und das wollten die dort hören, denn nur unter solchen Umständen kann man einer Frau wirklich behilflich sein, die ein Kind zur Welt bringt.
Ich hänge in dem Bild, was wäre, wenn du nicht wärest. Was wäre ich dann? Wo wärest du und wieviel kostet der Eintritt in diese Ausstellung meiner Gedankenbilder? Drei Seufzer – fünf Lacher – ein Ächzen, wehen und lösen. Ja, so war es damals. Stundenlang hat sich mein Unterleib gedehnt und sich wieder gelöst. Er war mein Hirn.
Wärest du nicht? Nicht wärest du mein Schicksal. Und so eines habe ich mir immer gewünscht. Eines, das mir die Adern an den Schläfen heraustreten läßt, das meine Augen schärft und besänftigt, das mich samtig und still machen möge, tief aus dem Schwarzen der Pupille heraus – klar und weit –
Da ist es – ein Junge, klein, gut durchblutet, er schreit. Die Lungenflügel haben sich geöffnet, er lebt, ich lebe.
Paß auf, schneide dich nicht in den Finger, du hältst das Messer ja mit der Schneide nach oben, drehe es, dreh dich um. Mein Gott, du warst so klein und zerbrechlich. Ich habe dich jeden Tag gebadet und dich immer vorsichtig gehoben und gewendet.
Siehst du, jetzt blutest du, komm, ein Pflaster.
«Wenn es nicht zu bluten aufhört, rufen Sie, in einer Stunde kommen Sie in das Krankenzimmer.» Schrei nicht so, es wird ja wieder gut. – «Schreien Sie nicht, Sie nehmen ja dem Kind die Luft!»
Jetzt sitzt du hier neben mir und schreibst in ein Heft die ersten Buchstaben, einen nach dem anderen, so wie ich, einen nach dem anderen. Oft siehst du her zu mir. Meine Feder fliegt und deine stockt. Bin ich dir zu schnell? Schau, es ist ja kein Wettschreiben. Ich wollte nicht, daß du diesen Klugheitswettbewerb mitmachst in der Schule, ich schicke dich nicht in die Schule. Hier neben mir darfst du freiwillig deine Buchstaben finden und sie zum Verständnis deiner selbst formen. Zu Worten, zu Sätzen, zu Klarheiten über den Zwang, warum man in die Schule gehen muß, warum man früh aufstehen soll, warum man in der Reihe stehen soll, warum man nicht tratschen darf, warum der Lehrer so unendlich klug ist? Warum man sich quälen muß, um glücklich zu werden. Und jetzt siehst du hier meine schnelle Feder und bist entsetzt, weil deine nicht so fliegt. Sei nicht neidisch, Kind, paß lieber auf die Rechtschreibung auf. Setzen schon wie-

der ohne tz. Merke es dir doch einmal, du hirnverbranntes Miststück, wo habe ich meinen Morgenstern heute morgen?
Mein Gott, du hast schon wieder in die Windeln gemacht. Soll ich denn nichts als waschen, bin ich zu einer Schweinemagd bestimmt? Das ist doch ein Hauptwort, du Esel, ich werde noch wahnsinnig mit dir. Damals, als ich ausgeschlüpft bin bei dem behaarten Arschloch meiner Mutter, damals habe ich es schon gesagt, aber es ist ja niemand da, der jemals gehört hätte. Was, ich bin keine Lehrerin? Gut, daß ich mich daran erinnere. Damals, als ich noch in der Höhle hockte, um das Feuer, nebelhaft im Ton in der brüllenden und keifenden Horde – ich habe mich auf den behaarten Beinen gewiegt, weil mein Bauch so geschwollen war. Ich habe nicht gefragt wieso und warum, ich war nur wachsam auf das Pochen im Bauch, und ich war allein. Das Feuer flackerte. Es flackerte in mir. Die Feuerzungen leckten dem Ausgang zu. Es brennt – brennen mit doppel nn, ja, richtig, wenn du es genau aussprichst, kannst du es hören. Du brauchst nur zu hören, wie es aus deinem Mund rollt, und du weißt, rollen mit ll.
Das Feuer mischte sich mit dem Blut und mit dem schleimigen Wasser und ich hockte wiegend über meiner Esse und schmiedete meine Erinnerung messerscharf. Es dauert alles, Zeit für Zeit, Herzschlag für Hirnschlag, Wehe für Entspannung und Schmerz für Erlösung. Wort für Zwischenraum, und mein Kind sitzt neben mir und liest. Er müßte es nicht tun. Er geht in keinen Zwangsunterricht, er tut es freiwillig neben mir, er vertreibt sich die Zeit damit. Keine Zwangsgedanken, kein Zwangsdenken, keine bekannte Zukunft, keine Sicherheit, kein markierter Steig, kein Glück und kein Unglück? Ich sollte mich nicht so zwingen. Mein Suchen ist der tägliche Hammer, mit dem ich dem Kind beim Erwachen den kleinen blonden Schädel zertrümmere. Sollte er nicht doch lieber in die Schule gehen? Dort herrscht nicht die Leidenschaft, dort herrscht nur die bezahlte Lehrerin.
«Komm, du mußt nicht so schnell schreiben. Laß dir Zeit, aber iß den Bleistift nicht auf. Graphit ist giftig.»
Jetzt geschieht es, ich kann es kaum fühlen, aber jetzt geschieht es, das Unvorstellbare. Keine Schule – nicht müssen – nicht zwingen – ob das ein Glück ist? Undramatisch und leise beschleicht mich das prickelnde Lustgefühl, der Zwangsjacke entgangen zu sein, die dir die Gesellschaft bereitgehalten hat. Diese kleine Jacke nach den Maßen des blonden Kindes hängt hier am Haken.
Die Stille ist laut und klar. Ich strecke meinen Arm langsam in die Richtung, deren Ziel ich nur in ihrer Strahlung erkennen kann. Dorthin gehen wir. Viele Fallen und von brennendem Kraut umrankt, aber geh nur, Kind, laß es brennen, du darfst bleiben wie du bist. Du mußt nicht klüger werden, du mußt nicht freier werden, du mußt nicht glücklicher werden,

du mußt es nicht besser haben als ich, laß das alles liegen, es brennt uns auf der Haut, aber laß es brennen.
Es hat auch gebrannt in meinem Kreuz, als du geboren wurdest, und es hat geglüht, als diese Erde entstand. Ich will nichts von dir verlangen. Ich will dich nicht dafür bestrafen, daß ich sein muß und daß du da bist. Bitte, lehre mich das, lehre mich die Losgelassenheit.
Aber aus deinen Augen spricht die Angst, ich kann es ja sehen. Bist du vielleicht noch älter als ich? Oder hast du die Angst von mir? Vor dieser Wut, mit der ich die Leere haschen möchte? Ist aus dem ulkigen Spiel ein mörderischer Krieg geworden? Das Leben? Leben schreibt man groß. Angreifen kannst du es nicht, aber es ist trotzdem groß. Es ist ein Hauptwort. Sonst ganz gewöhnlich. Ja, sehr schön.
Jetzt, jetzt geschieht es, und jeder kann es tun, sein Kind nicht in die Schule schicken. Nicht einsteigen in die Bahn, die ein Ziel hat und für die du eine Karte lösen mußt, mit der du nur zu einer bestimmten Station fahren darfst. Diese Bahn ist teuer und auch nicht sicher. Ich habe einen sanften Zeitvertreib. Suche dir lieber so einen, mein Kind. Etwas Stilles, das bei dir bleibt und nichts tut, etwas wie ein Spiel, reiß dir nicht die Seele so wund am Zahnrad der Fabrik, die Zwangsjacken erzeugt. Alle Größen, gute Ware, starke Ware. Es wird empfohlen, diese Jacken zu tragen. Damit man dich erkennt als Mensch, damit du immer weißt, was du zu tun hast. Damit du nicht nackt herumhängst zwischen dem Nichts und dem Alles. Alles mit ell. Sehr gut! Ich bitte dich, schreibe richtig, schreibe doch richtig, wie es sich gehört, halte dich an die Regeln!
Mir steigt die Wut zu Kopf, und mit rotem Gesicht drückte ich, preßte ich dich heraus. Nach und nach. Ich wurde von dem Zwang zu pressen mitgerissen. Ein Stöhnen, trockene, aufgeplatzte Lippen. Was soll das werden? Nachher gibt es nicht mehr – vorher war nicht – es gibt nur jetzt, jetzt, und es reißt. Du reißt mir die Seele aus dem Leib. Und so sieht das dann aus? Blond und ratlos, wie man «reißen» schreibt?
Wie mache ich mir Luft? Luft – Luft. Ich nehme mir jetzt frei. Ich kann das. Ich brauche Luft. Gehst du mit? Machen wir einen Spaziergang. Vielleicht zu dem Ringelspiel auf dem Berg? Deine Begeisterung reißt mich mit. Wir haben Zeit, denn wir haben keine Schulzeit abzudienen, keine Lebenszeit zu zählen. Für das Ringelspiel habe ich schon noch Geld genug, keine Sorge. Unlängst hat dich die dicke Frau sogar umsonst fahren lassen, weil wir das Geld vergessen hatten. Wir nehmen ein Butterbrot mit. Oben kaufe ich dir einen Saft. Nehmen wir uns frei von der Zeit. Freizeit. Aber wir müssen sie nicht nützen. Du kannst auch in die Schule gehen, wenn es dir lieber ist. Dir ist alles egal, du willst zum Ringelspiel und zum Saft, ich weiß schon!
Ich will diesem Kind so gern vertrauen. Ich will glauben, daß es eine ker-

nige Seele hat, die im Unbekannten ihre Härte, Weichheit und Ausgewogenheit behält. Ich schicke das Kind ins Unbekannte. Ich gehe mit, aber nicht als Aufpasser, sondern als freiwilliger Begleiter.
Damals, als meine Mutter die Koffer raffte und mich aus blödsinniger Verzweiflung in die Erziehungsanstalt zu schleppen drohte, obwohl ich ein sehr unauffälliges Kind war und die mich dort nie aufgenommen hätten, da habe ich gesagt, fast wie mitleidig habe ich es in Erinnerung: «Laß mich gehen, ich sorge für mich, ich komme schon durch.» Das allerdings wollte sie nicht. Das nicht. Sie war der Meister des Lebens und ich ein ungeschicktes Menschlein, das nicht bis drei zählen konnte. Nein, das konnte ich nicht, aber atmen, das konnte ich, und still war ich, gefaßt in mir, einfach und beseelt von meinen Spielen, die mein Leben ausgemacht haben. Aber meine Mutter hat mich das Kämpfen gelehrt. Die Geschulten, die haben mir den Zwist, ihren eigenen Krieg, langsam, Jahr für Jahr, dem Lehrplan entsprechend, raffiniert eingepflanzt, und das wächst und wuchert. In diesen Urwald soll ich mein Kind wieder zwingen? In dieses feuchte, drückende Klima, das erstickt. Ich habe nichts zu bieten, mir selbst nicht, aber ich übernehme die Verantwortung nicht, mein Kind dorthin zu schicken, wo ich selbst stehe.
Ihr Geschulten, ihr, ihr glaubt, ihr seid die Meister des Lebens. Mühsam Überlebende seid ihr, nicht auf Grund des Gelernten, sondern auf Grund des Überlebensinstinkts. Ich lasse mein Kind Tier sein. Lieber, lieber. Ich stehe dazu. Ich forme keinen Teigmenschen. Ich betrachte mich nicht als mächtig. Ich lasse es lieber, ich rühre es nicht an, denn ich bin verseucht von den Strahlen der Kriege, die ich mit mir führe. Du darfst auch Krieg führen, aber nicht meinen. Suche dein eigenes Schlachtfeld auf. Die alten Kriegsstätten sind schon so überfüllt. Überfüllt mit wimmernden Geschäftsleuten, neidigen Angestellten, hohlen Lebenden und Toten, zornigen Lehrpersonen und gierigen Künstlern.
Mit andächtigem Ernst schleckst du dein Eis. Himbeer und Zitrone. Bunt und kalt. Die reine Hingabe schleckt über das Eis. Deine sorgfältige Zunge und deine andächtigen Augen würden dir dafür in der Schule keine Bestbeurteilung eintragen. Du weißt, in der Schule bekommt man keine Noten für die Fähigkeit zum Genuß. Dort wird dir abgewöhnt, sorgenfrei zu atmen, denn dort heißt es: Glück muß gelernt sein. Dort lernst du dann unterscheiden, was Glück und was Unglück ist, dort spalten sie dich in zwei Teile, und dort lernst du das Kämpfen um den anderen Teil von dir. Dort erhältst du das Befähigungszeugnis für die Irrenanstalt. Dort wirst du ein Mensch unseres Jahrhunderts – eingesperrt – hinter eigenen Gittern, draußen oder drinnen. Ein Affe, zugleich jedes Tier und jeder Mensch. Sorge, Sorge ist dein Futter. Schleck nur, paß auf, es tropft!
Schau, mich hat man die Ruhe nicht gelehrt, ich bin zu lang in Schulen

herumgesessen. Ich bin dort gedrückt worden vom Lehrer, von der Zeit, von den Mitschülern, von der Arbeit, von meinem richtungslosen Ehrgeiz. Und ich habe mir dabei wahrhaftig das Hirn ausgerenkt. Und ich Neunmalkluge schicke dich nicht zur Schule, damit dich die Geister nicht erdrücken, und dabei habe ich dich längst erstickt. Ich koche die Esse auf, in der ich jeden Tag meine Stempel glühend erhitze und dir in das blonde Fleisch presse. Kind, da stinkt es, hast du den Topflappen anbrennen lassen? Du darfst ihn nie so nah zur Flamme halten!
Ich kann ja nur erzählen, was ich Tag für Tag erlebe. So müde, so wach, so revolutionär und so undramatisch. Ich tue es aber bereits, jetzt und jetzt und Teufel noch einmal, ich kann nicht anders sein, als ich bin. Ich kann so sein, wie ich bin, und ich spucke dem Lehrer in mir, der mich ewig zurechtweisen will, weil ich nicht wahr genug bin, und nicht straff genug das Rückgrat erhebe und nicht aufrecht genug bin, in die Fresse. Laß mich doch in Ruh und laß mein Kind sein. Du falscher Gott, du, du spielst dich da hoch wie ein lächerlicher Papp-Chinese im Ringelspiel, dem der Zopf um den Hals hängt wie eine Schlange. Ihr Kopf züngelt vor deinem dünnlippigen Mund. Entsetzen hängt aus deinem Blick und letzte Anstrengung schwingt in deiner gepreßten Stimme, mit der du mich das Leben lehren wolltest und willst, und es tust, und es wieder tun wirst. Aber bitte, mache dich nicht lächerlich vor dem Kind.
Lache nicht über mich. Hast du kein Herz? Jetzt sind mir die Spaghetti hinuntergefallen. Essen wir vom Boden – nein, das ist nicht die Revolution. Andersmachen als üblich ist nicht revolutionär. Anders als praktisch ist nicht meine Vorliebe.
Unsichtbar, aber deutlich schlägt mir die morbide Stimme des 20. Jahrhunderts ans Ohr: «Ich bin die Kultur! Laß mich nicht bersten, gib mir keinen Stoß, ich bin schon so morsch. Ich möchte nicht fallen. Die Geschichte ist schon so lang – ich bin schon so gedehnt. Ich quäle mich schon so, soll ich wieder brechen? Ich bin schon im vorigen Jahrhundert gefallen. Es wird so unsicher – woran soll man sich halten, aber es bröselt ja immer. Ich bin ja nur aus Pappe. Allerdings werden vor mir Menschen erschossen, einfach getötet an der Wand, an dieser Pappwand. Jeder Schuß reißt mir ein Loch. Ich bin lauter Löcher, ich bin nur Loch, ich bin die Kultur, die Weisheit, der Staat, die Politik, die Religion, ich bin Gott und die Welt. Ich bin die Zeit – und ich befehle – ich befehle – ich befehle, daß Kinder zur Schule zu gehen haben und dort meinen Glockenschlag hören lernen und meine Sprache sprechen lernen, die Zeit ablesen – und mir dienen!»
Das Kind wird bald vom Spaziergang zurückkommen. Es getraut sich schon allein umherzuwandern in der Umgebung des Hauses. Soll ich ihm sagen, was ich gemacht habe? Womit ich mir die Zeit vertrieben habe?

Was ich gearbeitet habe? Kind, ich habe gekämpft, ich habe geglaubt, ich müßte einen Krieg gegen mich gewinnen, und jetzt bin ich geschlagen von der Zeit, von meiner Verzweiflung. Ich habe mich zusammengeduckt am Kampffeld, um mich vor dir unsichtbar zu machen. Mein Schwert hat ein Radarauge vorn. Mein Schwert ist mit Tinte gefüllt. Lerne endlich lesen, du Faulpelz, dann kannst du die Weisheiten aus dem Alltag einer Mutter lesen. Aber bitte, verrate mich nicht, denn ich bin so nackt vor mir gestanden. Kannst du mich lehren, wie ich zufrieden sein soll? Mein Gott, als wüßte ich es nicht, ich bin es ja – aber mich hat man gelehrt, daß Zufriedenheit anders aussieht, nicht unsichtbar ist. Vieles habe ich da durcheinandergebracht, die ü mit den y, die Hauptwörter mit den hauptwörtlich gebrauchten. Weißt du, meine Ordnung, die bricht immer so gefühlsstark zusammen. Dabei bin ich immer so sehr bemüht, Ordnung zu halten in meinem Kopf, in meinem Magen, in meinem Herzen, in meinem Kreislauf und in meinen Träumen.
Es hat immer geheißen, Ordnung muß sein, aber niemand hat gesagt, wie das geschehen soll und wozu und wieviel. Ich habe nur Sinnbilder gelernt für den Sinn, den das Leben haben soll. Ich wollte mich nicht damit zufriedengeben, daß das Leben nur ein Spiel sein soll. Ich wollte es nicht glauben, daß dafür soviel Verzweiflung, soviel Drang und Kampf notwendig sei, um die Regeln zu erlernen. Und ich habe ernst machen wollen. Wirklich leben, nicht nur spielen, wirklich finden und sehen, durch alles ganz wirklich sein. Und da mußte ich beobachten, daß ich nicht das Spiel verlassen habe, sondern nur die Rolle des Spielers gewechselt habe. Ich bin kein Mitspieler mehr, aber ich bin mein eigener Spielleiter geworden, weil ich die Mitspieler verlassen habe. Und jetzt ist das Spiel leer und ich würfle jeden Tag allein an meinem Brett. Ich hüpfe mit meinen Gefühlen Felder ab – an – um, manchmal ist es ulkig, manchmal schön, manchmal mühsam, manchmal beißend. Es ist das Spiel um die Freiheit. Keine neuen Regeln bitte.
Das um Gottes willen, kannst du doch auch allein tun, da mußt du nicht zur Schule latschen und dich binden lassen. Meine Riemen sind hart, aber manchmal sind sie aus Zuckerwerk, Marzipan oder auch aus Fruchtgummi. Pick mir die Kaugummis nicht immer hinter die Möbel, du Ferkel!
Mutter, du läßt mich heute so frei, mich kleinen Menschen? Ich darf ganz allein über die Straße, auf den kleinen Spielplatz bei den Nachbarhäusern? Du bist so ruhig, so lieb? Wieso? Gestern warst du so hart, mit mir, mit dir, mit uns. Wieso bist du einmal so und einmal so? Kannst du nicht lernen, immer ausgeglichen deine Tage zu verleben? Also ich gehe jetzt! Er schlägt die Tür zu, läuft hinunter und schaut sehr genau auf den Verkehr der Straße, die er zu überqueren hat. Er ist viel vorsichtiger als ich. Er läuft hinüber und hüpft den Gehsteig entlang. An der Hausecke winkt er

noch einmal und verschwindet. Ich kann seinen kleinen Körper nicht mehr sehen. Aber er ist da in mir, ein Geist, so groß und erfüllend wie immer und ich weiß, er hat mich mit. Ich bestimme sein Verhalten auf dem Spielplatz, seine Angst, seinen Mut, seine Freude und Lust. Laß dich in deiner Freude bei dem Gedanken an mich nicht hemmen, sei frei und frage nicht, wann du wiederkommen mußt und ob du das darfst und ob du jenes lassen sollst. Vertraue dir, spüre, sei vorsichtig, aber probiere, glaube nichts, verlasse dich nicht, aber lasse nichts unverstanden. Und vor allem, halte dich nicht an meine Ratschläge, aber höre sie. Ich sage ja nur: gib acht, beachte Autos, Menschen und Tiere, dich und ihren Zusammenhang.

Ich befreie mich, indem ich dich frei lasse. Du fühlst dich frei, und wir sind freiwillig zusammen. Es ist nicht selbstverständlich, daß wir freiwillig zueinander stehen, nur weil du durch meinen Körper gegangen bist. Das hat wenig zu sagen. Sagt das etwas? Ein Auto quietscht, und ich könnte dein Blut unter Rädern spritzen sehen, ich tue es, aber ich lasse dich frei, zu bluten für dich und für mich. Dafür, daß der namenlose Instinkt, aus dem du geworden bist, durch meinen Körper ein Menschenleben wurde und einen Namen erhielt. Wie heißt du? So wird dich vielleicht gerade jetzt ein Mädchen mit Zöpfen am Spielplatz während der Fahrt am Ringelspiel fragen. Und deine Haare werden im Wind fliegen, du wirst den Kopf heben und wirst nicht antworten, denn ein Name tut beim Fliegen nichts zur Sache. Das, mein Kind, sehe ich, obwohl ich weiß, daß du ein Tüftler bist wie ich und sicher haarklein deine Adresse und dein alles schilderst, um diese Freundin nicht zu verlieren, um einen leeren, blinden Kontakt aufrechtzuerhalten, um vielleicht etwas zu gewinnen. Einen Halt, eine Sicherheit – paß lieber auf, halt dich an, nicht an den Menschen, sondern am Gestänge des Ringelspiels und laß dich fliegen. In Gedanken – in Gedanken.

Für Nichts, für nichts bin ich ängstlich, glücklich, strahlend, frei, unwillig und lässig zugleich. Aber zugleich und jetzt. Nicht nur in Büchern, beim Kaufmann, beim Kochen, beim Wandern, beim Ficken, beim Essen und beim Schlafen. Alles zugleich ist das Kind, bin ich in der Schule und in der Nichtschule für nichts. Aber nur für jetzt. Ein Kampf für die Kampflosigkeit. Ein Krampf für die Lösung des Hirnmuskels. Nicht für immer, nicht für das Leben, nicht für den Tod. Nur für das Tun, während es nichts tut. Ich begnüge mich nicht, ich begnüge mich nicht. Ich schreibe, ich schreibe, ich lese, ich lebe, ich tue es, es – es. Was eigentlich? Tu dich, mache dich, gebier dich. Daß du aus deiner Mutter herausgekrochen bist, hat nichts mit deiner Geburt, deiner Freiwilligkeit zu deinem Gehirn und Leben zu tun. Mache dich selbst. Zu Gott – zu Gott – Gotteskind – Menschenskind!

Es war schon. Es ist schon alles vorbei. Möglicherweise habe ich das so erwartet. Möglicherweise hat ein Erwachsener das Gefühl, daß er gar nicht darauf gewartet hat. Möglicherweise schätzt ein Erwachsener das Gefühl als erwachsenes, daß er schon vorher gewußt hat, daß sich nichts abspielen wird, daß es eben wieder einmal Weihnachten war. Und möglicherweise mag er das etwas bittere Fastengefühl in der Herzgrube, daß jede Freude leer ist und es nicht dafürsteht, sich viel aufzuregen über das Allzubekannte.
Sebastian hat dieses Vorbeigefühl und Wieder-umsonst-gewesen-Gefühl überhaupt nicht. Für ihn war Weihnachten, so wie er es sich gewünscht hat, selbst wenn es ganz anders gewesen sein sollte. Weihnachten ist für ihn ein Geheimnis, das er nicht lüften möchte und daher klipp und klar sich als solches und nur als solches aufdeckt.
Erwachsensein heißt ein wenig bedauern, ein wenig sentimental zurückblicken auf das verlorene Leben, in dem schon so viele Weihnachtsfeste verlorengegangen sind und man sie nicht mehr finden kann, so sehr man auch sucht. Unter dem Christbaum in den Zweigen, in den Schachteln, in den Kaffeetassen, oben in dem großen Stern, in den offenen Adventkalendertüren, in der Brusttasche des Ehegatten, wenn er nicht dabei ist oder im Sparbuch oder in der Unterhose und vielleicht auch im Weinglas.
Es ist zum Weinen. Es war wieder Weihnachten und das schönste Geschenk war wieder wie schon so viele Jahre das Gefühl, daß es irgendwie traurig ist, daß irgend etwas traurig sein muß. Sollte dieser Art von Trauer, wenn sie einer in sich frei und still aufblühen läßt wie einen Weihnachtskaktus, sollte das für einen Erwachsenen vielleicht wirklich das schönste Weihnachtsgeschenk sein? Die Spannung nach der Saat, wenn es trocken ist, wenn es gewittert, wenn es regnet oder schneit, das erhebende, geheime Prickeln, das mit den kleinen Pflanzen unter der Erde keimt und wächst, das ist versprüht in vielen vielen Sternspuckern und Lichtern und tausend Tannennadeln auf den Fußböden, über die die Hausfrauen klagen, und ist aufgegangen in die vielen Geschenke, mit denen die Kinderlein gar nicht spielen, weil sie sie schon in der ersten Stunde kaputtgemacht haben oder weil der Vater damit spielt oder weil der Mechanismus des Teddies, der beim Brummen in die Hose pinkelt, schon langweilig ist.
Nach Weihnachten erhebt sich sofort das orgiastische Getue der Silvesterfeier, fast als Hohn auf die allzu besinnliche Weihnachtszeit. Die zieht sich so lang dahin, und besinnlicher als sentimental wird sie nicht, es ist eine nutzlose Wartezeit auf nichts, die man mit Geldausgeben und krampfhaften Geheimnistuereien und aussichtslosen Besinnungsversuchen auf nichts erfüllen muß. Da wir Konsumzwang nie besinnlich finden können, und er sich als solcher auch auflösen würde, ist die Weihnachts-

zeit eine lange, mühselige und löst sich auf in der bereits etwas handfesteren Völlerei am Weihnachtsabend und dann die Feiertage hindurch und artet über und springt aus in die turbulente Zeit der Böller, der Feuerwerke und des Weinsaufens, des Vergessens auf Besinnungszwänge und Beherrschungssehnsüchte, auf Überraschung vorgeben und machen, und Warten und Planen und Einkaufen und Kochen und Abwaschen und Besuche machen und Liebsein und Freundlichsein, was ja ohnehin nirgends gemacht wird, aber es ist ein geschätzter Druck in der Herzgrube, daß doch wenigstens der Weihnachtsfriede gewahrt sein sollte, und nicht einmal das wird geschafft. Es bereitet Lust, dieses schön verpackte Bedauerungspäckchen genußvoll vor der ganzen Familie zu öffnen und hervorzuziehen, den silbernen Jammer mit Lametta aus dünnem Blattgold.
Und gut ist es, daß nach Weihnachten das Toben beginnt und sich dann im Karneval zu voller Größe aufrichtet. Denn hätten die Menschen nicht schon lange vor meiner Zeit dasselbe gefühlt wie ich, hätten die Menschen nicht schon lange vor mir und ohne meine weisen Gedanken dieselbe Abwechslung der Gefühlswallungen gebraucht wie ich, so hätte ich den Karneval erfunden und das Saufen und das Tanzen, und hätte das Toben und die Besinnung zur Lust in Unlust ausarten lassen.
So aber erkenne ich mich auf dem richtigen Stern, so erkenne ich die Erde als meine Heimat, so erkenne ich die Menschheit als mein Geschlecht und ich fühle mich am Platz nach Weihnachten, kurz nach Weihnachten in neuen Stiefeln und mit einer neuen Handtasche. Und wenn ich es mir so recht überlege, bedaure ich diese Anschaffung nicht im geringsten, obwohl ich noch ein Paar Stiefel im Kasten habe und auch noch eine Handtasche, die allerdings beide schon abgetragen sind. Ich bedaure auch nicht, daß Weihnachten so geheimnislos vor sich ging. Sebastian weiß seit eh und je, daß die Geschenke gekauft sind, aber er wird noch lange im Advent an manchen Abenden das Christkind auf der Rolloschnur schaukeln sehen und ich werde ihm noch sehr lange diesen Glauben auch wirklich glauben, denn es ist auch mein Glaube. Mein Glaube an Geheimnisse, meine Achtung vor Geheimnissen, meine Liebe zu Geheimnissen, mein Wissen über Geheimnisse, meine Entblößung der Geheimnisse, das ist mein Geheimnis, mein Geheimnis ist, daß ich keine Geheimnisse habe, sondern eines bin.
Auf der Straße ist Schneematsch, das Salz beißt in meine neuen Gummisohlen. Sebastian spritzt dann und wann auf, er würde es gern bei jedem Schritt machen, aber ich verbitte mir das, und so passiert es eben, wenn es gar nicht anders geht. Es ist seine freie Wahl, wann es geht und wann nicht. Wir gehen natürlich und fahren nicht mit dem Skateboard, obwohl das bei diesem Wetter vielleicht gar keine schlechte Idee wäre. Wir gehen zur Großmutter. Ich hatte ihr unseren Besuch angekündigt. Es ist der er-

ste Tag nach den Feiertagen. Die Weihnachtssterne hängen noch immer in den Auslagen, aber sie glänzen nicht mehr geheimnisvoll, die Englein baumeln noch immer an den Goldschnüren, aber die Zungen hängen ihnen heraus vom allzu langen Schaukeln oder von den vielen Lebkuchen, die sie als Dekoration die ganze Weihnachtszeit vor der Nase hatten und nie essen durften. Ein Befehl des Geschäftsführers. Bei Brechen des Gebots: Gehaltsentzug. Und in der Weihnachtsnacht hat es sich dann abgespielt hinter den Auslagen.

Ein großer roter Weihnachtsmann klimpert uns mit einem Auge zu. Der Mechanismus ist teilweise ausgefallen, und jetzt kann er nur mehr mit einem Auge zwinkern, und er will uns kundtun, daß er selbst nie daran geglaubt hat, daß es ihn gibt, aber daß er damit viel Geld verdienen konnte. Diese Vertraulichkeit des großen alten Mannes wäre wirklich nicht nötig gewesen, wir hätten ihm auch so seine Impotenz angesehen. Und bei einem alten Mann darf das ja auch wirklich normal sein. Normal läuft der Arbeits- und Bürobetrieb, aber immer mit einem kleinen schwipsigen Gluckser während der harten, allzu mühsamen Arbeit. Es ist jetzt die Schwipszeit angebrochen, bald werden die besoffenen Lampiongesichter und die delirierenden Rauchfangkehrer an den Laternen und die dicken Geldschweinchen und die Glücksersatzorden die verendeten Engel in den Auslagen ablösen und es wird wieder werden, so wie es schon oft vergangen ist, seit ich mich ehrlich zu allen Klängen, Bildern, Gedanken, Ansichten und Übersichten, Verspottungen, Verniedlichungen und Verblödungen dieses Menschengeschlechts bekenne und als ein solcher lebe, verbleibe

hochachtungsvoll
Frau Mensch.

Ich habe mich schon sehr weit nach vorn geschlittert in dem Schneematsch, denn in unseren Breiten ist richtiger lang haltbarer weißer Schnee kaum erhältlich und wenn, muß man äußerst vorsichtig sein. Ich bedaure, wie immer, nicht, daß ich keinen Schnee zu Weihnachten bekommen habe und begnüge mich mit Matsch.

Als wir diese steilere Straße hinaufmatschen, sehe ich, daß das Fenster der Oma leicht verhängt erscheint. Das Rollo ist nicht heruntergezogen, aber der Seitenvorhang scheint auf einer Hälfte des Fensters vorgeschoben zu sein. Mir kommt das etwas merkwürdig vor. Einen Besuch empfängt man doch freudestrahlend mit weit geöffneten Armen schon am Fenster, aber dort dahinter scheint die Freude nicht zu wohnen. Sebastian hat nichts bemerkt. Ihm ist das Vorsichtiggehen zu einem Spiel geworden, und er trachtet danach, ja nicht die geringste Menge Wasser zu versprühen. Er hat aus dem Befehl einen Sport gemacht.

Sport scheint überhaupt viel mit Befehl zu tun zu haben. Ich erinnere an den Schießsport. Im Krieg ist es der Lebenssport, auf Befehl zu schießen. Menschen zu töten, aber bitte nur auf Befehl, denn ohne diesen wäre das Töten von Menschen nicht erlaubt. Tötungssport. Sporttöten, so wie es ja auch das Sportfischen gibt. Sport ist gesund, sagt man. Sport kann ein Zwang sein, sage ich. Das Sportherz ist ein Merkmal dafür, daß Zwang nicht gesund ist, denn wer hätte freiwillig ein großes Herz. Obwohl natürlich wieder großherzige Menschen besonders edel und wertvoll sein sollen. Ich weiß nicht, ob alle Sportler edel sind. Wenn sie Medaillen haben, sicher. Sie haben die edle Disziplin. Und die schätze ich selbst als eine Möglichkeit, mit meinen Lüsten und Unlüsten zurechtzukommen, und ich befehle mir oft selbst an Stelle eines Generals, Sport zu betreiben wegen des Ausgleichs und der Gesundheit. Aber, daß ich davon großherziger geworden wäre oder daß ich mir den Edelmut befehlen könnte, das, das will ich jetzt, wo ich meinen Satz so logisch dumm beenden wollte, gar nicht mehr behaupten. Da kann ich wieder einmal daraus schließen, daß Logik der größte Blödsinn sein kann und daher mit dem Leben doch sehr viel zu tun haben muß.

Das Fenster meiner Oma sieht nicht nach einem einladenden Fenster aus, wir sind aber eingeladen, daher hat diese Tatsache sicher sehr viel mit dem Leben zu tun. Oder mit dem Sterben, oder wahrscheinlich mit einem Zwischenstadium, das ein ganzes Leben lang andauert. Wir steigen hinauf.

«Bitte, geh ein bißchen leiser, ich will nicht, daß die Nachbarn neugierig werden.»

Wenn ich aber so recht überlege, hätte ich vielleicht heute gar nicht so ungern, daß die Frau Bela vielleicht hinter ihrem Vorhang beim Gangfenster herausblinzeln würde und sie, bevor wir noch bei der Großmutter läuten könnten, mir in den Weg tritt und sagt: «Sie, Sie haben sich nicht um Ihre Oma gekümmert, die ist nicht mehr da.»

Aber das sind alles nur flüchtige Gefühlsfetzen in meiner Unsicherheit und tauchen mir selbst gar nicht so formuliert auf. Sebastian schaut wieder mich an, bevor er die Alarmglocke preßt, die Tote erwecken kann. Dann ist ja alles in Ordnung, und Kleider werden heute auch nicht gerichtet und Haare werden nicht geschüttelt, es steht anderes auf dem Schlachtplan. Spannung, Beunruhigung, Unlust, Schuld, vielleicht auch Angst, und das drückt diese Klingel aus. Haargenau dieser Ton füllt meinen Hirnraum, und dort drinnen ist die Oma.

Nicht hinwarten, nicht hinsehen, nicht hinhören, nichts abwarten, nichts erkennen wollen, schon gar nicht die Wahrheit, dagegen wehrt sich mein Fieber. Die Beine unter den Arm nehmen und rennen, weg und nicht diesen möglichsten und unmöglichsten Möglichkeiten ausgeliefert sein, die hier sich bieten könnten, um mich anzurühren.

Wäre jetzt überhaupt nichts passiert, ich wäre fast enttäuscht. Ich schütze mich vor einem plötzlichen und unerwarteten Angriff irgendeines Grauens, das mir in seiner Form unbekannt wäre und das mich in meinen Abgrund stürzen könnte. Ich denke mir im Flug eines Atemzugs die Essenz aller Schrecken aus, die hervorpreschen könnten, um gefaßt zu sein. Und das ist Angst. Das will ich so benennen, das ist Angst. Die Abstraktion der Vielfalt von Unüberschaubarem auf eine bestimmte Situation hingerichtet. Und diese Angst, die ist gesund, die ist konzentrierte Geistesarbeit und stärkt das Herz, macht es aber nicht unbedingt größer. Sie ist Schutz, und während sie abschirmt, verwandelt sie den Schild in ihr Handwerkszeug in der Seelen- und Nervenwerkstatt. Dort werden die Stahlnerven gegossen. Heiße Herzen sind die härtesten Herzen. Starke Nerven haben die weichsten Seelen. Und auf den Schildern aus vibrierender Angst mischt sich eine Entschlossenheit und härtet, zur Überwindung aller Abgründe, in die ein zagendes, ängstliches kleines Kind, das nur größer und älter aussieht, nicht hineinfallen will. Gesprungen, gesprungen in den Abgrund des Älterwerdens.
Einmal muß ich gesprungen sein, und ich weiß nicht, ob das der Sport von Frauen ist. Auf Befehl in das Alter springen? Ob das gesund ist. Vom Alter gezwungen werden, das klingt mir nicht ganz verfehlt. Und es ist auch nicht ganz verfehlt, in diesem Zusammenhang wieder an meine Oma zu denken und an die Art von Frauen ihres Alters und jeden Alters und wahrscheinlich auch an die Art von Männern und die Art von Menschen überhaupt.
In diesem Sinne gesehen ist Sebastian noch oder schon wieder ein Tier. Er hat vom Christkind eine Pelzmütze bekommen. Allerdings keine echte, denn er will echten Tierpelz nicht auf dem Kopf spazierentragen. Das kommt ihm nicht geheuer vor. Das Fell ist aber trotzdem recht weich und wollig, sei es immer welche Kunst da gekünstelt hat, obenauf und an den Ohrenklappen ist Leder. Dieses allerdings, glaube ich, ist echt. Es riecht zumindest echt, obwohl die Kappe nicht sehr teuer war. Gegen echtes Leder hat Sebastian nichts, denn das lebt nicht so wie Pelz. Er trägt die Ohrenklappen immer lose herunterhängend und bindet die Bänder nicht zu, weil er findet, daß er dann eher wie ein Tier mit langen, wehenden Ohren aussieht. Manchmal fühlt er sich auch so wie ein Pelztier, und ich muß sagen, er fühlt sich so echt an, daß er mir manchmal wie ein Tier vorkommt. Wie ein kleines Bärengesicht oder, ja, wie ein Katzenbär. Das sind diese kleinen drolligen, aber absolut nicht ungefährlichen Katzenpranker, die Kratzer, Beißer, Scharrer, Mörder und Streichwesen, Weichwesen, Sanftwesen, Schmiegmenschen.
Der Glockenbrüller hängt noch in meinem Hirn, und es verklingt meine Angst und ordnet sich in Sachlichkeit und Beherrschung meines allzu tan-

zenden Geistes, denn wer sagt denn, daß die Oma nicht in ihrem grauen Kleid in die Tür treten wird, aber sie tritt nicht, sondern ich höre ihre Stimme nicht sehr laut, aber doch klar vernehmlich:
«Bitte, sperr dir auf!»
Mir ist alles recht. Sie spricht und wird im Bett liegen und sich nicht wohl fühlen. Scheinbar so wenig wohl, daß sie gar nicht leicht öffnen kann, und ich habe alles erwartet, ich bin darauf eingestellt und sperre ohne Umstände ein fremdes Schloß auf, was gar nicht immer so problemlos ist. Wenn man nicht darauf gefaßt ist, daß fremde Türen nicht die gewohnten sind und daß die anderen einen anderen Druck benötigen, einen anderen Zug, ein stärkeres Drehen oder verhalteneres Öffnen. In diesem Sinne gesehen sind Schlösser wie Menschen. Und dabei könnte ich jetzt anfangen, von allen und allem zueinander voneinander übereinander in Beziehung Stehendem zu plaudern, aber die Oma hat, glaube ich, nicht viel Sinn für Philosophie und Spinnereien, sie hat handgreiflichere Gedanken oder vielleicht Schmerzen.
Ich gehe leise, aber entschlossen die paar Schritte durch die Küche, während ich Sebastian aus irgendeinem Grund deute, nicht gleich mitzukommen.
«Komm nur rein, ich kann nicht aufstehen. Schau mich an.» Ich schau und sehe eine Oma im Bett, neben dem Bett einen großen weißen Nachttopf. Ich setze mich vorsichtig auf den Bettrand. Es riecht ölig-bitter, aber nicht greulich. Das Haar der Großmutter ist etwas über die Stirn geklebt, die Adern an der Stirn treten stark hervor und zum Mund zu fallen viele, viel mehr Falten als ich dort bisher bemerken konnte, wie in den Mund hinein und wollen die schmalen Lippen verschlingen. Die Wangen allerdings, die sind eher dicker geraten als sonst, aufgedunsen sagt man da, wenn ich mich recht erinnere. Mitten auf der Stirn sehe ich einen kleinen Kratzer.
Großmutter, warum siehst du mich mit so verwässerten Augen an? Weil die Nase und der Hals so ausgetrocknet und verlegt sind. Das kann man nicht direkt sehen, aber das spüre ich. Die Nase wirkt viel länger als sonst, sie hat einen steilen weißen Grat und scheint nicht zu diesem verwässerten Gesicht zu gehören. Solche Merkmale kann man bei ganz genauer Beobachtung feststellen und vielleicht noch viel mehr, aber bei gewohnheitsmäßig flüchtigem Ansehen sieht die Oma krank und ausgelaugt aus, aber nicht zum Erschrecken. Bin auch ich eine Mutter, die ihr Kind vor Schrecken bewahren will? Da habe ich es wieder, ich bin wie jede und jeder.
«Komm herein, die Oma muß heute im Bett liegen bleiben.» Sebastian war schon startbereit. Neugierig, auch ängstlich bange, aber doch eher gespannt auf den Anblick aufregender Ereignisse, kommt er herein und bleibt neben dem Bett stehen. Er getraut sich, die Großmutter nicht ohne

Umschweife zu küssen. Das Kind hat einen gesunden Instinkt und schützt sich vor dem, was ihm nicht ganz geheuer vorkommt, mit Zurückhaltung.
«Bleib ein bißchen weg. Setz dich dort auf den Sessel. Ansteckend ist meine Krankheit nicht, aber man kann nie wissen.» Soviel Vernunft in einem kranken Menschen! Mir ist das recht, und dem Buben auch.
«Ich hab seit drei Tagen wieder das Brechen. Der Arzt war schon zweimal da. Zwei Injektionen hat er mir schon gegeben. Heute bin ich schon etwas besser. Ich wollte sogar aufstehen heute, aber bevor ihr gekommen seid, hat's mich wieder gehabt. Das strengt mich immer so sehr an, daß ich wieder liegen muß. Das reißt mir die letzte Kraft aus den Knochen. Mein Gott, Kind!»
Sie meint damit wahrscheinlich Sebastian oder auch mich und sich oder das Kind Gottes. Es war ja Weihnachten. Die Geburt eines Gekreuzigten! Was willst du mehr, was erwartest du da anderes als Schmerzen, mein Gott, Großmutter!
Sie schließt die Augen in Erschöpfung und zittert etwas um den verschwindenden Mund. Die Lider sind rot entzündet. Ich weiß nicht, was ich sagen soll und sehe in den Nachttopf, nur unauffällig und kann darin einen weißlichen, fast farblosen Saft erkennen, der den Topfboden leicht überzieht. Ich will gerade dem Buben deuten, daß er sich den Mantel aufmachen soll und das Tier vom Kopf nehmen darf, als sich die Oma zusammenzieht, so von der Leibesmitte her ein wenig aufbäumt. Es hebt sie irgendwie, und dann spannt sich der Hals, und sie faßt sich mit der rechten Hand an die Brust, wo das Nachthemd verschwitzt, einen Knopf offen, weghängt und preßt mit der Hand gegen ein Pressen, das von innen von unten schräg innen kommen muß und stärker ist als ihr Pressen mit der Rechten. Es geht hier nicht nur um Kraft, es geht um eine innere Macht, der die Oma ausgeliefert ist und die sie zwingen will, das innen nach außen zu stülpen. Es reckt sie, wie wenn der Teufel im Bauch säße. Die Wangen, die spielen da so mit, die blähen sich noch mehr auf, und das Gesicht der Großmutter nimmt einen anderen Ausdruck an, einen weniger menschlichen. Der Schweiß tritt sichtlich innerhalb von ein paar Sekunden auf der Stirn aus und auch am Hals, der gespannt ist vor Zurückhaltung und zugleich Vorwärtsdrängen. Ein Toben geht durch den Körper der alten Frau, das sie aber wie in einem Krampf fesselt und nicht freirüttelt. Ich erwarte einen Ausbruch, ein Auslaufen dieser Spannung im Brustraum herauf zu, aus den verschwindenden Lippen, aber die Qual gefällt sich in der Zurückhaltung und Anhaltung eines ausquellenden Steigerns. Die Oma hat kein normales gesundes Brechen, wie wir alle es schon oft gehabt haben. Bei ihr ist es nicht so eindeutig, was der innere Kampf will, er will scheinbar nicht heraus und will nichts erleichtern. Sie

hat einen unmißverständlichen Krampfanfall, und ich glaube, sie selbst weiß nicht während dieser Zeit, ob das wieder aufhören oder ob es noch ärger werden kann. Sie scheint wie ohnmächtig während dieses Machtspiels zu sein und hängt wehrlos im Würger. Der Gegner ist ein Unbekannter. Sie kennt ihn nicht, und er kennt überhaupt nichts. Kein Leben und keinen Tod. Selbst wehrlos ausgeliefert seiner Macht zu Würgen ist er derselbe Getriebene wie die Gewürgte. Er hat den Würgekrampf, und er kann nicht eher loslassen, bis daß der ausgeronnen ist.
Auch ich bin wehrlos. Ich kann nicht gehen, ich bin gebannt, auch ich bin gezwungen von diesem Kampf. Ich kann nicht helfen, habe aber die Zuversicht des Unbeteiligten, nämlich daß es schon wieder besser werden wird. Daran glaube ich und rette mich in Sachlichkeit, um dem Sog dieses Mundes zu entgehen, der hineinzieht, stark, obwohl es herausstößt, noch ärger und vor allem nichts. Es stößt wie das Nichts und das zahlt sich aus. Mir fehlen die Worte, und ich finde sie auch völlig unangepaßt, auch hätte sie die Oma in dieser etwa halben Minute gar nicht gehört oder ihren Sinn einordnen können in den alltäglichen praktischen Menschenverstand. Schmerz reagiert nicht auf Vernunft. Schmerz ist das Leben, aber nicht Vernunft. Meine Oma lebt stark, und ich sehe etwas gehemmt zu Sebastian hinüber, weil solche Schauspiele, die jenseits des Theaters liegen, wo nur gesagt wird, was nicht getan wird, so deutlich und nackt sind, so völlig ohne Scham oder Zurückhaltung, so von innen heraus ehrlich haltlos.
Wie peinlich, wie peinigend, ich möchte mir nicht in die Menschenaugen sehen, weil, sie sind nur blankes Fleisch und haben keinen Blick, keine Seele. So fleischlich und unberechenbar entseelt, Grausen ist manchmal so wollüstig, so zungenhaft, so eine Ausgeburt der Hölle, so ein listiges Ahnen, daß ich als Mensch den Teufel verführen könnte mit einer blutigen Scheide, daß die Vernunftgöttin wedelnd mit Eitertropfen aus dem gedunsenen Mund ihre Krinolinen lüftet und einen rotglühenden Pavianhintern zeigt, den sie in einem Topf von bereits faulenden Nachgeburten und Fehlgeburten reibt, und vor Lust baumelt ihr eine lange Klitoris zwischen den fetten Schenkeln. Lust ist fett, aber der Teufel ist mager. Ein alter Affe, ein Menschenaffe mit vertrockneten Frauenbrüsten, an denen er selbst nagt und sich zum Wahnsinn beißt.
Sebastian allerdings sieht wie ungerührt auf die Oma, weder mit Bedauern noch in Pein oder Mitleid. Ich glaube, es ist für ihn wie ein Mickymausheft. Und ich kann mich erinnern, daß für mich früher als Kind Erlebnisse, vor deren Grauen man mich schützen wollte, nicht grausig waren. Nicht daß ich so etwas überhaupt nicht gekannt hätte. Nie werde ich vergessen, wie das Schwein ausgenommen wurde, wie es hing zum Ausbluten. Aber ich konnte und wollte mich nicht von diesem Anblick trennen. Es war so wie eine innere Neugierdisziplin, die mich verharren ließ, ob-

wohl mir nicht wohl zumute war. Menschliche Nöte, aber nur dann, wenn sie nicht solche Personen betraf, von deren Schutz ich abhängig war, erregten mich recht wenig oder zumindest viel weniger als die mich Bewahrenden angenommen hätten.
Und auch der Bub ist gelassen, und das ist mir recht und beruhigt meine Zerstreutheit in dieser aussichtslosen Situation etwas, und auch die Oma scheint sich etwas zu lösen aus der Schleudermaschine vor dem Bruch. Es stößt sie nach. Es hebt sie hoch. Es legt sich nur langsam der Sturm gleich einer sinkenden Windhose, in die sie geraten war, und sie atmet schwer und zuckt mit den Lidern und ist so naß, und ich weiß gar nicht, ob sie noch weiß, daß wir hier sitzen und alles mitangesehen haben, und ich getraue mich nicht, menschlich zu reagieren, denn die Oma hat so einen Weg durch das Fegefeuer genommen, und ich weiß nicht, wie weit ihr Geist verbrannt ist, und das Wesen ist mir unberechenbar, und ich starre nun meinerseits im Augenkrampf an die Wand, und dann lasse ich die Augen hilfesuchend im Raum wandern und weiß nicht, was ich ansehen soll und woran ich mich halten darf. Heute kann ich kein Fernsehbild einstellen und keine Fotos ansehen und keinen Lavendel riechen und keine Flanellwickel fühlen, oder darf ich das doch?
Ich greife mit der Hand nach einem großen karierten Männertaschentuch, das unter dem zerwühlten Polster der Oma hervorschaut und glätte es. Oder soll ich vielleicht den Schlafrock zurechtlegen, der über dem Sessel neben dem Bett hingeworfen ist. Dunkles Flanell, blau mit dunkelroten Punkten. Ich falle vor Ratlosigkeit blödsinnig in die Punkte hinein. Ich zähle sie, als wäre das meine Erlösung und unheimlich wichtig. Ich irre mich, und ich beginne noch einmal und verbeiße mich in dieses Tun wie auf eine rettende Insel, die nur aus Löchern besteht, in die sie verschwindet, ich fasse mich wieder und glätte wieder und versinke im Glätten, und dann erlöst mich die Großmutter aus meinem Krampf, und sie kann mir helfen.
Sie sieht das Taschentuch in meiner Hand, erkennt es ohne Schwierigkeiten als solches und will sich abwischen. Ich bin so dankbar für die Regung und wische vorsichtig über ihre Stirn. Sie läßt es gern geschehen und zittert noch um den sinkenden Mund, aus dem noch keine Worte finden können, aber innen hat sie wieder die Wortebene erklommen, und ich fühle, daß es nur mehr ein paar Sekunden brauchen wird, bis sie spricht, und das erlaubt mir meinerseits wieder zu sprechen:
«Willst du das Tuch ein bißchen naß haben? Es würde kühlen und erfrischen.»
«Laß nur, laß, ich muß nur ein bißchen ausruhen, nur ein bißchen.» Und die Oma ergreift meine Hand und schließt wieder die schmal geöffneten Augen und sagt: «Es kommt nichts heraus. Nur so weißlich kommt es

manchmal. Ich habe seit zwei Tagen nichts mehr gegessen. Ich kann nichts behalten. Mich ekelt so.»
Und sie ruht wieder. Ihr aufgedunsenes Gesicht glättet sich wieder ein wenig, wenn man da von glätten sprechen kann, und der Hals entspannt sich etwas, und ich ordne ihr ein wenig den Kragen und den Knopf nur ganz oberflächlich, wie aus Verlegenheit, anstatt einer Anteilnahme, die ich nicht bekunden oder zumindest nicht anders bekunden kann.
«Da kann mir niemand helfen, niemand.»
Und zu solchen Wahrheiten habe ich keine Beifügung.
«Die Injektionen wirken auch nicht mehr so wie früher.» Sie öffnet die Augen wieder und sieht mich leer und hoffnungslos an. Zu solchen Blikken habe ich keine Ansichten, und ich bin still, aber diesmal nicht aus Verlegenheit, sondern weil ich nichts sagen will.
Sebastian kommt her. Er weiß nicht genau, ob er soll, aber er probiert es zumindest, und er überrascht mich sehr, weil er so etwas nie tut, aber er fingert am Schlafrock an den Punkten, an den dunkelroten herum, während er auf die Oma sieht, und dann tut er so, als wollte er den Schlafrock zurechtrücken, ähnlich einem Hund, der unruhig an der Tür wird, noch bevor er kratzt oder sonstwie sein Begehr meldet. So bewegt Sebastian den Schlafrock der Oma, als wollte er sie da hineinlotsen, ihr einen Weg anbieten und seinen eigenen Wunsch kundtun. Die Oma bemerkt das sogar.
«Ein bißchen mußt mich noch liegen lassen. Ich kann noch nicht gleich auf. Hättest dir nicht gedacht, daß der Besuch so sein wird? Ich hab wolln schon aufstehen, bevor ihr gekommen seid, ich hab gar nichts, was ich dir geben könnte.»
Menschen haben meist nichts, was sie einem anderen geben können, dazu müssen sie nicht erst durchs Fegefeuer. Oder vielleicht ist es das Fegefeuer, daß man nichts geben kann, weil man nichts hat, aber das nie zeigen will.
«Bitte, schalte den Strahler ein. Daß euch nicht kalt wird. Zieh dir den Mantel aus. Wird dir ja heiß. Mir verlegt das Strahlen immer den Hals. Wenn ich im Bett liege, ist es ja nicht kalt.»
Sebastian schlüpft flugs aus seinem Mantel, so als wäre jetzt alles wieder gut, und auch ich ziehe meinen aus und lege ihn über den Sessel neben dem Schlafrock. Die Oma liegt wieder mit geschlossenen Augen und fährt sich mit dem blassen Handrücken über die Stirn. Sie reibt daran.
«Wo hast du denn den Kratzer her?»
Sie öffnet weit die Augen, so als wäre sie von einem anderen Stern gekommen, und ich bin überrascht, weil ich geglaubt habe, die Oma wäre jetzt wieder völlig anwesend und vielleicht sogar wieder gesund. Wie ich mir das immer so denke.

«Wo habe ich einen Kratzer? Ich weiß nicht. Ich kann mich nicht erinnern.» Es könnte möglich sein, daß wir jetzt in ein langes Gespräch über die Herkunft des Kratzers verfallen, in Ermangelung eines naheliegenderen Gesprächsstoffs, aber ich will nicht so auf dem Kratzer reiten. Wenn man Schwerkranke besucht, solche, die noch viel ärger beisammen sind als meine Oma, dann dehnt sich der Abgrund zwischen dem Gesunden und dem Todgeweihten auf und auf, reißt aber nie ein, so wie beim Gähnen in der Regel die Mundwinkel auch nicht reißen. Und fremd und fremder wird das Bettuch, kahler und weißer wird es, was zwischen den sonst oft so Vertrauten liegt. Früher haben sie das Vertrauen auf ihre Unsterblichkeit gehabt und haben neckische Witze gemacht über ihre Ängste, und das hat sie verbunden, das Lebensspiel, da waren sie ebenbürtige Sportler. Aber jetzt ist der andere gestürzt, er wird nie mehr antreten können, aber man möchte ihn noch trösten und ihm sagen: Es wird schon, es wird wieder. Selbst dieser Trost bleibt einem manchmal stecken im Hals und man kann sich über diese aussichtslose Lage nicht hinwegtrösten, daß man selbst ein Todgeweihter ist. Das will aber niemand sehen, aber schon wirklich niemand zugeben, und fremd und fremder, entfernt von der Gemeinsamkeit, aus dem Zusammenhang der eigenen Erinnerung gerissen, verbannt in eine fremde Fremde, wird bei dem Fremden gesessen, gequälter noch als er selbst und man sucht einen Anlaß, sich wieder entfernen zu dürfen. Zurück in das Menschental, wo an das Ewige Leben geopfert wird, jeden Tag, wo gehofft wird und weggesehen wird, wo es viele Ablenkungen gibt von diesem weißen Bettuch, das wie das ewige Eis zwischen denen liegt, die noch nicht soweit sind, aber schon die ersten Erfrierungsmale an den Zehen erkennen können.
Dein Freund kann ich nicht mehr sein. Du bist einen anderen Weg gegangen, du hast mich nicht um Erlaubnis gefragt, du hast mich enttäuscht in deinem Treuebruch, ich werde es dir nie verzeihen, daß du dich so abgesondert hast von mir und nicht mehr das Spiel mitmachen kannst, das uns am Leben erhält. Ich will dich nicht mehr sehen, denn ich will nicht sehen, wie ich sein werde, denn ich will das nicht. Ich will nicht wirklich glauben. Ich kann nicht wirklich hoffen. Ich will nicht wirklich leben.
Ich will nicht wirklich sterben müssen.
Ich will nur die Witze machen über die Wirklichkeit am Stammtisch der Spieler. Wir waren uns so einig, daß wir nun einmal hemmungslos dem Spiel verfallen waren und keiner hat sich deswegen vor dem anderen geschämt, er mußte nichts mehr verbergen und der eine hat dem anderen im Spiel die Schuld gegeben und wieder abgenommen. Und jetzt und jetzt ist es aussichtslos, dir meine Schuld anzuhängen, es ist lächerlich, einem Fremden aus der Eiszeit kann ich keine Schuld anhängen, aber nun, und das ist wirklich zuviel, hängt er mir alle Schuld an, die ganze Schuld, um

die während des Lebens gespielt wurde und so gern gewürfelt wurde, jeden Tag wieder und wieder mit höherem oder niedrigerem Einsatz. Ich ziehe mich zurück. Ich weiß nur nicht wohin, denn dieses weiße Gesicht, das bedarf meiner nicht. Es bedarf meines Mitspiels nicht mehr, aber es befreit mich nicht von meiner Sucht, sondern bürdet mir auf und auf und gibt mir keine Chance, es jemals wieder loszuwerden, um es wieder gewinnen zu wollen. Es, dieses Fremde da, dieses Fremden macht mich innen so kalt, und es reißt mir den Lebenswillen heraus. Also doch gerissen, das weiße Bettuch und die Verabschiedung ist ein Abriß auf immer von dem Wesen, das man selbst mit dem Fremden zusammen war, solange er noch nicht im Krankenhaus weiß geworden ist.
Sebastian werkt mit einem kleinen Englein aus Porzellan auf dem Tischchen, wo das Radio wie immer draufsteht. «Das kannst du haben», und die Großmutter richtet sich etwas auf, um sich dann wieder niedersinken zu lassen.
«Der Ferdi hat es dagelassen, weil ich nicht hinkommen konnte. Da hat es angefangen. Am Weihnachtstag, ganz leicht. Mir war übel. Ich habe am Vortag eine Suppe aus einem Päckchen gegessen und die war mir irgendwie zu fett. Ich wollte sie nicht weggeben. Es war mir leid drum. Ich hab gedacht, am Weihnachtstag werde ich ohnehin mehr bei den Verwandten essen müssen und da wollte ich nur diese Suppe nehmen. Ich weiß, mir ist das schon einmal passiert mit so einem Päckchen, aber ich habe mich wieder verleiten lassen.»
Sie will in selbstquälerisches Grübeln verfallen, aber ich will nicht wieder untätig herumsitzen und dränge weiter in sie. «Und wie war das dann zu Weihnachten. Warst du ganz allein?» Und hast du's nicht gesehen, ich hätte es nicht so schnell oder eigentlich überhaupt nicht vermutet, setzt sich die Großmutter im Bett auf und hängt noch ein bißchen an der Kante, verschnauft und streicht sich dann das Hemd ein wenig über die knotigen Knie. Bevor sie sich aufgerichtet hat, fällt mir jetzt erst auf, muß sie sich das Hemd hinuntergezogen haben. Ich habe es aber nicht bemerkt, weil ich ihren Entschluß nicht erwartet habe. Wenn ich in einem Nachthemd schlafe, kriecht mir das Ding immer bis zum Hals hinauf.
«Bitte gib mir den Schlafrock her», wendet sie sich an den Buben, und ich denke, daß Sebastian zufrieden sein könnte mit seinem wortlosen Begehr, sich und der Oma Abhilfe zu schaffen von allzu schwerem Leiden durch allzu langes Liegen im eigenen Jammer. Er tut bereitwillig, was er angeregt hat, und ich lege der Oma den Mantel über die Schultern. Sie bewegt die Hände nur mit größter Anstrengung höher als bis zur Schulter und es wäre ihr zu schwergefallen, in die Ärmel hineinzukriechen. Aufstehen kann sie aber von der Bettkante doch noch nicht. Sie hält sich diesmal mit der Linken die Brust, nur so als Schutz vor zu Befürchtendem. Mit der

Rechten deutet sie auf den Kasten uns sagt: «Geh, Maria, gib das in dem Weihnachtspapier heraus. Es liegt oben.»
Ich tue alles für die Oma, was leicht ist oder vielleicht auch schwerer. Das Päckchen ist jedenfalls sehr leicht. Es muß Stoff enthalten.
«Da, schau dir das an, was die mir geschenkt haben», sagt sie in abfälligem Tonfall, der schon wieder etwas zu überheblich klingt, nach dem Anfall von ehrlicher innerer Erschütterung, als daß es mir nicht ein wenig weh getan hätte. «Ich kann doch das gar nicht brauchen. So was ziehe ich doch nie an.» Und sie wickelt eine Garnitur weißer Unterwäsche aus. Ein blütenweißes Unterkleid mit Spitzen am Ausschnitt, eine Unterhose, eher für eine ältere Dame, mit Beinansätzen und einen einfach geschnittenen Büstenhalter, der nicht unelegant wirkt. Ich muß schon sagen, sehr passend finde ich ja dieses Geschenk auch nicht für eine alte Frau, noch dazu von einem älteren Mann und einer älteren Frau. Irgendeine geschmacklose Deutlichkeit steckt hinter dem wahrscheinlich ehrlich gemeinten Geschenk. Aber Ehrlichkeit ist manchmal sehr geschmacklos und heißt Verfehlung, Verirrung oder Verrechnung, Unangepaßtheit oder richtige Gemeinheit. Geschenke sind immer wie die Menschen zueinander. Unpassend oder anmaßend, bescheiden oder elegant unpersönlich.
Jedes Geschenk ist in irgendeiner Weise unpassend, weil es vorgibt, den Wunsch des anderen zu kennen oder weil es verzweifelt hofft, diesen Wunsch zu treffen und damit sagen will, ich weiß, wer du bist, ich weiß, was zu dir paßt. Und wenn ich dein Begehr verfehlt habe, dann zeige es, nicht offen, aber doch am besten durch ein eigenes ebenso danebengeratenes Geschenk, daß wir einander kunstvoll, gemäßigt, aber scharf gehässig, langsam, aber sicher in Freundlichkeiten verstrickt, mitteilen können, daß du mich völlig verfehlt hast und mich überhaupt nicht kennst. Daß ich wieder einmal unverstanden geblieben bin: «Du kannst es ja umtauschen», heißt es dann oft, so als läge dem einen nicht daran, daß der eine den anderen eintauscht gegen einen anderen, der dieser nicht ist und niemals sein könnte. So erscheint mir das Schenken bei Menschen, die etwas erwarten, aber mit Sicherheit sagen: «Das wäre nicht notwendig gewesen.»
Beschenken kann man nur Menschen, die sich nichts wünschen und die nichts erwarten, denn die nehmen alles leicht. Und wenn ich gebe, will ich, daß ich genommen werde, ich, gerade ich und keine andere. Und so gesehen bin ich als Schenkende die, die verstanden sein will und genommen sein will, wie sie ist. Und als Nehmende bin ich die, die alles vom anderen nimmt, selbst wenn ich nichts damit anfangen kann. Selbst wenn ich diese Unterhose nie tragen würde, hätte ich nichts an ihr auszusetzen. Würde ich sie nicht bei Tag tragen, so wahrscheinlich in der Nacht. In meinem Leben ist das eindeutig. Ich habe wenige Menschen, die mir et-

was schenken, weil ich mit wenigen Menschen zu tun habe, und was von denen kommt, ist mir immer lieb, selbst wenn mir Sebastian einen Hut basteln würde, den ich nur im Bett tragen sollte, setzte ich ihn am Sonntag in der Kirche auf. Ich war allerdings schon lange nicht am Sonntag in der Kirche. Ich gehe lieber hin, wenn weniger Leute sind, denn die schenken mir zuviel.
«Willst du vielleicht die Garnitur? Für dich wäre das passender. Ich kann damit gar nichts anfangen. Der Ferdi bringt das mit, wie er mich abholen wollte. Er hat gemeint, falls ich vielleicht doch nicht kommen wollte. Das habe ich auch so komisch gefunden, wo ich doch schon zugesagt habe. Und ich habe mich bei Gott nicht leicht dazu entschlossen.»
«Ja, ich würde das schon tragen. Möglicherweise ist mir der Büstenhalter etwas zu groß. Vielleicht wachse ich noch hinein. Wieso wissen denn die deine Größe?»
Ich hätte das nicht fragen sollen, denn das war nicht brav, sondern spöttisch gemeint und mit einer kranken Frau spottet man nicht herum. Aber es ist ja jetzt die Schwipszeit, selbst für die Todgeweihten, auch für Sebastian, der sich das Kleidungsstück vor die Brust hält und in die Träger schlüpft. Er weiß, daß seine Oma für solche Witze ist, und er bringt sie sogar etwas zum Lachen. Wieso er das weiß? Ich weiß es nicht, ich bemerke es nur.
«Mein Gott, Bub . . . Was hat denn dir das Christkind gebracht?»
«Vieles, recht viel. Ein Skateboard und noch –» er sieht ein wenig in die Luft, so als könnte er sich nicht erinnern, oder als wollte er es nicht gleich sagen. Sebastian bekommt nie so viel, daß er sich nicht in Kürze daran erinnern könnte. Die Anzahl seiner Geschenke ist immer überblickbar und leicht erinnerbar, weil er sie sich schon lang gewünscht hat. Ich halte darauf. Nicht des Geldes willen, sondern weil mir das mit ein wichtiges Geschenk ist. Eben ein unsichtbares, aber merkbares. Wenn Sebastian einmal etwas nicht gefällt, dann haue ich es ihm an den Schädel oder, wenn es zu sehr verletzen würde, tragen wir es gemeinsam zurück und tauschen es um oder wir vergessen es.
«Und was hast du dann gemacht?»
Die Großmutter schaut ihn verständnislos an. Sie hat erwartet, daß er seine Geschenke aufzählen würde, aber das will er anscheinend nicht.
«Dann, am Weihnachtstag, wie du nicht mitgefahren bist?»
Die Oma hält nicht zurück mit ihren Geschenken, die sie sich am Weihnachtstag beschert hat.
«Ins Bett gelegt habe ich mich. Ich habe dem Ferdi gesagt, daß mir übel ist und daß er nicht bös sein soll, und der hat mir das Geschenk hingehalten und gemeint, daß das sehr sehr schade sei und daß die Liese sehr traurig sein würde, aber daß er wieder gehen müßte, weil sie mit dem Essen

wartet. Ich hab das Päckchen gar nicht aufmachen wollen. Ich habe es weggeräumt und dann bin ich da mutterseelenallein gelegen und ich habe gewußt, daß es schwer sein würde, einen Arzt zu den Feiertagen aufzutreiben. Da kann man nur den Notdienst bestellen. Und die wissen nicht, welche Spritze mir der Wallner immer gibt. Ich kann dir sagen, das war ein Weihnachten, mir war ganz anders.»

Sebastian ist irgendwie erstaunt, weil er sie gefragt hat und sie eigentlich zu mir gesprochen hat. Anders, ja anders, so war die Großmutter vor einer Viertelstunde. Da habe ich ihr das Anderssein geglaubt, da war mir das keine Frage. Aber jetzt wirft sie schon wieder mit dem Straßenstaub des Alltags herum, und ich wundere mich eigentlich, daß sich diese arge Erschöpfung so rasch wieder vergessen läßt und der alte lässige Tonfall und Gedankengang wieder einreitet, wieder Oberhand gewinnt über das Feuer in der Wüste. Und ich muß annehmen, daß die Alltäglichkeit ein noch zündenderer Stoff ist als der Schmerz.

«Und was hat die Mami bekommen?» Und sie schaut mich abwartend an, so als würde ich jetzt aufzählen, was ich von wem bekommen habe und was ich umtauschen werde und was ich vielleicht ihr abgeben werde von meinen verfehlten Geschenken und was ich wem an den Schädel gehauen habe. Aber auch ich bin ein Freund von mäßigen Anschaffungen, und ich zeige auf meine Stiefel. «Die Handtasche hat sie auch bekommen», und Sebastian holt geschäftig das Ding und zeigt meine Geschenke, um die Bereitwilligkeit zuviel, als er seine verschwiegen hat.

«Eine Tonvase hat sie auch bekommen und eine Badehaube mit lauter Blumen drauf.»

«Geh, hol das rechteckige Ding, das in der Lade, in der linken, in der Küche liegt.» Sebastian wird eifrig, er ahnt etwas und irrt sich in der Lade, aber die Großmutter bemerkt das gar nicht, weil sie sich wieder die Brust hält und die Augen ein bißchen schließt. Er bringt das rechteckige Ding, das in Weihnachtspapier eingewickelt und mit einem Goldband zugebunden ist. Er hält es vorsichtig vor sich hin, denn er weiß schon, daß das ihm gehört.

«Das da hat das Christkind für dich dagelassen. Hoffentlich gefällt es dir. Schau hinein.»

Der Bub rupft an dem Goldband herum, kriegt es aber doch herunter. Er läßt sich beim Paketeöffnen nicht gern helfen. Er nimmt ein Buch heraus. Ich bin irgendwie erstaunt, daß die Oma so etwas schenkt und vermute dahinter auch eine geheime Botschaft an mich oder an das Kind oder an die Zeit oder an sich.

«Die kleinen Wölfe», liest er. Langsam, aber nicht stockend. Das Buch ist in Blockschrift geschrieben, die Sebastian schon sehr gut beherrscht und für sein Alter passend ist. Dann liest er noch den Schriftsteller und dann auch noch den Verlag. Die Auflagenzahlen liest er nicht, sondern er setzt sich zu den Füßen der Oma auf den Boden und beginnt begeistert zu blättern und dazwischen zu lesen. Die Texte sind immer nur kurz und die Bilder groß über eine Seite. Fotos von Wölfen. Ich sehe sofort, das ist ein gutes Kinderbuch.

«Weil du doch die Tiere so gern hast.» Und Sebastian lehnt sich an die Oma und blättert und schaut, und ich fühle, daß ich ihn nicht auffordern muß zu danken, sondern daß sich die Oma freut, daß sie das Richtige getroffen hat und daß sie es in diesem Fall auch wollte. Es hätte natürlich sein können . . . aber es war nicht, es ist alles zu aller Wohlgefallen abgelaufen.

«Dort sind ein paar Kekse in der Schüssel, vielleicht machst du einen Tee? Ich kann nichts sehen vom Essen, ich kann es nicht einmal machen», und die Großmutter verzieht das Gesicht, das schon wieder recht normal aussieht und nicht mehr so entmenscht.

Ich mache keinen Tee, aber wir essen Kekse, und ich mache jetzt endlich einmal doch den Strahler an, denn es beginnt kühl zu werden, und auch die Oma fröstelt es ein wenig. Sie legt sich im Schlafrock wieder zurück in ihren Polster, den ich vorher etwas aufgerüttelt habe, und sie ruht ein bißchen aus vom vielen Weihnachten.

«Da ist für mich heute Weihnachten. Am Heiligen Abend, da war ich so in Angst. Ich hab gar nicht –» sie spricht einmal nicht weiter, und ich kann mir viel besser vorstellen, was sie alles nicht hat, wenn sie es nicht sagt.

«Gelt, du hast nicht so eine warme kleine Decke, die du dir beim Fernsehn auf die Knie legen kannst?» So beginne jetzt ich einmal etwas zu sagen.

«Nein, ich ziehe mir meist den Schlafrock an, der ist aus Flanell. Manchmal bin ich beim Fernsehn ja schon im Nachtgewand. Wieso meinst du?» Und die Oma richtet sich wieder etwas auf, denn sie spürt etwas kommen, worauf sie sicher schon gewartet hat. Menschen warten immer auf menschliches. Ich hole aus der Küche ein Säckchen, das ich beim Hineingehen trotz aller Überraschungsbange dort hingehängt hatte, und ziehe eine kleine gestickte Decke heraus. Ich habe sie nicht weihnachtlich verpackt, weil ich nicht so ein unverkennbares Weihnachtsgeschenk daraus machen wollte, sondern es soll eben ein praktisches Stück für die Oma sein, bei dem ich mir etwas gedacht habe.

Sebastian löst sich von seinem Buch und legt die Decke der Oma über die Knie. Er streift sie schön glatt, und dieses Stück, das ich nicht etwa selber gestrickt habe, ist in den Farben so erfrischend, daß es selbst einen kranken Menschen erfreuen muß. Ich preise mein Geschenk noch intensiver an, indem ich zu bedenken gebe, daß es auch im Rücken, falls dort

Schmerzen auftreten sollten, sehr wärmen würde.
«Die Decke ist sehr warm, aber sie trägt nicht auf, sie ist klein und leicht, sie beschwert dich nicht.»
«Ihr habt vielleicht Einfälle. Mir müßt ihr doch nichts schenken. Das war sicher sehr teuer. Die Qualität ist wirklich sehr gut.» Und die Großmutter drückt die Decke etwas an die alten Wangen, um zu fühlen, wie weich mein Geschenk gemeint ist, und das muß Sebastian auch probieren, und er schmust auf der Decke und auf der Oma herum, und damit gehört die Decke der Großmutter, und sie will sie auch. Sie könnte sie auch nie umtauschen, denn sie ist aus Persien, wo ich allerdings noch nie war und ich nicht sicher bin, ob ich sehr dorthin möchte. Vielleicht doch?
Dieses Gewebe hat so eine versponnene Wildheit in sich, so ein weiches Feuer. Faserig, rauh, aber doch in seiner Webe wolkig und anschmiegsam. Leuchtend, von innen heraus in der Zusammensetzung der Farben entsteht das Licht nicht im Ausdenken und Setzen von passenden Farben. Die Farben passen nämlich gar nicht im herkömmlichen Sinn zusammen, und das ist mein Risiko bei diesem Geschenk. Ich gehe gern ein Risiko ein, auch ich bin für meine Mithorcher, Mitschenker, Mitgeber und Mitseher, Mitleber und Mitsterber ein Risiko. Vor allem bin ich ein Risiko für mein Kind, aber das hat nur eine Wahl, die keine ist.
«Da wird mir warm sein. Und im Rücken, das ist wirklich wahr, manchmal zieht es mir bis zu den Schulterblättern hinauf. Ich fühle mich ganz steif. Mir schläft der ganze Rücken ein, aber er schmerzt dabei und es zieht so. Ganz ungeduldig werde ich da, und ich beweg die Schultern und das reibt, wie wenn innen eine Entzündung wäre. Wenn mir jemand zusehen könnte, der würde glauben –» und die Oma tippt sich an die Stirn.
Sebastian lacht und trägt sein Buch spazieren. Wir benehmen uns nicht wie in einem Krankenzimmer, sondern wie in einem Schwipskabinett. Sollte vielleicht selbst der Tod und das Grauen in diesem Kabinett zu Hause sein? Welches ist das größere: Das Totenkabinett oder das Rauschkabinett. Ich werde danach nicht fragen, denn Tatsachen haben es nicht nötig, sich zu klären. Sie sind es. Rausch ist der Wunsch nach der Freundschaft des Todes. Und Wünsche nach . . . sind die Pforten zu ihrer Erfüllung. Der Rausch ist die Pforte in das Totenreich. Und Nüchternheit ist ein Rausch des Lebens, das nur im Angesicht des Todes möglich ist. Der nüchterne Rausch, der kalte Rausch ist der ewige Übergang von lebendig zu tot, ein Wandel – eine Wandlung in das Wesen, das man immer war, das man nie verlassen kann, das einen nie verläßt, das man selbst ist, indem es sich auflöst, den Halt ausläßt läßt läßt und langsam geht und geht im Wahnsinn – unter der Pforte – in der Pforte – sein eigener Eingang in das Reich, wo innen und außen übergeht ineinander in Einigung von Wunsch und Rausch und Lösung der Sucht nach dem Tod im Leben.

Ich bin berauscht von meinen Gedankenlöchern, und das ist immer ein Zeichen, daß sie stimmen. Löcher sind das einzige, was ich gelten lasse, und alles, was sie füllen kann. Denn das ist der Einfall, der Hineinfall aller Weisheit. Die Welt ist ein universales Loch, in das wir ein Wesen lang ewig fallen fallen fallen.
Wer diesen Fall verhindern will, der ist in die Falle geraten, in die Lebensfalle, in die Denkzwangfalle, in die Wissenschaft, in die Religion, in die Liebe, in die Geisteskrankheit, in die Gelehrsamkeit, in die Kunst, in die Literatur, in diese Zeilen und in mich und in sich. Das kann nur in Ordnung sein. Das ist mir recht.
«Das Buch für den Buben hat mir die Frau Zauner aus dem letzten Stock beschafft. Du weißt, sie ist Lehrerin, eine tüchtige junge Frau und so zuvorkommend. Mich wundert, daß sie in ein so altes Haus eingezogen ist. Manche junge Menschen wollen das jetzt wieder, man hört davon öfter. Sie kennt sich da aus, was gute Kinderbücher sind und das war mir wichtig», und die Oma fährt mit der Hand die Muster auf der Decke nach.
«Ich selbst hätte mich nie getraut, das zu entscheiden, ich kenne mich da auch gar nicht aus. Früher haben wir überhaupt keine Bücher so gehabt, nur das Lesebuch in der Schule. Und wir sind ja damals da draußen nur immer ein paar Monate hingegangen, manchmal auch länger. Und ich hätte ja auch gar nichts besorgen können in meinem Zustand.» Sie will noch etwas sagen, hält aber damit zurück und beugt sich dann mehr zu mir her. «Ich habe der Zauner aber nichts gesagt, daß der Bub nicht geht. Sie hat mich nach seinem Alter und sonst zum Glück nichts gefragt. Die ist wirklich taktvoll, die Frau. Ihr Mann sieht auch sehr gut aus, kann ich dir sagen. Ein Ingenieur. Ein Auto haben sie, aber bescheiden, bescheiden, wenn du sie einmal siehst im Haus und du dich vielleicht bedankst, sag nichts von Sebastian, sonst glaubt sie, ich habe ihr absichtlich verschwiegen, daß –» und sie setzt sich wieder gerade.
Ich kenne die Frau Zauner überhaupt nicht, ich kenne nur die Stimme der Frau Bela am Telefon, und sonst sind mir alle Hausparteien unbekannt. Möglicherweise erkennt mich noch eine, aber ich war, glaube ich, zwölf Jahre, als ich als Kind hier manchmal aus und ein gegangen bin und da habe ich mich schon sehr verändert, zumindest in meinem äußeren Verhalten und Verfalten. Es könnte natürlich möglich sein, daß, und ich schließe diese Vermutung nicht aus, obwohl die Großmutter die Wasserleitung bereits in der Wohnung hat und obwohl sie sehr krank zu sein scheint, die lieben Hausparteien von ihr recht kräftig an mich erinnert wurden, sofern sie mich noch von früher im Gedächtnis haben.
«Das brauchst du auch niemandem sagen, wenn es dir unangenehm ist. Ich binde das selbst nicht jedermann auf die Nase.» Und es ist wieder einmal alles geklärt, und Sebastian hat alles mitbekommen und das nimmt er

zum Anlaß, sein Buch auf der ersten Seite aufzuschlagen und zu lesen, laut vorzulesen von den kleinen Wölfen, die in der Höhle wohnen und so drollig sind. Und von der Alten, die Futter besorgt und von dem besonders vorwitzigen Wölfchen, das die Lehren der Mutter, ja nicht die Höhle zu verlassen, nicht befolgt und auf Abenteuer ausgeht, und dann stoppe ich aber meinen kleinen Wölfling, weil ich die Großmutter noch allerhand fragen möchte und weil sie ihm jetzt doch wohl schon glauben muß, daß er lesen kann.
«Wirklich brav, fall nicht über den Topf. Ich werde ihn dann hinaustragen. Ich kann noch immer nicht aufstehen. Du glaubst gar nicht, wie mich diese Anfälle immer erschöpfen.»
Ich glaube es, denn ich habe es gesehen. Und die Großmutter legt sich wieder in den Polster zurück und läßt die Decke nicht los.
«Es sieht so aus, als wäre ich jetzt wieder in Ordnung, aber selbst wenn kein Anfall mehr kommt, brauche ich Tage, bis ich mich jetzt wieder einigermaßen erhole. Ich habe kein Essen in mir und mich ekelt noch immer. Ich muß wieder ganz klein anfangen. Nach zwei Spritzen ist es meistens dann wieder auf einige Zeit besser. Ich bin nur froh, daß die Feiertage vorüber sind. Ich habe müssen die Frau Bela bitten, daß sie mir den Notdienst anruft und die bei der Tür hineinläßt. Die haben sich nicht ausgekannt und der Gehilfe hat dann am Feiertag den Wallner angerufen, und der hat ihm die Injektion irgendwie angesagt. Das ist das einzige, was mir hilft. Sie finden nichts, sie sagen mir auch nichts. Sie vertrösten mich immer. Mich zermürbt das. Ich glaube, die wissen überhaupt nicht Bescheid. Die kennen sich ja selber nicht aus, ich kann mir das gar nicht mehr anders erklären.»
Ich staune über die Aufgeklärtheit meiner alten Großmutter. Zu ihren Zeiten soll das noch gar nicht so üblich gewesen sein. Nur weiß ich, daß sie nicht glaubt, was sie erkannt hat, weil sie das nicht glauben will, und das macht sie zu einer alten kranken verzagten Frau, wie sie alle sind. Oder vielleicht stimmt das auch nicht.
«Was hat denn der Befund ergeben bei der Isotopie?»
«Das ist es ja. Ich kann dir das nicht sagen. Die Befunde wandern zwischen dem Spital und dem Wallner hin und her und mir sagt keiner etwas. Jeder redet sich auf den anderen aus und immer ist noch nicht alles fertig und muß noch in der Gesamtheit überblickt werden. Ich glaube, die halten einen für einen Idioten. Die schauen einen für total blöd an. Das soll einen Kranken beruhigen.»
Ich staune immer wieder über das Feuer, das diese alte Frau, die nicht einmal mehr ohne äußerste Anstrengung größere Erledigungen oder Besorgungen machen kann, die sich keinen Ofen mehr einheizen kann und die Schwierigkeiten hat, die Treppen zu steigen, bei der Schilderung ihrer

Krankheiten entwickelt. Sie drückt sich auch immer sehr klar aus und ist im Kopf nicht verlorener als ich es bin. Ich bin ja genauso verloren wie sie in diesem Leben und – vielleicht noch viel früher als sie und vielleicht Sebastian noch vor ihr und vor mir und einer nach dem anderen, schön der Reihe nach. Die Reihe wird aber weder bestimmt nach Alter oder Größe noch nach Krankheitsbildern, noch nach Zuckerwerten, noch nach Weisheitsrechnungen und nicht nach Zinsrechnungen, sondern nur nach Wahrscheinlichkeitsberechnungen, die aus der Erfahrungsstatistik eines jeden hervorgehen, aber an die man nie glauben darf. Die nicht beruhigen dürfen und für den einzelnen nie stimmen. Nur im Durchschnitt gesehen, im Durchschnitt sieht Fleisch rosig aus.

Auch ich glaube es ja nicht wirklich, glaubst du, ich würde es glauben? Aber mir hat die Möglichkeit geläutet, sie hat mir geleuchtet so warm und so eisig, so wirklich, daß es möglich sein könnte, daß alles nicht nur möglich ist, sondern wahr und daß ich das glauben kann und will. Daß ich da sein will und daß ich hinübergehen will und daß ich es dann will, wenn ich es tue. Und daß ich dir die Möglichkeit gebe, nicht an mich zu glauben und daß ich trotzdem bin, auch wenn du es nicht glaubst.

Meine Spannung in meinem Leben ist sein Ende. Ist seine Wandlung. Mein ganzes Leben ist ein Wachen auf den Wandel meines Wesens, und ich möchte dabei sein, ich möchte einverstanden sein mit dem Übergang von jetzt auf damals, im Leben in dem ich war. Wir waren alle schon dort in einer Form aus unserer Übereinstimmung mit dem Namenlosen, das über dem Tor hängt, und du siehst es an und du weißt: das ist es, genau das ist und gehst über in eine fraglose Wirkungslosigkeit aller Erkenntnisse des Menschenwesens.

Mensch ist eine Form von dir selbst nur eine Form, noch vieles, alles bist du selbst und dort sind wir, wir sind zusammen zurückgegangen, einfach zurück in den Bereich aller Möglichkeiten, neue Formen zu werden, selbst zu werden, ewig zu vergehen. Siehst du meine Hand? Sie steigt so lang so weit sie weist mir was ich alles lassen kann, alles ist getan und alles gehört mir. Sieh auf meine Hand in dem weiten weißen Ärmel. Erfaßt alle meine Gedanken mein Hirn und hebt meine Menschlichkeit über mich hinweg – weit hinüber – über den unendlichen Bereich von Zeiten schwebt mein Jetzt im Dauern, und mein Tun wird dann und war ein Anfang zu meinem nächsten Ende in den Ärmel meiner anderen Hand hinein, wo sie ruhen meine Werke, und ich sehe noch vor mich hin mit einer Erinnerung an mein Menschsein ohne Bangen, ohne Erregung, ohne mein Eigentum. Ich will es nicht vergessen, wie es war als Menschenwesen unter den anderen. Ich liebe die Nöte und die Wirrsal, sie sind mein ganzes Leben, und ich hänge an meinem Unglauben, an meiner Form, mein Hängen ist meine Möglichkeit zu schaukeln im Wind meiner Gedanken weit über meine

Angst hinaus aus der Schaukel zu fallen, denn ich fliege, ich fliege mit meinen Grenzen unter dem Arm in ein stilles weites Lachen von innen aus dem Reich meiner eigenen Schöpfung herüber zu mir an meine Schreibmaschine zurück zu meinem Fenster.
Ich habe mich gelehrt zu rechnen, damit zu rechnen, daß es sofort sein kann. Ich bin jederzeit bereit, meine Maschine zu verlassen. Es ist mir jede Zeit recht. Es ist geschehen, schon so oft. Im Leben muß man oft sterben, bevor man es wirklich tut, und ich werde es tun wollen, und ich weiß, daß ich wissen werde, daß ich es tun will, denn das ist mein Wille, das ist mein Leben, ich bin mein Leben und mein Tod, und ich bin meine Überraschung darüber, und ich bin mein Dauern in diesem Menschental, ich bin mein Glaube an mich und mein Glaube, daß ich nichts tun muß, um zu leben und zu sterben. Selbst sein heißt nicht, etwas tun müssen, um ein Bild zu erfüllen oder zu erhalten. Unbekanntes Wesen – ich habe dich mir zu einer Unbekannten gemacht, obwohl ich es bin, und ich bin meine Wandlung, spiralig durch die Zeiten der losen Wahrheiten über die Gedanken eines Menschen wie mich. Nur im Durchschnitt gesehen sieht mein Hirn bekannt aus, ein Stück von dir, von dem Hund des Nachbarn und von Sebastian und seiner Urgroßmutter, die krank ist und der er eine Wolldecke bringt in einem Nylonsäckchen, durch den finsteren Wald, in die Hütte der alten Frau, und wo ihm ein kleines Wölfchen begegnet, das ausgerissen ist von zu Hause und jetzt Angst hat, und Sebastian sagt: Geh nur weiter so mit deiner Angst, die kannst du in deinem Leben gut gebrauchen, die ist gesund, geh nur weiter und laß dich nicht bewahren, laß dich nicht belehren in der Schule der Wölfe, denn die lehren dich, daß du leider nur ein Wolf bist und kein Mensch und bleiben mußt, wie du bist und niemals sterben darfst und dich nie verlassen darfst und immer das Bild deiner Art hochhalten mußt und es nie anders bemalen darfst. Wölfchen, scheiß drauf, geh nicht nach Haus in die Lehre, bau dir ein Skateboard und hau ab über die Wolfszeiten. Ich gehe lieber zur Großmutter, denn ich hab einen Wolfshunger, aber leider hat die Frau nur ein paar Kekse gehabt und die habe ich schon alle aufgegessen.
Sebastian schleicht in der Küche herum – ich bin zwar nicht mein Kind, aber manchmal kenne ich seine Schmerzen.
«Oma, ich trage dir den Topf hinaus. Kann ich dem Sebastian vielleicht ein Brot streichen oder so was, ich glaube, der hat Hunger. Aber er kann natürlich auch aushalten, so zimperlich darf er nicht sein.»
«Ja, um Himmels willen, ich denke auch an gar nichts. In der Brotdose ist Schnittbrot, haltbares. Die Frau Bela hat es mir herübergegeben, weil sie doch weiß, daß ich nicht einkaufen gehen kann. Sie hat gemeint, falls ich doch Appetit bekäme. Und zu den Feiertagen waren die Geschäfte ja geschlossen. Streich ihm auf und gib ihm Milch, die wird mir ohnehin sonst

sauer. Ich darf jetzt nur Kamillentee und ein bißchen Zwieback nehmen. Die Frau Bela ist da immer recht nett. Weißt du, ich habe ihr am Monatsanfang Geld gegeben, das macht mich sicherer. Auf Freiwilligkeit vertraue ich nicht.» Das letzte hat sie leiser zu mir gesagt, daß es die Frau Nachbarin nicht am Ende erlauschen könnte.
Während ich in der Küche Wolfshappen schneide, legt sich die Oma wieder zurück und döst ein bißchen. Das viele Sprechen strengt sie an, und ich denke daran, bald zu gehen. Da meldet sie sich aber schon wieder:
«Was sagst du, meine Zuckerbefunde werden immer normaler. Ich werde immer schlechter und der Zucker sinkt. Das kommt mir auch sehr merkwürdig vor. Es freut mich nicht einmal. Mich freut überhaupt das ganze Leben nicht mehr», ihre Stimme wird leiser, und ich gehe wieder hinein zu ihr.
«Schau, was hab ich noch im Leben. Nur mehr Angst und Schmerzen. Allein bin ich auch. Ich mag gar nicht mehr. Was soll das für einen Sinn haben noch. Jämmerlich ist das. Menschen sollten nicht so alt werden. Zu nichts nütze ist man mehr.»
Wenn ich mich recht erinnere, haben die Menschen das von ihr früher schon manchmal gesagt, aber nur manche, und ich glaube nicht alles, was ich höre. Aber Sagen haben meist einen wahren Kern und wäre es nicht immer so gewesen, so wäre es ja jetzt auch nicht so, denn dann wäre sie im Kern dieselbe wie früher. Und das ist keine Sage, aber vielleicht ein wahres Märchen. Oma, geh in die Apotheke, kauf dir ein Päckchen von irgendwas und iß das Ganze auf einmal oder mach es anders, wenn du nicht mehr in die Apotheke gehen kannst. Mach es irgendwie wahr, es liegt bei dir, nur an dir, du kannst gehen, wenn du willst, dich hält kein Gott und kein Teufel am Leben, du tust es selbst. Steh zu deinen Worten und lüge dir nicht in die eigene Unterhose. Tu es. Du darfst. Hindere dich nicht.
Oder sollte es nicht wahr sein, was du sagst. Sollte das dein Leid sein, an dem du so sehr hängst, daß du nicht gehen kannst. Sollte das deine Krankheit sein, die dir das Leben so schwermacht und dich hier an das Bett fesselt? In Erschöpfung am Leben aber nicht ausgeschöpft, nicht ausgelöffelt das ganze Leid, das ganze Glück, weil du beides immer so abgebremst hast in seinem Gewicht. Das Gewicht der Welt ist eine Blähung im Darm. Vielleicht ist da etwas nicht ganz in der Ordnung. Vielleicht hast du zu wenig herzhaft herausgelassen, was dich gedrückt hat, und du hast dich immer herumgedrückt, um das Leid und um das Glück dich betrogen, weil es manchmal tödlich ist, weil es manchmal auflöst, woran du so sehr hängst als Mensch, als Bild, als Frau, als Mutter, als Ladnerin. Jetzt rächt es sich, daß du eine gute Rechnerin warst. Mit dem Leben darf man nicht rechnen, das ist unberechenbar, mir leuchtet ein Licht, ein Signal ein mildes Warnlämpchen im Hirn hell auf. Die Reihenfolge ist unbestimmt und wendet sich mit einem Schlan-

genschlag im Kampf im – Todeskampf, und der hat schon lang begonnen, bei dir – bei mir – bei den Neugeborenen und Ungeborenen. Manchmal stirbt eines, bevor es noch gezeugt ist und lebt als etwas anderes oder nichts in Wasser oder Blausäure oder in Blut.
«Wie ist es denn jetzt mit deinen Blutungen?»
«Die haben etwas nachgelassen, aber nie ganz aufgehört. Nicht mehr jeden Tag ist Blut, aber doch immer wieder mehr oder ganz helle Spuren. Das mit dem Urinieren, das kann ich nicht beobachten. Ich sehe nur rot oder nicht. Und das oft nicht genau. Ich sehe ja schon sehr schlecht. An das habe ich mich wenigstens schon gewöhnt, ich habe schon als junges Mädchen Brillen tragen müssen. Ich habe sie aber meist nicht aufgesetzt, weil mich das geniert hat.»
Das geniert auch Menschen heutzutage noch oft und Brillenträger haben ein Schicksal, zu dem die Brille unbedingt dazugehört. Wie Menschen mit Prothesen oder Klumpfüßen oder einem kürzeren Bein. Allerdings nur dann, wenn sie die Brille schon als kleines Kind tragen müssen. Heutzutage allerdings gibt es schon hübsche Brillen und ich selbst werde mir vielleicht eine besorgen müssen, wenn ich nie Zeit finde, das Licht rechtzeitig anzuschalten. Es wäre nur eine Sekunde, die Finger von den Tasten zu nehmen, aber ich tue es wieder nicht, weil ich das jetzt noch rasch schreiben will und den nächsten Gedanken schon fasse, während meine Augen immer schlechter sehen. Man sollte auch beizeiten ein Ende machen können, da die Gedanken auch immer schwächer werden, wenn man sie allzulang am Tag auf Wanderung schickt.
Die Großmutter muß warten auf ihre Befunde und man kann den Blutfluß nicht hemmen. Die Brechanfälle steigen auf und legen sich wieder für einige Zeit. Ob ein Zusammenhang besteht mit der Erschöpfung und kurzfristigen Besserung der alten Frau ist fraglich.
«Weißt du, ich denke manchmal daran, wie das weitergehen soll. Ich kann ja nicht immer hier allein so sein. Ich kann mir nicht mehr heizen. Ich werde bald nicht mehr so oft oder vielleicht überhaupt nicht mehr einkaufen gehen können, und immer kann ich mit der Nachbarin auch nicht rechnen. Sie hat einmal irgend etwas davon erzählt, daß sie zu ihrer Tochter in die Schweiz ziehen will. Ich kann das eigentlich nicht recht glauben, aber wer weiß. Die hat jemanden. Ich habe nichts. Wenn du von der Hilfe anderer abhängig bist, ist das schrecklich», und der Lamentierton der Großmutter geht über in einen seltsam aufgerissenen Blick, in dem die Angst sich aufrichtet, und sie schaut mich an, gerade mich an, und springt mir entgegen. «Es muß irgend etwas geschehen. Das kann nicht so weitergehen, ich kann mir nicht mehr helfen, ich werde noch wahnsinnig in diesen vier Wänden, und ich kann nicht mehr hinaus. Es muß irgend etwas geschehen», und die Oma faßt sich wieder ein bißchen und sieht nicht mehr mich an, sondern wieder auf die

Decke, die unter ihren Händen liegt und sie selbst legt sich schwer zurück und meint, um eine Erregung weniger: «Ich habe schon an ein Altersheim gedacht. Aber die besseren sind für mich zu teuer. Ich habe doch nur die kleine Pension, und außerdem sind diese Plätze schon lange vorgemerkt. Ich war vor ein oder zwei Jahren einmal bei einer Autobusfahrt, wo lauter alte Leute dabei waren, in einem Heim, etwas mehr draußen gelegen. Das hätte mir gefallen. Jeder hat ein eigenes kleines Zimmer gehabt. Das Essen wurde in einer Gemeinschaftsküche gekocht, und man konnte plaudern und fernsehen in einem Gemeinschaftsraum. Ein Arzt war immer im Haus, und die Zimmer wurden aufgeräumt von eigenem Personal. Das hat mir gut gefallen, aber was glaubst du, was das kostet. Wenn da die eigenen Kinder nicht draufzahlen, ist das nichts, wenn du nichts hast und bist und wenn der Mann nichts war.»
Also so läuft der Hase, oder vielleicht in der Nachbarfurche. Ich habe gedacht, es war Weihnachten und nicht schon Ostern.
«Ein öffentliches Altersheim, das ist ein Friedhof. Dort möchte ich um alles in der Welt nicht hin. Da mache ich nicht mit. Einer neben dem anderen. Die stinken alle. Und wie komme ich dazu, daß ich nach einem langen arbeitsreichen Leben soll so abgeschoben werden. Der Wallner hat mir den Vorschlag gemacht, und ich habe ihm gleich gesagt, daß das für mich gar nicht in Frage kommt. Da krepier ich lieber hier in dem Zimmer. Was der eigentlich glaubt. Ich frage ihn um Rat, weil er meinen Zustand kennt, und der will mich gleich einweisen. Das ist doch wirklich zu viel.»
Sie hat sich aufgeregt, und der Hals und die Adern an der Stirn sind wieder hervorgetreten, und der Kratzer ist ganz rot geworden über den Augen, ich habe ihn schon ganz vergessen gehabt. Ich befürchte fast, das Brechen ist noch nicht vorbei, und auch die Oma fühlt so etwas bange aufsteigen.
«Die Brote waren gut. Zu Hause haben wir nie solche.» Um Gottes willen, jetzt nur nicht vom Essen sprechen! Aber die Oma hat sich rascher beherrscht, als ich erwartet habe, und sie wendet sich Sebastian zu, der in der Küche fertiggegessen hat.
«Geh, da unten in der Schachtel sind noch ein paar Bonbons, vielleicht willst du sie noch.»
Die Großmutter legt sich jetzt endgültig zurück. Sie ist sehr müde, ich kann es ihr anspüren. Viel aufregen wird sie sich heute nicht mehr dürfen. Die Falten über dem Mund sind so viele, daß sie, seit ich sie das letzte Mal gesehen habe, viel mehr geworden sein müssen. Viel mehr und die Wangen und das Kinn wellen sich in etwas dickeren Fältchen, wie in lockeren Runzeln dem Mund zu. Und auch das war damals noch nicht so auffällig. Ich kann mich noch erinnern, wie die alte Frau stramm und selbstgefällig

in den Warteraum trat, und da war noch nichts von diesem Bruch zu bemerken. Es ist wie ein inneres Einsinken in ein Moor. Es zieht und wellt sich weich und wird weicher und galliger und quillt auseinander, wo es aussieht wie fest. Es trügt. Der Anblick trügt. Einmal ist es wie Gesicht und dann wieder wie Masse. Wenn sie sich mit Worten an diese Welt hält, gibt sie ein Gesicht ab, wenn sie in sich einkehrt, verliert sie sich als Mensch und das wiederum hat nicht nur mit meiner Oma und ihren Runzeln zu tun, sondern auch mit mir und meinen ersten oder zweiten Falten und auch mit Sebastian und seinem klaren Gesicht. Das Gesicht der Welt ist ein Moor. Und je länger ich hineinblicke, um so mehr erscheint mir meines darunter sichtbar zu werden, mein versunkenes.
«Und du stehst heute gar nicht mehr auf? Kann ich dir vielleicht noch etwas richten, bevor ich gehe?»
«Ihr wollt schon gehen. Na ja, ich habe gar keine Lust zum Fernsehn. Ich habe die Ruhe nicht. Der Ton macht mich nervös. Es ist so schrecklich, wenn man erschöpft ist, aber keine Ruhe hat. Einschlafen kann ich auch nicht. Wenn ich wenigstens lesen könnte, aber das halten meine Augen nicht durch, und ich kann dem Text auch gar nicht folgen. Der Wallner hat mir da so Pulver gegeben. Vielleicht sollte ich eines nehmen. Ich habe auch gestern und vorgestern eines genommen oder zwei. Die lassen mich wenigstens ein bißchen ruhiger werden. Dann und wann schlafe ich auch ein. Ich weiß nicht, ich habe jetzt so oft übertriebenen Harndrang und es brennt, wenn ich Wasser lasse. Meistens kann ich aber gar nicht gehen, sondern es kommen nur ein paar Tropfen. Ich soll viel trinken, und ich kann doch jetzt nicht einmal Tee behalten. Es reckt mich alles so fürchterlich und reißt mir alles heraus. Ich traue mich gar nicht, etwas zu essen, obwohl ich schon ganz erschöpft bin. Auf das Klo am Gang kann ich ja nicht dauernd gehen, in der Nacht muß ich oft und oft auf, weil ich immer glauben, daß es gehen müßte. Mir tut das manchmal so weh. Das ist erst seit einer Woche so. Ich habe es dem Wallner noch gar nicht sagen können. In den Nieren brennt es. Auf dem Topf kann ich mich so schwer halten. Jetzt, wo ich so schwer gebrochen habe die paar Tage, ist das allerdings ein bißchen zurückgegangen. Ich halte mich doch immer warm. Bei Bewegung spüre ich die Nieren nicht so arg. Ich sollte vielleicht doch ein wenig aufstehen. Wenn ich mich nur aufraffen könnte.»
Sie rappelt sich aus dem Bett und setzt sich auf den Sessel daneben, und ich richte ein wenig die Polster und das Leintuch, und die Großmutter geht in die Küche, während sie sich an die Nieren hält oder im Kreuz. Einmal taumelt sie so arg, daß ich hinspringe, um sie aufzufangen, und da lacht sie mit einemmal über ihre Wackeligkeit und überrascht mich wieder mit ihrem Humor über sich und ihren miserablen Zustand. Sebastian spricht noch mit dem Engel im Zimmer, und die Oma lehnt sich an die

Anrichte und meint: «Für dich habe ich gar nichts, ich weiß nicht, was du so brauchst, ich denke, ich gebe dir am besten ein bißchen Geld und du kaufst dir selber was drum.» Und sie holt aus einer Lade ein Kuvert und steckt es mir in die Hand. «Nimm's und rede nicht viel drüber. Heute hast du wahrscheinlich schon viel mehr, aber früher habe ich dir auch immer ein bißchen was gegeben, wie du noch kleiner warst, und ich mache das noch immer so. Nimm's, mehr habe ich nicht. Wenig, aber von Herzen. Du hast es verdient, du bist fast die einzige, die sich um mich kümmert.»

Ja, die Oma hat mir immer Geld gegeben. Das war bei ihr so üblich, und deswegen bin ich auch recht gern zu ihr gegangen, früher. Und ich nehme es auch jetzt. Ich schaue nicht hinein. Ich zwinkere ihr zu und stecke das Kuvert in meine Tasche. Die ist so eine, die Oma, die versteht was von Besitz, aber doch auf eine andere Art, als ich es an mir kenne. Irgendwo treffen sich diese Verständnisse, wenn sie auch in andere Richtungen weitergehen, so haben sie doch denselben Ausgangspunkt und treffen vielleicht wieder jenseits der leiblichen Habgier als freier Geist zueinander. Als Weingeist oder Waldgeist oder Heiliger Geist. Irgendein Gespenst ist das Geld in dieser Welt.

«Siehst du, ich muß schon wieder. Geh, bleib bitte noch da, solang ich da draußen bin. Ich bin sicher, daß gar nichts kommen wird. Brennen wird es.»

Sie wackelt hinaus. Sebastian sieht es und stützt sie bis zur Klotür. Er wartet draußen auf sie, und ich warte herinnen mit meinen Gedanken über das Geldgespenst, in der Hand das Geldkuvert. Rascheln und Klimpern – das ist die Distanz zu denen, die sich in ihrem Jammer gefallen, daß sie nicht rascheln und klimpern können. Diese Geräusche sind der einzige Unterschied zwischen Besitz und zwischen dem Besitz des leidigen Bedauerns, nichts zu besitzen. Solange daran geglaubt wird, daß Geld nicht nur Papier und Gold nicht nur gelb ist, wird es immer wieder jene geben, die sagen müssen: Geld macht nicht glücklich, ich bedaure es nicht, daß ich weniger habe, schau dir die Reichen an, die haben nicht weniger Sorgen als wir, sei nicht traurig, sterben mußt du auch, wenn du Geld hast. Es gibt Reiche, die so tun, als wären sie arm, das bereitet ihnen Lust, das reißt sie aus der Schalheit des Reichtums. Es gibt weniger Reiche, die so tun, als wären sie reich, das reißt sie aus der Enge der Mittelmäßigkeit. Es gibt Reiche, die nie vom Geld sprechen, aber immer daran denken, es zu verlieren, weil es ihr Hirn ist. Es gibt Ärmere, die immer davon sprechen, es zu erringen, weil sie immer daran denken, weil es ihr Hirn ist. An Geld zu denken hat nichts damit zu tun, ob man welches hat oder nicht. Der Besitz hat mit der fixen Idee Geld überhaupt nichts zu tun. Reiche bangen genauso um denselben kleinen Betrag wie andere. Geld ist ein Teil eines

Menschen und wahrscheinlich ein sehr großer Teil, weil Gold der Wert ist, in dem ein sehr kostbares Gut des Menschen gemessen wird: Seine persönliche Freiheit. Wie die persönlichen Freiheiten einzeln aussehen, ist jedermanns eigene Sache und sie gehen niemanden etwas an, aber nur dann, wohlgemerkt dann, wenn er sich von der Macht des Reicheren loskaufen kann. Geld kann nur mit Geld aufgewogen werden. Geld und Glück, das hat nichts miteinander zu tun. Geld und Wohlbefinden oder Gesundheit, das sind völlig andere Werte und die viel zu vielen Gedanken über Geld entstehen überhaupt erst, weil man ihm keine Selbständigkeit einräumen will in dem Bilderbogen von Vorstellungen wie Liebe oder Schmerz oder Krankheit. Geld regiert die Welt, das tut es zweifellos, das heißt nicht nur so, um daß wir über diesen Spruch lächeln und meinen dürften, die Regierung regiert oder die Gerechtigkeit regiert oder der Mensch regiert.

Die Regierung ist aus Geld und auch die Kirche ist aus Geld. Manchmal verschiebt sich der Wert des Goldes, ganz einfach passiert das, nicht so einfach verschiebt sich die Wertvorstellung mit, und dann gibt es vielleicht wieder einmal eine Umschichtung der Regierung. Nie aber in den Grundfesten. Keine Revolution rüttelt an die Grundfesten des Geldwertes, denn auch sie ist ein Kind der Macht Geld und wird von ihr bezahlt. Kein Kind kann seine Herkunft verleugnen. Es kann, aber niemand wird ihm glauben. Jeder, der seine Herkunft verleugnen will, wird im Kern erschüttert bleiben, weil sie nie unwichtig werden darf. Man braucht die Macht des Geldes und seine Bewertung, um ihren Unwert aufzeigen zu können, und sich selbst zu erheben über den Untergang im Kampffeld von knistern und rascheln, schlagen und reißen, von stechen und schlitzen, spießen und schießen, morden und bluten, von leben und sterben. Ich bin nicht einmal sicher, ob mit dem Tod der Wert des Geldes stirbt für den einzelnen, denn ich frage mich, ob nicht auch Gott mit Gold gekauft ist und dieses erregende Spiel am Tisch dort weitergeht. Geldspiel ist das Menschenspiel und solange es Menschen gibt, wird es in irgendeiner Form Geld geben und niemand wird sich ernsthaft davon lösen wollen, denn nichts haben wir zu geben und zu nehmen außer Geld. Geld hält am Leben. Dürfte der Bettler nicht betteln, was sollte er dann tun. Selbst der Ärmste von den Armen bettelt um Geld oder er bettelt um Nahrung. Das tut auch der heilige Mönch, der der Welt entsagt hat. Aber essen muß er, denn das ist seine Erhaltung, seine einzige Gesundheit, sein einziges, was er hat und von dem er sicher ist, daß er es auch will. Geld heißt Nahrung. Nahrung heißt Mord. Geld heißt Mord. Geld ist Macht. Geld ist Leben. Egal ob es um Erdöl oder Margarine, Schiffe oder Brot geht, ob im Frack nach dem morgendlichen Glas Champagner in der Kutsche oder im Spersonic-Jet nach Tahiti oder in der Schürze am Küchenherd oder in den

Lumpen auf dem Pflaster mit erfrorenen Zehen, ob in warmen geheizten Klassenzimmern, ob im Krankenbett, ob im Kohlenbergwerk, ob im Arbeitslager, ob im Kreißsaal, ob im Gefängnis, ob im Warenhaus, ob im Irrenhaus, es geht immer um Nahrung. Jeder Streit, jede Liebe, jeder Fick, jeder Mord, jede Lust, jede Arbeit, jede Geburt, jeder Tod, jedes Denken, jedes Aufschreiben von Gedanken, es geht immer um Nahrung. Und dabei ist es ganz gleichgültig, ob man das weiß, satt ist, im Überfluß schwelgt, ob man den Überfluß satt hat oder ob man hungrig an eine Tür klopft oder Reste von der Straße aufhebt oder ob man freiwillig oder unfreiwillig hungert, es geht immer um dasselbe, um das Überleben. Das Ergebnis unseres Kampfes hat nichts mit dem Trieb zu tun, von dem wir besessen sind, als Menschen uns zu erhalten. Geld ist die Form des Menschenverstands. Warum haben wir überhaupt Verstand? Wir sind die alten Jäger. Täglich auf Jagd. Täglich am Verhungern nach genug, wir sind täglich ungenügend. Unersättlich, weil wir ja nicht wissen, was für uns wann genug ist. Wir dürfen nie genug haben, denn dann würden wir aussteigen aus dem Lebenserhaltungstrieb und aus der Art, Mensch oder Tier, aus der Vorstellung Lebewesen, aus unserem Gehirn. Und selbst wenn das geschieht, geschieht es, um damit zu jagen, um damit sich zu nähren um damit zu bezahlen.

Mein leuchtendes Hirn, du Goldkasten meiner Leuchter, du Armleuchter meines Willens, du Versager, der sich noch in seine Mißgestalt hineinraschelt, du armer Mensch ich, vielleicht bin ich ganz richtig, und ich bekenne mich dazu, daß ich mir Geld verdienen will, weil ich ein Leben lang arm war. Ich will nicht sagen: das geht nicht, ich will es auch nicht. Ich sage, leicht soll es gehen und wollen tue ich es und angenehm ist es, ein paar Tausender überflüssig zu haben. Und es ist mit Geld zu bezahlen, daß ich mich nicht ewig an dem stillen Bedauern, eben doch nicht dazugekommen zu sein, begeilen muß, denn diese Lust hält lang, aber nicht ein Leben lang. Eine Lustbarkeit anderer Art ist es, zu rascheln und zu klimpern, wenngleich die Möglichkeit zur Lust immer dieselbe bleibt und die Lust auch immer gleich groß ist. Ein Armer ist als Reicher derselbe Mensch. Ein Reicher wäre als Armer derselbe. Der Wert liegt im Was und Wie und nie im Wer. Zu gewinnen ist an Geld nichts, wenn man nicht alles verloren hat oder bereit ist, jederzeit alles zu verlieren. Selbst diese Weisheiten, die ich da eben stumpfsinnig vor mich hingeschrieben habe, verliere ich jetzt, jetzt auf der Stelle, denn ich weiß gar nicht, ob die halten.

Mit Geld geht es nie um die Vernunft oder um die Verständlichkeit. Es hat die Macht, das Absurde glaubhaft zu machen, weil es sich verkaufen läßt. Geld hebt über das Hirn hinaus und um Geld gibt mancher, oder soll ich sagen jeder, sein Leben auf. Ich darf ruhig sagen jeder, denn sonst wären in der Früh die Straßen nicht voll, und die Straßenbahnen nicht so

überfüllt von den Menschen, die darauf brennen ihr Leben hinzugeben für das Geld, für das Brot, für das Leben.
Das bliebe auch, wenn man ein System machte, wo alles ohne Geld funktioniert. Die tiefste Ursache es abzuschaffen, ist wieder es selbst, nur dann in einer anderen Form. Und wollte man die Menschen abschaffen, so wird es auch gelingen. Aber dann wahrscheinlich nicht verbessern, sondern: abschaffen.
Leben geben für das Leben, es muß nicht unbedingt das eigene sein. Ein riesengroßer Menschenapparat, ein Monster aus Menschen, ein Gottesroboter, der von Menschen programmiert ist, klimpert jeden Tag hinein in seinen Kasten, und fremde Wesen tun fremde Bewegungen, um Fremden Brot zu geben und selbst zu bekommen, fremde Nahrung essen, fremd im eigenen Hirn sein, gesteuert sein von Metall und Papier aus Erde, aus Erde, aus Gold.
Die Großmutter bleibt ziemlich lang aus. Ob sie vielleicht ein größeres Geschäft abwickeln kann, oder ob ihr vielleicht irgend etwas ist? Eine Spülung, eine Tür, ein Schlüssel im Schloß und jetzt langsame schleifende Schritte.
«Ist es gegangen?» interessiert sich der Bub treuherzig noch auf dem Gang. Sie kommen schon herein, und die Oma meint seufzend: «Weißt du, wenn man einmal so alt ist wie ich, geht das nicht mehr so ohne weiteres.» Und zu mir sagt sie: «Jetzt war ich schon sechs Tage nicht. Kein Wunder, wenn ich nichts im Bauch habe. Mich spannt es aber schon so. Ich werde ein Zäpfchen nehmen müssen. Und jetzt war wieder Blut, ich habe es deutlich gesehen. Das Licht am Klo ist so matt, aber die Nachbarin gegenüber will keine stärkere Birne einschrauben. Ich habe es ganz genau beobachtet, es war wieder rot und gebrannt hat es, aber ich konnte wenigstens ein wenig herauslassen.» Anstatt über die neuerliche Blutung erschüttert zu sein, schildert sie mir diese Tatsache eher wie einen Erfolg, und ich glaube, bei der alten Frau verschieben sich die Werte etwas, und sie wäre in einem gesunden Körper völlig ohne Orientierung und hätte die Anhaltspunkte verloren.
«Ich werde mir jetzt einen Kamillentee kochen, das werde ich vielleicht behalten können. Ich muß wieder ein wenig zu Kräften kommen», und sie beginnt zu hantieren und gar nicht zu knapp. Wir ziehen uns indessen die Mäntel an, und mir fällt jetzt erst auf, daß wir mit den matschnassen Schuhen hineingegangen waren, und ich sehe kurz nach, ob vielleicht überall kleine Wasserlachen stehen, aber es ist schon alles vom Strahler aufgetrocknet, und ich bin froh über seine Dörrkraft. Ich glaube, ich werde mir zu Hause auch einen Kamillentee machen müssen, um meine Kehle etwas zu benetzen. Sebastian will sein Buch nicht in die Tasche geben, er will es offen tragen mit dem Titelbild sichtbar nach außen, und die Oma

freut das wieder, sie kommt noch einmal auf die weiche Decke zu sprechen:
«Vielleicht werde ich doch ein bißchen fernsehn können. Ich fühle mich jetzt ein bißchen frischer, weil ich aufgestanden bin. Wenn man sich einmal zu etwas entschließt, macht das gleich munterer», und ich bin einverstanden mit der Weisheit meiner Großmutter. «Ich werde mir die Decke über die Knie legen. Ich geh mit euch noch bis zum Stiegenabsatz.»
Ich gebe zu bemerken, ob das nicht vielleicht doch zu gut gemeint sei, und daß es kalt ist am Gang und daß sie sich doch warmhalten müßte und doch auch selbst beteuert hat, daß sie das täte, aber sie will unbedingt mit, und sie schlägt die Tür hinter sich zu und kann jetzt nicht mehr hinein.
«Mein Gott, jetzt habe ich zugemacht. Na, macht nichts, ich werde zur Hausmeisterin gehen, die hat ja einen Schlüssel.» Aber nein, liebe Großmutter, diesmal schlage ich dir ein Schnippchen, denn du selbst hast mir einen Schlüssel von deiner Tür aufgedrängt und jetzt willst du nichts davon wissen, weil du tratschen gehen willst. Von den Geschenken erzählen, von den Farben auf der Decke und von den Farben deines Urins und von dem Geld, das du mir geschenkt hast, weil ich so brav bin, und von dem Brechanfall und von Sebastian, der schon lesen kann, obwohl er nicht in die Schule geht und davon, daß das aber ja niemand erfahren dürfe, diesmal nicht, liebe Großmutter.
«Schau, wozu hast du mir denn den Schlüssel gegeben.» Ich sperre flugs die Wohnungstür wieder auf, da beginnt der Teetopf wie rasend zu pfeifen.
«Mein Gott, das wäre was gewesen. Ich hab darauf ganz vergessen, stell dir das einmal vor!» Und die Oma lacht schon wieder an einer unerwarteten Stelle. Es scheint so, als würde sie an Mißgeschicken, die gefährlich ausgehen können, besondere Lust finden. Ich kenne sie da jetzt schon ein wenig. Sie dreht das Gas ab und nimmt ihren Schlüssel vom Fensterriegel und wackelt mit uns hinaus.
«Da wohnen die Eder. Ich glaube, er will sich scheiden lassen. Aber ich sag dir, ganz so unrecht kann ich dem Mann nicht geben, obwohl er sicher auch kein Goldstück ist.»
Da hat man es wieder, die Liebe von Menschen wird in Gold gewertet und jeder sagt, daß das nicht so sein darf. Sebastian läuft den ersten Treppenabsatz hinunter und legt sein Buch an der Schmiedeeisenstütze ab, die jeden Stiegenabsatz ziert. Praktisch, praktisch, nur zu dunkel, um zu lesen. Er soll ja auf seine Augen achtgeben, damit er nicht allzufrüh Brillen braucht.
«Komm, Oma, geh jetzt zurück, du wirst dich erkälten», aber sie lehnt sich an das Geländer und zeigt mir die Waschmuschel am Gang: «Kannst

du dich noch erinnern, früher haben wir da immer Wasser holen müssen in so großen weißen Kannen, die könnte ich heute wirklich nicht mehr schleppen.» Ja, ich kann mich daran erinnern, aber ich glaube, daß die Oma sich beim Schleppen früher auch schon einigermaßen schwergetan haben muß, weil sie oft sehr lang ausgeblieben ist. Mir hat das aber nichts ausgemacht, weil ich da um so länger Zeit hatte, in dem dicken Doktorbuch unter der Bettdecke zu blättern und zu lesen und wenn die Oma zurückgekommen ist, haben wir uns aus irgendeinem Grund immer sehr gut verstanden, so als hätten wir uns mit ähnlichen Dingen beschäftigt, obwohl wir ganz etwas anderes getan haben.

«Die Fenster gehören auch einmal gerichtet hier am Gang. Das ist überhaupt so eine Geschichte mit dem Haus. Der Hausherr verlangt immer mehr Miete und repariert überhaupt nichts. Er selbst wohnt irgendwo in einem Landhaus. Unten sind Jugoslawen eingezogen. Ich sag dir, ich will um alles in der Welt nicht, daß da noch mehr einziehen. Die sollen zu Hause bleiben und nicht hier Lärm schlagen. Die Kinder, die lungern immer im Haus herum und schauen einen so an, man kann ja nie wissen. Man kann sich nicht einmal mehr im eigenen Haus sicher fühlen. Aber ein Auto haben sie. Wenn du vorbeigehst, schau kurz bei den Fenstern hinein, das ist sehenswert. Fast keine Möbel, aber alles angeräumt, erbärmlich, kann ich dir sagen, erbärmlich. Und dieser Geruch.»

Sebastian wird ungeduldig, und auch ich möchte schon gehen. Ich gebe keine Kommentare ab, schon gar nicht vor der Oma und schon gar nicht, wenn ich gehen will.

«Komm, gehen wir.» Ich kenne das, wie man sich als Kind fühlt, wenn man schon angezogen ist und die Erwachsenen noch hundert uninteressante Dinge zu besprechen haben, jetzt, wo schon alles darauf eingestellt ist, sich in frischer oder weniger frischer Luft zu bewegen, und ich kann mich erinnern, das lähmt so, das klebt so, das tut fast ein bißchen weh, wenn es zu ziehen beginnt im warmen Gewand, die Handschuhe kleben an den erhitzten Händen, und man hat sie schon dreimal ausgezogen und wieder angezogen und die Stimmen der Erwachsenen erheben sich immer wieder von neuem zu neuerlichen Gesprächsbögen und man selbst steht schon ganz verbogen, aber wenn man seine Ungeduld zu erkennen gibt, wird man angefahren und zum Stillsein verbannt und so quält man seinen Körper und seine Seele von einem Bein auf das andere und da lernen die Kinder das Nägelbeißen und das Knopfabdrehn und sie saugen die Erkenntnis auf, daß Erwachsene lahme blödsinnige Kreaturen sein müssen, die einen quälen wollen, indem sie durch Stimmgewalt vorgeben, Wichtiges zu erledigen.

«Geh jetzt wirklich hinein, es ist zuviel für dich», und ich verabschiede mich von der Oma. Sebastian grüßt diesmal nur erlöst mit dem Buch, das

er noch einmal hochhält, und die Oma ruft noch: «Wir sehen uns wieder, gelt?»
«Ja. Leg dich wieder nieder und trink den Tee.» Und die Oma winkt noch, und während ich winke, fällt mir ein, daß wir uns im heurigen Jahr wahrscheinlich nicht mehr sehen werden, und ich überlege kurz, ob nicht ich jetzt meinerseits die Litanei hinauszögern soll und noch einmal zurückgehen soll, um der Oma alles Gute im neuen Jahr zu wünschen. Aber ich entscheide mich dann rasch, rascher das Haus zu verlassen und nichts zu wünschen, da ich damit auch einer Silvesterfrage entgehe, die die Großmutter sicher wieder zu neuem Lamento veranlaßt hätte. Und außerdem fühle ich mich nicht so schuldig, weil sie ja auch vergessen hat, und ältere Menschen sollten den Jungen doch immer mit gutem Beispiel vorangehen. Mir hüpft mein Jüngerer voran, der froh ist, wieder von Herzen matschen zu können. Nur ist jetzt teilweise aus dem Matsch Eis geworden, und mich reitet nicht mehr der jugendliche Schlittersinn, sondern ich versuche nicht hinzufallen, denn das wäre nicht sehr würdig für einen erwachsenen Menschen, wie ich einer bin.
In manchermanns Leben bauen sich manchermanns Frauen zu absonderlichen Wichtigkeiten auf. In mancherfraus Leben bauen sich manche Handlungen zu übergroßen Wichtigkeiten auf. Bei manchen bauen sich die Bäuche auf. Ich habe mir immer gern Wichtigkeiten geschaffen, an die ich mich im lahmen Alltag halten konnte. Eckpfeiler sozusagen. In meinem Gebäude Ich, das gar nicht bestand. Ich lebte inmitten von Eckpfeilern, gar nicht schlecht, aber oft war ich auch im Eck. Manche Frau hat die Eckpfeiler Gymnastik. Ohne Gymnastik kann sie keine Ordnung in ihren Tag bringen, sich selbst nicht einordnen. Manche hat den bunten Pfeiler Schminken. Ohne Schminke hat sie kein Gesicht, und damit will sie nicht leben. Mancher pfeilt sich an den Eiskasten, ohne zu Fressen kann er nicht ruhig sein. Besonders ulkig ist das Los der Jogaanhänger, die ohne Jogaübungen nicht sein können. Die Sucht nach einem Mittel, an das man sich lehnen kann. Die Disziplinierung der Freiheit die zuviel ist. Die Sucht nach Freiheit von der Freiheit. Besonders verbreitet ist bei uns die mörderische Sucht nach Arbeit. Eingespannt sein in einen Ordnungsraster von Zeit und Weisungen, da sonst der Atem stocken würde. Wohin ich sehe – Disziplinierung, Einteilung, Anhängen an Gewohnheiten, um dem bedrückenden Hauch des Nichts zu entkommen.
Von einem Eckpfeiler zum anderen hantelt man sich täglich nach einem genauen Zeitplan, um sein Zwangs-Gedankenmetronom zu erfüllen. Ich bin ein besonders guter Takthalter. Ich habe auch schon gehört, daß manche Frauen sich die Sucht «Kinderkriegen» aussuchen. Sie fühlen sich nur wohl, wenn sie schwanger sind. Soll es geben. Ich kannte sogar so eine. Sie war 26 Jahre, hatte sechs Kinder. Jedes Jahr bekam sie eins. Und sie

sah gut aus, sie hielt sich damit gut, sie hatte also recht, sich an ihren Zwang zu halten. Oder vielleicht hat sie ihr Mann gezwungen. Jedenfalls will ich sagen, daß es gesündere Zwänge und härtere Eckpfeiler gibt. An manchen stößt sich die Gesellschaft, und manche sind sogar bei Wasser und Brot verboten.
In meiner Schwangerschaft legte sich meine Ordnung ein bißchen, ich verhielt mich meiner Zeit und meinem Körper gegenüber freier. Ich ließ ihn freier. Ich ließ auch die Menschen um mich freier. Ich sonnte mich unter einem übergeordneten Schicksal. Ich brauchte nicht aufzupassen auf die Nahrungsmengen, die ich mir nahm, ich ging da instinktmäßig ganz richtig, kein Drill, keine auferlegten Pflichten, ich schwamm recht gut so dahin im Fruchtwasser und mußte nicht immer gleiches wiederholen, um zu gleichen Ergebnissen zu kommen. Alles ergab immer gleichermaßen: «Du bist schwanger, und du mußt noch so und so viele Monate warten, bis dahin kannst und brauchst du nichts zu deinem Menschenheil dazutun . . .»
Alle Wege, die ich, sei es immer, zu welchen Zeiten, nach Osten oder in die Hölle einschlug, führten mich zu dieser Sicherheit. Dieser Eckpfeiler war ein Kamin mitten in meinem Luftschloß, und so eine Sicherheit hatte ich ja auch gesucht. Mir war ja alles erlaubt, ich durfte weinen, wenn ich wollte, ich durfte essen, soviel ich wollte, ich hätte auch schlafen dürfen, soviel ich wollte, ich hätte faul sein dürfen und unverständig, ja sogar lästig und kindisch, ich wäre ja immer nur schwanger gewesen. Diese Tatsache war so stark, daß ich alle Privilegien nicht benützte, sondern mich benahm wie ein angenehmer Mensch. Ich vergaß meine kleinlichen Ordnungen, ich mußte mich nicht von außen her beherrschen, sondern ich war von innen her gefaßt in mein Schicksal. Das Schicksal ist der übergeordnete Zwang, den man sich auch selbst auferlegt und fein säuberlich bereitet, um sich einen Sinn oder Unsinn zu geben.
Eine kleine Regel führte ich mir doch ein. Ich duschte jeden Abend eiskalt und cremte meine Bauchseiten mit der Salbe ein, die mir der Arzt bei meinem ersten Besuch verschrieben hatte. Keine Schwangerschaftsstreifen, und die wollte ich nicht, und die habe ich auch nicht. Auch wusch ich meinen Busen immer mit besonders kaltem Wasser, da er so versprach, besser die Form zu halten. Er hat sie aber trotz Erfüllung dieser Regel nicht ganz gehalten. Auch recht, er wird schon wissen, was er will.
Ich habe damals in meiner Schwangerenzeit eine Mode kreiert, die ich heute auf der Straße wieder antreffe. Ich habe weite Herrenhemden offen heraushängend getragen. Eigentlich tat ich das mehr zu Hause und daher melde ich kein Patent auf diese Mode an. Ich könnte ja nichts beweisen.
Es war damals heiß und die Hemden waren locker und luftig. Außerdem fühlte ich mich unkompliziert außen so wie innen. Für alle lebensanfälli-

gen Menschen wären überhaupt unkomplizierte Kleider zu empfehlen. Ich habe noch vergessen zu erwähnen, daß ich natürlich ohne Rock oder lange Hose unterwegs war, denn das machte ja diese besondere Bequemlichkeit aus. Enge Rock- und Hosenbünde sowie fesselnde Gürtel halte ich für ein echtes Lebensproblem. Nicht der Reichtum oder die Ruhelosigkeit ist das Problem, sondern viel einfacher, der enge Gürtel ist es, der die Luft nimmt und die Lebensfreude einengt, sie auf Löcher, auf das dritte Loch oder auf das letzte Loch regelt. Da pfeifst du dann nicht mehr, wenn die Luft in deiner heiligen Mitte gesperrt ist. Ausgesperrt – abgesperrt vom Leben. Also nichts wie Hosenknöpfe auf, wenn du nach dem zweiten Gang ein Spannungsgefühl hast unter dem Nabel. Aber was rede ich – ich kenne niemanden, der das nicht ohnehin schon lange vor meiner und seiner Zeit getan hätte. So ist das mit den weisen Ratschlägen. Sie können niemals weiser werden, als sie schon lange vor Gott sich erwiesen haben.

Die Erschaffung des Universums war der Ausweg Gottes aus dem Nichts. Einmal wollte er sein. Er konnte aber nichts Neueres erfinden, als schon da war. Mit der Erschaffung unseres Lebens wollte Gott seinen Mangel füllen, aber er war nicht klug, denn er hat nichts an uns gewonnen, was er nicht schon verloren hätte. Er war ja immer schon so. Sein Gürtel ist der heilige Geist . . .

Darum die Lehre: Wird die Hose oder das Gewand zu eng, eine Schere her, links und rechts eingeschnitten, vernäht und paßt. Das heißt Mode schöpfen. Ich trete für diese idiotische Idee ein, obwohl ich nicht daran glaube, daß es deshalb glücklichere Hosenbandträger geben wird. Mehr Freiheit heißt nicht unbedingt mehr Glück. Mehr Begriffe für Unbegreifbares heißt nicht unbedingt mehr Verstand. Vielleicht würden wir bei lockeren Mittenschnallungen weniger Worte machen, weil sie dann innen mehr Freiraum hätten. Wie sich aber erweist, ist das auch wieder mit Vorsicht zu genießen, denn ich habe lockere Bünde und rede nicht nur den ganzen Tag, sondern schreibe es noch dazu auf.

Gott ist kein guter Modeschöpfer, der Schöpfer ist nur ein guter Schriftsteller, denn es heißt, am Anfang war das Wort, und das Wort war bei mir, und deshalb sage ich noch einmal: Die Bünde aufgeschnitten, wenn sie beengen. Einfach öffnen – mache dich frei und schere dich dabei nicht um Gott und die Welt, denn du bist allein, du hast nur dich. Du hast niemanden um Kriege zu gewinnen, denn du hast nicht einmal mehr Gegner und Feinde. Du bist dein letzter Feind und dein letzter Freund, vor dem die Worte und Begriffe in Staub zerfallen. Vor dem die Mode, die Regelsetzung der Allgemeinheit zu einem grausamen Witz erschallt, denn du bist dein eigenes Echo. Da ist sonst keiner. Alle anderen sind dein Echo und der Schall hat keine Gestalt. Er ist lange verklungen, zurück in seine

Kehle, noch bevor du das erste Mal geschrien hast. Noch bevor mein Kind das erste Mal seinen Schrei verloren hat, war es gegürtet mit der Nabelschnur und die war in seinem Fall besonders kurz. Ab – diese Nabelschnur – und eine Leine daraus gemacht, so wird's gemacht.
Ich hatte mir ein neues Kleid gekauft.
All die langen Monate vorher, die Schweißmonate, die Schleppzeiten, die üblen Wolkenwochen habe ich in den wenigen Kleidern hingefristet, die ich mir zur Verfügung stellte. Ich war ein wenig achtlos auf meine Kleidung geworden, weil ich irgendwann den Eindruck gewonnen hatte, daß eine Schwangere hoffnungslos schlecht aussehen darf. Sie hat ein Alibi, nicht reizend sein zu müssen. Sie hat Schonzeit. Sie braucht sich ihren Hahn nicht zu halten, denn der ist schon lange wieder verflattert oder er ist lügenträchtig treu und hält zu ihr wie eine Krabbe den Fang. Ihr Geschlecht hat sich auf eine erhöhte Ebene erhoben und dort gelten die Regeln der Zucht nicht mehr. Sie muß nicht mehr ziehen. Sie zieht auch nicht mehr, es zieht nicht mehr, das ganze Spiel, es hat keinen rechten Zug mehr. Die Spannung zwischen männlich und weiblich hat nachgelassen. Ein neues Spannungsnetz hat sich gebildet zwischen ihr und dem Neuen. Sie ist fasziniert, aber sie fasziniert selbst nicht.
Vielleicht? Vielleicht ist es zuviel der Spannung und sie läßt so verdammt locker. Einer hat sich eingeschlichen, einer, dem man nichts antun kann, weil er sich nicht zeigt, derjenige, der man selbst war und den man jetzt nicht mehr greifen kann in dieser Beziehung.
Ja, diese Frau war einmal nur mir zugewandt und sie hat sich für mich schön gemacht. Sie war mir die Schönste und ist jetzt verwaschen, mit Aufgaben getränkt, verschwommen sichtbar, etwas anderes. So erschien ich mir irgendwie, verschwommen sichtbar, meinen Körper als einen Weltmittelpunkt verloren, fern von Glanz, fern von Einfachheit, spannungslos und grau im Sand der Schwangerengezeiten, die begrenzt sind, aber doch ewig dauern.
Ich bin so verschwunden, daß ich mir einmal als Verschwundene auffiel. Vielleicht hat mich einmal jemand anders als mit: «Ach, du bist schwanger», angesehen. Oder an mir besonders vorbeigeblickt. Irgendein Wendepunkt muß gewesen sein, von dem aus ich mich ohne Überlegung leicht mir zudrehen konnte, mich sah und für mich siegte.
Faßte ich einen Entschluß, so war ich immer hellauf begeistert von meinem Vorhaben. Notgedrungen habe ich nie etwas getan. Vielleicht war die Not meiner inneren Abhängigkeit schon so groß, mir ist jedenfalls etwas abgegangen.
Ich suchte ein mir bekanntes Kleidergeschäft aus und probierte. Ich verbarg mein Bäuchlein nicht. Die Verkäuferin fand mich auch gar noch nicht besonders dick, und ich entschloß mich rasch für ein weites, locke-

res Kleid. Es war so wie handgemalt und hatte weite fliegende Ärmel. Ich fühlte mich von meiner alten Umstandskluft befreit und flog mit meinen weiten Ärmeln wie eine jugendliche Weise. Ich war es. Was sollte weiser sein, als zu wissen, was man will und vor allem die Möglichkeit, einen Weg zu finden, der dahin führt, zu tun, was man will. Einen Weg zu finden, zu wollen, was man tut. An die Möglichkeit zu glauben, daß solch einfache Dinge wie Kleider oft das Lebensgefühl sind. Das Leben funktioniert nur auf der Magen- und Hautebene. Das Hirn haben wir nur, um zu komplizieren und begründen zu wollen, warum natürlich nicht einfach das neue Kleid an einer Erneuerung der Lebensgefühle beteiligt sein kann, denn tatsächlich war ja der Kauf dieses Kleids der geringste Anteil an meinem Wohlgefühl.

Sich selbst einen Flug geben, wie die Wildente weg, wild an der Gewohnheit werden, auffliegen zu einem anderen Gesichtspunkt. Denken aus einer anderen Energie als mit der gefesselten. Die gefesselte Energie sprengt alle Ketten. Immer einer hat so ein Wühlen im Leib. An manchen Menschen vermisse ich das. Wenn nur sie selbst es vermissen, dann ist es gut. Etwas vermissen, das ist gesund. Die buddhistische Ruhe Buddhas, der in der Mitte sitzt und ist, und tut, und läßt, und ißt und nichts vermißt, die war nicht die menschenwürdige Haltung dieses Menschen. Vermißt hat er, gehaßt hat er und gesucht hat er und verloren hat er. Er durfte es! Er darf es! Ich darf hassen! Ich muß hassen dürfen, um dich lieben zu können.

Ich durfte mir ein neues Kleid kaufen und mich wieder einmal toll fühlen, und ich darf mich miserabel fühlen auch in einem neuen Kleid, denn ich lasse mir keine Regeln aus meinen Überlegungen machen. Meine Worte sind wie Stoff. Einmal Erfahrenes wiederhole ja nicht mehr, um daß es dir wieder so gut gelänge. Das spielt sich nicht ab. Erfahrungen sind nicht da, um sich das Leben besser einzurichten und sicher zu gehen. Laß dich nicht narren, du überlauerst deine Funktionstechnik nicht. Du legst dich mit deiner Schlauheit nur selbst hinein. Wer weiß etwas über das Unbewußte? Und wer glaubt, diese Erkenntnis für sich benützen zu können, um ein besseres Leben zu haben? Was für ein Narr bin ich, wenn ich glaube, mir mit meinen Worten näher zu kommen, dir mit Worten näher zu kommen. Mit meiner Erkenntnis über die Erkenntnis einen Pol zu finden, der ein Ruhepol von den vielen wechselbaren und auswechselbaren Gefühlen ist.

Das Unbewußte operiert nicht mit dem zwanghaften Bedürfnis nach Befreiung oder Erkenntnis.

Daher will ich keine Regel daraus machen, daß neue Kleider immer fröhlicher machen, daß neue Schriftzeilen immer überlegter machen. Kleider sind für die Kleider, Worte für die Worte und Kuchen für den Magen. Mutterkuchen war für mein Ungeborenes. Kleider brauchte dieses noch

nicht. Es hat sich mehr an fleischliche Genüsse gehalten.
Meine Werkstatt, ich kann dir sagen, das ist ein Handwerk. Ich bin der geborene Handwerker mitten in meinem Herz. Sollte ich nicht mein verlorener Gott sein, dann läßt sich keiner auffinden in diesen Hallen.
Ein Gefühlskonvektor in Luxusausstattung mitten in der bescheidensten Baracke, mitten in der Herzenswerkstatt. Wenn es mich nicht immer so treiben würde, der Winter käme auch von selbst.
Heute ist es noch früh am Morgen und wir beide wandern schon. Alle Leute, oder zumindest viele Leute, sehen uns an, denn es ist schon acht Uhr und da sollten die ordentlichen Schüler schon in den Klassen sitzen. Wir gehen ruhig dahin, in unsere Mäntel gehüllt, denn es ist recht kalt im Jänner. Die Schultasche drückt Sebastian schwer auf den Rücken, denn es ist alles drinnen, was es überhaupt für einen Schüler seiner Stufe geben kann. Alle Bücher, Hefte, Stifte, Zettel und Wetteln, Farben und Schreibblätter, Rechenblättchen und Lineal, Rechenbuch und Lesebuch, Lesehefte und ein Jausenpäckchen, und dann haben wir auch noch Hausschuhe eingepackt, denn man kann ja nie wissen, ob die Frau Lehrerin nicht Wert darauf legt, daß wir ihr keinen Schmutz in die Wohnung tragen. Das heißt, ich weiß das, denn ich habe ihre Wohnung außerordentlich gepflegt in Erinnerung.
Finster ist's, der Mond scheint helle, und das haben die Schulkinder jeden Tag im Winter? Wer fragt danach – ich nicht, ich stehe oft noch bei Dunkelheit auf und auch oft Sebastian, aber gleich da hinaus? Der Dunkelgeist der Munkelgeist der Schulgeist, der geht in der Finsternis um und schlüpft in die Wecker und unter die Bettdecken und dorthin werden die Wecker gezogen, wenn sie so laut wecken diese Kecken. Herrgott, in diesem Schatten sollen die Kinder schon zur Schule schlüpfen, wenn das nicht eine Gewohnheit ist, bin ich kein Schüler. Ich bin immer schon im Geiste am Abend in die Schule gegangen und habe dort geschlafen, allein im Klassenzimmer und es war gar nicht so schrecklich. Ich glaube, es war meine Heimat, das war schrecklich.
Sebastian gähnt ganz schrecklich, wir müssen mit der Straßenbahn fahren, die Lehrerin wohnt etwas entfernt von uns. Das Kind war begeistert, seine Schultasche schultern zu können und hat das auch gemacht, aber jetzt vor der Auslage an der Haltestelle schnallt er ab. Einfach zu schwer das Ding da mit den ganzen Jahresakten. Ich werde ein wenig Aktenträger spielen, ich bin das gewöhnt. Und wenn wir hinkommen, tun wir so, als hätten wir ordentlich getragen.
Ich gehe eigentlich nicht sehr gern dorthin. Ich soll dort Geld lassen, und ich bin auch nicht recht ausgeschlafen, ich bin nicht begeistert an dieser Sitzung, jeder Leser wird es im Laufe dieser Zeilen schon bemerkt haben. Mir geht die Energie ab und die Eleganz, mir geht aber auch der Zusam-

menbruch ab und auch der Zusammenhang. Ich bin Prüfungen gegenüber doch nicht unvoreingenommen, und sie belasten mein Blut, egal wie sie gelagert sind. Je harmloser sie gemeint sind, um so mehr hänge ich scheinbar in ihrer Notwendigkeit, die ich nicht und nicht annehmen will.
Ich habe, verdammt noch einmal, keine Not. Jetzt habe ich sie, jetzt, wo man mich prüfen will. Ich mag diese Staatsaktionen mit meinem Kind nicht. Ich habe es da unten auskriechen sehen, ein kleines, ein großes, ein vollständiges, ein lebendiges, ein Wesen und keinen Prüfungskanditaten, verflixt noch einmal und das schon am Morgen und selbst habe ich mir das auch noch alles eingebrockt und diese Lehrerin ist überhaupt an nichts schuld und ich auch nicht und er auch nicht und die Schultasche auch nicht und die Straßenbahn kommt auch nicht und wir werden um die vereinbahrte Zeit nicht dort sein und das wird schon unser erster Durchfall auf der Prüfungsskala sein. Ich kann es dem Schaffner auch nicht verzeihen, daß ich es doch nicht geschafft habe und nicht ganz locker und gelassen dieser Prüfung gegenüber bleiben konnte. Ich habe Sebastian heute auch angebrüllt, wie damals mich meine Mutter, wie eine närrische Fuchtel und geschlagen habe ich auf die Tischplatte und eine Bleistiftspitze habe ich abgebrochen vor lauter Andrang, auf das Kind zu treffen. Es mit mir zusammentreffen zu lassen, mit meinem Ehrgeiz, weil es so unbeteiligt ist an der Qual von Prüfungen, weil es sich um meine Angst und Panik überhaupt nicht schert und mich da allein läßt, wo es doch scheinbar um es geht. Mich fuchst das, in mir wühlt das wie zu alten Prüfungszeiten, und ich kann nicht aus, ich kann genausowenig aus wie früher. Es darf nicht aus sein, auch wenn ich es so will, und die Ohnmacht plündert in meinem Willen, ich kann mich wenigstens in die Wut und in die Zerstörung stürzen, wenn ich sonst keinen Ausweg sehe. Noch einmal gesagt.
Sebastian sieht sich in der Auslage Märchenkassetten an. Lampen und Luster hängen da, es dämmert langsam die Helligkeit auf, und meine Sachlichkeit hebt uns in den Straßenbahnwagen, und wir sind eingekeilt und stecken endlich völlig fest und können nicht mehr zurück. Ich will wieder zurück in das Loch, aus dem ich ausgekrochen bin, und von nichts was wissen, bitte ich möchte nicht geprüft werden, ich bin so jämmerlich, ich bin überfordert, ich bin belastet, meine Eltern verstehen mich nicht und der Lehrer antwortet mir nicht, bitte laßt mich doch, ich kann nicht mehr, ich will nicht mehr müssen dürfen . . . Hier an die anderen gedrängt kann ich nicht umfallen, hier ist keine Chance, hier hält die Gemeinschaftsmechanik die Mengentechnik, jeden Morgen werden die Menschen davon gehalten und an ihre Arbeitsstellen gespült. Mengenlehre. Mengenlehre steht in Sebastians Rechenbuch und die soll umstritten sein. Vielleicht soll ich Sebastians Jause aufessen. Essen beruhigt immer, solange man es tut,

nur so lang, aber ich kann in diesem Gedränge ja gar nicht zur Tasche, die wir da in einen Spalt zwischen die Sitze gestellt haben. Ich weiß nicht, soll ich das ernst nehmen, diese Prüfung, soll ich das ernst nehmen, was ich da so zusammendenke und auftippe mit äußerstem Mißfallen. Immerhin werde ich heute sehen, wie sich Sebastian bei einer Prüfung verhalten wird und so ähnlich wird ja die Jahresabschlußprüfung auch aussehen und ich kann mich da nicht hinverernstigen und doch bin ich geschlagen davon, und Sebastian? Was macht er? Was ist eigentlich mit dem los, hat der überhaupt keine Gefühle, was soll das? Und ich sehe auf dieses Kind, und ich kann dir eines sagen, angenehm ist dem das auch nicht. Es fragt nicht viel und sagt nicht viel, vielleicht weiß er schon viel zuviel, glücklich scheint der an diesem Getümmel da nicht zu werden. Auf die Prüfung ist er irgendwie gespannt, und er ist neugierig auf die Lehrerin und auf ihre Wohnung. Er hat keine Angst, aber ich merke, irgend etwas habe ich dem Kind da eingeimpft von meinem Serum gegen und für die Menschenrechte und das ist auch schon in sein Blut gezogen, Sebastian ist ein Mensch wie alle anderen hier in der Bahn, nur habe ich ihn lieb, besonders jetzt, wo wir so in die Klemme geraten sind.

Vor dem Haus der Lehrerin schnallt das Kind wieder seinen Binkel an. Ich läute unten am Tor, es öffnet sich, und wir fahren mit einem Aufzug hinauf. Das hat Sebastian gern, das genügt ihm und tröstet ihn über das Getümmel hinweg. Wir sind aufgeregt, einer so, der andere so, oder vielleicht sind wir angeregt. Die Lehrerin öffnet. Wir grüßen einander und auch Sebastian grüßt, wir ziehen Pantoffel an, und wir gehen an einen passenden Tisch in einem geheizten Raum. Ich darf da auch am Tisch sitzen bleiben, Sebastian sieht im Raum umher. Er soll nicht zu neugierig sein, sondern lieber schnell seine Sache abwickeln, daß ich nicht so lange auf die Folter gespannt bin, aber auch die Lehrerin will sich zuerst einmal entspannt mit dem Kind auseinandersetzen, dem sie ihre Unterschrift gegeben hat und das jetzt seinerseits für ihre Verpflichtung vor der Behörde bürgen können muß.

«Das ist eine Keramikeule, die habe ich einmal von einem Kind bekommen», sagt sie.

«Viele Tauben sind da vorm Fenster. Die Leute sagen, daß die Tauben schädlich sind, weil sie Krankheiten übertragen. Wenn man bei uns im Klo sitzt, hört man sie immer so ganz nahe aus dem Rauchfang gurren. Der Rauchfang verstärkt so. Manchmal horche ich nur im Klo», sagt Sebastian.

Ich habe inzwischen die Schultasche ausgeräumt und die Sachen ordentlich gestapelt. Rechnen-Lesen-Schreiben und die Zeichenblätter. Die Frau Lehrerin findet einen guten Einstieg in die Prüfung und fragt, ob nicht ein Stück von einem Vogel im Lesebuch steht oder vielleicht etwas über ein

Tier. Er sagt: «Schau, ich zeig dir das alles. Hier ist das Lesebuch. Hier das Rechenbuch und das Heft, in das wir immer schreiben. Hier das Schreibheft. Wir haben vier Hefte, in denen Geschichten stehen. Das erste ist zum Anmalen».

Ich bemerke, daß Sebastian mit Stolz seine Unterlagen zeigt, so als wären es keine Pflichtwerkstücke, sondern so, als wären es seine Bilderbücher, und das bemerkt auch die Frau Lehrerin nicht ungern, ich glaube, sie findet Sebastians ungezwungene Art, die oft so anregt zum Mitregen, ganz praktisch für ihre Pflicht, festzustellen, ob er entsprechen könnte. Sie ist froh, daß er nicht verschlossen ist und sein Wissen nicht an sich hält. Man muß bei Sebastian vorsichtig sein, er franst manchmal in seinem Eifer ein wenig aus, das heißt, er fährt Schleuderbahn in seinem Hirn und schert sich nicht um die Geheimnisse der Schienen, auf denen er läuft. (Verständlich, verständlich, sagt der Kinderarzt und ißt seinen Rotz.) «Hier ist eine Geschichte von einer Amsel. Soll ich sie dir vorlesen?»

«Bitte gern. Kannst du das denn schon? So weit hinten?» Die Frau Lehrerin sieht auch mich ein wenig an.

«Diese Schulbücher, die die Kinder heutzutage haben, sind wirklich schon sehr erfreulich», und das will ich selbst auch sagen. Bunte Gedanken sind das, die da zusammengestellt sind, die zusammenwachsen im Rechenbuch über das Schreibheft in das Leseheft, über dem eine bunte Galerie von Bildern, die Geschichten markiert und untermalt, die in der Mengenlehre aufgeworfen worden sind, lauter gewürfelte Denkanstöße für Menschen erdacht, die gern denken wollen, und erdacht mit allem Besinnen zum Wesentlichen, das auch manchmal ganz zerschwimmt in einem Meer von Unsinn und Unmenschlichkeit oder vielleicht ist das auch nicht direkt so, vielleicht denke ich nur an die vielen Gedanken und Ideen, die die neuen Schulbücher von Sebastian in mir selbst angeregt haben, zu Büchern für Kinder und für große Schüler und für kleine Erwachsene, für begeisterte Unsinner und ernsthafte Einsichter, jedenfalls gefallen mir diese Schulbücher und ich möchte nicht damit anfangen, daß sie nur so erfrischend aussehen, um die Schüler zu fangen. Die braucht man nicht zu fangen, denn die Vorschrift zur Freude über die Schulbücher ist geboten, egal ob bunt oder grau in schwarz. Ich verwende sie begeistert und erfrische mich selbst an ihrer methodenlosen Verwendbarkeit und bin dankbar dafür, daß ich mich an ihnen oft anhalten kann, wenn mir die Möglichkeit fehlt, selbst zu denken. Es wäre mein Ruin, wenn sie nicht so gestaltet wären, daß Sebastian sie selbst gern zur Hand nimmt, und darum scheint es mir bei dieser Rechtfertigung zu gehen. Diese Bücher sind einfach gut, ohne in ihrer Güte Rückschlüsse oder Bedenken zu finden, denn ich weiß, daß sie ein Kind von selbst zur Hand nimmt, und das kann ich sagen, sonst eigentlich nichts. Darüber bin ich froh, und deshalb stimme ich der Lehrerin auch so hemmungslos zu, obwohl ich meine Gedanken darüber nicht ausspreche. So ist es – ich will nicht viel sprechen. Ich will, daß Sebastian machen soll, damit er nicht so ermüdet, bevor er noch begonnen hat zu zeigen, was er alles kann. Oder geht es nicht darum? Ich bin sicher, daß er kann, aber wie wird er es herausbringen? Ich bin sicher, daß ich das aufschreiben kann, aber wie werde ich das herausbringen, das Hängen zwischen Sicherheit und Zusammenbruch zur Realität. Deswegen schreibe ich so langmächtig darüber, weil ich das einmal herausbringen will. Ich will die Realität herausbringen, ich glaube, ich bin schon ganz vermurxt, was soll denn das.

«. . . und Max trug die kleine schwarze Amsel in seiner Kappe nach Hause. Was sollte er jetzt tun?»

«Sehr gut, aber nach einem Fragezeichen muß die Stimme ein wenig hinaufgehoben werden. Was kennst du denn für Zeichen?»

«Ich weiß nicht, wie du das meinst, im Rechnen . . .?»

«Ich meine nach einem Satz.»

«Das Fragezeichen, das Rufzeichen, das Punktzeichen, nein, den Punkt und den Beistrich.»

«Sehr brav, na komm, schreiben wir ein bißchen, damit ich sehen kann, wie du das machst.»

«In dieses Heft schreiben wir am besten, wie immer, da paßt es hinein. In diesen kleinen Heften da stehen viele Texte drin. Die kannst du mir alle ansagen oder ich kann auch einige auswendig schreiben . . .»

Ich finde, Sebastian teilt da ein wenig zu frech für einen Prüfling ein, aber ich möchte seinen Zeigewillen nicht einbremsen, welcher Prüfling bietet sich schon so bereitwillig an, beurteilt zu werden, oder ist es Sebastian vielleicht entfallen, daß es hier um eine Beurteilung gehen soll? Es ist nicht so, daß er nicht so weit denken könnte, denn er hat mich vor ein paar Tagen sogar gefragt, ob ihm diese Frau Lehrerin auch Noten geben wird, er hätte das gern.

Ich gebe ihm nie Noten, ich bessere immer nur aus, wenn es nötig ist, setze aber keine Grenzen in meiner Erlaubnis zu Abweichungen von der herkömmlichen Regel, aber Sebastian kennt dieses System genau, wahrscheinlich von den Kindern, mit denen er dann und wann zu tun hat oder aus seinen Büchern oder aus dem Fernsehen wahrscheinlich. Er möchte auch einmal Noten haben und er wird sie bekommen. Wenn es sonst nichts ist . . .

«Vielleicht kannst du schreiben: Mimi und Toni gehen einkaufen.»

Während Sebastian, zum Glück sorgfältig und langsam, zum Schreiben ansetzt, erinnere ich mich beim Ticken der Uhr, die über dem Schrank hängt, daran, daß in den Schulbüchern immer Mimi und Toni verwendet werden, obwohl diese Namen heutzutage unüblich sind. Eigentlich ist

dieses kleine saloppe Heftchen, aus dem die Frau Lehrerin diktiert, genauso als wie mein eigenes Schulbuch, und da habe ich vorhin gerade darauf bestanden, daß sie so gut sind heutzutage. Dasselbe wie früher? So gut wie damals? Mein Gott, vielleicht ist alles gar nicht so schlecht. Sebastian schreibt sauber und richtig. Er kann Worte meist gut auseinanderlauten. Da hängt nichts mehr zusammen, was auseinandergehört – es ist in den Bereich seiner Selbstverständlichkeit eingekehrt, die jederzeit völlig umfallen kann, die manchmal in einer Weise über den Haufen fällt, daß ich so bange hier sitzen muß, weil ich mich auf nichts und auf niemanden verlassen kann, nicht einmal auf die Regeln, denn die machen mich ja so nervös. Und du merkst, ich bin nicht sehr innig an dieser Geschichte über die Prüfung beteiligt, mich schwirrt sie über den Haufen, und ich kann mich da nicht hineinlassen, denn sonst würde ich vielleicht zu tief hineingeraten, und da würde ich mich dann so verbeißen und das will ich eher vermeiden. Aber, wie man aus der Schule weiß, was man vermeiden will, das wird sicher die Oberhand gewinnen und richtig, richtig –
«Ganz richtig hast du das geschrieben. Aber was muß da am Ende kommen? Das darf man nie vergessen!»
Sebastian ist ratlos, er sieht mich an, und ich rühre kein Ohr, und er weiß es nicht, er glaubt, es fehlt etwas an seinem Satz, und er liest noch einmal: «Mimi und Toni gehen einkaufen», und dann macht er, so als hätte er jetzt erst geschrieben, automatisch einen Punkt. Und er ist weiterhin ratlos.
«Siehst du, jetzt hat der Satz auch ein Ende. Sehr fein. Kannst du vielleicht noch einen passenden Satz selbst dazuschreiben?»
Die Frau Lehrerin ist ganz konzentriert, in ihrer Art gewissenhaft zu sein, sie gefällt mir, und ich glaube fast, sie macht das gar nicht viel anders als ich. Nur ist sie eine Lehrerin und ich bin keine. Sie will nicht schlecht beurteilen, sie will Erfolg geben, und sie will sich selbst Erfolg nehmen und sie will sich zustimmen für ihr Wagnis, uns die Unterschrift gegeben zu haben. Mir ist das sehr recht, und ich freue mich mit Sebastian mit, der schon eifrig schreibt.
«Liest du mir vor, was du geschrieben hast?»
«Sie kaufen Semmeln, Milch, Äpfel, und einen Kagummi.»
«Sehr schön. Du schreibst Semmel mit mm und sogar Äpfel mit Ä. Wieso kommt da ein Ä?»
«Von Apfel kommt das.»
«Umlaut heißt das, sehr gut, kannst du mir noch so ein Wort sagen?»
Sebastian stützt die Hände auf, er sitzt wie ein Bauer, dann rutscht er am Sessel herum und ich sehe schon, er läßt nach, sein Konzentrationsvermögen ist vielleicht nicht so gut wie das der Schüler seines Alters? Ich will ihn nicht mahnen, und es ist jetzt noch so viel offen. Der Satz ist nicht ganz

richtig und den Umlaut kann er nicht sagen und gerechnet hat er auch noch nicht und er rutscht und lümmelt, dieser Lümmel, kann sich denn der nicht benehmen!
«Na, das mußt du aber auch wirklich nicht wissen. Zum Beispiel Baum . . .»
«Bäume!» fällt es Sebastian aus dem Mund und er freut sich und rutscht nicht mehr.
«Siehst du», und wir freuen uns alle drei über diesen Umlaut. «Was wäre denn eigentlich wirklich notwendig?» wendet sich die Lehrerin jetzt an mich. «Ich kenne den Lehrstoff, aber weiß nicht genau den Vorgang in seiner Klasse.»
«Bis jetzt müßte er nur auf diesen Arbeitsblättern Buchstaben schreiben und dazu malen. Für uns allein ist das leichter, daher machen wir schon mehr. Er müßte das aber noch nicht kennen. Ich habe mich mit der Lehrerin seiner Klasse genau abgesprochen. Sie macht bis zum Ende des Schuljahrs kleine Ansagen und auch kurze Gedächtnisübungen, aber jetzt lernen die Kinder erst die Buchstaben.»
Ich sage dieser Lehrerin gern, daß ich auf dem laufenden bin. Es beruhigt sie, und es beruhigt mich, und das ist machmal ganz gesund.
«Lies diesen Satz noch einmal durch, da ist irgend etwas nicht ganz in Ordnung.»
Les – studier – nochmals – rutsch – «Ah, das au. Das U fehlt bei Kaugummi.»
«Siehst du, und diesen Beistrich geben wir auch weg, der muß da nicht sein.»
Die Frau Lehrerin steht auf und holt aus dem Schrank einen Teller mit Keksen. Schöne Prüfung. Da kann ich meine Jause wieder mit nach Hause nehmen. Sebastian ist begeistert und ißt. Er vergißt nicht auf das Essen. Aber ich spüre, er könnte jederzeit auf das mm bei Semmel vergessen, und es erscheint mir diese Selbstverständlichkeit fast wie ein Wunder, mit der das mm auf das Blatt sich gezaubert hat. Ich weiß nicht, scheint mir das nur so, aber die Fertigkeit Sebastians, mit der er so vieles richtig macht, was er noch gar nicht können müßte, die erscheint mir jetzt, wo sie so gut erscheint, doppelt anfällig, denn ich weiß, daß sie nicht aus einer Sicherheit kommt, sondern eher aus einer Sorgfältigkeit. Er vergißt nicht, nichts vergißt er, auch ich vergesse nichts, aber doch alles, wenn ich mein Bemühen betrachte, sicher vorzugehen in meiner Schreibe. Mir ist wie dem Kind, ich bin so richtig, aber je sicherer ich wirke, um so eher bricht mir alles unter den Fingern zusammen. Bitte nimm mir meine Sorglosigkeit nicht, nimm mir nicht die Möglichkeit, alles falsch zu machen und mit einemmal die Unfähigste zu sein, die sich an überhaupt nichts mehr erinnern kann. Wir sind keine Wunderkinder, mit Absicht nicht, sondern

wunderliche Menschen, die schon Wunder erlebt haben und nicht mehr auf sie warten.
Sebastian kann vieles, was er noch nicht annähernd können müßte, aber nicht immer wirklich, nicht immer und sein Wissen ist kein Ausweis für die Ablegung einer guten Prüfung, jetzt nicht und auch am Jahresende nicht und nie. Ich merke schon, er kann können so viel er will, es wird nie zur Beruhigung reichen. Beruhigend ist diese Prüfung nicht, obwohl die Lehrerin sich an mich wendet und meint:
«Wenn die Sache so aussieht, geht das alles bedenkenlos ab. Werden sie, wenn sie mit dem Stoff der 1. Klasse fertig sind, weiterlernen?»
«Nein, absolut nicht, wir werden höchstens alles wiederholen. – Ich habe ihnen auch das Mitteilungsschreiben der Behörde mitgebracht, daß sie in die Erlaubnis zu unserem Unternehmen Einsicht nehmen können.»
Ich hole das blaue Kuvert hervor, und sie liest, daß alles zur Kenntnis genommen wurde und das beruhigt sie noch um eine ganze Länge weiter und es ist alles so in Ordnung, daß es fast schon zuviel ist. Vielleicht habe ich wegen dieser erschreckenden Ordnung in dieser verrückten Angelegenheit, mit der ich da gar nichts anfangen kann, diese Unsicherheit in mir absichtlich aufgebaut, denn zuviel Gewißheit, zuviel Funktion kann ein Mensch nicht wollen, weil er dann keinen Angriffspunkt hat, weitere Lebensenergie zu entwickeln und er die Angst bekommt, das Leben, das Wild nicht mehr jagen zu können, von dem er als Nahrungsbezwinger abhängig ist. Sebastian hat zu seiner Nahrung keinerlei Spannungsverhältnis, er ist ein Schmarotzer, ein Keksesser, aber er ist lieb: «Wollt ihr nicht? Die Linzersterne sind besonders gut. Das sind Schlosserbuben, die schauen wie Kekse.» Er wollte etwas anderes sagen, aber das hat er wieder einmal vergessen und jetzt kommt es wie ein Witz heraus, und er lacht nicht darüber, denn Kindern sind Witze todernst. Wir lachen aber, und ich esse einen Linzerstern, und dann nimmt die Frau Lehrerin noch das Rechenbuch zur Hand. Sie blättert und stellt fest: «Aha, Mengenlehre», und ich glaube, sie hat es etwas leise bemerkt, und sie schlägt energisch eine Seite ziemlich weit vorn auf und meint: «Werden wir einmal sehen, Sebastian, kannst du hier einmal lesen?»
Er wischt sich den Mund von den Bröseln frei und ist ganz Feuer und Flamme, denn Sebastian ist ein Freund der Mengenlehre. Er faßt sie wie ein Spiel auf, aber er kann nicht alle seine Spiele. Spiele muß man nicht können, aber Mengenlehre muß man können. Das ist die Spielregel, nur hat die das Kind nie gelesen, sondern die lernst es und die spielt es und daher mag er Mengenlehre viel lieber als die bloßen Zahlen, denn mit denen kann er nicht soviel spielen.
«Teile eine – Vierermenge ein! Wie viele Elemente können übrigbleiben? Das kann ich dir legen, wenn du willst. Wo sind denn die Blättchen?»

Ja, die Blättchen, ja, die Blättchen, diese bunten Steine, die haben wir vielleicht vergessen oder vielleicht auch nicht, aber wahrscheinlich sind sie in der Schultasche, und er findet sie gleich, nachdem er sich an den Schnallen den Nagel eingerissen hat. Er saugt an der kleinen Stelle. Berufskrankheit des Schülers, Arbeitsverletzung, aber ich bin froh, er ist nicht wehleidig, das hätte noch gefehlt bei dieser Prüfung der Menschenrechte. Er leert die Blättchen auf den Tisch und schaut die Lehrerin mit dem Finger im Mund erwartungsvoll an, was sie wohl zu so vielen Schätzen sagen würde, aber sie sagte nichts, sondern wendet sich wieder dem Text zu: «Teile in Vierermengen ein. Machst du das einmal!»
«Vier Blättchen, vier Blättchen . . . Nein, zuerst muß ich einmal die Blättchen zählen, die verwendet werden dürfen. Die Anzahl der Blättchen, so heißt das», und er sieht mich an, denn ich verwende diese Worte und genauen Bezeichnungen immer sehr gewissenhaft als Spielregel, als Wortschatz des Rechenunterrichts des heutigen Kinderzeitalters. Heutzutage macht man Kinder mit dem Wortschatz der großen Welt gleich vertraut.
Hinein in die Bezeichnungen, verwende sie, lerne denken im großen und fummle nicht mit kleinlichen Zahlen herum, sei großzügig im Denken und nicht mühsam im Zusammenlauten, du weißt es, dein Gehirn ist so gebaut, du denkst in großen Zügen, behalte dir diesen Zusammenklang der Anzahl von Mengen und zerlege sie vom Gesamtüberblick her in die einzelnen Teile. Du kennst die großen Zusammenhänge des Lebens, du bist einer, du hast das, du darfst jetzt aufdecken deine kleinen Bestandteile, deine Elemente, die dich funktionstüchtig machen als Teilmenge im Mengenbild und die Restmenge, die mußt du nicht übersehen müssen, die ist dein Gewissen, das dich treibt zur Schnittmenge unter deinen Mitmenschen . . .
«26 Blättchen. Hilfst du mir zählen?»
«Nein, das kannst du schon, ich möchte es ja sehen, wie du das machst.»
«4, 7, 9, 18, 22, 23, 24, 25, 26 . . . Teile in Vierermengen ein», liest Sebastian noch einmal, und er beginnt wieder ein wenig zu rutschen. Er hat keine Geduld, ich sage es ja immer wieder. Das wird es sein, was uns noch alles durcheinanderbringen wird, alle Blättchen, denn Konzentration und Anpassung, Unterordnung und Stillhalten, das ist der Lehrstoff. Und nicht lümmeln und nicht träumen, aber ich glaube, die Ungeduldige bin hier einzig ich, ich bin schlecht, nicht das Kind, das teilt brav in Vierermengen ein, vielleicht rutsche ich auf dem Sessel? Mir ist bei dem Ofen etwas zu heiß, die Lehrerin hat es warm mit uns gemeint. Wir sind schon über eine Stunde hier, und ich habe noch nicht bezahlt für diese Prüfung und es ist noch nicht zu Ende, denn die Zeichnungen will Sebastian sicher noch zeigen und es wird noch kommen, daß die Lehrerin vielleicht doch die Schulbehörde wird aufsuchen wollen, und das möchte ich lieber doch

nicht, weil ich mich in meiner Teilmenge unauffällig verhalten will, um nicht aus meinem Element gerissen zu werden.
«Jetzt zähle ich. Schau, 1-2-3-4-5-6 Vierermengen, 2 Rest.»
«Sehr gut hast du das gemacht. Magst du Mengenlehre?»
Er sieht die Lehrerin lieb an und lächelt stumm und dann, irgendwie verlegen, meint er nachdenklich: «Mir gefällt das Buch.» Ich richte die Zeichnungen hervor.
«Ja, die möchte ich noch zeigen». Die Lehrerin sieht den Baum mit dem Vogel und dem Menschen darunter mit dem Hund an der Leine. Ich habe nicht geholfen. Aber bei dem anderen Bild sagt Sebastian: «Das Haus da, da hat die Mutti das Dach und die Vorhänge gezeichnet, das andere habe ich gemacht, auch den Teich und die Gans da. Die ist mir nicht gelungen, die sieht nicht gut aus.»
Ich weiß gar nicht, wie es gekommen ist, aber das Kind findet, das sei gelungen und das ist mißlungen, das sieht einer Gans nicht ähnlich und das ist zu lang und das zu hoch, was er immer auszusetzen hat! Setze ich soviel an ihm aus? Und ich habe gedacht, ich täte das nicht, ich denke, man sollte das nicht tun, ich denke, man sollte überhaupt nichts tun und doch mache ich alles wie alle anderen, nur unter dem Deckmantel der Sondererlaubnis zum Selbsttun. Ob da ein Unterschied ist? Natürlich ist da einer. Ich bin der Unterschied.
«Komm, wo hast du denn das Schreibheft?» Die Lehrerin steht auf und holt aus einer Lade einen Stift.
«Ich gebe dir da unter das Geschriebene eine große 1», und sie malt wirklich eine schöne 1 hin, so wie ich sie in der Volksschule gar nicht so selten bekommen habe, nur macht sie nicht eine ganz so schwungvolle Schleife darunter wie meine Frau Lehrerin.
«Schau», und Sebastian hält mir mit Stolz seine 1 unter die Nase, so wie ich es getan habe und ihm ist das scheinbar gleichgültig, ob ich dabeigesessen bin und gesehen habe, wie sie die 1 gemalt hat, oder ich zu Hause auf seine Noten gewartet hätte. Ich muß darüber schmunzeln, aber nichts desto weniger freuen wir uns über diese Eins und noch dazu in Rot.
«So, jetzt räumen wir alles wieder ein, mach es selbst.» Mir liegt daran, daß Sebastian zeigen soll, daß er auch solche Handgriffe beherrscht, obwohl ich da gar nicht so sicher bin. Was ich alles zeigen möchte, ich glaube, ich will mich zeigen, und ich glaube, ich weiß, wie ich in der Luft hänge und wie ich unsicher bin und deswegen weiß ich, daß diese Eins schön geschrieben ist, aber mich nicht beruhigt, aber schon wirklich nicht. Ich habe das erwartet, eigentlich schon, aber um so mehr fühle ich mich jetzt verpflichtet, weiterzutun im Nichts, wo wir so gut abgeschnitten haben. Geht es jetzt um ein Tun oder um ein Lassen? Ich spüre mich,

ich bin ein ehrgeiziger Mensch, ich vergesse manchmal völlig, worum es mir eigentlich geht, und ich verfalle leicht in die Gedankenlosigkeit, beweisen zu wollen, was wir trotzdem alles können und daß wir so gut sind wie die anderen, obwohl wir nicht die anderen sind. Gestatten, ich bin ein Trotzkopf, aber ich weiß, mein Kopf ist hohl, und ich will ihn nicht mit dem meines Kindes füllen, ich bin nur leicht zu verführen in die Werte der Gesamtmenge hinein und vergesse so leicht mein Element aus mir.
«Das Pennal paßt nicht mehr hinein!»
Sebastian gibt auf, aber ich muß es ihm zugestehen, die Tasche ist voll und die Hausschuhe müssen auch noch hinein. Aber das Geld, das wird die Tasche erleichtern, und ich lege den vereinbarten Betrag auf den Tisch und sehe der Frau Lehrerin noch einmal ins Auge und sage: «Bleibt es dabei, wie wir das ausgemacht haben?»
«Ja, mir ist das recht so.»
«Und ich darf vielleicht kommen, wenn ich mich einmal bei etwas gar nicht auskennen sollte?»
«Das wird nicht notwendig sein, aber selbstverständlich, und wie ist das mit der Behörde, vielleicht gehe ich doch erst später einmal hin und stelle mich vor. Was meinen sie? Wenn sie selbst ohnehin mit der Klassenlehrerin in Kontakt stehen, drängt das vielleicht nicht so sehr. Aber es wäre vielleicht anständig, wenn man sich vorstellen würde?»
«Ich glaube, die Direktorin hat sehr viel zu tun jetzt am Anfang noch und ich glaube nicht, daß man annimmt, daß wir uns allzuviel in Verbindung setzen, wir haben ja gebeten um einen Einzelunterricht und er ist genehmigt, das genügt der Schule, meine ich.»
«Ja, wenn das so ist, sehen wir einander wieder in einigen Monaten?»
«Ja, so wäre das recht.»
Mir fällt ein Stein vom Herzen angesichts dieser Problemlosigkeit und ich kann es gar nicht glauben, daß sich so manche Angst in soviel Glätte ausbreiten kann und ich bin irgend etwas oder irgend jemandem zutiefst dankbar, und ich fühle das als angenehme Ermattung nach einer Aussicht in ein Land, auf das zu blicken mir immer ein wenig das Gruseln beibringt. Aber dieses Gefühl, glaube ich, ist eines meiner Grundhaltungen. Und fast muß ich sagen, daß ich das mag. Sebastian hat seine Stiefel wieder angezogen, und ich packe die Hausschuhe ein und ziehe mich selbst an, und ich hebe die Tasche auf, und ich weiß, die trage ich, wenn es sein muß, über die ganze Welt.
«Was ist denn das für ein liebes Männchen? Das hat einen Bart.»
Und Sebastian zeigt auf ein Tannenzapfenmännchen, das auf der Kommode im Vorzimmer steht unter dem Spiegel. Es hat eine Brille auf der Nase und eine Zipfelmütze auf dem Kopf, es erinnert mich an ein Wurzelmännchen aus einem meiner Bilderbücher, als ich noch klein war. Es hat

so einen Gesichtsausdruck, den ich unverkennbar wiedererkenne, und ich bin sicher, daß es dieses sein muß, nur sage ich das niemandem, denn wie hätte das ausgesehen. Vergessen habe ich das aber nicht, so etwas vergesse ich nie.
«Willst du es vielleicht haben?»
«Bitte, ja . . .» Sebastian sieht mich an und weiß nicht, daß ich den kleinen Mann schon lange kenne.
«Ich werde es dir vielleicht einpacken.»
«Nein, ich trage das so in der Hand, ich werde gut aufpassen. Es soll nicht zerdrückt werden. – Trägst du mir die Schultasche», meint er dann zu mir.
Ich überlege nicht viel, ich will weg und weiß, daß man einem ordentlichen Schüler nicht die Schultasche tragen soll, weil er lieber einen kleinen Wurzelmann hält, aber es ist meiner, den ich wieder gefunden habe und da nehme ich diese Schuld auf mich und trage daran. Wir verabschieden uns und der Lift führt uns wieder hinunter auf den Boden unseres einsamen Hängens, Freuens, Verlierens und Vergessens, daß wir doch zwei von allen sind und es vielleicht gar nicht so ungern bleiben wollen.
«Jetzt hab ich den Bastian, du mach mit einem anderen!»
«Nein, du hast heute schon mit ihm – beim nächsten Randori komm ich!»
Ich höre solche Sachen öfter hier im Judotraining. Ich bin nicht eigentlich stolz darauf und auch Sebastian selbst nicht. Das Begehren der Kinder, das sie hier zeitweise an Sebastian verwenden, ist auch nur ein Spiel von ihnen, in das er gerade hineinpaßt. Wenn ich es mir recht überlege, weiß ich auch gar nicht recht, warum das so ist. Er ist weder ein besonders guter Kämpfer noch ein ganz schlechter, den man wegen seiner Schwäche wählt, um ihn leicht zu überwältigen, noch sind die Kinder ihm ansonsten besonders auffällig zugetan. In der Garderobe zieht er sich an und aus und hat wenig mit den anderen zu tun. Es geht ruhig zu um den Sebastian, und meistens horcht er, was sich abspielt und hat ein Geschick, sich unauffällig einzugliedern, ohne mitgerissen zu werden. Er fühlt sich eingegliedert und tut nichts dafür. Er würde auch ohne mit der Wimper zu zucken jederzeit unterliegen, wenn er nicht aus könnte. Er kämpft nicht verbissen. Ich merke schon, daß er über die Beziehungen der Kinder zueinander und zu ihm nachdenkt, denn es ist ein seltenes Spiel für ihn, aber daß es ihm so wie manchmal mir und anderen in meiner Schulzeit ein Problem wäre, kann ich nicht feststellen. Allerdings weiß ich, daß er vieles für sich behält und viele Geheimnisse vor mir hat, die ihm gehören, vielleicht auch Schmerz, der gehört auch ihm, den will ich ihm nicht nehmen. Daran rühre ich nicht, außer wenn ich merke, daß er heraus will und nicht recht kann.

Heute sind wir etwas zu spät gekommen. Sebastian hat das gar nicht gern. Er ist sehr gern pünktlich und besonders seine Meisterin läßt er nicht gern warten. Ich bin schuld an diesem Versäumnis, aber ihm ist so etwas nicht recht. Sebastian ist noch immer nicht viel schneller geworden, vielleicht wird er das nie, wozu auch, er ist es nicht gewöhnt, sich beeilen zu müssen. Beim Wettlaufen am Anfang stellt er sich manchmal gleich an die Wand und rennt sich nicht erst lang die Seele aus dem Leib. Hingegen im Kampf rührt er sich ordentlich und kommt frei und freut sich, wenn er gegen einen Stärkeren ankann, denn er weiß genau, wem er unterlegen und wem er überlegen ist. Das weiß ja jedes Kind. Im übrigen war er am Anfang Feuer und Flamme für die Kinder und hat sich langmächtig in der Garderobe mit ihnen unterhalten, und ich habe gewartet und gewartet. Wir haben einen weiten Heimweg und Sebastian hat oft so lang gebraucht. Was die da immer alles auszuhandeln hatten und zu erzählen und zu hänseln und zu lachen, ich habe es ja nicht genau gehört, aber mir ist die Zeit immer lang geworden. Heutzutage geht Sebastian immer noch gerne hin, aber sein Verhältnis zu den anderen ist abgekühlt und ich kann verraten, daß mir das nicht unrecht ist. Was soll dieses mühevolle Geplänkel schon, ein Markttratsch unter Männern ist das Leben. Einmal kam es dazu, daß Sebastian von der Matte abtrat, mitten in der Stunde in die Garderobe ging und sich anzog. Er konnte nicht mehr mitmachen. Das war nur einmal, und es war nicht nur eine neue Idee von ihm, die er schnell einmal ausprobieren wollte. Es war irgend etwas mit dem Peter vorgefallen, was anscheinend nur lösbar für den Sebastian war, indem er ging. Ich habe selbst nichts dabei getan. Wir sind gegangen, und ich habe mir gedacht, daß es vielleicht mühsam wäre, das Kind jetzt wieder hinzubringen. Ich wollte nicht so schnell aufgeben, aber fürs erste hab ich nichts getan und nächstes Mal sind wir wieder dort gewesen und seither immer wieder.

Irgendwie sachlich ist dieser Sebastian im Kampf und im Gespräch mit den Kindern. Er geht mit Kindern um wie mit Erwachsenen. Nicht daß er nicht mit ihnen lachen würde oder daß er nicht genauso geschäftig wäre wie sie, aber ich habe immer so das Gefühl, daß das eine Ebene von ihm ist, die er jederzeit gegen eine andere austauschen könnte. Vielleicht wird ihm das den Vorwurf der Arroganz eintragen, einmal oder jetzt schon, aber dann verstehe ich allerdings wieder nicht, wieso sie sich so um den Basti reißen. Vielleicht versuche ich hier einen Unterschied herauszutüfteln aus dem Verhalten eines Kindes, das nicht an Kinder gewöhnt ist in einem Schulbetrieb, und will jetzt erklären, daß das nicht sein muß, um mit allen in irgendeiner Weise auszukommen. Vielleicht geht das so schwer, weil gar kein Unterschied ist, weil es ganz gleichgültig ist, ob man dauernd im Hexenkessel der Gemeinschaft steckt oder im leeren Kessel

hockt. Das Verhältnis zu den Menschen entwickelt sich unabhängig von der Lage, in der man sich mit ihnen befindet. Möglicherweise. Das Verhältnis zu den anderen ist nur ein Abbild von dem eigenen Verhältnis, das man zu sich hat. Und selbst das scheint nicht von anderen geprägt zu werden, sondern in sich selbst zu ruhen und wieviel Ruhe man da aushalten kann, das ist das Wesen zu allen. Gleichgültig, Gleichgültigkeit in der Selbstverteidigung ist ein Weg zu sich selbst und diesem Selbst gegenüber gleichgültig zu sein, bedeutet nichts, aber es ist gefunden. Bedeutungsloses gefunden zu haben ist ein Schatz, um den man mit niemandem ringen muß, weil ihn keiner sieht.
Ich warte ja nicht immer hier auf das Ende der Judostunden. Ich gehe oft spazieren, und manchmal notiere ich etwas auf meinen Zetteln, oft ist mir fad und oft bin ich ungeduldig. Ich mag das so. Ich habe gern stehende Zeiten. Heute ist Andrea, die mit dem Blaugurt, mit ihrer Mutter da. Ihre Stunde beginnt erst später.
Sie sitzt bereits in ihrem Judogewand auf der Matte am Rand. Ich weiß, daß die Kinder dort sitzen dürfen. Die Mutter weiß das nicht und herrscht ihre Tochter an, doch hier auf dem Sessel neben ihr zu warten. Welcher Judoka setzt sich schon gern auf den Sessel, wenn er doch auf die Matte gehört, aber diese magere harte Mutter merkt das nicht.
«Jetzt setz dich da her und halt den Mund!» ich höre, das ist der Ton, in dem Andrea immer behandelt wird, und ich sehe im Geiste diese knochige Frau durch die Luft fliegen, mit einem Wurf könnte das Mädchen sie wegfegen, aber das kann sie nicht, auch wenn sie so angeherrscht wird, einer völligen Unsinnigkeit wegen, nur weil die Mutter verbissen an ihrem Befehl nagen muß, der ihr vielleicht selbst schon unpassend vorkommt. Das ist so, und Andrea ist auch so. Sie ist unterworfen der Angst, nicht mehr dazuzugehören zu ihrer Sippe, wenn sie sich absondern würde. Die Mutter ernährt sie, und das ist das Wichtigste, das ist die eigentliche Kraft. Kinder halten zu den Eltern, weil sie scheinbar von ihnen leben, und damit werden sie von den Eltern kleingehalten. Hier geht es um ein Geschäft. Du gibst mir Essen und ich gebe dir die Bestätigung, daß du der Stärkere bist, der Klügere, der Größere, der Erwachsene bist. Welcher Erwachsene will erkennen, daß er sich nicht den mindesten Teil entfernt hat aus seinen Kindersocken. Nur die Kinderfreude, die vermißt man. Sentimental hängt man an etwas Verlorenem und vergißt, daß man es nie gehabt hat, daß man nie glücklicher war, als man eben ist. Die Eignung zum Leben haben nicht alle Menschen gleich und das ist vielleicht ein Unterschied von mir, von mir in mir, von mir zu mir selbst. Ein Tier in mir, ein Kind im Tier, ein Mensch im Stern, ein Stein im Brett.
«Geh, tu nicht immer so.» Sebastian ist ärgerlich über den Alfred, der immer so viele Geschichten macht und erst herumhopst, bevor er die Stellung

einnimmt. «Da, nimm mich, jetzt kommst du und dann werfe ich.» Sebastian hat nicht gern so viele Umstände mit dem Alfred, hingegen plaudert er dann mit der Ursula über einen Fernsehfilm und vergißt das Üben. Er ist immer so verschieden und hat viele Vorlieben und auch Abneigungen, die er nie offen herausplärrt, sondern da ist er still, völlig still und wickelt seine Sache rasch ab. Eines habe ich noch nicht recht herausbekommen und ich versuche das auch nicht. Sebastian sagt, glaube ich, den Kindern nicht, mit Absicht, daß er nicht in die Schule geht. Ich höre oft, daß ihn der Gegner in einer sanfteren Übung fragt: «Hast du schon die Aufgaben gemacht», oder «was hast du für Noten bekommen auf das?» Da gibt Sebastian nur kurze, unverbindliche Antworten und verspinnt sich nicht in näheren Erklärungen. Interessiert es ihn, was die anderen in der Schule treiben? Scheinbar schon, weil er in der Straßenbahn und überall, wo Kinder ihr Toben loslassen und über Schule und Lehrer schimpfen oder darüber klagen, immer sehr interessiert zuhört und gespannt verfolgt, was sich da abspielt. Bedauert er es, nicht einer von vielen zu sein? Vielleicht, irgendwie, irgendwo, vielleicht bedaure auch ich es für mich irgendwie, obwohl ich zur Schule ging. Vielleicht ist das wieder etwas, was gar nichts damit zu tun hat, ob man in der Schule war oder nicht. Vielleicht ist das Gefühl der Einsamkeit der Blues, aus dem immer neue Schulmodelle und Gesellschaftsmodelle hervorgebracht werden. Soll sein, soll sein, der Blues der Zusammengehörigkeit, während man der eigene Ausgeschlossene ist. Einen Halt wird da keiner finden. Auf der Welt ist niemals halt, die geht rund, und du gehst und gehst weiter und weiter und da ist nie halt. Nur im Judo ist Halt. Wenn du jetzt den Arm bewegst, bricht er, mein Lieber, jetzt heißt es warten, jetzt kannst du nichts tun. Halt dich still und dann kommst wieder du, ich werde still halten, denn du willst mir doch den Arm nicht brechen? Wer weiß, wer weiß. Ein Bruch mit dem Rätsel um die Zusammengehörigkeit in der Einsamkeit. Es ist keines von beiden.
Am nächsten Übungstag höre ich:
«Der ist ausgestiegen. Wie er unten ist, sagt er, hättest vielleicht lieber die Andrea geküßt als meine Schwester? Der Erich sagt, glaubst, ich trau mir der Andrea keinen Kuß geben!»
«Wart, wenn der kommt, der wird was erleben.»
Andrea weiß, daß ich alles höre, auch wenn ich mich nicht beteilige. Sie will, daß ich alles höre. Dem Buben, der ihr diese Episode geflüstert hat, bin ich allerdings gleichgültig. Ich stehe da und warte auf den Sebastian. Mir ist das spannend. Nicht das Warten, sondern die Verfolgung dieses Konflikts, der scheinbar darin besteht, daß Andrea es nicht gestattet, daß einer es wagen will, sie zu küssen, nicht einmal mit Worten läßt sie das auf sich sitzen. Sie muß sich da wehren. Ob ihr das Küssen so unangenehm ist? Ob sie später auch noch so reagieren wird? Unsere Meisterin macht

zum Beispiel nicht den Eindruck, als wäre ihr das Küssen unangenehm. Im Gegenteil.
Andrea ist geweckt auf ihrem Sitz, sie bereitet sich für den Auftritt, und schon kann es beginnen. Der eine kommt herein. Er ist so groß wie das Mädchen, aber nicht so bullig, und sie schlitzt bereits die Augen, hält sich aber noch im Genuß auf das Kommende in Konzentration zurück. Kurz bevor er die Tür zur Garderobe öffnen will, ruft sie ihn an: «Komm her da einmal!» Derjenige hat schon vermutet, worum es geht. Vielleicht hat er alles absichtlich heraufbeschworen, um jetzt in diese Lage zu geraten, in der er sich absolut nicht wohl fühlen kann. Menschen tun so etwas mit Absicht, sie wollen das. «Ich geh mich zuerst umziehen.»
«Nein, jetzt komm her!» Er geht langsam auf das Mädchen zu und tut wie von ungefähr.
«Her komm, ganz hierher zu mir!» Ich hätte dem Mädchen viel Kraft, aber nicht soviel ausgeklügelte Härte zugetraut, ein ganzer Krieg, eine ganze Folterkammer der weiblichen Seele öffnet sich mir in dieser kleinen Saalecke in kleinen Menschen, wenige sind es, aber es reicht, es reicht für eine Spannung zum Mord der weiblichen Zurückhaltung. Hier wird eingegriffen, hineingegriffen in das Wegschauen und Weghören, in die Wehrlosigkeit, denn Andrea wehrt sich und noch viel mehr, sie tötet, ich sehe, sie wäre bereit dazu. Ist es ihr Haß oder ist es ihre Technik, ist es der Haß ihres Geschlechts oder ist es ihr Schicksal. Sie nimmt den Burschen am Kragen und sieht ihn von ganz nahe an. Es war nicht einen Augenblick die Gelegenheit für ihn, sich abzuwenden. Sobald er nicht mehr ihren Wunsch hierherzutreten, verharmlosen konnte, ganz nahe vor ihr, war alles in Ernst, in unverkennbare Gewalt übergesprungen und zwar in die Gewalt des Mädchens, und sie befiehlt: «Knie dich nieder», und langsam kniet sich der Bub, halb von Andrea gezogen, und halb aus sich selbst, kniet der Bub da und Andrea greift härter in seinen Jackenkragen und sieht in die Augen unter ihr. «Was hast du gesagt, wie ihr aus der Straßenbahn ausgestiegen seid?»
«Wie meinst du das . . .»
«Was du gesagt hast, du sollst es noch einmal sagen, genauso wie du es gesagt hast!»
Dem Verräter wird das Schauspiel unangenehm. Ihm ist es zu wahr geworden und ich sehe, er will nicht recht hinsehen und er fürchtet, Andrea könnte mit ihm genauso verfahren, er muß aber bei der Stange bleiben, weil er sich sonst erst recht ihre Mißgunst zuziehen würde. Andrea greift eisern in den Kragen und zieht ihn so straff dem Hals des Buben zu, hinten verengt sich die Spanne so sehr, und der Kragen schneidet bereits ins Fleisch, der Kopf des Buben wird röter und die Augen kommen etwas mehr heraus.

«Sagst du jetzt, was du gesagt hast!»
«Glaubst ich tr . . . Andrea keinen Kuß geben», fast hätte ich ihn nicht verstanden. Er hat das so schnell und gepreßt herausgestoßen, daß ich vermute, er wäre ohne dieses Gewaltunternehmen daran erstickt. Die Andrea ist nicht so, mit der ist nicht zu spaßen. Sie läßt ihn wieder los, und er verschwindet in der Garderobe, aber die Szene bleibt in der Luft stehen, er wird sie nie vergessen und ich auch nicht. Es hat gereicht für einen perfekten Mord. Andrea ist da so. Frauen sind da so. Das Mädchen ist über ihren Triumph nicht glücklich, ich sehe es ihr an. Es ist ihr Schicksal. Die läßt nicht locker. Die bringt alle ihre Freier um, bevor sie sich einmal ergeben würde. Sie sieht noch einmal zu mir her. Sie ist daran nicht glücklich, meint sie das? Macht sie mir das zum Vorwurf?
Ich bin Vorwürfe gewöhnt.
Auch wenn sie nur gedacht werden.
Nicht in die Schule gehen?
Die Auswirkungen werden schrecklich sein. Eine qualvolle Ansammlung von krätzigem Auswurf. Und das, nicht weil die Gelegenheit zur Verbesserung nicht war, sondern weil sie mit Absicht nicht benützt wurde. Solche Absichten müssen krank sein, solche Absichten sind ein Feind der Ordnung, in der ich einzig mich zurechtfinden kann, mich einpassen kann und nicht selbst leben muß. Dann haben die anderen den Jammer gemacht und nicht ich, ich habe keine Möglichkeit gehabt einzuschreiten, denn ich bin nichts.
Wer bin ich schon? Was vermag ich schon? Ich weiß es nicht besser. Ich könnte es nicht besser machen, denn mir wächst das Leben über den Kopf. Und da soll es wahrhaftig Menschen geben, die es wagen, ihre Kinder nicht einzugliedern in die Funktion der Gesellschaft. Sie machen Verbrecher aus ihnen, sie müßte man absondern, sie gefährden unsere Sicherheit. Daß man solchen Menschen nicht beikommen kann. Weg müssen sie, weg, damit endlich diese Unruhe aufhört im Land und in der Welt. Auf dieser Welt darf niemand sein, der Freude haben kann, der ohne Sorgen in den Tag hineinleben kann, das ist verboten, das muß weg. Das Glück muß weg, damit es niemand finden kann. Die Möglichkeiten dazu müssen gesperrt werden. Ein Verbrechen ist es, willentlich einem kleinen Menschen jede Chance zu nehmen, mitzukommen, mitzutun im Lauf der Welt. Er wird nichts können, er wird keine Arbeit bekommen, er wird sich kein Geld verdienen und der Allgemeinheit auf der Tasche liegen oder verhungern müssen. Ein Elend wird das. Er wird willentlich der Auseinandersetzung mit seinen Mitmenschen entzogen. Er wird verweichlicht und geschützt und der Härte des Lebens nie gewachsen sein. Er wird die Spielregeln seiner Mitstreiter nicht können, er wird immer unterlegen sein, er wird leiden unter ihnen, denn sie werden ihn verhöhnen

und schlagen, sie werden ihn quälen, die Welt ist hart, und er wird keine Kräfte entwickeln können, auszuweichen oder sich zu wehren. Weltfremd wird er sein und vom Leben abgewandt, unselbständig, ängstlich, ein jämmerlicher Lappen. Er ist kein Mensch, er wird kein Mensch sein, er wird in der Gosse verkommen wie ein armseliges geschundenes Tier, weil die Gelegenheit verachtet wurde, ihm eine Aufstiegsmöglichkeit auf der Leiter der Menschenwürde zu geben, nur deswegen, weil die Verantwortliche sich zu gut war, Kompromisse zu schließen mit den herrschenden Verhältnissen. Alle können das, alle müssen das . . . Alle können sich über die herrschenden Zustände aufregen, sie schlecht finden und ihr Wort dagegen erheben. Bei uns darf man dagegen sein, denn wir haben eine Demokratie, bei uns darf man sich zusammensetzen und Grüppchen bilden gegen Mißstände, bei uns darf man räsonieren über alles, aber bitte im Rahmen bleiben. Sagen darf man alles, aber machen darf man nichts gegen den Staat, denn den brauchen wir, auf den stützen wir uns, der erhält uns. Allein ist da kein Fortkommen, da bleibe ich lieber bei der Stange, auch wenn mir so vieles nicht recht ist, ich habe da keine Möglichkeit, etwas zu ändern. Ich weiß auch gar nicht, wie man so etwas macht und eigentlich weiß ich auch gar nicht, was ich ändern sollte.
Und manchmal fällt mir alles Fabulieren herunter, was soll ich denn sagen, würde es mehr weh tun, wenn ich Sebastian in die Schule schicken würde? Für wen wäre das schlecht, für mich, für ihn? Wieviel habe ich mit meinem Kind überhaupt zu tun? Was ist eine Mutter für ein Kind, für einen Menschen, der durch ihren Leib gegangen ist und sonst nichts? Was veranlaßt mich zu diesem Schritt, wo ich doch gar kein Weltverbesserer sein will, und auch gar nicht das Bessere tun will, weil es das Schlechtere nicht gibt. Ich habe es ja auch gemacht, ich lebe ja auch und ich will nicht sagen, daß «es» mein Kind besser haben muß als ich, ich habe «es» nicht schlecht, und nie gehabt. Ich habe immer nur festgestellt, daß es geht, ich habe sehen können, daß Leben möglich ist und nicht nur so eines, wie es eben übrig bleibt nach allen Abstrichen, die man gemacht hat, sondern dieses ursprüngliche Leben, das in jedem zu glosen beginnt, wenn es wächst, das erlischt nicht, das beginnt zu brennen, das wärmt und das erlischt nicht wieder, nie wieder, auch nicht im Tode, denn das Licht lebt nicht vom Leben. Es bedarf dieser Sorge nicht, dieses ängstlichen Rückzugs in eine verhärmte Seele, ein Mensch, eben nur ein Mensch zu sein.
Wir haben uns ein Gespenst anerzogen, das heißt Freiheit mit Namen. Diesem Mammon der Seele taumeln alle nach, das ist ein Schlagwort, ein Vorwand, ein Zünder, eine Sehnsucht, ein Wahnsinn, eine völlige Banalität. Freiheit ist soviel wert wie Geld. Freiheit hat sich das Gehirn ausgedacht als ein Ziel, das es nie erreichen darf, weil es dann am Ende wäre mit dem Leben und mit dem Suchen und mit dem Lebensdrang überhaupt.

Mensch ist so. Wir dürfen uns erlauben, eine Beziehung zu dieser Eigenart Mensch aufzunehmen, aufkommen zu lassen. Sie spielt sich zwischen allen Gefühlen, den Verlusten, unendlich vielen Worten und Tönen, Strömen, Bewegungen und Verblendungen ab. Es ist so eine Vielfalt von Leben in einem Lebewesen, aber seine Eigenart ist es, daß er nichts damit anfangen kann, daß es ihn nicht zu einem Übermenschen macht, sondern immer mehr zum Menschen. Immer mehr Mensch werden und keiner mehr sein wollen, frei vom Menschen, warum das? Frei von Unglück? Frei von Schmerz, frei von allem, frei von der Freiheit? Frei vom Denken? Denken ist wie der Blutkreislauf, der kreist eben in seiner Bahn, warum sollte Denken voranders hinführen, als eben rund um seine Bahn. Denken ist wie verdauen und das ist lebendig, das lebt – und mehr ist da nicht. Was sollte das Mehr sein? Deine Hoffnung auf eine Lösung?
Die Hoffnung ist die Lösung. Dahinter ist offen wie geschlossen, dahinter ist wie davor, und diese Gründe sollen ausreichen, um mein Kind nicht in die Schule zu schicken? Eines ist so gut wie das andere. Verderben ist so schmerzlich wie der Aufstieg. Glück ist so unwichtig wie Unglück, Hunger ist so gut wie satt sein. Leben ist so gut wie tot sein. Und ich bin so schlecht wie ich gut bin? Und das soll ausreichen, um einen gesonderten Entschluß zu fassen, wo doch ohnehin alles gleichgültig ist?
Menschen! Ich bin ein Mensch! Wenn ich lang Gründe suche, weiß ich nicht mehr, ob ich ein Mensch bin. Mensch sein heißt nichts, Mensch ist man und ich bin so ein Mensch, wie ich die Möglichkeit habe, einer zu sein. Ein armer Mensch, ein ängstlicher, ein wehleidiger, ein gewöhnlicher Mensch, aber meine Eigenart ist, daß ich das sein möchte, ich erlaube mir: mich. Ich will nicht anders sein und wenn mein Wille mir durch die Lappen geht, so lasse ich ihn sein. Ich kann dich dir nicht erklären, ich erkläre dich mir nicht, erkläre nie etwas, die Zusammenhänge bestehen nicht, die eine Erklärung rechtfertigen würden. Ich habe überhaupt keine Rechtfertigungen, warum ich mein Kind dem Verderben überlasse, auch du brauchst dich nicht zu rechtfertigen, warum du verderben mußt. Das ist Leben. Und wenn die Qual, eingegliedert zu sein, sein zu müssen, in die Maschine des Lebenskreises von so vielen, nicht genauso groß ist, wie nicht eingegliedert zu sein, dann müßte ich mich übersehen haben, und all die Gesichter und die Äußerungen auf den Straßen völlig verkannt haben.
Wieso wird ein Außenseiter gequält werden? Wer tut ihm etwas an? Diejenigen, die die Guten sind? Die, welche ordentlich vorwärts gelebt haben? Die tun so etwas? Die haben es notwendig? Dorthin soll ich Sebastian erziehen, daß er da mittun kann? Daß er da einen Platz sich erobert, in der Qualzentrale zum Bestandsverein? Nur damit er Geld verdienen kann und sich so viel kaufen kann, daß er nicht mehr weiß, was genug ist?

Um Gottes willen: Es ist doch jetzt nicht mehr so, daß wir uns gläubig ins Gesicht sagen könnten: Es wird schon werden, die Entwicklung geht eben nur langsam vor sich, es wird schon alles besser werden. Alle Menschen werden Essen haben, alle werden einander lieben und die Menschlichkeit wird ihren Weg nehmen. Es geht eben nur langsam, da muß man Geduld haben, die Welt ist gut, ich bin davon überzeugt. Das Wissen steigt und wir werden einen Weg finden – wir sind auf dem richtigen. Was soll das denn heißen, um Gottes willen, nichts wird sich finden, und wir stehen auch nicht am Anfang einer Entwicklung, sondern am Ende, es ist ja schon alles eingestürzt, wofür blödsinnig fortgeschritten wird in noch höhere Schulen hinein und in noch liebevollere Selbstbetrugs-Hoffnungen. Der Mensch will nichts wissen von Liebe und von Menschlichkeit und auch nicht von Verbesserung, er brütet auf Zerstörung, das ist sein Wesen, und er will auch gar nicht glücklich werden und es geht ihm heute im Westen nicht mehr darum, Essen zu haben.

Schau hinein in die Auslagen und auf die Festtagstische und in die Klomuscheln, bevor sie gespült werden. Zu Verstopfung führt sein Wohlstand, zu Rissen im Darm. Und diejenigen, die kein Essen haben, sind die schlechter dran?

Mir kann niemand, der es nicht kennt, weismachen, daß die Ernährung ein letztgültiger Aufhängehaken der Heilslehren ist, der alles begründet und rechtfertigt. Die Hungernden sind hungrig, sie sind nicht glücklich, sie haben Schmerzen und sie darben und sie hassen und sie leiden, aber sie sind ja nicht schlechter dran als die Satten und diejenigen, die eingebacken sind in einer geordneten Gesellschaftsmaschine, in Beruhigung, Sicherheit und Wohlgenährtheit. Schau, schau, horche um dich! Das ist es – jetzt ist es!

Mir zerfließen diese Unterschiede in den Hirnwindungen, worum geht es hier noch, hier ist nicht mehr auf eine Erkenntnis irgendeines guten Gottes zu warten? Worauf soll man denn hier noch warten. Unser Weg führt nicht in eine neue Möglichkeit, sondern der wird langsam immer unmöglicher, weil er ungesund wird im Bangen und Werken in der Gesundheit, an der Gesundheit, hinein und herum wird da gewerkt und geschnitten in Bereichen, die kein Mensch kennt, obwohl er vorgibt zu wissen, was er tut. Wann wollen wir uns endlich die Wohltat erweisen und sehen wollen, daß wir uns nicht um zwei Schritte vom Neandertaler entfernt haben und daß es gar kein Anliegen des Menschen ist, sich davon zu entfernen. Er tut sich weh mit seinen ewigen eiternden Hoffnungen und blutenden Glaubensgeschwüren, daß da noch einmal alles sich als Sinn erweisen würde.

Nichts ist damit. Ein Ende ist, und nicht können wir noch herumprobieren und herumbasteln an einer besseren Welt. Das, was sie aufbaut, das zerstört sie mit derselben Energie, wie sie baut. Das ist der Kreislauf des

Menschen, das muß uns doch jetzt nach Jahrtausenden schon einmal eingegangen sein und das dürfen wir uns doch auch endlich einmal erlauben, anzunehmen als Eigenart. Wir sind nicht weiter als die Tiere, wir sind keine besseren Tiere. Wir sind nur Menschen mit einem großen geschwollenen Gehirn, und dieses Gehirn führt nicht dazu, daß man kein Mensch sein müßte. Warum wollen wir keine Menschen sein . . .

Es wird nichts kommen, es war schon alles, und je länger wir an Schulen herumbasteln und an ihrer Verbesserung und ihrer Vermenschlichung, um so tiefer graben wir auf, den Staub der Zeiten und stauben nur und stauben uns die Lungen voll, bis wir völlig ersticken in unserem eigenen Irrwitz nach Verbesserung und Veredelung und Vermenschlichung des Menschen, über den wir ja nur mehr lachen können, wenn wir einmal ernst sein wollen. Es kennt sich doch jeder selbst. Es ist ja da keiner, der dich dir erklären müßte, könnte, anders wird es nicht und soll es auch nicht sein müssen. Laß es einmal genug sein des Laufens und Hastens und Wollens und Verbesserns, einer allgemeinen Form zu, mit der du nichts zu tun hast. Gar nichts. Einmal darf es so sein wie es ist und laß es gut sein. Und verweile, verweile einmal in dem, was ist. Bei dir. Und du wirst dich nicht finden, denn du bist nichts.

Und darum so ein Theater mitmachen, wo ich doch auch mein eigenes leben kann. Ich muß auch in meinem Theater für alles bezahlen, ich gewinne nichts. Aber meine Vorstellungen können ausfallen, denn ich nehme mir die Möglichkeit, die leere Bühne abzugeben und das heißt nichts. Ich verdiene daran nichts außer eine Lüge. Wenn du mein Schauspiel liest und mir Geld gibst, verdiene ich. Neuneinhalb Prozent. Das ist wahr.

Und sollte mein Unterfangen, Sebastian nicht in die Schule zu schicken, eine sprühende Aktion sein, mit der ich mich ins Licht setzen will? Wenn ich gegen alles bin, falle ich auf und heraus und kann vielleicht benützen, was abfällt, für mein besseres Fortkommen? Bin ich vielleicht ein kleiner Querulant und muß immer auffallen durch Anderssein? Ist es mir eine persönliche Genugtuung, etwas anders gemacht zu haben, macht mich das stolz und gibt mir das Kraft?

Ich habe ein Kind in die Welt gesetzt, das zum Sterben bestimmt ist. Auch ich bin zum Sterben einmal bestimmt, alle Geborenen werden sterben. Ich werde diese Welt wieder verlassen und deshalb lebe ich jetzt noch gern in ihr. Wir leben nicht für die Ewigkeit, wir leben für jetzt. Das «Bessere Morgen» ist eine Fälschung des Originals «Ewigkeit». Die Logik Bewußtsein (= nicht sterben) hat uns die Fälschung verkauft. Es gibt keinen größeren Gegensatz als Logik und Ewigkeit.

Warum soll dieses «Jetzt» so schwierig sein. Es ist nicht so sorgenvoll wie die Gesichter, die mir auf der Straße begegnen, die Gesichter derer, die mit Sebastian leben sollen, jeden Tag, mit denen er leben muß, wenn er mitarbeiten soll mit seinem Blut an der Wahrheit dieses Ungeheuers. Es wirkt nicht schrecklich, aber es ist noch viel schrecklicher, der ewige Trott in der Koppel der Aussichtslosigkeit vor dem Sprung über das Gatter. Ich will Sebastian nichts ersparen, ich habe mit ihm nichts vor, ich glaube nicht, daß er glücklicher wird, wenn er nicht zur Schule geht, aber ich habe genug von dieser peinigenden Gutheißertrommel unserer Gesellschaftsregeln. Sie sind nicht zu verbessern. Sie sind ungesund und lebensfeindlich, sie haben nichts zu tun mit dem, was aus einem Mutterleib kriecht und mit dem, was seinen letzten Atemzug macht. Die herkömmliche Lebensart des heutigen Menschen ist nicht das Leben, wofür ein Mensch geschaffen ist. Sie ist eine Fehlgeburt und ein Irrtum, an dem herumgeschliffen wird. Ich schleife nicht mit. Auch wenn ich dabei mit meinem Kind verhungern muß. Durch diese Mitarbeit würde ich meinem und dem Leben des Kindes alles abknappen, was unser Leben überhaupt ausmacht. Ich verkaufe mein Leben nicht an ein Stahlgerüst, ich bete nicht an ein leeres Loch, in das ich hineinkotze, was das Gebetsritual sein soll unserer Zeit. Ein Trugbild, ein Fleisch-Lampion gefüllt mit Scheiße. Wenn es darum geht, das kann ich auch selbst. Mein Organismus funktioniert einfach, und ich gehe nicht so viele Umwege, denn soviel Lebenszeit habe ich nicht, daß ich vor lauter Umweg meinen Weg nicht gehen kann, den ich mir bahne durch die Auswüchse der Gedanken und der Sehnsüchte und der liebenswerten Gespenster der Menschheit, deren ich eines bin. Schrecklicher wird es nicht. Schrecklicher ist die Gosse nicht. Schrecklicher ist der Untergang nicht und nicht die Qual.

Warum jagen dieselben Menschen, die die Qual eines selbstgewollten Krieges mit Hunger, Blut und Todesfurcht, wie sie es noch genau in Erinnerung haben, ganz ohne Schwierigkeiten ausgehalten haben, mit Verzweiflung vor einem einzigen Prozent des Abrutschens aus der Fülle hinein in einen wirklichen schlimmen Untergang?

Wir haben Bedarf, aber kein Bedürfnis nach einer neuen Freiheit, einer neuen Freiwilligkeit, einer Freiwilligkeit des Verzichts. Das liegt so nahe, ist so leicht zu machen, aber auch genauso unmöglich anzufangen. Das kann nur von selbst kommen. Kommt es als Ideologie, ist es eben wieder um eine Dimension kleiner. Zweidimensionales Papier statt Leben. (sic – – hick)

Der Schmerz ist das Leben und das bin ich nun einmal, bis ich es nicht mehr bin. Der Schreck ist ein Stillstand des Anstands und peinigend ist die Abgeschlossenheit vom allgemeinen Untergang. Aber sterben muß man allein. Da hilft die Allgemeinheit nicht. Und menschlicher werden kann man nicht. Menschlicher macht sie dich nicht, die Gesellschaftsordnung, denn sie ist das Menschlichste, was mir jemals begegnet ist.

Ich will nicht mehr mitkommen in dieser Leistungsjagd, ich mache sie nicht mehr mit, sie ruiniert mich. Ich will nicht mehr glauben an Werte und Bilder, sie sind Rahmen für nichts. Sie lügen und machen einen Sinn vor, den sie nicht kennen. Sie werden mich schlagen, sie werden mich quälen, aber ich mache diese Lüge nicht mehr mit, und ich mache diese Qual am Leben nicht mehr mit, jeden Tag ein Opfer des allgemeinen Zusammenhalts, mir tut das weh, ich bin lieber mein Opfer. Ich stoße mein Kind nicht in den Leistungswolf, der frißt es, bevor es noch herauskommen konnte aus meinem Loch und mich mit, mitsamt dem Loch, in das ich lieber falle als in die Hirnwaschmaschine mit dem automatischen Seelentrockner. Ich bin zum Untergang bestimmt, aber ich will wenigstens so untergehen, wie ich es mir gehen lasse, ich will nicht untergegangen werden und dann nicht wissen, wieso es dazu kommen konnte. Ich leiste das nicht mehr mit blinden Augen, ich kann das nicht, ich will das nicht. Ihr liebt mich deswegen auch nicht. Ihr liebt mich nicht, wenn ich mitmache, und auch nicht, wenn ich dagegen bin. Ich leiste die Liebe nicht mehr. Ich will eure Liebe zu den Kindern nicht mehr glauben, die ihr in die Leistungsschulen hineinstoßt, nur aus Liebe, und aus Verständnis für eine bessere kommende Welt. Das glaube ich nicht, wenn das so aussieht, wie es jeder beobachten kann. Das kann die Liebe nicht sein. Ich habe keine andere. Ich biete keine andere an. Ich gebe keine vor. Ich habe keine Lügenhoffnungen. Ich kann das nicht leisten, mir ist das zu anstrengend, mir verdirbt das die Lebensmöglichkeit überhaupt, an mir frißt Unwissenheit.

Mir geht das Fabulieren ab, und ich passe. Da kann ich nicht mehr mithalten und um Verständnis buhlen. Diese Liebe brauche ich nicht zu erhalten. An der Erhaltung dieser Welt brauche ich nicht mitzumorden. Ich heiße das nicht gut. Und meine Art von Menschsein ist das nicht.

Und wer kann sagen, welcher Sinn verderblicher ist: Der, in den alten Spuren weiterzutaumeln, oder sitzen zu bleiben am Weg und auf das Wetter zu sehen.

Anfang Februar, es klingelt wieder einmal mein Telefon. Nicht daß es das nur einmal im Monat täte, aber doch oft tagelang nicht.

«Die Frau Bello will dich», brüllt Sebastian zu mir ins Zimmer, und er hat sicher die Muschel nicht zugehalten. Wir nennen die Frau Bela manchmal im Scherz so, obwohl uns die Arme überhaupt nichts getan hat. Im Gegenteil, ich sollte froh sein, daß sie meiner alten Großmutter behilflich ist und mir ein wenig von der Schuld, daß ich dieser so wenig helfe, abnimmt. Aber das Frohsein über die Hilfe, die ein anderer einem anderen gibt, ist schon sehr weit entfernt von meiner Fröhlichkeitsebene, daß ich bei aller Mühe wenig Beziehung dazu aufbringen kann. Und es ist auch diese verquerte Beziehung, die meine Oma mit dieser Frau hält, denn einerseits bekennen sich die beiden nicht zu einer Geschäftsverbindung und andererseits traut die andere der einen nicht, und die erstere nimmt sicher gerne Geld, aber tut so, als wäre das nicht notwendig. Das heißt, ich weiß das ja eigentlich gar nicht so genau, aber ich habe da so meine Vermutungen und die stützen sich auf Erfahrungen mit Menschen und mit mir selbst. Nein, sie hat mir nichts getan, aber ich bin einfach ungern die dritte in einer Beziehung, die nicht auf freiwilligen Füßen steht, denn die muß unbedingt, und da kommt sie nicht aus, daran schlucken, daß der erste auf den zweiten angewiesen ist und der zweite nicht ganz frei sich benützen läßt, obwohl er alles aus Freundlichkeit macht. Und freundlich wird sie sicher wieder sein, die Frau Bela, selbst wenn sie, wie ich vermute, gehört hat, wie Sebastian sie nennt. Sie kennt vielleicht seine große Tierliebe nicht und faßt es schlecht auf, und sie wird noch freundlicher zu mir sein als ohnehin immer. Und diese Freundlichkeit ist mir immer eine Warnung, und deswegen habe ich es nicht gern, wenn Frau Bela anruft, und deswegen hat sie mir etwas getan. Und deswegen, das muß jetzt einmal gesagt sein, hat mir auch meine Großmutter etwas getan, weil sie sicher mit dieser Frau über mich spricht, und zwar Sachen, die sie vor mir nicht sprechen würde, da bin ich ganz sicher. Andererseits wieder darf ich mich da nicht ausnehmen, denn ich nenne Frau Bela auch nur vor Sebastian Bello und würde sie selbst nie so ansprechen, und außerdem schreibe ich hier viel auf, sowohl über diese Frau als auch über die Großmutter. Was ich hier sage, würde ich ihr nicht gerne sagen. Auch ich habe Verbündete gegen sie, warum sollte sie dann gegen mich keine haben dürfen? Jeder, fast jeder hat irgend jemanden, mit dem er vertraut ist und mit dem er ungehindert über andere spricht, gegen andere sein kann. Wäre man für sich allein, wäre man überhaupt der einzige Mensch, so hätte man über niemanden zu urteilen und hätte auch selbst kein Urteil über sich, weil man sich nicht messen könnte an ähnlichem. Sich an den Naturgewalten zu messen, brächte wahrscheinlich wenig Gewinn. Es zeitigt aber auch keinen Gewinn, sich mit anderen gegen andere zu verbünden. Es nährt nur den Kampf mit sich selbst, aber scheinbar ist es dieser, der am Leben erhält und den der Mensch will.

Manche Einsame haben die Vermessenheit, sich gegen alle zu wenden, die allerdings keine Verletzung dabei erleiden, sondern nur dazu dienen, den Haß des Einsamen zu schüren und ihn am Leben zu erhalten. Vielleicht wäre meine Großmutter, hätte sie die Frau Bela nicht, eine von diesen ganz Vereinsamten. Also bin ich kein Opfer, sondern auch ein Täter, wie das so die Menschenart ist, und ich gebe Schuld, und ich werde beschuldigt und so hält die Menschenwelt ihre Gefühls- und Aggressions-, Gerechtigkeits- und Liebeswaage, bis sie wieder einmal zusammenbricht und alle Gewichte entwertet werden und die einen sich mit anderen verbünden, um den Nächsten den Kampf, den offenen Kampf anzusagen und ihn auch zu tun. Wenn sich die Blutenden mit den Angreifern verbünden, um die nachher Erschossenen zu morden, und die Brüder einander die Köpfe abschneiden, weil sie immer gezwungen waren, freundlich zueinander zu sein, und wo die Frau Bela sich an Sebastian rächen würde, weil er sie mit einem Hundenamen nennt, obwohl ich eigentlich diejenige war, die das aufgebracht hat, werde ich schuld sein am Tod meines Kindes, weil ich mich mit ihm gegen jemanden verbündet habe, der ihm völlig egal ist. Und so ist das immer, Kinder werden hineingerissen in eine Welt, mit der sie nichts zu tun haben, und sie lernen büßen für die Lebenslügen ihrer Eltern, und wer büßt, läßt andere büßen, und der Kampf ist in vollem Gang – noch scheint es wie harmlos, aber es ist der härteste Lebenskampf und der Anlaß zum dritten Weltkrieg und für den Krieg der Trojaner gegen die Griechen.

Und ich werde jetzt doch endlich mitspielen müssen in dem Verhältnis von Frau Bela, meiner Oma und mir, obwohl ich mit meiner Großmutter gar kein anderes Verhältnis habe als ein verwandtschaftliches, und das ist gar nicht einmal so sicher. Ich bin nicht unschuldig daran, daß ich da verwickelt bin, ich habe mich aus eigenen Stücken da hineinverwoben und bin ein Stück davon, vielleicht auch nur deshalb, weil ich verwandt bin, und ich möchte fast glauben, daß man an Verwandtschaftsverhältnissen nicht unschuldig und unbeteiligt ist. Die Geburt ist die eigene Schuld, die erste oder die vorletzte und Schuld ist kein Vergehen, aber das Leben.

«Hallo?»

«Ja, bitte – ängstigen sie sich nicht, aber ich muß ihnen sagen, daß ihre Frau Großmutter seit gestern im Spital ist. Es war nicht akut, aber der Hausarzt hat ein Spitalbett für sie bekommen können. Sie wissen ja, die Spitäler sind immer überbelegt. Es war notwendig. Sie konnte seit einer Woche nicht mehr urinieren, und sie muß unter ärztlicher Kontrolle sein. Sie hat jetzt einen Katheter. Ich kann ihnen weiter nichts Genaueres berichten. Mein Mann hat sie gestern mit dem Wagen hingebracht. Sie hat sich selbst noch alles vorbereiten können, aber sie zu verständigen hatte sie keine Zeit mehr. Sie hätte bei Verzögerung das Bett wieder verloren und der Arzt hätte ihr zu Hause jeden Tag den Katheter ansetzen müssen. Dazu hat er keine Zeit, und außerdem muß die Ursache dieser Geschichte herausgefunden werden. Das kann man ja nicht mehr anstehen lassen. Ich habe es ihrer Großmutter immer schon gesagt, aber sie ist so sehr gegen eine Spitalsbehandlung. Sie hat meinen Mann noch sehr gebeten, daß man sie bald verständigen möchte und daß sie sie vielleicht bald aufsuchen könnten. Sie liegt in dem Spital, wo sie immer die Untersuchungen hatte. Die Besuchszeiten sind, glaube ich, jeden Tag von zwei bis vier, nur Montag und Freitag ist keine Besuchszeit. Bitte, das sollte ich ihnen dringend ausrichten, gestern konnte ich sie nicht mehr erreichen.»

«Danke ihnen vielmals, ich werde hingehen, sobald es mir möglich ist,

vielleicht schon morgen.» Ich warte noch einen Augenblick, ob die Frau Bela vielleicht nocht etwas sagen will, aber sie tut das gar nicht und wir verabschieden uns rasch.
Heute ist Mittwoch und ich habe mir gestern nach dem Anruf der Frau Bela schon mehr oder weniger vorgenommen, gleich heute den Spitalsbesuch zu machen. Ich überlege, ob ich Sebastian mitnehmen soll, er müßte unten warten, weil kleine Kinder nicht in die Krankenzimmer dürfen. Nur zu Weihnachten dürfen sie hinein und zum Muttertag, falls ihre Mutter krank ist, aber im Fasching ist das eigentlich nicht eingeplant. Ein Krankensaal ist kein Ballsaal und schon gar nicht für Kinderbälle. Ich nehme das Kind nie gern zu Ärzten oder solchen Besuchen mit, wenn es ihn nicht unmittelbar betrifft, ich halte die Luft unter den Kranken und Kränklichen für schlecht und ungesund, aber würde er in die Schule gehen, hätte er auch keine besseren Verhältnisse und allzu sehr bewahren vor Ansteckungsgefahr und schlechter Luft möchte ich ihn ja nicht. Ich möchte ihn nur vor der Annahme bewahren, daß stickige Luft die einzige sei, die er atmen darf, um zu ersticken. Wie soll er aber die Luftverhältnisse unterscheiden lernen, wenn er nie miese Luft atmet. Manche Klassenzimmer haben heutzutage schon Klimaanlagen, und die geben die Illusion von sauberem Atem. Mundwasser überspült den Mundgeruch und dahinter faulen die Zähne.
«Willst du mit ins Spital gehen oder zu Hause bleiben?»
«Lieber mitgehen.» Ich weiß nicht, ob es ihm bekannt ist, daß Kinder nicht zu den Kranken dürfen, aber ich will aus irgendeinem Grund den langen Verhandlungen über das Warum nicht entgehen. Ganz so einleuchtend ist es mir ja nicht, daß das Kind nicht die Oma sehen soll, wenn sie gar keine ansteckende Krankheit hat. Hätte sie die, dürfte ich dann hinein?
«Du mußt unten ein bißchen auf mich warten, nimm dir vielleicht etwas zum Anschauen mit.»
«Kann ich nicht mit? Ich bin ja ganz still.»
«Nein, Kind, darum geht es nicht, es ist nicht erlaubt, und dagegen kann ich auch nichts machen.» Und vielleicht gehe ich auch wirklich lieber allein hinauf, ich weiß ja nicht, in welchem Zustand die Oma ist, vielleicht würden sie viele Besucher zu sehr irritieren. Irgendwie stehe ich zu meinen Ausführungen, aber sie sind eher bequem als ehrlich, jedenfalls ist Sebastian zum Warten bereit. Er muß es ja sein. Er würde ja auch zu Hause warten.
«Vielleicht warten auch andere Kinder», fällt ihm ein. Jetzt will er unbedingt mitgehen, und er will auch gar nicht mehr die Oma sehen, sondern seinen Kinderball im Wartesaal haben. Da ist dann der Portier dafür verantwortlich. Ich will mir da nicht sicher sein, aber eigentlich neige ich

eher zur Annahme, daß Sebastian gar nicht irrsinnig toben würde, aber wenn ihn andere Kinder dazu veranlassen, vielleicht doch.

Ich ziehe mir ein passendes Kleid an. Ich weiß jetzt schon, daß die Großmutter, und sollte sie in noch so schlechtem Zustand sein, nicht in einem Einzelzimmer liegt, weil sie ja nicht reich ist, und daß sie vor ihren Zimmerkolleginnen um alles in der Welt keine wenig sorgfältig gekleideten Besuche empfangen wollen wird. Diese Tatsache hätte ihr die Position in der kleinen Gemeinschaft schwer gemacht und sie hätte sich siebzig und zehn Begründungen ausdenken müssen, um mich vor den Erwartungen der anderen zu rechtfertigen und damit ihr eigenes Bild geradezurücken, selbst wenn keine der anderen Patientinnen darauf geachtet hätte, die Oma hätte es sicher so gemacht. Sie macht das immer so. Warum sollte sie als Kranke anders sein. Ich halte das in diesem Fall für taktvoll der Oma gegenüber. Ich gehe mit ihrer Wesensart freiwillig mit und bewerte sie nicht. Würde ich das tun wollen, sollte ich mir einen Strick in der Handtasche bereithalten oder den kleinen Kapsel-Revolver von Sebastian. Mit kranken Omas kämpfe ich nicht um meine sorglose Kleidung, wenn sie doch Sorgen mit ihrem Körper hat, und das nicht zu knapp.

Ich zwänge mich in das Kleid mit den Lederaufschlägen. Ich gefalle mir heute recht gut. Außerdem zieht man den Mantel bei Krankenbesuchen ohnehin meist nicht aus, und ich hätte auch in Hosen hingehen können. Mein Mantel ist schön, und ich tausche keinen besseren gegen einen noch schlechteren. Ich überlege auch, ob ich etwas mitbringen soll. Am liebsten wäre mir, ich müßte nichts überreichen. Wer weiß, ob die Oma etwas nehmen kann. Wer weiß, bemerkt sie überhaupt etwas. Aber nach den Worten der Frau Bela ist die Oma behandlungsbedürftig, aber absolut ansprechbar, wenn doch die Einlieferung gar nicht so akut notwendig gewesen war.

Wer weiß, was die Ärzte der Oma sagen und was sie nicht sagen, oder was die Oma hören will, oder was sie hören kann und was die Ärzte sagen dürfen und was sie denken können. Wollen tun sie jedenfalls ihr Geld, aber das ist ihr gutes Recht und ich beschimpfe sie deshalb nicht, das will auch ich. Wie sehr sie dazu meine Oma allerdings benützen, das weiß ich wieder ein wenig genauer, und wie sehr ich das Interesse meiner Leser benütze, das weiß ich ganz genau, aber ich muß sagen, mir ist es lieber, die Mußestunden, die gesunde Zeit meiner Freunde und Feinde in Anspruch zu nehmen und die Uninteressierten gar nicht anzurufen, als mit dem Tod und dem Leben anderer Geschäfte zu machen. Vielleicht ist der Unterschied aber nur in Äußerlichkeiten gelegen, obwohl Äußerlichkeiten alles sind. Trotzdem habe ich mir aber angewöhnt, über niemanden zu schimpfen, bevor er noch etwas getan hat, das wirkt schlecht in einer Erzählung. Ich habe es auch nicht notwendig anzuklagen, denn ich beklage weder

mich noch meine Oma, noch ihren schlechten Zustand. Er ist ein Lauf der Dinge und wundert mich nicht im geringsten.
Essen wird sie nicht alles dürfen, vielleicht kann sie gar nicht. Ein paar Blumen wären das Unverfänglichste. Nur sind sie in manchen Spitälern nicht gewünscht, und wenn kein rechter Platz auf den Nachtkästchen ist, kann man ihn auch nicht ganz mit Blumen verstellen. Ich denke aber, daß die Oma vielleicht gerne ein Geschenk zum Herzeigen haben wird. Sie darf das tun. Sie tut es ohnehin immer so. Sie kann gar nicht anders, und das ist recht so.
Ich werde Blumen kaufen, vielleicht kleinere schöne, die ich in der Tasche tragen kann und nicht gleich bei meinem Eintritt überreichen muß. Wenn sich die Situation dann als passend erweist, werde ich die zerdrückten Blumen herausnehmen oder werde sie ungesehen wieder mit nach Hause nehmen und mir selber in die Vase stecken. Wozu habe ich denn die neue Tonvase von Weihnachten.
Wir haben Zeit genug, wir gehen langsam und zu Fuß. Der Weg ist nicht allzu weit. Die Luft ist kalt. Der Atem steht vor dem Gesicht. Sebastian raucht aus Leibeskräften. Er hält den Zeigefinger und den Mittelfinger seiner rechten Hand sorgfältigst gestreckt, so als wäre etwas dazwischen eingeklemmt, und nach jedem imaginären Zug führt er die Hand neckisch nach außen und hält die Finger weiterhin streng gespreizt. Zum Glück hat er heute Handschuhe an, weil gestern ein bißchen Schnee gefallen ist und die Fäustlinge ganz durchnäßt waren. Sie sind noch immer nicht ganz trocken. Auch die Straßen sind noch nicht ganz trocken, aber schneefrei und diesmal nicht sehr matschig. Im heurigen Winter ist bisher kaum Schnee gefallen und wenn, dann nur wenig und der hat ja keine Chance, sich zu halten.
Wir kommen an einem Bonbongeschäft vorbei. Ich bin sonst nicht so, daß ich Sebastian immer etwas kaufe, wenn er wie üblich davor stehenbleibt, aber diesmal kaufe ich ein kleines Paket Zuckerzigaretten. Er wird froh sein, wenn er während der Wartezeit an etwas nuckeln kann. Ich neige dazu, wenn ich ihm einmal etwas kaufe, eher einen nahrhaften Kuchen oder Schokolade zu erstehen, aber ich mache ihm mit Ramsch manchmal mehr Freude, und ich überwinde meine oft allzu belastende Vernunft und habe mich selbst erleichtert, indem ich etwas tue, was unsinnig für mich ist. Das erfrischt. Er ist von dieser Wendung seines Rauchvergnügens begeistert und bietet mir eine an. Ich lehne aber dankend ab, ich bin Nichtraucherin, nicht aus Prinzip, sondern eher aus Gewohnheit. Er ist nicht beleidigt, daß ihm mehr bleibt.
Wir begegnen ein paar Kindern, die anscheinend zu einem Faschingsfest gehen. Sie sind verkleidet und bemalt. Unter den Alltagsmänteln kommen lange farbige Kleider hervor, manche mit Blumen bestickt, und unten an

den Füßen sehe ich feste Winterschuhe herausragen. Die Gesichter sind rötlich geschminkt, die Lippen knallrot und die Augen dunkel umrandet. Eine Hose mit Fransen, ein riesiger Hut auf dem Kopf eines Buben, auch Sonnenschirme aus Kreppapier und Perücken in blau und mit schwarzen Zöpfen und rotem Struwwelhaar und Sommersprossen in die Gesichter gemalt, eine bunte, verrückte Gesellschaft, die nicht verrückter ist als immer, aber heute einmal sein darf wie immer. Die Verrücktheit der Alltagsmode des Übereinkommens mit den anderen Verrückten ist heute der Verrücktheit des Verlassens dieses Übereinkommens gewichen. Das ist im Fasching erlaubt und hat die Zustimmung aller anderen Verrückten und ist daher eine Einführung, die man unbedingt mitmachen muß, da man sich sonst außerhalb des Kollektivs bewegt. Fröhlichkeit ist nur im Kollektiv gern gesehen. Einsamer Frohsinn ist bedenklich, vielleicht sogar gefährlich.
Sebastian raucht an ihnen vorbei. Er bestaunt sie, und er dreht sich noch nach ihnen um.
Auch ich habe mich immer gerne verkleidet. Und wenn mich jemand sehen konnte, war ich überhaupt jenseits meiner gefesselten Fragwürdigkeit, ausgerückt aus der grauen Kluft meiner einförmigen Zwangsgestalt hinübergerückt in die Vielfalt meiner Wunschfiguren und sieh und lache, meistens oder immer ein «Erwachsener». So als wäre das etwas Unerreichbares. Die Pyjamahose des Erwachsenseins tauschen gegen die Strampelhose des kindhaften Vergnügens, frisch in die Windeln zu scheißen und gleich noch einmal. Und noch ein wenig Lippenstift und noch höhere Stöckelschuhe und noch geschäftiger vor sich hingestikuliert und trippeln und in endlose Gesprächsbögen verkeilt sich steigern und erklärend plappernd und verstummend, und den ganzen Charme meiner unwichtigen Wichtigkeit auskostend, wenn möglich, vor dem Spiegel jede Bewegung wiederholend und noch einmal genießend, hinein, hinein in die glänzende, strahlende Wesenheit einer Vorstellung bis zum Exzeß, bis zur Karikatur der ganzen Erwachsenenwelt mich steigernd, wurde ich dieses Spieles nach gar nicht so langer, aber außerordentlich intensiver Zeit müde, und ich schlüpfte gern wieder aus meinen unbequemen Phantasiefetzen zurück in mein eigenes vielfältiges Wesen, das sich selbst nicht fremd war, aber manchmal befremdete, weil es so still war. In meinem Hirn hatte und war ich alle Wesen, und ich mußte dazu nicht immer in deren Bilder kriechen, aber manchmal, öfter, da faszinierte mich dieses Schauspiel, eine tragische Komödie und so gut, so gut. So als hätte ich gewußt, daß alle Träume in Erfüllung gehen, wenn man sie nur stark genug lebt. Heute wäre ich so ein guter Erwachsener, ich habe die richtige Größe und das richtige Alter, das einzige, was mir als Kind gefehlt hat, aber heute kann ich nicht mehr Kind spielen, obwohl ich es noch genauso bin. Heute

nimmt man mir das übel, was ich früher sein mußte. Damals durfte ich spielen, im Fasching vielleicht, was ich heute immer sein muß. Eine Maske meiner Wesenheit und meine Maske ist mein Gesicht und das ist der Grund, warum ich es nicht bedauern kann, kein Kind mehr zu sein und warum ich es nicht sehr liebe, mich im Maskenball als Pippi Langstrumpf oder als Vamp oder als Mauerblümchen zu verkleiden. Ich bin heute ohnehin im Kleid. Verkleidete Kinder sind herausgestiegen aus dem Kinderkleid für kurze Zeit, nur für kurze Zeit und das macht die Verrücktheit aus. Alles, was nur für kurze Zeit ist, reicht an Verrücktheit der Sinne, weil wir sonst immer auf Langzeit eingestellt sind. Langeweile, lange Zeit oder unbestimmte Zeit, verschoben auf die Ewigkeit . . . und dabei ist das ein Fehlschluß, denn verrückt werden wir meist, weil das Leben so lang dauert und man nie weiß, wann es endet. Im Fasching mußt du verrückt sein, sonst bist du nicht normal. Wenn der Sinn verrückt ist, ziehen sich die Lebensintensionsteilchen mehr zusammen, sie rücken näher zusammen, und deswegen lachen wir soviel, was allerdings wieder nicht stimmen kann, weil die Verrückten gar nicht mehr lachen als die Normalen. Aber im Fasching, im Fasching, da darf ich mir alle möglichen Ungereimtheiten einfallen lassen und muß auch auf keinen grünen Zweig kommen, denn im Februar gibt es gar keine grünen Zweige.
Vor dem Blumengeschäft stehen wir lange, um das passende Sträußchen für die Tasche auszusuchen. Wir finden ein kleineres buntes. Wir kaufen es, und ich verstaue es vorsichtig in meinem Beutel. Es liegt gut und wird nicht gedrückt. Ich lasse den Verschluß offen.
Im Warteraum warten schon viele Besucher. Es handelt sich in diesem Fall um ein kleineres Spital, und daher ist auch keine Halle wie in großen Krankenhäusern, sondern ein großer Warteplatz, der in die Treppen nach oben übergeht und auch die Aufzugtür einschließt. Alle Besucher und alles Personal muß hier vorbeiziehen, falls es geschäftig Räume und Büros und Krankenzimmer wechselt. Das stimmt nicht ganz, denn die Krankenzimmer und Operationssäle sind natürlich in den oberen Stockwerken gelegen, obwohl das Haus, glaube ich, gar nicht viele hat. Aber trotzdem ist ein reger Betrieb von Auf- und Abgehenden, schnell Vorbeihuschenden, in weißen Mänteln und Schwesternhäubchen, manchmal in Gesichtsmasken, manchmal Männer in weißen Mänteln, manchmal Frauen in weißen Hosen und kurzen weißen Mänteln, die wahrscheinlich keine Schwestern sind, sondern Ärztinnen. Junge asiatische Schwestern, die kichernd in Grüppchen zusammengehen. Sie haben alle breite kleine Nasen und sind recht klein. Es kommt darauf an, ob sie im Körperbau auch breit sind, denn dann sind sie meist nicht hübsch. Sind sie aber in den Beinen und im Körper eher schlank, dann sind die breiten Nasen und die hohen Wangenknochen ein Attribut der Schönheit, und alle haben sie wunderbares,

schwarzes glänzendes Haar. Manche sind wie dümmlich, was allerdings einheimische Schwestern auch sind, wie ich beobachten kann, aber doch noch kindischer als dümmlich. Aber manche sind still und lächeln und die haben dann so etwas, was man sich in unseren Breiten unter einer exotischen Schönheit vorzustellen pflegt.
Schwester Britta, oh, schon gegessen? Britta ist keine Exotin, aber eine Schönheit, das kann ich sagen, und dabei gar nicht mehr so jung. Schöne, schlanke Beine in gesunden, aber nicht uneleganten Sandalen mit einem höherem Korkabsatz, ein straffer Körper unter dem weißen Kleidermantel und ein weißer Hals, kerzengerade, aber nicht steif aus dem Kragen heraus und oben ein Kopf, der die Station beherrscht und sich selber zu beherrschen gewöhnt ist. Ich kann aber auch etwas von einer Spur zu hohen Mutes, der sehr leicht verletzlich ist, sehen, was sich nicht in Jämmerlichkeit auswirkt, sondern eher in kalter Abweisung demgegenüber, der an den Grundfesten dieses Stolzes rühren könnte. Und da ist viel, was zum Einsturz gebracht werden könnte, ich weiß das.
Die Mäntel der Schwestern sind andere als die der Ärztinnen und Ärzte. Die ersteren sind mehr mit Nylon durchzogen und erinnern mehr an Hauskleider, und die anderen sind aus blütenweißem Leinen und legen weniger Wert auf modischen Schnitt, sondern auf den Qualitätsunterschied. Der Unterschied muß natürlich gewahrt bleiben. Manche Schwestern sehen je nach ihrer Wesensart in ihren Mänteln mehr nach Köchinnen aus, und manche nähern sich dem edlen Aussehen von Schwester Britta an. Nicht alle tragen diese Häubchen, die auf manchen Köpfen lächerlich wirken, auf manchen lustig, auf manchen kokett und auf manchen eben praktisch, weil die Haare nicht ins Gesicht hängen können. Der Sitz der Häubchen hat viel mit der Frisur zu tun, die sich darunter befindet und diese wieder mit dem Menschen, der sich darunter befindet. Äußerlichkeiten sind hier nicht alles, aber viel.
Manche steigen in den Aufzug und andere kommen herunter mit Papierbögen unter den nackten Armen oder anderen Geräten wie kleine silberne Kästchen, in denen sich Instrumente befinden oder steriles Verbandzeug, manche tragen auch nichts. Manche Ärztinnen sind ehrwürdiger als die Schwestern, manche älter, mache auch sehr jung und unbeholfen, manche keck.
Das ganze Personal, muß ich überhaupt feststellen, hat vor den sie ehrfürchtig beobachtenden Besuchern die sinnvolle Geschäftigkeit voraus, in einem Betrieb, den sie beherrschen und den sie kennen. Die Besucher sind die nutzlosen Warter, draußen, die Außenstehenden, die auf das Zeichen des Portiers warten, um endlich hinaufgelassen zu werden. Aber der gibt das Zeichen nicht vor zwei Uhr, da achtet er sehr darauf, denn das ist seine Macht und die macht ihn ebenfalls hier zu einem eingeweihten höheren

Tier als man selbst eines ist. Er gibt bereitwillig Auskunft über die Zimmernummern der einzelnen Patienten, aber er erhebt seine Stimme gewaltig, wenn ein Besucher aus Unwissen oder Wissen schon hinaufstürmen will.
«Bitte, zu wem wollen sie? Einlaß erst um zwei Uhr!»
«Ich gehe auf Klasse – Herr Gerold.»
«Ist in Ordnung, meine Verehrung, zweiter Stock, Zimmer 3.»
Klassepatienten dürfen immer besucht werden und haben Einzelzimmer mit Telefon und Fernsehapparat. Das ist ein Wohnen um viel Geld und in wenig Gesundheit.
Auch wir haben nach der Zimmernummer gefragt. Unsere Oma liegt im zweiten Stock, Nr. 14. Aber wir müssen warten. Ein ehrwürdiger älterer Herr mit Bart kommt im Mantel, im Straßenmantel, im Aufzug herunter. Jeder weiß sofort: Alles zurücktreten.
«Auf Wiedersehen, Herr Chefarzt», und der Herr Chefportier verneigt sich ein bißchen und öffnet dem Arzt weit die Eingangstür, um dann selbst wieder in hoheitsvoller Haltung seine Schäfchen zu bewachen.
Die Besucher sind alle ein wenig gespannt und erregt. Manche kennen den Zustand des Kranken, manche kommen das erste Mal her, manche sind eng verbunden mit dem Zustand des Kranken und selbst ganz krank, manche machen nur Anstandsbesuche, sind gut angezogen und haben meist Blumensträuße in den nervösen Händen. Die Ehefrauen oder Mütter oder nahen Verwandten der Betroffenen halten meist keine Blumen, sondern Taschen, in denen sie Essen, Köstlichkeiten von zu Hause oder sonst irgendwelche gewünschten Mitbringsel verstaut haben. Männer, die ihre Frauen besuchen, die verhalten sich besonders ungemütlich, egal ob sie jung oder älter sind. Ihnen ist das sehr unangenehm, hier zu warten und meist nichts zu bringen. Irgendwie verloren kommen sie mir vor, und zwei sind sogar hier, die sich scheinbar vorher kräftig Mut angetrunken haben müssen. Es ist ja wirklich nicht so ohne, als einer, der nicht helfen kann, zu einem frisch Operierten zu gehen, der im Dusel darniederliegt und scheinbar gar kein Mensch mehr ist und man nicht weiß, ob er je wieder der alte wird. Da liegt dann eine Fremde da, vielleicht die Frau, mit der man schon jahrzehntelang lebt und die immer um sein Wohl bedacht war, und jetzt liegt sie da und ist nicht mehr die alte. Das entwurzelt einen selbst, das tut weh.
Manche Handbewegungen in Verlegenheit, ein Aufrichten im steifen Kreuz und ein Blick hinüber zu der Frau, die vielleicht auch eine Besucherin derselben Patientin ist, aber man kennt sie noch nicht. Hoffentlich kommt nicht noch jemand und man selbst ginge unter als Besuchsperson. Manche wiederum wünschen sich, daß sie nicht die einzige Unterhaltung für den Kranken sein müssen. Manchmal weiß man so wenig zu reden,

besonders wenn der eine drinnen lebt und der andere draußen und man selbst den besseren Standort hat. Dann getraut man sich nicht einmal, ruppig und struppig zu sein zu dem, gegen den man immer intrigiert, weil er ja jetzt krank ist und sich nicht wehren kann, und dann ergeben sich manchmal diese grotesken Fragespiele und verständnisverwirrenden Aneinandervorbeigespräche, wenn die auf einmal freundlich sind, die sonst einander nur durch Unfreundlichkeiten zu verstehen pflegen. Im übrigen glaube ich überhaupt, daß viele Krankheiten eine Fluchtmöglichkeit ins Spital, in eine geschützte Situation sind.
Manche Besucher kommen schon sehr oft her und kennen sich da aus. Diese kristallisieren sich sehr bald heraus. Sie kennen einander und plaudern über den Zustand des Kranken und erkundigen sich und geben den Neuen großspurig oder liebenswürdig Auskunft über die Gepflogenheiten dieses Spitals. Ich glaube, daß ihnen diese Rolle hier mehr gibt, als den lieben Kranken wieder zu Hause zu haben. Aber das fällt mir eigentlich nur bei der Beobachtung einer Frau ein, die sich da so plustert in ihren Ohrklipsen aus Plastik. Sie ist nicht mehr jung und von dieser argen weiblichen Geschäftigkeit, die alles mit ihrem praktischen Sinn erdrückt. Vielleicht ist ihr Mann einer von denen, die geflohen sind und so funktioniert ja das Eheleben dann wieder. Eheleben funktioniert ja immer, nur eben nicht in dieser Form, in der es propagiert wird.
Manche Patienten, die schon besser beisammen sind oder noch in Ordnung sind, schauen ungeduldig beim Stiegenabsatz herunter, weil sie schon auf den Kuchen oder auf die Erfüllung der Gewohnheit, um zwei Uhr Besuch zu erhalten, warten.
Meine Oma kann nicht wissen, ob ich komme, sie wird schon sehr gespannt sein, falls sie noch so rege ist in ihrem Verlangen. Einige Patienten wollen nicht besucht werden. Ihnen ist das Danebengeplapper derer, die sich so sehr um Trost bemühen, äußerst unangenehm, denn sie haben nicht vergessen, wie rauh das Klima in der Freiheit manchmal ist, und der Schutz des warmen Hauses ist manchmal ganz wohltuend und die Fürsorge bezahlter Kräfte ist manchmal angenehmer als die Freiwilligkeit, mit der gewohnheitsmäßige Liebe erkauft werden muß. So manche Paare haben aber, wenn der andere krank wurde, wieder viel mehr Zeit und Einsehen füreinander gewinnen können, mehr Besinnung auf den Ursprung des Verhältnisses, um es dann allerdings, wenn der Kranke nicht mehr krank ist, rasch wieder zu verlieren, um es wieder einmal zu gewinnen.
Einige Leute sitzen auf der Bank, die an der einen Wand aufgestellt ist. Wir sitzen nicht, aber Sebastian wird sich hinsetzen, wenn die anderen hinaufgehen. Es sind keine anderen Kinder da, aber es sind Zeitungen da und die sieht sich das Kind sehr gern an. Ich will die alte Litanei von Nichtangreifen, was alle anderen in den Händen halten, anbringen, aber

ich lasse es dann, denn ich weiß, wie gern ich mich als Kind in die bunten Bilder über die große, reiche und weite Welt vertieft habe und ich tue das ja auch in gewissem Maße noch heute.
«Tschüs, kommst bald wieder», Sebastian will mich schon hinaufschikken, um endlich lesen zu können. Aber hier erlaubt nur der Portier. Über der Bank hängt eine Uhr. Es ist in fünf Minuten zwei und die Leute drängen zur Treppe und zum Aufzug. Die Wartezeit ist geballt, und ich glaube fast, sie wird sich in einem Sturm nach oben entladen. So als wäre das in einem Krankenhaus von Nutzen für irgend jemanden. Wahrscheinlich aber ist es eine Entladereaktion auf die lange Hemmung. Und die gefaßteren Besucher werden wahrscheinlich jetzt erst kommen, eben um zwei Uhr, wenn der Portier die Treppe freigibt. Und tatsächlich werde ich fast mitgerissen von den Freibeutern. Ob das gesund sein kann? Aber wir sind ja in einem Krankenhaus. Für Sebastian ist es jetzt das Freudenhaus, denn er winkt mir noch einmal zu und setzt sich breit mit seiner Illustrierten auf die Bank. Und ich steige gespannt, beunruhigt, aber beherrscht in den zweiten Stock hinauf.
Einige Patienten sitzen auf den Vorplätzen und Nischen zu ihren Zimmern und warten dort in tiefen Sesseln auf ihre Besucher. Manche haben schon den Besuch, wenn er vor mir geschwommen ist in dem Menschensog nach oben, und es wird bereits geküßt und umarmt und überreicht und sorgenvoll geschaut. Alle haben diesen juckenden Besorgnisguck, der mich immer an schräg blickende Hühner erinnert, und allen baumeln diese rötlichen Dinger, diese Hautlappen des Zuviel herunter, denn wozu haben die Hühner diese Zier? Bitte, ich bin kein Zoologe und auch kein guter Mathematiker, denn ich habe mich in der Richtung der Zahlen geirrt und anstatt zu 14 gehe ich in Linie 11 und 10 und 9 herunter. Ich drehe um, und auf der anderen Seite sieht es genauso aus. Nr. 14. Niemand sonst will hier hinein, im Augenblick zumindest. Ich öffne entschlossen und habe wieder eine dunkle Tür vor mir. Ich weiß nicht, ob ich die Tür hinter mir erst schließen soll und dann die andere öffnen. Es ist fraglich, ob ich da so in die Mitte passe. Ich will aber nicht beide Türen auf einmal bedienen müssen, denn ich habe vor, wenn ich die letzte Tür öffne, schon im Aufschwingen einen Blick in das Krankenzimmer zu werfen und mich zu orientieren, ob ich einen Saal vor mir habe oder ein kleineres Zimmer mit vielleicht nur sechs oder vier Patienten, wobei ich es dann leichter hätte, die Oma zu erkennen. Ich will nicht erst drinnen ratlos herumschauen und meine eigene Großmutter dann nicht finden. Blamabel wäre das. Oder wenn ich zuerst zu einem falschen Bett ginge, oder wenn ich meine Oma überhaupt nicht mehr erkennen könnte? Mir wird ganz dunkel im Zwischenraum und außerdem weiß ich auch gar nicht, ob das die letzte Tür ist, wer sagt denn das überhaupt. Mir rutscht der Henkel der Umhän-

getasche über die Schulter, und ich schließe etwas zu laut die äußere Tür und öffne leise die innere und sehe sofort nur wenige – 1, 2, 3, 4 Betten, und im ersten liegt meine Oma. Sie hängt an einer Infusion. Das sieht irgendwie alarmierend aus, denn sie ist gefesselt an die Medizin. Das sollen in den heutigen Zeiten überhaupt viele Menschen sein, auch wenn sie sich in Freiheit bewegen und man es nicht unmittelbar sehen kann. So mancher hängt an Magentabletten oder an Schlaftabletten, an Abführpulvern und Beruhigungspillen, an Schönheitscremes und an Hämorrhoidensalben, an Fruchtsaft und Potenzmitteln, an Zwiebelrostbraten oder an Bauernbrot, an Bier oder an Torten, an mir oder an der Muttermilch.
Sie blickt zur Tür her und mir fällt ein, daß sie mich wahrscheinlich gar nicht erkennen kann, weil sie nicht so weit sehen wird. Sie hat die Brille auf der Bettdecke liegen, hoffentlich fällt die nicht hinunter. Aber sie erkennt mich doch. Ich bin die erste Besucherin im Zimmer und die anderen Patientinnen lauschen. Sie haben hier ja sonst nichts zu tun. Ich glaube, ich habe auch beim Hineingehen einen leisen allgemeinen Versicherungsgruß abgegeben, damit man mir nicht allzu schlecht gesinnt sein soll. Ich war ja unsicher, weil ich nicht wußte, wohin ich mich wenden sollte und ich fühle mich auch jetzt nicht sicherer, wie ich zum Bett der Oma trete und ihre ungefesselte Hand leicht berühre.
«Du bist es, Maria», sagt sie in schwachem, aber altbekanntem Ton, indem sie wie eine Tonleiter nach unten sinkt, um beruhigt auf der Bestätigung ihrer Annahme auszuruhen, daß ich kommen würde. «Schau, nimm dir diesen Sessel.» Mir ist das sehr recht, denn ich hänge so halb geneigt hinunter und finde keine rechte Position. Ich öffne, wie vermutet, nur den Mantel und setze mich. Heiß ist es. Und ich greife wieder leicht nach der freien Hand der Oma, auf deren Seite ich sitze.
«Na, da schaust du aber, was? Es ist notwendig. Ich konnte zu Hause nicht mehr bleiben. Mein Urin hat völlig ausgesetzt. Ich habe Schmerzen gehabt, sehr arg, und ich konnte überhaupt nicht mehr schlafen. Ich war total erschöpft.» Ihre Hände sind gekrümmt, weiß an den Knöcheln, obwohl sie locker daliegen. Knotig und steif, nicht so weiche warme Hände, wie ich meine fühle, während ich ihre halte. Ich sehe darauf und versuche die Finger geradezumassieren, aber die bleiben kalt und weiß. Die Fingernägel sind wie ausgelaugt und ebenfalls weiß unter der Hornschicht. Nicht häßlich sind diese Hände, aber alt und nicht gesund. An den Handrücken zeigen sich mehr braune Flecken, als mir bisher aufgefallen sind, oder vielleicht macht es mir bei so genauer Beobachtung diesen Eindruck. Ihr graues Haar ist glanzlos und unbedeutend in der etwas schütteren Form, die es um das Gesicht zieht. Die Augen sind von tief überlappenden Lidern halb beschattet, und ihr Blick ist matt, aber nicht uninteressiert, nicht unbeteiligt an mir, nicht jenseits jeden Verlangens, nicht ohne

Lächeln und nicht ohne Bosheitsblitzen. Sie setzt ihre Brille umständlich auf, und ich helfe ihr dabei. Es sieht mich eine wache Oma an mit müden, aber lebendigen Augen, wie ich sie kenne, eben mit ihren Augen. Mit meinen Augen sehe ich ihre magere Nase am Nasenrücken weiß und länger als ich in Erinnerung habe. Die Backenknochen treten mager hervor und bilden kleine gespannte Flächen an ihren Bergrücken. Das Gesicht ist aber trotzdem nicht wie abgemagert, sondern um den Mund zu wölbt es sich in Falten auf und das macht es wirklich zu einem alten Antlitz. Das gibt den Eindruck von Gebrechlichkeit. Ja, Gebrechlichkeit, das habe ich an meiner Oma, selbst wenn sie es gewesen sein sollte, bis jetzt noch nie gefunden. Sie bewegt sich gar nicht, aber sie ist gebrochener, wenn auch noch lange nicht zerbrochen. Soll ich diesen Zug um das Kinn als einen weinerlichen erkennen? Aber das paßt nicht zu meiner Großmutter. Jedoch, sie ist verzagt in diesem Kinn und ratlos in ihrer Weisheit ihrem Leben gegenüber. Ich sage das so, denn ich halte die Menschen alle für viel weiser als sie vorgeben oder als es erscheint, aber diese Weisheit ist nichts leuchtend Stilles, sondern eine Abnützung der Energie zu Umwegen und Spaziergängen im Garten Eden. Denn dort sind wir. Ich sage es hier und heute, wir sind jetzt dort und anders ist es da nicht.
«Meine Blase versagt völlig. Die Ärzte waren hier und sind um mich herumgestanden. Sie sind gar nicht unfreundlich. Ich verstehe das ja nicht ganz, was sie da vorhaben, aber sie wollen die Blase dehnen, den Hals aufdehnen irgendwie und sehen, ob sie wieder arbeiten kann. Sie ist gelähmt. Blasenlähmung – hast du so etwas schon gehört?» Ich habe es noch nicht gehört, aber es leuchtet mir irgendwie ein.
«Jetzt habe ich einstweilen so einen Katheter», und sie zeigt an die Bettseite, an der ich sitze. Und da hängt das bekannte Säckchen mit gelber Flüssigkeit drin.
«Die arbeiten da ja so langsam. Die Befunde werden so langsam entwikkelt, und sie sagen mir ja auch nichts. Meine Blutbefunde sollen sehr schlecht sein. Mein Zucker ganz normal. Ich habe hier auch Appetit.»
«Was gibt es denn hier so?»
«Heute war Saftfleisch und Nudeln, das hat mir sehr geschmeckt. Gestern war Reis mit so kleinen Bratenstücken, das war weniger gut, aber immer saftiges Kompott. Kuchen und solche Sachen darf ich ja nach wie vor nicht essen.» Mich wundert, daß meine Oma nicht über das Essen, die Ärzte und die Schwestern klagt und ich vermute, sie möchte damit eine schlechtere Behandlung bannen, weil sie Angst davor hätte.
«Wenn das mit der Dehnung nicht funktionieren sollte, werden sie mir einen Dauerkatheter geben müssen», und sie sieht mich fragend an, ob so etwas möglich wäre, ob ich sie dann noch besuchen würde, wenn sie unter dem Gewand so ein Säckchen hätte. Ich kann dazu nichts sagen, und sie

spricht weiter: «Bei Frauen kenne ich das ja nicht, aber bei Männern habe ich das schon manchmal gehört, daß sich die das Säckchen immer selbst jeden Tag ausleeren. Man würde sich sicherlich auch daran gewöhnen. Im Spital möchte ich keinesfalls allzulang bleiben, da würde ich lieber so etwas auf mich nehmen. Sie machen diese Dehnung auch nicht gleich. Ich weiß nicht, ist das eine Operation oder wird das im Zimmer gemacht, man weiß ja hier überhaupt nichts. Die Blutbefunde sind jedenfalls schlecht, das haben sie mir gesagt, und abwarten müssen sie. Vor dem Wochenende geschieht wahrscheinlich überhaupt nichts mehr mit mir. Das Warten ist so ungewiß.» Die Oma schließt für einen Augenblick die Augen, so als würde sie damit die ungewisse Wartezeit überbrücken können und ein paar Sekunden gewinnen.
«Jetzt erzähl aber von dir. Ich rede da immer von mir», wendet sie rasch über und ich bin überrascht, weil ich von mir ja nichts zu berichten habe, außer, daß ich sehr wohl urinieren kann und daß mir das Essen auch schmeckt und daß Sebastian unten wartet.
«Mein Gott, der Arme», sagt sie, aber ich vermute, er wird es sich gut gehen lassen, lesen und Zucker rauchen.
«Diese Infusion ist auch so unangenehm. Immer an dieser Flasche hängen, ich würde so gerne aufstehen, ein bißchen. Aber ich kann ja auch nicht wegen des Katheters. Ich sag dir! Wenn du einmal so krank bist.» Sie pausiert wieder, und die Frage geht durch ihren Kopf, und eine Ahnung und eine Abwehr und ein Irrsinn und ein Glaube und eine Hoffnung und eine Gewißheit und ein Wollen und ein Verlieren und ein Besinnen und ein Zerklüften, keine Ordnung, keine Beruhigung, es ist nicht möglich, ruhig zu sein und auszuruhen, nie, nie, nie? Nur die Erschöpfung, die gibt etwas Mattheit. Geschlagen! Wer gibt sich gern geschlagen?
«Die Nadel tut nicht weh, aber bis sie die Vene finden, da stechen sie immer ein paarmal.» Ich sehe, daß sie eine Art Stütze aus Plastik über dem Schlauch liegen hat, der die Flasche mit der Vene verbindet, und diese Stützvorrichtung ermöglicht es ihr auch, den angehängten Arm leicht zu bewegen, da sich die Nadel nicht bewegen kann, und das stelle ich mir angenehmer vor, als die Hand dauernd steif halten zu müssen und selbst derjenige zu sein, der über den Erfolg des Tropfens entscheidet.
«In der Nacht habe ich wieder einen Anfall gehabt. Ich habe der Schwester läuten müssen. In Schweiß gebadet, kann ich dir sagen. Sie hat mir ein neues Hemd geben müssen, gleich in der Nacht. Aber seltsamerweise habe ich diesmal trotzdem Appetit. Sonst hat mich doch immer so geekelt. Ich hatte alles herausgebrochen, alles war voll. Und Schweiß und Schweiß. Ohnmächtig vor Anstrengung. Es ballt sich alles zusammen, noch wenn ich schon ganz im Krampf bin, und das ist mir immer zuviel. Das schafft mich völlig. Der Arzt ist dann auch gekommen mitten in der

Nacht und hat mir eine Spritze gegeben. Mitten in der Nacht. Da war ein Betrieb. Daß die wegen mir so viele Geschichten machen. Zu Hause könnte ich mir da nicht helfen. Zu Hause war es, glaube ich, noch nie so arg. Das Bett hat mir die Schwester dann auch noch überzogen. Die Spritze hat mir geholfen. Die anderen Frauen hier konnten gar nicht schlafen», sagt sie zum Schluß leiser zu mir.
Inzwischen war ein jüngerer Mann und eine Frau zu einer anderen Patientin gekommen, die gegenüber an der Wand das Bett hat. Ich habe nur ganz kurz hingesehen, wie sie beim Eintritt gegrüßt haben. Die Oma hebt sich jetzt ein wenig an, und sieht hinüber.
«Das wird der Sohn sein. Diese Frau hilft mir ein bißchen. Sie bringt mir manchmal Wasser zum Bett. Eine Witwe. Der Sohn ist Geschäftsführer», wispert sie mir anerkennend zu und zieht die Mundwinkel aber nicht wie bei Anerkennung zu erwarten wäre eher hinauf, sondern nach unten, so wie: Der hat's faustdick hinter den Ohren. Soviel ich gesehen habe, ist es aber ein ganz normal aussehender jüngerer Mann mit normalen Ohren, und seine Fäuste habe ich nicht gesehen. Aber die Oma wird schon wissen, die hat da ein feines Neugierpatiencespiel entwickelt, weil sie viel allein ist. Sie hat da eine Meisterschaft im stillen Beobachten und Kartenlegen und Aufdecken. Aber ich halte das Kartenlegen und das Wahrsagen, das aus dem Kaffeesud die Wahrheit lesen und das Beurteilen von Menschen nach Sternbildern für eine Art tratschsüchtiger Weisheit, die nicht mit der ganzen Welt rechnet, sondern nur ein kleines Chaos ordnen will, um das größere nicht ansehen zu müssen, in dem es keine Gründe mehr zu finden gibt und keine Herkunft und keine Anhaltspunkte und keine Möglichkeit, sich irgendwo festzuhalten.
Ein Schein im Wind – ein Anschein – ich sehe genau hin, ich gehe mit den Augen ganz daran und, da ist er weg der Schein und ich sehe mich vorsichtig um, ob mich wohl niemand beobachtet hat bei meinem sonderbaren Benehmen. Wieder – der Schein – und ich fasse danach . . . in die Luft – ich habe geglaubt, ich könnte es mir zunütze machen, das Licht, die Erleuchtung in diesem dauernden milden Wind im Kopf, der nie aufhören will. Ein Dauerföhn, der alles liegen läßt zum Erblicken und es dann wegtreibt, wenn ich es nehmen will. Der Wert der Dinge liegt in ihrem Verschwinden. Das Licht strahlt nicht, es bewegt sich und erlischt, um anderswo aufzublinken. Irrlichter der erkennbaren Welt. Scheinwerte des Lebens. Scheinbares Leben. In den Sternen ist es nicht zu Hause. Dorthin kann man es nicht beordern, denn es ist der Stern selbst und der macht, was er will, und er macht, was ich will, denn er ist wie ich. Ich bin der Stern, wieso bestimmst du mein Licht, wo ich doch gar nicht leuchte? Ich bin nicht das Licht, ich bin der Zwischenraum zwischen den Sternen. Ich bin dort, wo nichts leuchtet, und mich kannst du nur vermuten, aber nie

bestimmen. Lege die Karten, und lege sie neu und ordne sie zu einer Unordnung. Ein Ordnungswille ist das Spiel, und dabei mußt du verbleiben, darüber kommst du nie hinaus, denn du machst ein Spiel aus der Erkenntnis, nur um nicht so dunkel damit leben zu müssen. Neugier, Neugier um die nächste Ecke. Eine Hexe ist die Befangene in ihrem Licht, sie weiß und sie tut es, aber sie kann es nicht lassen. Schatten über dem, der Dinge bewegen kann, der Häuser mit den Augen entflammen kann, der Menschen bannen muß, um nicht im Dunkeln zu strahlen, denn dieses Licht leuchtet nicht. Die Ordnung zerfällt in ihrer Erkenntnis. Ordnung bedeutet nichts, sie macht dich nicht klüger und nicht wissender und nicht lebendiger, und Chaos ist nicht das Gegenteil von Ordnung, denn Chaos gibt es nicht, sowie es die Erkenntnis darüber nicht gibt. Was ist das nicht geben? Gibt es das? Das ist, was wir sind. Aber uns gibt es nicht, so wie wir uns das denken.
Wann wird mir das Leben so unwichtig werden, wie es ist.
Worte über wortlose Gedanken, ein Wortspiel, ein Gedankenspiel und ich überführe mich hiermit auf die Spielerebene der Kartenleger und Neugierigen, und ich habe gefunden, jetzt gerade indem ich mich davon distanzieren wollte, daß ich scheinbar – scheinbar wie meine Oma bin, und wie alle neugierigen, ratlosen und haschenden Menschen nach einem Ausweg und einem Licht suche und daß ich mich immer wieder, immer wieder auf die Kerze setze, die ich selbst entzündet habe und blind tappend suche, und ich weiß es . . . und es darf sein.
«Ich habe dir ein paar Blumen gebracht, vielleicht kann ich sie irgendwo in ein Glas stecken. Sonst wollte ich nichts bringen, weil ich ja nicht weiß, was erlaubt ist.»
Da tönt, so als hätte jemand gelauscht oder uns die ganze Zeit zugesehen, eine Stimme von schräg gegenüber: «Draußen sind Gläser in der Küche. Die darf man holen. Die Blumen gehören hier auf den Tisch.»
Ist mir sehr recht, daß ich weiß, was zu tun ist und ich hole, noch bevor ich die Blumen auswickle, ein Glas aus der Küche. Die Schwestern sitzen da beim Kaffee. In der Besucherzeit haben sie Kaffeezeit, nehme ich an. Dürfen sie, warum nicht. Ich genieße es, daß sie nicht wissen, zu welchem Patienten ich gehöre, und eine gibt mir freundlich ein Glas heraus aus dem Kasten. Modern sind diese Teeküchen eingerichtet. Meine Küche ist da nicht so. Aber das scheint an mir zu liegen. Ich wohne ja auch nicht in einem Spital. Ich gehe langsam wieder zurück, um Zeit für meine Gedanken zu haben und die Oma ein bißchen verschnaufen zu lassen von mir und mich von ihr. Immer so knapp bei Gesicht und sonst nichts, das ist nahe dran. Gesunde können ablenken von ihrem Gesicht durch Aufwarten von Kaffee oder Herzeigen von Neuem oder Umdrehen beim Einschenken. Aber die Oma kann sich nicht einmal umdrehen, die Arme,

weil sie doch an dieser Nadel hängt, und ich kann mich auch nicht umdrehen, weil das unhöflich wäre. Ich schaue aber schon manchmal neugierig an die Wand und an den Galgen, der über dem Bett baumelt und zum Fenster, das viel Licht hereinläßt und auf die Hände der Oma und auf die weiße frische Bettdecke, die ganz glatt liegt. Viel zu glatt, als daß man einen Menschen darunter vermuten würde, und an die Einstichstelle in der Vene, die ein bißchen angehoben ist und aus dem weißen Innenarm heraustritt. Ein Blutstropfen steht gestockt und groß an der Einstichstelle. Diese Einstichstelle, die wird immer bleiben, die wird nie verschwinden, die muß immer sein, selbst wenn danebengeackert wird. So durchgestochen, feinst hineingeführt und entlanggelotst, ganz langsam an der Wand der Vene, bläulich, zellig zerfallen in Vorstellungen, die nicht mehr schrecklich sind, und nicht mehr eklig sind, wenn man sie ganz genau übersieht und bedenkt und beobachtet. Es ist wie mit der Angst.
Habe Angst soviel nur geht, und noch mehr, streng dich an, gib noch zu, noch, was du hast, noch mehr Angst und noch mehr.
Das Wasser gebe ich im Zimmer in das Glas, und jetzt stecke ich das Sträußchen hinein und es gefällt mir, und ich stelle es auf den Tisch in der Mitte, denn auf dem Nachtkästchen ist kein Platz, und die Oma sagt gar nichts dazu. Sie vergißt einfach, sich zu bedanken, und das stimmt mich bedenklich. Ich setze mich wieder auf den Sessel, nachdem ich das Papier von den Blumen in den Papierkorb geschmissen habe.
«Ich kann dir ja nicht mehr sagen. Ich weiß ja nichts. Ich muß warten. Sie sagen, ich muß Geduld haben, bis sich alles herausstellt. Ob die etwas wissen . . . Sie sind schon nett, aber so unpersönlich, weißt du. Höflich, aber ich weiß nie, woran ich bin. Sie nehmen mich nicht ernst. Aber das kenne ich ja schon.» Sie liegt wieder und schließt die Augen. «Vielleicht könntest du einmal bei einem Arzt, am besten beim Oberarzt oder beim Urologen, der immer mitkommt, nachfragen, vielleicht sagen sie dir mehr. Heute ist keine Sprechzeit, aber ich glaube, am Dienstag. Der Oberarzt hat mich gefragt, ob ich allein lebe.»
Sie scheint darauf zu warten, was ich dazu zu sagen hätte, und ich weiß es nicht gleich. Ich frage nicht gerne nach, wirklich nicht, aber ich weiß, daß ich es wahrscheinlich doch tun werde. Ich lege mich aber nicht auf einen bestimmten Zeitpunkt fest und sage nur: «Das könnte ich machen, wenn du das willst. Ich werde sehen, wann es mir ausgeht.»
Das beruhigt sie anscheinend etwas und auch, daß ich nicht sofort gehen will, sondern nur irgendwann einmal, vielleicht wenn sie schon längst das Spital wieder verlassen hat.
«Jetzt muß ich fürs erste hierbleiben, da kann ich nichts machen und vor Wochenbeginn werden sie gar nichts tun. Blut wird immer wieder abgenommen und untersucht.»

Eine Schwester kommt herein. Sie blickt in die Runde und alle halten kurz in ihren Gesprächen und Gedanken ein, da sie vielleicht etwas zu sagen hat. Aber sie sagt nichts, sondern sie schreibt in die Krankengeschichten, die an den Enden der Betten hängen, bei jedem Patienten etwas ein.
«Frau Sucha, haben sie heute schon Stuhl gehabt?» fragt sie die Frau, die den Sohn zu Besuch hat.
«Ja, gleich am Morgen.» Jetzt weiß es der Sohn auch.
Die Großmutter wird nach nichts gefragt, es wird aber auch ein beobachtender Blick in die Krankengeschichte geworfen und etwas eingetragen. Die Schwester, es ist eine von denen, die so in der Mitte zwischen Köchin und Standesperson liegt, blickt kurz auf meine Großmutter, dann auf mich, dann auf die Infusionsflasche und verläßt wieder das Zimmer. Ein Wunder an stillem Wissen oder ein Wunder an Unwissen oder auch Unbeteiligtheit. Sie ließ nichts erkennen und wahrscheinlich ist auch gar nichts zu erkennen.
«Heiß ist es hier.» Ich wackle ein wenig mit meinem Mantel, den ich aber doch nicht ausziehe.
«Hier ist die Luft immer so abgestanden», meint die Großmutter resignierend. «Die machen die Fenster nicht auf.»
Ich glaube, hier ist auch eine Klimaanlage. Da sind die Fenster nicht mehr zu öffnen, da haben sie nur mehr die Funktion, Licht durch die Mauern zu lassen. Ich denke an Sebastian in meinem Dampf und mir fällt ein, daß er den Mantel noch angehabt hat, als ich hinaufgestiegen bin. Er wird wahrscheinlich schon davongeronnen sein, aber der Mantel wird noch auf der Bank liegen, leer mit der Zeitung. Er denkt nicht an solche Sachen wie ausziehen. Vielleicht lernt er es aus den Illustrierten. Irgendeinen Lehrwert müssen doch diese teuren Hefte auch haben. Oder vielleicht hat ihn eine von den exotischen Schönheiten mit nach Siam gelockt, solche Verführungen sollen schon vorgekommen sein, oder vielleicht gar die Schwester Britta? Argen Charakterköpfen ist alles zuzumuten. Ihr Charakter besteht eben darin, über allen Bedenken und Moralvorstellungen zu stehen.
Weißt du, was sich dein Nachbar in der Straßenbahn alles vorstellt? Er sieht ganz unauffällig aus, vielleicht nur ein wenig hübsch oder vielleicht sehr häßlich und der hat die wildesten Sachen im Schädel, von denen du dir nie etwas träumen ließest. Oder vielleicht träumen schon, denn gegen Gedanken kommst auch du nicht an. Der ist vielleicht so ein unauffälliger Tag- und Wachträumer und lebt in Sphären jenseits deiner 36. Zwangsvorstellung und du berührst sogar seinen Mantelärmel – aber du merkst nichts. Du merkst nur, daß er ein Mensch ist und die bist du gewöhnt nicht gesondert zu beachten. Sofern er, und diese Überlegung möchte ich nicht außer acht lassen, wirklich ein Mensch ist und nicht ein verkleidetes

Rundomonil, muß ich wahrscheinlich alle ausgedachten Möglichkeiten zu einem neuen Wesen zurücknehmen, denn Menschen sind im Inneren doch meistens ziemlich gleichgestaltet, und es ist wahrscheinlich dein Bruder oder deine Schwester. Auch Britta ist meine Schwester und Sebastian ist mein Bruder und Kain ist mein Vater und Gott meine Mutter und meine Oma. Einer ist dem anderen so ähnlich und der Gleichgültigkeit des anderen so gleich wie er der Sehnsucht nahe ist, die einen vom anderen trennt, indem sie glauben, einander lieben zu können.
«Ich werde vielleicht dann wieder gehen. Sebastian wird schon ungeduldig sein».
«Ja, stimmt, der Bub wartet ja. Da mußt du gehen. Ich vergesse ganz darauf. Du kannst mir ja nicht helfen».
Ich weiß nicht recht, ob ich diesen letzten Satz als Herausforderung oder als Eifersuchtsregung oder als Abschluß unserer Beziehungen betrachten soll. Wenn man jemandem sagt, daß er nicht helfen kann, heißt das, dem anderen sagen, daß er enttäuscht hat, weil man Hilfe erwartet hat. Aber wie sollte ich jemandem helfen können, der es von mir erwartet. Das kann nie funktionieren, weil ich nie Vorstellungen anderer gerecht werden kann. Diese Hilfe ist die Enttäuschung und die wirft mir meine Oma jetzt zum Abschied an den Kopf. Ihre Enttäuschung von den Versprechungen des Lebens. An denen soll ich jetzt nagen und an denen soll ich mich schuldig fühlen und mein Bekenntnis dazu soll ich bestätigen, indem ich wiederkomme und indem ich nachfragen gehe und indem ich mich in dieses Spiel der Menschen aus Schuld eingliedern lasse, wiedergutzumachen, einmal zu bestehen. Und es funktioniert, es funktioniert alles, ich werde wiederkommen und ich werde nachfragen beim Herrn Urus oder beim Herrn Oberarzt an einem Dienstag, und die Oma hat gewonnen. Kranke Menschen gewinnen sehr oft. Sie haben einen Vorsprung, irgendeinen Vorsprung in der Lebenszeit oder in der fraglichen Zeit, eine Sonderstellung genießen sie und man glaubt, sich ihnen unterordnen zu müssen, weil sie doch krank sind. Eine Macht ist diese Krankheit gegen die Unbedeutendheit der scheinbaren Gesundheit. Gesundheit ist still und will keine Hilfe, weil sie sich selbst genügt.
Ich fordere deine Hilfe nicht, ich will sie gar nicht, aber du gibst sie mir, indem ich den Weg gefunden habe, der mir hilft, ohne daß du etwas dazu tun müßtest, was du nicht für dich tust. Ich habe den Weg zu dir gefunden, weil ich ihn eingeschlagen habe und der Bereich, auf dem ich deine Hilfe brauche, auf dem komme ich dir selbst entgegen und du nimmst mich und mir ist so sehr geholfen, daß ich dich nie bitten müßte. Und ich würde dir nie sagen, daß du mir ja nicht helfen kannst, denn du hast dich nie dazu hergegeben. Sollte ich dich einmal büßen lassen für meine eigene Schuld an mir für meine Lebensschuld, die mein ganzer Lebensinhalt ist

und deretwegen ich auf diese Welt gekommen bin, dann bitte, gib mir einen Tritt in den Hintern und weise mir deine Tür, das ist die Hilfe, um die ich dich jetzt und hier bitte. Um die bitte ich dich, denn das ist es dann, wonach ich gesucht habe. Sollte es Schreiber geben, die dich benützen, um dir ihre innere Maulwurfshügelerde ins Hirn zu schmeißen, die nimm und hau sie in den Mülleimer. Oder mache gar nicht so viele Umstände, sondern weglegen, einfach weglegen und nicht einmal bedauern, daß es um nichts geht. Mir wird schon wieder ganz heiß bei diesen Gedanken, weil ich so frech anbiete, was ich dich doch so sehr bitten würde, mit mir auf keinen Fall zu tun, denn schau, ich bin nur der 15. Maulwurf um die Ecke, und ich glaube immer, ich wäre die Bienenkönigin. Aber deswegen, weil ich das glaube, habe ich soviel Beziehung zu den Maulwürfen, weil ich es ja nicht notwendig habe, mich mit ihnen in der Erde abzuwühlen. Ich sitze lieber und tappe, tippe in meine Wabenkammern einmal hierhin und dann dorthin, und ich muß sagen, ich habe mir da schon eine rechte Schnelligkeit erworben im Eierpecken und Honigschlecken.
Der Geschäftsführer hinter mir, glaube ich, erhebt sich schon. Die Besuchszeit ist noch nicht aus, denn das würde verlautbart werden, aber die Besucher halten es schon nicht mehr aus vor Gesundheit, und die Kranken sind schon ein wenig matt vom vielen Sprechen und Beteuern, daß ihnen ja niemand helfen könne. Würden sie nur einmal wirklich glauben, was sie da sagen, sie würden es nicht mehr betonen. Aber, wie gesagt, es geht ja hier um eine Spielregel, die eingehalten werden muß, um den anderen wieder herzuzwingen, weil man seiner Freiwilligkeit wieder einmal nicht traut. Entweder es hilft Geld oder es hilft die Beschuldigung. Ja, man macht ihn zum Schuldner, und er hängt jetzt kläglich in seiner Schuld, die darin besteht, daß er nicht finden kann, was ihm der andere gegeben hat und wofür er jetzt bezahlen soll. Und es geht auch nicht um die Begleichung dieser Schuld, sondern nur um die Fortführung dieses Spiels, das die Einsamkeit scheinbar nicht so quälend erscheinen läßt. Quälen zur Bekämpfung der Qual, niemanden zu haben, den man quälen kann außer sich selbst. Und wenn man nur sich selbst hat, verschwindet man als Einzelwesen und auch als Einsamkeit, weil ja kein zweites da ist, das einem zum einzelnen machen könnte.
Ein Einsamkeitsspiel, das versucht aufzulösen, was gar nicht besteht, indem es die Zweisamkeit zerstört, um doch wieder einsam sein zu wollen.
«Und ich werde nachfragen beim Oberarzt. Du mußt jetzt noch ein wenig Geduld haben, bis sich alles herausstellt. Brauchst du irgend etwas aus der Wohnung oder sonst etwas?» Ich rechtfertige meinen Abgang durch Versprechungen, und die Oma hört das gern.
«Nein, mir fällt im Augenblick nichts ein. Geh nur, der Bub wird warten.

Es war lieb, daß du gekommen bist. Ich bin so sehr in Sorge. Ich bin so unsicher und habe so wenig Geduld. Aber ich fühle mich hier doch ein wenig geschützter als allein zu Hause.»

Für diese Ehrlichkeit bin ich der Oma dankbar, weil ich weiß, daß ihr das am ehesten eine Hilfe ist und sie mich dazu nicht braucht, und ich beuge mich noch einmal über sie und glätte ihr die Haare, dann zwinkere ich ihr noch zu und gehe an dem Geschäftsführer vorbei, der noch immer angezogen am Bett seiner Mutter steht und mit seiner Frau angeregt etwas ausdiskutiert. Ich gehe langsam die Stufen hinunter. Vereinzelt gehen Menschen und vereinzelt kommen noch welche, und ich fühle jetzt erst, wie mich dieses Besuchsvorhaben gedrückt hat, weil ich mich jetzt so erleichtert fühle. Und sie hat die schönen Blumen nicht einmal angesehen.

Sebastian ist völlig ausgeraucht, er hat scheinbar alle Zigaretten vernascht, und die Illustrierten hat er auch schon alle angesehen, weil er träge vor sich hindunstet in seinem Mantel. Wenigstens das Tier hat er abgelegt. Er stülpt es sich rasch über den Kopf, als er mich kommen sieht und ist zum ersehnten Aufbruch bereit.

«Wie ist es mit der Oma?»

«Es geht ihr nicht gut. Sie wird behandelt werden müssen. Aber zuerst muß noch allerhand untersucht werden. Das geht nicht so schnell.»

Sebastian will sonst nicht viel von mir wissen. Aber er fragt, ob sie sich über die Blumen gefreut hat. Und ich sage aus irgendeinem Grund, daß sie sich gefreut hätte, aber sie in ihrer Mattheit wenig Anteilnahme zeigen kann und wahrscheinlich habe ich mich damit selbst ein wenig beraten.

Ein Dienstag ist mir durch die Lappen gegangen. Ich bin ihm auch gar nicht so sehr nachgelaufen. Vielleicht weil die Oma die Blumen nicht bestaunt hat oder weil sie gesagt hat, daß ich ihr ohnehin nicht helfen kann, oder weil Sebastian letzten Dienstag mit einer Verkühlung im Bett gelegen ist. Jedenfalls bin ich heute da und warte vor dem Sprechzimmer des zuständigen Oberarztes. Ich befinde mich in demselben Raum wie damals, als die Großmutter und ich auf das Röntgen warteten. Ich sitze nicht, denn ich muß nicht so lang warten wie auf eine Untersuchung. Ich bin vom Portier hierhergewiesen worden, und die Schwester in dem Glaskästchen, die heute eine andere ist als damals, hat mich angewiesen, hier vor Tür Nr. 8 zu warten. Vor mir ist eine Frau gestanden, die auch gewartet hat. Eine ältere, die vielleicht wegen ihres Mannes nachfragen will, ob er gut gesund wird und ob er überhaupt bestehen wird, ob er in der Schule auch brav lernt, oder ob er das Leben vielleicht sogar noch einmal wiederholen müssen wird. Das hieße allerdings mit dem Schlimmsten rechnen, so schlecht ist er nicht, ihr Mann. Sie war ein bißchen schlampig in ihrem Aufzug, diese Frau. Fast war es mir, als hätte sie ein wenig viel nach Zwiebel oder nach altem Bratensaft gerochen, und der Mantel war an der

Knopfleiste schon so abgefingert. Sie hat vor Ungeduld auch dauernd einen Knopf auf- und zugemacht, aber gefehlt hat keiner. Der übrige Raum trat mir nur als eine Art Raunen ins Bewußtsein, ich versank eher in die Knopfleiste dieser Frau, ich konzentrierte dort meinen Auftritt, der bescheiden sein und sachlich und nichts von Wehklagen und Raunzen eines Angehörigen an sich haben sollte.
Mein Eintritt soll jedenfalls nicht wie ein Abtritt wirken, sondern eher unaufdringlich und leise sein. Nicht so wie bei der Frau vor mir, die mit dem Ärmel an der Türschnalle hängengeblieben ist und sich erst entschuldigen mußte für ihre Ungeschicktheit, bevor sie sich vorstellen konnte und ihr Begehr vorbrachte. Aber davon höre ich jetzt nichts mehr. Die Tür scheint schalldicht zu sein und auch geruchsdicht. Ihre Haare waren auch recht fettig und die Wangen stark mit roten Äderchen durchzogen. Ich habe es recht gern, wenn vor mir Leute sich hergeben, um daß ich dann einen um so besseren Stand habe, besonders wenn es um Zahnarztbesuche oder heikle bürokratische Fragen oder Verhöre oder Erkundigungen bei einem Arzt handelt. Ich benütze solche Vorteile ungeniert, und oft bin ich diejenige, die den Vortritt hat und den Eintritt für meinen Nachfolger respektabel erscheinen läßt. Er ist es ja nie wirklich, denn Eindrücke über Menschen funktionieren nicht so einfach in ihrer Unterschiedlichkeit, sondern der Arzt hat da seine eigenen Vorurteile und Nachsichten und Überblicke und Einblicke, die nur mit ihm selbst und seiner persönlichen Lebensgeschichte zusammenhängen und nicht mit meiner. Sollten diese Geschichten vielleicht manchmal Ähnlichkeiten aufweisen? Ich bin immer so wach für solche Möglichkeiten und das habe ich gern, denn sie machen mir die unangenehmsten Pflichten zu einem Erlebnis und das ist es auch, warum ich soviel Zeug darüber berichten kann. An sich sollte es mir doch schon ziemlich unbedeutend oder zumindest gleichgültig geworden sein, welchen Eindruck ich mache. Ich bin ja kein unsicherer Backfisch mehr, aber ich muß sagen, ich schwimme trotzdem noch sehr ausgiebig, und ich glaube, ich werde da nie recht an Land kommen und im trockenen atmen lernen. Wozu auch, die Wartezeit wäre dieselbe, und der Spaß und die Spannung wäre vielleicht geringer.
«Bitte!» Es wird schon gerufen, während die Tür wieder aufgeht. Scheinbar war die Frau langsamer als der Rufer vermutet hat oder er hat nicht geschaut und überhaupt nicht aufgepaßt, der Oberarzt, wie ich vermute.
Ich nehme alles zurück. Der Mann ist viel jünger, als ich angenommen habe. Mir kommt es seltsam vor, daß so ein junger Mann meine alte Oma behandeln soll. Und für einen Oberarzt ist dieser Mann auch noch sehr jung. Mit so etwas konnte ich natürlich nicht rechnen. Daß mir das meine Großmutter nicht gesagt hat, aber sie sieht ja schlecht. Der Mann ist älter

als ich, aber viel älter kann der nicht sein. Mein Alter verrate ich ihm nicht. Er will es auch nicht wissen.
«Bitte», meint er noch einmal und weist auf den Sessel neben seinem Schreibtisch. Er hat saubere Hände, aber keine feingliedrigen empfindlichen schönen sprechenden Hände, sondern eben praktische Handwerkszeuge der Natur ohne überflüssige Ringe und Verzierungen. Einen Bart hat er auch. Einen kürzeren, aber nicht kunstvoll zurechtfassonierten, ein klares Gesicht mit ruhigen Augen, braunem Haar und abstehenden Ohren. Sie machen ihn ulkig, obwohl er sonst sachlich und ernst fragt: «Um wen handelt es sich und wer sind sie zu dem Patienten?»
«Es handelt sich um meine Großmutter.» Ich sage ihren Namen, und er sucht in den alphabetisch geordneten Abzügen der Krankengeschichten. Er sagt nicht, ach ja, ich kann mich erinnern oder ich weiß schon, er weiß gar nichts, er sucht, bevor er etwas sagt. Er läßt es still sein, während er sucht, und ich atme und bin gespannt und äußerst beherrscht. Aber ich bin nicht gelassen. Er sieht mich nicht, er tut seine Arbeit und schaut nicht, ob ich rote Äderchen in den Wangen habe oder ob meine Haare fettig sind. Aber ich bin sicher, er riecht mich, denn auch Menschen und nicht nur Hunde riechen einen anderen. Sie spüren mit allen Fasern, wer der andere ist und nehmen ihn auf in ihr Abwehr- oder Anziehungsintervall, lassen ihn schwingen und lauschen auf die Art seines Falles und hören, ob Gefahr droht oder ob Frieden herrschen soll. Jeder macht das so mit jedem, auch wenn er nichts mit ihm zu tun haben will und wenn es gar nicht um näheres geht. Das ist der Instinkt des Menschen in freier Wildbahn, und selbst in geschützter Arbeitsposition muß er wittern und sich um seine Sicherheit sorgen. Ich kenne Menschen, denen ich gerne zuspüre, wie sie sich um ihr Bestehen bemühen und die sind es dann, von denen man sagt, daß sie über ihren Beruf hinaus Anteil nehmen, Menschen geblieben sind und man sich trotz ihrer Sachlichkeit warm fühlt, weil sie Wärme ausstrahlen und menschlich geblieben sind, bescheiden sind, obwohl sie es nicht nötig hätten, glaubt man. Und dieser ist so einer, will mir zumindest scheinen.
«Ja, ihre Frau Großmutter ist seit zwei Wochen bei uns. Ich kann ihnen noch gar nicht viel sagen. Die Untersuchungen sind noch nicht alle abgeschlossen.» Er blättert und schweigt einen Augenblick, dann sieht er mich wieder an. «Die Blasenlähmung, deretwegen sie eingeliefert wurde, haben wir einigermaßen behandelt und auch mit Erfolg, aber wir können so einen Defekt kaum ausheilen. Bei dieser Patientin scheint es sich um eine neuralgische Sache zu handeln. Die Ursache für diese Lähmung scheint auch in ihrer seelischen Verfassung den Ursprung zu haben. Sie lebt allein?»
«Ja.» Und ich sage nicht mehr und auch nicht weniger, ich horche auf-

merksam und still, nicke manchmal, so daß er verstehen soll, daß ich ihn verstehen will und ihm vielleicht glauben möchte, was ja in dieser Menschenwelt nicht so selbstverständlich ist.
Er blättert wieder und spricht weiter im Lesen. «Wir haben den Hals der Blase etwas dehnen können, und die Frau kann jetzt auch wieder aufstehen. Sie kann wieder urinieren, aber sie müßte unter regelmäßiger Kontrolle stehen. Es kann jetzt noch nicht gesagt werden, ob das Funktionieren der Blase von Dauer sein wird.»
Er sieht mich wieder an, und ich bin bereit zu fragen, was ich mir vorgenommen habe. Seine Sachlichkeit ist auf mich übergegangen und ich habe meinerseits ein Vorhaben, das ich durchziehe und nicht vergessen will.
«Sie hatte zu Hause Blut im Urin und auch in der Wäsche war Blut zu erkennen. Wie denken sie darüber, hat man diesbezüglich etwas beobachten können?»
Er blättert wieder, aber nur kurz, so als hätte er gewußt, was er noch nicht gesagt hat.
«Ja, dazu muß ich ihnen sagen, daß ihre Frau Großmutter», und er wird ein bißchen streng wie ernst, aber vielleicht kommt mir das auch nur so vor, «seit Jahren an einer verschleppten Nierenbeckenentzündung leidet, die nie ausgeheilt wurde und chronisch geworden ist. Diese argen Brechanfälle, die sie auch hier im Spital schon öfter gehabt hat, sind eine Auswirkung dieser Krankheit. Ihre linke Niere ist überhaupt funktionsunfähig. Das Röntgenbild», und er zieht eines aus der Mappe hervor und zeigt es mir gegen das Licht, «weist einen Polypen auf.» Er zeigt auf einen Schatten. «Es ist nicht üblich, solche Gewächse in dem Alter ihrer Großmutter zu operieren, noch dazu, wo das EKG Unregelmäßigkeiten aufweist. Ihr Herz ist nicht mehr das stärkste. Von diesem Polypen rühren auch die Blutungen vermutlich her, die sie derzeit nur in ganz geringem Ausmaß produziert. Das soll sie und die Patientin aber nicht beunruhigen. Viele Menschen leben nur mit einer Niere. Sie muß regelmäßig beobachtet werden, und das ist bei einem alten Menschen ohnehin ratsam.»
Und jetzt kommt nichts mehr. Er hat langsam und verständlich gesprochen, sich nicht beeilt, um weiterzukommen, er hat nichts beschönigt und mich auch ein bißchen beruhigt, und wenn er etwas nicht gesagt haben sollte, dann wüßte ich es ohnehin nicht. Jedenfalls scheint es mir angenehm eingerichtet zu sein, daß bei der Aufzählung so vieler Defekte und Schwächen des Körpers doch kein Grund zur Beunruhigung bestehen soll. Ich hätte also meiner Oma viel Arges zu berichten und meinen Auftrag ausgiebig erfüllt, aber ich könnte sie noch dazu beruhigen, daß sie zwar sehr krank sei, aber noch lange deswegen nicht sterben müsse.
«Sie sagen, ihre Großmutter lebt allein? Hat sie keine regelmäßige Hilfe und Unterstützung im Haus?»

«Nein, eigentlich nicht, zumindest keine regelmäßige und für ihren derzeitigen Zustand keine ausreichende.» Vielleicht denkt er sich etwas über mich oder so irgendwie, aber das tut ja hier nichts zur Sache, er kann ja von mir nichts verlangen, er soll ja hier nur Auskunft geben und sich nichts über mich denken.

«Vielleicht ist es eine Beruhigung für sie oder ihre Großmutter, daß der Antrag auf eine Einweisung in ein städtisches Altersheim bewilligt ist. Das Formular liegt im Akt bereit und ist unterschrieben. Das Spital kann mehr oder weniger abgeschlossene Fälle nicht sehr lange behalten. Wir haben Bettenmangel. Sie müßten mit ihrer Frau Großmutter selbst überlegen, wie weit sie sich allein zurechtfinden kann. Vom ärztlichen Standpunkt ist ihr derzeitiger Zustand», und jetzt stockt er. Die ganze Zeit war sein Redefluß wohlgeordnet und zügig in seiner ruhigen Mitteilung und er hat keine Lücke gelassen, in die ich mir hineindenken konnte, was ich wollte.

«Sie wird sich schwertun allein zu Hause, und das Spital kann weiters nichts mehr tun, als sie beobachten und vor allem ihre Blasenfunktion in Kontrolle behalten, aber das ist eine Angelegenheit, die einen längeren Zeitraum in Anspruch nimmt, und es ist dazu keine direkte Spitalsbehandlung notwendig. Auf ambulantem Weg wäre da vielleicht ein größerer Heilerfolg, da, wie ich ihnen ja schon gesagt habe, diese Lähmung nervliche Ursachen hat.»

Er sagt nichts mehr, nur am Schluß lächelt er ganz leicht, so wie daß unsere Unterredung eben beendet sein könnte. Er läßt mir aber noch eine Gelegenheit zu Fragen oder Bedenken. Ich will aber nichts mehr fragen und bedanke mich und gehe, und während ich noch gar nicht die Türschnalle in die Hand genommen habe, sagt er schon: «Bitte!» Aber diesmal ist er eingefahren, weil gar niemand hinein will, und ich wende mich halb zurück und gebe mit einem Kopfdrehen zu verstehen, daß er niemanden zu bitten hat und schließe die Tür.

Ich gehe gedankenverloren durch den Warteraum. Mein Denken verliert sich in dem Bereich, wie und wo meine Oma wohnen soll. Zu Hause oder nicht mehr zu Hause? Jedenfalls habe ich verstanden, daß es für sie im Spital keine lange Bleibe mehr geben wird, und diesen Schutz entziehe ich ihr ungern, ich weiß nicht, wie ich ihr das sagen soll und womit ich sie da beruhigen kann. Ob es ihr genügen wird, daß sie mit einer Niere noch lange wird leben können, aber wie und wo? Die Besuchszeit würde jetzt beginnen, und ich habe keine Lust, aber schon überhaupt keine, zur Oma zu gehen.

Ich will überhaupt nichts, ich bin es müde, ich bin müde, ich will ins Bett und mir einen Polster über den Kopf stülpen, ich will ein bißchen nicht da sein. Ein bißchen totstellen, nur ein wenig noch liegen und an nichts denken und nichts müssen. So wie ich am Morgen, bevor ich in der letzten Minute zur Schule aufstehen sollte, noch immer ein wenig liegen wollte, nur noch kurz, nur noch für eine ganz kleine Ewigkeit die Augen schließen und keine Verpflichtungen haben. Einmal noch zumachen die Augen und so wegsinken in den Raum ohne Zeit und ohne Schule und ohne Menschen und ohne Oma. Ich habe überhaupt keine Zeit, will mir einfallen, ich muß nach Hause, ich muß mit Sebastian lernen, und ich will schneller gehen. Ich muß zusehen, daß Sebastian die Prüfung besteht, ich habe wirklich keine Zeit für solche Dienste. Ich weiß nicht, was ich mir da immer so auflade, ich will das gar nicht, ich habe selbst genug mit mir zu tun. Ich muß immer Sonderwege gehen, ich sollte Sebastian in die Schule schicken wie alle anderen Leute und mir da nicht so Lasten aufbürden und zumuten. Ich habe keine Zeit für solche Geschichten, und ich raffe meinen offenen Mantel zusammen und denke nicht daran, ihn zu schließen. Ich habe keine Zeit für solche Sachen, ich habe zu tun und außerdem ist mir kalt, und ich muß ins Bett, denn es ist schon spät und die Besuchszeit hat sicher schon begonnen, und ich bin um die Ecke des Hauses gebogen und beim Haupteingang des Spitals hineingegangen und dazu mußte ich keinen Mantel schließen und die ersten Besucher sind wirklich schon hinaufgestürmt.

Ich habe wieder Zeit, langsam aber sicher in das 2. Stockwerk hinaufzusteigen, und mein Atem wird ruhiger anstatt schneller und ich bin eigentlich auch nicht mehr müde. Ich habe gewußt, daß ich doch hierhergehen würde. Ich werde mich doch nicht zu meinem eigenen Kaspar machen, wenn ich doch das Rotkäppchen bin und zur Großmutter gehen soll.

Zimmer 14. Ich gehe durch die Doppeltür der Pflicht zur freiwilligen Überlieferung meiner Pflichttreue und sehe gleich, daß die Oma wieder liegt. Ich habe gehofft, sie würde vielleicht schon am Gang auf mich warten, aber sie hat es ja nicht wissen können, und außerdem habe ich nicht gehofft, sondern mit mir gehadert.

«Mein Gott, du bist es, ich habe schon geglaubt, du würdest überhaupt nicht mehr kommen.» Sie ist erfreut und überrascht, aber auch zugleich ein wenig beleidigt, weil sie ihre Erlösung über mein Erscheinen in ein leidendes Gesicht kleidet, um mir gleich ihren Jammer vor die Füße zu schmeißen, an dem ich schuld habe, weil ich so lange nicht gekommen bin.

«Weißt du, Sebastian war ein wenig krank und ich wollte ihn nicht allein lassen.» Das war jetzt meine Rache, denn das heißt, daß ich Sebastian lieber habe als sie, denn sie lasse ich allein und ihn nicht. «Ich habe geglaubt, du stehst schon auf. Der Oberarzt hat eben gesagt, daß du schon herumgehst?» Und damit habe ich endgültig meinen ganzen Harm abgestoßen, denn ich stemple sie damit zur Wehleidigen und bemerke ihre hoffnungs-

lose Mutlosigkeit, weil sie wieder im Bett liegt und wehrlos ist, mir gegenüber und meiner Gesundheit.
Damit haben wir uns für heute wieder als Getrennte bekannt gemacht, wir haben uns distanziert, und das war unsere Begrüßung.
«Du warst nachfragen?» Teils unbeteiligt wie beiläufig, aber unverkennbar gierig auf meine Auskunft zeigt sich mir ein vorgebeugtes, vorgestoßenes, vogelartiges Kopfducken. Sie stützt sich auf die Ellbogen auf, aber sehr ungeschickt und legt sich in demselben Bewegungszug wieder müde zurück in die hohen Polster. Ihre Gesichtsfarbe ist blaß bis fahl, und sie scheint ein wenig noch magerer geworden zu sein. Die mollige Lust von anno dazumal aus Kaiserszeiten, das 20. Jahrhundert, ein mageres, dabei gilt das immer als das Moderne. Heutzutage ist mager modern. Die Fotomodelle geben es vor und die Oma macht mit. Die Wangen machen sich in diesem Gesicht selbständig. So schmal und vertrocknet es erscheint, hängen die Wangen in einer oder mehreren Falten schräg herein in die Mitte des Gesichts, so zu den starken Nasenflügeln zu, die eine Art von Mächtigkeit und Schärfe angenommen haben. Ihre Augen sind glanzlos, und sie blitzen anscheinend nicht mehr so leicht auf in belustigtem Durchblick durch den Ernst der Lage, in die sie sich gezwungen fühlt. Und das Kinn, das verschwindet so. Es wächst in vielen Fältchen in den Mund hinein. Wenn sie ein Doppelkinn zeigen würde, wäre es da, aber sie hat kein Doppelkinn, obwohl sie hoch liegt, und das Gesicht geht in den faltigen Hals über, der keinen Ansatz und keinen Übergang in Schultern zeigt, und meine ganzen Ausführungen strafen mich jetzt Lügen, denn die Oma zeigt mit ihren weißen, verkrümmten Fingern, sich aufrichtend freudig an ihre Bettkante und meint:
«Ja, ich habe das Ding schon los, ich kann wieder gehen. Nicht sehr viel. Ich muß meine Trinkmenge immer bemessen, das machen die vom Spital hier schon, aber ich kann wieder gehen! Mein Gott, daß du doch gekommen bist» – und sie kramt ihre Brille aus der Nachttischlade und setzt sie sich auf und blickt mich wieder wie ein Mensch an. Nur mager und fahl ist sie schon, dabei muß ich entschieden bleiben.
«Der Arzt hat mich schon davon unterrichtet. Er war sehr nett und hat sich Zeit genommen und mir versucht, alles zu erklären, und ich soll mit dir alles besprechen.»
Sie rückt sich zurecht und ist ganz gespannt und gar nicht etwa ängstlich, sondern eher wie vor einem spannenden Fernsehstück über den Ersten Weltkrieg.
«Die Blase funktioniert wieder, allerdings müssen sie dich beobachten und den weiteren Verlauf dieser Besserung, die sie nicht als Heilung ausgeben, in Kontrolle behalten.» Ich merke, daß ich meiner Oma gegenüber einen ähnlichen präzisen Tonfall anschlage wie der Arzt mir gegenüber.

Vielleicht fühle ich mich ein wenig wie der Arzt. Ich streiche, um mich zu konzentrieren über mein Kinn. Ich fühle keinen Bart. Ich will meiner Oma alles sachlich und genau schildern und ich lasse meine Erinnerung nicht aus dem Kopf.
«Diese Blasenlähmung, nehmen sie an, hat nervliche Ursachen. Der Arzt hat mich auch zweimal gefragt, ob du allein lebst.»
«Ja, mich hat er das auch schon gefragt, und ich habe es dir auch schon gesagt.» Ich bin verwundert über die genaue Erinnerung meiner alten Großmutter, die über Verlorenheit und Vergeßlichkeit klagt, manchmal zumindest.
«Krankheiten, die von den Nerven ausgehen, kann man nicht so sicher behandeln und heilen, das kann sich bessern und wieder schlechter werden.»
«Ja, meine Nerven, das weiß ich schon, die sind nicht die besten. Ich war immer so –» und sie sinniert vor sich in die Bettdecke.
«Sie haben auch die Ursache der Blutungen und der Brechanfälle herausgefunden. Du hast eine Nierenbeckenentzündung anstehen lassen, wahrscheinlich gar nicht gewußt, daß du sie hast. Eine Niere ist nicht mehr funktionsfähig, aber das soll dich nicht beunruhigen. Der Arzt hat mir aufgetragen, dir das besonders zu sagen. Du sollst dich nicht sorgen, die andere Niere ist –» und ich bin einen Irrweg gegangen, so will ich das nicht sagen.
«Viele Menschen werden sehr alt, die nur eine arbeitende Niere haben. Das hat gar nichts zu sagen.»
Die Oma ist auch nicht im geringsten beunruhigt. Sie betrachtet meine Ausführungen als Sensationsbericht und bezieht die Schilderungen scheinbar gar nicht auf sich. Ich will nicht sagen, daß die Oma nicht weiß, was läuft, aber sie reagiert anders, als zu erwarten ist. Sie ist wie unbeteiligt, aber doch erschüttert. Sie ist angeregt und macht ein aufmerksames Gesicht. Ich habe ja mit älteren Menschen eigentlich wenig Erfahrung, aber ich habe schon gehört, daß da merkwürdige Verschiebungen in der Wichtigkeit von Ereignissen, Dingen und Werten vor sich gehen können. Daß ein älterer Mensch oder vielleicht ein alter, während er gelassen und unbeteiligt vom Tod seiner Enkelin erfährt, dagegen außer Rand und Band geraten kann, wenn er nicht seine gewohnte Trinkschale vorgesetzt bekommt. Ich kann mich jetzt, wo ich das hier aufschreibe, auch an einen alten Onkel erinnern, der schon lange gestorben ist, aber der im Alter bei Tisch saß, mich überhaupt nicht beachtete, sondern genauestens konzentriert war in der Erfüllung seines Eßrituals. Er konnte überaus böse mit seiner Frau werden, wenn sie, da sie heute Besuch hatte und mit mir bei Tisch plauderte, vergaß, ihm den Teller in die gewohnte Reichweite zu stellen oder die Brotrinde von einem Brot nicht sorgfältig genug entfernt

hatte, oder das Getränk zu heiß war und er warten mußte. Er konnte nicht warten, er war gehetzt und fiebernd im Sich-Hineinzittern in seinen Ritus, und er sah nichts und niemanden und hörte nur auf seine Gewohnheitsalarme. Er war überhaupt nicht da, er beteiligte sich an nichts, aber er war gefesselt von der Wichtigkeit des Kauens. Er hätte noch sehr wild und stark werden können, wenn sich jemand gegen seinen inneren Zwang hätte richten wollen. Er mußte dann in den Schlafrock gemummt werden, denn er wollte unbedingt zur rechten Zeit vor dem Fernseher sitzen und die Bilder ansehen, die ihm im Grunde nichts sagten und völlig egal waren. Aber es mußten dieselben Bilder und dieselbe Zeit sein, und das war wichtig, dieselbe Haltung war wichtig, und nicht, ob er würde morgen sterben müssen oder ob für morgen ein Erdbeben im Fernsehen vorausgesagt würde. Für alte Menschen ist das Leben manchmal ein ärgeres Gespenst als der Tod. Sie werden selbst zu diesem Lebensgespenst, und da sind sie unbeteiligt an anderen Menschen und ihren Schicksalen, denn sie sind tot für ein Schicksal, sie haben eigentlich genug, aber das heißt noch lang nicht, daß sie gehen wollen. Niemand kann genug vom Leben bekommen, weil es nie begonnen hat. Weg – weggetreten – abgetreten von den Bühnen der Lust, sind sie geworden zu knotigen Bolden, bebend vor Anklammern an den Ast der Gewohnheit, wie man es manchmal in Trickfilmen sieht, wenn einer über dem Abgrund hängt. Vielleicht verwechsle ich sie aber auch mit den ernsten Filmen, aber die sind da nicht immer so genau zu unterscheiden. Im heutigen Film wird da auch schon bunt gemischt, und deswegen gehe ich auch so gern ins Kino.
«Die Blutungen rühren von einem Polypen her, der auf der kranken Niere sitzt, der Arzt hat mir das Röntgenbild gezeigt. In deinem Alter wird daran aber nichts mehr operiert. Das ist unüblich, und außerdem würde die Niere davon nicht wieder funktionsfähig.»
«Nein, ich will auch gar nicht operiert werden. Um Gottes willen! Mir ist das schon recht so, die sollen mich nur in Ruhe lassen.» Es scheint ihr wirklich alles recht zu sein, und sie atmet irgendwie auf, und daran kann ich erkennen, daß es ihr doch um sich gegangen sein muß, und sie liegt jetzt um eine Spur entspannter und menschlicher im Polster.
«Schau, ich habe da soviel milden Käse, den ich nie gerne gegessen habe. Wir bekommen ihn immer am Vormittag und manchmal auch zum Nachtmahl. Ich habe ihn für dich aufgehoben. Er ist dicht verpackt und portioniert.» Sie holt aus dem Nachtkästchen mindestens sechs oder sieben kleine Käsepäckchen, appetitlich verpackt in bunten Zellophanfolien. Ich lasse die Käse in meine Handtasche kollern und schüttle sie ein wenig, so als müßten sie klimpern, aber so verhält sich das nicht. Wir lachen ein bißchen über diesen schwebenden Scherz, der keiner sein soll und auch keiner ist, denn ich habe noch immer nicht alles gesagt. Ich schaue ein

wenig im Raum herum. Nur eine Patientin liegt im Bett gegenüber. Sie scheint zu schlafen. Sie ist noch jünger, aber genau kann ich sie nicht sehen.
«Die ist gestern gekommen. Sie spricht nichts. Die Frau von dort drüben ist draußen. Ich gehe mit ihr manchmal am Gang auf und ab. Es ist schon viel angenehmer, wenn man manchmal auf kann.»
«Wie fühlst du dich denn so? Ich meine überhaupt. Denkst du, du könntest dich allein zurechtfinden?»
«Hier ist es zu ertragen, obwohl man natürlich schon so allerhand einstecken muß von den Schwestern, das kann ich dir schon verraten. Sehr höflich sind die oft nicht, aber man traut sich ja nicht recht. Wenn du nicht . . . hast», und sie macht wieder ihre geliebte Fingerbewegung mit der rechten Hand.
«Weißt du, die Beobachtung der Blasenfunktion müßte nicht unbedingt hier im Spital vorgenommen werden. Das könnte auch auf ambulantem Wege erfolgen. Und sonst haben sie ja eigentlich nicht sehr viel mit dir vor. Nur ein oder zwei Untersuchungsbefunde werden noch erwartet, die aber nicht entscheidend sind für deine Behandlung. Es ist nicht üblich, die Patienten so lange in Spitalsbehandlung zu lassen, es werden die Betten gebraucht. Du weißt, wie schnell du das Bett nehmen mußtest, daß du überhaupt eines bekommen hast. Ich weiß nicht, wie du dich fühlst, der Arzt ist sich da auch nicht ganz im klaren. Das kannst nur du sagen. Das liegt bei dir.»
Sie richtet sich wieder so an den Ellbogen auf, was gar nicht möglich ist, weil das Polster so hoch steht, und sieht mich verstört an in dieser unhaltbaren Haltung.
«Ja, wo soll ich denn hin, ich bin ein alter Mensch, daran kann doch kein Zweifel bestehen!» Sie sprudelt es schnell heraus und das mit einer felsenfesten Feststellungskraft, die mich bannt, und ich kann erst keine Worte finden. Dann sage ich:
«Du könntest jederzeit in ein Altersheim. Du hättest dort einen Platz, wenn du dich nicht gesund genug fühlst, um zu Hause zu sein. Der Arzt hat den Antrag bereits unterschrieben, aber es wird nichts unternommen ohne deine Einwilligung und deinen ausdrücklichen Wunsch.» Ich habe die letzten Sätze schnellstens hinzugefügt, um zu einem Ende zu kommen, da mir ein Drohen entgegenraunte aus dem sich blähenden Hals der alten Frau und ich wollte meinen Auftrag noch schnell ausführen, um mich dann um mein eigenes Wohl sorgen zu können. Sie setzt sich vollends auf. Zuerst langsam und langsam verstehend, worum es mir hier ging, reißt sie die Decke weg und setzte sich vollends auf, die Beine am Boden, und sie hängt da in dem weißen verrutschten Hemd, hält sich die knotige Linke an den dicken Hals, so als wollte sie sich würgen und die

Nase wird noch spitzer und noch weißer und die Wangen blähen sich wie Tennisbälle, die sie scheinbar in den Schlund bekommen hat. Dann stößt sie einzeln hervor:
«Das wäre noch schöner! Mich nach einem langen, arbeitsreichen Leben im Altersheim verkommen lassen. Das habe ich schon immer so erwartet. Das schaut den Menschen ähnlich. Wegschmeißen, wegschmeißen wollt ihr mich. Jetzt, wo ich nicht mehr kann.» Und sie rast in ihre Hausschuhe hinein, mit einer erstaunlichen Treffsicherheit, rafft das Hemd zusammen und steht jetzt da in dem winzigen Zwischenraum von Nachtkästchen und meinem Sessel, und ich bleibe gebannt sitzen, und sie hat keinen Ausweg aus ihrem Toben.
«Aufgeopfert habe ich mich für euch, aufgeopfert mein ganzes Leben und jetzt soll ich abgeschoben werden. Das sieht euch ähnlich!» Sie läßt sich mit einem fast wilden Erschütterungsstöhnen auf das Bett fallen, nur zum Sitzen und nicht etwa wieder zum Liegen, und sie greift sich an die Stirn, indem sie die Hand vom Hals dorthin wechseln läßt.
«Mein Gott, was soll ich jetzt tun!» Ihre Empörung mengt sich mit einem feinen Schuß von Aufhorchen ihrem eigenen Ausbruch gegenüber. Sie scheint sich bewußt zu werden, daß sie mich lieber nicht beschimpfen sollte, weil ich ihr noch gute Dienste leisten könnte und sie nimmt meine Hand und sagt schnell: «Wenn du nicht wärest, wäre ich überhaupt verloren, du bist die einzige –»
Es hängt die Stille ein wenig . . . es ist jetzt Raum und Zeit zu jeder Wendung der Ratlosigkeit, die eigentlich die Lebensatmosphäre jedes Lebewesens ist und in der es zu Hause ist. Dort will es aber nie zu Hause sein, daher geht in tausend und Abertausend Seufzern aus Menschenkehlen das Sehnen nach dem zu Hause – nach einer Heimat – in Gedichten und in Liedern und Gebeten, in Romanen und Erzählungen, wissenschaftlichen Berechnungen und Forschungen und in religiösen Handlungen.
«Ich sag dir, wenn mich die hier nicht mehr behalten wollen, gehe ich einfach nach Hause. Ich werde nicht fragen, ich nehme meine Sachen und gehe nach Hause. Ich bin ein Mensch und noch bin ich nicht tot. Noch lange bin ich nicht tot. Diese Freude werde ich ihnen nicht machen. Ich bleibe hier nicht, wo man mich nicht länger behalten will!» Und sie steht wieder auf und beginnt ihr Nachtkästchen auszuräumen und alles obenauf zu legen. Sie räumt aber dazwischen auch wieder ein und legt dasselbe wieder heraus. Dann legt sie Dokumente auf die Bettdecke und beginnt ein paar Knöpfe des Kopfpolsters aufzumachen, so als wollte sie ihn abziehen. «Nicht, Oma, den kannst du nicht mitnehmen, der gehört dem Spital. Du mußt dich nicht so beeilen. Schau, langsam, und überlegen wir erst einmal.»
Die Schwester, die damals in die Krankengeschichten etwas eingetragen

hat, kommt herein, vermutlich um wieder einzutragen, und sieht die Oma werken.
«Aber Omi, was ist denn hier los. Suchst du etwas?» Sie lehnt sich belustigt an das Bett und sieht mich verschmitzt, aber nicht sehr warmherzig verschmitzt, so ohne die jungenhafte, liebenswürdige Verschmitztheit, an.
«Die wollen mich ins Altersheim stecken, weil sie mich nicht mehr hier behalten wollen!» Die Oma fuchtelt schon wieder an ihrem Hals herum.
«Aber Omi, wer sagt denn so etwas, leg dich ruhig wieder hin, ich wollte dir gerade deine Jause bringen. Regen sie sich nicht so auf, das tut Ihnen nicht gut. Beruhigen Sie sich.»
Sie nimmt die Oma von der anderen Seite geübt und gelassen am Arm und lotst sie ins Bett. Sie gibt mir die Dinge in die Hand, die auf der Bettdecke gelegen sind, damit ich sie wieder auf meiner Seite in das Kästchen räumen soll, und deckt das aufgeregte Leben zu.
«Jetzt einmal bleiben sie noch bei uns, so rasch dürfen sie nicht von uns weggehen. Wer sagt denn so etwas?»
Ich sage so etwas und ich habe es vom Oberarzt vor einer Stunde gehört und ich bin angewiesen worden, es meiner Großmutter beizubringen und jetzt soll alles ganz anders ein. Mir reicht's, ich gehe nach Hause. Ich bleibe nicht länger hier. Ich bin ein freier Mensch, ich gehe . . .
«Haben sie heute schon Stuhl gehabt?»
«Ja», beteuert die Oma, gewissenhaft sich an die Schwester haltend, die sie doch behalten möchte. Die muß es ja wissen. Ich habe noch keinen Stuhl gehabt heute, mir ist alles vergangen vor Aufregung, zuerst zu diesem Arzt und dann zur Oma und dann diese Aufregungen, ich habe ehrlich genug! Ich habe es ja gleich gewußt. Nicht einmal zum Scheißen habe ich Zeit, und da fragt diese Schwester auch noch danach, wo sie das doch überhaupt nichts angeht, und ich stehe auf von meinem Zwangsstuhl der elektrischen Schwingungen, die er in mich abzugeben scheint und räume das Nachtkästchen wieder sorgfältig ein, während sich die Oma beruhigt und ich mich auch wieder fasse.
«Maria, was denkst denn du darüber?» kommt es mit kleiner Stimme aus dem Polster.
«Ich denke, du kannst und solltest jetzt noch hierbleiben, bis die letzten Untersuchungen beendet sind. Du siehst, so rasch mußt du nicht weg. Ich wollte dich nur darauf vorbereiten, daß du dann nicht so überrascht bist, wenn sie dich entlassen. Wir werden sehen, wie weit du dich bis dahin erholt hast. Es ist ja noch Zeit», und ich setze mich wieder.
«Na gut, du hast ja recht, ich sehe das ja ein. Ich werde mir in Ruhe noch alles überlegen. Einstweilen bin ich froh, daß sie mich noch ein wenig be-

halten.» Sie schließt müde die Augen und sieht dabei nicht so aus, als würde sie sich noch rasch gut erholen, um dann gestärkt nach Hause zu gehen.
«Besuchszeit-Ende!» ruft eine Stimme kurz bei der Tür herein, ohne sich zu zeigen.
«Schlafe jetzt ein bißchen, du hast dich aufgeregt. Das Aufregen ist sicher auch schlecht für die Funktion deiner Blase, du weißt, der Arzt hat gesagt, es soll nervlich bedingt sein.»
«Und er hat gesagt, daß die andere Niere gut ist?» Jetzt auf einmal fragt meine Oma das?
«Ja, er sagt, viele Menschen leben sehr lang mit nur einer Niere und deine andere Niere arbeitet gut.»
Sie will sich wieder aufrichten, aber ich drücke sie leicht wieder in die Polster zurück.
«Bleib liegen. Und danke für den Käse. Entweder ich sehe dich hier oder du verständigst mich, wenn du zu Hause bist, ja?»
Sie liegt erschöpft da, aber sie lächelt kurz, ganz verschwommen und hebt noch die Hand, während ich mich zur Tür bewege.
«Laß den Buben schön grüßen!»
«Gut, ich werde es ausrichten!»
Und damit ist meine Mission für heute beendet. Für heute, und ich bin irgendwie erschöpft.
Meine Mutter sammelt manchmal Ausschnitte aus Zeitungen, von denen sie annimmt, daß sie mich und Sebastian interessieren könnten. Manchmal sind es lustig bebilderte Geschichten oder Abhandlungen über Naturgeschichte oder Erdkunde. Sie hat dafür ein Auge, was von der Illustration her oder aus einem anderen Grund schmackhaft ist. Sie sammelt zum Glück keine faden Berichte oder Moralgeschichten über Erziehungsprobleme. Sie hat mich erzogen oder über- oder unter- oder ver- oder vielleicht angezogen und weiß, was Kinder für Fragen stellen und womit Erwachsene zu kämpfen haben, wenn sie nicht ehrlich antworten können, weil ihnen das Leben die Ehrlichkeit und die Unbefangenheit abgekauft hat. Sie haben es mit sich geschehen lassen, und dafür fühlen sie sich maßlos schuldig. Kinder können da ordentlich trampeln in so einer Wunde.
Wir sammeln diese Ausschnitte in einer Mappe, und manchmal liegen die Blätter am Boden verstreut und Sebastian ist vertieft. In Tiere aus Alaska oder in Sterne von der Milchstraße oder in die Pyramiden der alten Ägypter oder in das Wachstum eines Embryos im Leib der Mutter. Diese Figuren sehen sehr ulkig aus. Es ist alles ein wenig in der Art eines Comics aufgezogen. Der aufgeschnittene Bauch der Mutter, der Einblick gewähren soll, wirkt nicht blutig geöffnet, sondern eben transparent. Der Vater ist etwas langhaarig und hat freie Genitalien. Die Frau und der Mann lie-

gen im Bett. Ein lustiges Bauernbett ist das, welches sicherlich fürchterlich knarrt, aber das weiß Sebastian eigentlich noch nicht, daß Betten verrutschen können und knarren können, auch wenn man sich nicht wie er mit aller Wucht hineinfallen läßt. Oder vielleicht weiß er das doch? Es ist immer ein wenig in die Sterne geschrieben, was ein Kind ohnehin wie selbstverständlich weiß oder was es gesagt bekommen will. Ich selbst habe aus meiner Erinnerung gedrängt, was mir als Kind selbstverständliches Wissen über sexuelles Verhalten war und was mir unwichtig oder unklar war. Jedenfalls weiß ich, daß ich nichts darüber wissen wollte, bevor es mich interessiert hat. Bis es mich aber interessierte, war schon soviel Rätselhaftes und Beflecktes über dieses Thema gewachsen, so daß ich meine Erinnerung nur mooshaft über, zwischen oder unter klaren Steinen meiner Wünsche erkennen kann.

«Schau das an. Das interessiert mich sehr.»

Das ist jedenfalls schon etwas, meine ich. Daß das Kind so heraussagt, daß es sich für so etwas interessiert. Ich hätte das wahrscheinlich gar nicht gesagt.

Ich spreche gern über dieses Thema. Das wird der Leser ja ohne Zweifel schon entdeckt haben. Aber so einfach ist das auch wieder nicht gelegen, denn ich erzähle ja überhaupt gern über alles.

Nicht kann ich sagen, daß dieses Thema in meinem Haus frei ist von Bedenken, von Ansehen, von Verständlichkeit und Mißverständlichkeit, denn sonst würde ich sicher nicht soviel darüber zu erzählen wissen. Und würde nicht so lustvoll in diesen Gedanken herumstöbern. Sonst würde ich mich nicht so besonders bereitwillig den Fragen des Kindes über Sex stellen, denn ich habe ja auch sonst oft keine Zeit für dies und das.

Die Verwirrung unser heutigen Zeit liegt in der Reaktion auf die vergangene Zeit, die unsere heutige Zeit ist, und somit machen wir zur selben Zeit immer wieder dasselbe gut, was wir zugleich schlechtmachen. Das ist das Gleichgewicht der Welt. Nicht annehmen soll man, daß mein Kind, das scheinbar so forsch heraussagt: Das interessiert mich, jetzt frisch und unbekümmert Fragen stellt über den Geschlechtsakt oder über die Brüste oder die Hoden sowie es fragt über die Länge eines Giraffenhalses oder über die Mauser der Wellensittiche.

Bei «das interessiert mich» steht die Partie, und ich sehe auch in den Augen meines Kindes eine scheue Ratlosigkeit, wo ich doch angenommen hätte, daß es unbekümmert mit mir über dieses Thema zu Rate ziehen würde wie sonst auch. Mag es das vielleicht, dieses Fremden? Ist das vielleicht irgendein verletzbarer Stolz in ihm, den ich gar nicht ahne? Ich spüre, ich kann an Hand seiner Schau etwas über meine vergessene Ungezwungenheit und Unbekümmertheit erfahren. Das macht mein großes Interesse aus, und das spürt das Kind, und das macht es genauso scheu wie

es eine Mutter scheu machen würde, die nichts auf solche Themen zu antworten imstande ist.
Genug von mir, um Himmels willen – zumindest spüre ich, daß man Kindern über solche nackten Geschichten nicht mehr sagen soll, als sie wissen wollen.
Was soll ich denn da schon sagen, ewig über das Ewige. Ich weiß es nicht, ich weiß es einfach nicht, mir fällt dazu überhaupt nichts Vernünftiges ein. Damit fährt man in diesem Punkt auch schlecht, weil es ja nichts mit dem zu tun hat, was mir so viele Fragen aufgibt. Es hat es mit welchem – wegen – wessen – zu tun mir ging das immer schon so, und will ich in das Kindergehirn meines Kindes mich einmenschen, so höre ich besser nicht auf seine und meine Worte, denn die sind da nicht am Platz. Was ist jetzt eigentlich mit diesen fitzmaledeiten Sexualhormoniden, die wir alle schon so gern hinter uns lassen würden als fraglose Bestandteile eines Bestands. Aber immer wieder macht sich eine Sonderfrage daraus, die vielleicht die Kinder gar nicht erfinden.
Was mache ich daraus, wie habe ich das erlebt? War das so harmlos, wie vieles? Nein und noch einmal nein. Schrecklich war es, das Geheimnis. Völlig geleugnet, aber nie wegzuleugnen. Eine Angst war es, eine Angst wurde es mir. Eine Angst, von allen verlassen zu werden, die sich da auf der Leiter der Orgasmen hinüberheben, hinweg von mir und mich zurücklassen in meinem kleinen Kinderbett. Gut wäre es gewesen, wären sie gegangen, diese Angstmacher, ich hätte mich letztlich schon zurechtgefunden.
Ein Geheimnis war es. Ein Geheimnis, an das sich die Erwachsenen gehalten haben, das ihnen scheinbar einen Sinn gab und das sie verband. Und mich ausschloß. Gemein zurückließ als unmündiges Kind.
Angst ist geblieben, meine einzige Triebkraft, meine Sexualität, meine Energie, allzu nahe an die Lösung der Vernunft heranzugeraten. Orgasmus ist die Erlösung von der menschlichen Vernunft und deswegen so belegt mit Zagen und Verbergen und Geheimnis. Ein Geheimnis ist er, ein Geheimnis lüftet er zugleich, und das muß Kindern vorenthalten werden, denn sonst könnte man sich als Erwachsener nicht mehr über sie erheben.
Heiliger Sebastian, wie denkst du darüber?
Er sagt nichts. Er hat da einen Stolz, der muß anerzogen sein. Der Kardinal wird nichts darüber wissen.
Ich wollte meine Träume selbst machen. Ich habe die schlitzige Welt meiner Vorgänger gehaßt wie Hautausschläge im Sommer, die Wasser lassen und schmieren, ich wollte meine Träume reinigen. Mir war eine Triebkraft zur Klarheit verliehen, ich wollte nicht ihren Dreck. Ich wollte raus in einen Wasserfall von Orgasmen mit Menschen, die von meiner Blutgruppe waren und sie wurden es, und Wasser sollte es noch genug geben,

in Form von Tränen, Fruchtwasser und Freudenregen aus klaren Gehirnen unter den Wasserzeichen.
Die Maschinenschreibblätter werden anscheinend auch immer dünner. Sparen immer sparen und betrügen. Sparen heißt, sich am Augenblick betrügen, blenden heißt das und ist eigentlich eine Geschlechtskrankheit. Sparen ist eine Geschlechtseinsparung, um sicherzugehen, um die Vernunft nicht zu verlieren.
Im Hinblick darauf, daß man bei ungehemmten Geschlechtsverkehren ungehemmt Kinder bekommen muß, ist das Ficken eine große Irritation. Das ist auch nach der Pille so geblieben. Wenn man sich allerdings nicht soviel mit diesen Sprössen antäte, wäre die Sache viel einfacher.
Nein, also, was soll das da hier, so ein lockeres Gewölk von gedankenlosen Gedanken, mir fehlt das Gewitter.
Also los – eine Stufe tiefer – hinein in das Unvernünftige, ausgefachte, vielleicht ist es dort zu finden, was mir vorschwebt, was da heraus soll, über Sebastian und seine Fragen über die Zeugung, die er nicht stellt, weil er sie schon lange kennt und scheinbar nichts dabei findet. Also will ich finden, warum er nicht findet, was ich suche, wo ich doch für ihn suchen will, um mir selbst über meine Stellung zu mir als verlorenes Kind klarzuwerden.
Sebastian, ich möchte du sein! O Schreck, jetzt habe ich es scheinbar, was ich die ganzen Zeilen über vor mir verborgen habe und was vielleicht so sehr wichtig, aber zugleich auch völlig unbedeutend für mein Leben und mein Tun ist.
Orgasmus ist die Verbindung, mit einem zweiten Hirn, und sei es das eigene gespaltene. Jede Mutter will mit ihrem Kind ficken und die meisten tun es nicht. Ich habe bis jetzt auch keine Erfahrung diesbezüglich. Es wäre ja zum Lachen, aber wer sagt, daß mich das nicht treibt, daß mich das nicht stählt und gut so, gut so. Gäbe mir das Wissen über etwas, was ich nicht tue, keine Kraft, so wäre ich bald ein Lappen, der ich ohnehin seit meiner Geburt bin. Nur bin ich so ein schöner Lappen, ein bunter Lappen, ein erheiternder Lappen, ein reiner Lappen und kein dreckiger Fetzen. Würde ich immer tun, was ich mir erträume, so würde ich kein Lappen sein, der lustige Geschichten zu erzählen hätte. Ja, so phantasielos waren immer Tätigkeiten und das war nicht dreckig. Aber dann nimmt sich die Phantasie einfach ein neues Kleid. Die Aufdeckung nicht bewußter Ursachen funktioniert nur zwischen zwei Dingen – Ursache und Auswirkung – und nicht mehr. Davor und dahinter ist es aber nie Schluß, so daß eine praktische Auswirkung der Aufdeckung nur auf eine einzige Sache Bezug nehmen kann, ein Heilsystem wird daraus nicht. Beweis: das Privatleben der Besten der Berufssparte der «Heiler».
Ob Sebastian das weiß? Was weiß ich. Es macht die Spannung zwischen

den Generationen. Es macht, daß nie ein Neuer aus der alten Ordnung aussteigen kann, weil immer diese Spannung hochgehalten wird. Dieses Geheimnis gehütet wird. Das aufzudecken ist jedermanns Traum. Den Bereich des Eintritts in die Vernunftlosigkeit möchte sich jeder erobern, ganz nach seiner Fasson. Das ist jedermanns Stolz, jederfrau Scheu und jederkinds Tun. Und deshalb passiert immer wieder dasselbe.

Geheimnis zieht Geheimnis nach sich. Wenn wir über dieses Geheimnistum des Welträtsels niemals hinwegkommen, bleiben wir immer Menschen. Ansonsten könnten wir auch etwas anderes werden.

Ist es Sebastian jetzt trotzdem noch ein Geheimnis, obwohl er weiß, daß der Mann sein Glied in die Scheide der Frau tief hineinstecken muß, und wenn der in seiner Erregung am Höhepunkt zum Samenerguß kommt, sich ein Same mit einem reifen Ei der Frau verbinden kann, und daraus neues Leben entsteht – ein Mensch werden kann, der neun Monate im Bauch der Frau heranwächst und dann beim Geburtsgang ausgestoßen wird? Ist da noch immer ein Geheimnis? Scheinbar? Vielleicht will das so sein. Vielleicht will ich das so, vielleicht er. Oder vielleicht ist da nichts Besonderes mehr dabei. Besonders ist es ja auch nicht. Aber eben das Leben, des Rätsels Lösung und daran wagt man sich nicht? Aber was, alle wagen sich, jeder tut es. Aber trotzdem sind noch alle Bücher und Zeitschriften mit diesen Gedanken geschmückt, so als wäre es etwas Besonderes? Wie lange werden wir das noch halten können? Wie lange werden wir das noch halten können, daß die Eltern nicht mit ihren Kindern ficken, sofern sie es nicht ohnehin tun. Einige, die das lesen, tun es sicher und müssen es verbergen. Was? Schon wieder ein Geheimnis? Das darf nicht wahr sein. Ist da kein Ausgang aus diesem Kapitel?

Ich höre einfach auf.

Als ordentliche Befolgerin der Regeln aller Art mit Ausnahme der monatlichen Blutung, was sich in meinem Fall als das einzig Richtige erwies, hatte ich ein Anrecht auf das Wäschepaket. Das ist eine recht ordentlich ausgestattete Plastiktasche, die das Nötigste für den Neuankömmling enthält. Sie beinhaltet nicht rosa oder himmelblaue Liebe, aber nicht viel weniger wichtige Windeln in weiß, weich, und fein säuberlich gelegt, einige kochbare Hemdchen und Jäckchen, Strampelhosen, ein Häubchen und auch noch ein Saugfläschchen, durchsichtig aus Glas mit einem riesigen Sauglutscher. Ich fabuliere schon wieder. Der Sauger hatte eine ganz normale Größe, eben wie er in einen Babymund hineinpaßt. Irgend etwas Putziges war sicher noch dabei, aber mir ist es entfallen, da wir heutzutage aus Gläsern trinken, aber an den Nägeln beißen, keine Strampelhosen tragen, aber mit Vorliebe auf den Stühlen schaukeln. Die Decke mit den weißen Punkten, die schützte den alten greisen Teddybären, der schon

viel, viel älter war als die außerordentlich soziale Leistung dieses Wäschepakets.
Ich hätte schon allzu gern diese vielen Kleinigkeiten zu meinen ohnehin schon ziemlich umfangreichen Schätzen in den wartenden Kinderwagen gelegt, aber dieses Paket sollte ich erst nach der Entbindung, beim Verlassen des Spitals erhalten. Der Staat ist ja nicht dumm. Es gibt ja auch Totgeburten. Solche Exemplare brauchen eher keine Wäschepakete. Den Sarg allerdings stellt er nicht zur Verfügung. Und zwar deswegen, weil ihn niemand zeitgerecht anmeldet. Würde man ihn bereits im dritten oder vierten Monat der Schwangerschaft beim zuständigen Fürsorgeamt anmelden, natürlich immer mit allen vorgeschriebenen Formularen, Befunden und Ausweisen, dann wäre es vielleicht möglich, die Plastiktasche ungefüllt in schwarz zu erhalten, mit einer Windel fein ausgelegt und vielleicht mit einem kleinen Plastikkränzchen und einem Kreuzchen geschmückt.
Der Staat braucht Lebende, um sie zu begraben, aber keine durchsichtigen Lebensverächter. Dafür gibt er nichts. Ich hatte alle Existensbestätigungen mit, denn sonst wäre ich keine glaubhaft Anwesende, und begab mich im Rahmen der vorgeschriebenen Frist auf das ordentliche Amt und meldete meine voraussichtliche Entbindung, den voraussichtlichen Termin im voraussichtlichen Spital an, und hatte somit alles in die Wege geleitet, um, falls es notwendig werden sollte, zur gegebenen Zeit in den Genuß dieses Pakets zu kommen. Ich tat diesen Weg gern. Ich war gern ordentlich und erfüllte alle Pflichten, die mir meine Geburt erleichtern konnten, peinlich genau. Es beruhigte mich, wenn alle Äußerlichkeiten geordnet erschienen, da ich meine Innerlichkeit nicht recht kontrollieren konnte. Die schlüpft weg, wenn man sich zu intensiv damit einlassen will. Die will das nicht so, die will diesen starren Willen nicht, die lacht sich eins und dreht sich mit einer liebreizenden abgrundtiefen Gewißheit weg und geht ihrer eigen Wege. Wäschepakete sind da wesentlich handlicher und an dieses hielt ich mich.
Allerdings kann ich berichten, daß mir nicht entfallen ist, daß ich mein Paket mit Stolz einreichte. Ich war überhaupt in meinem Umgang von einem aufrichtigen Hochgefühl gestärkt, das hieß: Ich bin keine Jungfrau mehr! Man konnte es sehen. Das war für mich eine Art Ausweis meiner inneren Aktivität. Ich habe es gewagt . . . wagen müssen . . . wagen sollen . . . wagen können . . . Ich bin ein Schicksal eingegangen. Ich bin eingegangen in die verbotene Welt der Erwachsenen.
In diese verheimlichte, in diese peinlich abgeschirmte, unter Decken vergrabene, in diese mit drohenden Augen bewachte Scheinwirklichkeit, die vor geschäftiger Ernsthaftigkeit dampft. Abgase, Abgase sind das. Aber ich will mich nicht erheben, auch meine Furze stinken heute schon mehr als meine Kinderpuffer.

Ich fühlte, ich hatte es aufgenommen mit eurem soviel schweren Leben, mit euren Schicksalsschlägen und Notwendigkeiten, mit eurer Größe und Stärke. Mir ist nichts mehr vorzumachen – ich stehe da, schwanger, eine Frau wie jede andere und noch dazu ich. Ich habe mich dazu entschieden, es einmal zu probieren, woran so viele so gern zerbrechen. Ich habe mich auf das freie Schlachtfeld begeben und dort würde ich diesen Menschen zur Welt bringen. Ich wollte nicht klagen, ich wollte kämpfen für mich und meine Wünsche auf dem Feld der Wagnisse. Ich ging aufrecht, meinen Bauch vor mir hertragend, und ich wollte es aufnehmen mit allen Geborenen dieser Straße. Ich hatte keine Angst vor der Freundschaft meiner Feinde.

Welche Mutter hat nicht ihr Kind verflucht, wenn es so verdammt gewühlt hat in ihren Eingeweiden. Wenige Mütter haben keinen unartikulierten Fluch auf dem verzerrten Mund, wenn die letzten Preßwehen arg über sie hinwegwüten und in sie hineinbohren, dann speien sie aus, alle Gefühle, die sie jemals zu ihrem Kind hegen werden. Und deren sind es eine ganze Menge, in sich verschlungene, halbe, unbemerkte und verlorene Gefühle.

Ich hatte keine Angst vor der Feindschaft meiner Freunde.

Ich war ein schwangerer Stolz für mich, ein stiller, ordentlicher Rebell, der zwischen Zusammenbruch und Erhebung aufrecht stand zu seinem Schicksal. Zu dem unvermeidlichen Schicksal, ein Mensch zu sein, wenn man dazu geboren wurde.

Im März oder Anfang April muß es gewesen sein, daß ich wieder eine dieser Kontrolluntersuchungen über mich ergehen ließ. Die allgemeine Durchuntersuchung mußte ich damals schon hinter mich gebracht haben. Glaube ich zumindest, denn es wird ja wohl wichtig gewesen sein, schon zu Beginn der Schwangerschaft über den Zustand meiner Lunge, meines Herzens und Blutes, und was weiß ich was noch alles, Bescheid zu wissen. Logisch wäre es, aber das bedeutet überhaupt nur etwas in der Philosophie und in der Mathematik. Ob diese Wissenschaften meine Erinnerung aufmöbeln können? Weil ich damals schon den losen Leibrock und eine bunte Bluse unter einem Mantel, an den ich mich jetzt nicht mehr erinnern kann, getragen habe, muß es noch ziemlich kühl gewesen sein, also wie gesagt etwa Anfang April, deshalb bin ich dorthin hingefahren, wo ich die Untersuchungen bereits in dem Spital, in dem ich entbinden wollte, vornehmen ließ.

Ich mußte warten. Dabei bin ich einmal sicher. Ich hatte eine Ambulanzkarte, dabei bin ich auch sicher, denn die habe ich heute noch. Ich wartete immer in stiller Ergebung vor dem Schrecklichen. Meine Angst war einer Stumpfheit gewichen, einer willentlichen Beherrschung meiner Nervosität. Eine starrsinnige Sammlung in Gedankenleere schützte mich vor ner-

vösem Auf- und Abrennen und auf die Uhr schauen. Ich trage außerdem selten eine Uhr, weil ich aus Absicht nie dazu komme, mir eine zu besorgen oder mir eine schenken zu lassen. Ich hätte aber manchmal gerne eine eigene Uhr. Meine Stumpfheit schützte mich davor, zuviel in mich hineinzudenken und meine Windungen im Hirn zu verwickeln.
Ich konnte ja nie wissen, wie es um mein verborgenes Kind stand. Ein Absterben dieses Wesens mitten in mir hätte ja auch meinen Tod herbeiführen können. Außerdem hatte ich mein Leben schon so sehr auf dieses neue Miteinander eingestellt, daß ein Zurück dieser Möglichkeit mir wie ein harter Verlust erschienen wäre. Und außerdem, und das glaube ich, bewirkte meine hauptsächliche Bange, die bei diesen Untersuchungen immer so konzentriert auftrat, hätte ich mich schuldig gefühlt, wenn ich dieses Leben nicht hätte austragen können.
Ich hätte mich ein ganzes Leben lang schuldig gefühlt, so daß es mir nicht mehr lebenswert erschienen wäre. Ich kann das jetzt gut nachvollziehen, denn damals dachte ich nicht, sondern damals war ich die Schuld an der Zeugung dieses Wesens, und daß ich das als Schuld empfand, machte mich neuerlich schuldig meinen geheimsten Ungedanken gegenüber. Deshalb war ich so in Sorge.
«Ich sorge mich so sehr um dich, ich sorge mich Tag und Nacht», so habe ich schon gehört, und da war ich sicher, daß dieser sich schuldig gefühlt hat, vor mir, für mich, wegen mir, unter mir oder wegen sich selbst oder noch jemand anderem.
Irgendwann muß ich aufgerufen worden sein. Mein Name und mein Geburtsdatum wurden kurz wiederholt, so daß nicht am Ende eine andere mit demselben Namen aus dem Karteikasten des Arztes herausgesucht würde, und dort meine Untersuchungsergebnisse eingetragen würden. Ich glaube, es gab damals sogar eine Frau mit demselben oder einem ähnlichen Namen, die auch schwanger war. Sie hatte aber ein anderes Geburtsdatum und einen anderen Geburtstermin angesetzt. Ich konnte ihr meine Schuld nicht unbemerkt unter den Rock schieben. Ich mußte mich selbst auf den Stuhl begeben, die Beine auseinanderspreizen, und der Arzt sah langmächtig, so schien es mir zumindest immer, in meine Ewigkeit und meine Zukunft. Er las meine Lebenszeit ab, und ich dachte: «Der sieht alles.» So war es auch. Ich rechnete immer damit, daß irgend etwas nicht in Ordnung sein könnte. Und das ist auch gut so, denn Unordnung ist genauso ordentlich wie Ordnung, aber ich wollte ja die Ansprüche des Arztes erfüllen. Ich wollte brav in meinem Körper aussehen. Ich wollte gesund sein, damit er mich nicht abweisen könnte. Ich hätte mich einer Krankheit wegen wieder einmal schuldig gefühlt.
Wie sich im übrigen jeder seiner Krankheiten wegen schuldig fühlt. Die Möglichkeit einer Schuld erzeugt die Krankheiten. «Blutungen gehabt, ir-

gendwelche Schmerzen?» So fragte er. Ich beteuerte prompt und klar: «Nein.» Ich bewegte mich flink und versuchte, geschickt zu sein, weil ich das Ärgernis dieses weißen Herren ja nicht erregen wollte. Ich kann nicht mehr genau sagen, ob er schon in den allerersten Monaten der Schwangerenzeit mit dem großen, so altmodisch aussehenden Hörtrichter die Herztöne des Kindes zu erlauschen versuchte, sicher jedenfalls bin ich, daß mich dieses Gerät aus der Vorzeit, mit dem er in meine Urzeit hineinhorchte, besonders aus der Fassung brachte, was bei mir einen neuen Reservezuschuß an Beherrschung bewirkte.

«Atmen sie ruhig.»

Und er lauschte und lauschte in mich hinein mitten in meine Geheimnisse. Er hielt den großen Trichter an meinen nackten Bauch und horchte. Scheinbar hörte er etwas. Ich war beruhigt, es schien irgendwie wider mein Erwarten alles in vermutlicher Ordnung zu sein. Jedenfalls einer Ordnung, die den Vorstellungen dieses Weißen Vaters entsprachen. Er lobte mich nicht, aber er hatte keinen Grund, mir seine Obhut zu entziehen. Er beschuldigte mich nicht. Er hat mich wieder einmal nicht entdeckt, obwohl er so lange, so lange in mich hineingehorcht hatte.

Herztöne – Herzschlag des Ungeborenen unter meinem Herz. Es hat nicht immer ein eigenes Herz gehabt, ich habe ihm meines geborgt, wir waren ein Herz und eine Seele. Als ich ein Kind war, lag ich oft mit dem Ohr auf dem Polster und horchte neugierig in das Klopfen hinein. Es klopfte in meinem Polster oder unter ihm oder vielleicht unter der Matratze oder gar unter dem Bett. Fühlte ich mich beteiligt an diesem Klopfen?

Es war mir ein Fremdton, der mich manchmal ängstigte, aber noch mehr anlockte. Ich denke aber, daß mir nie wirklich eine Frage war, was im Polster klopfte, denn sonst hätte ich sicher einmal nachgeschaut. Oder ich hatte zuviel Angst. Die schaut auch ein Kind nicht gerne an, obwohl es sie sucht. Ich machte ein banges Geheimnis aus Bekanntem. Ich fühlte mich schuldig an diesem Geheimnis. Und Schuld ist ein erhebendes Gefühl. Wenn ich als Mensch an einer Bewegung des Lebens schuld sein kann, so gibt mir das Macht und Tatkraft. Ich darf schuld sein, ich darf mich schuldig fühlen an mir und meiner Herzangst. Herzangst gibt mir Kraft zu leben. Nur läßt sich mit Kraft nicht gut leben, und das macht die Krankheit. Macht macht krank . . . Krankheit ist der Ausweg aus der Gesundheit. Ein möglicher Weg, der dasselbe Ziel hat wie die Gesundheit. Gesundheit tut nicht weniger weh als Krankheit.

Den Mut zur Gesundheit . . . ohne Kraft sich einmal gesunddenken und nicht immer nur krankdenken, hoffnungslose Gesundheit . . . ist eine Lebensmöglichkeit.

Heutzutage habe ich mein Herz im Hirn. Heutzutage liege ich und horche noch immer. Manchmal höre ich so genau, daß ich gern weghören möchte, weil ich denke, wenn sich dieses Herz im Hirn überlauert fühlt, könnte es mir einen Streich spielen und wider meinen Willen aussetzen. Ich habe ja keine Macht über dieses Gerät, es hat sich meiner bemächtigt und ich kämpfe nicht gern mit meinem Herzen. Ich fühle mich nicht gesund genug dazu. Ich bin schuld an meinem Herzschlag, ich habe die Sünde begangen, nachzusehen im Polster, irgendwann habe ich es nicht mehr ein Geheimnis sein lassen und jetzt habe ich das Herz im Hirn und manchmal, wenn es zu entfliehen versucht, ich es zu verlieren drohe, muß ich mich in der Nacht erheben, Licht machen und die Augen weit öffnen und tief Luft holen. Der Anblick der gewohnten Dinge beruhigt meinen Hirnschlag wieder, manchmal, und ich kann mich dann wieder mit dem Ohr auf das Polster legen.

Herzdame – Herzbub – Lebkuchenherzen – Schlangenherzen – sei nicht herzlos – lebe für mich – mit Herzangst vor dem Hirntod. Das Hirn ist eine Art gestopptes Krebsgeschwür des Körpers. Zellen, die anders sind, Krebs ist der Rebell in meinem Körper. Zellen befreien sich von dem logischen Zwang der Spezialisierung, sie wollen frei gehen, sich befreien, sie gehen eine neue Art ein, sie machen sich endlich selbständig. Jeder Verfall bringt eine Erneuerung des alten. Krebsangst. Die Angst vor dem Verfall der bekannten Ordnung: Mensch. Krebsschuld, unsere Zeit steht im Zeichen der Krebsschuld. Der zweite oder der tausendste Sündenfall. Ich will Mitschuld übernehmen an dem Wandel meiner, unserer Zeit. Ich übernehme einen Teil dieser Schuld. Sie ist ein mögliches Lebensgefühl für mich. Die Angst ist seine Triebkraft.

Ich ging damals nach diesen Untersuchungen immer wie erlöst durch den großen Park, der mich zur Endstation meiner Haltestelle führte. Es war wieder einmal gutgegangen und das Wachsen des Kindes schien nach bekannten Regeln vor sich zu gehen. Ich fühlte mich für kurze Zeit sicher in der Norm des Menschlichen. Es schien mir menschenwürdig und menschengerecht. Ich hatte für diesmal die Absolution erhalten. Ich mußte nicht abweichen vom allgemeinen Weg, und mein Ungeborenes wies keine Abweichungen auf von der Art Mensch oder zumindest von der Entwicklung zum Menschen. Ob das eine Beruhigung sein kann? Nein, Mensch sein ist keine Beruhigung. Es ging auch nicht um die Ruhe. Es ging um das Leben, im besonderen um das Leben eines werdenden Menschen in meinem Bauch.

Ich wollte nicht Ruhe, sondern ich wollte leben. Ich wollte das Leben mit meinem Kind, und ich war froh, daß es zu wachsen schien und seine Lebensfähigkeit bewies, aber ich war zugleich wachsam und gespannt, ob alles gutgehen würde.

Ich finde jetzt in letzter Zeit immer wieder diese Zettel vor, in meiner Einkaufstasche oder auf meiner Bettdecke, wenn ich aufwache und Sebastian schon umherkramt, auch auf meinem Kopfpolster, wenn ich schlafen gehe. Manchmal hängen sie an einem Vorhang mit einer Stecknadel festgehalten, manchmal baumeln sie von irgendwo herunter und manchmal liegen sie nur da, und manchmal passiert es, daß eine Tür für einen kurzen Augenblick geöffnet wird und ein Zettel hereinfällt. Manchmal stecken die Zettel in Umschlägen selbst gefaltet oder in alten und auch neuen Kuverts oder sie sind lose, mit Bleistift beschrieben und manchmal mit Buntstift.

Früher war das nicht so. Früher konnte das nicht so sein. Sebastian hat einen neuen Weg gefunden, sich mir mitzuteilen, still und leise mir unterzuschieben, was ihm durch den Sinn geht. Wünsche und Witze und was für Beobachtungen er gemacht hat. Unlängst ist ein Stückchen Schmutz auf einem Zettel im Vorzimmer gelegen. Darauf stand: Das ist sehenswert! Heute finde ich da wieder so eine Nachricht: Bitte Rue – aufnahme – Danke!

Ich stelle meine Einkaufstasche leise hin und ziehe mich leise aus, ich höre von drinnen:

«Teilung der Menge F · F ist die Familie. Verstehst du F – F – F, nicht V – V. Da müssen sie genau unterscheiden – unterscheiden – wissen sie», und Sebastian legt sich hinein in seine Betonung, die zu einer Beteuerung wird: «Wie meinen Sie? Was ist die Grundmenge. Wie würden Sie das sagen . . . Leermenge! Sehr gut! Sehr gut! Ich muß Ihnen gratulieren. Die Grundmenge ist F, und V und M und K sind Teilmengen davon. Genauer ausgedrückt bitte, Vater, Mutter und Kind. Sehen Sie, so ist der Vorgang, können Sie das irgendwie verstehen? Sie sollen nicht immer so hineinrükken, schön untereinander, machen Sie es sich nicht schwerer, als es ist – Ja – und jetzt die Mengenschleife nicht vergessen! Weißt du, es geht ja nicht darum, es geht ja nicht darum . . .» und Sebastian nimmt einen wie verzweifelt fragenden Tonfall an: «Die Geschäfte die haben es in sich heutzutage, ich kann dir sagen, sagen, sagen – diese Maschinen, hier die Blättchen, diese Rechenblättchen, die sind wieder neu eingeliefert worden. Ja, genau, genau, wie bunt und es geht jetzt um das Red und das Yellow, ein Fuhrwerk ist es, ich kann dir sagen . . .»

Eigentlich müßte ich schon irgendwie vom Vorzimmer, in dem ich noch stehe, in die Küche hinüber, denn das Tiefkühlgemüse taut mir sonst in der Tasche auf und ich drücke leise die Schnalle. Der Boden wird knauern, aber ich kann darauf keine Rücksicht mehr nehmen, und Sebastian weiß sich gegen diese Ruhestörung zu helfen: «Achtung, kurze Unterbrechung der Berechnungen, warten Sie geduldig, ich melde mich wieder.» Er sieht zu mir her, sozusagen, daß ich jetzt flink sein soll, und ich schlüpfe durch sein «Studio». Ich sehe da den Sebastian am Tisch sitzen,

den Kassettenrecorder vor sich, den er seit einiger Zeit benützen kann, ein kleines einfaches Gerät, und das gelbe Rechenbuch aufgeschlagen, die Rechenblättchen, Zettel und Stifte, der Globus steht da hinten auf dem Kästchen und dort habe ich ihn nicht hingegeben, hinter dem Globus sitzt der Teddybär und der Stoffhund, ich weiß nicht, ob sie noch von vorher dort sitzen oder ob sie zu dem Spiel dazugehören. In der Küche steht auf dem Eiskasten die Glocke vom Christkind, die wir läuten, bevor wir uns mit unseren Schulsachen intensiv beschäftigen. Hier scheint sie aber eher aus Versehen stehengeblieben zu sein. Und drinnen geht die Aufnahme weiter.
«Mehrmals – mehrmals bitte beachten! Mehrmals! Darauf soll Wert gelegt werden. Die gleiche Anzahl mehrmals. Mehrmals mit h, mit Dehnungs-H – bitte achten Sie auch darauf. Mehrmals . . .» und Sebastian bleibt so haften in seinem Betonen, und ich spüre, er denkt sich gar nichts weiter, er genießt das Sprechen und hineinsprechen und will dann heraushören, wie er spricht, wie er klingt, wie er ist, wer er ist und zugleich versinkt er in Gedankenlosigkeit, in die Monotonie des Denkens. Mechanisch wird sein Vortrag und es geht nicht weiter, und mich juckt das, und ich schleiche mich hinein, denn ich weiß, worum es geht auf dieser Seite, wo mehrmals die gleiche Anzahl entwickelt und beobachtet werden soll. Ich raschle durch die Rechenblättchen, und Sebastian brüllt erregt in seinen Apparat: «Achtung, Zuschuß! Achtung, Zuschuß –» und ich weiß nicht, was das soll, aber er beginnt jetzt die Blättchen aufzulegen, und ich stehe still da. «Die gleiche Anzahl Blättchen, gnädige Frau, sehen Sie, genau so viele wie Kinder, können Sie erkennen, was für eine Menge hier spielt? Nicht können Sie, ich habe es gleich gewußt, diese Aufgabe ist auch noch zu schwer für Sie. Ich werde es Ihnen sagen. Eine Dreiermenge, eine Dreiermenge, gnädige Frau, ist das!» Mir ist das nicht recht, denn es ist eine Zweiermenge, und ich will diesen Irrtum nicht auf mir oder in Sebastian und auch nicht in dem Apparat sitzen lassen und ich werfe alle Gebote über den Haufen und gebe lautstark in die Maschine: «Irrtum bitte, Irrtum, es handelt sich um eine Zweiermenge. Ich werde sie jetzt mit den Blättchen legen. Mehrmals die gleiche Anzahl. Und ich lege und sage 3 mal 2 und drei mal zwei und drei mal zwei, drei mal zwei ist sechs.» Sebastian tut mit, und wir beschließen unsere Aufnahme mit – drei mal zwei ist sechs – und drei mal zwei ist sechs. Sebastian rennt in die Küche und holt die Glocke und läutet, ich stelle das Band ab.
«Bitte, gib einmal unser Heft heraus.»
Wir haben ein Rechenheft, in das wir nur zusammen schreiben. Sebastian legt seine Zettel, auf denen er manchmal auch Zahlen schreibt oder kleine Rechnungen, hinten bei. Sie gehören dazu, aber in das Heft schreiben wir nur zusammen.

«Wir werden auch schriftlich festhalten, was wir im Recorder hören können.» Ich bin da so, ich lege Wert darauf, daß das neu Erarbeitete auch sichtbar wird. Lernen ist nicht nur so dahingesagt, ich möchte ja wissen, was Sebastian beherrscht und was noch nicht, ich möchte den Überblick behalten und da genügt mir das noch nicht. Ich hänge etwas in der Zustimmung oder auch öfter in der Zurückhaltung Sebastians zur Mitarbeit. Ist er eher abgeneigt, so nehme ich vorerst den Bleistift zur Hand und beginne selbst. Irgendwie zieht er dann mit in das Beispiel ein, nur wenn er überhaupt ablehnt, würde ich ihn nicht dazu zwingen. Ich muß sagen, es ist eigentlich noch nie dazu gekommen, es war nie notwendig, denn er weiß, ich würde nicht mit ihm kämpfen um meinen Willen. Es wäre dann nicht mehr meiner, wenn es seiner absolut nicht wäre. Wir leben ja zusammen und da soll man sich die eigene Atmosphäre nicht verpesten. Sein Wille zur Abwehr ist nicht stark, vielleicht aber auch nur deshalb, weil ich einen bezwingenden Willen und eiserne Energie in dieser Sache an den Tag lege und gegen meinen Willen niemand sich rühren getraut, weil ich von Natur aus Gußeisen bin. Zugleich bin ich aber auch aus Angorawolle, und da ergeben sich die Willensverbindungen, die Gedankenverbindungen die Verwicklungen und Verwacklungen und Verwirrungen nicht so leicht, weil meine Wolle um den Stahl gewirkt ist und wir sind ein unmögliches Spielzeug an sich. Ein Tier aus Weichheit mit innen Härte, und niemand sieht es, und wenn du an die Wolle nicht rührst, bemerkst du nie, wie schwer es ist. Wir in unserem Hasenstall mit dem Geheimnis, mit dem herb-süßen Geruch und dem Wissen, daß wir an unserer Sonderbarkeit gar nichts gewonnen haben, wir wollen uns da, so irgendwie zusammen, und wer zwingt einen Hasen – ist der frei? Oder ist der gezwungen in sein Schicksal? Wenn zu mir der Schlächter kommt, wird er schön schauen, sein Messer ist kein Diamant, und meine Gedanken sind nicht auszurechnen, denn sie sind aus Blut und Sebastian muß auch bluten für das Gelingen seiner Jahresprüfung, das soll er auch können, denn ich kann mir nicht helfen. Und wenn, nur durch das Behalten meiner Kontrolle über sein Interesse, das ich jedesmal stark beanspruche, und vielleicht staunt Sebastian manchmal über meine Energie. Er denkt vielleicht, das sei erwachsen. Ich kann mein Kind nur so frei lassen wir ich mich selber lassen kann.

Sei es immer wie, sei es immer warum, sei es mit allen Gefühlen auf einmal, Sebastian bringt sein Heft. Er hat es selbst aufbewahrt. Es ist sein Heft, und ich rausche noch einmal durch die bunten Blättchen, die da vor uns liegen und zeige in das Buch: «Wie viele Kinder sind hier beisammen? Was machen die denn?»

«Sie halten einander an der Hand.» Ich nehme Sebastians Hand und halte sie warm und möchte ihn mitnehmen, und er geht, er will mitgehen, und

er sagt: «Wir sind zwei.» Ich lege uns in Blättchen. Zwei blaue Blättchen, ein gelochtes und ein ungelochtes. «Recht so?»
«Recht so. Und schau auch auf das Bild. Wie viele Paare sind das?»
«Ein Paar sind immer zwei», und Sebastian macht mit den Fingern Zwei. Ich will aber wissen, wie oft mal zwei Kinder hier auf diesem Bild die Hände halten.
«Drei mal zwei Kinder.»
«Und wie viele Kinder sind das?»
«Sechs Kinder», sagt Sebastian schon, aber er zählt noch nach und tupft mit dem Finger immer auf ein Männchen.
«Jetzt kannst du dasselbe mit den Blättchen machen.»
«Zwei rote Blättchen. Ein gelochtes und ein ungelochtes.»
Und jetzt, Sebastian macht das so dramatisch, vielleicht so, als wollte er mich ein bißchen verhöhnen. Das wird er so meinen, aber ich bin in meinem Ernst auch wirklich ein wenig komisch. «Und jetzt», wiederholt er noch einmal, «lege ich noch zwei grüne Blättchen, ein gelochtes und ein ungelochtes.»
«Ja, du Großmaul, kannst du das jetzt auch ins Heft schreiben?»
«Natürlich kann ich. Es steht ja im Buch», und da hat er recht, er kann es abschreiben, aber das zu bemerken ist auch nicht so selbstverständlich. Mittel und Wege finden zum Können, das ist nicht jedes Schülers Stärke, denn das bietet eine Schule nicht an, sondern sie gibt vor.
3.2 und Sebastian schreibt und zeigt noch einmal auf die Blättchen 1, 2, 3 untereinander in verschiedenen Farben 3.2. «Der Punkt heißt Mal, weißt du?»
«Ich weiß das sehr genau. Dreimal zwei ist wieviel?»
Er schaut mich an, und er hört auf zu denken, ich sehe, er ist irgendwo anders, und ich habe gedacht, er wüßte, wieviel das ist, weil er sich so sicher angestellt hat, und jetzt habe ich mich so getäuscht, das darf doch nicht wahr sein! Da setzt Sebastian sauber zu einem Strich an und schreibt still, so als hätte er nur irgend etwas in seinem Kopf auszuhandeln gehabt, eine vermurxte Sechs hin. Aber darauf soll es mir jetzt nicht so ankommen.
«Und jetzt bitteschön», und er verfällt schon wieder in seine Maschinensprache, der wird doch nicht glauben, daß ich sein Recorder sein will. «Jetzt sehe ich mir das hier einmal an. – Hier stehen 1, 2, 3, 4 Kinder beisammen, sie hängen sich aneinander in einer Schlange. Vier Buben und hier vier Mädchen – schau, die hat dasselbe Muster am Rock wie du auf einem Kleid», fügt er belustigt und wie nebenbei und schaut das einige Augenblicke an, dann sieht er mich an, und was ich für ein Muster auf mir habe, aber ich habe heute überhaupt keine Muster, und Sebastian wandert von seinem Energiestoß schon wieder so verdächtig hinüber in die Kon-

zentrationslosigkeit, und mir kribbelt das immer wieder so sehr unter der Stirnhaut, denn ich möchte meinen Rechengeist gern beisammen halten, aber ich sollte da nicht so ungeduldig sein, Sebastian fängt sich schon wieder seine Blättchen ein. Er hat Zeit, nur ich habe immer so viel Angst, daß er auslassen könnte und bei der Prüfung das Kleid der Lehrerin mustern würde und dann im Zeugnis stehen müßte: «Seine Konzentrationsfähigkeit läßt sehr zu wünschen übrig. Er muß in der Schule konzentriert oder vielleicht konserviert werden für den weiteren Verlauf der Jahre . . .»
Aber er tut ja schon wieder, nur mein Geist ist abgeschweift, und er legt vier Blättchen, vier ungelochte Blättchen, blaue, er sagt wie beiläufig dazu: «Eine Vierermenge», und legt dann daneben vier rote in derselben Folge auf.
Dann nimmt er das Heft und schreibt unter die erste Rechnung 2 · 4 = und dann sieht er mich an, denn er hat mich scheinbar irgendwie vergessen aus seinen Gedanken und seinem Tun, er sieht wieder ins Buch auf die Männchen und zählt sie mit dem Finger einzeln ab: «1, 2, 3, 4 und 5, 6, 7, 8. Glaubst du, kann ich eine schöne 8 machen?»
«Sicher, ich habe da Vertrauen zu dir», und wirklich sie ist schön geworden, diese Schlingel-Schlangelzahl.
«Was gibt es denn heute zum Essen?» interessiert sich das Kind mitten in der Schulzeit, das ist vielleicht eine Art.
Ich antworte nicht gleich, weil ich darauf nicht gefaßt war, und weil ich gerade zur nächsten Rechnung übergehen wollte, er läßt mich auch nichts sagen und meint mit verschmitztem Gesicht: «Du kochst und sagst nicht was, und ich rechne diese zwei Beispiele noch und dann zeige ich sie dir, und dann zeigst du mir das Essen.»
Ich finde, das ist ein brauchbarer Vorschlag und rechne in der Küche die Erbsen in den Topf und drücke die Fleisch-Laibchen in die rechte Form. Nicht zuviel Bröseln, nicht zuwenig, Mengenschleife nicht vergessen, und Sebastian höre ich da drinnen murmeln neben dem Zischen vom Fett. «Mal drei, mal Dreier-Menge. Jetzt handelt es sich – – 3 · 2 = bitte, schön schreiben, schön untereinander, nicht hineinrücken . . .6. Schöne Sechs. – Eine schöne Sechs ist es geworden!» ruft er herein. «Jetzt habe ich noch eine.»
In der Schule könnte er nicht dauernd Vorträge zu seinen Übungen halten, dort muß man leise arbeiten können. Das tut er selten, aber er liest eigentlich auch leise, das geht ja auch. Na, wir werden sehen . . . die Laibchen umdrehen –
«Fertig!» Mit der Glocke läutet er die Stunde aus. Wie lang sie war, weiß ich nicht. Fleischlaibchen sollen nicht zu kurz backen, sonst sind sie innen zu roh, und das mag ich bei Faschiertem nicht, und Sebastian schon gar nicht. Er hält mir sein Heft unter die Nase, und ich sehe und sage es auch

gleich: «$3 \cdot 2 = 6$, $4 \cdot 2 = 8$, $2 \cdot 4 = 8$, $3 \times 2 \cdot 6$, hast du es auch immer gelegt?»
«Alles gemacht – alles», und er schaut in die Pfanne und rührt in den Erbsen und hat schon ordentlich Hunger.
«Vielleicht können wir uns nach dem Essen dein Band anhören?» sage ich. «Oder vielleicht am Abend. Was hast du denn da hineingespielt?»
«Das wirst du alles hören, jetzt ist das Band noch unter Ausschluß der Öffentlichkeit, ich gebe dir die Erlaubnis, es abzuhören, aber ich will es vorher gern abspielen. Ich kenne mich da schon aus. Ich will das schon selbst machen.»
Ich habe es schon irgendwie fast vergessen, wie es war, als mir meine Mutter noch vorgelesen hat. Sie hat das sehr häufig getan, weil sie selbst gern gelesen hat und weil sie sich außerdem dabei immer beruhigen konnte, beim Vorlesen. Sie hat sich so hineingelassen in die Buchstaben und ist mit ihnen so dahingeschwommen. Sie hat gefühlt, daß sie eine sinnvolle Beschäftigung hat, die sie eher entspannt als anstrengt, und ich selbst habe, wenn ich von der Schule nach Hause gekommen bin und mein Essen auf dem Tisch hatte, ihr Lesen als liebe Gewohnheit geschätzt vor den lästigen Aufgaben. Eine Spanne Zeit, eine Weile verweilen im leeren Hirn, denn manchmal ging es weder ihr noch mir um den Inhalt der Geschichte, sondern eher um einen erlaubten Abstand zur Pflicht. Nichts desto weniger hatten wir meist gute Geschichten, die nicht langweilig waren, aber sich immer ein wenig von meinen eigenen Büchern, die ich selbst las, unterschieden. Was ich selbst las, mußte schon ein besonderer Hammer in mein Hirn sein und dieser Bücher gab und gibt es gar nicht wenige. Schau dir dieses an, willst du dir das vorlesen lassen oder selbst lesen oder überhaupt nicht lesen? Du Schwindler, wieso bist du denn dann überhaupt bis hierhergekommen? Aber ich weiß schon, für dich ist nichts gut genug. Gut so, gut so, nur so weiter auf der Leiter. Wenn du oben bist, sage mir dann, was dort oben steht auf dem Schild. Ich kann das von hier noch nicht lesen. Ich habe es zwar einmal selbst hingeschrieben, aber ich habe es vergessen . . . wie das Vorlesen und das Vorgelesenbekommen und wie mein Kind, das ich einmal gezeugt haben muß unter einem Aufwallen von Vergessen . . .
Sebastian vergißt fast nie, mir am Abend vorzulesen. Da gibt es nichts zu vergessen, denn wir haben uns das nie zur Regel gemacht, aber es hat sich so geregelt, daß wir da beide meistens zum Lesen gestimmt sind.
«Willst du wieder den Xaver und den Wastel?»
«Ja.»
Mit ist es eigentlich ziemlich egal. Aber Xaver und Wastel mag ich besonders gern. Ich lehne eigentlich mehr da und lasse mich tragen von den Buchstaben, die manchmal noch stockend und manchmal schon

recht fließend aus dem Kindermund kommen. Ich hätte nicht gedacht, daß man sich von seinem eigenen Kind tragen lassen könnte in irgendeiner Form. Ich dränge nicht, mich drängt es am Abend meist zu nichts mehr, und da horche ich wie früher hinein in die Zeit, die ich vergessen habe? Warum nicht vom Xaver und Wastel hören, warum sollte ich lieber von Zeitgeschehen und Gefühlserbrüchen und Krankheiten lesen, warum nicht vom Xaver und Wastel hören, wie sie sich in einer alten Bauhütte eine eigene Wohnung eingerichtet haben. Was sonst, was sonst hätte ich mehr getan, als vielleicht nicht einmal das, es ist spät, und ich bin schon müde und das Kind will noch lesen. Es freut sich, daß es diese neue Errungenschaft auch sinnvoll ausüben kann, so wie damals meine Mutter. Auch er ist ja schon müde und will nicht mehr toben, Vorlesen ist gut, oder Fernsehen. Fernsehen ist auch gut, nur übt da das Kind nicht zugleich das fließende Lesen für die Prüfung oder für das Leben oder für irgendsoeine Schnapsidee. Fernsehen ist besser als Schnaps. Fernsehen und Schnaps, das ist allerdings wieder Spitze. Fernsehen ist ein Ersatz für Vorlesen oder vielleicht auch umgekehrt, jedenfalls sind das sehr ähnliche Möglichkeiten, seine Abende in sinnvoller Sinnlosigkeit zu verbringen.
Wenn es die Fernsehapparate nicht geben würde, da würde die Welt schon anders tönen, da würde sich am Abend ein Hacken und Spießen, ein Wüten und Bohren, ein Jucken und Morden in den Familien abspielen, daß dir nur alles so durcheinanderschießen würde. Jetzt schießen sie im Fernsehen, und das ist mir lieber als vor meinem Fenster. Vielleicht herein zu uns in den Kopf meines lesenden Kindes, oder vielleicht in den Fernsehapparat, hinein in das Bild eines Schießers? Jetzt habe ich gerade gesagt, wer fernsieht, schießt nicht, und wer tut das dann doch? Beides auf einmal? Gnädige Frau, bleiben Sie am Teppich. Ich kann ja auch tippen und denken – deswegen verliere ich so oft den Teppich und auch die Gedanken, denn ich wollte eigentlich erklären, daß die Entstehung des Fernsehens kein Fortschritt ist, sondern eine Entwicklung des Menschengehirns aus sich heraus, das so etwas nicht hätte machen können, wenn es nicht wüßte, was für ihn gut ist. Fernsehen ist die vernünftigste Sache, die mir in den letzten Jahrzehnten untergekommen ist. Der Kopf im Fernsehen, der eigene Kopf im Bild, eine enorme Entlastung der Gedankenqual. Ein Abnehmer, ein Heiland, erdacht von Menschen für Menschen in einer Zeit, in der so ein Gedanke gebraucht wird, um leben zu können, und einer Zeit, in der so ein Gedanke überhaupt ein Bedürfnis werden konnte. Das Bedürfnis des Menschen ist seine Entwicklung, und Entwicklung heißt heute Überleben und nicht Erinnern. Er kann nur mit dem Hirn nach außen leben, konsumieren und fernsehen, um selbst nicht mehr sein zu müssen, wenigstens am Abend für ein paar Stunden seinen Sinn verlie-

ren dürfen – müssen – können – wollen – sehen. Wir werden sehen, wo uns das hinzieht – hinsieht, ob das einsieht, das Fernsehen, ob dieses Heil nicht trügt? Jedes «Heil» trügt, denn es ist nichts zu heilen. Der Heiland wäre nicht ans Kreuz genagelt worden, wenn es damals schon das Fernsehen gegeben hätte. Irgendein gescheiter Forscherkopf wird sicher zu berichten wissen, daß es das ja schon zur Zeit der Ägypter gegeben hat. Und recht hat er. Ägyptisch ist das Fernsehrätsel, das ich hier aufgegeben habe. Die Auflösung erfahren sie, wenn sie einen neuen Fernseher kaufen, oder vielleicht das neue Buch? Lesen, Vorlesen ist wieder in für alle, denen der Fernseher ausgegangen ist. Ja, so ist es. Mir geht ein Licht auf. Fernsehen ist nicht Anregung, sondern Ersatz, und wenn doch Anregung, dann nicht zum Schießen, sondern um neue Ersatzmöglichkeiten für alte Bedürfnisse zu finden, die die Menschheit schneller ausrotten würden, als es ohnehin geschieht. Fernsehen ist Zeitgewinn zum längeren Überleben und so gesehen absolut gesund, wenn es dem Menschen wirklich wichtig sein sollte, länger zu überleben. So eindeutig kommt das ja nie heraus. Er bemüht sich um das eine und sagt doch immer das andere und ist im Zwiespalt und dort hinein hat er sich das Fernsehen erleuchtet im Zwielicht. Im Dunklen flimmert das Ersatzhirn, jeder sieht, aber darum geht es nicht, entmenscht = menscht, und das kann nur praktisch sein, weil, sonst kämen wir nicht zum Lesen von Xaver und Wastel und wüßten nicht, daß jeder ein Xaver und jeder zugleich ein Wastel ist, aber im Fernsehen, bitte im Fernsehen.
Heute morgen habe ich auf meiner Bettdecke wieder einen Zettel liegen. Einen großen. Darauf steht: Alles gute zum Osterhasen, und rundherum liegen gezeichnete Eier und da tummeln sich kleine und größere Häschen und Enten und eine Henne, anscheinend mit einem Korb auf dem Rükken, oder vielleicht ist diese Rasse so gebaut. Draußen im Zimmer, da ist Unruhe, da wird gerückt und geschoben und gehuscht – eben ganz so, wie das zu Ostern Brauch ist, wenn versteckt wird. Ich kenne allerdings meinen Osterhasen und weiß, daß er da im Pyjama umherhuscht und alles versteckt, was nicht niet- und nagelfest ist. Ich werde lieber gleich ans Suchen gehen, daß ich meine paar Sachen beisammen habe, die ich dann brauche, um mich anzuziehen. Ich weiß ja, wie das ist. Sebastian macht das schon seit zwei oder drei Jahren so, und das ist ihm so lieb, wie wenn er dann seine eigenen Ostereier suchen wird. Bevor ich die verstecke, muß ich aber noch meine Habseligkeiten einsammeln.
«Wie viele Dinge hast du versteckt, das mußt du mir schon sagen.»
«Das kann ich dir nicht mehr genau sagen, ich schätze, es werden so sieben oder acht sein.»
Heuer kann er ja schon zählen, vielleicht kommt mir das einmal zugute. Hier meine Haarbürste, auf dem Fernseher das Handtuch, meine Bluse

schaut mit einem Zipfel aus der Truhe heraus und meine Zahnbürste steckt im Blumentopf, der kleine Globus ist verstellt? Sonst steht er auf dem Fernseher und jetzt finde ich ihn hinter dem Ofen. Das Spiel wird auch mit umgestellten Sachen getrieben und daher liegt sein Gewand auf meinem Sessel und mein Gewand auf seinem Sessel, umgekehrt, als wir gewöhnt sind, unsere Kleider über nacht liegen zu lassen.
Ich werde nach herkömmlichen Regeln verstecken. Ein Nest hinter dem Tischbein, eine Schokoladenente hinter dem Blumentopf und ein Lamm hinter dem Vorhang und noch ein Eiernest hinter einem Polster und dann habe ich da noch ein besonderes Geschenk, das mir erst gestern in die Hände gefallen ist. Es ist nicht neu, aber Sebastian hat das, glaube ich, noch nie gesehen und es scheint mir sehr praktisch für unser Schreibunternehmen zu sein. Mein Vater hat einmal eine kleine Superachtfilmkamera bekommen und dazu eine Schachtel mit Magnetbuchstaben, die man auf einer Platte auflegen kann. Er hat das nie gemacht, aber ich glaube, die Buchstaben sollten für die Titel der Filme dienen, und jetzt werden sie uns dienen, denn einen Setzkasten haben wir nicht.
Und das Ding schlägt ein. Sebastian sitzt am Tisch unter seinem Naschwerk. Am Ostertag darf schon früh genascht werden und das reguläre Frühstück fällt aus. Sebastian darf eigentlich immer naschen, nur haben wir fast nie Naschzeug im Haus. Er ißt seine Ente und legt vorsichtig auf: Ente.
Dann legt er Lamm. Und er schreibt es richtig.
«Was ist eigentlich Schaf?»
Ich weiß den Unterschied zwischen Lamm und Schaf nicht. Ich gebe mich ratlos. Ich bin es.
«Ich werde einmal im Wörterbuch nachsehen.» Das schätze ich sehr, wenn Sebastian dazu nicht zu bequem ist, denn er tut sich noch schwer beim Finden. Ich rege die Verwendung von Nachschlagewerken immer wieder an. Wer sich mit Wissen abgibt, soll alle Möglichkeiten benützen können, sein Unwissen zu entdecken, und zwar selbst. Wenn Sebastians Interesse zum Nachschauen nicht ausreicht, würde er sich aufgestellte Tatsachen und Lehren auch nicht merken, weil er ja kein Interesse daran hätte. Ich weiß ja, wieviel mir von dem Schulstoff bei einem Ohr hineingegangen und beim anderen Ohr wieder hinausgeflogen ist, oder nicht einmal das. In Angelegenheiten, die mich interessierten, da war ich allerdings sehr hellhörig und da hörte ich vieles, was der Lehrer gar nicht ausgesprochen hat, weil er selbst nicht wußte, daß er es weiß, und da mußte ich keine Merkmanöver ausüben, die jedesmal erfolglos blieben, weil sich doch kein gesunder Mensch befehlen lassen will, was er sich zu merken hat. Da müssen sich doch alle Abwehrhaare aufstellen im Hasenbart bei soviel Ignoranz der Besserwisser.

Aber du hast ja recht, ich glaube ja auch immer, daß ich alles besser weiß, nur bei Lamm . . .
«Ich hab's. Schaf ist allgemein, auch das wilde Tier, und Lamm ist das Haustier, wie es in Almwiesen war. Wie hat denn das geheißen?» Auch das weiß ich nicht mehr, da können wir aber gar nicht nachsehen.
«Wauni, Wauni . . . ich weiß schon», und er hält das Lamm hoch, das eine kleine Glocke an einem roten Band hat. «Ich werde es aufheben, ich werde es nicht essen.»
«Aber geh, iß es, sonst wird es schlecht», aber eigentlich sollte ich eher vernünftig sein und meinen, sonst wird ihm schlecht, aber ich bin da nicht so, und außerdem bin ich von dem Ergebnis der Forschung im Wörterbuch nicht befriedigt. Was soll das heißen, ein Haustier oder ein wildes Tier, und ich krame da in Zeitschriften herum, die von Tieren handeln und die wir regelmäßig jeden Monat bekommen und die so schöne Bilder haben. Die Serie ist schon zu Ende, und es liegen jetzt überall Tierbilder herum. Sebastian mag das. Ich habe mich ja eigentlich nie sehr dafür interessiert, aber ich habe diesbezüglich meine von der Schule anerzogene Interessenlosigkeit in letzter Zeit ein wenig abgelegt, weil mich das Kind in seiner Anteilnahme an Tierrassen und ihren Wohnorten so angeregt hat. Ich suche etwas vom Lamm und verliere mich ein wenig in die Bilder. Und das schon am Morgen, aber heute ist Sonntag und am Sonntag ist mein Kind geboren und heute ist Osterhase, da darf ich verlieren.
«Das Lamm läutet», höre ich murmeln. «Nicht schauen, erst wenn ich sage.» Ich will gar nicht hinsehen, denn ich nehme fast mit Sicherheit an, daß läuten wieder falsch sein wird. Das kann sich Sebastian nie merken, obwohl ich es schon so oft verbessert habe. Ich tue das rücksichtslos, ich bessere dauernd Wörter aus. Nur, so oft, wie man annehmen würde, sind sie gar nicht falsch geschrieben. Sebastian schreibt wild hin und getraut sich alles herauszubringen, sowohl im Stil als auch in der Form und in der Buchstabenfolge. Er spricht auch so. Nur eines, seit er gemerkt hat, daß da doch einiges mehr und einiges weniger wünschenswert ist, wovor ich ihn nicht bewahren möchte, denn da würde ich mich ins eigene Fleisch brennen, ist er doch manchmal etwas zurückhaltender in seinem Sprudel, und ich muß sagen, auch nicht mehr so ulkig in seinen kleinen Geschichtchen auf der Bettdecke und vielleicht auch nicht mehr ganz so erfrischt von seiner neuen Errungenschaft. Er kann jetzt schreiben, alle Buchstaben kann er, noch dazu in einer Schrift, die er noch gar nicht können müßte. Ich tue ihm diesen Schmerz, es ist auch mir ein Schmerz, auszubessern, um zu verallgemeinern, aber ich bin so, ich kann nicht anders, ich bin selbst nicht freier. Schau mich an, wie ich hier an den Buchstaben

und Erklärungen klebe, wie ich mich dir verständlich machen möchte und wie umständlich ich das tue. Und zu guter Letzt nehme ich sogar am Ostersonntag das grüne Heftchen heraus, in das wir immer diese Wörter schreiben, die Sebastian aus seinem Schulstoff immer falsch macht, und ich lege es auf den Tisch vor ihn.
«Laß einmal schauen?»
«Ich hab es richtig gemacht», und er deckt auf und da steht «läuten», und ich kann es kaum glauben.
«Na, dann kannst du ein anderes setzen, vielleicht ‹leuchten›, das fällt dir auch immer schwer und vielleicht mit ‹im Schuß› und mit ‹fährt›.» Ich komme mir eigentlich ein wenig schäbig vor, daß ich dieses Geschenk für Sebastian so berechnet habe. Unsinnige Geschenke sind viel unverfänglicher, jetzt muß der Arme üben, was ich will und vorschlage, aber er tut es, fühlt sich nicht beschissen, auch wenn ich mich selbst hineingelegt habe, denn ich weiß noch immer nicht genau, welcher Unterschied zwischen dem Lamm und dem Schaf ist. Ich kann das hier nicht herausbekommen. Vielleicht ist gar keiner.
«Das Lamm fährt im Schuß hinunter.»
Sehr seltsam, sehr seltsam, aber bitte, richtig, und das freut mich, oder sollten wir doch mehr Wert auf Tatsachen legen?
«Wo leben denn diese Schafe überhaupt?»
Sebastian weiß das recht gut, und er zeigt es mir auch auf dem Globus. «Mehr im Osten, glaube ich», und er dreht und dreht, und ich tippe für ihn auf den Osten, denn er findet das scheinbar noch nicht. «Ja und auch bei uns.»
«Wart, das kann ich dir zeigen», und wirklich, er findet sein kleines Heimatland auf der Kugel, und ich muß mich erinnern, daß ich noch als Halbwüchsige völlig verloren vor einer Landkarte stand. Ich druchblickte dieses System nicht, und ich wollte es auch nicht, denn mein Geographielehrer war ein kesser Bursche, der recht gut unterschied zwischen den hübschen halbwüchsigen Schülerinnen und den weniger hübschen. Er behandelte die hübschen in viel erotischerem Stil als die langweiligen. Dieses Spiel zog er genußvoll bei Prüfungen ab, die er immer am Anfang der Stunde ansetzte, zu seiner persönlichen Erregung wahrscheinlich. Und da wollte ich auf keinen Fall mittun, ich wollte das nicht, ich spreizte mich gegen diesen geilen Landkartenficker, und ich wollte gar nicht ins Spiel von hübsch oder weniger hübsch gezogen werden. Ich wollte das nicht wissen. Wahrscheinlich wollte ich nicht weniger hübsch sein. Sicher bin ich jedoch, daß auch schon ein kleines Kind mit Landkarten umgehen kann. Ich kann es beobachten, daß sich ein kleines Kind schon Länder merkt, und Sebastian hat den Globus gern, der gehört zu seinen Spielkameraden.
«Alles Meer, lauter Wasser und da ist Land. Im Fernsehen war einmal et-

was über Schafe. Die leben natürlich da bei uns und in Afrika, glaube ich, soll es Schafe geben, die so heißen wie das Land dort.»
«Wie welches Land dort?»
Er dreht und zeigt auf Amerika.
«Da vielleicht irgendwo, schau einmal, vielleicht kannst du was finden. Sage das Land, und ich sage, ob ich das meine, ich würde mich daran erinnern.»
«Afrika ist hier, das ist Amerika – die Schrift ist so klein, vielleicht meinst du Marokko-Guinea-Senegal», und ich lese nicht weiter, denn ich denke, das ist genug an Namen, das Kind muß ja nicht soviel im Schädel rumoren haben. Vielleicht genügt es, wenn er sich an das Lamm Wauni erinnert. Vielleicht ist das mehr wert, als wenn ich ihm den Kopf voll mache mit Unterschieden, die vielleicht gar keine sind – aber was genügt schon, was soll schon sein, wenn sich das Kind selbst den Globus dreht, wobei soll ich ihn bremsen, wobei weitertreiben, wo Grenzen setzen und mich erinnern, daß es unüblich ist, daß Kinder in Sebastians Alter auf Landkarten lesen und dafür noch nicht «fährt» schreiben können. Wenn er fahren will aufs Meer hinaus, dahin, wo er jetzt mit dem Finger auf der Karte fährt, wird er ein Schiff brauchen, das ihn mitnimmt und er wird nicht «fährt» schreiben können müssen. Außer er will Kapitän werden, dann vielleicht schon. Aber Sebastian will Tierwärter werden und nicht Schiffsreisender. Oder vielleicht sollte ich ihm nicht diese Landkartenwirtschaft zeigen, weil er mich dann vielleicht viel früher verlassen wird?
Hinaus will, weg von mir und mich auf meinen Buchstaben sitzen lassen, die ich alle im grünen Heftchen gesammelt habe, und über dem ich dann jede Nacht weinen kann, weil ich es nicht richtig gemacht habe.
Besser kann ich nicht. Aber ich erinnere mich, es gibt das Merinoschaf, und ob nicht in Marokko ein Schaf lebt, das nur dort vorkommt? Ich gebe auf, weil ich mich vor Naturwissenden nicht länger bloßstellen kann. Sicher ist, daß das Schokoladenlamm noch nicht aufgegessen ist, hingegen der Hase schon. Und solang dieses Lamm da stehen wird, bin ich sicher, daß Sebastian irgendwoher etwas findet, etwas herausfindet, was ihm den Unterschied zwischen Lamm und Schaf erklärt und daß er das Land herausfindet, wo dieses bestimmte Schaf lebt.
Dann werde ich Bilder suchen aus meinem alten Geographiebuch, das ich jetzt ungeniert benütze, und wir werden ansehen, wie es in diesem Land aussieht.
«Es wird dort trocken sein und vielleicht auch dürr. In Afrika ist das eher so und Schafe sind genügsame Tiere», so viel weiß ich fürs erste.
Ich schaue noch einmal verloren in das grüne Heftchen. Viel steht da nicht. Aber es genügt. Ich werde mich nicht in Verzweiflung aufrichten an den Fehlern Sebastians, die meine sind. Ich werde niemanden büßen

lassen für meine Unsicherheit, heute am Ostersonntag einmal nicht, heute werde ich mir keine Sorgen machen über den April und die nächsten beiden Monate, die noch da sind, um dieses Heftchen aufzuessen. Es muß ja nicht sein, laß es stehen, das Lamm mit der Glocke, auch wenn wir nicht näheres über es erfahren konnten, es wird sich schon noch alles herausstellen.

Fragst du mich?

Fragst du dich?

Weißt du eigentlich, was du da tust? Du reißt dein Kind und dich mit Gewalt aus dem Gebot der Zeit, aus dem Gewachsenen, aus der Entwicklung. Darf ich sagen, Verwicklung? Ich bitte es mir aus. Ich will ja nichts zwingen. Niemanden zwingen, schon gar nicht mich. Doch das fällt mir schwer. Jetzt ist mir rund und bunt, ruhig und bedacht. Ich habe ein Auge offen für meinen starken Antrieb aus meinem Innersten heraus, an einer Kreuzung, ich dränge nach keinem Weg. Ich will nirgendwo hin und wenn ich gehe, tue ich es ohne Zweifel an der Richtung meiner Entscheidung, an der Richtigkeit meiner Scheidung. Was sollte denn richtig sein? Nützen? Besser sein als schlechter? Es kann mir doch niemand erzählen, daß er wüßte, daß es etwas zu wissen gäbe. Nichts – das kann man nicht in der Schule lernen und nicht ohne Schule. Ich glaube nicht, daß ich jemandem etwas nehmen kann oder geben kann, ohne daß er es tut. Ich spüre in der Höhle meines Lebensgefühls, daß es nicht notwendig ist, die braune Bank zu drücken, um der zu werden, der man immer ist. Um mit denen zusammen zu leben, denen man begegnet und mit denen man nie zusammentrifft. Dort ist es nicht und nirgendwo sonst. Ich habe meinem Kind nichts Besseres zu geben, aber ich will ihm nicht vormachen, daß es nicht allein wäre. Du fragst mich, du fragst dich: Wie kannst du das Unbekannte verantworten? Bist du so weise, daß du anders sein darfst und uns nicht brauchst? Wo stehst du, daß du dir diese Ablehnung herausnimmst? Ich lehne nicht ab, aber ich kann mich nicht anlehnen, die Mauern stürzen, die Steine schlagen um mich nieder. Ich werfe damit nach niemandem, alle sind Getroffene. Ich möchte nur nicht mitbauen an diesem Steinhaufen, damit mir dann die Trümmer auf den Schädel fallen. Und sollte ich irgend etwas mit diesem blonden Schopf da neben mir zu tun haben, ich will auch darauf keine Felsbrocken, die ich aufgetürmt habe, fallen sehen.

Warum bauen wir so schlecht? So schlecht?

Wir wollen ja nicht bauen und auch nicht stürzen, nicht immer höher und höher. Still sein, ruhig sein, schauen, nicht immer so stürmen . . .

Bist du so ruhig und überlegen, daß du es dir leisten kannst zu sagen, du siehst, was nottut? Wie hoch stehst du, daß du sagst, du weißt, was alle Menschenwesen wollen?

Nichts, nichts weiß ich. Es gibt nichts zu wissen. Ich bin die Ruhe und die Unruhe der Bestandteile der Bewegung zu mir selbst in einer Form, die ich gebe, ausspiele, gestalte. Mein Antrieb geht präzise, kühn, ohne Seil, ich kann es schmecken auf der Zunge, was ich möchte. Ich gebe es mir nicht, denn dann hätte ich es. Dann wäre ich es. Ich sehe es gern an. Der Wunsch entleert sich als solcher mit seiner Erfüllung. Einfachheit – einfach soll es sein. Es ist leicht. Aus der Diskrepanz des Wunsches und des Erreichens spannt sich mein Zielbogen der Lebensenergie. Und dieser Bogen ist gespannt. Ich schieße ab. Ich schicke den Pfeil. Ich bin das Ziel. Ich ziehe den steckenden Pfeil aus meinem Hirn. Ich schreibe damit. Ich schreibe es auf und sage es noch einmal, ich stehe dazu, dafür, für das in diesem Leben ist die Schule und der Zwang nicht notwendig, aber ich zwinge mich immer. Mein Kind ist mit mir gezwungen, in Spannung zu sein, in Lebensspannung zu sein. Ich möchte diese Spannung behalten, aber mich von dem klebrigen Schweiß befreien, der auftritt, wenn ich lebe. Ich wage es, mich loszulösen von dem Klebstoff der Zeit, der meine Hirnnähte zusammenpappt. Sie möchten sich strecken und sich dehnen.
Woher stammt eigentlich die weitverbreitete Meinung, der Mensch könne nicht tun, was er will. Ich kann immer, was ich will. Ich muß sagen, mein Wille ist so ein durchscheinendes Gespenst von geisterhaft nervös bis flackernd, aufwallend, dann und wann monströs und grausam grinsend bis muskulös und elastisch. Er ist wie ein Mensch. Von gar nicht über hart, knöchern bis spannkräftig und endlich erstarrt.
Du kannst nicht tun, was du willst. Du bist hier nicht allein. Du hast Grenzen. Ich will – ich will!
Mein Kind stampft eigentlich nie mit dem Fuß auf. Auch ich stampfe nicht. Ich kämpfe nicht um mein Recht, ich kämpfe nicht um mein Leben, ich nehme es mir, denn meine Einsamkeit bin ich, und soll ich jetzt fragen, ob ich bin? Ob ich sein darf? Ob ich teilweise bis hierher sein darf und weiter nicht? Wie knappe ich mich ab, wie mache ich mich unsichtbar? Wie gebe ich mich unter die Herrschaft eines anderen? Ich will nicht, und ich tue es nicht. Ich kämpfe nicht um die Erkenntnis meines Willens. Ich zeige ihn. Ich bin er. Sie. Er. Es. Wir und niemand. Ich habe keinen Kampf zu verlieren oder zu gewinnen.
Ein Gummiball – 1 × an die Wand
2 × an die Wand
3 × an die Wand
10 × an dieselbe Wand.

Denk dir, plötzlich schmeißt du ihn an die Wand und der Ball geht durch. Einfach durch. Ich bin verwirrt, erstaunt, ich lache in meinem Herzen über diesen Einfall. Ich hatte ihn noch nie. Ich habe ein Gummiherz.

Wenn der Ball nicht im Rhythmus geht, spüre ich ihn, es ist das Herz. Ob es einmal durchfällt?
Du mußt etwas leisten, Kind, daß du nicht durchfällst. Du mußt am Ende des Jahres eine Prüfung darüber ablegen, daß ich eine genauso gute Lehrerin bin, wie die geprüfte in der Schule. Nein, du mußt zeigen, daß du genauso viel weißt wie die Kinder in der Schule, obwohl du keine Schulbank gedrückt hast. Bei mir sitzt du auf einem Polster und manchmal auf Reißnägeln. In der Schule aber sitzt du auf dem Operationssessel, wo dir das Hirn jeden Tag beschnitten wird und wo eingepflanzt wird, was für das Gedeihen des Gesellschaftsgartens der Kultur und des Hofes noch vonnöten ist.
Alles zur Ordnung erklären, was sonst Unordnung ist? So einfach ist das wieder nicht. Ja, reg dich ein bißchen auf, errege dich ein wenig an der Revolution zu dir selbst. Rühr dich, auf nach dem Glück, ihm nach – dort rennt es! Ist es das Kind dort vorn mit den wehenden Haaren? Nicht nachlassen, weitertippen und weiter, wovon willst du denn diesen kleinen Menschen ernähren? Essen, Essen, Nahrung, immer hinein damit. Zur Suppe, zur Suppe, die Knödeln sind heiß! Und noch Ei und noch Fleisch und noch Milch und noch Wein und die Augen sollen leuchten. Die Gier sitzt da in mir, die Lebensgier. Die Gier, die Vernunft zu überrunden, sie einzuholen. Das Loch, das Loch, wo ich herausgekommen bin, wo du hineingekommen bist und durch das der Gummiball fällt. Im All ist ein Loch, dort hinein wird die Erde sich drehen und weg, weg, wegdrehen, ausdrehen, verdrehen, umdrehen, durchdrehen, aber so heiß wird ja nicht gegessen.
Ich habe eben Spinat gegessen. Ich esse ihn immer mit einem harten Ei. Das Kind hat lieber Spiegelei, aber nicht zu weich. Schleimiges mag er nicht. Wir haben Zeit, ich kann gern ein anderes Ei kochen. Als Schriftstellerin hat man immer Zeit für solche Sachen, wenn ich sie mir nehme. Am Markt ist mir schon eingefallen, das hier aufzuschreiben. Es ist so unwichtig, aber schon am Markt war es mir wichtig, es hat mich berührt, und ich glaube fast, ich habe mich ein bißchen nach Hause beeilt. Und noch bevor ich den Spinat gekocht habe, habe ich da irgend etwas auf ein Papier gekritzelt, um daß es nicht zu Spinat werde, aber ich glaube fast . . . manchmal würde ich einen Zettel in der Einkaufstasche brauchen, um mir gleich an Ort und Stelle eine Notiz zu machen. Ich habe aber auch noch den Einkaufszettel zu studieren, und ich käme dann vor der Marktfrau in Verwirrung mit meinen Zettelwirtschaften. Ich bin eine ernsthafte Einkäuferin, ich blamiere mich nicht gern durch unklare Wünsche. Ich habe mich gern in der Hand. Ich habe mich gern beisammen. Ich kann die Realitätsebenen jederzeit blitzartig wechseln – kann ich? Will ich?
Ich gehe jetzt oft so ruhig durch die Straßen. Die Arme baumeln, der

Schritt ist langsam, der Blick am Boden. Locker, aber gefaßt, ich kann mich beherrschen, ich habe es mich gelehrt. Ich habe immer die Anlage dazu gehabt. Ich habe das gespürt, und ich habe diese Wanderung gemacht – auf den Berg – über den Gierstein in die Stirnhöhle. Dort bleibe ich und schnitze. Ab, einfach geschliffen bis zur Angst vor dem Tod. Bis zum Wunsch nach dem Glück. Bis zur Sucht nach dem Wahnsinn. Ab, ab, aber jetzt gehe ich oft so ruhig durch die Straßen. Die Arme baumeln, der Blick ist auf den Boden gerichtet. Ich gehe dem Markt zu. Ein Wunsch nach dem Leben, nach der Ordnung, nach dem Glück, nach dem Tod, nach der Angst und nach der Wunschlosigkeit der Gedankenlosigkeit geht mit mir mit, ganz ruhig. In der Mitte auf der Straße hebe ich die Augen, ein Autolenker gibt mir freundlich Vorrang. Ich lächle ihn an und fühle, in der Mitte, gerade hier zwischen Gier und Askese, ist es. Es, es, es, das es nicht am Markt zu kaufen gibt. Oder doch? Sind es diese rotbackigen Äpfel? In der Mitte zwischen dem Ziel und dem Weg liegt der Anfang zu mir. Und ich fühle, ich will nicht das Glück. Ich kenne es, ich könnte es mir nehmen. Ich will nicht das Unglück, ich will nichts verfolgen, ich will nicht verweilen, ich will nichts erhoffen, ich habe alles, und ich wechsle zwischen Spannung und Entspannung, das ist mir angenehm, das ist gesund für mich. Da wo ich mir das Recht nehme zu wissen, was ich will, soll ich mein Kind in eine Schule schicken, damit es lernt, dem Glück der Menschheit nachzuhetzen? Vielleicht gerade deswegen?

Meine Fragen sind die Antworten und mein Zeitvertreib. Ich habe meinen eigenen Zeitvertreib. Er läuft gut und bringt Lust ein. Lust ist wie Lust zur Unlust, und das, um Gottes willen, kann man doch auch ohne Schule haben.

Bildung, Bildung, alles, was geschehen ist, alles, was erforscht worden ist, alles, was klug ist, alles, was gefunden wurde, sollst du wissen, wissen müssen – aber bitte nur das, was erlaubt ist, was gebraucht wird. Nicht selbst denken, das ist verboten. Erlaubt ist, erwünscht und geboten, ja befohlen wird zu wissen, daß du der Vollendung des Menschen und seiner Erde zu dienen hast. Dann, dann, jetzt weißt du es noch nicht, du hast noch zu lernen. Aber dann, bis du erwachsen bist, dann wirst du, dann darfst du, dann. Jetzt ist der Ball durchs Loch. Weg, weg der Weg. Der Weg auf den Puddingturm. Soll ich mein Kind da hinauftreiben? Es darf ihn ja nicht essen, wenn es mitten auf der Marzipanwendeltreppe steht. Womit soll ich es locken? Das Kind? Mich? Pudding – Vanillepudding lebt vom Wackeln. Pudding, der nicht wackelt, ist kein Pudding. Es fehlt ihm das Charakteristikum des Puddings, und schmecken wird es sicher auch nicht nach Pudding. Sein Wackeln hat nichts mit dem Schmecken zu tun, aber Pudding schmeckt nur danach, wenn er wackelt. Ja, vielleicht

sollten wir nach dem Spinat noch Pudding essen. Oder erst am Abend? Jedenfalls machen wir ihn jetzt, denn er muß ja kalt werden.
Ende April fliegt mir wieder einmal eine Postkarte ins Haus: «Bin seit 25. März wieder zu Hause. Bitte, bringe den Schlüssel mit, falls du Zeit findest, mich einmal zu besuchen. Ich bin immer anzutreffen.»
Das klingt ja nicht gerade sehr einladend, obwohl es sich scheinbar um so etwas handeln soll. Den Schlüssel soll ich mitbringen, also um den Schlüssel scheint es zu gehen und darum, weswegen ich den Schlüssel überhaupt habe. Einen Schlüssel hat man, um eine Tür aufzusperren und ich sperre nicht, daher brauche ich auch keinen Schlüssel.
Diesmal ist mir wenigstens von vornherein klar, daß ich Sebastian nicht mitnehmen werde. Er würde vielleicht entspannend auf das Verhältnis von meiner Oma zu mir über den Schlüssel wirken, aber mein Kind soll nicht in diese Politik einsteigen. Ich will ihn nicht benützen, um mich schadlos zu halten. Entspannungspolitik ist Ausbruch des Krieges, den sie verhindern soll. Kriege kann man niemals verhindern, besonders dann nicht, wenn man sie nicht führen will. Denn Kriege werden immer darum geführt, eine Welt ohne Krieg zu ermöglichen. Das heißt, Entspannungspolitik ist zu wenig, um ihren eigenen Sinn zu erfüllen.
Gerade jetzt im April. Jetzt, wo mir auftaut im Hirn, daß der Winter so aus Stahl war und daß die Farben nur zu vermuten waren im Weiß und Grau und Dunkel und Dämmern. Im Winter eilt man so über die Kälte hinweg, daß man das Schimmern nicht sieht und nicht das Aufflirren des Farbenspiels an den Wänden über die Wege und durch die Menschen. Die Würfel sind weiß, sie sind aus Milchglas und scheinen durch, sie klirren in den Bechern, aber sie werden nie geworfen. Winter ist ein Warten auf den Fächer, den die Mutter wieder entfalten wird in stiller Freude über die Erneuerung ihrer Liebe zu allem Bekannten und Alten und Überbrachten. Die Erneuerung des Alters. Weit in die Stille ihres weißen Gehirns hinein löst sie den Fächer ihrer Erinnerung an alle Frühlinge und an alle Farben, und auf geht mir das Hirn, wenn ich sie wieder spielen sehe, die Grüns und Blaus, die Violetts und die Moossanften, die Steinsilbrigen und die Himmelblauen, die Dottergelben und Lilasatten. Eine Palette, ein fliegender Maler im Frühlingswind, und die Glieder, die wollen sich wieder regen, und mir fährt Saft zwischen die Beine, und ich richte mich wieder auf in meinem Mantel und strecke den Kopf aus dem Kragen, in dessen Schatten ich mich versteckt hielt vor dem durchsichtigen Glasschwert des Klirrers, der die Stadt für einige Zeit unsicher gemacht hat. Ich bin keine besonders Ängstliche, aber immerhin aus Fleisch und Blut und das will Wärme und Sonne und Licht.
Und jetzt, gerade jetzt, soll ich den Schlüssel zurückgeben. Vielleicht ist das mein Frühlingsgeschenk. Offen soll sein, offen im Frühling. Dort, wo

versperrt ist, dort soll es dunkel bleiben, dort zieht es mich nicht hin. Verschlossene Herzen werde ich nie öffnen können. Nie und nicht mit allen Schlüsseln der Welt, denn sie haben kein Schloß. Zugenäht, völlig zugenäht sind sie unten, damit die Embryos nicht herausfallen können, die nie hineingekommen sind. Ewig Tragende sind es, ewig Belastete von ihrem Schicksal, das sie nicht verlieren wollen, aber das niemals hineinkommen konnte, weil sie zugenäht sind.

Tapferer Schneider, hast keine Kleider im Frühling, im Frühling gehst du ohne Melone, tapferer Schneider, verlier deinen Schlüssel, mach keinen Rüssel, verdammt, jetzt wird es so warm, so zum Leben unter den Bäumen und zwischen den Halmen und in den Wolken und jetzt muß ich beständig an diese Prüfung des Kindes denken. Ich wäre gern frei wie der Osterhase und die Hühner, aber selbst die müssen sich plagen und selbst die haben eine Aufgabe und selbst die müssen Schlüssel übergeben und Körbe kriegen und Besuche machen, und die kleinen Osterhasen, die die ersten Eier bemalten, die mußten zittern mit ihrem Pinsel über das Weiß der Schale. Daß immer alles so korrekt sein muß, so nach den Vorschriften der alten Hasenehre.

Genau abgeprüft muß werden und genau bemessen und beurteilt und das jetzt bald, bei diesem Wetter, wo ich gerade nicht daran denken will, daß ein anderer bestimmen soll, wie ich mich einteilen soll und worüber ich mich sorgen darf. Es bleibt mir eine Sehnsucht nach diesem Frühling, und wäre ich befreit gewesen von allen Verpflichtungen, hätte ich mir eine gesucht, das kenne ich schon und daher legen wir im Frühling etwas mehr Wert auf das Lesen und Schreiben und Berechnen der Zeit, die wir noch haben bis zur Prüfung, und ich werde auch bei schönem Wetter den Schlüssel zurücktragen, so könnte das gehen. Ich werde gar nicht lange warten und das am besten gleich tun. Vom Stand weg mit dem Schlüssel in der Jackentasche hinüber in die dunklen Gefilde der strengen Pflichterfüllung gegen die Krankheit der Pflichtvergessenheit. Wer verpflichtet mich, manche Verpflichtungen schwerzunehmen, besonders im Frühling, wenn ich mich nicht mehr so warm anziehen muß. Ich lege ab den Druck, den die Prüfungen im Leben so an sich haben. Vielleicht will ich sie, vielleicht habe ich sie mir selbst zurechtgeschnitzt als einen Wanderstab für die Spaziergänge durch meine Jahreszeiten. Und im Frühling, da trägt der Stab ein Sträußchen am oberen Ende, und den Schlüssel hänge ich auch noch darauf. Friedensstab oder meine Lanze? Mein Zeigestab vielleicht, Maßstab oder Buchstabe. Der scheint es auf jeden Fall zu treffen. Darum geht es ja. Um den Buchstaben, um das Buch, das hätte ich im Taumel fast vergessen.

«Vielleicht kannst du dich ein wenig mit dem grünen Heftchen beschäftigen, in dem die Wörter stehen, die du so gerne falsch schreibst. Ich gehe

zur Großmutter. Sie braucht etwas. Ich komme bald wieder. Brot schneide ich dir noch ab, falls du Hunger bekommen solltest und Milch kannst du dir ja selbst nehmen und auch einen Apfel vielleicht, aber nicht mit der Milch zusammen. Sei schön brav und laß den bösen Wolf nicht herein. Ich sperre ab, und du öffnest überhaupt niemandem, auch nicht dem Osterhasen. Verstanden?»
Wenn ich so schnell abziehe, weiß Sebastian immer, daß ich nicht zu halten bin und er fügt sich in sein Schicksal, selbst wenn er vielleicht nicht sehr begeistert von der Wendung der Lage ist.
Ich schwirre los. Meine Jacke bleibt schon offen. Sie flattert an den Seiten auseinander. Die Luft ist mild und streicht wie ein Liebhaber, von dem man nie soviel Zärtlichkeit erwartet hätte, über mein Gesicht und ich merke, daß ich den ganzen Winter über den Kopf immer starr im Mantelkragen vergraben hatte und mich wenig frei bewegte, weil ich mich eher steif hielt und verkrampft, um möglichst wenig Angriffsfläche für Wind und Kälte zu bieten. In mich hineingekrümmt verhielt ich mich und atmete tief hinein, um zu wärmen mit meinen eigenen Heizreserven. Mit der Wärme, die meine Eingeweide gaben, meine Milz und mein Magen über die Leber und den Darm aus der Lunge in das Herz zum Hirn, dort war einzig mein Wärmevorrat und die Hoffnung, die Hoffnung auf den Frühling, die hat mich auch überleben lassen. Ich gehe viel rascher, nicht eigentlich rasch. Ich bin im Winter immer sehr eilig gewesen, um wieder zum Ofen zu kommen, aber jetzt gehe ich so mit der Luft mit und spare selbst meinen Atem. Mich tragen die Farben und der Wechsel von bunt. Um mich regt es sich, macht sich auf wie eine Spirale, die sich in Farbe ergießt und in Zwitschern und in Töne, die ich so lange nicht mehr gehört habe, weil sie im Winter so dumpf klangen oder weil sie so hoch im Klirren waren, daß ich sie nur spürte, aber nicht hören konnte. Als feinen Eisregen im Gesicht oder als beißende Stacheln über den Ohren oder als Brennen in den frierenden Füßen in den zu engen Schuhen. Die Sinne wachen wieder auf, denn sie haben genug geschlafen und die beschwingen mich und tragen mich in den anderen Stadtteil zu meiner Oma, die wahrscheinlich nicht sehr gut beisammen sein wird, auch jetzt im Frühling nicht, denn mein Schwingen auf den farbigen Lüften heißt auch nicht, daß ich immer auf Wohlbefinden schaukle. Beileibe nicht. Der Leib spielt auch in dieser Jahreszeit sein Stückchen, und so manchem macht gerade der Wechsel der Luftverhältnisse Beschwerden. Im Wechsel ist eine Krisenzeit, aber den müßte meine Oma schon lange vorbei haben. Vielleicht gibt es viele Wechsel im Leben. An Schwellen von Jahreszeiten und Lebenszeiten gemessen ist meine kleine Freude über diesen Frühling alles und auch nichts. Meine Freude ist wahrscheinlich der Frühling, und auch im Winter hat mich manchmal das Licht gestreift, eben das Winterleuch-

ten und das ist nicht weniger hell, aber eben nicht so bunt. Das Lebenslicht ist für immer auf Rot. Das heißt halt. Denn im Leben kommst du überhaupt nie weiter und auch nirgendwohin. Halt – anhalten heißt es und was dir in dieser ewigen Haltezeit für ein Licht leuchtet, das ist scheinbar eine Sache des Laternanzünders, er wird uns heimleuchten. Das rote Licht ist ewig.

Rot – ich stehe, fast wäre ich über die Kreuzung gerannt. Das soll nicht sein, ich muß mich einbremsen, denn wenn ich zur Oma komme, kann ich ja auch nicht so unaufhörlich weiterfliegen in dem neuen Bewegungsgefühl, das eine offene Jacke und die milde Luft hervorzurufen scheint.

Dort oben ist wieder der eine Teil des Vorhangs zugezogen, aber die eine Seite des Fensters steht etwas offen. Das ist mir ein gutes Zeichen, wenn Menschen lüften, das heißt die Luftfahrt wagen im Zug.

Beim Treppensteigen werde ich absichtlich ein wenig langsamer. Ich fühle noch einmal nach dem Schlüssel in meiner Jackentasche und fahre mit der Hand durch meine Frühlingshaare. Die Glocke würde wieder aufbrüllen, auch wenn ich noch so leicht drückte, und ich klopfe lieber an die Fensterscheibe, weil ich es drinnen rumoren höre. Jemand murmelt etwas, das muß wohl die Oma sein. Das Sprechen oder Raunen dauert an und dann wird ein Topf oder etwas Ähnliches hart abgestellt und Schritte schlurfen zur Tür. Der Vorhang beim Gangfenster wird etwas zur Seite geschoben. Ich stelle mich vor das Fenster, daß mich die Oma erkennen kann, und da öffnet sie auch schon die Tür. Das heißt, es sieht so aus, denn sie öffnet einen Spalt breit und hat innen eine Kette vorgelegt, die sie, nachdem sie noch einmal genau durch diesen Spalt gelugt hat und im übrigen noch immer etwas in sich hineinmurmelt, umständlich löst, und endlich die Tür schmal öffnet. Ich passe kaum in diesen Spalt, aber es sieht doch eher so aus, als würde sie erwarten, daß ich eintreten möchte.

«Weißt du, ich bin vorsichtig geworden», begrüßt sie mich. Sie ist im Schlafrock und hat die Pantoffeln an. Strümpfe sind hinuntergerollt und bauschen sich an den dicken Knöcheln. Kein gefaßter Mensch steht in der Küche, es ist eine zittrige alte Frau, welche die Umgangsformen abgelegt hat zugunsten ihrer einsamen Verangstung. Sie hat auch das Gebiß abgelegt und das macht ein Einsinken der unteren Gesichtshälfte aus, das mich gar nicht mehr sehr an meine Oma erinnert. Ihre Sprache ist verwaschen in der Artikulation, aber verständlich. Sie läßt sich auf einen Küchenstuhl fallen, und ich lehne mich an die Anrichte. Mir kommt es heute nicht so vor, als sollte ich länger hierbleiben. Ich will ja auch nur den Schlüssel zurückbringen.

«Ich habe geglaubt, daß es vielleicht der Doktor ist oder die Frau Bela, die läutet auch meistens nicht an. Der Doktor kommt mindestens einmal die Woche. Geh, gib mir die . . .» aber da unterbricht sie, denn es ist ihr anscheinend zu Bewußtsein gekommen, daß man Außenstehende nicht um das Gebiß bitten soll, auf das sie zeigen wollte. Es liegt in einem Glas, das auf der Anrichte steht. Sie erhebt sich, indem sie sich am Tisch abstützt und zittert zu dem Glas. Sie nimmt die Zähne in den Mund und das wiederum überraschend geschickt.

Jetzt bildet sich ihre untere Gesichtshälfte auch wieder aus und die Sprache wird klarer.

«Hast du den Schlüssel mitgebracht? Ich muß ihn doch der Frau Bela geben, denn sie geht mir jetzt jeden Tag einkaufen, und ich kann nicht immer aufstehen, wenn sie läutet. Sie schaut jeden Tag nach mir.»

«Hängst du jetzt immer die Kette vor?»

«Meistens, ich bin dann ruhiger. Man kann ja nie wissen.»

«Wenn die Frau Bela aber herein soll, darfst du nicht mehr abriegeln.»

«Die Hausmeisterin muß den Schlüssel behalten, sie muß von allen Hausparteien den Schlüssel haben, wegen der Feuerwehr, sagen sie.»

«Wer sagt das?»

Meine Oma antwortet mir nicht, sie sucht etwas in der Lade und murmelt wieder vor sich hin. Während sie den Kopf so gebeugt hält, sehe ich ihr erloschenes Haar und daß es schon lange nicht mehr gewaschen worden sein muß. Ich könnte nicht sagen, daß es hier unsauber wäre. Es steht kein schmutziges Geschirr herum und es liegen keine Speisereste verstreut und es riecht nicht muffig, es ist alles wie immer, aber irgend etwas ist verschwunden, wie wenn eine Straffung zu einem Einsinken in sich selbst geworden wäre. Die Ordnung und Sauberkeit, die hier herrscht, ist etwas verstaubt und fliegt auf bei der Lüftung des Geheimnisses. Meine Oma scheint Geheimnisse zu haben, denn sonst würde sie nicht so murmeln. Das hat sie sonst nie getan. Sie schließt die Lade wieder, ohne etwas gefunden zu haben.

«Der Doktor kann kommen, er kommt meistens um diese Zeit. Er sagt, ich soll die Kette nicht vorgeben.»

Sie richtet sich auf einmal energisch die Brille und bindet sich den Gürtel des Schlafrocks fester und scheint jetzt voll Notiz von mir zu nehmen.

«Wenn die Nachbarin den Schlüssel hat, brauche ich auch nicht mehr die Kette vorlegen. Da fühle ich mich dann sicherer.»

Ihr Kombinationsverfahren scheint mit irgend jemanden zu überfahren. Ob ich überführt bin? Wer ist da eingefahren? Ich rette mich aus meiner Ahnung, indem ich den Schlüssel herausziehe und ihn auf den Tisch lege.

«Es ist gut, daß dir die Frau Bela einkauft. Hast du Appetit?»

«Kaum, kaum, aber ein bißchen was braucht der Mensch schon. Ein bißchen schon.»

«Hast du Beschwerden?»

Sie sieht mich an und nimmt die Brille ab. Sie putzt daran herum.
«Er sagt, daß Platz für mich ist. Jedesmal fragt er, ob es nicht schon zuviel für mich ist. Letzte Woche hat er sogar gefragt, ob ich irgend jemanden von Angehörigen hätte, mit denen er sprechen könnte, aber ich habe gesagt, er kann mit niemandem sprechen. Sie müssen es ja wissen, hat er gemeint», und die letzten Worte hat meine Großmutter mit einem sonderbar bösen Lachen gesagt, das ich an ihr noch nie so genau beobachtet habe, aber das mir jetzt an ihr irgendwie bekannt vorkommt, wobei ich es aber noch nie als solches benannt habe.
«Mich kriegen sie hier nicht heraus und wenn ich ganz verdrecken sollte. Meine paar Sachen kann ich mir schon noch selbst rein halten. Was hat man denn schon.»
Sie setzt sich die Gläser wieder auf und nimmt den Schlüssel vom Tisch und hängt ihn an den Riegel des Gangfensters, dort wo sie ihn weggenommen hatte, als sie ihn mir gegeben hat. Und dabei murmelt sie wieder dieses neue Lied ihrer Einsamkeit.
«Ich bitte niemanden um etwas, ich habe immer für mich selbst gesorgt, und ich habe mich immer saubergehalten. Ich habe mir nie etwas zu Schulden kommen lassen. Ich habe nichts verbrochen, ich gehe dort nicht hinein, und wenn der Doktor zehnmal fragt. Hast du ihn nicht vielleicht gesehen? Er hat einen dunklen Wagen. Er kommt immer. Daß er heute noch nicht da ist?»
Und sie öffnet wieder diese Lade und sucht unter andauerndem Gemurmel dort drinnen etwas. Stricke kann ich sehen, eine Schere, ein Päckchen Watte und Zettel, ein Sack Zucker und eine Kerze. Und sie kramt aufgeregter und beginnt herumzufahren in der Lade, und ich sehe, daß sie aufgegeben hat, vernünftig nach etwas Bestimmtem zu suchen, und dann dreht sie sich plötzlicher um, als ich ihr zugetraut hätte, sieht mich gerade an und fragt klar heraus:
«Gelt, die können niemanden zwingen? – – Ich mache alles sauber, so gut ich kann, ich halte mich rein und ich bin nicht laut, ich gebe der Frau Bela regelmäßig Geld und ich habe über niemanden etwas Schlechtes gesagt. Die können mich nicht zwingen . . .» und wieder ist es so, als würde sie mich fragen, aber wollte nicht hören, so als könnte sie überhaupt nicht mehr hören auf einen anderen, so als würde ein anderer für sie nicht mehr existieren. Sie hat alles in ihr eigenes Zittern aufgenommen, und sie kann nur mehr mit diesen Stimmen leben, und alle Töne, die an sie herandringen, sprechen nicht mehr ihre Sprache, sie sind abgetreten von ihr, abgesondert und rufen in ihr nicht mehr wach, was sie bei einem anderen Menschen bewirken. Die Verständigungsmöglichkeit ist unterbrochen. Nicht immer, aber doch in stückhaften unberechenbaren Abständen, und ich merke, ich muß mehr fühlen und horchen und nicht soviel sprechen. Das

hat keine Bedeutung. Vor allem habe ich als eine andere für meine Oma jetzt überhaupt keine Bedeutung.
Ich kann hier das Spiel nicht anwenden, das ich gewöhnt bin, mit Mitmenschen abzugeben, die mich auch nie anhören und denen ich auch bedeutungslos bin und die in sich genauso versponnen sind wie meine Großmutter; aber alles noch vor dem gemeinsamen Vorhang. Ein Vorspiel fehlt. Ich bin mir bewußt, daß ich mich mit den anderen immer auf der Vorbühne zum Mißlingen des einzigen Stücks bewege und daß der Vorhang nie aufgehen wird, weil keine Zuschauer gekommen sind, denn die müssen selbst für sich spielen und die haben keine Zeit zuzusehen und sich an mir zu erfreuen.
Meine Oma hat aufgehört zu glauben, daß dieser Vorhang sich jemals wird öffnen müssen für einen Zuschauer, daß jemals wird die Liebe eintreten, sie erkennt sie nicht, denn sie sieht schlecht und sie läßt sie auch nicht eintreten, weil sie die Kette vorlegt. Meine Großmutter ist in den Souffleurkasten gestiegen und dort will sie jetzt nie mehr heraus. Dort will sie ihren letzten Akt hineinwispern, immer wieder von vorn dasselbe hineinzittern in den verborgenen Kasten und die Worte der Liebe immer wieder proben und proben bevor, sie sie keinem Zuschauer entgegenschwingt mit einem Aushauchen ihrer goldenen Stimme. Da stirbt vor der Bühne der Souffleur, und er läßt die ganze Aufführung platzen, zu der niemand gekommen war.
«Es zwingt dich sicher niemand, allein zu bleiben. Du willst es so. Und du lebst so recht und schlecht. Der Arzt besucht dich, und die Nachbarin bringt dir den Einkauf.» Ich bin von meinen Worten irgendwie angegriffen, weil ich selbst nicht vernünftig geantwortet habe, aber ich lasse mich jetzt so hineinfallen in einen Sinn, der noch am ehesten an die Tür dieser Frau trifft, und ich merke, hier muß man anders anklopfen, auf gewöhnliche Laute bekomme ich nur Kettenrasseln. Ich habe keine Antworten für Fragen, ich hänge vor dieser alten Frau. Ich kann ihr nicht helfen und ich kann mir nicht helfen. Ich glaube, es ist alles gut. Ich denke es ist nicht vernünftig, aber doch sicher in Ordnung. Ich kann nicht eingreifen in ein loses Fliegen von erstarrtem Blut. Wenn ich es angreife, zerfällt es in Staub. In den Staub der Jahrhunderte im Übergang zu jedem Alter und zum Aushauchen des Anhalts am Ast des Gesellschaftsverkehrs. Hier spielt sich das nicht mehr ab und ich kann nur so schwingen in einem Gefühl des Umschwungs zu anderen Werten und Halsstarrigkeiten und Erwartungen, die haargenau die Fasern meiner Oma sind, aus denen sie gemacht ist.
Ist es soweit? Abgelebt bis auf die Grundfasern ihrer Struktur. Ein leerer Sack mit Falten und Löchern. Und der ist zäh. Solche Gewebe, die bleiben oft noch lange liegen und werden vom Wind verblasen und getrieben

und bleiben an einem Baum hängen und verheddern sich und lösen sich wieder, werden vielleicht wieder verwendet von einem alten Waldweiblein, um wieder wegzufliegen und wieder zu liegen. Ein Zerfall dauert so lange und tut es ja eigentlich nie. Nie ganz, denn ist das eine noch nicht zerfallen, bildet sich daraus schon wieder das nächste und Gewebe webt mit dem Zerfall des Gewebes und zerfällt, während es sich bildet.
«Wenn du sagst, daß der Doktor regelmäßig kommt und die Nachbarin, dann wäre ich an deiner Stelle beruhigt. Was hast du für Wünsche? Kann ich dir für jetzt etwas besorgen oder tun?»
Das will die Großmutter. Sie hat scheinbar nichts gegen meine Art, ihr keinen Trost zu geben. Ich habe für mich selbst keinen, und ich benütze sie nicht zu meinem Trost. Sie ist auf einmal nicht mehr so zittrig und sucht noch einmal in dieser Lade. Und jetzt kann ich erkennen, daß sie recht wohl weiß, was sie gesucht hat, denn diesmal hat sie mit einem Griff ein Kuvert in der Hand, das sie bei ihren vorherigen Suchunternehmen immer wieder in den Untergrund gemurmelt hat.
«Hier drinnen ist das Sparbuch und noch andere wichtige Sachen. Ich lasse das hier unter dem Kram liegen. Da vermutet es keiner. Merke dir das. Es weiß sonst niemand davon», weist sie mich streng an, und ich nehme alles zur Kenntnis. Es fällt mir auch etwas auf, was mir bis jetzt nie zu Bewußtsein gekommen ist. Ich kann mich immer nur an weißfleckige knotige Hände erinnern und diesmal, oder vielleicht auch schon früher einmal, trägt meine Oma einen Ehering an der linken Hand, und wie sie jetzt das Kuvert so in die Höhe gehalten hat, sehe ich unter ihrem Schlafrockärmel eine Armbanduhr am Handgelenk. Diese hat sie möglicherweise immer schon getragen.
«Also merkst du dir das. Die linke Lade», und sie sieht mich noch einmal eindringlich durch ihre Brillengläser an, und ich hätte nicht gedacht, daß sie noch so einen klaren und zwingenden Blick aufsetzen könnte. Sie bricht allerdings gleich wieder ein in ihre Versponnenheit und sucht in ihrem Schlafrocksack nach etwas.
«Geh, da drinnen muß ein Hammer sein.» Sie zeigt auf eine kleine verkommene Kiste unter dem Küchenkasten. Ich bin etwas verwundert und hole einen Hammer dort heraus, während sie aus ihrem Sack nebst viel Staub und Schmutzfasern von den inneren Nähten des Flanellstoffs etwas Kleines Silbriges herauslöst. Dann geht sie zum Tisch und will ihn gewaltsam wegrücken und zeigt immer wieder hinauf, dort, wo in der Wand ein kleines Loch zu sehen ist, dorthin neben einem kleinen Bild, das einen Weg im Wald darstellen soll. Ein seltsamer grüner Stein leuchtet aus dem Geröll hervor, das den Weg unwegsam macht. Der Tisch rückt aber nicht das kleinste Stückchen weg, besonders wo sie mehr Kraft und Energie in ihr Hinaufweisen legt, dort zu dem Loch. Ich sehe jetzt in ihrer Hand

dieses Ding, es ist ein Bilderhaken mit einem kleinen Nagel durch. Ich beginne irgendwie zu ahnen, was sie will, obwohl sie anscheinend nicht gewillt ist, über ihr Vorhaben näheres auszusagen. Wie eine Stumme gebärdet sie sich und rechnet auf mein Verständnis. Und ich verstehe. Ich rücke den Tisch mit einem Griff weg, und die Wäschekiste, auf der ich oft gesessen habe, wird zugänglich. Die Oma hebt schwer den Deckel, beginnt wieder zu murmeln und nimmt ein bereitgelegtes Bild aus der Schmutzwäsche. Ich kenne dieses Bild. Es hat früher immer hier gehangen. Früher, als ich noch ein Kind war. Ich verstehe auch, daß sie mich das machen läßt und niemanden anderen, denn sie will scheinbar nicht darüber sprechen und sie weiß, daß nur ich sie nichts darüber fragen werde, weil ich alles weiß.
Ich steige auf die Wäschekiste und nehme ihr das Bild aus der Hand. Es ist scheinbar schon abgestaubt worden. Es zeigt meinen Opa, wie er als junger Wandersmann einen Weg daherkommt in strammem Schritt mit einem geschnitzten Wanderstab. Ich kenne diesen Stab noch. «Zum Hochstein» ist daraufgestanden auf einem kleinen goldenen Schildchen. Ich weiß auch, warum dieses Bild hier abgenommen wurde und nur das andere mit der Landschaft hängen geblieben ist. Ich habe es allerdings nicht abgenommen. Es muß in dieser Zeit gewesen sein, in der ich nie bei dieser Oma war, sondern immer bei der anderen Großmutter und in dieser Zeit, wo sie einen Lebensgefährten hatte, der hier auf der Wäschekiste gesessen haben muß oder vielleicht sonstwo. Ich rücke das Bild gerade unter das alte Loch und stecke den Nagel dort hinein. Den Hammer habe ich am Tisch liegen gelassen, und sie gibt ihn mir herauf. Ich brauche nur einmal kurz hinzutupfen, denn viele Schläge verträgt diese Mauer nicht mehr, sie bröckelt an dem alten Loch ab, und ich versuche es nicht zu erweitern. Das Bild hängt gut, so als wäre es niemals weggewesen von seinem Platz.
Ich richte alles wieder in die alte Ordnung und wir sehen beide kurz hinauf und verlieren keine Worte mehr darüber. Auch den Hammer lege ich in die alte Werkzeugkiste meines Großvaters zurück.
«Daß der Arzt nicht kommt. Das ist immer ein Warten», und die Großmutter sitzt wieder auf dem Küchensessel und stützt sich den Kopf.
«Ich werde jetzt gehen. Wenn der Arzt kommt, ist es besser, wenn keine Besuche anwesend sind.»
Sie sieht mich groß an, aber antwortet nichts. Ich gehe noch einmal zu ihr hin: «Überlege dir noch alles in Geduld, es drängt dich niemand. Wenn es nicht mehr geht, sollst du es dir schon leichtermachen dürfen. Ich weiß nicht, wie du es leichter aushälst. Hier oder mit anderen zusammen. Das kannst nur du sagen, und ich verlange nicht von dir, daß du das weißt. Ich weiß es selbst nicht. Den Schlüssel gib der Nachbarin, die kann dir jetzt mehr Dienste leisten als ich. Der Doktor wird sicher bald kommen.» Ich

drücke ihr den Arm etwas und gehe hinaus. Wie ich schließen will, steht sie auf, und ich sage noch hinein: «Lege die Kette vielleicht nicht wieder vor. Der Schlüssel ist jetzt drinnen. Der Arzt wird sicher bald läuten.»
Ich schließe und horche noch bis zum Treppenabsatz, aber ich kann nicht das Geräusch vernehmen, das anzeigen würde, daß die Großmutter doch die Kette vorgelegt hätte. Und so mache ich mich auf den Heimweg.
«Darf der Sebastian hinunter?»
«Ja, wenn er will. Sebastian, der Erich und die Gabi! Ob du hinunterwillst?»
«Ja, natürlich, ich komm schon.»
«Bitte, nicht zu lang ausbleiben», kann ich noch nachrufen, dann sind die drei Kinder weg.
Ich freue mich ja eigentlich, daß der Bub jetzt schon so groß ist, daß er frei herumgehen kann und daß ihn die Kinder abholen, mit denen er allerdings gar nicht immer mitgehen will. Manchmal sieht er ihnen nur vom Fenster zu und manchmal hat er anderes zu tun.
Ich mache meine Sachen weiter, dies und das. Zwischendurch schaue ich einmal zum Fenster hinunter, ob ich die Kinder vielleicht sehe. Dann und wann zeigen sie sich und öfter sind sie nicht da. Früher habe ich Sebastian dazu angehalten, nur unten, direkt unter den Fenstern, zu spielen und er hat sich auch fast immer daran gehalten, aber irgendwann merkte ich, daß dieses Gebot nicht mehr leicht aufrechtzuerhalten war, da der Interessenkreis und die Art der Spiele der Kinder anders wurden. Mehr Platz wurde benötigt, mehr Freiraum, mehr Zeit, mehr Kinder, mehr und mehr und noch mehr, aber nie zuviel. Ich habe mit dem Kind nie über Gebote gestritten und um ihre Einhaltung gerungen. Sein Bedürfnis regelt meine Vorstellungen von unserem Einverständnis über die Zeit und den Raum seiner Spiele, ohne mich.
So könnte man sagen, und so stehe ich dazu, und so tue ich es auch. Jetzt aber, diesmal aber muß ich sagen, dauert mir seine Abwesenheit doch schon etwas zu lang. Sonst ist er wenigstens manchmal gekommen, um etwas zum Essen oder ein vergessenes Spielzeug, oder um mich oder sich.
Heute hat er mich vergessen. Wer weiß, so viele Kinder, was denen nicht alles so einfallen kann. Ich höre in mir meine Urgroßmutter denken, was mich aber nicht im geringsten beruhigen kann. Ich sollte ihm doch eine Uhr mitgeben. Ich mag allerdings nicht, daß er sagen muß, jetzt muß ich nach Hause, und außerdem würde er wahrscheinlich gar nicht draufschauen, oder sie vielleicht beim Spielen kaputt machen. Nein, ärgerlich so etwas, nicht einmal einen Ton kann man von den Kindern hören, nicht einmal einen Kleiderzipfel sehen. Wären es so viele, müßte doch irgend etwas zu bemerken sein. Ich gehe einmal nachschauen.

Auf dem Weg sehe ich die Kinder, wie nichts, einfach so, in einer Hecke unter einigen Bäumen, die ein Dach bilden. Sie sind gar nicht laut. Eigentlich müßte ich ja gleich hier vorbeigegangen sein. Ungefähr acht Kinder sind es und nicht einmal besonders eifrig oder wild. Eben so beisammen, und ich kann auch Sebastians Hemd genau unter den Zweigen erkennen. Er sieht mich sogar und läuft heraus.
«Du, die Mongolen sind besonders gute Reiter, was? Sind die Hunnen besser oder die Jockeys?»
Mein Gott, was soll ich da sagen. Da handelt es sich um völlig andersartige Ausgangssituationen.
«Tschüs, ich gehe», schreit Sebastian zurück zu den Kindern, und wir wandern nach Hause und beraten, wie das ist mit den Pferden und den Hunnen als Jockeys, im Kampf um die Zeit, in der sie mit dem Spielen fertig sein müssen.
Ich sage nichts zu Sebastian, meine Sorge ist verraucht und hat sich in Interesse für die Frage verwandelt. Ich sehe keinen Grund mehr zu schelten, noch dazu hier auf der Gasse, und zu Hause lasse ich mir den Frieden schon gar nicht gern verderben.
«Schau, ein Zettel!»
«Ja, ich habe aufgeschrieben für dich, daß du warten sollst.»
«Das ist aber gut. Den Brief werde ich mir aufheben.»
«War das Spielen schön?»
«Sehr gut war das heute. Der Peter hat ein Auto mitgehabt. Fernsteuerung. Echt Spitze! So etwas wünsche ich mir auch.»
Na Mahlzeit, aber vielleicht gar nicht so schlecht, wenn ich Sebastian fernsteuern könnte, aber sicher nur bequem, und nicht aufregend und auch nicht lehrreich für Mütter.
«Peter kommt vielleicht morgen mit dem Auto zu mir, dann kannst du es auch sehen.»
«Vielleicht könntest du, wenn du wieder einmal so lang ausbleibst, mir das sagen. So zwischendurch heraufkommen, daß ich dich nicht wieder suchen muß.»
«Aber geh, du brauchst doch keine Angst zu haben. Wir sind doch nur im Lager. Wir sind fast immer dort. Du brauchst nur dort vorbeigehen, bei der Baumgruppe, das ist das Lager. Dort findest du mich immer. Ich hab gar nicht gewußt, daß ich so lang aus war.»
Lager, Lager, wie sich das so nennt. Na ja, wenn es schön ist. Sebastian ist begeistert und berichtet: «Die Mutter von Ruth hat uns Brot hinuntergeschickt, über den Balkon an einer Schnur heruntergelassen. Einen halben Wecken. Erich hat Wasser in einer Feldflasche geholt und auch noch ein wenig Schokolade. Wir haben alles gerecht aufgeteilt. Einen Teil lagern wir in einer alten Dose unter einer Wurzel. Falls einer Hunger hat, darf er

hingehen und sich nehmen, auch wenn die anderen nicht dabei sind. Aber nur die Eingeweihten. Die vom Bund.» Also, gut, daß ich das weiß. So gut ist es nicht in allen Lagern gewesen, habe ich mir sagen lassen.
«Vielleicht könnte ich euch auch etwas geben, nächstes Mal. Vielleicht Pudding, aber der eignet sich nicht zum Lagern. Vielleicht könntest du nächstes Mal zwischendurch heraufkommen und auch etwas holen.»
«Wie – du hast Pudding gemacht? Den esse ich jetzt ganz allein auf.»
Ob das gerecht ist?
Ich war eingeladen. Nach längerer Zeit machte ich wieder einen Besuch. Mir war das recht oder egal oder unrecht. Die Mädchen dort, eben meine alten Freundinnen oder auch nicht Freundinne nnn wo is . . . . . . Jetzt . . . jetzt gerade jetzt . . . muß das gerade jetzt sein . . . für dich ist ja mein Jetzt nicht mehr dieses Jetzt, das jetzt war, wie das, verdammt noch einmal, gerade jetzt passieren mußte, gerade jetzt, wo mir dieser Gedanke kam mit den nicht schwangeren Freundinnen, gerade als sich dieser Faden zu entwickeln begonnen hatte und ich gutes Garn erkannte . . . gerade da hat die dieses Scheißfarbband ausgelassen . . . hat, hat, ich rede mich jetzt leicht, ich schreibe mich jetzt wieder leicht, ich bringe alle Jetzte und Danne durcheinander, ich bange, es könnte gleich wieder passieren, aber dann bin ich stur, dann schreibe ich weiter ohne Farbband, der Drucker muß sich eben Mühe geben, bloß Eingraviertes zu lesen . . . Der Gute wird das aber nicht tun, er druckt zwar hemmungslos neue Rechtschreibfehler in mein Buch und läßt ganze Buchstaben unter den Tisch fallen, aber bei dieser neuen Schrift wird er nicht mitspielen, und der Lektor wird auch nicht mitspielen, und der Verleger schon gar nicht, und du auch nicht, und ich auch nicht, und daher muß doch etwas geschehen. Ich werde sicher alles vergessen, was ich eben im Kopf gehabt habe. Ich bin so in Abhängigkeit von diesem Vehikel, von diesem gelben Unikum. Teufelskreuz übereinander, ich hab eine Wut in den Fingern und in meiner Lunge. Sitzt einer da endlich bereit und will sein Falschgeld drucken, alles ist in die Wege geleitet und vorbereitet und da streikt seine beschissene Maschine.
Früher in der Schule haben wir ohne Farbband auf weiche Löschblätter geschrieben und uns ziemlich unauffällige Schummelzettel gefertigt, die wir direkt unter der fleißigen Schreibhand liegen hatten und die der große Herr Lehrer von so hoch oben, wie er seinen Geist hatte, nicht ausnehmen konnte, als Verbotenes . . . Verbotenes . . . auch die Lehrer sind nicht alle so blöd, aber ich lasse mich auch nicht blöd machen von dieser Panne. Ich mache ja um Gottes willen nichts Verbotenes, aber ich betrachte es als verboten, daß diese Schreibmaschine, die ich erst vor wenigen Tagen gekauft habe, jetzt, gerade jetzt den Geist aufgeben will. Ich bin betrogen, total beschissen worden von der Verkäuferin, die ist mir gleich so verdächtig erschienen. Oder sollte es der Erzeuger sein, oder

vielleicht der Erfinder der Schreibmaschine, dieser Rabenhauer, dieser Gedankenstutzer, wie heißt der überhaupt? Ich habe keine Ahnung und mir ist das auch ganz gleich.
Alle diese Gedanken wirbeln auf einmal in meinem Kopf, und zwischendurch versuche ich mir meinen angesponnenen Faden nicht abzureißen, ich bin fuchsteufelswild, nervös und zwischendurch vernünftig. Manchmal beruhige ich mich, es ist ja alles jetzt eben erst gewesen, es kann jederzeit wieder sein und ich probe eigentlich nur. Ja, ich probe ab nun nur mehr bis zum Schluß der Schriftseiten. Ich teste meine Tasten, sonst nichts, das Farbband läßt aus, verteufelt, du kannst es ja nicht sehen, du bist wieder einmal nicht dabei, du Leser drückst dich, und ich habe hier die Misere. Es ist ja erst eine halbe Minute seit meinem Unfall vergangen und ich fuhrwerke da herum in meinem Kopf, in meinen Erinnerungen, mit meinen Vorstellungen von einer funktionierenden Schreibmaschine und mir und mit meinen Händen. Ich fummle den Deckel herunter und nehme das Farbband zwischen die Fingerspitzen und rücke es etwas hin und her. Es läuft für meine komischen Begriffe etwas zu streng und einstweilen ist mir mein Gedankenfaden an die Freundinnen verlorengegangen. Die sitzen vielleicht an ihren Schreibmaschinen in einer Kanzlei oder in einem Büro und wenn das Mistwerk nicht funkt, wird ein Techniker geholt, der es repariert und sie flirten einstweilen heiter mit dem Chef und freuen sich über die Pause, es gehen ihnen keine Gedanken verloren, und es macht ihnen nicht etwas aus, denn sie wollen ja gar nicht ewig in die Maschine hauen, vielleicht. Aber ich will, ich will es, und ich kann nicht, weil ich das Farbband jetzt überhaupt verwirrt habe. Herausgenommen habe ich es und gewendet und jetzt bin ich nicht mehr sicher, wie es hineingehört. Meine Fingerspitzen sind schwarz, die Rillen der Kuppen treten hervor, ich schaue einen Augenblick verloren in sie hinein, bis ich mir wieder die Verzweiflung gebe, und nachdem ich aus Versehen mein eingespanntes Manuskriptblatt mit Fingerabdrücken versehen habe, suche ich die Gebrauchsanweisung für das Einlegen des Farbbandes.
Ein Mist, na, dieses Blatt kann ich ohnehin nicht mehr verwenden. Wer soll denn diese Schmiere lesen. Einmal erscheint sie gräulich, manchmal auch schwarz, dann wieder überhaupt nicht. Bei den Großbuchstaben fehlt immer der obere Rand, und ich finde die Gebrauchsanweisung. Die Zeichnung des eingelegten Farbbandes ist aber so undeutlich, fast wie mein Manuskript, eine Zumutung, ich kann überhaupt nichts erkennen. Mein Gott, meine verlorenen Freundinnen . . . alle übereinander und miteinander, die verlassen mich nicht. Ich fasse mich wieder, ich murkse vielleicht jetzt schon eine Viertelstunde . . . möglicherweise auch nicht. Ich versuche es einmal mit Fassung. Ich tue vernünftig.
Ich werde meine Maschine selbst wieder hinkriegen, ich nehme sie jetzt so

wichtig wie mein Schreiben, und ich werde ihr auf den Pelz rücken. Ich reinige mir die Finger, ich lege ein Tuch neben mich, um mich immer wieder abwischen zu können, ich lege langsam ein, ich versuche verständig auf den Mechanismus meines Geräts einzugehen, ihn zu verfolgen und zu verstehen. Mir leuchtet ein, daß das Band zwischen den beiden Klammern laufen muß und nicht lose hängen darf, denn sonst kann es sich nicht automatisch wenden. Ich nehme es noch einmal aus dem Bügel und lege es anders ein. Ich bin begeistert, es läuft nicht mehr so streng. Es wird schon gehen, ich werde das schon schaffen. Ich lege den Deckel wieder auf und mache ein paar saubere Anschläge. Sie werden wieder unrein . . . sie lassen mich wieder im Stich . . . ich lasse mich wieder im Stich. Ich wische mir keine Hände, ich tappe wieder alles um mich voll, ich reibe mich auf der Stirn. Wo habe ich nur den Garantieschein. Die müssen mir das sofort reparieren, diese Betrüger, aber sofort, denn ich brauche meine Schreibmaschine. Ich weiß, wo der Schein ist, denn ich halte ziemlich Ordnung in meinen Zetteln. Es nützt mir jetzt nichts, ich kann jetzt nicht mehr mit ihr schreiben. Sie will nicht mehr – und ich will nicht daran glauben, daß ich die Ruhe aufbringen könnte, sie wieder zu heilen. Ich kann ja nicht, ich bin so schmutzig, das Blatt ist schmutzig.
Ich schaue weg. Ich schaue einfach weg, ich werde überhaupt nicht beachtet, daß keine Schriftzeichen zu sehen sind. Ich sehe es überhaupt nicht, es ist überhaupt nichts, es ist ja alles in Ordnung, ich sehe überhaupt nichts, ich weiß gar nicht, was ich eigentlich habe. Ich schaue einfach nicht hin. Aber jetzt, jetzt aber – ich bin doch nicht verrückt, ich bin doch eine Schriftstellerin, oder was bin ich eigentlich.
Heiliger Erzengel, was bin ich jetzt eigentlich – nichts bin ich, überhaupt nichts. Höchstens ein verrücktes Huhn, das die Technik einer Schreibmaschine nicht überblicken kann. Mir flattert der Mut zum Verständnis meiner Lage und es ist, glaube ich, schon viel Zeit oder vielleicht zwanzig Minuten vergangen.
Schriftprobe bitte . . . Schriftprobe . . . Es bessert sich nicht von selbst.
Ich reiße den Deckel noch einmal ab und da sehe ich, daß der untere Teil des Bandes, die rote Hälfte, geknickt ist, eine ganze Länge lang wie eingebügelt und daher ist das Band zu schmal und an der oberen Hälfte schlägt die Type immer leer an das Papier. Ich nehme das Band heraus und versuche, es wieder glattzubügeln. Ich spanne es wieder ein. Diesmal richtig, nehme ich zumindest an, und mache einige Schlagversuche, die gelingen. Aber ich hätte mich ja gewundert, das Band bügelt sich wieder hartnäckig in die alte Falte zurück und wird oben wieder zu schmal, um zu färben.
Ob ich schnell gehe und ein neues Farbband kaufe? Das Geschäft hat jetzt geschlossen, und ich habe noch immer den Drang nicht verloren, daß alles

gleich repariert werden müsse, daß diese verdammte Ungerechtigkeit endlich aus dieser Welt verschwinde.
Ich kenne die Reparaturen, die in den Fabriken durchgeführt werden. Ich habe dazu kein Vertrauen. «Reparierte» Geräte werden völlig unbegutachtet nach einer Anstandsfrist zurückerstattet. Der völlig unberechtigte Glaube an das Interesse der Erzeuger, den Käufern Gutes anzubieten, ist total verfehlt, spielt sich überhaupt nicht auch nur annähernd ab. Ein Aberglaube ist es, so wie der Gottesglaube. Eine Wunschvorstellung wird Realität im vorgestellten Kopf der Menschenwesen, aber mit Ergebnislosigkeit. Nichts, nichts von alldem spielt sich ab. Warum auch. Der Erzeuger will Geld verdienen, leben, Besitz und Sicherheit aufstocken, er will anlocken und herauslocken, aber doch niemals wirklich dienen und gut sein mit seinen Angeboten. Das Tauschgeschäft von: Ich gebe dir Geld und du gibst mir gute Ware, das geht, aber die Rechnung geht nie auf, weil . . . das könnte sein: mein Geld kein gutes Geld war. Dabei muß ich allerdings passen und an meinen Verleger weitergeben, denn von ihm habe ich dieses Geld für diese Schreibmaschine bekommen.
Zu Reparaturen habe ich, aus der Erfahrung, daß die Ordnung des vernünftigen Wechsels von Geben und Nehmen nicht existent ist, kein Vertrauen und mir leuchtet damit ein, daß ich ja auch zu der ganzen Konstruktion der Maschine kein Vertrauen haben muß. Es scheint fast selbstverständlich zu sein, daß diese Maschine auch mit einem schweren oder leichten Fehler verkauft wird. Warum eigentlich nicht, ich müßte es doch endlich glauben können, daß meine vernünftigen Erwartungen in die Gerechtigkeit nur von mir ausgedacht sind, und somit fühle ich mich fast ein bißchen erleichtert, da sich meine Annahme wieder einmal als Realität erwies. Wenigstens das kann ich aufschreiben, wenigstens das habe ich nicht vergessen.
Ich fühle mich gestärkt. Ich putze mir die Finger, hole ein Klebeband, ein starkes rotes, und wickle es um die Unterhälfte der beiden Laufklammern des Bandes, gerade dort, wo der Bandknick läuft. Jetzt kommt das Farbband etwas höher zu laufen. Es kommt zu hoch, es hüpft oben heraus. Mist. Ich nehme meine Bandkonstruktion ab und bemerke, daß ich Interesse entwickle für die Verbesserung meiner Maschine. Ich gewinne Vertrauen zu meinem Geschick auf Grund einer Einsicht in die Weltenunordnung. Ich werde wieder zu meinem ersten und eigenen Meister. Ich fühle mich von den anderen nicht verlassen, ich bin den Konstrukteuren nicht böse, denn sie sind die Teufel nicht. Auch der Fabrikbesitzer ist nicht der Teufel und die Verkäuferin schon gar nicht. Auch ich bin kein Teufel. Dieser Teufel ist nur die Kehrseite meines eben aufgekommenen Selbständigkeitsgefühls, meiner Fassung und vernünftigen Überlegung, für mich und mein Vorhaben in dieser Welt. Ich schreibe gern ein Buch, und ich

werde nicht Feinde suchen, sondern lieber mein eigener Freund sein. Möglicherweise wird es gelingen.

Ich schneide ein neues Klebeband, ein etwas schmaleres. Es läuft, ich beklebe auch den anderen Gleitbügel. Das Farbband ist in die Höhe gehoben, ich selbst fühle mich wie gehoben.

Ich habe mir selbst eine schönere Geschichte geschrieben, als die von den Freundinnen. Solche Freude haben mir die nie gemacht.

Ich merke, das Band sammelt sich nicht mehr bei der Spule an, es staut sich nicht und es knickt auch nicht mehr. Meine Konstruktion wird so lange halten, bis sie nicht mehr hält, das kann jederzeit eintreten. Es kann jederzeit aus sein. Aber jetzt . . . jetzt . . . jetzt, wo ich das schreibe, was vorher, eben jetzt passiert ist, und was du in deinem Jetzt liest, jetzt schreibt meine neue gelbe Schreibmaschine wieder, da gibt es nichts daran zu rütteln. Alle Buchstaben sind gleichmäßig auf dem weißen Papier sichtbar. Jetzt ist diese Maschine noch mehr meine Maschine und ich würde sie gar nicht gern in die Reparaturwerkstätte geben. Ich brauch nicht mehr auf Löschblättern zu schwindeln, jeder darf sehen, was ich in die Hefte schreibe und keiner hat das Recht, die Richtigkeit meiner Gedanken zu beurteilen, weil ich nicht danach frage. Vielleicht. «Vielleicht», sagt eine schöne Frau und putzt sich die schwarzen Fingerspitzen an ihrem weißen Seidenkleid ab.

Schriftprobe . . . bitte zur Schriftprobe . . . eine Leerseite gefällig?

Ja, so ist es, wenn man sich an etwas erinnern kann, was man längst vergessen hat. Aber irgend etwas muß mich dazu veranlaßt haben, diese Erinnerungslosigkeit besonders zu bemerken, es der Mühe wert zu finden, es aufzuschreiben.

Was . . . auszuschreiben . . . aufzudenken . . . umzukehren in ein – in ein Nichtwissen trotz besseren Wissens. Sollte etwas flau sein? Vielleicht sitzt mir die Einfallslosigkeit im Nacken. Die wächst nicht im Bauch. Abgetrieben. Almabtrieb. Es ist wahr. Heute zieht es mir so kühl auf die Finger durch das undichte Fenster herein. Meine Finger sind etwas steif und fliegen nicht so über meine Gedanken. Ich habe aber hier vor dem Fenster das beste Licht. Ob sich mein Geist dabei erhellt oder erwärmt. Der Hirnofen ist nicht angeheizt, ich habe keine Späne mehr, verdammt, ich gehe wieder ins Bett.

Ich weiß, wie sie ausgesehen haben, als sie aus dem Bett krochen. Bäuche haben sie gehabt. Im Schwangerschaftsturnen habe ich sie mir oft genau angesehen. Manche waren zäh und im Gesicht fast mager, vielleicht wie abgehärmt. Manche waren aufgedunsen und schwabbelig und hatten Flecken im Gesicht. Und manche waren pummelig, wohlgenährt und gepflegt. Manche wurden mehr zu Frauen und manche wurden mehr zu Männern. Irgendwie ausgewachsen hat sich ihre Anlage zu irgendeinem

Aussehen. Ihrer Art näher. In einem Ausnahmezustand ist man seiner Eigenart immer näher, weil man dann mehr bei sich ist. Dort hat man nur sich. Das heißt aber noch lange nicht, daß das etwas Angenehmes oder Erstrebenswertes sei, denn so mancher hat an sich nichts. Wie eigentlich jeder.

Ansich – Insich – Außer sich – außer mir sind alle häßlich – außer mir sind alle blöd – Außerstreitverfahren – außerdem und überdies wird meinen Fingern immer steifer zumute. Steife Glieder – das ist mir wiederum ein eindeutiger Begriff, das heißt schwanger werden – möglicherweise – wenn es der Zufall will.

Der Wille zum Zufall, ich vertraue ihm, vielleicht rührt sich heute in meinem erkalteten Ofen noch zufällig ein Feuerchen. So ganz von selbst. Ich glaube, das wird ein Gutglaube sein. Gutgläubig ist so manche, wenn sie denkt, vom Ficken kriegt man keine Kinder.

Vielleicht könnten wir etwas versuchen. – Zusammen – wenn du willst. Ich halte dich in meiner Arroganz für einen klugen Menschen. Zumindest bist du mir recht, wenn du mein Buch bereits bis hierher gelesen hast und nicht vorhast, es wegzulegen und mich zu vergessen. Denn drum schreibe ich ja soviel auf, eben weil ich will, daß du mich beachten sollst in meiner Ratlosigkeit und in meiner Ratsamkeit. Ich rate es dir wirklich, ich halte viel von mir.

Also, du hast als kluger Mitmensch bereits überlauert, daß mir nichts Rechtes zum Schreiben einfallen will. Nun würde das ja nichts ausmachen. Ich könnte den Deckel der Maschine schließen und heute eben nicht klappern. Meine Mitbewohner würden sich vielleicht freuen, einmal klapperlos zu atmen, und mein Kind würde sich freuen, wenn ich mit ihm ginge und Zuckerwatte kaufen würde. Schreibmaschineschreiben und Zuckerwatte essen, stelle ich mir recht schaumig vor. Schaumschläger raus, außerdem esse ich Zuckerwatte nicht, ich sehe sie nur gerne.

Also, ich könnte die Unbekümmertheit haben, hier zu schließen und mir einmal überhaupt nichts zu denken. Ich kann mich aber dazu nicht recht entschließen. Ich will nichts zwingen, das heißt, ich bin mir da gar nicht so sicher. Vielleicht habe ich den Zwang aufzuschreiben, geboren oder zumindest gezeugt. Ja, so ist es, ich bin eine ratlose Schwangere an einem unausgetragenen Buch. Ich möchte es zur Welt bringen, ich habe mich dazu entschieden und eines muß gesagt sein: Ich habe es nicht allein gezeugt. Du bist der Mitstreiter, du bist mein Mitschreiber, mein Mitbeobachter, mein Mitdenker und vor allem mein Leser. Himmel – Zuckerwatte und Schaumschläger am 24. – – ich brauche dich, Mensch, ich brauche dein Interesse an meinem Nichts, an meinem geschwängerten mit Luft aufgeblasenen Gehirn. Ich bin erst im ersten Monat und unerfahren den Emotionen gegenüber, die es bringt, ein Buch auszutragen. Deshalb bin

ich so hartnäckig, aber auch so hilfebedürftig. Ich bin kein abgebrühter Schriftsteller, ich bin ein weiches, formbares Wollen, und du kannst mit mir noch spielen wie mit einer Jungfrau.
Laß mich eine weise Jungfrau sein, obwohl ich auf der Rückseite eine raffinierte, gierige Schlampe bin, aber du machst aus mir, was du dir nimmst.
Ich fordere dich auf – fordere mich – schone mich nicht – horche mich aus bis in die verborgensten Ritzen meiner Ratlosigkeit, lies mich dort, dort hinter meiner Klugheit und meinem Talent, hinter meiner Sache, um die es hier gar nicht geht, hinter dem Titel und dem Buch und dem Text und dem Geld, das in Bewegung ist, um mich an den Mann zu bringen, dort bin ich zu Hause. Und dorthin lade ich dich ein. Jeder ist geladen, der den Weg nicht sucht, sondern ihn findet. Jeder, der immer mit mir ist, weil er mich nicht braucht, sondern läßt. Laß mich schreiben, ich lasse dich lesen, was du willst, und erkennen, was du möchtest, und glauben, woran du magst.
Ist es unnütz und ohne Bedeutung, darf das sein oder ist es zuviel der Annäherung. Ist es eine verlorene Bitte? Denke dich mir und laß mich nicht allein. Jetzt nicht allein, du kannst das jetzt – gerade jetzt. Es braucht nicht mehr dazu, als eben das, was jetzt ist. Nichts mußt du tun oder denken, du bist jetzt mein Gott, ich vertraue auf dich, denn du bist mein Gefangener.
Und du hast mir geholfen. Kannst du es bemerken. So funktionieren Gebete, aber es gibt keine Regel, sie untertan zu machen. Ich kann dich nicht Untertan machen, ich will dich nicht zu meinem Untertanen machen, denn ich brauche deine Gleichheit, um mich an dich fallen lassen zu können, mich in dir zu finden. Ein Sklave ist nie gleich, er fühlt nicht gleich, denn er hat eine festgelegte Rolle zu erfüllen und sei es die der Austauschbarkeit von Rollen.
Im Rollenspiel von Schreiber und Leser ist Sklave und Herr vertauschbar, während sie auffällig werden, diese Gedanken sind mir nahe und meine Finger haben sich daran wiedererwärmt. Zurückkehren. Zurückschauen. Rücksicht nehmen und nicht soviel Vorsicht sein. Wenn ich zurückkehren darf zu meinem Motiv des Schreibens, fühle ich mich wieder mehr im Recht, Unwichtiges als Wichtigkeiten hinzustellen, in Gedanken und Einbände zu verpacken und auszuschicken in die Buchläden, nächste Weihnachten vielleicht, wenn die Zuckerwatte wieder gesponnen wird und die Kinder klebrig sind. Nein, so klebrig will ich nicht sein. Bis nächstes Jahr um diese Zeit ist mir viel zu lang. Das mache ich nicht. Am besten, ich trage heute meine wenigen Manuskriptseiten auf den Markt und verteile sie dort als Botschaft. Ihr werdet mich erkennen, ich trage einen dunklen Mantel mit einer hell gefütterten Kapuze, bin nicht mehr

schwanger, was ich allerdings nie mit Sicherheit sagen kann, und ich werde lachen wie die Weihnachtsfrau, denn das ist mein Geheimnis.
Ich habe gedacht, daß mich das Kind von dem leeren Wahn Leben erlösen könnte. Ich wollte es bekommen, da es in meiner Lage schon allein ein Witz war, es überhaupt zu zeugen. Je länger ich Zeit hatte, mich mit meiner Lage auseinanderzusetzen, um so mehr kam ich zu der Einsicht, daß dieses Schicksal eine Möglichkeit war, dem totalen, ausgetrockneten Zustand: Jugend zu entkommen. Ich habe einen Weg vermutet, einen Ausweg aus der Enge der lastenden Jugendlichkeit, hinein in eine Aufgabe meines so zwingenden Charakters. Ich habe so hart an seiner Aufrechterhaltung gearbeitet und, wie ich erst an seiner Errichtung überhaupt gefuhrwerkt hatte, mit allen Gefühlen und Gedanken, Taten und Unterlassungen. Eben ein Menschenkind, selbst ein Kind, selbst ein Ungeborenes.
Mit tödlicher Leidenschaft habe ich gesucht und gefunden, verloren und ins Leere gegriffen, in mein Hirn.
Ich war keine Theaterfigur, ich war ein ganz normaler Mensch, bitte, auch wenn ich hier so leidenschaftlich schildere. Aber ich lüge nicht nur, ich steige heute und jetzt in dieselbe Leidenschaft ein, mit der ich mir meinen ersten Kuß vorgestellt hatte. Ich habe einen besonders freudigen Zug zum Leiden und ich bekenne mich dazu – ich erkenne mich darin, ich freue mich darüber, über diese Eigenschaft Bescheid zu wissen, und ich kann ihn frei fliegen lassen. Befreiter Schmerz wird zu einer Erlösung, mit der allerdings nie zu rechnen ist.
Ich bin so, wie jeder Mensch, ich bin so, wie jede Frau, ich wollte das Kind, um mich aufzugeben. Um meinen unbändigen, ziellosen Lebensdrang, der die Kehrseite eines gleich starken Todeswunsches ist, einmal loszuwerden, einmal weitergeben an den anderen, nicht immer selbst mein Akteur sein müssen, es hatte sich die leere Leidenschaft schon so totgelaufen und erübrigt, aber wer nimmt dir ab, was du verloren hast.
Ich habe gewartet, daß ich neu aufleben könnte in einem anderen Blickfeld, in einem neuen Bereich meiner Eigenschaften. Die Angst davor war so groß wie die Sehnsucht danach. Die Abwehr war so stark wie ich selbst und ich bin schwach, wenn ich mir einer Stärke bewußt werden will.
Was daraus geworden ist, weiß jede Mutter selbst. Was werden kann aus so einem Wunsch. Er geht in Erfüllung, sowie alle richtigen Wünsche in Erfüllung gehen. Sie werden wahrer als der Traum, sie werden auch oft so kalt wie ein geistiger Traum. Ich träume nicht, es ist Wirklichkeit geworden, alles, was ich in meiner Jugend gesehen habe, nur damals ohne den Atem der Wirklichkeit. Traum in Wirklichkeit. Übergangslos ineinander, träume ich jetzt ein Bild von meinem Leben, das vielleicht noch wirklicher ist als mein Drängen nach . . . nach . . . einem Ausdruck meiner Weglosigkeit, die immer meine Jugend bewirkt, nach einem Bewegen die-

ser Worte, die mir sagen sollen was, wie, wozu. Und daß ich nicht immer nur ruhig dasitzen möchte und in die Luft schauen oder in mich schauen. Nein – ich möchte mich bewegen, ganz einfach nur rühren, meine Glieder, meinen Kopf, mich, das heißt für mich Leben, alle angeschlossenen Geheimnisse sind ein zusätzliches Turngerät für meinen Organismus.
Ja.
Mich überkommt eine Lebensfreude, wenn ich merke, daß ich mich rühren möchte. Mich überkommt Verzweiflung, wenn ich mich gelähmt fühle. Mich überkommt eine Ruhe, wenn ich mich so recht finde, und mich macht das Drama lachen, wenn ich darüber große Worte mache.
Ich weiß schon, du willst einen Meistererzähler und kein wandelndes Fragezeichenweibchen. Nicht lächerlich sein, sondern souverän hinweg über alle meine ausgedachten Ehrlichkeitchen und Bittstellungen, unterwürfigen Gesten und Krabbelwürmern in meinen Ausführungen . . . gehe ich dazu über, einmal nicht zu sagen, was ich gerne wollte oder lieber sollte.
Wenn sich für mich einer findet, dem ich glauben will, dann kann es sein, daß es mir hilft, wenn er mir sagt, daß ich nichts bin. Weiß ich, daß ohnehin ein jeder über mich urteilen muß, mich verurteilen muß, um sich selbst zu einer Eigenständigkeit zu machen? Wer gibt mir einen Anreiz, mich bloßzustellen, nur um selbst dazustehen? Wer spielt in diesem Leben Ernst, wo es doch um nichts und um niemanden geht? Bin ich es? Ist es meine Geschäftigkeit, mit der ich meinen Abgrund immer geschickt überspringe. Ich bin es müde, immer zu springen.
Der Haß ist nicht das letzte. Ich fühle es, der ist nicht das größte Gefäß, in das ich hineinfallen kann, um nie mehr herauszuwollen. Sollte es nichts sein?
Sollte es möglich sein, alles zu sagen?
Ich habe so wenig Behauptung, ich bin es müde, beim Thema zu bleiben. Ich bin es müde, begeistern zu müssen. Mich, mich. In Erscheinung treten. Muß ich erscheinen? Muß das da überhaupt erscheinen?
Nichts – nichts – nichts –
So leergeblasen ist mein Schädel, aber ich habe ein Würgen im Hals. Schon wieder hat mich der Mut verlassen. Es muß sich da um einen Menschenmut handeln, denn innen unter den Schichten, die erscheinen, bin ich lebendiger denn je, ich bin angeregt von etwas, vielleicht von einer anderen Möglichkeit, die ich in äußerliche Mutlosigkeit kleiden muß, um so zusammenzubrechen, daß ich an diese Rinde, an diese Frische herangelangen kann. Häutung einer Mutlosen zur nächsten Behauptung ihrer selbst. Und wieder wird einer kommen, der dich nicht gut genug findet, nicht einfach genug, und wieder werde ich es hören und verzweifelt nach meinen Tasten suchen. Aber den Zusammenbruch kann ich mir nicht sparen. Ich tue es immer wieder. Dasselbe.

Ich sitze mit einem spannenden leichten Sausen im Kopf, und ich weiß, das ist meine Sprache und in dieser Sprache gibt es kein Urteil, diese Sprache drückt nichts aus, sie ist ich, und ich muß sie nicht benützen. Ich weiß, diese ist eine Stille. Und Stille kann ich sagen.
Sollte ich alles sagen können?
Sollte dort vergessen sein, was mir so schwerfällt in der Erinnerung. Sollte ich dich dort treffen? Sollte ich dort deine Zustimmung treffen, wo ich sie nicht mehr brauche? Mir rückt die Maschine und die Tastatur ab. Ich bin gerührt, daß ich sie da einmal unter meinen geschäftigen Fingern aufsteigen sehe. Schwarze Tasten mit weißen Buchstaben – weiß auf schwarz – schwarz auf weiß.
Wie, wenn unter meinen geschäftigen Gedanken, die in einer Geschichte herumackern, sich auch etwas zeigen würde? Etwas viel Einfacheres. Nur ein Gewebe von etwas noch viel Komplizierterem, das zerfallen in seine Teile wieder nichts sein soll, als die Bewegung von Menschsein zum Wesen. Vom Willen, sich zu behaupten und ein Bild zu erfüllen – zum stillen Verschwinden in den Gedankennebel der Gleicheit aller denkenden Wesen. Das sind alle. Auch die Steine und noch einmal du und ich.
Warum habe ich mich da jetzt herbegeben, wo es mich von meinem Vorhaben abführt, eine Geschichte aufzuschreiben. Will ich vielleicht hierher. Es gefällt mir da, aber ich bin ratlos.
Ist hier keiner?
Ich frage ernsthaft: «Ist hier keiner?» Ich höre nichts. Ich bin hier ein jeder. Und hier herrscht Stille. Und hier sieht mich niemand. Denn hier bin ich du. Sollte auch ich noch schlecht über mich sprechen? Wenn es so still ist, neigt man dazu, sich selbst zu quälen. Da hinten im letzten Gedankenfeld, aber auch im Vorfeld. Wenn ich mich selbst in der Kritik anderer wiedererkennen kann, wer sollte ich dann sein? Wen habe ich dann noch?
Alle – alle – alle, die mich hassen, alle, die mich lieben und bewerten, alle, die mich nicht sehen, alle, die an mir vorübergehen. Alles, alles kann ich sagen, alles ist zu bekommen, was ich mir vorstellen kann. Ich habe einen leeren Kopf ohne Vorstellungen. Gestatten – ich!
Haß ist nicht der letzte, ich fühle es. Der ist nicht das größte Gefäß, in das ich hineinfallen kann, um nie mehr herauszuwollen.
Ich möchte etwas. Ich möchte etwas lernen. Jetzt, während ich dabei bin, Seiten zu füllen. Ich werde sie nicht füllen, sondern ich werde sie leeren. Ich möchte dich nicht erfüllen und nicht mich, ich möchte mich leeren, ich werde mich lehren, mir mehr Geduld für meine Gedanken zu nehmen und nicht auf ihren ersten Anschein hineinfallen. Ich werde mir mehr Zeit für das Unmögliche nehmen. Es ist unmöglich, es ist unsinnig, es ist ja total verrückt zu glauben, daß hier irgend etwas ist von irgendeiner Be-

deutung, in irgendeiner Weise irgend jemand, irgendwann einmal, vielleicht. Vielleicht sagt einer einmal nichts über den Tisch hinweg zu mir herüber und fühlt sich dabei gar nicht betroffen. Einmal mich nicht betroffen fühlen. Ich tue es. Ich bin zutiefst getroffen. Ja, du hast mich getroffen, indem du mich kritisiert hast. Und ich weiß, du hast recht. Und ich hasse dich dafür nicht. Alle werden mich treffen in der Flüchtigkeit mir selbst gegenüber an der Oberfläche, an der Abwehrkapsel. Denn diese ist es, die Schmerzen verursacht. Die Schutzkapsel ist es, die sich geschlagen fühlt und die erbost das Blut in den Schädel schickt und Haß-Alarm gibt. Nicht das Darunter, nicht das, was die Schutzschicht vorgibt zu schützen, weil es so empfindlich sein sollte, nicht das fühlt sich verletzt von deiner Kritik, das kann fühlen, weich verstehen, warum du so sagst, und warum dir etwas wichtig ist, und warum ich da bin und du liest, was ich mir denke. Da ist die Frage nicht. Da ist es möglich, alles zu sagen, und da ist es nicht möglich, keine Zeit für mich zu haben, denn da ist die Zeit nicht. Nichts außerhalb von mir. Dahin gehe einmal mit, es soll möglich sein, denn da gibt es kein Abreißen eines Gedankens, keine Aufgabe zu erfüllen. Nimm mein – meines –

Eingehen. Wir – gehen hinein in eine Halle ohne Mauern es hallt in Stille es schwingt ein Ton er schwingt wie ewig und es hat die Zeit hier ist sie nicht gefangen hier schwingt sie ewig aus hier ist sie hergekommen aus dem weiten Becken – in der Mitte der Halle klingende Steine an denen mein Schritt zu Kristall erschallt gehe ich schwerelos nirgendwo ungeschützt zu Tode verletzt als leuchtende Wunde meiner Zeit über in eine Möglichkeit der Besinnung zum Unmöglichen und ich erwarte nichts.

Ich glaube nicht daran, daß man das Nichts nicht aufschreiben kann – und mir gehen die Gedanken auf wie die ersten Blumen im Frühling. Jedes Leben hat viele Frühlinge und jede Geschichte hat nicht nur einen Frühling und jedes Buch hat Frühlinge, denn jede Liebe hat nicht nur einen Beginn. Die Jahreszeiten wechseln. Frisches wird weniger erfrischend, wenn es sich unbedingt frisch halten muß, seine erste Form behalten muß, den Atem einhalten muß und nicht wechseln darf die Gedanken. Machen wir nichts. Lassen wir leer und füllen wir alles. Füllen wir den Magen, dann rast der Kopf nicht so schnell. Füllen wir die Postkarten und die Seiten, aber das bitte sorgfältig, nicht so schnell, es gibt nichts zu gewinnen. Dich habe ich schon lang gewonnen. Oder vielleicht nicht? Vielleicht ist das eine mir gar nicht angenehme Vorstellung. Da, da habe ich es schon wieder. Immer wieder diese Sicherheit, mit der ich frech in die Tasten haue, mir deiner Zustimmung zu meinem Geplapper völlig sicher und dann kommt es heraus, daß du sehr wohl hörst, wenn ich meine Ratlosigkeit zerhaue in tausend Buchstaben und Hunderte von Worten und Sätzen und Geschichten.

Ich bin es, die nicht hört, ich bin es, die glaubt, du willst alles, ich bin es, die dich unterschätzt, ich bin es, die glaubt, daß du mich nicht lieb hast und die glaubt, daß du ohnehin nicht liest, was ich mir da einfallen lasse.
Sollte es sein, daß ich ein wacheres Ohr habe, als ich annehme? Sollte ich annehmen dürfen, daß du ein Auge von mir bist? Sollte ich mich einmal ausliefern dürfen, deiner Liebe, deinem Spott, deinem Haß und deinem Verständnis und sollte ich das alles verstehen dürfen?
Wie viele Seiten hat die Schrift? Wie viele Seiten hat das Leben? Vielseitig ist es, habe ich schon sagen hören. Ich spüre, wie es ist, wenn mein Hirn nach innen zeigt, es ist ohne Geheimnis, wie es ist, wenn ich mein einziges Letztes aufschreibe und mich und dich nichts mehr zu fragen habe. Es liegt an mir. Es liegt nur an mir, langsamer zu denken, langsamer zu wollen, langsamer zu atmen – bedächtiger, bedächtiger zu spielen und mich zwischen Ernst und Leben ruhiger zu bewegen. Geh mit, geh mit, ich rechne mit dir, immer schon und ich werde es nicht aufgeben, mich im Rahmen des Unmöglichen zum Leben zu erwecken. Das Tote zu erwekken, in mir wiederzufinden, was ich verschüttet habe mit Buchstaben und Minuten, Gold und Haß.
Ich verstehe sie, die Goldgräber. Sie haben nach dem Glück gegraben und nicht nach Gold. Gefunden haben sie, aber haben heißt nicht suchen. Freiheit ist nichts (sie besteht daraus), aber Freiheit suchen ist alles. Ich werde dich immer wieder suchen, weil ich dich jedesmal verliere, wenn ich dich habe. Ich werde nicht sicher in die Tasten schlagen, ich glaube nicht, daß ich irgend etwas zu sagen habe, es gibt kein Ende meiner Gedankenkette, wenn sie auch dünner werden sollte. Sie ist gefundenes Gold. Sie ist das Gold der Unsichtbarkeit. Ich spüre, ich lerne. Ich lerne hier auf meiner Maschine für mich. Ich lerne, daß ich nicht so umspringen kann mit der Gunst meiner Mitdenker, denn die sind bedächtiger als ich es bin. Und die denken mir hinter die Bemühungen, mir keine Mühe zu geben. Jetzt neige ich mich einmal, und mir tut das gut. Ich fühle mich am Ende, und meine Geschichte geht nicht weiter, weil der Sinn davongeflogen ist. Aber ich bin nicht betrübt, weil ich sie jederzeit wiederaufnehmen kann, auch ohne Sinn.
Du hast mir geholfen zum leichteren Absprung in die Schlucht der Losgelassenheit auf nichts als mein Tun. Und dieses muß ich vor niemandem schützen und bewahren, denn das macht die Mühe, und das tut weh. Und das tut auch dir weh und das soll es auch tun. Denn mit mir heißt alles mit mir. Mit mir heißt auch von mir abgeschieden sein.
Jetzt weiß ich es. Jetzt ist es mir eingefallen, wo ich aufgehört habe zu schreiben, jetzt, wo ich darangegangen bin, die Knödel zu kochen, jetzt ist es mir eingefallen.

Im Aufschreiben weist sich die Liebe. Und deswegen tue ich es auch so eifrig. Wer wollte nicht geliebt werden? Aber wer, und das betone ich besonders, wollte nicht lieben? Im Geschriebenen kann man unverkennbar die Liebesfähigkeit eines Wesens erkennen. Und wem ist es gleichgültig, ob einer sagt: Du kannst nicht lieben. Selbst das sollte möglich sein.
Jemand, der meine Liebe zu fordern versteht, für den schreibe ich mich auf. Denn er ist ich.
Und ich sitze am Ufer, und ich sehe mich schwimmen im Meer der menschlichen Bemühungen, ja nicht unterzugehen. Ich sitze so ruhig da im Schatten meines Lebensbaumes. Und manchmal schlagen Wellen ans Ufer, die ich zugleich da draußen in Todesangst aufwühle. Und ich sehe. Und ich spüre alles, und ich atme auch, atme ein mein Verständnis für mein Treiben und Tun für mein Wollen und mein Versagen, meine Freude und meinen Trübsinn. Ich brauche mein Retter nicht sein, denn ich weiß, daß alles verloren ist. Unter dem Lebensbaum im Schatten, ruhig, sitze ich.
Magie – Magie der vorletzten Gedanken über die Phantasie in die Liebe.
Magie ist der Zügel meiner Phantasie. Liebe ist die Heimat meiner Phantasie. Und ich bin der Esel vor dem Buchgeschäft, der euch tragen hilft die vielen Bücher, die ihr kaufen wollt.
Es muß schon in den wärmeren Monaten gewesen sein, weil ich mich mit dem geblumten Sommerkleid in Erinnerung habe. Ich habe damals flache, für eine Schwangere ziemlich ungewöhnliche, etwas griechische oder römische Sandalen gehabt, in denen ich mich sehr leichtfüßig fühlte. Sich in meinem Zustand noch leichtfüßig vorzukommen war gar nicht so selbstverständlich und ich rechnete mein Fliegen ein bißchen meiner beschwingten Gemütsverfassung zu. Sich in meinem Zustand richtig beschwingt zu fühlen, war wiederum gar nicht so selbstverständlich, aber ich verstand mich selbst und fand mich richtig und das bewirkte meine ungewöhnliche Leichtfüßigkeit und meinen Schwung.
Frauen fühlen sich immer so, wie sie in ihren Schuhen gehen. Wenn ich, selten und eher aus Jux, meine hohen Stöckelschuhe trage, wackle ich mit dem Hintern und will, daß das jedermann sieht. Wenn ich mit meinen dicken Winterstiefeln über den Erdboden marschiere, will ich, daß mich jeder achten soll. Wenn ich barfuß gehe, will ich, daß mir die Füße nicht weh tun sollen, und mit den Sandalen war ich jung und frei. Eine freie schwangere Frau ist etwas sehr Ausgefallenes und ohne ihr besonderes Anliegen etwas Auffallendes.
Ich muß einem jungen oder vielleicht jüngeren Mann aufgefallen sein, und er ging hinter mir her und versuchte dann, so wie das eben oft so langweilig beginnt, irgend etwas zu sagen. Ich weiß, daß ich mich bei solchen Annäherungen immer noch distanzloser verhielt als die Annäherer selbst, um

sie mit ihren eigenen Waffen zu schlagen. Ich tat immer so, als wäre diese Situation die selbstverständlichste und zollte ihr nicht die leiseste verlegene Überraschung über ein scheinbares Interesse. Manchmal gab ich dem Ansprecher die Hand und verschwand unbeschadet und eigentlich auch immer unbelästigt an der nächsten Ecke. Mir machte mein Abwehrmanöver Spaß, und ich kam mir klug und geschickt vor.
Mir ist irgendwie der genaue Zusammenhang mit diesem Herrn damals verlorengegangen, es hat sich alles in derselben mir gewohnten Art abgespielt. Aber ich kann mich an eine gewisse Angst erinnern, die mich begleitete, als dieses Manöver vorüber war. Es ist nicht gewöhnlich, Schwangere anzusprechen. Und seit dieser Zeit hatte ich die Freude an der Frechheit als einen gewissen Überlebenstrick verloren. Sollte es sein, daß eine Schwangere doch anders als ein junges Mädchen tut oder sich fühlt oder aus Berechtigung vorsichtiger und wachsamer wird? So wie ein lauschendes Tier mitten auf der tosenden Straße horcht sie in die Harmlosigkeiten anderer hinein, die ohne Übergang zu Grausamkeiten werden.
Sollte es ehrlicher sein, spielt das überhaupt eine Rolle, wobei, worum geht es, meine Unbekümmertheit verwandelte sich mitten in meinen leichten Sandalen in Vorsicht. Eine Schwangere wird ein Instinkt mehr. Sie entwickelt selbst dieselbe Grausamkeit wie ihre Umgebung. Sie schützt sich und das neue Leben vor unbekannten Gefahren.
Ich habe bis heute den Mut zur Abweisung, den Unmut zur Unfreundlichkeit. Freundlichkeit ist eine Waffe. Offene Abwehr ist eine Einsamkeit. Zu den anderen so hart wie zu sich selbst sein – möglicherweise ist diese Wahrheit eine Möglichkeit, einer Verständigung über die Selbstverständlichkeit hinaus. Möglicherweise ist das ein neuer Instinktbereich, auf dem wir den Intellekt vergessen dürfen. Möglicherweise hat die Liebe dort ihr Reich.
Liebe ist nicht unverständlich, aber sie ist unmenschlich, weil sie nicht zur Wirkung kommt innerhalb dieses Bereichs, in dem der Mensch herrscht, logisch denkt, einen Willen hat und kontrollieren kann. In die Liebe kann man nicht säen und ernten wie in die Felder. Liebe ist nichts Übernatürliches, sie ist natürlich, daher kommt die Unnatur Mensch nicht dazu, sie zu erkennen, und er belegt sie mit einem Geheimnis. Das ist so seine Art des Verstehens.
Aber bin ich keiner . . . was soll das sein, wenn die Liebesgeschichte beendet ist, eine Geschichte hat, dann beginnt vielleicht ein trockener Hirnarm zu quellen, sich zu erfrischen, einer, der nicht mehr eine Richtung verfolgt, einer, der nicht mehr das Ufer bestimmt . . . dorthin zurück, an seinen Ursprung, dort, wo er begonnen hat, sich zu bewegen, dort kann ich jemanden erkennen, den ich einmal vor meiner Zeit, als ich aufbrach, die Liebe zu suchen, gekannt habe. Soll es das sein? Das ist meine Heimkehr

und eine Zukunft für mich. So ist es. Mein Wille ist weich. Ist er meine alte Unbekümmertheit nach den Kümmernissen der harten Abweisung, die ich für mich bereithielt, wann immer ich mich selbst finden wollte.
Glück ist so windverweht wie Unglück, Glück wird so windig sein wie Unglück, Glück war wie der Wind im Unglück, Unglück und Glück ist überhaupt nur ein trockener Furz im Arsch – aber er erleichtert.
Ich kann mich auch an solche Gefühle erinnern. Seelengefühle sind nach meinem Ermessen auch kaltblütige Körperregungen – Erkenntnisse des Körpers – Körperweisheit ist die Beherrschung von Unbeherrschbarem, weil sie der Herrscher ist. Ein großer Herrscher hat einen guten Narren, und der ist meine Seele. Der Körpernarr – ein Seelengeist – wer hat ein Herrschergefühl über sein Glück und sein Unglück? Schlechte Herrscher sind wir, aber wir sind Glück und Unglück und das ist mir menschlich, dabei bin ich zu Hause, in diesen Regionen der Winde fühle ich mich wie meine Lebenskönigin.
An so eine ähnliche Gedankenfolge will ich mich hängen, die ich nebelhaft in Erinnerung habe. Es war nicht nebelig, denn es war ja, wie schon erwähnt, Sommer. Ich verlebte aber, wie jeder, auch sonnige Tage im Schatten, weil ein Menschenwesen gar nicht immer die Gemütssonne aushalten will. Und ich muß mir nach längerer Zeit wieder einmal durch Zufall nicht das Leben, sondern Zeit genommen haben, und ich bin zu dem nahen Wiesenweg gewandert, der mich auf einem Umweg in den Ort führte, wo ich einzukaufen pflegte. Ich bin nicht die laute Straße gegangen, sondern ich habe mich nicht gescheut, mein Brausen im leeren Hirn anstatt des Autolärms zu vernehmen. Jeder kennt dieses Absichtslose, sanfte Heben einer Schutzwand, die uns vielleicht vor uns selber und vor unserem Unsinn schützen soll. Ich lehne mich oft an diese Wand, wenngleich sie so hart ist, so kalt, weil sie so trennt, weil sie Vernunft heißt, und ich aber auch ein ruhiges wesenloses Etwas bin, das es nicht nötig hat, sich an Wände zu zwingen und zu schmieden, nur um daß ich ein würdiger Mensch dieser Zwangsgesellschaft sein darf.
Dieses Heben, sollte es Glück heißen, oder vielleicht Aufklärung, Vereinigung von nie Getrenntem, oder soll es einfach – nichts – heißen, mir war danach, und ich habe mich erleichtert gefühlt von mir selbst und von der manchmal so drückenden Bange vor der Geburt. Man merkt es ja kaum, man schützt sich ja geschickt ab als Schwangere und auch sonst immer, aber ich hatte damals frei, ich war befreit, vielleicht nur vom Autolärm, und ich hatte Freude daran, eine Mutter zu werden. Ich gehe bei der Beschreibung dieses körperseelischen Befindens deshalb so vorsichtig vor, weil es ein so ganz leiser Wind ist, der sich in meinem Hirn nie aufgeblasen hat, sondern ein manchmal leicht wehendes Lüftchen war, das mir

den Staub aller Menschenschwere und Mutterschaftszwänge abwischte wie Tränen.
Mütterlichkeit gibt es nicht? Wer fühlt sie? Kann es jeder oder ist es jedermann? Wann steigt sie und wie fällt sie? Ist sie selbstverständlich, Liebe oder Haß, Trieb des Tiers oder ein gesondertes Fühlen von Menschen, ist sie weich oder geschäftig oder tut sie vielleicht gar nichts? Ist sie nur ein ausgedachter Zwang, wieder einmal so ein von Menschen zurechtgezimmertes Gebot, um daß sie nicht sterben müßten. Ich bin mißtrauisch, diesen Regungen gegenüber, die so aufgeblasen werden zu einem Wert, der ein Zwang wird.
Vielleicht blase ich mich nur auf, damals jedenfalls fühlte ich mich leicht, und ich erinnere mich, wie wenn ich es mit den Händen tasten könnte, daran, wie einfach und selbstverständlich ich einkehrte in den stillen Raum der sich selbst verstehenden Mutterschaft.
Und dabei erinnere ich mich auch, daß ein Wehren gegen diese Tatsache völlig entwest gewesen wäre, verwest und Unnatur, denn ich weiß, ich wollte ein Leben, entweder meines oder das dieses Kindes. Ich trennte nichts, es war ein Leben, da drängten sich keine Sonderwünsche oder Sonderlinge auf, nur die Schmetterlinge, die werden wahrscheinlich da gewesen sein, aber an die kann ich mich im einzelnen eigentlich nicht mehr so erinnern.
Ich kam in den kleinen Ort, und ich entsinne mich, daß ich noch vor dem Einkauf aus lauter Übermut über meine so stille Erkenntnis in einem Geschirrgeschäft ein Reibeisen mitgehen ließ, weil wir zu Hause eines vermißten. Reibeisen sind haltbar, ich habe es noch heute, Erinnerungen an Gefühle sind beschreibbar, für den, der von dort herkommt, von wo ich herkomme, für den ist es fühlbar, warum mir manches zu beschreiben fruchtbar ist. Liebe ist ein Wind im Arsch . . . aber sie erleichtert!
Zu Zeiten großer Verwirrungen der äußeren oder inneren Ordnung verlieren wir unsere Zukunft. Ein Zukunftsgefühl habe ich nur, wenn ich sehen kann, wo ich mich (annähernd) befinde. Wenn ich fühlen kann, wie ich mich befinde und wenn ich meine Vergangenheit als eine erwünschte Zukunft erkennen kann.
Zu Zeiten von Kriegen, Krankheiten und Panikstimmung sowie die meiste Zeit fehlt den Menschen der Glaube an eine mögliche Zukunft. Wer will sie denn, wenn sie so ist wie die Vergangenheit.
Ich hänge wie ein Geier im Aas.
Zukunft geschieht nur, wenn man keine Hoffnungen mehr hat. Ich war in der Hoffnung, zukünftig spielte sich aber alles anders ab, als ich es mir dachte. Zukunft ist der Wille zum Leben. Und den kenne ich an mir, so wie ich den Unwillen kenne. Beide haben die gemeinsame Vergangenheit.

Ich gehe sicher richtig, wenn ich meine wachsende Freude auf das Leben mit meinem Kind in den Frühling setze. Der hat damit viel zu tun gehabt. Er hat mich geschmolzen, meine Abwehr des Lebens geschmolzen. Mir ist wärmer geworden, ich konnte den alten Mantel ablegen. Frühlingsluft reißt vielen den Gram aus den Herzen, aber nicht allen. Die Luft war rein und ich konnte sehen, was ich wollte. Ich konnte einen Willen an mir aufblühen lassen. Es war warm genug dazu geworden. Es war reif dazu geworden. Getan wird instinktiv und gedacht und geträumt wird in Ruhe. Es wird vorbereitet und zurechtgelegt im Kopf und mit den Händen. Man hat gern, wenn sich etwas tut und Mann und Frau stellen sich nicht tot. Sagt man, im Frühling, die Zeit der Liebe . . . ist kein leerer Wahn, aber trotz allem ein Wahnsinn.

Wir waren heute in einem Haus, das für Kinder frei ist. Es ist für Kinder von Kindern besetzt. Kinderfrei.

Besetzt für die Freiheit, die ohnehin besteht, aber brachliegt. Um die gekämpft wird, denn der Kampf gibt dem Leben einen Sinn. Ohne Lebenssinn hätte die Idee «Freiheit» keinen Bestand.

Ich habe gedacht, ich würde dort auf der Wiese sitzen und in mein Heft schreiben und mein Kind würde mit den anderen leben. Ich habe nicht geschrieben, ich habe herumgesessen im Kinderhaus, und ich habe Ball gespielt.

Mein Kind kann nicht fangen. Soll ich recht gesehen haben, oder wünsche ich mir, es so zu sehen, es macht dem Kind nichts aus, zu können oder nicht zu können. Es spielt nicht mit, mit den Regeln des menschlichen Umgangs. Es schließt sich an, und es schließt sich aus. Es steht dabei, es tut mit, es drängt auch, es prallt ab, es steht einsam, es kennt keine Masse, aber es mißt sich nicht, es ist so ruhig und gelassen im Nichtkönnen, aber es versteift sich nicht, so daß man seine Ehre nicht verletzen kann. Es ist nicht geizig, es hat seine Ehre, obwohl es nicht fangen kann.

Wir beide treten nicht als Mutter und Kind auf die Spielfläche, wir tun so, als wären wir unabhängig voneinander. Wir treten nicht als Paar auf, das einen Namen hat und als dieses zu behandeln oder zu erfassen und zu verletzen wäre. So sieht es aus – so scheint es mir.

Ich kann fangen, aber auch nicht immer. Fällt der Ball, muß man auf einem Bein stehen und warten, bis man erlöst wird. Das Haus ist hoch. Eine Leiter führt nach oben auf den Boden. Jeder darf hinauf, wenn er kann. Ein kleiner Stall mit Heu und Stroh. Ich kann kein Tier sehen. Matratzen, wie hingeworfen. Wirr zusammengelegt, ein Matratzenlager. Moderig. Bücher und Hefte liegen bereit. Wie achtlos, muffig, verwahrlost. Es wird dort nicht bewahrt, es wird dort benützt, aber nicht sehr gepflegt. Das Kind sagt: «Dort ist es schmutzig.»

Ich verstehe diesen Schmutz der Benützung, der Abnützung. Mein ganzes

Herz gehört dieser Verwahrlosung, aber ich kann dafür keine Vorliebe hegen.
Es herrscht Ordnung. Eine, die nicht genau schachtelt und schlichtet, eine zweckmäßige Ordnung ist es. Der Gehalt liegt nicht in den Dingen, sondern in ihrer Bewegung, die sie bei Benützung auslösen, und es ist hier alles in unaufhörlicher Bewegung, darum sind die Dinge so zerfallen. Sie bestehen aus bewegten Teilchen, die zugleich zu einer bestimmten Form erstarren – das Ding.
Das Ding wird benützt von Händen, von einem Gehirn, das aus denselben Teilchen besteht wie das Ding. Eine Bewegung zueinander – eine Erstarrung voneinander – zugleich – jetzt – in der Zeit – im eingefrorenen Sturz der Ewigkeit – im Kinderhaus der Freiheit von Mutter und Kind –, auseinander geworden, finden sie wieder frei zueinander?
Dem Chaos des Verhältnisses zwischen Mutter und Kind tritt man durch peinliche Ordnung, genannt Autorität, entgegen. Ich schaffe an, du hast zu gehorchen, denn das heißt lernen. Lerne anschaffen, lerne regieren, lerne zu dienen. Kind, du kannst nicht fangen! Wieder ist er dir durchgerutscht, und du lachst noch? Aber warum hast du mich gefragt, nachher, als wir wieder auf der Straße mit den Ampeln und Kreuzungen gingen: «Und wer hat jetzt eigentlich gewonnen?»
«Hier hat niemand gewonnen.»
Freiheit heißt, nichts mehr verlieren können. Wir haben nur so getan, um uns die Zeit zu vertreiben in unserer chaotischen Beziehung zueinander. Lassen wir sie so, sie muß sich nicht ordnen. Sei du meine Mutter, benütze mich, ich benütze dich, aber reiße nicht an meinen Nerven. Dinge muß man nicht ruinieren, wenn man sie benützt. Ich gebe mich hin, aber bitte tu mir nicht weh, ich möchte auch dir nicht weh tun. Der Staub, der aufwirbelt, und die Brösel die fallen, die stören mich nicht, sie sind das Wirbeln des Lebens.
Heute bin ich wieder im Gras gesessen, auf der Wiese, wo die Kinder sich so ungestört bewegen können, und habe meinem Kind den Pullover ausgezogen, weil die Sonnenstrahlen warm waren. In einem aufgelassenen ehemaligen Industriegelände ist es, wo die Kinder beim Kugelschieben Zigaretten rauchen und ihre Sprachen vermischen zu einer neuen. Sie verstehen einander in verzerrtem Einheimischendialekt, hauptsächlich von Schimpfworten getragen und auch kräftigem, harten jugoslawischen Italienertürkisch. Es geht ein ulkiger Ton. Aber sachlich sind die Buben beim Spiel und geschickt sind sie. Ein Mädchen hat meinem Kind eine bunte Glaskugel geschenkt. Dieses Mädchen habe ich hier schon öfter gesehen. Sie tritt so forsch, wortlos auf. Sie ist aufmerksam. Sie hat mein Kind in dem großen Autoreifen, der von einem Ast hängt, geschaukelt. Sebastian ist gern mit Älteren zusammen, aber er verhält sich zurückhal-

tend, er spürt ihre Übermacht.
Da bin ich gesessen und die Sonne war so warm auf meinem Gesicht und den nackten Beinen. Ich habe einige Blätter in meiner Umhängetasche neben einer Tageszeitung und dem Butterbrot für das Kind. Dann habe ich auch immer einen Ausweis mit, falls mich die Polizei, da ich mich ja auf einem Gelände befinde, wo Ungezwungenheit und noch so allerhand weht, danach fragen sollte. Ich weiß, daß Freiheitssuchern nachgestellt wird. Ihnen ist man mißtrauisch gegenüber, sie könnten am Ende Ideen verbreiten, die dem Kulturbewußtsein schaden müßten. Auf meinem Ausweis ist mein Foto, meine Adresse, mein Name, mein Alter, und schon bin ich legitim, schon bin ich jemand. Ein Mitglied dieser Gesellschaft, ein ordentlicher Bürger.
Ja, und da bin ich gesessen und habe Lust verspürt, den Bleistift über das Papier fliegen zu lassen. Es war so sonnig und ich war so beruhigt heiter. Ich habe gekramt in der Tasche nach einem Bleistift und habe keinen gefunden. Ich habe auf dem Boden nach einem alten Stiftchen gesucht, ich habe mein Kind zum Suchen angespornt. Nichts, nichts und ich hatte solche Sehnsucht nach einem Bleistift. Ich habe es mir dann als Übung auferlegt, eben nicht Zeichen aufzumalen und die Hände und das Hirn stillzulassen. Es war so sonnig und meine Sehnsucht zu schreiben so groß. Wahrhaft manchmal eine Sucht, aber wohl eine meiner ulkigsten. Ich kann jederzeit über sie lachen. Manchmal allerdings packt mich ein ermüdender Eifer. Ich wollte es nicht vergessen, auf der Wiese, wie es mich so gedrängt hat nach dem, was ich jetzt tue, und ich kann mich erinnern, daß ich es aufschreiben wollte. Glücklich, wer einen Bleistift hat. Ich glaube, ich würde ihn erfinden, gäbe es ihn nicht schon.
Ein junges Mädchen ist über den Platz gekommen. Langsam. Sie trug eine Kiste mit zwei Wecken Brot, Marmelade und Margarine. Es war die Eßration für das Kinderhaus. Es war aber noch geschlossen. Die Kinder brauchen das Haus nicht, wenn es warm ist. Manche Firmen spenden für dieses Gelände hier Lebensmittel, für die Menschen, die dieses Gelände besetzen, um hier sein zu dürfen. Das Mädchen wohnt hier. Sie trägt ein weißes Männerhemd lose hängend über einem aufgedunsenen Bauch. Darunter kommen weite, halblange, bunte Hosenbeine hervor, die wie ein Rock sind. Sandalen, fettiges, blondes Haar. Sie kommt näher. Langsam. Sie hat nichts zu tun. Sie kann jederzeit Essen hin- und hertragen, der Tag ist lang. Ein breites Gesicht. Wie alt es ist, kann man nicht sagen. Sie will nicht geschätzt werden. Sie wird übersehen, glaube ich. Ihre Haut ist fleckig und pustelig.
«Meine Vergangenheit war beschissen, ich will sie überwinden. Eltern geschieden. Ich werde wieder in mein Land gehen und Berichte schreiben über diese Aktion hier. Es interessiert mich. Ruhe kann man finden durch

Meditaions-Praktiken . . .» Hin und her, ich habe vergessen, welche Übungen sie erwähnte. Sie hat auch gelächelt. Sie ist langsam im Gang und ruhig, fast zu sanft. Sie ist wie Teig. Max und Moritz sind in den Teig gefallen und gebacken worden, aber sie waren noch heil und haben sich freigeknabbert. Gemahlen sind sie aber trotzdem worden. Denn dieses war ihr letzter Streich – doch der erste folgt sogleich.
Ich gehe da so, in der Verwüstung des verlassenen Industriegeländes. Ich trage mich mit jedem Schritt in die Verlassenheit der verwahrlosten, rohen Mauern. Ich trage mich ein, als eine Tote, deren Lust das Atmen geworden ist. Ich bin berauscht in diesen leeren Hallen von der Zähigkeit und Hinfälligkeit des Lebens. Roh – nackt – ausgebrannt – geklärt von allen Undeutlichkeiten liegt es in mir und um mich. Es liegt still. Es brütet keine Geheimnisse aus, es ist offen und warm.
Ein kleiner Zirkus ist hier angekommen. Zwei Wohnwagen, ein Bär, ein brauner, mit noch glänzendem Pelz und großen uninteressierten Augen. Er ist träge, aber verspielt. Es ist ein Menschenbär an einer Kette. Ein junger Schimpanse hockt hinter einem Gitter. Er guckt wach und klug. Er ist nicht aufgeregt. Er ist dunkel und freundlich. Er gefällt mir. Es ist ein Mensch.
Keifende, rehartige Hunde sind in einem Käfig zusammengepfercht. Sie sind mir zu laut. Ein Stachelschwein mit langen silberig schimmernden Stacheln schläft hinter seinem Gitter. Es ist mir fremd.
Eine winzige Arena ist aufgestellt. Eine niedrige, bunte Holzbrüstung um einen kleinen roten Teppich. Der Bär würde, wäre er frei, diese Arena füllen. Mehr hat der Zirkus nicht zu bieten.
Einen Bären stark, bärenstark scheint der Mann zu sein, dem der Zirkus gehört. Ein tätowierter Mann mit nacktem Oberkörper, hängendem wirren Lockenhaar, einem durchgearbeiteten Gesicht, erstarrt zur Ruhe einer Einsamkeit. Still ist er. Mit Burschen sitzt er im Gras, eine große Flasche Wein in der Mitte. Er sieht mich, das heißt, ich sehe ihn. Ich glaube ja nicht wirklich, daß jeder auf mich schaut, auf den ich schaue. Aber ich spüre das so. Ein Bursche bietet mir Wein an. Ich mache einen ordentlichen Schluck aus der Flasche und gehe wieder. Das Kind ist vor den Käfigen geblieben und schaut. Ich spüre so sehr mich und meine Lust, die sich so beruhigt hat in mir. Sie liegt wie süßer, sahniger Honig am Grund meines Unterleibs und zugleich in meinem Kopf. Langsam rinnt der Honig. Wohlig schmiegt er sich in meine ausgetrockneten Körperkammern und kühlt und benetzt die Dürre meiner Lebensstarre.
Ich bleibe nicht bei den Männern, die mich einladen. Ich gehe gern wieder, frei, mit meinem Gefühl zu blühen, und ich genieße dieses Regen und Heben meiner Müdigkeit – im Gesicht – in der Haltung – im Gang – im

Denken – im Lassen der Gier nach dem Jetzt. Ich will niemanden überrunden.
In der roten Halle spielt ein Klavier. Es spielt sanfte Töne. Sie locken mich. Ein langhaariger blonder Bursche spielt. Ich setze mich auf die Bank neben ihm. Er dreht sich nicht her, nicht weg, er spielt und es ist alles so selbstverständlich. Ich habe immer meine weiße Blockflöte in meiner Tasche. Ich nehme sie heraus und überlege einen kurzen Augenblick ob ich mitspielen soll. Ich würde damit auf mich aufmerksam machen, würde mich aus nichts zu einer, die Flöte spielen kann, machen, und noch dazu gut.
Will ich den Burschen auf mich aufmerksam machen, während mein Kind draußen beim Zirkus andächtig vor dem Bären steht und dem Affen ins Auge blickt? Ach was – ich spiele, ich tue es – und die Musik wird Harmonie und vergeht wieder. Der Bursche hört bald auf zu spielen und sagt: «Spiel weiter . . .» und ich stehe auf, stecke die Flöte in die Tasche, lege ihm kurz die Hand auf die Schulter und gehe leise weg. Er spielt weiter Klavier und draußen am Platz steht das Kind vor dem Bären. Ich rufe es, und wir gehen langsam weiter. Die Sonne strahlt mir ins Gesicht und beleuchtet es. Kannst du es sehen? Diese feinen Falten um die Augen und die Mundwinkel, diese ausgeprägte Falte zwischen den Augenbrauen. Die Stirn und Augenpartie hat sich unlängst ein wenig gesenkt, so wie in erster Müdigkeit bei einer Wanderung. Ich habe meine erste Kraftreserve eingesetzt. Kannst du mich sehen? Weißt du jetzt, was mich bewegt? Niemand kann sagen, es bewegt ihn nicht. Das Abenteuer – das Abenteuer lockt. Es prickelt an den Handtellern und in den Kniekehlen und in der Ohrengegend. Es prickelt im Hirn. Aber ich bin so etwas wie klug. Ich habe keine Mühe mit meinem Stürzen und Verharren. Ich stehe zu meinem Instinkt. Er ist mein Intellekt.
Intelligenz heißt, sich im Unbekannten zurechtfinden können. Das ist Instinkt. Aber was ist mir unbekannt?
«Na, meine Herrschaften, wie läuft hier die Arbeit. Ich frage überhaupt nicht mehr – Leute! Leute! Mehr Mut! Aber ich weiß, ich weiß, man entmutigt mit solchen Aufforderungen mehr, als ich nütze.»
Groß, hellhäutig, eigentlich viel zu groß, ein Bollwerk an politischem Verständnis für alle seelischen Zwischenbereiche der Zusammenarbeit von Revolutionären für die einsame Freizügigkeit, wirft er sich so kontrolliert, aber zugleich wie verzweifelnd an der Unfähigkeit seiner Mitarbeiter für ich weiß nicht was, auf die fetzige Bettbank und bleibt dort wie ein mächtiger Habicht in blond mit ausgebreiteten Armen auf der Lehne hingeworfen. Er sieht. Was?
«Überhaupt ihr! Ihr! Leute, ihr seid Frauen. Ich glaube, wir brauchen euch. Gerade hier in diesem Arbeitsbereich. Aber keine Verständigung.

Nicht Autorität braucht die Verständigung, Einsicht in unsere politische Sendung – Leute – die Zeit drängt. Unsere Arbeit hier hängt und ich brauche Willen.»
Er hat den Willen zur Macht und er will mich nicht, denn er hat mich gar nicht gesehen. Ich bin hier das erste Mal beschäftigt, und er spricht mit mir über seine Probleme hinweg wie mit einer Gruppe von altbekannten Willensansammlungen zu Erfolglosigkeit und Unterwerfung in die Ausweglosigkeit. Ein Revolutionär – ohne mich – ohne mich.
«Warum kommst du hierher und machst hier Stunk. Hier geht alles seinen Weg. Die Kinder kommen und leben hier, wie sie es eben können, und wir leben, wie wir es können. Was kritisierst du, was redest du über mich, ohne mich zu beachten.»
Er hört das nur von ungefähr, er sieht sie nicht an, die Blonde neben mir. Er hat dergleichen schon oft gehört, er geht nicht ein darauf, sie merkt, sie hat sich dumm verhalten, sie hätte am besten den Mund gehalten. Er hat eine Art, sich mit Angriffen und Verteidigungen nicht mehr abzugeben. Er steht über. Ihm ist seine Größe über. Er sieht beobachtend umher. Er weiß alles, er kennt schon alles, er kann alles, er spricht nicht mehr unsere langsame, umständliche Sprache.
«Nächste Woche wird eine Abordnung vom Rundfunk hier eintreffen. Mädchen, ich weiß – aber wir brauchen diese Brüder. Parteien bedeuten für uns Geld.» Und Geld ist Macht, aber das sagt er nicht mehr.
«Ich schätze jeden Angriff auf mich. Nur zu, das ist gesund. Gesund besonders für Frauen. Getrauen muß man sich gegen Vater und Mutter. Aber bald, Kinder, bald, sonst ist es zu spät. Nur zu, ich bin da, um angegriffen zu werden. Das müßt ihr lernen. Haltet mir hier den Laden zusammen. Ich brauche Personal, das in sich selbst arbeitet. Nur so weiter, nur weiter . . . Glaubst du, daß die Kindergruppe hier gut ist, um erwachsen zu werden?»
«Warst du gut genug als Kind, um so zu sein, wie du jetzt bist?» Und wieder spüre ich sofort, das hätte sie sich sparen können. «Ich war es nicht und ich bin es nicht, laß dir das gesagt sein. Das ist der Kern meiner Ansicht über diese Welt und daran gibt es nichts zu knabbern auch nicht für Frauenspersonen.» Jetzt sagt sie aber nichts mehr. Gott sei Dank.
Ich bin nicht glücklich dabei. Ich fühle mich total beschissen von mir, von dem Typen und von diesem ganzen Brimborium um die Freiheit. Ich fühle mich gefangen in meinem eigenen Stolz. Die Worte sind hier für nichts gut, ich schaue den Mann nur groß an und gebe zu verstehen, daß ich weiß, daß es hier nichts mehr zu sagen gibt. Was weiß ich – was weiß er. Er erhebt sich wieder ruckartig aus seiner geruhsamen Lauerstellung und schwirrt ab.
«Also nur so weiter, Leute, wie ich gesagt habe . . .»

Mit einer verblüffenden, tierischen Instinktsicherheit lenke ich meine Schritte zu dem Erlebnisfeld, das ich suche. Ich habe eine Lehre erhalten – ich suche die Leere – ich bin auf einen ebenso hochmütigen Menschen getroffen, wie ich einer bin. Hochmütige verteidigen gern ihren Dunstkreis, in Angst, einer könnte hier sein Unwesen treiben. Er will nicht, daß sich andere Gerüche mit den seinen vermengen. Er ist hier der Herr des Hofes und er markiert wie die Kater zu bestimmten Zeiten ein bestimmtes Gebiet. Er riecht nach Macht, gerade dort, wo gegen die Macht gekämpft wird, weil man glaubt, sie erkannt zu haben. Ich war knapp daran, mich in den Kampf um die Freiheit verwickeln zu lassen.
«Freiheit ist nichts – der Kampf um sie ist alles», habe ich zu ihm gesagt. Ich habe meine Worte verebben lassen. Ich habe in die Augen dieses Mannes gesehen. Im Kampf würde er mich besiegen. Im Hochmut bleibe ich einsam. Ich habe diese Lehre gesucht, die ich verstehe als die Erlösung vom Kampf. Ich brauche nicht aufzurühren. Wen und was soll ich aufrühren? Zerkochen zu Mus? Manchmal reizt mich jedoch die Aggression, ein blindes Schluchzen in meinem Magen und in der Herzgegend. Manchmal ist mein Instinkt gegen mich gerichtet und ich treffe mich messerscharf in der Hirnrinde.
Und dann stehe ich da – splitternackt, waffenlos und still nach soviel Aufruhr und rauschhafter Habgier. Ich habe diese Lehre gesucht und die Gelegenheit dazu zielsicher angesteuert. Oder nehme ich immer bereitwillig, was kommt? Immer? Nie? Ich bin leer und still, wie erlöst von meiner Blindheit, die mir den Blick nach innen verschleiert. Ist es Instinkt, der mich führt und Intellekt, der mich verstehen läßt? Mich zurechtfinden in dem Schlachtfeld meiner Gefühle?
Gestern ist ein kleiner rothaariger Bub von seinem rothaarigen progressiven jungen Vater in das Kinderhaus gebracht worden. Richard und Alex, ich kenne die beiden, das heißt nur den Vater, ganz flüchtig von früher. Richi war damals noch nicht auf der Welt. Ich kenne auch die Mutter Eva noch von früher. Sie ist auch rothaarig und arbeitet in einer Abtreibungsklinik. Das Ehepaar ist geschieden, doch das Kind kreist noch zwischen ihnen und wird im Röhnrad der Verpflichtungen der Eltern, ihrer Tageseinteilung, immer schubweise weitergetreten. Wenn ich keine Zeit für das Kind habe, mußt du sie haben – wenn du nicht kannst, muß ich. Du hast genauso Schuld an diesem Krebsgeschwür, jetzt hege und pflege es mit mir und stehe dafür ein, auch wenn unser Körper schon lange zerfallen ist.
Rot ist es und traurig. Ich habe das Kind auf einer zerfallenen Mauer sitzen sehen, als es gestern von seinem Vater gebracht wurde, zur Abgabe, zur Paketaufgabe ins Kinderhaus. Dieses Haus allerdings wird unregelmäßig offen oder geschlossen gehalten und es war zu. Jetzt war da ein nervöser junger Vater, den die Last der Verpflichtung drückte, der die Wut

über das Menschenschicksal, daß beim Ficken Nachkommen entstehen können, die man gar nicht will, in sich mühsam zügelte. Das ärgste ist, daß er diesen Fick gar nicht als besonders angenehm in Erinnerung hat. Ich kann das sehen in seiner Unruhe und Ratlosigkeit. Er will weg zu neuen Taten und zu neuem Glück, um wieder einen traurigen Fick anzuzetteln, aus dem neue, traurige Menschen werden. Sein Zusammenbruch ist sein Kind.
Es hockt hier auf der Mauer und läßt den roten Kopf hängen. Er ist das Sinnbild für die Lüge der Eltern, daß sie sich nicht eingestehen können, daß sie Kinder nicht brauchen, daß sie genug haben, daß sie es nicht wollen. In der Hand hält er ein kleines Jutesäckchen mit einem aufgestickten Tannenbäumchen und einen großen roten Plastikfisch. Der Bub ist zu warm angezogen. Er scheint mehr über die Wiese zu schleifen als zu gehen. Der Vater wendet sich von seinem Ansinnen, ihm das kleine Tannenbaumsäckchen zu tragen, das ihm die Mutter mitgegeben hat, wie angeekelt ab. Ich Mann, geh doch nicht mit dem kindischen Säckchen, das dir deine Mutter mitgegeben hat. Ekelhaft, so ein Dingelchen.
Na und? Was jetzt? Jetzt ist das Kinderhaus zu.
Ich? Nein, ich nehme den Richard nicht nach Hause. Ich bin lieber ehrlich. Ich bin kein guter Mensch. Ich bin gerührt über diesen weisen Jammer, der hier sitzt, und respektiere das Wissen über seine aussichtslose Lage, das aus seinen Bernsteinaugen regnet, aber ich falle nicht auf meine Rührung mit Taten herein. Bei mir hat er es nicht besser als allein. Ich sitze ja selbst hier auf der Mauer und schaue meinem Kind zu, wie es verlassen auf der Wiese treibt. Ich gehe meine Trostlosigkeit nicht mit Taten an. Ich lasse sie. Sie ist mir ein neues Lebensgefühl geworden. Die Hoffnungslosigkeit ist wie ein Raum zum Atmen. Kühle, frische Luft wellt sich da. Warte nur, Richard, wenn du in die Schule gehst, wird man dir die Hoffnung schon einbleuen und zugleich mußt du sie ausradieren, denn Falsches darf nicht sein.
Weg damit – weg – weg mit dem Kind. Deine Mama arbeitet noch in der Abtreibungsklinik? Und du sitzt da auf der Mauer, und deinen jungen Unruhevater drängt es zu neuen Ergüssen? Verzwickt, kann ich nur sagen. Richard kramt in seinem Jutesäckchen. Ein Papier mit Broten, ein kleiner zusammengelegter Regenmantel, eine kleine Dose mit orangen Bonbons.
«Magst du eines?»
Wie, du willst mich mit Zucker fangen, weil du siehst, daß sich dein Vater unbemerkt wegschleichen will.
Bitte, bleib du da, laß mich nicht so verdammt selbständig sein müssen, komm, ich gebe dir ein oranges Bonbon. Tu wenigstens so, als wärest du meine Mama, nur ein wenig. Ich habe so genug von der falschen Freizügigkeit meiner jungen, geschiedenen Eltern.

Ich esse eines und rate ihm, den dicken roten Pullover auszuziehen. Wenn der Kopf heiß ist, soll man den Körper lüften. Sebastian sieht sehnsüchtig auf die orangen Bonbons, er bekommt keines, er wird hier nicht gebraucht. Ich kann es mir nicht verkneifen, in eingefleischtem Muttergefühl Richard den abgelegten Pullover umzudrehen, zu falten und in das Säckchen zu stopfen, und dann gehe ich mit Sebastian zum Ausgang des Geländes, bevor sich der Vater völlig verkrümelt hat, so als wäre er wie zufällig aus der Tür des Kindergebietes gestiegen worden. Dieser Vogel, der rote, er soll nur dableiben und warten, bis das Kinderhaus öffnet, oder er soll gehen, einfach gehen, ohne sich in die Hose zu tröpfeln.
Heute ist der nächste Tag. Wir kommen wieder auf die Wiese, wo das Kinderhaus steht. Heute ist es geöffnet. Eine Lautsprecherstimme tönt über das Gelände:
«Der kleine Richard wartet seit gestern abend im Programmbüro auf seine Mama oder seinen Papa!»
Richards gibt es viele . . .
Ich helfe manchmal freiwillig ein wenig im Kinderhaus. Ich richte, wische und räume auf – und da liegt der rote Fisch verlassen in einer Nische. In einer anderen Ecke liegt das Jutesäckchen und daneben das fettige Papier mit den ungegessenen Broten. In einer ganz anderen Ecke finde ich die Zuckerdose. Alle Bonbons sind aufgegessen.
Ich stehe da, mit diesen Sachen. Sie brennen mir ein wenig in den Händen. Sie sind Tatsachen, Klarheiten, Aussagen. Ich hänge mein unbestimmtes Gefühl des Erbarmens und der Verlassenheit, dem Rühren mit mir, mit Sebastian, mit dir, energisch mit dem Jutesäckchen an den rostigen Kleiderständer und den roten Fisch lege ich oben drauf.
Ich weiß, ich bedrücke mein Kind manchmal sehr durch mein überstarkes Gewissen. Ich möchte nicht, daß die Lieblingsfische einmal verlassen sind, von meinem Kind, verloren, liegen gelassen, am Trockenen. Auch Plastikfische haben Seelen. Warmwasserfische – Kaltwasserfische.
Richard, ich hole dich nicht aus dem Programmbüro. Laß es dir mein Bekenntnis zu dir sein, meine Wahrheit, meine klare Stellung zu dir – ich hole dich nicht! Ich brauche dich nicht! Ich will dich nicht. Ich habe genug. An mir hast du nichts und das hast du so auch.
Ich mißtraue diesem Mutterinstinkt, der behüten will und gluckt und beschützt. Es ist kein Verlaß auf mich. Mißtraue mir, sowie deine Eltern einander mißtrauen, aber laß dich nicht von ihnen belügen. Ich sehe dich, wie du seit gestern abend in stillem Trotz auf der Pritschenkante sitzt und den roten Kopf steif nach unten gebeugt hälst. Die erstarrte Freiheit deiner jungen Eltern. Dein Brot habe ich weggeschmissen. Es war total vertrocknet.
Sie geben dir dort schon zu essen. Nur weiß ich, du wirst kaum essen.

Oder sollte ich mir das alles nur so denken? Ich denke, ich bin du und du bist lieber hier als dort und dabei bist du vielleicht gelöster und fröhlicher als sonst. Ich rechne damit, daß ich mich ständig irre.
Ich bin heute so sanft gestimmt und es paßt mir gar nicht unbedingt in den Kram zu erzählen, was ich seit gestern nicht vergessen kann. Ich will glauben, daß Sanftheit mit Brutalität verbunden ist. Sind es Gegensätze? Es gibt nie nur Gegensätzliches. Jedes Gefühl ist immer Bestandteil eines anderen, vieler . . .
Wie ein Blitz zuckt es auf, der Atem – schwer keuchend, die gelblich verwahrlosten Zähne, teils ausgefallen, teils noch Milchzähne, teils angefressen, teils schon Erwachsenenzähne, sind hart zu einem Horngitter zusammengerammt. Ein kleiner, dunkler Bube schwingt eine rostige Eisenstange zielsicher, beinhart auf einen älteren dunklen Buben. Dem Kämpfer ist die dunkle Wollhaube verrutscht, die seinen geschorenen Kopf bedeckt. Die Schädeldecke wird grau und fleckig sichtbar. Er war von Läusen befallen worden. Er keucht mitten im Kinderhaus den Haß eines ganzen Volkes heraus. Er schwingt die Stange gegen seinen eigenen Landsmann, der katzenhaft, den Körper etwas vorgekrümmt, um instinktmäßig seine Eingeweide zu schützen, die schwarzen Augen zu Schlitzen zusammenkneift, behende, abwehrend, sich der ganzen Gefahr bewußt wegspringt wie ein Ball und doch zugleich zu einem Angriff seinerseits bereit bleibt.
Ein kleines Mädchen läßt ein tierhaftes Knurren los und bellt den Namen ihres Bruders, der scheinbar der ältere ist, zum Ansporn und zur Warnung. Ich greife sie an und will sie hinausführen auf den freien Platz. Ich will zerstreuen, frische Luft geben, lockern, diese Ballung der Gefühle. Man weiß nicht mehr, worum es geht, was geschehen ist. Ich habe es nicht gesehen, vielleicht kann ich es auch nicht sehen, ich habe nur einen Biß verspürt an meinem Unterarm.
Alle beißen in dasselbe Fleisch, das muß der Grund sein. Der Grund für diesen Kampf? Dieses dunkelhaarige, fleckige Fleisch, das muß der Anfang zu diesem reißenden Kinderspiel gewesen sein. Die Richtungen vor meinen Augen werden unübersehbar, die Kämpfer, die Schreie und die Lustkreischer, die Tritte, die Schläge, die raubtierhaften Sprünge vom Boden direkt in die Leiber hinein, die sich krümmen. Die Qual der Verachteten türmt sich auf, schwillt an zu blutunterlaufenen Augäpfeln wie Beulen. Innerhalb ihres eigenen Volkes üben sie den Kampf, um sich einmal mit einem plötzlichen Wischer gegen die hellhäutigeren Verachter zu richten, die hier nur herumstehen und ausgeliefert sind der Fessel dieses gewaltigen Spiels.
Ich lasse das Mädchen los. Ich fühle, sie ist steif vor Wut, und ich gleite an ihr ab mit meinem schwächlichen Versuch, beruhigen zu wollen. Sie ist gebannt von dem Haß und der Liebe zur Gewalt. Es kämpft Sippe gegen

Sippe. Unterprivilegierte gegen Unterprivilegierte. Verachtete gegen Verachtete. Sie schmieden den Kampf, sie schulen einander in der Brutalität. Blitzartig dreht der Kleine mit der lächerlichen Haube seine Stange. Jetzt steht der Gegner neben ihm, und jetzt richten sich die Hasser gegen die Sanften, die hier blaß stehen und noch blässer werden. Die Hornzahnreihe des Kleinen öffnet sich etwas zu einem hämischen Grinsen, und das Mädchen löst ihre Starre zur Wendung gegen mich und ich kenne mich aus. Ein anderer will ein anderer bleiben. Er will sein Anderssein geachtet fühlen und nicht als Gleichberechtigt behandelt werden. Er will sich sein Recht erkämpfen und es nicht injiziert bekommen, nicht bewilligt werden, sondern selbst wollen.
Eine harte drahtige Frau kreischt über den Platz, wo der blinde Haß im Verharren hängt. Sie ergreift eine Holzlatte, an der Nägel herausstehen, und schwingt sie mit Kreischen gegen ihre Kinder. Sie holt sie zusammen. So kann sie es. Und einer, der steht vor ihr in Angriffshaltung – er will seine Gestalt an den Bauch seiner Mutter werfen, vom Stand weg, aber er tut es nicht. Sie steht mit erhobener Latte, den einen Nagel nach unten gerichtet – das Kind zum Wurf seines Körpers bereit – sie sehen einander einen verhaltenen Schrei lang an und dann fällt die Kraft schlapp zusammen. Die Kinder strömen vom Platz. Ein plärrendes, schmutziges Baby wird von der Schwester aufgeklaubt, während sie noch einen Schlag mit der Latte über die Schienbeine bekommt.
Sie hält das Baby fest, geweint wird hier nicht. Es ist nur der Tagesablauf, der hier abrollt.
Ein junges Mädchen hier im Kinderhaus ereifert sich: «Das ist nicht so einfach, was du aufbaust wird zerstört. Trenne einmal die Interessen der größeren Kinder von den Bedürfnissen der kleinen!»
Sie ist beleidigt, wie persönlich getroffen, daß ein Besucher ihr vorschlug, jedem zu geben und zu zeigen, was er will. Ich finde das ja auch als einen reichlich blassen Vorschlag mitten in der Wirrsal der Willensfindungen, die hier gefährlich durcheinanderpreschen, wie Speere von ungeübten Werfern.
Aber eigentlich weiß ich, sie ist nicht erbost über das unsinnige Ansinnen des Besuchers, sondern über meine Feststellung: «Es ist alles in Ordnung, es ist so, wie es eben erscheint, das zu sehen ist klar. Klar ist, was man sehen kann.»
Sie will nicht, daß es klar sein soll. Das Chaos ist nicht klar, denn dann wäre sie es auch und ich auch und nichts wäre, nichts würde zu erhoffen sein.
Sie ist noch sehr jung. Sie steht da in einem auffallend schlampig gerafften Overall. Er soll sorglos aussehen, aber sie sorgt sich sehr um seinen saloppen Sitz, um seine bunten Flicken an den Knien, und sie sorgt sich um den

Riß, der absichtlich gepflegt wird am linken Schenkel. Sie hält ein Brot zusammengeballt wie Kitt in der Hand und drückt es und drückt es. Knetet es. Auch Sebastian macht gern «Brotklöße» und er ißt sie. Und sie ißt auch und knetet und pampft und knetet und spricht beleidigt. Sie ist so versunken in ihrer Tätigkeit. Sie bohrt sich in die Beleidigung wie in das Brot. Sie nagt – mein Gott, sie wird zunehmen, wenn sie vergißt, daß sie soviel Brot gestopft hat aus ohnmächtiger Beleidigung, weil alles in Ordnung sein soll, weil noch nicht Ordnung sein darf. Sie will das nicht. Ob sie es in Ordnung findet, wenn sie dick wird? Ich fände es gern in der Ordnung. Warum nicht? Aber auch ich kann mich mit diesem Gedanken nicht ganz anfreunden, soweit er mich betrifft. Und jetzt weiß ich auch, wieso sie beleidigt ist und ich sie auch wirklich beleidigt habe. Ich habe sie angelogen. Ich habe gesagt, alles ist in Ordnung. Ist «sich mit etwas nicht anfreunden zu können» auch in Ordnung?
Zeitvertreib. Essen zum Zeitvertreib – hasten zum Zeitvertreib – Uhren erzeugen zum Zeitvertreib – Bücher schreiben zum Zeitvertreib – lesen. Was soll da nicht in Ordnung sein? Die Zeit? Sebastian hat eine alte Armbanduhr, die repariert er gern mit einem kleinen Schraubenzieher. Rädchen heraus und Rädchen hinein. Zahnräder, glatte Räder. Oft greift das Leben nicht. Oft greift das Zeitrad nicht in das Leben. Da läuft es leer. Oft Tage, oft Wochen, Jahre oft. Da merkt man nichts, da spürt man nichts, da hört man nichts. Eine leere Uhr, sie läuft blind, da sieht man nichts. Es greift nicht. Man denkt, es sollte, aber es greift nicht. Die Uhr läuft ab und ab, aber sie greift nichts auf, greift nicht ein. Unbegreiflich ist es mir, wie die Zeit vergeht, wie schnell mein Leben geht, dabei dehnt sich jede Minute aus wie Gummi. Kaugummi. Ich esse die Minuten zum Zeitvertreib. Ich sollte lieber Brot essen. Ob ich dann dick und rund werde. Gleichgültig und satt wie Buddha unter dem Baum?
Buddha war nicht durch die Sättigung mit Brot ruhig. Der hat das Leben gegessen, hartes Brot. Seinen ganzen Leib hat er gegessen. Er war satt. Er hat es eigentlich satt gehabt, aber er hat gewollt, was übergeblieben ist. Nichts – ist übergeblieben, nur er in seiner Formation des Nichts. Er war es. Er war in Ordnung.
Die Sprache – meine Hand der Gedanken, die Blumen pflückt und bindet zu einem lockeren Zerfallen des Zusammenhalts.
Ein kleiner Bursche hat einem jungen Mädchen, das sich als seine Erzieherin aufspielen wollte, die Bluse aufgerissen und den Rockbund zerfetzt. Da sitzt er, er, der Anführer seiner Bande. Er ist der Reißer, und er wird als solcher geachtet. Ihm hängt man an und ihm dient man. Er bestimmt die Lautstärke und die Rißkraft seiner Vorstöße in das Gelände der Autorität. Triumph ist sein Lachen und sein Spott ist drohend.
«Wir sollten aber doch einmal hier ein wenig aufräumen!» So hatte es sich

das progressive, antiautoritär erziehende Mädchen vorgestellt. Der Reißer zündet sich langsam eine Zigarette an. Er ist nicht älter als vielleicht dreizehn Jahre und meinte: «Ja, man sollte hier einmal ein wenig Ordnung machen, damit man sich hier auskennt.»
Bedächtig steht er jetzt auf, während er seinen Zigarettenstumpf auf den Boden schmeißt und zertritt. In derselben Bewegung macht er einen zielsicheren Armwischer und fegt die Tongefäße, Figuren und Formen, die die kleineren Kinder mit liebevoller Begeisterung geknetet haben, kräftig von der Stellage.
Die junge Frau darf nichts sagen, sie muß kalt bleiben und verstehen. Sie will aber scheinbar so verstehen, als wäre die Tat des Bürschchens eine Werbung an sie gewesen, und sie ist eher erhitzt als abgekühlt. Sie biedert sich an und verwickelt sich in ein Gespräch über dürfen und nicht dürfen, über Rücksicht und solche Begriffe. Der Bursche saugt nur an seiner neuen Zigarette und lacht. Seine Freunde lachen natürlich auch. Über Begriffsbestimmungen eines jungen Blutes lachen diese Burschen und erregen einander durch Anzünden ihres Mutes. Die Fackeln schwingen die Brände einander zu und der Führer nimmt die junge, antiautoritäre Tante ganz brutal, aber wie sanft von hinten, hebt sie seicht hoch und wirft sie einem anderen auf den Schoß.
Was tun? Was tun. Es ist ja nichts dabei, aber wo die Grenzen finden? Wo ist hier eine Grenze, die hält. Ein Halt, der sichtbar wird. Wo ist die Kraft, die schützt, vor soviel Blamage und Verwirrung?
Ich stehe und sehe es, ich kann nicht helfen, ich kann mich nicht einmischen. Ich habe auch niemanden gefordert, indem ich ihn zum Aufräumen anhielt. Ich habe die Geschlossenheit dieser Gruppe als feste Form gesehen und keine Lücke festgestellt, durch die ich mich hätte einschleichen können. Ich bin nicht autoritär oder antiautoritär, ich mische mich nicht ein, ich suche nicht die Auseinandersetzung mit meiner Kindheit, indem ich andere Kinder erziehen will. (Papier ist geduldiger.)
Das Mädchen hebt seine Stimme zwischen Kichern, zwischen gebrochenem Befehlston und zwischen Angstschwingungen. Der Riß in der Bluse ist aber lauter. Eine lockere, gestickte, indische Bluse hängt über die rechte Schulter herunter. Lachen, Gröhlen, Zerren, eine brennende Zigarette fällt einem Burschen auf die Hose, er springt auf, er ist gebrannt, das flekkige Tischtuch rutscht ganz vom Tisch herunter. Die kleineren Kinder stehen und bestaunen dieses Kasperltheater. Ich würde vielleicht auch ganz gern ungeniert hinstarren, aber mir hängt die Bedrängnis des Mädchens so zwischen den Augen. Sie steht dort als Pein-lich-keit und ich wende mich ein wenig ab und tue Unbedeutendes, um die schwüle Ballung zu verharmlosen, die sich dort bedrohlich aufbraut. Jetzt ist er ganz aufgerissen, der Rockbund. Der Knopf ist abgerissen vom Hosenrock

und der Reißer ist irgendwie befriedigt. Das Mädchen erhebt sich. Weint sie? Kichert sie? Ist sie auch befriedigt?
Nein, sie ist verwirrt. Aber es war ja nichts.
«Die Grenzen sind so schwer zu finden.» Sagt sie mir ein wenig erhitzt und in der Stimme bebend.
«Man soll sich mit ihnen beschäftigen, aber sie dürfen dich nicht aussaugen. Die Grenzen zwischen dürfen und nicht dürfen . . .» Die Grenzen zwischen verbieten und gestatten, die Grenzen zwischen lassen und sich gehenlassen, die Grenze zwischen Erwachsenem und Kind, die Grenze zwischen mir und dir, die Grenze zwischen Penis und Scheide. Hast du die schon einmal überschritten . . .
Paßkontrolle – keine Zigaretten, kein Alkohol, kein Rauschgift – kein Schmuggel bitte! Kontrolle! Kontrolle!
Ich stehe auf der verkommenen Wiese vor dem Kinderhaus am Fabrikgelände. Die Kinder sind alle zum Zirkus auf der anderen Seite gezogen und ich bin allein. Ein kleiner nervöser Mann, noch gar nicht alt, aber trotzdem jugendlich herausgeputzt, trippelt mit kleinen Schritten, von äußerstem Widerwillen beklemmt, unsicher auf mich zu. Er trägt ein Handtäschchen und ein saloppes Lederjäckchen. Er wirkt so klein und fehl am Platz. Ich glaube, er muß brechen. Er hält sich so vor dem Ausbruch. Ich wüßte nicht, was dieses Männchen explodieren sollte. Er zündet sich umständlich, aber hastig eine Zigarette an und kommt endgültig zu mir her. Er hat keine hohe Stimme:
«Kennen sie vielleicht hier ein sechzehnjähriges Mädchen, im schwarzen Overall, es ist meine Tochter. Sie ist seit voriger Woche abgängig!»
Er schaut mich an und ist erstaunt, daß ich Ohren habe. Er hat Angst, ich könnte ein unberechenbarer Narr sein, der seine Tochter verspeist hat.
Na, spuck es heraus, denke ich mir. Ich weiß doch, daß diese Sechzehnjährige nicht deine Tochter ist, sondern deine Freundin war, die mit einem jungen flotten Typen abgeschwirrt ist. Aber er lügt weiter, fast weinerlich:
«Ich habe ihr das Lyzeum bezahlt, sie könnte mit mir tolle Reisen machen, auf die Bahamas, nach Spanien, sie hat jede Freiheit gehabt.» (Nur mußte sie mich als einzigen Mann akzeptieren.)
Nein, mein lieber kleiner Mann, deine Sechzehnjährige haust lieber hier bei den Schweinen als auf den Bahamas bei den Auerochsen. Mir ist diese Geschichte um Kilometer zu verschoben, als daß ich mich irgendwie in sie verwirklichen ließe. Sie kommt mir so lächerlich selbstverständlich vor. Ich ginge als Sechzehnjährige auch nicht ins Lyzeum, aber ich wäre auch nicht die geliebte Tochter dieses Mannes geworden und würde auch nicht als ungeliebte Freie hier am Gelände hausen.
«Ich kann ihnen da leider nicht helfen.» Warten sie zu Hause auf bessere

geliebte Töchter. Und ziehen sie doch dieses lächerliche Lederjäckchen aus und schmeißen sie doch dieses Täschchen ins Kraut. Mich wundert es nicht, daß ihnen das gute Kind davongerannt ist. Weinen sie nicht hier herum. Gehen sie, gehen sie endlich.
Dort hinten in der Halle habe ich heute ein junges Pärchen herumschwirren sehen. So unausgegorene Wankelfiguren. Das Mädchen im Overall, etwa sechzehn, er auch nicht anders. Aber das sage ich dem Mann nicht, ich fühle mich für solche Jämmerlichkeiten des Lebens nicht zuständig, ich wehre sie ab, ich bin angewidert davon, weil ich mich in Kleinlichkeiten selbst anwidere.
Dort geht das Männchen und raucht. Diese Geschichte ist mit soviel Lügen gewebt und jetzt zappeln alle in dem Netz und dort drüben geht das Mädchen und raucht und die beiden treffen einander nicht.
Macht ist immer die, die etwas macht. Die will verändern, die will erklären, die will erkennen, die will roden und zurechtstutzen, abhacken und wegschaffen. Macht – Macht, mach doch nicht immer so eine schlappe Gestalt, halte dich gerade, du Jammerlappen. Ich pumpe mich auf, bläh, bläh, ich habe schon einen ganz geschwollenen Bauch. Fehlernährung? Schwanger? Oder Macht?
Machthungrig, ja machthungrig bin ich. Ich ernähre mich durch Befehlsgewalt und Größe über dich, mein Kind, wie sollte ich sonst aushalten können, wie sollte ich meine Stellung halten können in diesem Getümmel.
Aber ich habe auch Macht über mich. Mein Gott, mit meinem Zepter wühle ich in meinem Gedankenmistkübel, um ein paar glänzende Brokken zu fischen. Macht ist schlüpfrig und kantig, glatt und widerhakig. Sie ist so klein, aber so aufgepumpt. Das Nichts hat sich zu Etwas aufgepumpt. Die Luftblase trägt mich hoch. Über dir stehe ich, kleiner Mensch, und ich bin viel stärker als du. Schlage mich, ich werde es nicht spüren. Denke dir etwas aus, was du gegen mich unternehmen könntest, ich werde jede deiner Aktionen vorher durchschauen und im Keim erstikken. Trau dich, trau dich, etwas gegen meinen Willen zu tun, und du wirst etwas erleben.
Mit dem Messer, Kind, stehe einmal vor mir, mit dem langen Küchenmesser und sage nichts, sondern halte es so, daß ich sehen kann, wenn ich noch einmal etwas besser weiß, dann rennst du es mir in den Bauch. Dort stehst du, dort ist deine Stichhöhe. Der Bauch, so dem Unterleib zu, dort würdest du treffen und in Wehen würde der Unterleib brennen, und das warme Blut müßte ausquellen und meine Macht würde dicklich rot ausrinnen und dann – und dann?
Hättest du sie dann, die Macht? Über wen? Über mich? Über dich? Aber so soll es ja nicht funktionieren.

Weg mit der Macht. Aber wohin mit ihr? Ich bemächtige mich deiner, ich bemächtige mich deines Gehirns. Dieser weichen Frucht, und ich wühle darin, ich mache eine Ordnung, die meine sein soll, mit meiner übereinstimmen soll, um daß ich dich in meinen Ehr-geiz einpassen kann. Ich töte dich, damit ich nicht durch dich gestört sei, ich fresse dich auf, ich benütze dich, um mich aufzublasen zur Macht über die Sinnlosigkeit meines Menschendaseins.

Wir machen etwas daraus, wir beide, wir stellen uns gegen die Gesellschaft, wir machen etwas aus diesem Leben. Wir machen, wir machen. Kind, hole das Messer und schneide mir ein Stück Brot ab, ich habe Hunger. Schreiben macht Hunger. Ich bin schon ganz aufgeblasen vor lauter Anerkennung meiner Gedanken, ich möchte mich bemächtigen der Gedanken des Lesers.

Leser! Messer her! Schneide die frischen Seiten auf. Lese, lese, aber bitte sage nicht: «Ich mag dich nicht.» Merkst du nicht, wie ich um deine Liebe und Anerkennung werbe? Wenn ich Liebe und Anerkennung bekomme, brauche ich nicht mächtig zu werden, mich nicht vergrößern und erweitern über Gebiete, über Menschen, über Völker, über Länder, über Heerscharen, über die Soldaten mit ihren Messern. Mit dem Küchenmesser in der Küche gegen die Mutter. Jeder gegen die Mutter, auf daß sie endlich einmal Angst vor dem Kind haben soll. Solche Angst wie das Kind vor der Mutter oder dem großen Vater oder dem Lehrer oder dem Kaiser hat, so sollt ihr einmal von jemandem bedroht werden, der nicht das Gesetz des Größenverhältnisses der Erwartung in den bekannten Denkregeln erfüllt. Überrascht sollt ihr einmal sein, überrascht, daß es anders funktioniert. Da steht der kleine Mensch, und ich habe Angst vor ihm. Er ist nicht in die zu erwartenden Vernunftsregeln eingepaßt, er ist unberechenbar, er ist kein Verbrecher, sondern ein neuer, frischer Geist. Die Alten erziehen die Verbrecher, die Eingefleischten, Vernünftigen, die Standhalter, die Erhalter, Erzeuger der Büstenhalter, was soll da denn noch halten? Es ist schon lange alles gefallen.

Komm, steh auf und wein nicht, ein Pflaster und du siehst es nicht mehr. Dann kannst du mit deiner Wunde Mitleid heischen. Mein Kind pickt sich auch gern Pflaster auf, dort, wo gar keine Wunde zu schützen ist.

Die Macht ist diese Bewegung, die ich antrete, um gegen meine Schwächen anzukämpfen. Und wo bin ich schwach? Wann bin ich schwach? An welcher Regel orientiert sich mein schwach oder nicht schwach. Ich fühle mich heute so schwach. Schwäche? – Sei nicht so ein Lappen, rühre dich, auf, auf, hab acht! Kraft bei Fuß! Und vorwärts, marsch.

Mir hängt die Zunge heraus, der Bleistift hängt mir in den Fingern. Das Kind schreibt schon wieder wir mit ie, und ich habe keine Macht, ihm das auszutreiben. Was mach ich nur. Es ist ein Jammer. Ich vertraue nicht

mehr auf meine Macht. Ich benütze sie für mich, aber ich habe kein Vertrauen zu ihrem Funktionieren. Nicht mit Macht halte ich dich von der Schule. Mein Bekenntnis zur Schwäche, mein Bekenntnis zum Zusammenbruch, mein Bekenntnis zur Lösung des Entwicklungsknäuels unseres Lebensspiels ist es, das mich dich von der Schule erlösen läßt. Nicht um einen Kampf zu gewinnen, nicht um einen anderen zu machen, nicht um den Kampf auszuschalten, nicht um mich zu ergeben, nicht um mich zu erheben, nicht um mich zu erhalten, nicht um etwas zu halten.
Nicht halten, nichts machen, lassen, sein lassen. So wie es ist. Jetzt, immer – schon immer.
Es ist gut so und in Ordnung in der Bewegung des Kerns, der nichts erhält. Nichts. Für dieses Nichts sollst du in dem Gebäude sitzen müssen, vor einer jungen, freien Lehrperson, die jetzt moderne Geräte aus Plastik, Wegwerfgeräte, benützt, um die Kinder auf die Finger zu hauen. 1× gehaut, weggeworfen! Steril, sauber und keimfrei. Ich habe noch den alten Kochlöffel in meiner Schürzentasche. Manchmal fährt er mir heraus. Aber ich habe meistens gar keine Schürze um. Ich koche nicht immer. Dann bin ich nackt und bloß und wenn du dann das Küchenmesser nimmst, mein Kind, hast du es leicht. Ich habe keine Waffen, ich bin leer.
Tu mir nicht weh, ich bin auch nur ein Mensch wie du einer bist. Sehnsüchtig, lustig, wehmütig, still, gereizt und begeistert. Das braucht man nicht zu lernen, das kann jeder von selbst. Und gut so.
Heute morgen ist der Abend von gestern mittag und mein Geburtstag ist die Nacht meines und deines Lebens. Du schläfst noch, und ich habe schon Geschichtentag. Du wirst aufwachen und wir werden uns schon kennen. Überraschungen kann man sich nicht basteln. Sei lieb, und habe gut geträumt. Heute ist Geschichtentag, weil es regnet. Heute verkriechen wir uns hinter dem Vorhang. Oder willst du naß werden? Dich lockt der Regen hinaus, ich kenne dich. Du kannst ja gehen, wenn dir kalt wird, komm wieder, daß du nicht krank wirst. Aber du wirst nicht daran denken hinauszugehen, denn du hast bereits gelernt, daß man bei Regen in der Wohnung bleibt. Auch ohne Schule tust du blind, was üblich ist. Du bist bereits unter die Räder geraten, unter die Steinzeiträder des Kinderwagens von übermorgen. Der Wagen, auf dem dein Sarg ruht, hat Gummiräder, damit der Tote nicht so stark unter den Erschütterungen zu leiden hat.
Verzeih mir, daß ich nicht weiß, was ich will. Ich habe es nie gewußt. Ich bin nicht gefragt worden, ob ich auf diese Welt will. Mit Willen ist hier schlecht zurechtzukommen. Recht kommen. Komme ich zurecht? Verzeih mir, daß ich so wenig begeistert bin. So wenig begeistert von dir oder von mir. Ich war nie anders. Nur früher wurde mir vorgeschrieben, was ich zu wollen hätte, daher bin ich nie auf der Hängebrücke gestanden.

Verzeih mir, daß ich manchmal mit meinem Hängen nicht umgehen kann und dich so mithängen lasse in der Sicherung, ob ich dich will oder nicht, mich, uns, mir, dir folge, befehle, vertraue, hoffe, liebe, leide, lebe. Verzeih mir nie, daß ich mich nicht entscheiden muß, ob ich dieses Leben will oder nicht will. Verzeih mir nie, daß ich nicht wählen kann und es nicht muß. Zeihe mich des Schicksals, ein Mensch zu sein.
Das Kind, das möchte ich dich lehren: Ich möchte es dir nicht einflößen mit der Flasche, nicht einprügeln mit dem Kochlöffel, nicht einsagen vor den Augen des Lehrers, aber ich möchte es dich finden lassen, dieses Gefühl, für dich zu sein. Dich für deine Sehnsucht zu begeistern. Diese Sucht zu spüren, vorsichtig, aber präzise mit ihr zu leben. Du sollst nicht abgeben müssen, dein Leben an einen anderen. Bitte auch nicht an mich. Prickeln – ein Mensch zu werden. Ich weiß, du spürst nichts, das heißt ich weiß, du weißt es nicht, du denkst nicht darüber nach, du zweifelst nicht daran – du bist es!
Ja, wenn das so ist. Jetzt bist du es, und jetzt soll ich dich die Schulbank drücken lassen, um daß du lernst, wer du bist? Der Stoff ist so zuklüftet, daß du es am Ende nicht mehr weißt. Zerfranst bist du, in Fetzen hängt dir dein Lebensgefühl vom Leib, weil du studiert hast, die Weisheiten der anderen, die keine ist, sondern nur als Vorwand benützt werden von den Suchern, die das Suchen aufgegeben haben. Sie lassen ihre Resignation vor sich und dem Leben in Form von Lehren auf dich prasseln und du mußt gut sein im Merken ihrer Resignationsformeln.
Wie? Ich darf dich der Auseinandersetzung mit der Realität nicht entziehen? Ich nütze dir damit nicht? Du mußt mit den Gegebenheiten kämpfen lernen, die jetzige Kampfmethode beherrschen, damit du dich einmal eingefügt hast, und dann kannst du dich auch gegen etwas stellen, dann darfst du sortieren und fallenlassen, vergessen deine Kampfwunden, dann darfst du dich erheben von dem Operationstisch der Geburt.
Ein Schlachthof, ein Schlachthof ist es. Da hängst du für den Rest deines Lebens zum Ausbluten, nachdem du bei den Schlächtern gelernt hast, den aussichtslosen Kampf zu verlieren. Da hängst du dann – und dann sollst du dich erheben? Dich fassen? Für dich leben und strecken?
Schau mich an, wie verbissen ich die Freiheit angehe. Sie hängt oft so ausgeronnen vor mir und ich hänge so ausgetrocknet hinter ihr und wir leben noch immer und wollen zueinander, so als gäbe es da ein Aufleuchten des Taues, eine neue saftige Liebe im frischen Gras, ein Einkehren in die Sehnsucht, ein Gehirn und einen Körper.
Es gibt – es gibt die Vorstellung – die Bewegung ist das Wort. Im Anfang war das Wort. Ich habe es. Ich habe hier derer so viele. Sie beschreiben diese Energie, die ich esse, mit der ich für mich spiele, mit mir spiele das Spiel der Schwermut und Leichtigkeit, der Einsamkeit und der Komik des

Kampfes, der Klarheit, der Macht und der Leere.
Und jetzt gehst du nun einmal mit mir. Lassen wir es so sein. Es könnte sein, daß du dich gegen mich stellst und gerade nicht machst, was ich sein möchte. Laß mich, ich bin schon selbst, was ich bin, ich brauche dich nicht, lasse dich nicht von mir benützen, rühre dich, spüre deinen Willen. Wie Kristalle, bunte Kristallkugeln liegt es in deinem Kopf. Sie reflektieren deine Energie, deine Lichter, dein Muster, dein Leben. Dein Gesicht. Siehst du dieses Auge, es ist deines. Bitte, schau hinein und kneife es nicht zu. Kneife nicht aus, Kind. Nicht in die Schule gehen erspart dir nichts. Nichts will ich dir ersparen. Vor allem nicht das Gefühl zu spüren, daß du dir nichts ersparen kannst, um es für später wegzulegen. Später wird in anderer Währung bezahlt und dein Besitz ist ungültig. Nichts, nichts, du sollst fallen wie jeder, aber bitte gleich. Mach nicht diesen zermürbenden Umweg über die Brücke, die in der Luft hängt. Mach ihn auch, aber suche dir diese Brücke selbst, baue sie dir selbst, finde sie selbst, dann kannst du vielleicht den Ort erkennen, auf den du fällst wie die Gold- oder die Pechmarie auf die Wiese.
Den Sturz ins Leere, den will ich dich lehren, aber das kann man nicht lernen. Will ich dich stoßen? Ein Mutsprung, reiß die Augen auf – flieg! Glaube nie daran, daß du nicht fliegen könntest, laß es dir nicht einreden, von niemandem. Ich kann dich nichts lehren, ich kann dich nur spüren lassen, wie ich verlerne. Merkst du es, wie ich mich verbissen bemühe, den Kampf zu verlernen, den man mich in den Schulen gelehrt hat. Den mich meine Mutter und meine Zeituhr gelehrt hat. Jetzt kämpfe ich gegen den Kampf. Ich bewege mich immer im gleichen Takt, wie ein wahnsinniger Elefant im Gehege. Ich weiß nicht, wo ich meine Waffen verstecken soll, auf daß mir die anderen Glauben schenken, daß ich nicht gegen sie kämpfen will.
Verstecke nichts, sei deine Lanze und renne. Renne und stütze dich auf die Spitze und schwinge dich hoch mit der Lanze und fliege, fliege über die Brücke. Mein Gott, mein Kind, was ich immer für Bilder für dich sticke, auf diese alte Sackleinwand, ich tue es so gern. Laß mich, und denke nicht darüber nach, aber vielleicht spürst du an meiner Energie, mit der du mich schreiben siehst, warum und was und woher und wie ich es dir meine. Du brauchst nicht zu lesen, was da steht, sondern achte, wie ich es mache und fühle, wie es mich erfüllt. Sieh mich an, und du wirst dir nie mehr weismachen lassen können, daß es die Erfüllung der Träume und Sehnsüchte nicht gibt. Das Maß eines Menschenwesens kann voll werden und muß nicht immer unter dem Mangel, ein Mensch zu sein, leiden.
Es gelingt, es ist gelungen, es bricht, es zerfällt im Aufbau, es geht und kommt, es wechselt. Und da steige ein. Den mache mit. Mache mit mir mit – ich lade dich ein dazu. Aber gib acht, meine Party ist konventionslos. Sei nicht sicher meiner Unterstützung. Ich werde deine Kleidung

nicht loben, wenn sie mir nicht gefällt. Ich bin kein gelernter Gastgeber. Ich bin ein Eremit zwischen ausharren und fliehen.
So ziehe ich meiner Einsamkeit zu, nicht um dich zu kränken und dir zu sagen, ich brauche dich nicht mehr. Aus Liebe zur Liebe, zur Entdekkung meiner Liebe. In der Kühle der Gipfel klingt jeder Herzschlag nach. Ein Echo meiner Stille. Ich höre – ich bin – ich bin mir klar und da frage ich nicht, da rufe ich dich nicht, da brauche ich dich nicht, um mich auf dich zu stützen und dich als Vorwand für mein Leben zu benützen. Ich brauche dich nicht als Spiegel, um zu sehen, daß ich da bin. Ich frage nicht, ob ich bin. Zu sein, oder nicht zu sein, ist keine Frage. Worte, Worte, wie meine Worte. Sein fragt nicht, bin ich, so frage ich nicht, wo ich geblieben bin. Wo bist du? Ihr Babies, ihr schaut ja beide ein, das kann nicht gutgehen. Wer ist hier der Zuschauer? Ihr braucht keine Zuschauer beim Versteckenspiel, aber ich sehe ohne einzuschauen. 1 – 2 – 3 – abgepaßt. Ich sitze hier im Gras meine Einsamkeit ab. 1 – 2 – 3 – aufgepaßt. Ich nehme die Leere an, nehme die Arbeit an. Ich vertreibe mir die Zeit mit Buchstabenspielen. Ich bin so begeistert davon wie ihr vom Versteckenspiel.
Ich habe dreimal die Einsamkeit geübt. Ich habe fünfmal die Wut verdroschen. Ich habe zehnmal der Angst die Hose heruntergezogen. Ich bereue, ich bereue . . .
Nichts.
Geistiges, das ist nicht Ersatz für das Sinnliche. So einfach liegt die Sache wieder nicht. So schnell legt sich die Dame nicht lang und macht die Beine breit, mein Lieber. Ich habe im Lauf meines Lebens mir einen 7. Sinn erobert. Für mich und für dich und unsere Bewegung zueinander. Das Denken – Denken ist nicht Ersatz für das Ficken. So einfach liegt die Dame wieder nicht. Beim Schreiben sitze ich am liebsten. Ruhe durch Ermüdung des Gehirns – Ruhe durch Ermüdung des Körpers? Ruhe durch? Ruhe nicht als Folge von etwas, Ruhe ist nichts, Ruhe in der Hoffnung auf morgen, Ruhe in der Erinnerung an gestern. Jetzt ist Ruhe, jetzt ist die Leere erfüllt, jetzt hat sich die Fülle entleert; es entspannt sich, es ruht, es, es, das Hirn, das wie meine Muskel bewegt und verwendet werden will. Mein Hirn unterscheidet Ruhe und Unruhe, angenehm und unangenehm, Lust und Unlust. Alles gleich, gleich gültig, gleichermaßen ausgedacht. Mein Hirn will das, was es sich erdacht hat, auch verwenden. Die Namen, die es gefunden hat für sich selbst, auch geben, rufen, raunen und sprechen. Der 7. Sinn. Siebensinn. Sieben – sieben – Hirngold aussieben.
Besetzen – besitzen – besessen. Ich bin besessen vom Besitzen. Ich besetze das Vorhandene für die Frage. Warum will ich besitzen? Was will ich besitzen? Meine Ruhe? Mein Leben? Meinen Tod? Mich jetzt? Macht –

Macht, die Besessenheit nach Macht über das Leben und den Tod, die macht unruhig. Ich traue dem Frieden nicht. Ich stütze mich nicht auf meine schwindeligen, windigen Erkenntnisse. Ich bin nicht satt, ich traue mir nicht, ich halte an und zwinkere dir zu mit einem Auge und dem rechten Nasenflügel, dem linken Ohrläppchen und dem mittleren Gleichgewichtsknöchelchen und dem vordersten Geschmacksbecher. Ich taste mich über mein weißes Blatt, und Spuren werden. Ich bin so ehrlich, so verdammt ehrlich, wie ich nur lügen kann. Ich traue mir nicht.
Sei sachlich! Sei fesselnd! Bleibe im Bereich der Möglichkeiten!
Bitte, ich kann nicht anders. Bitte, glaubt mir, ich lebe so. So einfach bin ich? Mir rauscht das Hirn vor Bemühen, das zu geben, was ich kann. Anders ist es nicht. Sollte ich noch immer dem Traum nachhängen, jemand wollte mich verstehen? Jemand liest gern meine Wahrheiten und versteht, daß es auch Lügen sind und weiß, wie wahr ich lüge? Ich habe alles erlebt, so wahr ich meine Seele hier zu Markte trage. Bücher schreiben ist Prostitution, du spürst es, denn warum sollte dich meine Seele berühren.
Laß es einmal zu. Ich bitte dich! Lege mich nicht weg und sage, langweilig, immer dasselbe, mühsam, ich weiß schon, was kommt und wie es ausgeht . . . Es geht überhaupt nicht aus.
Drehe das Buch um – komm, nimm es so, daß die Buchstaben auf dem Kopf stehen und lasse die Augen blicklos, richtungslos, aber wach auf dem Buchstabenbild liegen – zwinkere eher nicht, sondern laß es schwimmen – die Gedanken hängen sich nicht fest – sie schweben – schweben – laß die Hände locker, die das Buch halten und dann drehe es wieder um – hänge nicht an dem Gedanken, ob du es vielleicht wirklich hättest tun können. Ich habe es getan.
Jetzt?
Tu nicht immer so, als wärest du anders, als hättest du den Traum mit dem Löffel gegessen. Kochrezepte schreib auf, Wohnungspläne zeichne, Fahrtausweise stelle aus.
Nein, das tue ich nicht, denn ich strebe nicht an, daß es alle Menschen so wie ich machen sollen, denn das hieße ja, daß ich mich klüger fühlte, phantasievoller, daß ich beherrschen will, daß ich hochmütig bin. Ja, ich bin hochmütig – das bin ich. Das muß ich gestehen. Dazu stehe ich.
Ich habe so lang warten müssen, um nichts mehr zu bedauern, nichts mehr, mich nicht und niemanden zu bedauern. Habe ich so lang warten müssen, um mit meinen Taten einverstanden zu sein, bevor ich sie noch tue . . .
Bin ich nicht schon immer mir entgegengekommen in der Geradlinigkeit meiner Bewegung zu mir selbst? Da komme ich, da bin ich, so habe ich mich entschieden, so erkenne ich mich wieder – gebrannt von der Wanderung über den Lichterbogen – meine Form, mein Wesen, meine Art –

meine Art heißt Mensch – nach Menschenart, so wie es seine Art hat. Hast du die Pferdeart?

Apfelschimmel neben mir in der Koppel. Du gehst neben mir her. Wir haben ein Gestüt entdeckt, einen Vierkanthof, rundherum Wiese, eingezäunt mit Holzbrettern. Nicht direkt vernagelt, nur eben abgesperrt, daß die Rösser nicht davonrennen. Mit fliegenden Mähnen über das weite ebene Land. Weithin sichtbar sind die freien Pferde. Sie schwingen ihre mächtigen Leiber in stehendem Flug über die Weite. Eben nach Pferdeart. Seine Art heißt Pferd – seine Form ist Pferd. Sein Instinkt ist sein Intellekt. Sein Intellekt ist sein Instinkt. Seine gespannte Faser ist meine gespannte Faser, seine Zelle ist meine Zelle, sein Lebenswille ist mein Lebenswille, sein Lebensgefühl ist mein Lebensgefühl, seine Anlage ist meine Anlage.

Die Anlage zu jeder Form des Lebens ist jetzt in mir, in ihm, in dir, in allen Wesenserscheinungen auf einmal – zugleich. Ich bin das Gefühl meines fliegenden Pferdes in mir, ich bin eines, ich habe dasselbe Urdenken, den Urschrei, wie dieses fliegende Pferd dort, wo die Form vom Nichts verschuckt wird und sinkt in alle Wesensarten – wesenlos – formlos – der Apfelschimmel – ich – du – da, genau da, wo es in Totenstille auf ewig verharrt zum Jetzt. Das erste und letzte Mal als Roß als Mensch als-Stein.

Ich müßte doch sicher Schwangerschaftsgenossinnen auf der Straße begegnet sein. Ich weiß, es kam vor, aber mir ist entfallen, was sich dabei abgespielt haben könnte. Wahrscheinlich gar nichts. Ich habe im Gefühl, als müßte es so gewesen sein, wie wenn sich zwei Schwarze in einem gefleckten Land begegnet wären, oder es würde ja absolut genügen, wenn sie einander zum Beispiel in der Schweiz begegnet wären.

Genauso verhält es sich, denn ich kann nicht finden, ob ich mir etwas Besonderes dachte, wenn mir auf der Straße eine ebenso Bauchige über den Weg lief. Möglicherweise, und so ganz aus dem ratlosen Finger gesogen ist diese Annahme, wie ich schmecke, gar nicht, betrachtete ich sie eher als Gegnerin anstatt als Verbündete. Es kam nie dazu, daß ich in der Straßenbahn einer begegnete, der ich hätte Platz machen sollen oder wollen oder können, oder die mir hätte müssen Platz machen. Anstandsregeln für Schwangere sind, soviel ich weiß, noch nicht aufgeschrieben worden.

Im Spital allerdings, bei den Untersuchungen, trat diese Sorte gehäuft auf. Diese Art von Zusammentreffen entbehrte der Ulkigkeit des Zufalls. Es ist auch nie eine zusammengefallen.

Ich kann mich aber erinnern, daß dort die bereits schwerer an ihrem Bauch Tragenden meist saßen, oder vielleicht lege ich mir das nur zurecht. Ich glaube, es war so, daß die Schwangeren innerhalb einer Wartefrist gern

die Stellungen geändert haben und einmal saßen und dann wieder standen oder unruhig umhergingen. Auch kann ich mich erinnern, daß nicht nur ich bei den Untersuchungen, die schon so in die Sommermonate fielen, gern vor dem großen Tor des Krankenhauses stand, im Schatten, den ein Magnolienbaum bot. Man konnte auch von dort hören, wenn man aufgerufen wurde, und außerdem konnte man ja ausrechnen, wann es ungefähr sein würde, und rechtzeitig wieder in den Warteraum gehen.
Einmal hatte eine zukünftige Mutter, die mit uns im Schwangerschaftsturnen atmete und sich auf der Matte entspannte, die Unverschämtheit, ihr Kind schon früher zu bekommen und uns dann bereits nach vollbrachter Geburt im Umkleideraum aufzusuchen. Es war wie ein Hohn. Welten lagen zwischen ihr und uns. Welten sage ich. Jede war ihr neidisch, daß sie es gewagt hatte, sich selbständig zu machen und ihre eigene Zeit zu wählen. Lichtjahre entfernt, und sie ist bald wieder gegangen. Sie hat gemerkt, daß wir nicht imstande waren, uns mit ihr über ihre Erlösung zu freuen, weil wir selber noch zu sehr in der Angst vor dem, was ihr bekannt war, steckten. Wir hatten den Stolz unserer Angst und den hielten wir hartnäkkig aufrecht. Den sollte uns niemand nehmen. Ich bin sicher, daß eine gesagt hat: «Sind sie froh, daß sie es schon hinter sich haben.» Ich kann mich nicht im Wortlaut daran erinnern, aber so eine Rede ist todsicher gefallen, weil sie genau in das Muster Mensch paßt und die Abtrünnige wird wahrscheinlich auch geschildert haben, daß es nicht so schlimm sei und wir uns nicht so ängstigen sollten, aber niemand meint, was er sagt. Jeder erfüllt Verhaltensregeln, aber keiner sagt, was er sich denkt. Sie muß die Ablehnung gespürt haben, sie war fehl am Platz, und sie ist zurückgegangen in das Zimmer, wo sie mit ihren neuentbundenen Lügengenossinnen schlief.
Als ich ein junges Mädchen war und den schönen Wunsch hegte, einmal in geordneten Verhältnissen und in ungetrübtem Glück einem Kind das Leben zu schenken, um mich einzufrieren in immerwährendem Wohlsein und Dauererfüllung meines Lebens, betrachtete ich Schwangere mit großen Augen und leiser Scheu. Ich vermutete etwas, ich vermutete richtig, ich wußte es, aber ich war es nicht. Welten lagen zwischen mir und ihnen. Das dehnte eine Trennung aus, die mir recht war, weil ich einen Anstandsabstand zum Anderssein hatte. Ich selbst war schon so oft mein anderer. Ich bin mir mein Fremder. Einmal bin ich gesessen und hatte die Beine verquert, und ein Bein ist arg eingeschlafen und es wurde fühllos und gehörte nicht mehr zu mir. Da hat einer gesagt, ist das Bein jetzt fremd oder bist du die Fremde . . . und in meinem Kopf ist eine Windung eingeschlafen, und ich habe ratlos in die Augen des Fremden geschaut, ich wußte es nicht, ich wußte nichts mehr, mir war die Realität eingeschlafen, und sogar die Ratlosigkeit und dann aber auch die Fremdheit und die Ver-

trautheit und ich bin aufgewacht und konnte mein Bein wieder als Realität benützen.
Seitdem ist mir dieser Fremdling um Welten nähergekommen und wir entfernen uns und nähern uns seit Lichtjahren voneinander – miteinander – durcheinander – zu einer möglichen Berührung im Fremdraum der Menschenart zu einer Wesensart.
Manchmal, auch das will ich einmal bemerken, ist der Mensch kein gequältes Tier, sondern er fühlt sich leicht, er hat keine bohrenden Gedanken und keine Leibschmerzen, er bleibt nicht hängen in seinen Vorstellungen und an seinen Wünschen, er denkt nicht an das mögliche nächste Unglück, er fürchtet sich nicht vor dem Weltuntergang und nicht vor der Schwiegermutter, er sieht in seinen Mitmenschen keine vibrierenden Geier über seinem Sonntagsbraten, vielleicht war es Sonntag und es war soviel Zeit für Unsinn, Liebe und Vergessen.
Manchmal fühlt sich der Mensch, auch das will ich einmal bemerken, tierisch wohl. Er genießt die Möglichkeit, einmal nicht zu streiten, er genießt die Zeit, die es gar nicht gibt, er mag den Unsinn und die Liebe und er bohrt nicht in seinem Kopf herum nach dem möglichen Zusammenhang dieses Wohlbefindens. Dieses scheint mir besonders erquickend zu sein, diese Lockerung aus dem Hirngespann zu einem Hirngespinst einer möglichen Lebensart, die man allerdings nie zwingen kann, sondern die der Wille zum Zufall ist. Als Regel kann man dieses Wohlbefinden nicht aufbauen. Manche sollen es auch besonders auf die Zeit abgesehen haben, in der die Frau die Regel hat. Mir ist es fast lieber, ich habe sie nicht, obwohl ich weiß, daß ich in diesen Tagen besonders reizvoll, nein, ich meine aufreizend, nein, ich meine reizbar bin, oder vielleicht besonders geil bin. War es Sonntag? Vielleicht war viel Zeit, wir fühlten uns tierisch wohl, aber gerade deshalb wiederum sehr menschlich, viel menschlicher, als es dieser Rasse eigentlich gestattet ist, wir fühlten uns etwas von der Art befreit, weil wir uns Zeit für uns und unseren Unsinn ließen und für unsere unsinnige Liebe. In der Liebe einen Sinn zu suchen, ist der sichere Fall aus ihren Armen. Mir aber schien nichts wohliger und sicherer zu sein, als in der oberen Armseite, leicht gehalten vom Unterarm meines Mannes zu liegen und Zeit zu haben, zu allen möglichen Langeweilen und Kurzweiligkeiten.
Manchmal, auch das will ich einmal bemerken, muß es nicht schnell gehen, manchmal ist es keine Notdurft, manchmal ist es keine Pflicht, manchmal ist es nicht die einzige Möglichkeit, manchmal darf man einsteigen in den Lustkreislauf, ohne dafür zu bezahlen mit menschlichen Werten. Nicht mit Geld und nicht mit Essen, nicht mit Gedanken und nicht mit Gewinn – nur mit der Haut und mit den sanften Muskeln, mit dem Gewebe der Gedanken, die sich an die Hautoberfläche frei gemacht

haben. Die Sinne sind es, die denken und sich wohlig bewegen, die sanft berühren die vom Schutz der Gedanken befreite Aufgabe des anderen Selbst. Er hat sich zu mir bloßgelegt seiner Schutzhaltungen, er vertraut sich an und schmiegt sich in das Tasten eines Körperspiels, gibt sich hin an ein Horchen in den Druck und das Loslassen seines anderen Körpers, der meiner sein darf, durfte und sein wird dürfen. Die Haare spießen an den Haarwurzeln und dort bewegen sie und strecken sie und entspannen sie im Streicheln ihren Wuchs. An der Kopfhaut ist die Liebe, deine Hände in meinen Haaren, fühlen im Tasten, was ich Gestreichelte erspüre. Ich lasse geschehen, ich lasse mich geschehen und ich rege meine eigenen Handinnenflächen an einem Rücken, einem Arm, einer behaarten Außenseite und einer glatten Innenseite. Ein Gesicht ist klar in seinem Maß und groß genug, um eine empfindsame Hand gleiten zu lassen über die beruhigende Zustimmung zu seinem auf und ab, zu seinen Lippen, die sich unruhig wölben und so warm sind wie Fleisch aus dem eigenen Leib, warmes Wasser in der Tiefe einer warmen Zunge trifft sich so warm und tief mit meiner Zunge und die Liebe spielt in den Höhlen eines Mundes ihr erregendes und wieder lockendes Werben, und die feinen Muskeln strecken sich einander zu in bewegter Frische und spielen Haschen an den verschlungenen Orten. Lassen locker und umklammern, schwingen an den Oberschenkeln entlang, und dort liegt eine Hand an der weichen Innenseite meines Schenkels so glatt und warm wie auf der Zunge fühlt die Hand den Samt und greift mit muskeligen Fingern in die Fülle und wandert an die noch fülligeren Backen an meiner Hinterseite. Meine Zunge schmeckt an der Haut, am Hals und den muskeligen Schultern. Salzig, würzig wie die Liebe, cremig wie Hingabe und saftig wie Lust spürt meine Hand an den kräftigen Lenden hinunter einen harten Schenkel, der mich, nach einem überraschenden Griff in meinen feuchten Pelz, der mir wie ein Jauchzer geschieht, an das steife Glied führt und immer wieder erstaunt ist über die beinerne Härte dieses sanften Spiels. Die Körper sind so rege, sie setzen ihr volles Muskelspiel ein, und die Sinne gehen rascher über die Haut, sie gehen mehr in die Mitte, sie begegnen einander im Umkreis einer Lustsonne, und dort brennt die Liebesflamme eindeutig erhitzend und zwingend und erhellt das unbestimmte Tasten und Werben zu einem eindeutigen und einigen Willen der beiden Körper zueinander. Zwei Willen, die mit Sicherheit einer sind, begegnen sich mit voller Zustimmung in einem aufwallenden Drängen zueinander. Ohne Frage nach einer Richtung finden die Körper, gesteuert von einer zielenden Lust im gemeinsamen Gehirn, in den Genitalien, eine Stellung, in der sie sich einschmiegen in die wilden Schwingungen der Lustschaukel. Schmerz und Lust haben hier ihre Lösung, saftig ist ihre Sprache und kräftig ihre Bewegung. Wie heiß ist das Wasser geworden, welches das Glied einsaugt in

seinen Brunnen. Tief greift die Verlockung schon auszulassen den Strahl der Urquelle, aus dem Brunnen hinter der Hütte, aber das kürzeste Dauern ist die Ewigkeit der Lust. Die Leiber spannen sich übereinander, voneinander, dehnen einander mit letztem Anhalten vor dem Austritt in einen befreienden Wahnsinn einer Menschwerdung, die Lungen fliegen einander zu und wir steigen in einen monoton unermüdlich sich steigernden Rhythmus, instinktgenau, menschenverloren sicher, übereinander, füreinander und miteinander in einem einigen Puls mitten im Flug aus der Schaukel aus und wirbeln im Kosmos, aus dem wir stammen, lassen unsere Körper und unsere Geister liegen, verlassen ihre Form, erkennen einander als dieselben und pressen alles heraus, was uns auf diese Erde bannt, quellen so wohlig aus mit einer Hingabe aller Laute und der Zeit und der Gedanken, die nur eine Form des Orgasmus haben und zucken dann langsam, wie befreit von seiner Last, wieder freiwillig in unsere getrennten Körper zurück in ruhigere Lungen und gedämpftere Sinne, erfrischter im Alten, wohlig in der Zeit, einverstanden mit dem Menschsein und mit dem Getrenntsein, mit diesem Sonntag und der besänftigenden Erschöpfung unserer Glieder, mit der Feuchtigkeit unter uns und dem einverstandenen Lachen darüber.
So kann es gehen, so ist es vielleicht damals gegangen, als das Kind gezeugt wurde, ich glaube, mich daran zu erinnern an so einen Sonntag, oder vielleicht war es nicht Sonntag, vielleicht habe ich mich nur danach gefühlt. Gezeugt wird auch im raschen Morgenfick, im Badewannenfick oder in einem, wo weder der eine noch der andere bereit dazu ist, aber doch nicht anders kann oder will oder auch nicht soll und schon gar nicht muß. Es wäre eigentlich jeder Fick gut gewesen, mein Kind zu machen.
Jetzt ist es – so weit – wie. Es ist Zeit, diese Schrift, diesen Packen Papier fallen zu lassen. Ich oder du? Wer ist der erste, der Ungewöhnliches tun kann.
Mein Papier ist in meine Schreibmaschine gespannt, die Maschine läßt nichts fallen, ich bin in meine Energie gespannt. Ich habe da einen starken persönlichen Zug, ich bin ein D-Zug meines Vorhabens, ein Panzerkreuzer meines Willens, da falle nur ich als Getroffene.
Und du? Aus was für einem Stück Stoff bist du gemacht? Welches Hirnmuster ist deines. Ich habe keine Frage. Läßt du das Buch fallen, hebe es nie mehr auf, ich warne dich, nie mehr! Bei allen guten Geistern, laß deine dreckigen Finger davon.
Ich bin von allen guten Geistern verlassen seit diesen kurzen Minuten, in denen ich bei der Schreibmaschine sitze und zu schreiben beginne, was du jetzt in deinen Händen hältst. Oder vielleicht liegt es auf einer Unterlage, oder vielleicht bist du blind und kannst es nicht sehen. Ja, lies es weiter wie ein Blinder, lies es weiter wie einer, der nichts zu verlieren hat, lies es weiter wie einer, der es selbst geschrieben hat, lies es wie dich, wie mich,

wie . . . verliere, verliere, denke, du hast verloren, du hast dein letztes Geld dafür verloren für nichts – für nichts – für mich.
Denke, du hast alle guten Geister verlassen und das Blatt zerbröselt wie eine alte Botschaft aus einem früheren Leben von dir, verloren, jetzt verloren, wo es wie eine Lösung deiner eigenen Denkschaltung kurz aufgeblinkt hat, zerborsten, verloren, eben jetzt ist es – so weit – wie. Es ist die Lesezeit und die Schreibezeit, und ich benütze diese Zeit, und ich bin dahingekommen, daß mir das sehr, sehr recht erscheint.
Ich nehme mir das Recht, dein Lesebedürfnis, sei es aus welchen Motiven immer, zu benützen. Aus schmutzigen oder sauberen, ulkigen, friedlichen, stumpfen, panischen, mechanischen Motiven. Schamlos ausnützen für mein schamloses Lebensvergnügen, für meine schamlose Geldbörse werde ich mich schamlos geben, wie gedruckt lügen und dich und mich mit einer solchen Einfachheit rühren . . . daß . . . ich werde . . . ich werde dich einmal lieb haben, bitte, verlaß mich jetzt nicht, jetzt, jetzt gerade nicht, einmal werde ich dir alles sagen können. Einmal werde ich dir nahe sein können.
Schau mich an, ich will dich ja nur benützen, um mich selbst als Existenz zu spüren, um diesem formlosen Schneegestöber meiner Gefühls- und Körpermoleküle einen Boden zu geben, auf den es sinken kann und sich ein wenig sammeln, bevor es ganz einfach zerschmilzt.
Es ist Juni geworden. Ein Sommer ist uns wieder einmal von neuem willkommen, so als würden wir ihn noch nicht kennen, so als wüßten wir noch nicht, was er sagen würde und wie er betonen würde und welche Worte er bevorzugen würde und was ihm sicher wieder einfallen würde und so eben, du kennst ihn ja wie dich selbst. Eine Klippe haben wir noch zu erklimmen, bevor wir das weite Meer vor uns haben, zumindest in Gedanken. Die Prüfung wird noch sein müssen oder sein dürfen oder sein können, die allerdings ist uns in ihren Einzelheiten neu, und das erregt ein wenig und macht ein bißchen Gedanken oder überlegen, vielleicht auch verlegen oder liegt uns im Magen.
Wir sind viel im Freien und es ist so warm, und ich gehe langsam, und ich habe viele Gedanken in der Achselhöhle, und ich habe Zeit, sie rinnen zu lassen. Gedanken riechen nicht immer übel und ich denke auch nicht ungern öfter an die Großmutter. Sie läßt nichts von sich hören, und ich gehe nicht hin, wenn sie mich nicht eigens dazu auffordert. Ich denke jetzt eigentlich sehr oft an sie, indem wir so zugehen dem Sommer, der Hoch-Zeit. Auch die anderen Menschen gehen einer besonderen Zeit zu, der Ferienzeit und der Freizeit und der Urlaubszeit. Alles kann kommen. Alles wird kommen. Alles ist schon geschehen. Alles darf sein. Es darf gewesen sein.
Ich bin nicht unvorbereitet und nicht erstaunt, als die Frau Bela anruft

und mich von einer neuerlichen Einlieferung der Großmutter ins Spital unterrichtet. Gestern soll es gewesen sein, mit der Rettung.
«Ich konnte sie beim besten Willen nicht mehr versorgen. Sie hat nichts mehr gegessen, sie konnte nichts behalten, sie hat gebrochen sowie den Stuhl nicht mehr halten können. Dünn, alles wie Wasser. Ich war nicht mehr fähig, das mitanzusehen. Dabei hat sie mich bis zuletzt gebeten, ja nichts zu unternehmen. Der Doktor Wallner ist auf Urlaub und ich durfte keinen anderen hereinlassen. Ich habe es nicht mehr verantworten wollen. Ich bin mit der Rettung mit und durfte noch hinauf in das Zimmer. Sie hat nicht mehr reagieren können. Ich glaube, sie weiß gar nicht, daß sie im Spital ist. Der Arzt hat etwas von einem Hinterwandinfarkt gesprochen, als er sie untersucht hat. Die Schwester hat mir draußen dann Bescheid gegeben, weil ich gewartet habe, um ihnen noch genauer berichten zu können. Ich habe alles getan, was ich konnte, aber ich glaube, es ist das Beste für die Frau Großmutter, daß sie jetzt dort ist. Den Schlüssel habe ich. Wollen sie ihn übernehmen?»
«Nein, lassen sie ihn bei sich. Die Großmutter hat ihn Ihnen gegeben und das wollen wir vorerst so belassen. Ich werde gleich morgen ins Spital gehen. Ich danke ihnen vielmals. Sie hatten nur diese Möglichkeit. Es ist gut so.»
Diesmal liegt die Oma auf Zimmer Nr. 10. Ich sehe sie sofort in dem Bett zwischen zwei anderen Betten liegen. An der anderen Wandseite steht nur noch ein Bett. Sie sieht mich. Sie spricht nicht. Ich setze mich neben sie auf einen Sessel. Sie hat wieder die Infusion.
«Jetzt bist du in einem anderen Zimmer.»
«Ich habe dieses Sauerstoffgerät gebraucht. Es ist nicht bei jedem Bett eines», und sie zeigt über sich an die Wand, wo ein kleiner Behälter und eine Gesichtsmaske angebracht ist.
«Ich habe nicht atmen können, ich war ohnmächtig. Infarkt, weißt du, aber ich habe schon einmal einen Lungeninfarkt gehabt, das ist zu überstehen.»
Uber diese Klarheit bin ich jetzt meinerseits außer Atem. Besonders deshalb, weil sie wie überklar denkt, nicht in beruhigenden Grenzen von Irrtümern oder Bedenken ihren Gedanken gegenüber, sondern so wie aufgezogen und menschenmechanisch. Unbeteiligt an sich und mir. Diese Klarheit kann alles beinhalten, neben ihrem Wissen über ihren Zustand und ihrer präzisen Ausdrucksform und ihrem Schweigen, als sie mich sah und erkannte und nicht begrüßte.
Sie trägt wieder oder noch immer die Uhr und den Ring. Sie hat keine Brille auf und hat die Augen weit offen und liegt ruhig im Polster. Sie sieht an die Decke, dann schließt sie die Augen, und dann wendet sie sich zu mir und sagt in diesmal leisem ermatteten Ton: «Mein Bauch ist wie

eine Wunde. Ich kann nichts behalten. Die Schwestern müssen mich dauernd putzen. Mein Hals ist eitrig.»

Und sie sinkt im Polster klein zusammen. Sie schrumpft in sich hinein und lebt stark in diesem Zerwelken, es regt sich das Faltige, das blüht sich heraus und ruft alles herovr, was sonst in den Wurzeln döst. Sie hebt sich etwas und stöhnt von unten zu höher in den Kopf hinein durch den wunden Hals heraus und verebbt gleich wieder über einem Recken, das aber kein Ergebnis zeigt. Sie liegt mit geschlossenen Augen, ein Menschenbündel – gebündelt zu Mensch. Die Augäpfel, die rollen hinter den geschlossenen dünnen Lidern, rollen so rege, so als würde sie mit diesen Früchten ins Hirn sehen und sehen und würde damit hineinsprechen in die Wandelgänge zu den Wurzeln des Zufalls an dem Zerfall. Und sie öffnet wieder die Augen und sieht mich, und ich bin erkannt als ein Teil ihres Zufalls Leben, und das macht diese Klarheit, mit der sie zu mir spricht. Sie hat mich aufgenommen in ihre Gespenster und redet mit mir. Ihre Welt ist die weitere, sie umfaßt die Realität, und sie trifft genau hinein, weil sie auch ein Teil ihres inneren Leerreiches ist. Sie sucht nicht danach, sich verständlich zu machen. Sie ist es. Sie sucht nicht danach, ihr Gedankenweben zu verbergen, sie tut es.

«Siehst du die Ringe da?» und sie macht mit der freien Hand so Kreise in die Luft und hebt die Hand ein wenig, so weit ihre Kraft reicht, und sieht an die Decke. Ich sehe auch hinauf und wieder herunter, ich habe nicht viel dazu zu sagen. Sie erwartet auch keine Bestätigung von mir.

«Mit den Augen, mit den Augen da ist etwas», und diesmal ist sie aufgeregt, und sie nimmt meine Hand, die ich auf der Bettkante liegen habe. Sie hat Finger wie Krallen, und sie hat Kraft in dieser Hand.

«Du kannst mir ja nicht helfen, niemand kann mir helfen!»

Damit kehrt sie für kurze Zeit in den Angstbereich des kleineren Menschengefäßes zurück, dort, wo Haß und Liebe ihren Platz haben. Sie wechselt die Bereiche stoßweise, und das ist ihre akute Krankheit. Das ist ein Infarkt der hintersten Wand des Lebens, dort, wo dahinter nichts mehr ist.

«Geh, kannst mir nicht ein wenig das Nachtkästchen aufräumen, die Schwester schimpft, daß es da so aussieht. Ich darf mich ja nicht bewegen.»

Das Kästchen ist ohnehin ziemlich geordnet, aber ich stelle eine Tasche, die sie da hat, auf meinen Schoß und versuche, Arzneifläschchen zu ordnen, die herumkollern.

«Wieso hast du die Tasche? Wieso hast du zwei Taschen?» Sie ist betroffen, und ich hebe die Tasche, und sie zeigt eine daneben in die Luft.

«Zwei Taschen», und sie macht wieder wie bei den Kreisen an der Decke, und sie ergibt sich in diese Möglichkeit wie in eine Erschöpfung, und sie

hat die Augen wieder geschlossen und regt die Äpfel aufgeregt hin und her im inneren Überleben. Ich sitze eine Weile so und sehe sie nicht immer an, ich ordne auch nicht mehr, ich habe ihre Hände im Sinn, die bewegen sich so ähnlich wie die Augäpfel. Die Hände weben vor sich hin mit Fingern, und sie macht kleine Deutungen, sie spricht sich in ihren Händen aus, nur leicht, wie eine Spinne, und sie macht das elegant, sie spricht mit den doppelten Kreisen in sich, und dabei regen sich diese Hände den Augen nach innen entgegen und dort tut sich etwas, dort blüht etwas auf wie im Sommer. Ein Gespinst, ein altes Gespinst wird erneuert zu einem Kleid, zu einem alten Kleid, das wieder verwendet werden soll. Altkleidersommer, saumverrückt mit Nadeln bestickt. Ein Leuchten zu Vergessenem. Hat sie wieder die Geduld zu spinnen an ihrem alten Faden, der auf einmal so dehnbar ist ohne Zeit ohne Maß ohne Bedenken?
Das Denken ist entfesselt – so lang – so in die Länge – so verweilend – dauernd in einer Wurzel, den ganzem Leib entlang – hineinkriechen in sich – zurückwurzeln in den Doppelbereich der Sinne – ein Spinnen und Regen tut sich und Wachen ist ein Schlafen und ich bin ein Geist unter vielen bekannten Dingen, eine kurze Begegnung. Ein Blick nur.
«Schau, schau, der Berg, siehst du den Berg.» Sie hat mich nicht vergessen, sie nimmt mich mit, die Oma. Sie denkt an mich. Ich gehöre zu ihr, obwohl ich sie so lange nicht besucht habe.
«Ein Mann, eine Blume, ein Mann, eine Blume», und das Gesicht des Berges und der Mann und die Blume, die haben meine Oma fast freudig erregt. Sie zieht sich wieder einmal zusammen in einem windenden Schmerz von unten heraus über den wunden Bauch in den brennenden Hals und diesmal kommt etwas gestoßen, nachgestoßen, und ich halte schnell die kleine Schüssel hin, die sie auf der einen Seite ihres Polsters stehen hat, und ein dünner weißlicher Saft, so einer wie damals zu Weihnachten im Nachttopf zu erkennen war, kommt heraus. Sie stöhnt zusammen vor Ausrecken, und sie atmet schwer, im Herzen an der gebrochenen Wand und es splittert das dünne Glas leicht an, ohne zu brechen. Schweiß steht auf der Stirn, die heute so breit auseinanderläuft. Das Gesicht ist überhaupt breit und breiig in den Wangen, leblos hängend und schweißig, aber glanzlos ermattet, in einer Farbe wie fahl mit einem Schimmer von violett unter den Augen und hinein in den Mund. Sie hat das Gebiß drinnen, das kann ich erkennen. Ich wische über ihr Gesicht, die Stirn, den Mund und es lebt so sehr unter meiner Hand. Das ganze Gesicht ist wie die rollenden Augen unter den geschlossenen Lidern und wie die Hände im Weben erregt, aber ich bin mir bewußt, daß ich erregt bin und weiß, daß ich über mich schreibe und nur über meine Oma denke.
«Weißt du, vielleicht könntest du so lieb sein und mir ein weicheres Polster bringen. Du mußt es kaufen, in meiner Geldtasche ist Geld. Nimm es

heraus. Ein weiches gutes Polster. Nimm das Geld.» Sie schickt sich an, sich in einem Ausbruch von Sachlichkeit auf der Geldebene zu vergnügen, aber ich dränge sie zurück.
«Ich mache das schon. Liegst du schlecht?»
«Ja, ich liege sehr schlecht. Hier werden meine Polster nicht aufgeschüttelt, man kümmert sich hier nicht um mich. Ich will ein eigenes Polster, ein eigenes will ich. Ich brauche diese Polster hier nicht von denen, ich will sie nicht. Ein ganz neuen kaufe mir. Nimm genug heraus. Bring ihn mir, wenn du wiederkommst.»
Sie will das so. Ich kann nichts machen, und ich nehme die Tasche und die Geldbörse heraus. Ich öffne und sehe hinein und nicht auf meine Oma und löse drei von den Scheinen ab.
«Zwei Geldtaschen, siehst du, wieso zwei Geldtaschen, mit meinen Augen ist etwas, mit denen ist etwas nicht in Ordnung, das kann mir niemand weismachen, daß das in Ordnung ist.»
«Ich habe es mir genommen, ich bringe dir das Polster, wenn ich wiederkomme.»
Ein Besucher setzt sich auf die andere Seite des Bettes, er gehört zu der Patientin daneben. Die Betten stehen eng beisammen. Die Oma macht mit ihren Händen, zumindest mit der einen, die auf der Seite des Mannes ist und die sie wegen der Infusionsnadel gar nicht bewegen sollte, eine abwehrende Geste und wieder und wieder und sie fängt ganz stark zu atmen an.
«Der soll sich nicht so nah da her, er hat Platz genug dort. Ich dulde das nicht!» sagt sie lauter als vorher, aber niemand gibt zu, daß er horcht oder eine Kranke seltsam findet. Das tut man als Gesunder, Normaler nicht. Nur die Frau im Bett daneben, die deutet mir mit den Augen, daß sie schon verstehe und daß man das im Zustand der Oma nicht bewerten dürfe.
Dort im Niemandsland schwingen. Muß muß es muß vorüber ein Sprachschlappen. Krötig angeschwollen verborsten in einer Aalquappe wulstet auf zu einem Schlag mit einem Krokodilschwanz mitten in den Schleier der Spinne hinein. Vergessen ist ein Erdanken von einer letzten Haltung an Feiern. Mir geht es auf und ich dörre in eines von dort zusammen. Wie ein trockener Mund geht das Kleben in einen Ton der anhält eine Webzeile lang trocken zwischen den Windungen so hingelassen in die Tage ein Eintrocknen der Lust. Auf dem Berg in der Nacht über der alten Müdigkeit erwacht noch ein dreimaliger Gedanke ein wenig Saft spritzt aus dem Nabel der herauszuwachsen beginnt und er sucht einen Gedanken den er wieder verstößt eine Energie ist kein Mensch nur ein Erheben manchmal in Bekanntes und wieder sinkt der Morast einer Erdbewegung gleich in den Ausguß der Lust in Üblichkeit auf einem Hausdach. Schwebt über

den Oberflächen von ekelhaftem Angreifen und nicht mehr nicht mehr ein blondes Kind hebt einen Splitter auf und steckt ihn in den Mund sunterbot rast an rast über die Öde mit einem bedrohlichen Raunen steigt es höher und höher öffnet sich leer eine Muschel in der Tischlade links verdreht ein Schlüssel am Stock. Zuerst noch zuerst bevor es los ist das Schreien von Nichts verliere ich noch einmal vor dem Läuten der Weckeruhr ein leises Glitzern am Tannenbaum. Geht über über in eine summende Ritze von dir in eine Handbewegung nach hinten ein Anbieten von Dingen vor einer Million von Zeiten angesehen einmal für einen Augenblick über die Mauer gelugt ein Auge ein Verstand im Verlust von dem Biß der Schlange in den Apfel des Nachbarn während sie es kann sieht ein Kopf über die Mauer und ich höre auf die Zeit zu zählen ich bin ein Zählen ich bin eine Zahl Einzahl über der Spaltung Kernspaltung zu einem Aushauchen von Teilen über einer Sammlung von dir und meiner Zweifel was mich am Leben erhält und mir Lust und Mark gibt. Hätte ich die Verzweiflung nicht ich wäre nicht mehr am Leben.
Die Oma liegt wieder und rollt die Augen unter den dünnen Vogellidern und bläht die Backen. Sie kaut an einem Schleim. Die Hände spinnen ihr Lied und die Infusion tropft und tropft Leben und Nahrung für diese Aufwühlung.
Sie schaut mich wieder an. Sie ist geordnet in unsere Übereinstimmung Mensch, und sie weiß, sie weiß alles. Es geht ihr nicht gut.
«Du bringst mir das Polster, Maria, gelt?»
«Ich bringe ein gutes Polster.»
«Was willst du machen. Alles hat einmal ein Ende, nur die Wurst hat zwei», und das ist ein Witz meiner alten Oma, wie sie mir schon öfter am Lauf meines Weges begegnet sein muß. Sie hat noch immer nicht aufgegeben, an das Essen zu denken, und das kann nur gesund sein. Sie lächelt sogar ein bißchen, und sie schaut zu dem Mann hin, der da mit dem Rükken zu ihr sitzt, und schaut dann mich an und sagt nichts, sondern ist wieder erschöpft und beginnt zu rollen und zu spinnen. Ich stehe auf und streiche ihr die Haare glatt. Sie liegen aber ohnehin ziemlich in sich zusammengefallen am Kopf an. Schweiß steht jetzt keiner auf der Stirn. Der Nasenrücken ist weiß wie ein Grat. Eine Gefahr. Sie murmelt wieder, und der Mund klebt ihr.
«Willst du etwas trinken?»
«Ich breche alles, ich breche alles.»
Sie liegt wieder, und mir steht die Zeit in den Rachen. Ich warte nicht auf das Ende der Besuchszeit.
Ich erhebe mich leise, rücke den Sessel an den Platz und gehe hinaus. Als ich beim Treppenabsatz bin, heißt es, diesmal durch einen Lautsprecher: «Ende der Besuchszeit.»

Heute um drei Uhr ist das Turnier. Sebastian hat noch zu wenige Übungsstunden hinter sich, er macht heuer noch nicht mit. Die Kämpfer werden nach Gewichtsklassen aufeinander losgeschickt, und mein Bub ist ziemlich groß und nicht ganz leicht. Er hätte einen guten geübteren Gegner bekommen und das wäre doch eher entmutigend für Sebastian gewesen. Sportlich sein heißt, nicht um jeden Preis mitmachen. Wir gehen rechtzeitig hin, um einen guten Platz unter den Zuschauern zu erobern.
Vor uns ein Turnsaal. Eine Matte, dick aus Gummi mit Stoff überzogen und, wie ich sie kenne, gar nicht so weich. Ein roter Rand heißt, hier dürfen die Kämpfer nicht übertreten. Wer hinausstößt, hat einen Schlechtpunkt, wer hinausfällt oder von selbst rollt, ebenfalls.
Einstweilen rollt und kollert man, stößt und verwirrt, wirft und ringt, springt an und wendet ab, kommt frei und wird gehalten; einstweilen spielt sich dort unten, denn wir sitzen etwas erhöht, ein unüberschaubares Durcheinander ab. Jeder mit jedem, keiner mit allen. Große Buben, kleine Buben und etwa nur drei oder vier Mädchen. Vielleicht sind manche Mädchen und sehen aus wie Knaben. Die meisten sind kleinere Kinder, so von 8 bis 13 Jahre etwa. Die rangeln hemmungslos auf der Matte in dauerndem Wechsel von auf und nieder. Ein ameisenhafter Aktivitätshaufen. Ich glaube, die Kleineren sind zwar von der Ausnahmesituation entzündet, aber sie haben kein richtiges Lampenfieber. Die paar großen Lackel allerdings, die dort zusammen in der Ecke hocken, machen aus Scham und Stolz nicht an den Kindereien mit. Sie sind voll im Fieber des kommenden Auftritts.
Der Trainer läßt einen Kreis am Mattenrand bilden, alle knien sich auf. Disziplin kehrt in Kürze in den unübersehbaren Haufen. Er erklärt die Kampfregeln und begrüßt die Teilnehmer und die Interessenten. Die Gegner werden erst jetzt ausgelost, nach Gewichtsklassen und nicht nach der Farbe des Gurtes. Mädchen kämpfen selbstverständlich mit Burschen. Burschen müssen die Unterhemden ausziehen, Mädchen dürfen sie anbehalten. Das ist der einzige Unterschied zwischen den Geschlechtern. Äußerlichkeiten, Äußerlichkeiten voller Innerlichkeit. Ich vergönne den Mädchen einen Sieg von Herzen. Ich müßte mir sogar stark überlegen, ob ich, würde Sebastian schon mitmachen, mich nicht über den Sieg eines Mädchens über ihn auch sehr freuen würde. Mir ist aber lieber, die Mädels siegen über andere Buben und nicht gerade über meinen. So ein Sieg ist gut, aber bitte vielleicht doch nicht über mein eigenes Fleisch und Blut. Nur ich darf, nur ich darf siegen, alle anderen gelten nicht. So eine Unverschämtheit. Unverschämtheit ist meistens irgendwie dumm und haut sich auf den eigenen Schädel, darum möchte ich diesen Gedankenfaden auch nicht weiterwürgen.
Doris setzt dem starken Burschen einen Würger an. Der liegt. Doris sieht

ein bißchen wie ein Bube aus. Sie ist elf Jahre, und sie ist eine Meisterin des Kurses, den Sebastian besucht. Sie hat bereits den grünen Gürtel. Sie gibt sich außerordentlich burschikos, und ich weiß nicht recht, ob ihr das recht ist, oder zumindest, ob ihr das immer recht bleiben wird, denn sie ist ein Mädchen. Sie bekommt schon einen ordentlichen Busen. Jetzt kann ich ein seltsames Spiel beobachten. Ich schaue gespannt zu. Die Kinder bewegen sich wieder ungeordnet auf der Matte. Es wird zehn Minuten dauern, bis die Gegner ausgelost sein werden. Sebastian schaut mich immer an, weil er bemerkt, daß ich von etwas ganz besonders gefesselt bin und er kann nicht überlauern, was mich so sehr erregt. Er ist beleidigt, weil ich es ihm nicht gleich erkläre und sieht mich nicht mehr an, weil er sich von meinem Vergnügen ausgeschlossen fühlt. Mir ist das einfach egal. Doris hat einmal einen größeren, ihr noch unbekannten Gegner gefunden. Es treffen hier zwei Schulen aufeinander. Ein fescher blonder Lackel, dem die Jacke vorne lässig offensteht und eine knöcherne, aber durchmuskelte Jungenbrust zeigt, steht ihr gegenüber. Sie springt den größeren an, holt mit dem rechten Arm seinen Kopf herunter und reißt ihn zugleich am Revers zu sich nach vorn. Er fällt nicht. Und jetzt schaltet dieses Jungenmädchen sofort siegessicher auf Nur-Mädchen. Sie beginnt einen kleinen Laufflirt. Sie tut, als hätte sie Angst, rennt weg, um gehascht zu werden, versteckt sich hinter Kleineren und macht das uralte Ficklockspiel der Vögel, der Menschen und der Mondkälber. Und es funktioniert wieder einmal, wie immer. Ich frage mich überhaupt, ob die Kinder, die sich in den Übungsstunden oft so intensiv aufeinander wälzen, nicht einen Argen stehen kriegen.
Sebastian hat unten die Anni entdeckt und ist wieder besänftigt, weil sie ihm gewinkt hat. Anni ist das kleinste Mädchen. Wir sind gespannt, wie sie sein wird.
Es helfen die beiden Meisterinnen mit bei der Organisation dieses Turniers. Und da unten kann ich eine sehen. Sie ist massig am Hinterteil und an den Schultern. Sie trägt kurzgeschnittenes Haar und hat ein liebes Gesicht mit einem Schmollmund und siehe, dieser Kopf paßt zu diesem Körper. Sie ist für Schwergewicht zuständig. Und da fallen mir meine Bedenken wieder ein, die ich beim Anblick der burschikosen Doris hatte. Die schwere junge Frau, sie hält die Arme so eigenartig verschränkt vor der Brust, wie sie jetzt mit dem Trainer den Mattenrand noch einmal abgeht. Die Bluse ist schwarz, die Jeans riesengroß, aber doch am Hintern gespannt. Sie ist nicht ohne Sorgfalt angezogen, aber sie hält sich irgendwie linkisch. So als würde sie sich außer in ihrem Judogewand, das ich ja für besonders schick halte, nicht recht wohl fühlen, so als wäre sie nicht gern eine Außenseiterin in ihrer Körperlichkeit und hätte keinen rechten Platz auf dem Feld der Normalfrau gefunden.

Die Eltern der Kämpfenden, einige zumindest, sitzen auf Bänken am Saalrand. Väter, Mütter, auch Großeltern, oft Geschwister. Manche mit Fotoapparaten. Mütter mit Socken, die sie ihren Kindern unbedingt anziehen wollen, damit sie sich nicht verkühlen. Weil diese Socken aber nicht sportlich aussehen, lehnen sie die Kinder ab. Manche Mütter ringen um ihr Recht, manche siegen, manche sind beleidigt, manche geben gleich auf. Die Erwachsenen sind aufgeregt und gespannt. Ihr Kind muß siegen und sie haben Angst, in die traurigen Verliereraugen sehen zu müssen. Aber noch ist nichts entschieden. Manche Eltern sind ruhiger, manche gähnen, manche sind nervös, manche sind unsympatisch und manche gefallen mir. Manche sehen aus wie ihr Sprößling und ich beginne zu raten, welche Kinder zu welchen Eltern gehören. Manchmal bin ich sicher, oft liege ich völlig falsch und oft sind sie gar nicht anwesend. Dort rechts über dem unaufhörlichen Toben hinweg, das schon ziemlich überzeitig ist und schon sehr lang dauert, sich zuspitzt, und die Gegner noch immer nicht ausgelost sind, sitzen ein Vater und eine Mutter, sehr blond und anscheindend wohlhabend. Die Mutter ist mollig, aber ich kann sehen, sie will das nicht, sie quillt schon sehr aus den Nähten, aber sie zieht ihren Schwabbelbauch, einen dieser weichen Frauenbäuche, wenn sie beginnen, aus der Form zu kommen, ein, und streckt dafür den Po arg heraus.
Ein blonder Bub mit grünem Gurt und verweichlichtem Gesicht, so einem trügenden Engelsgesicht, das so sauber aussieht und mich an einen zukünftigen Folterer gemahnt, in Kriegszeiten oder auch in Friedenszeiten, ein Quäler mit dem Engelsgesicht, gehört zu ihnen. Auch zu dem Vater, der genauso wie sein Bub aussieht, nur lächerlich wirkt, weil er wie seine Gattin schon sehr in die Breite geht und den sportlichen Stil, den er vorgibt, nicht mehr durchhalten kann. Ich sehe, das ist der Wohlstand, wie er leibt und lebt. Und diesem Buben will ich, wenn er judogebildet ist, nicht unter die Klauen kommen, das sind die Marterer des nächsten Krieges, mit oder ohne Judo. Der Vater ist der geborene Patriarch. Noch agil, geschäftsschlau, schon vermögend. Peinlicher ist allerdings die fesche Mutter, die diesen Mannsidioten zu ihrem Gott gemacht hat.
Doris, bitte, Mädchen, kannst du da nichts machen, wie siehst du diesen Fall? Bitte, tu etwas, und tobe nicht so kindisch auf der Matte herum. Judo ist nur Selbstverteidigung? Die haben dir nichts getan? Sie beachten dich gar nicht? Ja, Kind, das ist es ja eben. Jemand, der nicht beachtet, hat genausoviel getan wie einer, der dich schlagen muß. Sie schlagen dich mit ihrer Verachtung. Sie brauchen dich, daß sie die anderen sein können, daß sie überhaupt jemand sind. Sie beachten ja nicht einmal ihren Sohn, schau, wie herablassend der Vater ihm befiehlt, diese Superwollweichsocken anzuziehen, mit welch befehlend verachtendem Blick er anordnet. Er sieht

ja gar nicht das Kind vor sich, er sieht keinen Menschen, er ordert nur seinen Ehrgeiz zurecht, der die Form dieses blonden Buben hat. Seine Macht, seine Potenz, sein Kind.

In einer Ecke steht ein Tisch, an dem Fruchtsaft für die ermüdeten Kämpfer verteilt wird. Viele fluten zu diesem Tischchen. Alle sind jetzt schon völlig ausgepumpt oder geben es zumindest vor, oder vielleicht sind es auch nur Kinder und keine hartgesottenen Judokas. Oder vielleicht sind es die Kinder in den Judokas, aber wahrscheinlich schmeckt der Saft wirklich so gut. Sebastian bedauert es sehr, daß er diesmal ein Ausgeschlossener ist.

Es beginnt. Endlich. Jeder hat schon vergessen, warum er eigentlich hier ist. Jeder weiß es sofort wieder.

«Alle Kinder von der Matte. Rundherum aufsetzen, aber die Matte nie berühren.»

Es wird das erste Paar aufgerufen und auch gleich das nächste, sodaß es sich bereits zurechtrücken kann. Es wird still.

«Erwin Ramhapp und Siegfried Eder!»

Der Erstaufgerufene bekommt immer ein rotes Band, das er über seinen Gürtel bindet, und nach dem Kampf wieder abgeben muß für den nächsten Erstaufgerufenen. Erwin ist sehr klein und dunkel. Er verschwindet fast auf der riesigen Fläche. Der blonde Siegfried ist eigentlich nicht größer, aber er verschwindet nicht so sehr.

«Haschimee!»

Das heißt soviel wie jetzt. Der Kampfrichter beobachtet genau.

Erwin ist, wie ich ihn aus den Kursen kenne, flink und nicht schwach. Er ist ein gedankenloser Wendiger. Er springt den anderen mir fremden Siegfried an. Reißt ihn am Revers. Der andere fällt nicht, er ist vom ersten Augenblick an der sturen Überumplungstechnik Erwins nicht unterlegen. Er kämpft klüger. Er ist ruhiger in der Bewegung. Er läßt sich nicht hinreißen. Er ist ein kleiner Bub, vielleicht acht Jahre. Er steht wie ein Mann. Wie es gekommen ist, weiß ich nicht, sie liegen beide. Erwin auf Siegfried. Erwin klemmt ihn zwischen die Beine. Er hakt mit den Beinen ein. Aber er ist zu unruhig, zu wendig, zu leicht und zu wenig. Siegfried befreit sich aus dem Haltegriff. Er hält den anderen nieder. Die Zeit entscheidet. Zwei Minuten sind vergangen.

«Zwei Koka für weiß.» Siegfried ist Sieger.

Das nächste Paar, viele Paare, lauter kleine zappelnde Kinder, die aber alle eine kräftige Ordnung in ihr Zappeln weben. Sie lassen sich oft lange nicht schmeißen. Ich kann sehen, hier kämpft jeder. Auch dann noch, wenn der Mut sich lockert, wenn die Aussichtslosigkeit sich aufgeschwungen hat, wenn bereits alles verloren ist. Ich weiß es nicht, wie sehr die kleineren Verlierer ihre Niederlage als Weltuntergang fühlen. Sie kommen mir gar

nicht sehr gerührt vor. Sie trinken Fruchtsaft und lassen es sich schmecken.
Die Älteren sind verbissener. Sie hängen bereits in der Wirklichkeit. Für sie steht etwas auf dem Spiel. Sie kämpfen um ihr Leben. Sie kämpfen um das Spiel Leben. Sie leben wie sie kämpfen und sie kämpfen wie sie leben. Sie sind nicht mehr die, die sich Socken aufdrängen lassen müssen, sie kämpfen bereits mit den Folgen, die die aufgedrängten Socken ihnen bereitet haben.
Zwei aufgeschossene Burschen warten kampfbereit auf den Einsatz des Schiedsrichters. Der eine hat längeres Haar und ein empfindsames Gesicht. Der andere ist hell und stark und wirkt unverletzlicher, bulliger, mehr Lebensmann als Asket. Er kommt aber nicht sonniger auf die Bühne.
«Haschimee.»
Ein Reißen an den Revers und an den Ärmeln. Sie befühlen einander. Sie kennen einander nicht. Sie sehen einander an, mit den Augen, aber auch mit dem Tasten, dem Ziehen und blitzartigem Rucken, Stoßen und Drängen. Beine flitzen vor und versuchen, den anderen zu Fall zu bringen. Gespannt, gespannt, jeden Augenblick kann eine unerwartete Wende eintreten. Ihre Bewegung rührt im Abwarten und Fühlen, und alle sind bewegt und hineingerissen in das Kräftespiel der Geduld und des Wagemutes dieser angehenden Männer, die hier um ein Weibchen, um das weibliche Leben kämpfen in sich selbst. Aufmerksam muß man dem anderen zuhören, sie spüren den anderen mit dem feinsten Ohr, mit der Haut und mit der Bewegung, und jeder kann der unberechenbarste Mörder sein, seine Maske des Abwartens mit einem Riß wegschmeißen und mit einem Würger halten, bis alles verloren ist. Aber Burschen, ihr habt zu lang gewartet. Es ist aus.
«Zeit!»
Es hat sich überhaupt nichts getan. Die großen haben nur posiert und nichts gewagt. Zwei Minuten Spannung ohne Entspannung. Sehr seltsam.
Claudia. Klein, blond, einen kurzen Schwanz am Hinterkopf. Ihr Gegner ist gleich groß und auch recht sympathisch. Claudia reißt an. Sie ist drahtig und von einem beinernen Siegeswillen. Er fällt und sie sitzt auf ihm drauf und hält ihm lang die Schultern auf den Boden. Sie kann fast nicht mehr länger halten, aber sie tut es trotzdem ohne Umschweife, und sie siegt. Ich klatsche ihr begeistert Beifall.
Ich sitze gespannt da. Doris tritt an, gegen einen dicken, nicht größeren Buben. Er ist nicht nur dick, sondern auch stark. Ein Bulle, ein Bolzen, ein kleiner Mann ohne Charakterkopf, aber ein, wie ich von ferne ahne, unübertrefflicher Witzbold, und dort liegt seine angenehme Seite.
Doris reißt mit ihm zu lang auf der Matte herum. Sie kann keinen Hebel

finden. Er ist ihr nicht überlegen, das kann ich spüren, aber sie kann den Stoß sich nicht geben zur Entscheidung. Mit einemmal jedoch fliegt der Dicke mit «O Gochi», wie diese Würfe heißen, über ihre Schulter.
«Juko!»
«Bravo!»
Ich habe nicht mehr dazu zu sagen.
Da ist ein größerer Bub mit einem, wie ist der nur? Wie ein Heiliger. Wie ein stiller Mensch, aber ein Kind, das gewinnen will. Endlich einmal ein gesunder Heiliger, der auch gewinnen will und es noch dazu zugibt, indem er hier antritt, auf der Matte steht und kampfbereit ist. Der Gegner ist einer aus dem Volk. Kampf – Betasten der Überraschungsmöglichkeit dem andern gegenüber – gegenüber – gegenüber – staut sich etwas auf – es muß etwas kommen. Da, der Heilige liegt – aber nicht lange, er ist ein eleganter Kämpfer, er turnt sich ohne besondere Kraftanstrengung nach oben und hält den Gegner. Noch einmal auf und neuerliche Gegenüberstellung. Ein Koka für den Heiligen. Der Ordinäre brischt vor, reißt den Besonderen in einem Aufwallen nieder und hält ihn, nicht ohne äußerste Kraftanstrengung, nieder. Der andere wehrt sich, aber zu elegant. Die Zähne des Überlegenen knirschen. Der Untere knirscht nicht genug, er läßt sogar nach. Zwei Minuten. Aus. Verloren und gewonnen. Der Heilige setzt sich wie verzweifelt an den Mattenrand. Jetzt hat er ein Kindergesicht, ein verletztes. Sein Vater tritt zu ihm. Ein jüngerer Mann in Parka und Bart. Er versteht die Zerknirschung seines Sohnes und versucht sein Leid nicht zu verharmlosen. Ich kann ja nicht hören, was da drüben gesprochen wird, aber ich kann sehen, was nicht gesprochen wird, und das stimmt.
Ich hätte nicht erwartet, daß der Sieger zu dem Elternpaar dort gehört: Ebenfalls junge gesittete Menschen. Die Mutter umarmt ihren Sohn stolz. Sie freut sich, wie sicher schon lange nicht mehr. Der Vater nimmt seinen Buben vorne beim Revers und gibt ihm einen kameradschaftlichen Beutler. Ich kann sehen, was hier vor sich geht, und das stimmt auch.
Ein kleiner Verwöhnter mit dem grünen Gürtel gewinnt haushoch. Beim Kampf sitzt die Mutter nach vorn gebeugt, mit geöffnetem Mund, und ich mag sie jetzt in ihrer Konzentration, die sie jeder Einhaltung von dämlicher Förmlichkeit enthebt. Einmal frei, einmal nicht der Anhang ihres Mannes, einmal bangt sie für sich selbst, für ihr Kind. Sie knetet ihre Hände und sie erhebt sich hoch, als die zwei Minuten vergangen sind und ihr Bub den Gegner lange genug gehalten hat. Sie freut sich. Der Vater trägt seine Freude verdeckt. Er kleidet sie in einen einmal nicht so forschen Befehl, aber doch in die Anweisung, doch das rote Band zurückzugeben beim Richtertisch, das der Bub vor lauter Begeisterung über seinen Sieg abzubinden vergessen hat. Auch das stimmt, wie ich sehe. Arm wäre

das Kind gewesen, hätte es verloren, das hätte dann allerdings auch gestimmt.
Fotos werden geschossen. Licht blitzt auf da und dort. Auch Annis Vater blitzt. Sebastian ist aufgestanden, er will, daß Anni gewinnt. Sie ist noch sehr klein, aber sie hält sich. Ich bin erstaunt, sie bleibt lange stehen und versucht sogar selbst Angriffe. Sie ist mutig. Aber dann liegt sie doch zu lang in einem Haltegriff und kann nicht auskommen. Verloren, aber gut getroffen auf dem Foto. Ich hoffe es zumindest.
Langsam hat sich das Wettkampffieber gelegt und die bereits Verlorenen oder Siegenden rangeln schon wieder außerhalb der Matte vor sich hin. Die Kinder haben sich auf diese kämpferischen Spiele eingestellt und keiner findet mehr etwas Besonderes daran. Ihr Leben könnte so weitergehen und sie würden vielleicht nicht so bald nach einer Veränderung verlangen. So lange der Fruchtsaft noch reicht, sind sie zufrieden. Allerdings kann ich sehen, daß sich der Boden der Flüssigkeit schon bedenklich senkt in den vielen Flaschen und daß sich die Wegwerfbecher in der Abfalltonne häufen. Es ist halb fünf. Es waren noch viele Paare nicht dran, aber mir kribbelt es schon ein wenig unterm Hintern. Auch jetzt beim Aufschreiben dieser Gedanken, und ich werde kurzerhand die Wetten beenden. Ich gehe mit Sebastian wieder, und die Kraft geht mit uns mit und macht uns übermütig und leicht. Wir haben das Gefühl, daß es gut ist, Judo zu üben, und wir sind nach diesem Turnier doppelt bestärkt in der Entscheidung zu diesem Schritt. «Juko . . . Sorremade.» Gewonnen!
Gegen Ende zu – in der Hitze, da war mir manchmal schon sehr schwer. Taschen wogen doppelt, meine Beine wurden zu Klötzen, die ich am liebsten unter den Arm genommen hätte, um sie loszusein, mein Bauch war noch immer nicht so mächtig, aber mir war er groß genug, um ihn ebenfalls gern abzulegen. Ich weiß, ich wäre schon alles gern losgeworden am Schluß, so in den letzten Wochen. Ich war im Zwiespalt. Einerseits stieg meine Angst vor dem Unabwendbaren, zugleich trainierte ich aber auch meine Fassung, manchmal hielt meine Geduld mit der Ruhe vor dem Sturm nicht mit und ich schwappte irgendwie oder irgend etwas über. Die Milch oder die Tränen oder die Gefühle und manchmal auch den Übermut. Ich war immer so schnell am Rande und mein schwerer Körper war auch schneller müde als sonst. Manche Erledigungen, wie zum Beispiel große Einkäufe oder schwerere Hausarbeiten, ließ ich mir gerne abnehmen und ich fühlte mich dabei nicht faul oder träge. Ich mochte gern Menschen um mich. Ich glaube, ich war beruhigter, wenn jemand um mich war. Ich glaube, ich war sogar so arg, daß ich meine oder zumindest einen meiner Hausgenossen, der ja meist nur mein Mann war, veranlassen wollte, überhaupt jede Minute um mich zu sein. Klugerweise wehrte er sich gegen dieses Ansinnen, und ich bin ihm dankbar, daß er mich nicht

so verweichlicht hat. Alleinsein im Unbekannten macht selbständig. Einsamkeit macht Zweisamkeit erst möglich im Bekannten und im Unbekannten. Gem – ein – sam – Ge – Mein – sam . . . gemein – sein . . . all – gemein – sein . . .

Also, die Lage war zugespitzt, außerordentlich hart, aber entbehrte nicht einer gewissen Lockerung ihrer Dramaturgie, da es sich ja hierbei nicht um eine Krankheit oder um ein Sterben handelte, sondern um Leben und Gesundheit. Diese Spannung der Nerven und des Leibes hatte so etwas wie einen Sinn, und es herrschte die Hochstimmung genauso wie der Tiefgang. Der Körper allerdings, vielleicht war es der neue, hing mir arg an, ich war die letzte Zeit über immer wie von innen nach außen gekehrt, ich war schon so aufgerissen und, obwohl noch unsichtbar, für mich bereits mitten in der Geburt des schweren Lebens. Ich weiß, ich wollte es lieber schon endlich loswerden, ich wollte nicht noch warten und endlich wissen, ob heute oder morgen oder vielleicht überhaupt nicht mehr. Ich war eine ziemlich reife Frucht am Schwangerschaftsbaum, und ich wollte nicht faulen, ich wollte abspringen, solange ich noch die Kraft und Geduld in mir ordnen konnte, mich beherrschen konnte, alle Sinne beieinander hatte. Die flogen mir manchmal schon so durcheinander und die Vorstellung von dem Kommenden reizte mich bis zum Überdruß, weil ich die Zeit ja nicht bestimmen konnte, in der ich bereit sein sollte. Ja, wehrlos fühlte ich mich, etwas ausgeliefert, meinem Körper gegenüber, der nicht einmal mehr richtig laufen konnte und schutzlos der Zeit gegenüber die lief, aber auch stillstand. Und ich konnte und wollte einfach nicht mehr stillstehen und still sein. Acht Monate war ich stark gewesen, man stelle sich diese Stärke einmal vor, ein abgekämpfter Freistilringer meines Abwartens, Wachsens und Irregehens. In diesem Ringen bleibt keine Geburt trocken.

In den Unterweisungsstunden hatte man uns von der trockenen Geburt berichtet, vom Blasensprung, von den Wehen und den Zeitabständen, in denen sie auftreten müßten, bevor wir ein Auto bestellten, das uns in die Klinik bringen sollte, wo schon alle unsere Formulare bereitlägen und die Spalten auf den Scheinen und Zetteln warteten, in die wir eingetragen werden könnten, um eine geordnete Geburt zu verdienen. Meine Krankenkasse hat dafür bezahlt.

Jede Entbindende denkt stark daran, daß schon viele Neugeborene am Leben blieben, aber daß auch viele Mütter ihre Babies nicht mehr zu Gesicht bekommen konnten. Ein kleiner Rollentausch wurde vorgenommen, nur eine kleine Umkehrung der Weltenrechnung. Jede denkt stark daran, aber nicht wirklich, zumindest glaubt sie nicht, daß die Wirklichkeit so hart rechnen würde, denn man wächst mit der Fehlvorstellung auf, daß das Leben so etwas wie Gerechtigkeit beinhaltet. Jedenfalls ist dieser fast unerlaubte Gedanke ein Teil der Angst, die sie so lange in sich reifen

lassen mußte und die mit Sicherheit gut ist zur Ernte. Diese Frucht ist reif bis in die letzte Zelle und mir scheint fast, als wäre das Wachsen und die Vollendung dieser Frucht der eigentliche Inhalt des langen Wartens und Wachsens gewesen.
Jede Entbindende denkt auch stark daran, daß viele der Neugeborenen nicht am Leben bleiben. Manche werden tot geboren. Das scheint mir eine besonders kluge Wendung des Schicksals zu sein, sie ist aber so wenig menschengerecht, daß sie Schmerz bereiten würde. Ich weiß eigentlich nicht, ob man Entbundenen tote Babies auch zeigt. Vielleicht, wenn sie es eigens wünschen. Manchmal werden von Menschen auch Fische und Teufel geboren, die ein schlagendes Herz haben, aber im Hirn tot sein sollen. Ob man diese Wesen den Entbundenen zeigt, weiß ich auch nicht. Jedenfalls muß eine Gebärende immer auf die groteskesten Ergebnisse gefaßt sein. Das Dasein schießt manchmal fratzenhafte Wahrheiten in das All und lacht ein grausiges Lachen mitten auf dem Altar unserer Wirklichkeit, in unserer Zeit, in unseren vier Wänden. Mitten in unserem Leib sitzt der unvorstellbare, aber allgegenwärtige Tod und dem geht man offen zu, wenn ein Leben zur Welt gebracht werden soll. Das weiß jede, sie hat neun Monate dazu Zeit gehabt, alles sich bewußt zu machen. Tiere tragen nicht so lange an ihren Jungen, die haben gar nicht soviel unnütze Bedenkzeit, diese Gedankenlosen.
Zeit genug war, um allen schwelenden, aber ungedachten Schauder brennen zu fühlen im geschwollenen Bauch, es war hoch an der Zeit, endlich diese quälende Unsicherheit auszustoßen, und manchmal ist man eines Wartens so müde, daß man lieber kopfüber in die Fluten spränge, nur daß es sich endlich weisen würde, endlich das wahre Gesicht zeigen würde. Es – es – dasjenige welches . . . Das ist die Rechnung des Selbstmörders. Aber diese Rechnung geht nicht auf, denn der radiert, bevor er noch den Fehler machen konnte.
«Kommen sie ja nicht zu früh. – Sind sie vorsichtig und wachsam, strengen sie sich nicht zuviel an, aber sind sie ja nicht überängstlich», so höre ich heute noch die Hebamme bei der letzten Schwangerenberatung sagen. Sie hat es oft wiederholt. Sie warnte und schützte auch die Organisation der Klinik davor, daß die Schwangeren schon beim geringsten Zwicken angebraust kämen und dann wieder weggeschickt werden müßten. Es wäre ein zermürbendes Angstspiel eingeleitet worden, das eine ruhige Geburt sehr erschwert hätte.
«Erst wenn die Wehen in regelmäßigen Abständen von fünf Minuten auftreten, dann ist immer noch genug Zeit herzufahren und sich im Kreißsaal ins Bett zu legen.»
Die Tasche allerdings war schon lange vorbereitet und die sollte es auch sein. Ich war vorbereitet. Die Telefonnummer für den Krankenwagen,

der gerufen werden mußte, lag bereit und es war immer noch Zeit, obwohl die Geburtstermine ja nicht so genau berechnet werden können.
«Wenn eine schon eine Woche Überzeit hat, dann muß sie allerdings schon von selbst kommen. Wenn ein Blasensprung stattfindet, den man daran erkennt, daß das Wasser heruntertropft oder rinnt, dann kommen Sie gleich, da Infektionsgefahr besteht. Dann kommen Sie, auch wenn die Wehen noch gar nicht oder in längeren Abständen als nur fünf Minuten auftreten. Alle Formulare bereithaben, vorsichtig sein, aber ja nichts überstürzen. Es ist immer noch mehr Zeit, als genug», so beteuerte, warnte und beruhigte uns die alte Eule mit einer mir unvergessener Eindringlichkeit. Und so hing ich auf der langen Rutsche, die ins Wasser hineinführt, noch einige Zeit, in Angst vor dem Flug in die ärgste Kälte, aber schon so erhitzt von der Sonne der überreifen Geduld, mit einem verkrampften Körper hielt ich mich noch fest und lachte auch noch auf mit dieser gespenstischen Heiterkeit, die uns auf der Hochschaubahn vor dem Erreichen des Gipfels befällt.
Was möchtest du eigentlich hören. Am liebsten nichts. Was möchte ich eigentlich erzählen. Am liebsten alles. Ich bemerke, ich kann nur erzählen für diejenigen, die alles selbst wissen. Neues kann ich nicht berichten. Die Sprache ist ein altes Grunzen am Grund des Futtertrogs, der sich immer wieder leert und auch immer wieder füllt. Ich will fressen und fressen, grunzen auf dem Grund meiner Vergessenheit. Ich will grundeln nach dem, was mich interessieren könnte.
Mir tut das etwas, daß ich die Freude nicht spüre, der ich nachgejagt habe. Daß ich das Leben verloren habe an meinen Gedanken und daß ich den Strom zu dir wieder einmal verloren habe. Ich habe meine Unbefangenheit eingebüßt und suche sie so sehr zu zwingen. Ich bin ein ausgetrocknetes Flußbett und keine Träne rinnt, obwohl mir ein Krampf in der Kehle steckt. Ich will ja niemanden zwingen, daß er glauben soll, was ich aufschreibe. Fabulieren ist anstrengend, und ich tue so, ich glaube es tun zu wollen, ich habe mir ein Gefühl zurechtgelegt, das mich beseelen soll, unter dem ich mich bestrahlt fühle. Ich habe mir ein Glück gebastelt, das sich auf eine Seite gewendet hat, unter der ich es nicht erkennen kann.
Ich fühle mich schwanger im Kopf und sehe keine Möglichkeit, wie mein Inneres ohne Schmerzen herauskommen soll. Und ich will keine Schmerzen.
Ich will keine Schmerzen . . . ich will nicht. Ich will dieses Kind nicht bekommen, ich kann diese Anstrengung nicht aushalten. Ich kann nicht . . . nicht . . . nicht. Ich wollte dieses Kind nicht bekommen. Ich wollte diesen Schmerz nicht aushalten müssen, obwohl ich im geheimen darauf brannte, alles zu geben und zu nehmen, was es auf dieser Welt zu holen und zu verlieren gab. Ich spannte mich zwischen Angst und Neu-

gier, Ziehen und Stoßen, und immer wieder drängten sich mir die Gedanken einer Wirklichkeit auf, die zu nahe war und immer ist, als daß sie nicht meine Sehnsucht nach Leben ausbrennen würde. Ein Brennglas her, ein Spiegel in die Sonne gehalten und gezielt auf etwas, das meine Sehnsüchte aufspalten kann, das sie zu bunten Steinen auseinanderfallen läßt, ganz locker vor mich hin, und ich sehen könnte, wie einfach ich sammeln möchte, nur schillernde Gedanken, Schmerzen und Freuden, Zweifel und Erlösungen, zusammenlegen in ein Buch voller Buchstaben.
Heiliger Teufelsaustreiber, ich merke schon, ich merke es immer wieder – ich bin unermüdlich, selbst im Schlaf. Ich lasse mir mein Wachen nicht nehmen. Ich nehme keine Rücksicht auf sanfte Engelsgesichter. Ich mißtraue meinem eigenen, wenn ich ihm Ansehen gebe. Ich decke mein eigenes auf, ein kahler Schädel aus Marmor und manchmal leuchtet es innen auf. Ich habe nicht gewußt, daß ich wahrhaftig so zäh bin, selbst im Schreiben. Laß dir das gesagt sein, und achte das gefälligst. Ich krieche noch im Buchstabensand, wenn das Meer ausgeronnen ist, und das achte ich. Erinnere dich, erinnere dich, an nie Wahrgenommenes, weil es viel zu nahe war. Halte ein Blatt, dieses Blatt dicht vor deine Augen und dann lies es. Obwohl solches natürlich nur möglich ist, wenn man den Wortlaut vergißt.
Mir war das Kind in meinem Leib so nahe wie ich mir selbst. Du weißt, wie nahe man sich selbst kommt, bis zur völligen Fühllosigkeit und Sichtlosigkeit, blind für sein Tun und Lassen, Woher und Warum, völlig aufgesogen von einem geschäftigen Getriebe, das Leben heißt, aufgelöst. Die Erinnerung an nie Erlebtes ist ausgelöscht, ich kann diesen Weg des Zurückdenkens nicht gehen, denn es war nichts Bemerkenswertes, Berichtbares. Ich steckte über beide Augen im Wahn meines damaligen Jetzt, und alles, woran ich mich erinnern will, kann auch jetzt ausgedacht sein, ohne daß ich es weiß. Ein paar Äußerlichkeiten stehen auf in der Ferne, wie Leuchttürme. Ich schwimme ihnen zu, schon so lange, so lange schon. Und ich erzähle dir davon schon so lange, schon so lange, ohne daß ich jemals mit dir dort ankäme. Wenn du noch mit mir schwimmen willst? Ich kann dir nicht versprechen, ob wir je an Land kommen. Ich schwimme noch, ich merke, ich merke es immer wieder, ich gebe nicht auf.
Neun Monate waren nicht lang und nicht kurz, das Maß von herkömmlichen Berechnungen zählte nicht. Es war allerdings oft langwierig und auch oft kurzweilig. Es war wie das Leben selbst und wie das Bücherschreiben oder ein Ausflug oder ein Fernsehstück. Die gespannte Erwartung dehnte sich manchmal wie Frauenhaar, und manchmal müßte man mir den Kopf arg zausen, auf daß sich in ihm etwas rührt. So sorglos ich meinem Körper zu Beginn der Schwangerschaft gegenüberstand, um so wachsamer wurde ich in der letzten Zeit. Ich kann nur wieder sagen: Wie im Leben selbst. Damals war die Schwangerschaft mein Leben und das

genügte zu aller Langeweile und Erregung meines Wartens, ohne etwas tun zu können.
Bewegte ich mich in den ersten Monaten frei und hatte ich keine Bange vor, wo werde ich schlafen, wie werde ich liegen, und werde ich genug zu essen haben, so beobachtete ich in den letzten Monaten, wie meine Leichtigkeit schwand. Ich gab es auf, den immer treuen und starken Kameraden zu spielen, saß nicht mehr so gerne in der Nacht an Lagerfeuern, sondern ich begab mich beizeiten in ein Haus, wollte es lieber warm haben und fand es besser, meinen Körper nicht allzu großen Anstrengungen auszusetzen. Ganz beruhigen konnte ich mich nicht mehr, dazu war ich innen viel zu rege und viel zu gefesselt an den magischen Draht zu meiner Angst.
Wahrsagerinnen wollten mich dann beruhigen, die in Wirklichkeit alte Großmütter waren, die mir Tee brachten, nett zu mir waren und mir das Geschlecht des Ankömmlings voraussagten, richtig oder falsch. Sie taten das gern, und mir tat das besser, als in der Kälte zu sitzen und Abenteuer zu spielen. Mir war mein Zustand Abenteuer genug, es hätte ja jederzeit Blut fließen können, es hätte ja mein Kind ausrinnen oder ins Klo plumpsen können.
Ich war ganz einfach nicht mehr gewillt, unbedingt Kamerad zu sein. Aber wie sollte es möglich sein, daß eine gepanikte Schwangere jemanden ihren Kameraden sein läßt? Sie glaubt, die Angst gehört nur ihr selbst. Sie reißt sie an sich und vereinsamt sich mit Wonne im Schmerz.
Glaubst du, dein Schmerz gehört nur dir? Du sagst, ich, ich fühle ihn, nur ich und dabei schlägst du aus wie ein wildes Tier und trittst deinen Bauern nieder, du wilde Sau. So eitel bist du in deinem Schmerz, so eitel in deiner Schwangerschaft, nur weil du keinen Weg siehst, ihn zu teilen. Das Kind zu teilen? Die Schwangerschaft zu teilen . . . abzugeben . . . zurückzustellen? Zusammen haben wir die Frucht gemacht und allein muß ich sie tragen. Das ist irgendwie schräg angeordnet und ich liege schief, wenn ich die Verzweiflung an mich reiße und zu einem wollüstigen Leiden vereitle. So geht das nicht, liebe Frau. So machen wir das immer.
Wir machen nichts aus Spaß, nichts aus Interesse, nichts aus Liebe, nichts aus Übermut, nur aus verschuldeter, versteinerter Vereinsamung vor der Ausweglosigkeit.
Ausweglos. Bitte hier ausweglos. Hier geht die Ausweglosigkeit weiter. Und dort stehen sie alle, die Ausweglosen. Da spielt sich das Leben ab. Wer nicht auf Eitelkeit besteht, wer nicht darauf besteht, eine Frau zu sein oder ein Mann zu sein, für den wird es möglich zu warten, bis das Kind kommt, ober bis die Gedanken zu Ende gedacht sind, bis das Farbband reißt oder bis es Morgen wird, wenn du wieder nicht schlafen kannst.

Ich war ungeduldig, ich bin es auch heute noch. Eine Unruhe im Körper war es wie eine elektrische Bewegung, die man nicht steuern kann. Feine Nerven sind es, die ausharren, die schwingen und die Spannung ertragen müssen. Ein Netz, ein feines Netz unter der Bauchdecke spannt sich und das will so zerreißen, das Fruchtwasser ist im Schwange und die Augen wollen davon oft übergehen, weil es nirgends herauskann, das, dasjenige, welches niemand hineingesetzt hat. Ausgeliefert an die Hysterie, auch sie hat ja einen guten Teil damit zu tun, daß der Stein des Anstoßes überhaupt ins Rollen gekommen ist.
Wir haben einen Frosch. Wir haben einen Frosch! Wir haben einen Gummifrosch. Wir haben einen Gummifrosch und gehen mit ihm ins Gummibad. Die Sonne ist aus Gummi, die Badetasche ist aus Gummi und ich bin aus Gummi. Ich liege auf dem Gummibadetuch in der Wiese, die so grün ist wie der Gummifrosch. Gar nicht sehr klein ist er. Zwei Hände groß. Zwei Sebastianhände. Er ist, der Frosch ist ein Geschenk der Tante Else, die immer glaubt, Sebastian sei noch ein Baby. Wenn die wüßte, was ich für einen elenden Gummigeschmack auf der Zunge habe nach dem Aufblasen dieses Dings. Meine Tomaten werden heute schön schmecken. Sebastian kann noch nicht richtig aufblasen. Er läßt zu früh aus und der Frosch wird wieder weich.
Dort rennt er schon, der Bub mit dem Gummi, ins Wasser. Ich sehe nur mehr die blaue Badehose blitzen. Sie ist das Kennzeichen für mich unter den badenden Kinderleibern. Alle mit blauer Hose könnten Sebastian sein. Alle blauen Badehosen, die nicht über die Wasseroberfläche sichtbar werden, sind die ertrunkenen Kinder mit blauen Badehosen, unter denen eines Sebastian sein könnte. Das Bassin ist etwas entfernt, und so genau sehe ich nie gegen die Sonne. Ich scheue aber die unmittelbare Nähe des Kinderbassins, weil es mir dort entschieden zu laut ist.
Ich lege mich geruhsam auf den Bauch und schlage meine Gummizeitung auf:
«Unruhen im Großwildpark – Einbruch in Wahlkabine – Selbstmord im Klo – Mord im Klassenzimmer» – daneben eine Nackte, mit einem Busen, der kerzengerade zum Himmel steht. Na ja, sie ist noch so jung. Ich rücke meinen Busen etwas zurecht im Bikinioberteil und blättere um. «Kalbskoteletts vom Mond» – hoffentlich nicht aus Gummi. Ich lasse meine Augen etwas schweifen über Menschengrüppchen zu Einzelgängern und Sololiegern, zu Muskelmännern und alten Frauen unter Regenschirmen und zu den Kindern im Wasser. Eine blaue Badehose hebt sich auf und nieder im seichten Wasser und beschäftigt sich intensiv mit einem grünen Ding. Ich mag diese Sonne auf meinem Rücken und auf meinem Bauch und in meinem Gesicht. Ich glaube, man kriegt viele Falten von viel Sonnenbestrahlung, aber ich fühle mich da in dieser Wärme einfach so geborgen

und beruhigt. Ich schließe die Augen, und die Bilder kommen und ziehen und gehen in mir-aus mir-über mir. Sommerbilder sind es. Frische Bilder. Lebendige Traumbilder.
Auch Sorgen gehen durch meinen Kopf, wenn ich mit den Gedanken hängenbleibe. Sorgen sind gesund. Sommersorgen sind es. Besonders wenn mir zu heiß wird und ich zu schwitzen anfange. Ich döse lange.
«Ich meine, es macht ja nichts, es macht an sich überhaupt nichts, wenn die Kinder so gehen, aber es ist ein Prinzip. – Aus Prinzip sollten sie schon beizeiten dazu angehalten werden, nicht so ungeniert nackt daherzugehen. Ich weiß nicht, was das für Eltern sein müssen. Die Kinder sind da gar nicht schuld. Der müßte doch das schon im Kindergarten gelernt haben. So etwas kann man ihnen nicht früh genug eindrillen!»
So weit eine gar nicht sehr alte Dame zu ihrem Gemahl, der ebenfalls die Zeitung vor sich hat und gar nicht plaudern will. Wahrscheinlich sieht er sich auch die Nackte mit dem Himmelfahrtsbusen an. Die Frau hat so laut gesprochen, daß es auch die übrigen Grüppchen im Umkreis hören konnten und niemand hat sich dabei etwas Besonderes gedacht. Alle haben sie etwas an, sei es auch noch so winzig, alle haben brav Sorgen und Prinzipien im Kopf, seien sie noch so verdreht, jeder benimmt sich der Norm entsprechend. Ich denke auch weiterhin nicht nach, wenngleich sich feine Diskussionsfäden über den Rasen zu spinnen beginnen, von Einsamen zu Geselligen, von Gutwilligen zu Energischen.
«Das ist heute alles so locker. Keiner denkt mehr an die Folgen.»
«So fängt es an. Ganz klein. Aber aus der geringsten Nachlässigkeit werden die größten Schwierigkeiten und die haben dann alle.»
«Aber, aber, meine Damen. Bei dem Kleinen sieht man ja noch gar nichts. Was würden sie erst zu mir sagen!»
Der Herr mit dem Bier ist wenigstens nicht so wie die Damen ohne Bier. Er meint, es sei jedermanns Bier, wie er sich gibt. Sebastian trinkt kein Bier, sondern eher schlappt er Wasser. Nicht jedoch im Augenblick, denn ich suche so zur Kontrolle, nur zu meiner Beruhigung, bevor ich mich wieder herumwälze, nach der blauen Hose. Es tummeln sich im Augenblick weniger Kinder im Bassin, auch ist heute kein Hochbetriebstag, und ich erkenne da sehr leicht ein Kind, das so aussieht wie Sebastian, aber einen nackten Hintern hat und etwas Blaues umherträgt, etwas Grünes in etwas Blaues gewickelt. Er legt es hierhin und tut es dorthin. Und eigentlich muß ich sagen, ist es überhaupt etwas seltsam, daß sich so ein großer Bub mit so einem kindischen Spiel abgibt. Aber Sebastian ist eben ein Kind. Und er schämt sich dessen nicht. Er schämt sich auch seiner Nacktheit nicht. Wahrscheinlich weil er nicht im Kindergarten war, und wahrscheinlich bevorzugt er deshalb auch noch oft recht kindische Spiele.
Ich rufe ihn und gehe ihm zugleich ein wenig entgegen. Ich frage Seba-

stian, was da mit der Hose und ihm und dem Gummifrosch los sei. Sebastian schwänzelt lustig auf mich zu: «Weißt du, der Frosch ist so grün wie das Gras. Wenn ich ihn irgendwohin lege und ein paar Schritte weggehe, kann ich ihn gar nicht mehr erkennen. Ich weiß dann nicht, ob er noch da ist. In dem Blau von der Hose sehe ich ihn noch von weitem.»

Wenn ich das nicht verstehen könnte. Und wenn der Frosch nicht so ulkig in dieser Hose aussehen würde, wenn, ja wenn ich nicht unter so vielen Angezogenen herumlaufen würde und wenn ich nicht –.

«Wer dagegen nichts hat, soll doch in die Nacktkultur gehen! Die steht ja allen offen!»

Ja, wenn ich nur der Freund der aus Prinzip Nackten wäre. Wenn ich nur der Freund der aus Prinzip Angezogenen wäre. Wenn ich nur der Freund meines Kindes wäre, dann würde ich jetzt nichts tun und nichts sagen und wieder zu meinem Platz gehen und mich weiterhin bloßstellen lassen von der Frau daneben, denn das tut sie gern. Bloßstellen, jemanden, aber selbst ausziehen, das darf man sich nicht. Heiliger Frosch, aus Gummi, fahr der Alten einmal ordentlich zwischen die Beine! Dann hätte sie anderes zu tun und müßte mich nicht belästigen, weil mein Bub die Badehose ausgezogen hat, wo ich doch so sehr verstehe warum. Die tut so, als wäre sie bekleidet geboren worden.

Die fanatisch Angezogenen und die fanatisch Nackten, die fanatischen Frösche und die fanatischen Kinder, die fanatischen Mütter und ich, wenn ich fanatisch bin. Wir zu Hause, wir tun uns da nicht so viel an. Wir dekken uns nicht immer gleich zu, wenn ein anderer herzukommt, und dekken uns nicht immer gleich ab, wenn jemand hinausgeht, wir decken höchstens den Tisch, und ab und zu essen wir gleich aus den Töpfen. Nur Froschschenkel, für die konnte ich nie rechte Begeisterung entdecken. Das heißt, ich habe sie noch nie probiert, ich bezweifle nicht, daß sie auch eine gewisse Geschmacksrichtung befriedigen. Die meinige nach Gummi ist gesättigt, aber vielleicht hätte die Frau Lust auf Froschschenkel und müßte dann nicht über mich und Sebastian herziehen. Wahrscheinlich fehlt, ihr ein kleiner Sebastian. Ihr Mann liest schon zu lange wieder in der Zeitung. Und Sebastian ist wieder bei seinem Spiel. Und ich liege wieder im Gras. Ich sage nichts, sondern schicke nur einen Blick zu ihr hinüber. Mit Worten wäre ich hier völlig fehl. Und mir haben auch die Worte gefehlt, mit denen ich dem Buben hätte erklären sollen, daß wir in einem öffentlichen Bad sind, in dem die Leute Hosen tragen müssen, damit man nicht sieht, was jeder weiß. Ich habe leider keine zweite Hose mit, denn Sebastian ist in der Badehose hergekommen. Ich sehe ein, der Frosch braucht die Hose als Kennmarke mehr als Sebastian.

Ich habe es mit dem Polster genaugenommen. Er ist das beste was ich bekommen konnte. Er hat viel gekostet. Und ich lasse ihn auch nicht zu

Hause liegen, ich trage ihn ehestens an seinen Bestimmungsort. Ich fühle mich verantwortlich für dieses Polster.
Ich betrete das Krankenzimmer. Die Großmutter liegt da in demselben Bett, wo ich sie verlassen habe. Wieder die Infusion. Sie liegt schwer, sie atmet schwer, sie scheint zu schlafen oder sich zumindest sehr weit in einer Erschöpfung entfernt zu haben von ihrem Körperort. Der Nadeleinstich ist blutunterlaufen und die ganze Innenseite der Hand ist blau bis ganz dunkel. Die Infusion tropft nur ganz unregelmäßig. Irgendwie vernachlässigt kommt sie mir vor, mehr als letztes Mal. Verkommener in ihrem Erscheinungsbild. Die Haut ist schrundig im Gesicht, fleckig wie in einem Fieber aufgewühlt. Sie atmet, und ich stehe da, und sie bemerkt nichts, sie wird vielleicht lange nichts bemerken und ich gehe an das Fußende des Bettes, um mir den Sessel an ihre Seite zu rücken. Da wendet sich die Nachbarin, die dieses große Blutmal an der einen Gesichtshälfte hat, das sie aber nicht erschreckend aussehen läßt, sondern sanft und klug, auch sehr empfindlich, an mich: «Sie wird noch sehr müde sein, sie ist gerade heruntergebracht worden. Sie hat eine Blutkonserve oder eine Blutwäsche bekommen, ich weiß nicht genau. Sie ist erschöpft.» Ich danke ihr leise mit einem Kopfnicken und setze mich vorsichtig. Die Oma hat wieder dieses Urinsäckchen anhängen, also scheint die Blase wieder nicht zu funktionieren.
Ich sitze da so verloren und ich weiß eigentlich nicht, worauf ich warten soll. Ob sie aufwacht? Und wenn sie aufwacht, was dann, was soll ich dann mit ihr abhandeln? Ich frage mich, ob es nicht zudringlich ist, so bei einem Schwerkranken zu sitzen und zu warten auf nichts. So abwegig scheint mir mein Verhalten auch wieder nicht zu sein, denn ich habe gar nicht den Eindruck, daß sich meine Oma meiner Anwesenheit nicht bewußt ist. Vielmehr kommt mir dieses Sitzen und Mich-überflüssig-Fühlen sehr nach Normalverhalten vor. Ich, hier sitzen wie sonst auch und warten auf einen Sprung über den Zeitbogen, einen Absprung abwarten, hinüberschauen und dann wieder ruhig gehen. Nur, sonst schwimme ich auf den Versicherungen des anderen, der mit mir sich die Zeit vertreiben will. Das sind die Schwimmreifen, aber meine Oma läßt mich heute ordentlich strampeln in der Hilflosigkeit, ohne mir ein Ufer anzugeben, das wir erreichen wollen, ohne ein Ausflugsziel, sie gibt nichts mehr vor, sie hat keine Pläne mehr, in die ich mich stützen könnte, und ich hänge auf dem Stuhl – wartekrank und angespannt vor Blut, und sie atmet noch immer schwer und, würde sie die Augen öffnen, könnte sie vielleicht meine Gestalt nicht erkennen, das Stückchen könnte sie mir spielen.
Ehrlich – mir ist es peinlich – es bereitet mir fast so etwas wie Pein – nicht Schmerz – hier zu sitzen und diese alte Kranke anzuschauen. Ich finde das unverschämt. Sie gibt sich keine Masken mehr, nicht weil sie nicht will,

sondern weil sie nicht mehr kann, und das ist peinlich, denn es könnte ja auch mich betreffen. Jetzt, wo sie so lebensentblößt daliegt, nimmt sie mir meine Möglichkeit, mich hinter Nützlichkeiten und geschäftigen Wichtigkeiten zu verschanzen und ich muß auch so nackt und hilflos dasitzen, und sie zwingt mich dazu, denn ich muß ihr das Polster geben und muß bekunden, daß ich sie nicht verlassen habe.
Wer weiß, vielleicht liege ich noch früher als ich glaube so da, wie meine Oma jetzt. Meine Gedanken breien sich so auf im Hirn, und mir ist ganz blödsinnig lahm in meiner Peinlichkeit, und es könnte sein, daß ich besser wieder gehen sollte. Ich kann ja das Polster an das Kopfende schwindeln und mich wegstehlen. Was heißt hier stehlen! Ach ja, Geld muß ich ihr auch noch zurückgeben. Ich werde noch warten. Vielleicht erbarmt sie sich meiner und erlöst mich aus meiner Hilflosigkeit. Ich kann ihr nicht helfen, aber schon wirklich nicht. Sie hat ja recht, wenn sie das immer wieder sagt. Es ist böse von ihr, daß sie das immer sagt, aber es ist wahr. Ich bin jetzt meinerseits böse und fasse sie leicht an der einen Hand an. Ich will sie aufwecken. Ich will, daß sie mich erkennt. Ich will nicht weggehen und allein sein mit dem Bewußtsein, daß sie glaubt, ich hätte sie verlassen oder ich hätte sie nicht erwarten wollen, aber ich kann allein sein mit dem Bewußtsein, böse zu ihr gewesen zu sein und sie gestört zu haben. Ist es böse, jemanden zu wecken in das Reich des Wachens, hierher in unseren Bereich, auf dem wir lesen und essen und atmen? Er kann ja nicht so abgelegen sein von allen anderen. Er ist vielleicht nicht sehr erstrebenswert oder besonders anziehend, aber doch ein Bereich von allen anderen, der einem sehr lieb werden kann.
Nicht gleich, aber doch langsam, rührt sich die Großmutter herüber in meinen leichten Druck der Hand und sie beginnt den Mund zu bewegen. Sie spricht ihre Sprache, die meiner ähnlich ist, und jetzt ist es so, als würde ihr einfallen, worum es gehen könnte, und sie öffnet die Augen. Klein nur, denn sie sind gerötet und verschwollen, auch etwas von Sekret verklebt. Versponnen jedenfalls. Ich streiche ihr über die Stirn, und sie beginnt schneller zu denken und ihr Artikulieren geht rascher – sehr rasch muß ich sagen –, mir ist, als würde sie lauter bekannte Dinge sagen, ich höre in jedem Ausdruck etwas ganz Bekanntes, aber es ist doch nicht die Sprache, auf die wir uns sonst immer geeinigt haben, obwohl sie so viele Worte enthält:
«Du hast sonst nicht ein gewesen über nicht folgen ja ja ist geh die anderen ein», und sie setzt ab. «Müde weißt müde, daß du gekommen», und sie setzt wieder ab von ihrem fiebrigen Aufruhr in sich hinein, hineinträumen in einen fiebrigen Glanz, der sie erhebt oder erniedrigt? Jedenfalls macht er ihr eine trockene Kehle und einen entzündeten Hals. Sie muß Durst haben. Ich hebe die Schnabeltasse, die auf ihrem Kästchen steht, und die

Nachbarin, die alles mitverfolgt haben dürfte, meint:
«Sie bricht alles, sie lebt nur von dieser Infusion und die Ärzte haben keine stechbare Vene mehr. Gestern hat sie die Infusion am Fuß gehabt. Sie ist jetzt am Tag immer durch eine Injektion gedämpft, aber in er Nacht, da geht es los.» Sie wendet sich etwas gequält ab. Ich bohre nicht weiter in ihr Los. Ich merke aber, daß die Oma hier ein hervortretender Charakter sein muß und das hat man ja immer schon gerne von ihr gesagt, nur mir selbst ist das nie sehr in die Quere gekommen. Nun bin auch ich ein Teil meiner Oma und man sieht mich wie sie und vielleicht sieht man mich gar nicht so gern und deshalb will ich nicht mehr im Schicksal ihrer Mitlieger und Betreuer bohren.
«Ich habe dir das Polster gebracht, ich gebe es drunter.» Sie sieht mich an.
«Vielleicht hätte besser ich gedacht diese Polster nicht so hart egal mit im Rücken», und sie redet wieder einher so einher, und das Lallen wird so ein Mechanismus ihres Gehirns, das selbst ein Mechanismus ist und abläuft bis zum letzten, läuft und läuft und das Werk hakt noch immer ein in Teilbewegungen – eine Schraube wackelt – und die Mutter ist abgeschabt – und es geigelt ein Rädchen – und regt die Kurbel nur zum Beben an, aber kann sie nicht mehr in Gang setzen – und das Licht blinkt auf – und setzt aus – und kommt wieder – alles unvermutet und unkontrollierbar, auspräzisiert, ausgewaschen, hinfällig in seinem Wuchs und seinem Ablauf eine bebende Uhr, die noch manchmal tickt und manchmal schneller tickt und viel zu schnell tickt, als daß sie noch mit der Zeit etwas zu tun hätte. Uhrtaumel–Werkzittern–Schraubenwackeln. Aber wer sagt, daß eine Uhr diese Zeit angeben muß, auf die wir uns geeinigt haben und die uns immer zu lang oder zu kurz wird. Es gibt noch viele Zeiten in einem Leben, viele Lebenszeiten in aller Leben.
Ich schiebe ihr das Polster unter das Genick. Sie sagt nichts dazu, auch nicht in einer anderen Zeit, sondern ruht darauf, und das soll wohl ein Zeichen sein, ein Wort für einen gutes teures Polster. Ich habe auch noch einen zweiten Überzug besorgt, falls der eine schmutzig werden sollte, was ja zu erwarten ist, und ich lege ihn sozusagen für die Schwester auf das Nachtkästchen.
«Soll das – Polster gut – gekostet haben. Wieviel – wieder zurück.» Ich glaube, ich höre nicht recht. Mir steht der Verstand, und ich sage: «Ich gebe dir das restliche Geld in die Börse zurück.» Mir kommt das außerordentlich komisch vor, daß wir uns über Geld doch noch auf der althergebrachten Ebene begegnen. Das hält, diese Plattform hält bis in alle Zeiten, zumindest bei meiner Oma. Sie ist überhaupt wieder etwas mehr in die herkömmlichen Regionen eingegangen, vielleicht hat die Auseinandersetzung über das Geld sie etwas dahingelotst und sie sieht mich wieder etwas klarer an.

«Durst habe ich, ich bin ganz eitrig im Hals.»
Ich gebe ihr die Schale an den Mund, und sie findet, daß ich mich nicht geschickt verhalte, und sie wird so energisch, und sie zieht, reißt fast mit der freien Hand die Schale an ihr Kinn. «Ich kann das schon, ich mache schon, mir braucht niemand helfen.» Sie verschüttet den Tee über ihren Hals. Ich nehme schnell die Schale weg, und die Nachbarin sieht zu mir her, indem sie sich merklich aufrichtet, und meint: «Sehen sie.»
Ich wische etwas mit einem Stück Zellstoff an ihrem Hemd und an ihrem Hals herum und kann weiters nichts tun. Ich muß noch das Retourgeld in die Börse geben und mir ist es gar nicht recht, daß ich das nicht gleich getan habe, weil, jetzt hat sie wahrscheinlich schon wieder alles vergessen und wird sich wundern, warum ich in ihrer Tasche krame. Ich tue es schnell, und sie bemerkt es, auch wenn ich es schnell mache, und sie will etwas: «In der ist eine Creme. Die Lippen.» Ich nehme eine grünliche Salbe heraus in einem durchsichtigen Glas und schmiere mir etwas auf den Finger und bestreiche ihre eingefallenen Lippen damit.
«Lassen mich hier ganz verwahrlosen, ich kann mich nicht mehr selbst reinigen, wie das aussieht, ekelhaft.»
«Das ist aber jetzt wieder nicht wahr, die Schwestern haben ihr heute nacht zweimal ein frisches Hemd gegeben und sie in der Früh ganz gewaschen», kann die Nachbarin nicht mehr bei sich behalten. Ich sehe nur mit einem stummen verstehenden, aber wehrlosen Blick zu ihr hinüber, was soll ich schon sagen. Ich möcht über meine Oma nichts Schlechtes sagen, aber verteidigen muß ich sie auch nicht. Das tut sie noch selbst. Und was sollte es auch nützen. Ich bin ja nicht meine Oma und möchte es auch wirklich nicht sein.
Die alte Frau liegt mit geschlossenen Augen und rollt wieder die Äpfel unter den Lidern, mit den Händen macht sie heute nicht so ein starkes Spinnen. Sie trägt den Ring und die Uhr an der Hand und ich meine, das müßte sie doch einschneiden, aber ich lasse alles bei meiner Beobachtung. Was soll ich schon tun. Ich kann nur hier sitzen und verwirrt sein in Auflösung und Verklemmung an diesem Leben, das ein Hängen ist bis zum letzten und eine Entblößung aller Kerne der Persönlichkeit, die nicht ruhen können, die immer rollen müssen und kein Ende finden wollen, wie ein Geduldspiel mit Hartnäckigkeit gespielt, aber mit Ungeduld bis Ungeschick mit viel zuviel Aufwand an Atem und Verlust an Unbehagen und Mißlingen. Aber was heißt viel zuviel, was steht mir an, über meine Oma zu sagen, ich kann nicht einmal etwas denken. Im Raum ist es heiß und die alte Frau geht von Dösen über Aufregung in das gehetzte Lallen über, das sie scheinbar mir schuldig zu sein scheint oder jedem, denn ich glaube, nur manchmal erkennt sie mich als eine Bestimmte von anderen, ansonsten ist ihr alles ein Brei im Hals, an dem sie schlingt und den sie nicht

hinunterbekommen darf, weil sie ihn erbrechen würde. Eine Wüste, eine Trockenheit und klebrige Aufkrustung mit Beilschlägen der Erinnerung an dieses Leben und das hackt zu, das hat immer so gearbeitet und heute fallen keine Witze mehr.
Ein großer Abstand ist zwischen mir und ihr, das merke ich besonders, als ich jetzt so einkehren möchte in ihr Bild, um es aufzuschreiben. Es hemmt sich mir der Fluß immer wieder entgegen. Wer will zurück zu hier und nicht dorthin, wo ich auch bin. So hängen im Zwischenraum ohne Einverständnis. Ich will es für mich, nur für mich nicht recht annehmen, daß es so eine Entmenschung sein muß. Ich lasse meine Großmutter mit ihrem Einverständnis, denn es war immer ihre Sache, und sie lebt jetzt so, wie sie im Leben gestorben ist. Das ist ihr Geheimnis, aber ich glaube fast, sie hat immer eines kaufen wollen und nie eines bekommen können. Denn ein Geheimnis kann man sich scheinbar um Geld nicht erwerben.
Sie regt sich im ganzen Körper, und sie hat zur Kenntnis genommen, daß da ein Wesen neben ihr sich regt und wendet, das mit ihr irgend etwas zu tun hat, soll es ich sein, und sie streckt beide Hände, auch die gefesselte, nach vor, steif und sie bäumt sich von innen heraus: «Hilf mir auf – hilf mir auf, ich will auf!» Aber sie kann diese Stellung nicht halten und ich drücke sie auch wieder sanft zurück und halte ihr die Hand. «Aufhalten – aufhalten!» Mit Aufhalten verebbt die Kraft und sie geht wieder in leere Lippenbewegungen und Augenrollen über. Ich stehe auf und stelle den Sessel leise zurück. Ich werfe noch einen Blick zur Nachbarin, die in einer Zeitschrift liest. Sie nickt. Ich gehe, während ich noch auf meine Großmutter sehe, die wieder vor sich hinlebt.
Draußen am Gang komme ich an dem Zimmer vorbei, in dem die Stationsschwester ihr Reich hat, und ich frage kurz nach, wie es denn mit der Frau, und ich nenne Namen und Zimmernummer, geht. Wie sie ihren Zustand beurteilt.
«Mein Gott, die gibt uns was aufzulösen.» Mehr sagt sie erst gar nicht. Sie bedenkt dann aber doch und meint noch: «Wir können nicht mehr tun als ihr Injektionen geben, daß sie keine Schmerzen hat.» Ich frage noch einmal, wie sie die Lage beurteilt, genauer will ich nicht bohren, und sie versteht recht gut und meint: «So wie die gebaut ist, kann das noch lange dauern, das kann man nie wissen.» Sie wird jetzt ein wenig weicher und lehnt mich nicht mehr so hinaus und erkennt scheinbar, daß ich auch ein Mensch bin und zufälligerweise zu meiner Oma gehöre und sie fragt: «Wer sind sie zu der Patientin?» Ich gebe Auskunft, und sie sagt: «Ich kann ihnen nicht mehr sagen. Fragen sie eben wieder nach. Schmerzen hat sie nicht sehr viele, sie steht unter starken Drogen.» Danke, das genügt mir. Drogen sind manchmal besser als Fragen und Antworten.
«Ich habe ihr auf ihren Wunsch ein kleines Polster gebracht. Ein passen-

der frischer Überzug liegt auf dem Nachtkästchen.» Dann verabschiede ich mich, und mir fällt ein, daß eine Stationsschwester mit dem Überziehen der Bettwäsche ja sicher gar nichts zu tun hat und sie das gar nichts angeht, ob meine Oma ein gutes Polster hat und sie wahrscheinlich auch in der Nacht gar nicht die beschmutzte Wäsche der Oma auflösen muß, wie sie beklagt hat, sondern wahrscheinlich ruhig in ihrem Bett zu Hause schlafen kann. Aber das muß auch nicht immer wahr sein, denn ich weiß nicht, ob Schwestern höheren Ranges dort nicht auch Nachtdienste zu verrichten haben.

Sebastian und ich sitzen am Boden. Wir knien eigentlich voreinander und halten einander an den Händen. Wer hat die Augen geschlossen? Es muß nicht sein. Spüren der Hände des anderen Selbst. Spüre ich ein Beben meines eigenen Blutes? In den noch kleinen Händen meines Kindes? Es blutet bereits für sich selbst. Wie weit hat es sich abgetrennt? Wie fließt es, wohin fließt es? Wie ist das dem Kind, das da vor mir kniet in der Stille und meine Hände hält. Vielleicht nicht so sonderbar wie mir. Wie ist es mit der Scheu vor dem eigenen Fleisch und Blut? Will ich so viel Nähe? Was sprechen wir und was tun wir nicht den ganzen lieben Tag, um uns nicht zu nahe zu kommen. Ja nicht zuviel, ja nicht zu still sein, und nichts hören und den anderen ansehen in den Kopf hinein in die Trostlosigkeit hinein und aufgeben alle Trennungsversuche, weil beisammen sein nichts bedeutet. Was ist nicht den ganzen Tag für ein Rummel um nichts auf der Straße und in den Familien und in der Luft und im Boden. Es ist überall so laut, und wir sitzen hier auf unseren Knien und halten fremde Hände, warme Hände, die nicht näher sein können als sie sind.

Sei still und sieh mich einmal an. Ich sage das zu meinem Kind nicht. Es würde das vielleicht nicht gerne hören. Wenn es so still wie jetzt ist, sind Worte nichts, weil die Stille spricht. Es tut sich. Sebastian kann nur sein Blut rauschen hören, und ich will, daß er das tut. Ich müßte ein Kind nicht darauf hinweisen, es lebt von seinem Blutrausch, aber ich für mich selbst und für unsere Besinnung im Rauschen der Tage tue das. Hier knien und uns berühren. Sieh mich an, wenn du willst. Ich bin nicht deine Mutter, ich bin eine Fremde und du bist mir ein Fremder, ein Mensch, ein ganzer Mensch und nicht ein Teil von mir.

Wer sieht sein Kind an, wer sieht diesem Wesen jemals ruhig in die Augen. Wir können es nicht, weil wir ein schlechtes Gewissen haben, wir reden statt dessen und erklären das Bekannte, wir schenken statt dessen und sind geschäftig und aktiv, wir kosen statt dessen und sind so verspielt, wir sind verliebt statt dessen und wollen nie sehen: in die Augen des eigenen Kindes. Und das Kind will nicht sehen in die Augen der Mutter, denn die ist ein Monster. Für Kinder sehen alle Erwachsenen genauso aus wie Frankenstein, besonders die nahestehenden (das erklärt den großen Erfolg

dieser Gestalt). Vielleicht sind alle Menschen Monster. Vielleicht liebenswerte Monster. Schau mich einmal an, du darfst es, ich werde nicht beißen, ich werde nicht mütterlich sein, ich werde nicht klug sein, und schau, hier am Boden bin ich gar nicht größer als du. Laß mich auch einmal nur ein Mensch sein so wie du einer bist. Gibt mir die Chance und sieh mich einmal an, so wie du in deine Träume sinkst. Ich bin dein Traum, mein Kind. Davor habe auch ich manchmal Scheu, denn dieser Gedanke ist mir fast zuviel. Aber jetzt in der Stille bin ich es und ich habe keinen Gedanken daran, ob du wirst nachfolgen wollen. Du folgst nicht, du gehst allein, ich spüre das in deinen Händen beben, und du hast blaue Augen, die sind nicht meine. Ich lasse dich aus und ein Verweilen ruht in der Stellung, die wir vergessen haben. Wir sehen uns an und wir haben vergessen, daß es sonderbar ist, daß sich Kind und Mutter fremd sein dürfen und nicht aneinander hängen in Geschäftigkeit der Trennung. Eine Weile so, es wird sich nicht zutragen, es ist schon geschehen.
Ein Ton schwingt aus, es ist wie ein ferner sanfter Brummton, ich mache ihn eigentlich nicht, aber ich lasse ihn schwingen aus mir, so lang ein Atem reicht, und Sebastian atmet für sich und auch er atmet mit einem sanften Ton aus und sieht mich an und schwingt seinen Laut zu mir. Eine Sprache, eine Art Sprache, ein Unterton der unser Sitzen betont. Eine Möglichkeit zu allen folgenden Geschehnissen. Meine Fingerspitzen wollen sich regen, die wollen nicht immer so still liegen, die wollen sprechen mit den Finger Sebastians und wir legen die Hände aneinander weich an den Flächen und er hat noch viel kleinere Hände als ich, und an den Fingerspitzen sind sie kalt. Wir sollten die Hände wärmen. Bewegen und kribbeln mit den Fingern, das macht warm, das treibt das Blut und jetzt wieder ruhig halten und den Kopf nach unten hängen lassen, dort rinnt alles Aufwallen zusammen ein Gefäß für Ebbe und Flut, und wenn wir aufschauen, lachen wir über das Spiel, das wir da treiben. Es hat uns das Lachen ins Gesicht gespült, und das ist eine Möglichkeit der Sprache, eine Möglichkeit der Vereinigung von Unterennbarem, eine Billigung des anderen Blicks in den eigenen Unsinn hinein. Es entspannt das Verhältnis von Menschen, die einander allzu nahe sein müssen, die so sehr verbunden sind durch irgend etwas, etwas ist es, und ich glaube nicht, daß es mit der Blutsverwandtschaft zu tun hat. Sie ist keine Verbindung und wenn, dann ist ihr vorwiegender Teil Ablehnung und Zwang zur Abtrennung, denn sie ist Schicksal, und das ist ein Wille, mit dem der Mensch gerne kämpft. Mein Wille zum Schicksal ist mein Grundton und der ist übergegangen von Brummen in Lachen, und jetzt stößt mir ein sanfter Rhythmus in die Hände.
Ich klatsche regelmäßig, und mein Klatschen hebt mir die Zunge, und ich trällere in lustigen Lauten heraus zu meinem Klatschen und zu seinem Klatschen. Daraus wird ein gemeinsamer Rütmus, den zu halten sich kei-

ner bemühen muß. Wir haben alte bunte Blechdosen stehen, bei unserer kleinen musikalischen Sitzung, die trommeln wir dann und wann, manchmal sinken wir ab in Mißmut und Langeweile und manchmal erhebt sich eine gemeinsame rütmische Bewegung. Sebastian trommelt, und ich scheppere sanft mit der Rasselbüchse, die ich schön bemalt habe, und die mit Reiskörnern gefüllt ist. Wir trauen uns, herauszusprudeln aus unserem Mund. Lieder können wir ein paar, aber jetzt wollen wir eigene machen und sie wieder vergessen. Heute trägt uns eine lockere Luft, und Sebastian verliert sich in seiner Lallperiode, die noch nicht gar so lang vorüber ist und die niemals zu Ende geht. Dreiertakt, Vierertakt und Pausen und hoch und tief, das sind so Gefühle, die in der ersten Klasse schon vermittelt werden sollen, so steht es im Lehrplan und wir machen alles, wir sind da gewissenhaft.
«Basti, wo bist du?»
«Hi – ier!»
«Sebastian, was bist du?»
«Ein Ti – ier!»
Und das Tier trommelt sich auf die Brust und läßt ein Gebrüll los, das nicht mehr mit unserem besinnlichen Anfangssummen zu vergleichen ist. Es scheint aber sehr verwandt damit zu sein. Wir verwenden auch ein kleines Kinderxylophon und Klanghölzer. Da muß man wieder ein wenig stiller sein, sonst hört man das dumpf-helle Schlagen der Hözchen nicht und wir wollen sie ja hören, wir wollen nicht nur schreien und einander überschreien, sondern einander hören und einander sehen, auch wenn sich etwas abspielt, ohne daß dieses Vorhaben gelingen muß.
Gelingen kann da nichts, es kann nur das Gefühl für die Töne des anderen geschärft werden und der Blick für die Durchsichtigkeit der eigenen Augen gegeben werden. Ich kann nur mich geben, ich kann nur so viel Freiheit geben, wie ich mir selbst lasse, und heute bin ich die Mutter im Rütmus. Sebastian hat seine eigene Musik, er hat sie im Blut. Jeder hat seine eigene Musik im Blut, einer macht das so wie der Eingeborene und der andere wie der Herr im Parterre und Sebastian geht über in den ersten Stock. Er steht auf, ihm sind die Füße eingeschlafen, und er beginnt zuerst lahm und dann recht lautstark zu hüpfen, während er in die Hände klatscht und durch ein Loch in den Lippen trötet.
«Wann wirst du mir endlich das Blasen auf dem Kamm zeigen?»
«Ich habe es dir schon so oft vorgemacht, du wirst es schon herauskriegen. Wenn es recht juckt, ist es richtig und dann bläst es auch ordentlich. Das kriegst du schon von selbst heraus.»
Ich glaube, die Rasselbüchse will sich öffnen. Der Deckel der Dose ist verdächtig aufgebogen auf der einen Seite.
«Hast du da vielleicht einmal . . .?»

«Ja, ich hab wolln schauen wie der Reis aussieht, der drinnen ist.»
«Das sollst du nicht tun, denn wenn ich mich nicht verlassen kann, daß die Dose festhält, kann ich sie nicht mehr verwenden.»
«Wieso nicht?» Sebastian hänselt mich, denn er weiß, daß ich nicht viel reden werde über so Sachen wie hin und her und muß und soll.
«Wie sieht denn der Reis aus? Ist er schwarz geworden oder noch schön?»
«Ganz normaler Reis ist drin.»
Aus – aus, aus damit. Jetzt ist es genug – genug und aus. Das darf doch nicht wahr sein. Die schmiert seitenlang Lügengeschichten hin, die ich bezahlen soll. Ich glaube das einfach nicht mehr. Ich will das nicht mehr. Ich habe genug. Das gibt es doch nicht. Hat diese Frau denn überhaupt nichts zu tun, hat die denn keine Sorgen und keine Pflichten. Woher nimmt sich die das Recht, so zu tun, als wäre sie nicht in derselben Klemme wie wir alle. Spielend, spielend macht die alles. Das Rechnen und das Schreiben und das Musizieren und alles, das ist doch nicht wahr, daß das alles so einfach ist. Lebt da in Inzucht mit ihrem altklugen Kind und glaubt, sie tut etwas besonders Kluges, wenn sie es vor dem Ernst des Lebens bewahrt. Das Leben ist kein Spiel, aber schon wirklich nicht, das Leben ist hart und die Kinder sollen beizeiten auf die Härte dieses Lebens eingeschult werden. Es geht nicht immer alles spielend. Man muß sich überwinden können, man muß sich einordnen können, man muß diszipliniert sein und sich vieles merken müssen, man muß Beurteilungen aushalten können. Wir alle müssen das und ich kann nicht glauben, daß diese Frau das nicht machen muß. Wieso hat die denn immer Zeit und immer Ruhe für so einen Unsinn mit ihrem Kind, woher hat die überhaupt so viel Geld, daß sie sich das alles leisten kann? Die muß vermögend sein und sagt es nur nicht. Wir rackern uns ab und verdienen sauer unser Geld und haben wirklich keine Zeit für solche Späße. Ich will das nicht mehr. Ich glaube das nicht. Hat die keinen Mann, mit dem sie sich abficken muß, wenn sie müde ist? Ist diese Frau denn nie zu müde zu Unternehmungen. Hat die überhaupt keine persönlichen Wickel? Die kommt immer wie eine Seelengöttin über die Bühne und schafft alles spielend. Aber das Leben sieht anders aus, das weiß ich, ich bin auch nicht von gestern, die muß unsereinen ja für dumm halten, daß wir so etwas kaufen und glauben sollen. Guten Tag, Frau Erlenberger, gar kein Kopfweh, nie Menstruationsschwierigkeiten, keine Beklemmungen in der Nacht, keine Bange vor dem Brustkrebs? Was treibt das Wunderkind, und wieviel Zeit haben sie denn heute noch? –
Ich trage meine Schreibmaschine in der Einkaufstasche, und die ist mir heute schwer. Der Gemüsehändler hat keinen Salat mehr gehabt, wir werden Kleie essen, du liebe Zeit, das Leben ist schwer. Haben sie schon mein neues Buch gelesen – ach so, deshalb haben sie heute den rosa Hut

auf, aber ihr Saum ist heruntergerissen. Kann passieren. Es ist so wenig Zeit, ich weiß schon, die Zeiten sind hart, ja, ja, ich hätte früher auch nie gedacht, daß ich den anderen in die Tasche scheißen werde, um damit Geld zu verdienen. Geschämt hätte ich mich, das kann ich ihnen sagen – aber das Leben kauft einem das Gewissen schon gehörig ab, sie wissen ja, auch sie benutzen die Toten, um zu leben, denn sonst wäre ja kein Unterschied. Ende des fünften Akts.
(Frau tritt ab und Erlenberger bleibt allein stehen.) Sinnend:
Sie glaubt es nicht, sie will mich nicht, ich hätte es nicht mitteilen sollen. Jetzt habe ich mich nur zum Gespött gemacht, das habe ich notwendig gehabt. (Geht weiter in Gedanken und an deren Unsichtbarkeit strafft sich ihr Schritt, und sie nimmt eine eigene aus sich rollende Elastizität an, einen eigenen Gang.)
Akt endet. (Sie geht einem Licht zu, von dem man nichts Näheres weiß.)
Na Leute, war es langweilig? Seid ihr müde? Es war ein Märchen, ach so, ich hätte gedacht, ein Drama. Na ja, man weiß das oft nicht so genau bei den heutigen Stücken, da ist Kasperltheater mit Politik vermischt und Komödie ist Tragödie, jedenfalls war die Vorstellung gut besucht. Das spielt sein Geld ein. Lau sind diese Abende jetzt schon. Ich weiß gar nicht, wieso ich, gerade ich mich manchmal auf diesem Stern wie in meinem Element fühle. Ich kann gar nicht glauben, daß ein Mensch zu soviel Wohlgefühl angesichts des erschreckenden Todes zu einem unbestimmten Zeitpunkt sein kann. Und manchmal dämmert es mir auf, daß das Leben vielleicht wirklich nicht schwer sein muß, daß dieses Leben vielleicht wirklich ein Verweilen sein kann, hier, bis man wieder geht, und gern möchte ich hier sein, noch eine Weile. Ob das ernsthafte Tun nicht eben ein ernsthaftes Spiel ist, eine sorgenvolle Geschäftigkeit, eine ausweglose Pflichterfüllung angesichts der Bedeutungslosigkeit von so vielen Wichtigkeiten. Vielleicht eine Wertverirrung oder vielleicht eine Notwendigkeit des Menschenwesens, vielleicht ist ihm ein hartes Leben leichter zu ertragen als ein leichtes, denn wenn es leicht ist, spürt er sich nicht mehr. Denn Freiheit bedeutet ja kein Glück. Sie zu haben bedeutet ja nichts.
Es ist nur schlimm, sie nicht zu haben. Aber wenn sie zur Verfügung steht, ist einzig und allein das Problem «Unfreiheit» gelöst, alle anderen Probleme sind nach wie vor da! Und sie funktionieren genauso. Das wird das Problem gewonnener Revolutionen sein, solange es Menschen gibt. (Ich bin für Revolutionen, mache mir aber keine Illusion daraus.) Problemlosigkeit und Mensch auf einen Nenner zu bringen, ist ein Wunschparadoxon. Das Bewußtsein des Menschen funktioniert so, daß es Probleme braucht. Der vielgerühmte Mensch, Krönung der Schöpfung, vernunftbewußtbegabt – ein Problem an sich.

Ich will nichts anpreisen, was ja nichts verändert und nichts löst. Ich weiß ja selbst, wie ich mich manchmal verbohre in meinen Existenzkampf, ich prahle mit meiner Pflicht, mein Leben erhalten, ernähren und in Ordnung halten zu müssen, und ich reiße alle in meine selbstquälerische Ernsthaftigkeit mit hinein. Die Qual des Lebens ist mir eine Lust, wenn ich sonst nichts habe, was zur Lust reichen würde. Und lustig ist das Leben auch nicht. Das dürfte man eigentlich nicht meinen. Mörderisch ist es, immer zwischen dem Leben und dem Tod, immer im Überhang, immer in Spannung, auch wenn der Wind für eine Weile verhält und man nicht weiß, wann er wieder losgeht, und du lernst, du lernst zu atmen in dieser luftigen Höhe. Nicht mehr ganz so unbekannt, nicht mehr ganz so hineingestoßen, aber doch immer in der Schwebe zu ein und alles. Wenn du da noch ruhig atmen kannst und wenn du dir da noch die Zeit nimmst, dich ein wenig umzusehen in dieser skurrilen Landschaft, was ja eigentlich menschenunmöglich ist, denn du wirst nichts sehen, für diese Gegend gibt es keine Augen, sondern nur feine Fasern an der Hautoberfläche, elektrisch geladen mit dem Hüllen des Nichts, mit dem Stoff aus dem Nichts, dann passiert auch überhaupt nichts, aber du bist nicht mehr so auf deine Augen angewiesen. Mir teilt sich die Plage der Menschen mit in meiner eigenen und weiß ich, was ich für eine Plage bin? Mir für eine Plage und was für eine Erlösung?
Liebe Frau, ich weiß, wie hart das Leben ist, aber ich werde nie mit dir streiten, ob meines oder deines härter ist. Ich weiß nicht, ob ich an dem, was so hart sein soll, nicht lebendig geworden bin, und ich bin mir gar nicht so sicher, ob ich nicht in tödlicher Liebe an dem hänge, was wir als die Härte des Lebens bezeichnen und in Ernst verpacken, in einen Lebensernst, in Realität, in Schulung zum Überleben, in Krankheit und in Zeit. Weil uns die Härte sonst zuviel des Glückes wäre und zuviel davon verträgt ein Mensch nicht, weil er damit nichts anfangen kann.
Mir ist meine Arbeit mein Leben geworden. Ich arbeite an meinem Leben, ich lebe mit meiner Arbeit, und ich kaufe mir mein Essen, während ich denke und beobachte und sehe und mich unterhalte und esse. Es ist möglich. Möglich ist es schon, glücklich und unglücklich zu sein, Zeit zu haben und sich in Panik verstrickt zu fühlen und wieder zu lösen, ruhig vor sich hinzugehen an Abenden allein und sich nicht allein, aber voll einsam zu fühlen und mit allen anderen verbunden zu sein, weil man genau derselbe ist. Ich bin du, ich bin ein Teil von dir, ich weiß das, ich fühle dich, ich bin so. Mir ist das kein Traum, mein Traum ist mein Leben, denn hätte ich das nicht, so könnte ich nicht davon träumen. Die Träume sind die Wahrheit und wahr ist die Menge von einander hebenden und einander aufhebenden und einander anregenden und verlierenden Gefühle, die sichtbar werden können in Taten und Arbeiten, Stickereien und

Aktenmappen und Gastmählern und Schriftstücken. Wahrer ist mir mein eigener Körper nicht. Sein Inneres ist mir ein Gespensterreich, das da webt und zermürbt und aufbaut und abbaut und abstirbt, und ich soll da ausgeliefert sein meinen Geschwüren und Aufwölbungen, meinem Hirn? Ich tue mein Denken, ich kann nicht mehr nach außen kehren, ich kann mich nicht mehr sichtbar machen, als wenn ich auch tue, was ich fühle. Und ich fühle, daß sich diese Verbissenheit, mit der wir uns in die Schule dieses Lebens zur allgemeinen Blindheit zwingen, nicht lohnt. Sie macht krank. Vielleicht muß ich an meiner Sichtbarkeit früher sterben, vielleicht werde ich das sehend tun können und meine Taten nicht bedauern müssen. Vielleicht werde ich froh sein, daß ich wenigstens etwas nicht getan habe, was ich hätte tun sollen. Machst du mit? Einmal leicht sein. Wenn man weiß, wie schwer alles werden kann, ist es eine kleine Wendung der Last. Nicht die Last auf den Buckel nehmen und in Lust an ihr sich vorwärts jammern und dann sagen, das ist das Leben, sondern in die Last einsteigen, sie ist das Leben, sie ist ein Leben wert, und das muß natürlich auch keiner glauben, aber fühlen.
Vielleicht kannst du fühlen, was ich mir selbst die ganze Zeit sagen will. Kannst du nicht nach so vielen Seiten schon herausfühlen, wer ich bin. Daß ich es notwendig habe, gerade davon so viel zu sprechen, daß ich mir schwer tue, es herauszukriegen, worum es gar nicht geht. Kannst du an meiner Verwirrung fühlen, wo ich hänge? Und wenn du mich dort nicht triffst auf deinem Lebensweg, einmal, wenigstens einmal nur, dann bist du oder ich auf einem falschen Stern, denn dann ist einer von uns kein Mensch.
Es leuchtet ein hoffnungsloses Bedauern in mir auf, wenn meine Mutter aus der Zeit ihrer Schwangerschaft öfter, bei passender oder unpassender Gelegenheit, etwas schildert. Es hat mit dem Geschmacksgefühl zu tun und das ist eine zentrale Röhre in meinem Gefühlsofen.
Sie war hochschwanger. Sie war jung. Sie war immer hungrig und aß wie heute noch mit Leidenschaft. Sie aß gern Süßspeisen. Gefüllt mit Marmelade, gefüllt mit Pflaumenmus, feinen flaumigen Knusperteig, langsam fest geworden in einem heimelig angekrusteten Topf, der so gut roch wie alle die Träume von Geschmack auf der Zunge. Riechen ist schmecken und essen ist leben und die Speise war nicht so windig wie Windbäckerei, sondern schwer und groß geworden in diesem Topf, erhitzt mit allen teuflischen Genüssen dieses Dableibens, gleich neben dem Kessel, in dem des Teufels Großmutter die Muttermilch erdacht hat.
Die Großmutter kam, und sie brachte endlich die Mehlspeise, diese süßen Klöße, die wie schwere Brüste einer Mutter aus dem Schlaraffenland dalagen, mit Mohn bestreut, dunkel wie die Sünde und mit Staubzucker lekker aufgeheitert. Da wurde meiner schwangeren Mutter so schlecht, aber

so schlecht, und ihre Seele stellte sich ihr im Leibe auf, weil sie ihre Lieblingsspeise nicht essen konnte. Weil ihr vor dem Liebsten so ekelte, daß ihr die Lieblingswerte dieser ganzen Welt zusammenfielen. Sie konnte an nichts mehr glauben, nichts mehr hoffen. Es war aus. Sie ekelte sich vor Hefekuchen, dem, was ihre Kindertage und ihre Mädchenzeit und ihre Vorzeit mit Wollust erfüllt hatte. Sie war wie enterbt, von allen möglichen Genüssen dieser Welt ausgeschlossen. Im Angesicht ihrer Freude verdammt zum Hängen über der Klomuschel mit feurigem Grausen. Das ist das Fegefeuer. Wenn du nicht mehr essen kannst und nicht mehr schlafen kannst, nicht mehr leben kannst und es doch tust. Wenn du nicht mehr liebenkannstundnichtmehrhassenwillstwennduzerruhtbistundsomüdegemachtvommißtrauenohnevertrauenübersättigtvondeinenversäumnisseninbedauernundungeduldverschlamptverschleudertbeschwert von den vielen Süßigkeiten schwanger geworden über der Muschel hängst und es dir vor dem rechten Erbrechen graut, da können Hefekuchen nicht mehr aus der Patsche helfen. Zum Totspeien!
Heute ißt sie sie wieder mit Leidenschaft. Diese Wendung, die sie selbst nie, sowohl in erster Bewegung als auch in der nächsten Wendung, nie für möglich gehalten hätte, zeigt uns das Leben in diesen Weiten – und mir nähert sich die Einkehr in das Einfache. Zurück zu dem charaktervollen Topf am Herd, dort werden die Gedanken gar und dort wirst du satt.
Jetzt war es über mich hereingebrochen. Drei Tage vor dem errechneten Geburtstermin. Ich war damit beschäftigt, die Bettzeuglade in das Bett, das Bettzeug in die Bettzeuglade zu stopfen, wie ich es jeden Vormittag nach dem Lüften tat, und als ich mich bückte, um das letzte Polster noch unterzubringen, lief mir eine dünne Flüssigkeitsspur an der Innenseite des Schenkels hinunter. Es war wie ein sanftes Rinnen. Ich hob den weiten Rock und sah an der Strumpfhose eine klebrige Spur, wie von einer Schnecke gezogen.
Ich wußte, das hieß Blasensprung. Es ist nicht ganz in Ordnung, daß die Fruchtblase so früh springt, aber es ist auch nicht schlimm. Ich war eine eifrige Hörerin des Schwangerschaftskurses und wußte: nicht mehr auf Klobretter setzen und in diesem Fall besser früher ins Spital als später.
Manche Frauen kommen oft schon Tage vor der Geburt angetrudelt und es entsteht ein zermürbendes Spiel von Wegschicken und Wiederkommen, ein Spiel von scheinbarem Schmerz und Abebben der Wehen für Tage. Zur Geburt muß man Geduld haben. Neun Monate lang kann man lernen, was man dann im entscheidenden Augenblick vergißt. Ich hielt mich ruhig. In schicksalseinschneidenden Situationen neige ich immer zu starrer Ruhe und tue alles Schritt für Schritt. Meine Angst stählt mich zu einem tatkräftigen instinktsicheren Wesen, das eines ums andere, das Richtige zur richtigen Zeit tut. In äußerster Konzentration der Angst und

in stillem Bekenntnis zum Augenblick bin ich wie eine Wissende dem gegenüber, was mir neu sein sollte. Ich legte mir eine Binde in die Unterhose und beschloß, noch nicht ins Spital zu fahren. Ich war allein im Haus. Ich hatte keine Schmerzen. Mein Hirn war so sehr gefaßt, aber starr ohne Regungen, die irgendeinem Gefühl Übergewicht beigemessen hätten. Ich war äußerst interessiert an diesem Zustand meiner Angst, denn die war es, die mich beherrschte.

Jetzt, jetzt war es über mich hereingebrochen, und ein Dann gab es nicht, außer daß es bereits im Augenblick gesammelt war. Ich spürte den ersten krampfartigen Zug im Bauch. Nur kurz, kaum zu erkennen, aber ich war wachsam. Ich tat einfache Hausarbeit wie immer. Es beruhigte, so zu tun, als sei jetzt so wie immer. Ich tat es, um mich anzuhalten an den Dingen, die meine Realität ausmachten. Die Kaffeekanne waschen, die Schuhe putzen, den Staub wischen. Ich strengte mich nicht mehr sehr an, und ich mußte oft Harn lassen. Sehr oft und immer mehr von dieser klebrigen Flüssigkeit trat aus. Ich spürte wieder dieses Ziehen im Bauch, ohne daß es sich irgendwie lokalisiert hätte, und es tat auch nicht weh. Ich richtete mir den Wecker, um zu beobachten, in welchem Intervall sich dieses Ziehen wiederholte.

Wieder, diesmal etwas länger und merkbarer. Ein Zusammenkrampfen von irgend etwas im Mittelbauch und ein Abflauen der Spannung. Ich setzte mich auf den Küchensessel. Vor mir der Wellensittich im Käfig. Er war so still wie ich. Die Gegenstände traten in ihrer Wirkungslosigkeit wie wesenhaft hervor. Ihre Stille war wie meine Einsamkeit. Ich saß wie ein Ding. Ruhig und wie bedeutend in meinem Warten auf das Nichts.

Der leichte Schmerz kam wieder nach fünf Minuten. Der Wecker tickte. Ein grüner kleiner Reisewecker. Er läutete nicht mehr, aber das mußte er ja nicht. Ja – es war fast wie ein Schmerz. Die Zeit dehnte sich, wie sich mein Leib leise dehnte. Ich ging zum Telefon und benachrichtigte den Vater des Kindes an seiner Arbeitsstelle. Wie es kam, daß meine Schwiegermutter noch vor ihm mit dem Taxi angebraust kam, ist mir irgendwie entfallen. Sie war eine recht ruhige Frau, tat nicht sehr nervös, aber war doch ein wenig betroffen, daß sie mich nicht trösten durfte. Sie war es selbst, die jetzt vor ihrer Erinnerung der Geburt ihrer Kinder dastand, und sie wäre glücklicher gewesen, hätte ich ihrer Erinnerung mehr nachgeholfen und hätte ihrer Hilfe mehr bedurft. Sie hätte sich mehr Zugang zu dem Verlorenen erwartet und gewünscht. So durfte sie mir nur etwas kochen.

Der zukünftige Vater kam betont langsam an, weil er in seiner Hilflosigkeit der Lage gegenüber sich so vor der Panik der Ohnmacht mir gegenüber und sich gegenüber schützte. Mir war das recht, so kannte ich mich aus und wir fanden Zeit und Ruhe zu essen. Obwohl ich die Anweisung hatte, vorher nichts zu essen, da sonst bei den Preßwehen allzuviel Stuhl

austritt. Trotzdem aß ich ruhig, fast wie festlich. Auch ein wenig aus Verlegenheit und Not, zur Überbrückung der Zeit und meiner Angst. Wir sprachen wenig.
Ich rief mir das Rettungsauto selbst. Ich war fertig. Meine Tasche mit den paar notwendigen Sachen in der Hand. Alle acht Minuten zog es mir den Bauch zusammen. Meine Konzentration war im Bauch. Dorthin war mein Bewußtsein und meine Atmung getreten, dort gesammelt zu einer Spannung, die ihres Ausdrucks nicht entbehrte. Ausdruckskräftig heiße ich das fesselnd heiße ich das. Ich lachte nach dem Nachlassen jeder Spannung.
Dem Ausdruck «Wehe» gerecht wurde diese spannende Regung und zugleich Erstarrung das erste Mal im Rettungswagen. Die beiden freundlichen Burschen trugen mich auf der Bahre, wie das bei Blasensprung so vorgeschrieben ist, in den Wagen. Ich lag. Wir fuhren sachte. Ich lächelte und sah auf die Hausdächer der Stadt, die über dem Milchglas der Autofenster sichtbar wurden. Wolken – Himmel – Dächer – ein Lächeln – Stille – Zusprache des jungen Krankenträgers, ein fescher Junge.
Und da wieder – aber da wurde es weiß und zugleich dunkel vor meinen Augen. Ich schloß sie und merkte, als ich wieder lockerließ, daß ich den Mund verkrampft hatte, für ein paar Sekunden war ich weggetreten in meine Eingeweide. Die fesselten mich mit starkem elastischem Dehnen und Ziehen. Eine Ballung und Verhärtung des Bauches. Ein Stein in mir. Er rollte sich auf die andere Seite. Er ließ nach. Das tat das erste Mal richtig weg. Es war eine starke Wehe. Ich lächelte wieder meinen Mann an. Der sah stumm auf mich und in sich und auf die Dächer, den Himmel und die Wolken.
«Geht's?» fragte der Krankenträger. Ich blickte tapfer. Ich wollte das sein und ich war es auch, und sie sahen mich so, wie ich gesehen werden wollte. Sie sahen, wer ich war oder bin? Eine Frau, die in den Wehen lag und in Kürze ein Kind gebären würde. So einfach war die Sache.
Sie fuhren schneller, aber ruhig. An engen Straßenstellen hallte das Tätühorn auf, und ich vernahm es mit Erregung und Spannung, immer noch ruhig meinen Zustand beobachtend. Gefaßt auf alles. Gefaßt in das Jetzt. Ich lag richtig. Still und flach.
Veränderungen der äußeren Situation können eine Wehe zurückhalten, sie ablenken sowie man selbst abgelenkt wird, indem man sich auf etwas anderes zu konzentrieren hat. Es wallte keine Wehe mehr auf, bis ich den Aufzug gerollt wurde. Der Vater meines Kindes mußte hier an der Aufzugtür zurückbleiben. Ich gab durch ein Lächeln kund: Ich mache das schon alles, sorge dich nicht, ich brauche deine Hilfe nicht, ich will alles allein machen, du kannst mir nicht helfen. Aber sorge dich nur und quäle dich auch ein wenig in der Erkenntnis, daß du mir nicht nahe genug ge-

kommen bist. Laß dir jetzt, wo ich weg bin, alles durch den Kopf gehen. Laß dir mich einmal durch den Kopf gehen. Denkst du, du hättest mir etwas angetan mit dem Kind, was ich jetzt aufessen muß? Denk dir, was du willst, aber mich siehst du hier lächeln im Schmerz in der Angst. Ich bin nicht klein und feige und schwächlich – ein weibliches Wesen bin ich. Ich bekomme das Kind, nicht du. Mit diesemmal bin ich entrückt aus deinem Machtbereich, dort fällt deine Macht zusammen. Das gehört mir! Ich lächle noch einmal hinaus, bevor die Aufzugtür zuschwingt und ich weiß, du kennst dich aus.
Und ich kenne mich aus, obwohl ich hier noch niemals war. Außer der geringfügigen Ausnahme, daß ich selbst in diesem Krankenhaus im selben Kreißsaal und wer weiß in welchem Bett geboren wurde. Ich durfte von der Bahre steigen. Hier durfte schon alles passieren. Ich war an der Quelle, und ich wurde zu einer Tür gewiesen. Eine weiße große Flügeltür in einem gekachelten hallenden Gang. Meine Schritte tönten hart in meinem gespannten Ohr. Fest und elastisch. Ich legte meine ganze Bereitschaft zu meinem Erlebnis in meinen Schritt. Er drückte meine Haltung in der Angst aus, die mich beherrschte. Ich war aufs äußerste beherrscht. Ich war meine Angst und ich beherrschte mich damit. Ich war so korrekt und klar. Präzise gab ich der Schwester Auskunft und Antwort, als sie ein Formular mit meinen Daten ausfüllte.
Hier war alles sauber und blank. Ich war selbst so, hallend, kühl, ein Echo meines ersten Schreies, den ich hier getan hatte in dem großen weißen Saal, dem Kreißsaal. Er war nicht rund, aber die Betten standen eines neben dem anderen. Schneeweiß mit Vorhängen dazwischen. Es war ganz ruhig, fast leer. Ich schaute nicht so interessiert nach anderen. Ich fühlte alles so leer. Ich war selbst so.
Errechneter Geburtstermin, früherer Beruf, ich blickte an die Glasscheibe, die gedämpftes Licht hereinscheinen ließ. Hell, sehr hell, weiß, aber doch gedämpft. Kacheln wie Glas am Boden, alles war so leise und verhalten. Es schwelte die Stille hier. Ein Gefäß für die Ausprägung des Schmerzes zur Welt. Aus Edelmetall blank. Ein Becher für das immerwiederkehrende Leben, für die Sinnlosigkeit.
«Wie groß sind sie?»
Ich sah der weißbeschürzten freundlichen Schwester mit dem Häubchen, die ruhig und ganz gewöhnlich tat, still in die Augen und gab meine Größe genau an.
«Bitte, ziehen sie sich am Gang dieses Hemd an.»
Mir war das irgendwie komisch, daß ich mich in diesem leeren Gang, der wie eine Eishalle glänzte, ausziehen sollte. Die Kacheln blinzelten mit hundert blanken Augen und ich fragte mich, ob das in Ordnung sei und ob das Ausziehen am Gang hier für alle so vorgeschrieben sei. Es mutete

mich so improvisiert an, und ich dachte für einen Moment, wie mir das manchmal so passiert, daß etwas Besonderes mit mir wäre. Ich tat, wie mir befohlen, still und rasch und stand da in dem weißen Hemd mit meinen Kleidern in der Hand und ließ mich weiterführen zu einem Bett an der Gegenseite der Fenster.

Die ganze Zeit über war ich kräftig, und ich war so abgelenkt und beschäftigt in der Realität, daß ich die Wehen und überhaupt alles weggedrängt hatte und ziemlich erschöpft unter die weiße Decke schlüpfte.

«Duschen müssen sie ja nicht.»

Nein, nein, ich bin sauber. Ich habe eine saubere Weste, nicht einmal eine uneheliche Geburt wird es werden. Dem Gedanken an eine Geburt war ich gar nicht so nahe. Ich dachte eigentlich gar nicht, daß das alles so zügig ablaufen würde. Ich hing nur tapfer im Augenblick und da war nichts, außer meine Müdigkeit, der neue Raum und soviel, soviel und da war auch eine Frau neben mir im Bett. Der Vorhang war fast offen.

Die Schwester kam, deckte mich wieder auf, hob mein Hemd und rasierte mir, ohne um mein Einverständnis zu fragen, die Pracht meiner Schamhaare einfach weg. Es stichelte und sah zum Lachen aus. Dann war wieder nichts. Es war still. Es waren zufälligerweise außer meiner Nachbarin keine anderen Frauen in dem Saal. Ich habe nachher gehört, daß sich wahrhaftige Schlachtgetümmel hier abspielen, wenn mehrere Betten belegt sind. In der Verzerrung des eigenen Leibes und Geistes sieht ja alles so nach dem ersten Schöpfungstag aus, spürt sich so an und zerrinnt in der Erinnerung zu Brei, zu Gedankenbrei. Es war wieder – niemand kümmerte sich um mich. Ich schloß die Augen. Nicht weil ich mir das so ausdachte, ich mußte das tun, mir wischte der Blickpunkt weg, ich fiel, ich fiel und wurde gezerrt in den Sog. Eine Ballung meiner Energien, meines Denkens floh in den Bauch. Eine Warnung von hinten, von den Nieren, ein leises Brennen – ich war so sehr bei der Sache. Ich war gefesselt von meinem Schmerz. Aber noch dachte ich. Ich dachte: Einatmen und langsam ausatmen – einatmen und a u s a t m e n. Noch kontrollierte ich meinen Schmerz und wollte ihn einteilen, gliedern mit meiner Vernunft. Von den zum Zerreißen gespannten Seidenfäden, die unter der Anstrengung zu glühen begannen, zog es an den Seiten nach vor in den Bauch und bewegte sich als verkrampftes Bündel, konvulsisch, pulsierend, sichtbar in die obere Hälfte des Bauches unter den Magen. Da hob es sich. Da war Bewegung wie im Kampf, da war es und da löste es sich wieder langsam.

Der Atem ging ruhiger, die Augen und das Denken gingen wieder auf, und Ruhe wie nach einer großen Anstrengung legte sich über meinen Zustand. Entspannung – wie in Meditation – von selbst ganz einfach – klar – ohne Erklärung – ohne Frage – wissend, was sich bewegt und beruhigt. So klar und eins mit der Wechselbewegung von Anspannung, Sammlung,

Erregung und Lösung von Körper und Denken ist ein Menschenwesen selten. So ein Zugang zum wesenhaften, lebhaften, tierhaften Verhalten hat ein Mensch selten. Aber für alle gibt es diese Erlebnisse. Jeder kann gebären. Mann wie Frau. Gebären – Schöpfen . . . Es mit seinem Körper zu tun, der den Sammelpunkt des Sichtbaren und Unsichtbaren darstellt, ist aber wohl der direkte Weg.
Ich kehrte immer wieder zurück in die Welt der Dinge. Gern tat ich es. Ich gab alles. Ich spürte, das war ich, jetzt, und ich hatte keine Wahl, ich wollte auch nichts anderes. Die Aufsplitterung in verschiedene sich verwirrende Gedanken oder Wünsche oder Fragen ereignete sich nicht. Ich lag in der Sammlung meiner Energie, die ich bin im Wechsel von Spannung und Entspannung gedankenlos, aber wissend da – ein Ich – Eins – Eins mit der Aufspaltung meines Körpergeistes, die in Kürze erfolgen würde, aber die ich nicht im besonderen anstrebte oder andachte.
Andächtig, versunken, aber anwesend in allen Kleinigkeiten und Dingen des Lebens. So entsteht ein Leben und so habe ich mich gemeint, so meine ich es. So ist es mein, ohne daß ich es erringen oder besitzen müßte. Mein Kind. Der Ausdruck meines Zustands in allen Spielarten meiner Anlagen, die gar nicht sichtbar werden – als Fisch, als Pferd, als Stein, als die ganze Welt, als der Ursprung des Lebens.
Da war es wieder. Ich atmete tief ein. Ich war wie verlassen, ich war so zum Zerspringen gespannt, doch hier war das selbstverständlich, hier war das nichts Besonderes und die Teilnahmslosigkeit und Kühle der Schwestern standen in einer steilen Diskrepanz zu meiner Glut im Leib. Teils beruhigte es mich, teils befeuerte mich das zu mehr Verkrampfung, teils bemerkte ich gar nichts und teils war meine Lage auch noch gar nicht so unberechenbar.
Eine lange Durststrecke, eine Ewigkeit, unabsehbar, ohne Änderung, ohne irgendeinen Halt, so zerworfen wie beim Glutkessel des Mönches, der seine Finger in die heißen Kohlen stößt. Lieber Mann zu Hause. Das solltest du machen. Jetzt, jetzt, beachte das, merke dir das!
Ich lernte meine Wehen kennen. Ich begann mit ihnen zu leben. Ich fand mich langsam in diesem unbekannten Lebensraum zurecht. Ich hatte nicht den Glauben, daß diese Schmerzen irgendeinen Sinn hätten oder daß sie jemals aufhören würden oder daß ich gebären würde. Ich fragte nicht danach, wozu dieser Unsinn gut sei. (Bis heute habe ich das nicht heraus, außer, daß es mir nicht anders erscheint als es ist.) Eine junge Ärztin kam zu mir. Mein Schwangerschaftsverlauf ist in diesem Spital bei den regelmäßigen Untersuchungen aufgenommen worden. Sie hielt die Befunde in der Hand.
«Es wird schon. Drei Tage früher ist ganz normal», beruhigte sie mich.
«So, die Blase ist gesprungen?» Sie drückte mir auf den Bauch.

«Du hast ja fast keinen Bauch, wo soll denn das Kind sein?» Sie war lieb, sie beruhigt mich. Sie horchte mit einem langen beweglichen Rohr, das in einen Trichter auslief, auf die Herztöne des Kindes. Es lebte noch. Ich lebte auch noch. Nur Geduld!
Dieser Leib ging auf. Die Rechnung ging auf.
«Schneid's mir den Bauch auf, schneid's mir den Bauch auf!»
Sie lag da neben mir. Die einzige. Soll ich sagen Gott sei Dank? Man legt die Frauen immer zusammen, damit das Arbeitsfeld nicht so weitläufig ist. Viele Hebammen und Ärzte setzte man hier nicht ein, glaube ich. Damit nicht so ein Rummel und Herumgerenne ist. Der Wahnwitz der Schmerzen wird hier manchmal so zertrümmernd preisgegeben, daß man die Umgebung eher zusammenhält und ruhig arbeitet, obwohl es manchmal knapp wird und schnell gehen muß.
«Schneid's mir den Bauch auf!» Ich lag die ganze Zeit neben ihr, der Vorhang verdeckte halb ihren Kopf, und ich nahm nur einen gewölbten Leib in einem zerwühlten Bett wahr. Ich war vorher nicht interessiert gewesen an dem Stöhnen dieser Frau. Jetzt aber zerfiel sie, wälzte sich in Brutalität, ihr Körper wühlte im Schmerz.
«Sie hat bei der ersten Geburt einen Kaiserschnitt gehabt», hörte ich die Hebamme zur Ärztin sagen. Mir war klar, was diese Frau wollte. Sie wollte Betäubung und nicht jetzt – nur nicht das Jetzt. Eine Wehe zog über mich hinweg, sie zog ihre mir bekannte Kurve. Es kreischte, aber ich spürte, so geschleudert wie diese Frau hatte es mich noch nicht. Die beruhigte sich seltsamerweise auch wieder. Sie hatte eine Injektion bekommen. Das Personal ließ uns allein. Sie sah aus einem gedunsenen roten Gesicht zu mir herüber. Zerwühlt und nackt im Fleisch. Nicht mehr nach Hilfe schreiend, sondern zu erschöpft, ausgeschöpft. Jedoch hartnäckig in ihrer Realität verhaftet.
«Ich bin in der Nacht weggegangen. Mitten in der Nacht. Ich hab immer gefressen. Der Mann hat gesoffen. Er ist nicht nach Hause gekommen. Ich war so verzweifelt und ohne Ausweg. Ich bin mitten in der Nacht weggelaufen. Irgendwohin. Der Mann weiß nichts davon, das Kind liegt zu Hause.»
«Frau Novotny, es ist alles geregelt. Ihr Mann hat eben angerufen. Das Kind ist bei der Schwiegermutter. Sei ruhig und wälz dich nicht so viel herum, das macht es noch schlimmer.»
Die Schwester ging wieder hinaus. Ich hörte mir bekannte Fernsehmusik, eine Kennmelodie einer Nachmittagssendung. Es mußte das Kinderprogramm sein. Frau Novotny wühlte wieder, sie stöhnte so nach innen hinein und beruhigte sich langsam wieder. Sie brach so zusammen, obwohl sie schon dalag. Wohin brach sie? Ich wurde hellwach. Ich hatte nicht geschlafen. Wer sollte das hier tun, aber manchmal ermöglichte die Anstren-

gung ein Dösen. Ich fühlte, ich konnte nicht mehr mit Frau Novotny plaudern. Ich hatte kein Ohr mehr, keine Stimme, keine Gedanken, ich wurde wieder in meinen Leib gesogen von der wellenbewegenden Spirale des Lebens durch den Schmerz und mir verschlug es den Atem und den Verstand. Ich wurde zu einem Wesen. Ich war kein Mensch, ich suchte nicht, ein Mensch zu sein. Ich zerbrach, ich verlor den Zusammenhalt, ich verlor die Haltung. Ich gab mich auf als eine, die sich kontrollieren konnte. Ich gab mein Hirn auf, ich entsagte.

Es ging von selbst auf und wölbte sich hoch in einem gespannten Start von mächtigen Schwingen und hielt an und hielt an. Hob mich über einen Scheiterhaufen. Ich hatte einen Brand im Kreuz, so habe ich es empfunden. Dehnen – bersten – in Weißglut – weiß vor Augen – weg in weiße Ohnmacht für Sekunden, solange ich über diesem Feuer schwebte . . . und von selbst sank ich wieder wie in einem Ausatmen wie sanft herunter auf mein Bett. Die Augen gingen müde auf, die Wehe legte sich wieder, der Mund entspannte sich. Ich war wieder meines Atems und meiner Stimme mächtig.

«Na, wie geht es?» fragte die Schwester, und ich hörte mich sagen: «Es geht schon, es geht schon.» Nein, es ging gar nicht, aber ich war noch immer wie tapfer, so wie ich gelernt hatte, daß es eines Menschen würdig sei.

Ich glaube, ich hatte noch keinen Laut von mir gegeben, aber ich spürte, ich wollte schreien. Etwas hieß mich, selbst in dieser Hitze und im eindeutigen Zustand einer kleinen Ohnmacht, still zu halten, aber ich spürte, ich war an der Stelle, wo sich solche Bemühungen zerfransen und als völlig sinnlos auflösen zu Wasser. Ich lag im Trockenen, meine Fruchtblase mußte schon ziemlich ausgeronnen sein. Es gibt Trockengeburten. Ich kannte diesen Ausdruck, aber was sollte ich damit.

«Wir werden ihr die Blase aufstechen.» Es wurde an meiner Nachbarin hantiert. Ich lag damals etwa zwei Stunden im Bett neben ihr. Das weiß ich heute. Damals verlor ich die Zeit, sie war nicht wichtig. Mein Leben zählte sich von selbst. Ein Metronom, mein Herz, die Wehe, das Abflauen, das Dösen, die Gedankenfetzen, die Panik im Schrei, die Endlosigkeit. Mein Wecker läutete nicht mehr, aber er ging noch. Das Blasenaufstechen hatte die Nachbarin anscheinend von ihrem Wühlen erlöst. Sie schien zu dösen. Und ich? Eine Fliege hatte noch immer nicht begriffen, daß das Fenster geschlossen war. Ihr immerwährendes unermüdliches Spiel kam mir nicht seltsam vor. Ich hörte das Summen wie eine Klarheit laut im Ohr.

Schnell, schnell. Frau Novotny bäumte sich auf und es ging alles so schnell. Ärzte, eine Hebamme und noch eine Schwester standen im Nu am Bett. Es wurde gerückt – die Beine gehoben – gestöhnt. Ich sah nichts,

nur ihre Beine, das heißt, ihre Füße ragten über die Köpfe der Behandelnden. Der Vorhang blieb weiterhin halb geschlossen. Die Hebamme werkte zwischen den Beinen der Frau. Selbst sie war nervös.
«Du mußt atmen, drücken, länger drücken, länger!»
Frau Novotny war fast nicht mehr da. Sie war so niedergepreßt in der Wehe, es reckte sie so.
«Sollen wir sie schneiden? Vielleicht hier schräg ein Schnitt.» Sie spürte es nicht. Das Gewebe war zum Zerspringen gespannt. Es sollte nicht reißen, nicht in Fransen gehen.
«Du sollst drücken, länger drücken, streng dich doch an! Schrei nicht, tu schon weiter, das Kind hat ja keine Luft!»
Eine Arbeit wie Brückenbau über das Überleben. Zwischendurch tauchte ein roter Kopf auf. Er gehörte Frau Novotny. Eine eigene Wehe riß mich in meinen Bauch, und als ich wieder auftauchte, schrie ein Kind neben mir.
«Es ist ein Mädchen.»
Frau Novotny lag erschöpft und entspannt im Bett. Sie sah mich das erste Mal wirklich an. Sie schien auf einmal gar nicht so alt. Gar nicht viel älter als ich. Ihr kleines Kind wurde am Wickeltisch gebadet und in Leinen gepackt. Jetzt war es ein Mensch und Frau Novotny war auch wieder ein Mensch, der schon wußte, warum er mitten in der Nacht weggegangen war. Und ich? Ich erinnere mich, langsam fiel mir der Blick für die Umgebung ab, und ich zog engere Kreise in meinem Lebensbogen. Einem Punkt zu, einem Zeitpunkt zu, einem Geschehen zu, einer Geburt zu.
Ein Telefon läutete, eine Kaffeemaschine blubberte, der Fernsehsprecher, laufende Schritte am Gang, es hallte alles. In mir hallte es. In der gekachelten weißen Halle, vor den Toren stand Blut, eine Woge von Blut. Sie stieg mir zu Kopf, mir wurde ganz hart, und ich wurde müder und müder. Es riß mich so heraus und ich konnte mich nicht mehr bewahren. Noch einmal – ich schrie nicht, aber ich wußte nicht recht – mir war es schon so nahe. Ich wollte eine Schwester um mich haben, ich wollte, daß sie mich kontrollierte, wenn ich es nicht mehr konnte. Ich war meines Leibes nicht mehr mächtig, und mein Geist hatte mich lang verlassen.
Sebastian sitzt am Boden.
Rings um ihn sind alle seine Hefte verstreut, die er in den letzten Monaten gefüllt hat. Nicht ein ganzer Autofriedhof voll, aber doch, sie reichen, um ihn zu umkreisen, gemischt mit Zeichnungen von Tieren und Ungeheuern, Menschen und Bäumen. Wir sammeln alles in einer Mappe, und ich habe ein paar alte Hefte, die noch von mir sind, auch dazugegeben. In letzter Zeit habe ich das Kind oft in Gesellschaft dieser von ihm gezeichneten Spuren angetroffen. Er versinkt in seine Bemühungen, das Schreiben überhaupt zu lernen, und er spottet nie über seine hilflosen ersten

Schritte. Er lacht zwar darüber, aber ich bemerke, daß sie ihm nicht fremd sind, sondern daß er sich darin wiederfindet, das macht ihm Freude. Ich glaube, ich habe mir nie andächtig meine Schulhefte der ersten Klasse angesehen, während ich vielleicht schon in die zweite ging. Ich glaube, das wäre auch gar nicht möglich gewesen, weil sie im Kasten der Lehrerin verstaut blieben, bis zum Ende der Grundschule. Denkmäler, Hefte sind eigene Andenken, und ich halte etwas darauf, daß Sebastian jetzt schon Gelegenheit hat, in seiner Vergangenheit zu lesen wie in einem Buch. Die eigenen Bücher sind einem immer die liebsten. Und wohl dem, der selbst seine Liebe an sich finden kann.
«Schau! Kannst du dich an diese Geschichte erinnern, die hat dir damals so gut gefallen, und da haben wir dann den Fotoapparat reparieren lassen und ich habe zum erstenmal dich fotografiert.»
Ja, die Geschichte von dem Fotohasen, der die Eier lieber gefilmt hat, als sie selbst zu malen. «Wo sind denn nur diese zwei schönen Fotos, die du da von dem Stein und von mir gemacht hast?»
«Da drinnen bei den anderen Bildern. Schauen wir sie wieder einmal alle an?»
Wir kehren gern zurück, auch wenn wir erst eine kleine Strecke des Weges gegangen sind. Man kann nie wissen, vielleicht ist das schon das Ende. Man weiß das ja nie. Wir leben immer für Ewigkeiten und jetzt ist nie zuletzt, aber wir schauen jetzt schon zurück und du wirst es nicht glauben, da ist schon soviel zu sehen, zu erkennen und soviel geworden, was wir sonst gar nicht bemerkt hätten, während es war.
Kinder können fotografieren, und Kinder können auch filmen, ich weiß nicht, warum man solche Tätigkeiten Kindern vorenthält und annimmt, daß sie damit noch nichts anfangen können, während man ihnen aber schonungslos zumutet, den Konkurrenzkampf mit dem Erfolg und mit der Zeit und der Energie und der Finsternis beim Aufstehen und der Einsamkeit aufzunehmen. Wenn sie dabei auf der Strecke bleiben, haben sie für immer das Leben verloren. Kinder haben auch eine eigene Vergangenheit, haben Ideen, die sie festhalten wollen, Kinder sind nicht weniger auf der Welt als wir. Sie sind nicht einmal ungeschickter und sie sind nicht unfähiger zur Einsamkeit, die würde sie nicht so bedrücken wie die Behütung ihrer eigenen Energie, die ihnen abgekauft wird, indem man ihnen einschärft, daß sie manches noch nicht so verstehen würden wie die Großen.
«Hast du heute schon deine Aufgabe gemacht?» fragt mich mein Kind. Ich weise meine Blätter vor. Ich hatte drei Rechnungen und drei Sätze zu schreiben und habe alles ordentlich erfüllt.
«Ja, gut, aber eine Kleinigkeit hätte ich noch gern, daß du mir schreibst, und zwar möchte ich dir etwas aus meinem alten Heft hier ansagen. Hier geht es um Kleidungsstücke zu den verschiedenen Jahreszeiten. Damals

habe ich noch keine Sätze geschrieben, sondern habe nur aufgezählt. Ich mache die Sätze und du bist so lieb und schreibst sie mir auf, ja?»

Sebastian weiß, daß ich auch sofort nein sage, wenn ich mir keine Zeit dazu erlauben würde, aber ich bin von seinem Charme verführt, total überführt und ich hocke mich brav zum Tisch und nehme meine Blätter und einen Stift zur Hand.

«Ich schreibe dir dafür dann etwas auf der Schreibmaschine.»

Das sind vielleicht Geschäfte, aber ihr werdet noch staunen, ich mache nicht halt davor, daß Sebastian genauso dicke Bücher schreiben könnte wie ich, und ich glaube, daß er vielleicht noch mehr Geld damit verdienen könnte als ich, trotz seiner Kleinheit und seiner Jugend. Diesbezüglich schlummert in mir ein hexenhaftes Kichern, aber Zauberin bin ich keine.

Das Kind legt seine Hefte aufeinander und erhebt sich damit auf die Ebene des Tisches. Ein ganz schöner Stoß. Viel Papier und viel Tinte, viel Unmöglichkeit und viel Ernst, viel Schule und viel Freude, viel Zeit und viel Leben, und das sollten wir nicht gerne wieder ansehen? Wir werden uns doch nicht das eigene Bein stellen. Selbst wenn wir es vielleicht dauernd tun sollten.

«Im Frühling ziehe ich den Mantel aus. Im Sommer, warte, was werde ich da sagen, im Sommer gehe ich in der Badehose. Im Herbst ziehe ich den Mantel wieder an. Im Winter . . . im Winter habe ich einen noch wärmeren Mantel. Wärmer habe ich immer mit h geschrieben, hoffentlich hast du es nicht auch getan. Hast du Frühling mit h?»

Sebastian liest durch und gibt mir eine Eins, aber mit der Schrift ist er nicht ganz einverstanden. Darauf bekomme ich eine 2.

«Siehst du, das ist gut so», meint er und blättert nachdenklich durch seine Hefte. «Jetzt kann ich selbst verwenden, was ich einmal gemacht habe. Eigentlich kann ich jetzt schon alles allein. Ich kann alles wieder lesen und ausbessern, was nicht gut war, und ich kann selbst Sätze machen, wo ich sie noch nicht zusammenhängen konnte, die Wörter. Ich werde das selbst machen. Ich brauche dich dazu eigentlich gar nicht. Da mußt du dir gar keine Zeit für mich nehmen und kannst deine eigenen Sachen aufschreiben. Das ist doch gut. Du kannst es ja anschauen, wenn du willst. Und ein Heft mache ich geheim.» Und da reißt Sebastian die Augen auf, und er blüht auf in dieser Idee zum Geheimnis mit meinen Mitteln. Wird er es behalten? Behalten wollen? Oder behalten müssen. Ich hoffe im geheimen, daß Sebastian mich nicht allzu überflüssig macht, obwohl es mir ja darum gegangen ist, daß er sich selbst lehren soll. Vergiß mich nicht, mein Kind, aber wenn es nicht anders geht, werde ich mich schon an mich selbst erinnern. Ich habe ja früher auch ohne dich gelebt. Du hast mich gelehrt, hast du mich gelehrt, mich entbehrlich zu machen? Und was dann?

Wieder einmal werde ich mir den Weg nicht sparen. Ich schiebe ihn nicht einmal lange hinaus, denn ich will mich weder mahnen lassen noch auffordern, noch bitten lassen. Ich weiß seit einem Jahr, daß die Prüfung am Jahresende sein wird, und ich trete sie selber an. Ich habe nicht darauf vergessen, wirklich nicht, das kannst du mir glauben, aber fast nehme ich an, daß die anderen darauf vergessen haben könnten und das ist sehr unangenehm, weil die Prüfung eine Mehrbelastung für die Direktorin sowie für die Lehrerin sein wird. Ich belaste Leute nicht gerne mit Sachen, die ich von ihnen gar nicht will und die sie sicherlich nicht sehr gern machen. Aber das muß sein. In der Welt muß so vieles sein, was völlig unwillig sein muß. Das Opfer soll die Welt beruhigen und sie vor dem allzu raschen Untergang zurückhalten. Ich nehme nicht nur an, daß die Direktion auf diese Prüfung vergessen wird und dann allerdings von der Behörde geschlagen würde, sondern ich nehme auch an, daß keine Prüfungsvorschriften für Privatschüler vorliegen und ein großes Rätselraten beginnen wird, wie da vorzugehen sei. Auf Anfragen an der höheren Stelle wird sich nur noch mehr Verwirrung ergeben, weil in dieser Sache ja überhaupt wenig Festlegung besteht. Hängende Pflichten sind nicht vorteilhaft für den Prüfling. Unsicherheiten im Vorgang kratzen an seinen Denkgang, und ich bin da immer gern bereit, meinen eigenen Senf in die Gesetzeslücke zu drücken und vorzuschlagen und festzuhalten, was völlig fliegend weht.
Aber meine Gedanken sind wieder einmal gehörig fehlgegangen. Ich bin hier in der Kanzlei mehr oder weniger erwartet worden, obwohl eine neue Frau Direktor, die ich noch gar nicht kenne, das Amt angetreten hat. Sie weiß genauestens Bescheid. Sie ruft die Lehrerin aus der Klasse. Ich habe mir eine Pause zum Vorsprechen gewählt, um niemanden zu stören. Und ich bin auch deshalb so früh gekommen, fast einen ganzen Monat zu früh, weil ich weiß, daß die Einschreibungen für die nächsten ersten Klassen bald beginnen werden, und das bedeutet viel Trubel und Geschäftigkeit im Haus und in diese hinein will ich Sebastian nicht prüfen lassen.
Die Frau Direktor liest mir aus ihrem Vorschriftenblatt, das auführlicher gehalten ist als meines, die Möglichkeiten vor, die ich habe. Ich könnte auch noch andere Schulen zur Prüfung vorschlagen und ich könnte noch Sonderwünsche haben, aber ich habe keine. Ich will, daß Sebastian so bald wie möglich von der Lehrerin seiner zuständigen Klasse abgefragt wird, und damit sind alle einverstanden und die Lehrerin hat sich auch schon überlegt, wie sie das tun wird. Fast glaube ich, sie tut es gar nicht so ungern, wie ich annehmen wollte. Sie meint:
«Ich werde alle Fragen schriftlich und mündlich in einem mittleren Schwierigkeitsgrad halten. Zuerst soll das Kind mit mir allein sein, und dann möchte ich ihn mit in die Klasse nehmen und ihn mit den anderen zusammenarbeiten lassen. Ich frage ihn in Rechnen und er soll etwas er-

zählen. Schriftliche Rechnungen soll er mit den anderen machen als Rechenarbeit, und eine Ansage soll auch mit den anderen zusammen geschrieben werden. Vorher werde ich ihn noch eine Geschichte ordnen lassen und lesen werden wir allein. Ist das recht so?»

Ich könnte also sogar sagen, daß mir etwas nicht recht ist. Ich tue das aber nicht, denn ich will nicht klüger sein und keine Ansprüche stellen und nichts zu bedenken geben, das würde Sebastian sicher nichts nützen. Wenn die Frau Lehrerin das so sill, wird ihr das am liebsten sein, weil sie es sich so ausgedacht hat, und wenn ich jetzt anfangen würde zu kritisieren, hätte ich direkt an ihr herumgenörgelt, an ihrem Wesen, an ihrem Beruf, an ihrer Stellung, an ihrer Nase – und das kann sie nicht wollen, denn das will ich auch nicht.

Sie sind froh, daß ich mich selbst kümmere und keine Mahnungen notwendig sind. Sie sind froh, daß ich gewissenhaft und nicht schlampig bin – vielleicht, so will es zumindest scheinen. So kommen wir gut aus, so kommen wir überein, daß die Prüfung schon früh stattfinden soll und nicht erst, wenn die Frau Lehrerin mit dem Unterricht fertig ist. Sie will ja auch den Prüfling daran teilhaben lassen. Wenn sie allein mit Sebastian arbeitet, wird sie jemand in der Klasse vertreten. Und das alles, weil die Frau Direktor meint: «Man kann das Kind nicht so lang auf die Folter spannen. Er soll sich überhaupt nicht aufregen, wir sind keine Unmenschen. Das Kind soll auf keinen Fall geängstigt werden.» Das ist mir recht, denn da bin ich gleich etwas weniger ängstlich, aber ich zeige das nicht. Wer hinter meinen Augen liest, erkennt es, wer mir ins Hirn schaut, weiß es, aber wer das tut, der weiß noch viel mehr und den würde nichts an mir verwundern. Dem müßte ich nichts erklären.

Der Termin wird zu einer Zeit angesetzt, der sowohl für die Schule als auch für uns praktisch ist, und ich habe geregelt, was noch ungeregelt schien. Meine Aktion ist äußerst beruhigend abgelaufen und scheint ein gutes Sprungbrett für uns alle zu bieten in das Vermeidliche, das aber als Unvermeidliches hochgeschossen wird. Wir werden schon irgendwohin fliegen. Wie werden wir aufkommen, oder werden wir vielleicht nicht mehr zurückkommen? Endlos ist mein Blick in die vermeintliche Richtung.

Du liest, du liest. Ich höre, ich höre, ich höre wie immer nichts. Wieder nichts, schon wieder dasselbe. Immer dasselbe. Ich falle in meinen Hirnkrampf. Lesen ist ein Krampf. Mehr oder weniger und manchmal auch gar nicht.

Ein Kampf wird es, wenn du vergißt, daß du nicht Selbstgeschriebenes liest, sondern beurteilen, einteilen, verstehen, finden, verdammen möchtest, was ich mir ausgedacht habe. Um dich selbst zu erheben und hervorzutreten als der Bessere, der es nicht nötig hat, solche Sachen aufzuschrei-

ben. Ich weiß, du riechst den Braten im Münzbackrohr des berechnenden Schöpfertums. Ja, und nochmals ja! Ich denke mir Dinge aus, um daß du mich dafür bezahlst. Ich ziehe mein Hirn aus und zeige es dir trotzdem nicht, weil du es gar nicht sehen möchtest. Ich bin eine total betrogene Hure, beschissen von dir, weil du mich ansiehst und das überhaupt nicht tun willst. Und das hast du dir schon von vornherein so ausgedacht, das hast du zu deinem Beruf gemacht, du Saukerl, du Lahmarsch, du weißt, wer du bist. Du kriegst keinen mehr hoch und anstatt ruhig damit zu leben, kommst du, indem du mich ansiehst und sagst, die will ich nicht, die habe ich schon lange durchschaut und gelesen.
Ach ja, die schreibt das auf und findet sich besonders schlau, und jetzt noch schlauer, weil sie mir sagen will, daß ich das denke, und ich bin noch schlauer, noch, noch, noch . . . bitte, einmal hören oder lesen oder sehen oder sein, was ich selbst bin, was ich ahne, was ich weiß, was mich mir selbst eröffnet, so einfach und innen ohne Schimpf und Schande, ohne Lob und Tadel, frei von meiner eigenen Sicht und Beurteilung. Manchmal bitter, manchmal süß, decke das Geheimnis für mich auf. Was hast du in der Hand? Einen Packen Papier? Jetzt – bitte das stimmt doch. Daran kann ich doch nicht irre gehen. Bei mir ist das nie so sicher. Ich halte mich lieber an das Einfache. Es ist verwunderlich, daß Menschen so etwas lesen, Geld dafür bezahlen, aber du spürst, wie schwierig – leicht es wird, so einfach und noch immer viel zuviel zu schreiben, viel – zuviel – viel, bis es sich auflöst.
Nur ein Packen Papier, aber ich bekomme von dir nur Papier dafür, zerknittertes bedrucktes Papier. Soll das ein Tausch sein? Komm, tausche mit mir Papier. Machen wir dieses Kinderspiel daraus und denken wir uns nicht immer so verdammt viele Lügen dabei aus. Es geht um alles, um dich und mich, jetzt geht es darum, jetzt vollzieht sich der Tausch, ich schicke meine ganze Seele jetzt in diese Gedanken – vollbringen wir unmenschlich Einfaches und überwinden wir die Zeit, die zwischen mir jetzt – und dir jetzt – liegt.
Ohne Zutun haben wir diesen Moment schon lange gelöst und nie als Trennung empfunden. Und jetzt sollten wir kämpfen? Und jetzt sollte ich sagen, du verstehst nicht, was ich meine? Und du solltest sagen, du bist ganz anders als ich? Ja, seid alle andere, ich brauche das, ich will das so an euch, mir gibt das Schwung und ich tippe in meinem Hirn herum und schätze das als empfehlenswerte Massage, aber bitte nimm das nicht so genau, ich hätte mich selbst auf den Schädel gehauen, wenn sich jetzt alle Gedanken mitteilen wollten. Eine Inflation meines Wertes bräche aus und ich müßte hungern, stelle dir das einmal vor.
Robert möchte den Film über die Wesen, die außerirdischen Wesen, ansehen. Die Begegnung dritter Art.

Ja, die seltsame Begegnung im Weltraum, sinniere ich in mich hinein, während ich mich darauf einstelle, heute mit Robert ins Kino zu gehen. Mich interessiert das auch sehr, diese Begegnung, das wäre ein Roman, meine Lieben, ein Liebesroman wäre das.

Diese Geschichte ist ein eigenes Honigfaß mit herbsüßem Hirnhonig aus dem Faß, das aus dem Weltraum kommt. Ich bin nicht erstaunt, daß Robert das vorgeschlagen hat, denn ich habe heute große Lust, diesen Film anzusehen. Außerdem ist es eine liebe Gewohnheit von uns, gerade den Mittwoch für unsere Filmgänge zu wählen, falls wir einen im Auge haben. Wir haben oft einen im Auge, weil es viele schöne Filme gibt. Robert sagt allerdings immer wieder, ein wirklicher Film ist noch niemals gemacht worden. Das heißt aber nicht, daß uns die nicht wirklichen Filme nicht begeistern können.

Es ist ja eigentlich alles schon ausgemacht, ohne daß wir dabei viel besprochen hätten. Wir machen das ja schon so lange so. Wir müßten das nicht so machen mit dem Mittwoch und den Wochenenden und sonst immer, wenn es nicht unsere Gewohnheit ist, wir könnten alles ganz anders machen und wir haben das auch schon zeitweilig getan.

Und da wird der Leser aufmerksam und er denkt sich: Was hat denn die für ein Geheimnis, was hat die für eine Methode? Ich habe kein Geheimnis, aber ich habe eine Einsamkeit, mit der sich nichts im Nichts trifft und das ist meines Freundes Einsamkeit und wo kann man sich da begegnen? Vielleicht im Weltraum, in der letzten Hirnschleife um drei Uhr an der Haltestelle neben der Telefonhütte.

Ich wußte, daß ich heute in diesen Film gehen würde, aber ich bin neuerlich eingeladen worden. Er hat sich an mich erinnert, obwohl er mich immer in seinem Kopf hat, außer wenn er mich nicht hat. Das müßte nicht so sein, daß ich heute Zeit habe. Aber ich habe noch nie Wichtigeres zu tun gehabt als zu zeigen, daß ich uns, so wir wir sind, für wichtig halte oder für lebendig, für tatkräftig, für einig über einer wortlosen Leere von lauter Unbedeutungen.

Nicht daß wir in diesem Leerraum nichts zu erzählen hätten. Wir machen mehr Worte über das Unsagbare, als vielleicht üblich ist, aber die Worte sind nicht allein unser Verständigungsfeld. Sie sind nur ein Spielzeug unserer menschlichen Beziehung. Wir bevorzugen ähnliche Spiele, Meister sind wir aber nicht auf denselben Gebieten, sondern da verrücken sich die Begabungen etwas, so daß jeder im anderen einen Meister finden kann. Das macht eine Waage, die von uns als Lieblingsspielzeug betätigt wird. Die Weltraumwaage mit den Gewichten unserer leeren Hirne. Das ist unser Lieblingsfilm.

Und das, wohin ich mich hier gerade habe hineinlocken lassen, das ist es alles gerade nicht oder wirklich nicht nur, die Sache liegt viel einfacher,

so daß alle Überlegungen darüber um einige Gedanken danebentreffen. Über Einfaches ist nichts zu sagen, deswegen gehen wir so gern ins Kino. Ja und praktisch – praktisch, wie ist denn das praktisch? Verhältnisse sind doch nicht nur theoretisch.
Ja, es ist praktisch, wenn gemeinsame Wesen nicht immer gemeinsam wohnen. Außerordentlich praktisch finde ich das. Gemeinsam wohnen, heißt ja nur, die Gewohnheiten aufeinander abstimmen. Ich stimme mein ganzes Leben auf meinen Partner ab und bleibe trotzdem meine Einsamkeit. Ja, aber praktisch, das Gerede kann doch nicht alles sein, laß doch den Robert einmal auftreten! Laß ihn doch etwas sagen. Aber bitte – Robert kann auch auftreten, wenn es sein soll. Es ist alles ganz einfach. Ich will ja nicht eifersüchtig über ihn wachen. Ich kann das gar nicht, weil wir ja nicht zusammen wohnen, obwohl wir auch das schon gemacht haben. Das ist der Lebensluxus, den ich mir leiste, meine Verbindung zu mir selbst ist mein Alleinsein – dürfen. Ein Luxus, den ich wie jeden Luxus, wenn ich ihn einmal aus irgendwelchen praktischen Gründen lassen muß, erleichtert als völlig überflüssigen Haltegriff erkennen muß. Meine Haltung ist kein Ideal, sondern eine Praxis für jetzt, damals oder nie.
«Da, diese Wolkenbrücke dort, die heißt, es kommt ein Regen auf, und zwar innerhalb der kürzesten Zeit», weiß Robert mir zu berichten. Wir stehen im Gedränge der Menge still auf einer Straße, die nur für Fußgänger frei ist und schauen interessiert an den Himmel. Wir stehen, zeigen, in die Wolken und die Menschen, die sehen manchmal auch da hinauf, oft schauen sie an den Himmel, weil sie denken, dort spiele sich etwas Besonderes ab. Tut es auch – es ist eine Kunst, Zeichen deuten zu können, aber immer im Leerraum der Unsicherheit zu schwimmen.
«Paß auf – in mindestens fünf Minuten fällt der erste Tropfen. Ich bin ausgerüstet», stellt Robert fest. Er holt aus seiner Hosentasche eine ganz klein zusammengerollte weiße Staubjacke mit einer Kapuze. Er zieht die Jacke über das Leibchen und wir gehen weiter.
«Wir sollten für dich auch so ein Ding kaufen. Das würde dir gut stehen», findet mein Freund. «Komm, machen wir es gleich, du wirst naß werden!»
«Nein, um Gottes willen, gehen wir lieber zum Kino. Es regnet ja noch gar nicht», bemerke ich lachend. «Außerdem habe ich jetzt gar nicht soviel Geld.»
«Du hast dafür genug Geld. Du wirst sehen, wenn wir groß sind, haben wir so viel Geld, daß wir ins Kino gehen können und daß wir nachher auch noch essen können und wenn es uns einmal besonders gutgeht, dann werden wir in der Fußgängerzone spazieren können und uns die Wolken ansehen, und dann wird alles gut sein. Einmal, du wirst sehen, werden wir das alles machen können und dann wird alles in Ordnung sein. Du

mußt nur Geduld haben», beruhigt mich Robert in seiner völlig desillusionierenden Art eines liebenswürdigen Witzes über uns selbst und diesen Augenblick in der Menge vor dem zu erwartenden Regen. Er legt dabei seinen Arm um mich und gibt mir neben seinen Worten das Gefühl der Einigkeit im Hängen zwischen Wetter und Aussichtslosigkeit, sich jemals im Augenblick sicher zu fühlen in Gedanken – Worten – und Werken.
Ich habe vergessen, die Zeit vor den Auslagen zu beschreiben, vor den Autogeschäften, vor den Modewaren, vor den ausgesucht guten Lebensmittelläden mit Weinen und Pasteten, Schinken und Backwaren, knusprigen Broten, vor den Plattengeschäften, vor den Fotogeschäften und den Fenstern mit den modernsten Stereoanlagen und vor den Tiergeschäften, in denen sich kleine Kätzchen tummeln, in einen hohlen Ast kriechen und oben wieder herausschauen. Eine Katze bleibt irgendwie drinnen. Ich weiß nicht, was die da so lange tut. Wir gehen weiter, weil ich ins Kino kommen möchte. Ich komme nicht gern zu spät. Wir sehen auch gern die Wochenschau. Bei diesem Film wird allerdings keine sein.
Es ist scheinbar viel Zeit vergangen, es regnet noch immer nicht, und wir legen einen schärferen Gang ein.
«Ist es denn schon so spät? Wann beginnt denn die Vorstellung?» Robert überläßt es meistens mir, zu unseren gemeinsamen Unternehmungen zurechtzukommen. Für sich allein weiß er selbst, wann was zu geschehen hat. Robert überläßt mir gern seinen Leerraum, und ich kann davon nehmen, soviel ich mir zu nehmen getraue.
Und wer hat den Film ausgesucht? Mein Freund hat ihn ausgewählt, und ich habe ihn ausgesucht, und ansehen tun wir ihn gemeinsam, auch wenn wir nicht in einer gemeinsamen Wohnung wohnen.
Man kommt nicht um das Unglück herum, das sich Partner zufügen können, auch wenn man getrennt lebt. Um diese Erfahrung komme ich nicht herum, wenn ich meine Gedanken wieder der Partnerschaft und ihrer äußeren Form zuwende. Nur wer einen anderen glücklich machen kann, kann ihn auch unglücklich machen. Das hat Robert aber nicht jetzt gesagt, denn allzuoft und allzu leichtfertig sprechen wir nicht über unser Verhältnis. Es weist sich immer von selbst – es weist sich im Schweigen, im Blick, im Vergessen, in der Berührung, im Haß sowie in der Liebe und im Geschlechtsverkehr, beim Essen und in der Arbeit. Es weist sich so ein Verhältnis als ein menschliches im All hängendes, aus sich selbst schwingendes Waagespiel in die Einheit von zweien. Wie mit sich selbst. In unsere Waagschalen fallen die ersten Tropfen. Ich werde mehr naß als mein Freund, weil ich keine Jacke anhabe. Wir laufen die letzten Schritte zum Kino, und es ist nicht viel geschehen. In der Vorhalle ist es warm und trocken.
Paare kommen – einzelne Menschen kommen – junge Menschen, ältere Menschen – verborgene Gesichter – verdeckte Gemüter – stille Leider,

laute Wissende, Kinogänger der dritten Art – eine seltsame Begegnung im Kinovorraum. Wir sprechen nicht miteinander. Worte sind abgestellt. Die Sprechwerkzeuge arbeiten, aber die Töne dringen nicht bis hierher in diesen Raum im All. Bewegungen lassen nach, stiller wird das äußerliche Regen. Es steht in der Luft, das Verhältnis als ein Wesen – ein Summen – ein Grundton der Einheit von verschiedenen Erscheinungsformen. Fremd, abgesondert von meinem Freund, bin ich mir selbst eine Fremde, getrennt von mir, von ihm, er sich selbst ein Verlorener, ist er mir ein Bekannter von fernher ins Jetzt, ist er mir ein Bekenntnis zu mir selbst und ein Freund meiner Verlorenheit.
Als der Film zu Ende ist und wir wieder hinaustreten wie von der Milchstraße auf die Steinklopferallee, hat es lange aufgehört zu regnen. Die Straßen sind wieder trocken, und wir sprechen darüber kein Wort. Wir sind still. Wir wissen, warum wir diesen Film sehen wollten. Er hat etwas in uns bewegt. Etwas Gemeinsames getroffen, das jetzt vor uns als einheitliches Wesen hertänzelt. Ob unser Freund Hunger hat?
«Hast du auch schon solchen Hunger?» frage ich behutsam.
«Was heißt – ich habe noch viel mehr Hunger. Am besten, wir gehen etwas Gutes essen», schlägt Robert sachlich fröhlich vor. Lassen wir auch eine ordentliche Flasche Wein auffahren!»
Und wie verhält sich das jetzt mit mir. Bin ich ein hochmütiger Spinner oder was sonst? Sollten Unklarheiten im theoretischen Zusammenhang aufscheinen? Sollten Mißverständnisse in mir selbst vorliegen?
Ich bin ein Spinner und ich bin auch hochmütig. Klarheit verfluscht im Atem, sobald sie durch das Hirn geht, und Miss Universum bin ich keine, aber Verständnis habe ich viel, besonders für die, gegen die ich scheinbar ziehe, denn ich bin eine von diesen. Ich trete mit allen meinen Fasern dafür ein, daß mein Kind nicht in die Schule gehen soll und fülle Seiten mit Anklagen gegen diese Institution und ihre Betreiber und im selben Atemzug sage ich, daß ich nicht meine, daß diese Institutionen aufgelöst werden sollen oder daß alle Eltern ihre Kinder nicht mehr in die Schulen schicken sollen.
Ich lüge und meine das so, wie ich es sage. Ich weiß, daß es nur so gehen kann, wie es sich zeigt. Ich stelle kein Programm auf, ich weiß warum, und keine Theorie aufzustellen, das ist keine Masche von mir. Ich weiß, daß ich nichts übervorteilen kann und daß ich mit meinem Wissen nichts gewinnen kann. Ich sehe, daß Eltern gute Noten für ihre Kinder anstreben, und ich weiß, daß ihnen etwas an der Karriere ihrer Kinder liegt und ich werde nicht aufdecken, was ich daran nicht gut finde oder warum sie das so tun, denn es ist belanglos. Bestrebungen in dieser Richtung sind die Bestrebungen in der anderen Richtung. Bestrebungen sind immer aus derselben Kraft gehalten und ein «Für» und ein «Gegen» irgend etwas ist im-

mer ein ängstlicher Balanceakt über einer Fügung der Dinge, der man sich ausgeliefert fühlt, aber die man letztlich liebt, weil sie alle Anstrengung ausmacht.
Nicht so machen müssen wie ich, nicht so sein müssen wie ich oder ein anderer, zusammen einen anderen Weg gehen dürfen, sein eigenes Maß finden dürfen und damit nicht im Widerspruch zum anderen stehen . . . das scheint im Menschental kaum möglich zu sein, weil diese Welt böse sei und nicht gut. Für mich soll heute böse gut sein, ich verdrehe es einmal und lasse mir diese Möglichkeit als einen Blickpunkt offen.
Ich will nicht, daß sich jemand durch mich gezwungen fühlt, nie, in meinem ganzen Leben nicht, mir haut dieses Gefühl in den Magen und ich fühle mich dabei schlecht. Ich will lieber allein bleiben, wenn es sein muß, ohne Anerkennung und Liebe, aber der Zwang ist der Ersatz für einen Willen und enthebt uns der Ratlosigkeit. Ich bin ratlos in dieser Sache und das bitte ich mir aus. Ich möchte das sein dürfen, ich kann damit leben. Laßt mich leben.
Ich kämpfe nicht für Anhänger und um Freunde für meine Sache, aber ich schweige nicht still für mich, nicht still, ich halte nicht still, denn ich fühle mich nicht gefangen. Ich fühle mich als Menschenwesen und sonst nichts. Ich sehe eure großen Augen, und ihr seid Mütter, Väter, und ihr führt eure Kinder zur Schule und ihr plagt euch mit ihren Aufgaben und die Kinder werden euch fremder und sich fremder oder vielleicht auch nicht und ich möchte euren Augen zustimmen, ich möchte ihnen ihr Flackern lassen, es ist ihr Blick, bitte laßt es flackern und meint nicht, daß das nicht sein soll – oder daß ich keinen flackernden Blick habe.
Aber ich für mich, und nicht einmal für mein Kind, will nicht, daß es dorthingeht. Weil ich dort selbst gedrückt und unglücklich gemacht worden bin, nicht weil meine Lehrer so besonders üble Menschen waren, sondern weil das in der Natur der Sache liegt. Und genau dieselbe wäre ich, genau hinein in diesen wunden Punkt, aus dem die Zwangsanstalt Schule genährt wird, genau aus diesem Schmerz heraus würde ich bluten, wenn ich selbst eine Idee gegen die Schule hochhalten wollte, der sich recht viele anschließen wollten und endlich auch müßten. Der Zwang zum allgemeinen Übereinkommen ist es, den ich an der Schule ablehne. Ich für mich tue, was ich kann, nicht um gegen etwas zu sein und nicht um für etwas zu sein, sondern um für mich zu sein. Nur wenn ich für mich sein kann, bin ich auch für andere. Diese Beobachtung kann ich machen, aber sie ist nicht mein Antrieb. Möglicherweise nicht. Solche Klarheiten lasse ich gerne offen, die schaden nicht und nützen nicht.
Heißt Lehrer sein sich selbst anbieten? Oder heißt es einen Wissensstock anbieten? Wie wenn er sich schon lange fremd geworden ist in seinem Wissen, weil es nicht seines ist, sondern fremdes? Und da soll mein Kind

lieber meine Ratlosigkeit lernen und selbst erkunden, was ihm wissenswert erscheint und untergehen wie ja alle anderen auch. Wir gehen ja alle unter trotz unser Bildung. Unser Intellekt ist unser Untergang, und warum nicht? Als Hirnsaurier werden wir sterben, als Wesen werden wir sterblich sein. Das war ja immer schon so, das lehrt die Wissenschaft und wir wollen sie nicht glauben, obwohl sie ein Lehrziel ist. Wir sind ja letztlich die, welche gar nicht glauben, was gelehrt wird, weil wir mit unserem Lebensinstinkt viel besser dran sind, und wer zwinkert nicht über die Gescheitheit, wenn es um den gesunden Menschenverstand geht. Gerade den aber, und ich will mich nicht in Verharmlosung ergehen, den versucht man in den Schulen kleinzukriegen, weil er ja unpraktisch ist für die Gesellschaft und ihren künstlichen Zusammenhalt und ihre Kontrollierbarkeit. In Chaos würde alles verlaufen und ordnen muß man, schnell alles ordnen, daß kein Leid herrschen kann auf unserem Stern, aber diese Sorge ist zum Leid dieses Sterns geworden und wir werden es nie loswerden, ob Kinder in die Schule gehen oder nicht, denn es ist unser Lebensgefühl, aus dem auch die Freude steigt, und die Innigkeit zu unserem Unwesen.
Wenn ich für etwas kämpfen will, und dabei bin ich sicher auch auf diesen eben angekreideten Holzweg geraten, kämpfe ich höchstens für die Einsicht in das, was ist, und die Besinnung zu den Aktionen, welche Menschen dahin geführt hat, wo sie jetzt stehen, in der Familie, in der Gemeinde, im Land, auf der ganzen Welt. Wieso ist es so gekommen, und was ist mit mir gekommen, woher komme ich und warum will ich alles besser haben, warum anders, als es jetzt ist? Was macht dieses Besserhaben aus, was liegt daran und darin und was habe ich überhaupt, was bin ich? Ich für mich, oder bin ich selbst gar nicht ohne die anderen, die nicht sind ohne Anordnungen von oben und ohne die Vorstellung, daß sie selbst wollten, was angeordnet wird. Und da bin ich wieder, da erkenne ich wieder die Schule, dort ist der Platz, wo gelehrt wird, was gut und was schlecht ist, was man darf und was nicht, was man für die anderen ist und mit ihnen tun muß, um besser zu überleben, um nicht selbst zu denken, um nicht abzusteigen aus dieser Gemeinsamkeitsbahn mit dem kostenlosen Zwangsfahrschein – lieber durch die Welt gehen mit seinem eigenen Hirn und nicht mit der Kraft der gesellschaftlichen Errungenschaften, an denen man selbst schon lange keinen Anteil mehr hat.
Und deswegen bin ich auch nicht für Anhänger, die gegen Schule sind, denn es ist ein persönliches Bedürfnis von mir und lebt mit meiner Einsamkeit und hat seinen Ursprung in einer Einsamkeit, die sich will, die sich nicht verändern will. An freiwilliger Einsamkeit fehlt es dem Menschen unserer Zeit, nicht an Geselligkeit. Dazu zwingt ihn die Schule schon, denn dort wird es zu einer Notwendigkeit, sich mit Problemen auseinanderzusetzen, die gar nicht die eigenen sind. Ich will nicht, daß

sich Sebastian mit den Problemen auseinandersetzen muß, die solche der anderen Kinder sind, die sie zwangsläufig aus ihrem Elternhaus mitbringen müssen, weil dort zerhackt wird, was im Arbeitsbetrieb unbewältigt geblieben ist. Nicht daß mein Kind keine Probleme hätte, genauso viele wie die anderen, aber eben seine und die soll er leben können, so wie ich meine leben möchte. Aus der ewigselben Mischung ergibt sich der Mief der Jahrhunderte, und ein Rad wird nie aufhören, sich zu drehen, wenn keiner aussteigt, um einen Halt zu bieten, und dann wird es sich nur nach der anderen Richtung drehen, aber bitte, weißt du, wie erholsam es ist, nach ewigen Rechtswalzerdrehungen, den Linkswalzer zu tanzen?
Doch die Richtung ist nicht das Ausschlaggebende – es ist die Einsichtigkeit. Und Gruppen, die einer Lehre in eine Richtung folgen, können nicht ganz einsichtig sein. Dazu gehören alle Heilslehren, außer denen, die ihren Gegnern erlauben zu existieren.
Es ist ja nicht so, als würde ich mich gegen etwas wenden, was ich nicht erlebt hätte, ich war ein Schüler und lange war ich das, und ich habe nicht für ausgeschlossen gehalten, das eben auch zu sein, sowie ich Sebastian auch heute noch, wenn es sein müßte, ohne mit der Wimper zu zucken, in die Schule schicken würde. Aber mir wäre nie aufgeleuchtet, daß es vielleicht nicht notwendig wäre, immer hinzugehen und daß ich selbst imstande wäre, mir auszusuchen, ob ich hingehen wollte und daß ich auch noch andere Lustbarkeiten wüßte, die aber absolut erlaubt und dem Schulbesuch gleichwertig wären. Mir tut das weh, daß der Mensch in der Schule verlernt, sich am Lernen zu freuen, sich nicht seine Beschäftigung aussuchen darf, nicht aufstehen darf und sich nicht wählen darf, seine Frau oder seinen Meister, seinen Kameraden oder seine Zeit, seinen Einfall oder seine Trauer.
Das Ende der Möglichkeit, selbst zu sein, sich zu sich selbst zu bekennen, für sich zu leben und auch zu sterben, denn selbstverständlich wäre es zu gehen, wenn man gelebt hat. Vielleicht, vielleicht? Daß ich vielleicht sage und dabei bleibe, das ist meine Errungenschaft für mich, ich will keine Sicherheiten, ich will keine Unsicherheiten, ich will leben und das ist nicht so schwer, wie es mir in der Schule hingestellt wurde. Schwer war, mich selbst zu vergessen und meine Träume zu vergessen und mein Glück für die Eingliederung und die Sicherung in der Gesellschaft. Und das hat mich zu einer Eigenständigen gemacht, ich wäre es sonst nicht gewesen, oder habe ich eine andere Chance? Möglicherweise? Das hat mich in der Schule niemand gelehrt. Schule lehrt den alten Menschen, und Entwürfe zu neuem Leben werden Tag für Tag ein Stück verbrannt. Du bemerkst es kaum, du glaubst, das muß so sein, das ist das Gebot dieser Welt und ihr Schicksal. Und du wirst kleiner und kleiner mit jedem Tag und du merkst es nicht, denn alle werden kleiner und einen Großen gibt es nicht, denn

auch der Lehrer ist nicht der Große, er ist selbst klein gemacht worden, von keinem Menschen, sondern von einem Geist der Menschen, dem kollektiven Geist des Intellekts zur Macht über den Tod, und der Beruf des Lehrers entspringt direkt aus dieser Macht, die ihn klein gemacht hat. Macht zum Wissen über den Menschen, das heißt lehren.

Ich selbst habe Berufe ausgeübt und war nicht nur ein Schüler. Ich will nicht lehren, obwohl, wenn ich mir einige Seiten meiner Schrift durchlese, muß ich fast glauben, daß ich eine Lügnerin bin. Ich kann das Lehren nicht lassen, um mich selbst meine Unmöglichkeit zu lehren, Gültiges sagen zu können.

Nicht mitkämpfen, nicht mitrennen, sich nicht anschließen, aber nicht um jeden Preis sich ausschließen, horchen und helle sein, bereit für jeden Zusammenbruch, und das nicht als Gebot erkennen, selbst sein, bereit sein, nichts zu sein, und nicht festhalten daran, denn was sollte das sein, so könnte es sein, daß wir zusammen sein können und selbst bestehen bleiben dürfen, was kein größeres Glück auf dieser Erde bringen würde, was ich aber als Möglichkeit sehe, und wohin ich mich gerne bewege, denn wir wollen uns bewegen, das liegt in unserer Eigenart und die haben wir zusammen, das ist es, was mich meinen Mitmenschen verbindet, die gemeinsame Art Mensch. Und wir sollten nicht leben können?

Nicht sich begeistern für andere, um der eigenen Begeisterungslosigkeit an sich selbst abzuhelfen, aber das ist niemandem vorzuschreiben. Wer schreibt vor, wem selbst nicht vorgeschrieben wird?

Ich kenne die Energie des Menschen, sie setzt sich ein für dies und zugleich für das, sie will nur einen Ausweg, aber wohin ist ihr gleich. Mit derselben Energie, wie wir für die Schule als wertvolle Einrichtung eintreten, treten wir dann gegen die Schule auf, genauso verblendet von einem allgemeinen Gebot.

Wer selbst nicht für sich ein Gesetz hat, ein inneres Gebot hat für einen Einsatz seiner selbst, handelt immer aus demselben Antrieb wie er in der Schule gelehrt wurde, wie ihm eine Möglichkeit gelassen wurde. Nur eine aber. Eine Partei bilden für eine Idee, eine Partei gegen die Schule – wer das tut und wer da beitritt, gewinnt soviel für seine Zugehörigkeit zur abstrakten Idee, wie er verliert an persönlichem Einsatz und Antrieb, und wieder wird Fremdes verfolgt und hochgehalten und man selbst hat sich wieder eingegliedert und gesichert und verschanzt hinter der Idee eines anderen. Damit wäre die Antischulpartei ein idiotisches Geschäftigkeitsfeld für rege Geister, die sich ausleben wollen gegen die, welche geschäftig werken an einer hohlen Maschine, die Schulen programmiert und auch verbessern will.

Die jungen Menschen, die heute so eifrig daran hängen, ihren quälenden Schulbetrieb zu verbessern, sollten nicht so kleinlich sein und so alt und so ängstlich und so halb. Zu verbessern ist an der alten Form nichts mehr, die dürften sie vergessen, wenn das überhaupt möglich ist, denn ich kann es nicht.

Wenn jemand ein praktisches Bedürfnis eines einzelnen oder einer Gruppe aufgreift, um sich daran gesund zu agieren und eine Idee daraus macht und Anhänger gewinnt, so wird in der praktischen Verbesserung immer das fehlen, worauf es ankommt. Und das Fehlende wird eine erste Zeit lang als scheinbare Kleinigkeit, vorübergehende Anfangsschwierigkeit angesehen, bis es sich als Hauptsache herausstellt. Aber dann ist es schon Institution, und angebetet wird eine leere Form, wie in der Bildung, wie in der Religion, in der Bürokratie, wie Christus am Kreuz («Folge mir nach!» heißt nicht «folge!», sondern «folge dir nach!»).

Das Wissen ist eine leere Kuchenform, deren Anblick den Hunger noch schlimmer macht. Es kommt jemand und sagt, die Verbesserungen unserer Zivilisation sind durchgeführt. Zum Beispiel Afrika? Dort sind viele Menschen früher vielleicht mit 30 verhältnismäßig glücklich gestorben und heute werden sie älter und leben fehlernährt in den entstehenden Slums. Ein Fortschritt. Ein Fortschritt ist keine Entwicklung. Ein Fortschritt ist eine Entfernung vom Ursprung, aber mein Ursprung ist überall zu finden und ich schreite auch fort und ich gehe mit mir mit, aber nicht unbedingt mit den anderen. In den höchstzivilisierten «Wohlfahrtsstaaten» leben die Menschen unglücklicher als anderswo, könnte man sagen, denn die Produkte der angestrebten Wohlfahrt eignen sich so wenig, angenommen zu werden von Menschenwesen, die aus Fleisch und Blut sind. Alle Güter, auf die wir so fliegen, die sind im Grunde Eiseninsekten für den Ameisenbären, er verdirbt sich den Magen an seiner Lieblingsspeise, und vielleicht weiß er nichts davon, aber er fühlt es, das kannst du mir glauben. Wir fühlen es, daß wir anstreben mit Leib und Seele, was uns den Magen und das Hirn verdirbt, aber was sonst? Was tun? Ich habe keine Lösung, ich stelle keine auf, ich habe nur für mich einen Weg und den kennst du.

Ich habe keine Feinde. Feinde sind nicht die Schule, die Entfremdung, die Lehrer und die Klassen und nicht die Individuen, mein Feind bin ich selber und der bin ich mir, wenn ich mitmache mit der Feindschaft jedes einzelnen zu sich selbst, weil ihm die Möglichkeit, sich zu sich selbst zu bekennen, abgekauft worden ist, um den Preis Logik, Ordnung und scheinbarer Sicherheit in dem Chaos Menschheit. Meine Ordnung ist keine, die für Regeln reicht, sie reicht für ein Leben, aber sie sichert es nicht.

Mich ruft jetzt niemand mehr. Die Oma braucht sich jetzt nicht mehr an mich zu wenden. Sie hat einen anderen Verständigungsweg gefunden, als Postkarten und Anrufe. Ich komme von selbst, ich komme wegen ihres Lebens und nicht wegen des Schlüssels oder weil Weihnachten sei, ich

komme, weil ich es tue und ich rechne nicht damit, daß sie mich empfängt, wie es sich gehört, und sie rechnet auch nicht mit meinen regelmäßigen Besuchen, von denen sie sich abhängig machen kann. Wir haben unsere Zwangsbeziehung gelöst, von der ich nie eingefangen werden wollte. Scheinbar hat sie mich doch eingefangen, aber diese Fessel ist jetzt meine eigene geworden und darauf hänge ich auch meine Wäsche zum Trocknen auf, die weiß ich zu verwenden, die Besuche bei der Oma im Spital gehören zu mir, ich werde nicht gerufen.
Ich gehe wieder auf Zimmer Nr. 10 und zu dem Bett in der Mitte. Das Krankenzimmer ist diesmal von Besuchern erregt. Das heißt, eigentlich nur die Frau, die mir Auskunft gegeben hat und eine andere haben Besuch. Mehrere Personen. Ich gehe zu dem Bett in der Mitte, und da liegt eine mit einer Nasensonde und einer überhaupt völlig andersartigen Nase als sie meine Großmutter sonst hat, und ich sehe noch einmal hin und dann in meiner Ratlosigkeit Gott sei Dank auch zum nächsten Bett beim Fenster, und da erkenne ich meine Großmutter und bin froh, daß sie sich nicht so sehr verändert hat. Das wäre mir doch etwas zuviel gewesen. Der Zustand der beiden Patientinnen scheint jedoch bedenklich zu sein.
Die Oma hat keine Nasensonde, sondern ihre alte Nase mit dem weißen Grat, die mir lieber ist als diese eingedrückte der Nachbarin. Sie hat diesmal keine Infusion,und sie liegt da und schläft. Ich bleibe ratlos stehen. Sie atmet, wie wenn sie schwer schlafen würde. Sie atmet sogar sehr, ich glaube, ich tue das nicht so ausgiebig, wenn ich schlafe. Ihre Schultern sind nackt. Ich weiß nicht, warum sie kein Hemd da oben hat. Eine Hand ist im Bett und eine liegt heraußen. Eine blaue Hand ist das. Nicht mehr gichtig und weiß, sondern in dem Blau verliert sich alles. Ich gehe etwas näher und tue so, als würde ich ihr etwas am Polster richten, ich stehe ungern so da bei meiner Patientin, die nicht mit mir spricht, während die anderen angeregt plaudern und einander etwas zu sagen haben. Ich kann ja nichts dafür, daß die Oma so daliegt und nichts mehr zu mir sagt und lieber so stark schläft. Man hat ihr sicher wieder eine Spritze gegeben. Warum eigentlich immer vor der Besuchszeit? Man soll sie ihr doch in der Nacht geben, wenn sie laut ist. Vielleicht ist es eben wegen dieser Besucher, die hier herumplaudern, oder wegen mir, damit die Oma nicht wilde Sachen erzählen kann oder tun muß. Vielleicht soll ich dankbar sein für dieses Atmen und diesen Schlaf. Ich bleibe stehen, es hat keinen Zweck, mich geschäftig zu machen und einen Sinn hineinzudenken in meine Überflüssigkeit. Ich setze mich aus, ich bleibe hier stehen und lasse mich ansehen, denn ich bin die Schuldige. Ich bin es. Ich bin durch meine Großmutter gegangen und daher bin ich Schuld, denn ich habe sie innen gesehen und da sieht sie so aus wie jetzt außen. Auseinanderfließend im Gesicht, wenig wie ein Mensch, ein gallertiges Wesen, ein Atmungswesen

in Blau, und ich erwarte keine menschliche Regung von ihr. Ich stehe hier und habe mich einmal damit abgefunden, kalt und unberührt in meinem Blick über sie hinweg.
Mein Zustand ihrem ähnlich sie gibt mir auf einem kalten Gang Botschaft über das Einfrieren von Schmerzen auf dem Übergang zu einem anderen Wesen. Auseinander fließt eine Form von Zusammenhalt in ein Farbenspiel von Bestandteilen ungerichteter Bestrebungen, die von keinen Gefühlen erwärmt werden. Entlang an einer ebenen Eisfläche überdacht von einer Ebenheit in glasgrau wie in Schichten übereinander entlang immer entlang zieht die Ebene und nichts regt sich, starr ist die Art der Ordnung, und das Bild erstarrt zu einer klingenden Spiegelbahn im Flug über die klare Ebene hinüber an eine nie enden wollende Kurve über Ebenen.
Ich stehe und schaue wieder etwas herum, und da erkenne ich an der einen Seite des Bettes, daß die Decke ein wenig angehoben ist und darunter sehe ich blau. So etwas von einer Menge von blau an einem zu erwartend fleischfarbenen Körper kann ich gar nicht annehmen. Ich nehme doch an, daß unter dieser Decke der Körper meiner Großmutter liegt, und ich kann mich nicht zurückhalten, obwohl mich meine Aktion beängstigt. Ich hebe die Decke ein wenig weiter an und sehe, daß die ganze eine Seite meiner Oma, die nackt zu sein scheint, tiefblau, ja eigentlich schwarz ist. Diese Farbe erregt mein Entsetzen, und ich blicke mich noch einmal um. Ich bin in einem ganz normalen Krankenzimmer mit normalen Gesunden und Kranken und nicht in die Hölle geraten. Mir steigen teuflische Spiele ins Gemüt, mir raubt dieser unerwartete Anblick ein wenig meinen Realitätsboden, aber ich lasse mir nichts anmerken. Diese Entdeckung ist mir ein wenig viel.
Eine Besucherin kommt an das Nebenbett zu der Patientin mit der Nasensonde, und auch die spricht mit ihrem Besuch nicht. Die Frau sieht ratlos zu mir herüber, sie ist, glaube ich, die Schwester dieser Frau, denn sie hat die gleiche Nase. Auch das Alter ist gar nicht sehr weit auseinander. Jünger als meine Oma, aber nicht sehr viel. Auch sie kann nichts machen. Ich sehe auf dem Nachtkästchen meiner Großmutter, das jetzt ein anderes ist, die Uhr liegen und den Ring aufgefädelt an dem geschlossenen Uhrband. Abgenommen haben sie ihr das, und auch die Zähne liegen da in ein Stück Zellstoff eingewickelt, herausgenommen haben sie ihr die und auch die Infusion hat man ihr weggenommen. Wovon lebt sie denn jetzt? Von den Injektionen? Ob sie die wohl in diese Körperhälfte hineingestoßen bekommt, die so teufelsschwarz angelaufen ist, verkohlt bis ins Mark von einem Saft geschwärzt, der ihr das Leben läßt und den Schmerz nimmt? Vielleicht ziehen sie dort den Schmerz heraus, vielleicht ist der Schmerz höllenschwarz. Das Säckchen mit dem gelben Urin, das haben sie ihr noch gelassen, und heute ist besonders viel drinnen, kommt mir vor.

Die Besuche der Patientin mit dem Feuermal, die letztens noch die Nachbarin der Großmutter war, gehen hinaus, nur ein Mann bleibt bei ihr sitzen. Es scheint ihrer zu sein und sie wendet sich zu mir herüber:
«Sie hat wieder die Injektion bekommen, da wacht sie nie auf», und sie will weitersprechen, aber sie ist taktvoll und will nicht so laut sein und ich verstehe und gehe zu ihr hinüber. Ich bin dankbar, daß jemand mit mir sprechen will. Auch die ratlose Frau nebenan horcht, sie hat niemanden, der sie in ihrer Sinnlosigkeit entlastet. Sie soll nur zuhören, das beschäftigt sie ein wenig.
«Ich sage Ihnen, das würden Sie nicht für möglich halten, wo sie jetzt so daliegt. Sie hat sich heute nacht die Infusion herausgerissen, auch den Katheter und ist aus dem Bett gefallen. Sie hat sich wieder aufgerappelt und laut gebrüllt, sie sollen sie hier herauslassen, sie hätten kein Recht, sie hier festzuhalten. Ganz laut hat sie geschrien und deutlich, da versteht man sie, wenn sie schimpft, und sie ist hinübergegangen zu dem anderen Bett und hat beteuert, daß sie einem Mann Geld schuldig ist, und sie wollte unbedingt dort hinüber. Ich habe schnell der Schwester geläutet, und die haben sie dann zu dritt mitten in der Nacht ins Bett zurückgedrängt und ein Gitter eingehängt auf der Seite. Sie hat sich aufgerichtet und an dem Gitter gerüttelt wie wild und wieder geschrien: Herauslassen, herauslassen, ich muß dem Mann das Geld geben. Die Spritze hat dann gewirkt, die sie ihr gegeben haben. Eine hat gespritzt und die andern beiden haben sie gehalten. Ich kann Ihnen sagen, das würde man nicht glauben, daß diese Frau noch soviel Kraft hat. Sie nimmt überhaupt nichts zu sich. Sie trinkt nur jetzt manchmal, wenn ich ihr gebe oder die Schwestern. Heute morgen hat man sie da hinübergelegt und das Gitter weggelassen, weil diese Patientin den Sauerstoff gebraucht hat.»
Sie berichtet mir das in einem lebendigen Entsetzen und tut nicht so, als müßte sie mich schonen. Ich glaube, sie denkt, ich habe unter dem Wesen dieser Frau gelitten und würde es sehr genau kennen. Mir ist es recht, daß sie so zu mir gesprochen hat. Es ist mir jetzt auch klar, woher der Bluterguß an der Körperseite stammt.
«Sie ist richtig aus dem Bett gefallen?»
«Mit einem lauten Aufprall.»
Ich gehe noch einmal zurück und schaue auf die Oma. Sie atmet weiterhin stark und angestrengt, sie sieht nicht so aus, als würde sie rasch erwachen. Ich gehe wieder und die Frau ruft mich noch einmal zurück:
«Daß ich es nicht vergesse. Die Schwester hat mich gebeten, ihnen auszurichten, daß sie keine Verwandtenadresse hat. Ob sie vielleicht ihre angeben wollen?»
«Danke vielmals.» Jetzt muß ich zu dieser Schwester gehen, mir ist das gar nicht recht. Ich komme zu diesem Zimmer und da ist niemand drin-

nen. Ich frage eine Schwester, die gerade vorbeigeht, wo ich eine Kontaktadresse verläßlich zurücklassen könne und sie meint, daß sie das schon machen würde. Ich nenne den Namen meiner Großmutter, und sie holt aus dem Karteikasten den Akt meiner Oma und trägt dort meinen Namen und meine Adresse ein.
«Es steht da ein Name, Bela, soll ich den streichen?»
«Nein, aber setzen sie den in Klammer und geben sie meinen als Hauptadresse an.»
Sie ist nicht unfreundlich. Vielleicht kennt sie meine Oma nicht. Und ich gehe wieder. Ich überlege noch, ob ich nicht vielleicht noch einmal zurückgehen sollte, um zu sehen, ob die Oma jetzt wach sei. Ich sträube mich irgendwie dagegen, daß meine Besuchsdauer davon abhängen soll, ob meine Großmutter wach ist oder schläft. Was gibt mir ihr Schlaf für eine Berechtigung, früher wegzugehen, und was gibt mir ihr Wachen für eine Berechtigung oder die Pflicht, länger zu bleiben? Ist Pflicht meine Berechtigung? Wer verpflichtet mich, recht zu haben? Wer gibt mir überhaupt die Berechtigung, meine Oma zu besuchen? Ich gebe sie mir und ich nehme sie mir. Was hat die Oma noch zu geben und was zu nehmen? Wie sehr ist sie denn noch berechtigt an diesem Leben. Wieviel nimmt sie sich davon und wieviel will sie eigentlich noch davon und wieviel tut man, um sie zu erhalten in dieser Form, die Mensch und Leben heißt? Ich gehe doch und verliere meine Zweifel, indem ich sie tue.
Herrgott, Alte, ich appelliere noch einmal an dich, auch wenn ich es vielleicht bisher immer verabsäumt habe, schimpfe hier nicht herum, sondern verwende deine letzte Kraft, um aufzustehen, deine paar Sachen zu nehmen oder auch zu vergessen und zu gehen – ganz einfach zu gehen. Das Geld kannst du ihnen ruhig dalassen, das brauchen wir nicht. Sag vielen Dank für alles, es war mir eine Erfahrung, und geh. Wenn du das tust, habe ich sogar ein Bett frei in meiner Wohnung. Du spritzt dir jeden Tag selber deine Dosis, und wir brauchen nicht zu überlegen, ob sie dich am Leben erhalten oder ob sie es dir nehmen. Frühzeitig oder langzeitig, hinauszögern, künstlich verlängern oder natürlich verkürzen. Hast du denn gar keinen Willen mehr, gar keine Meinung mehr zu all diesen Fragen, die die Welt bewegen? Sag, was ist los mit deinem Herzen und was ist mit deinem Hirn? Du bist jetzt am Drücker, nur du kannst Botschaft geben über den Übergang hierhin oder dorthin und du tust nichts außer schimpfen und toben über die Verhältnisse auf dieser Erde. Du hast doch ein ganzes Leben dazu Zeit gehabt, kannst du jetzt nicht einmal vernünftig sein und geben, etwas geben, worauf die Menschen seit immer schon warten. Wie ist es? Wohin willst du jetzt? Ich habe den Verdacht, du möchtest um alles in der Welt hierbleiben, denn du hast wahrscheinlich sonst keinen anderen Platz. Mein Gott, wenn du nicht so arg wärest und wenn

ich nicht so arg wäre, ich würde dich nehmen und so wie du jetzt aussiehst. Dein Hals wird immer dicker und breiter und du gehst schon so über in eine andere Form. Kannst du mich nicht noch einmal überraschen und dein Bett nehmen und gehen? Vielleicht nur aus Trotz, wenn schon sonst aus keinem Grund. Das müßtest du doch schaffen. Aber ich weiß, es ist schon zu spät gewesen, wie alles angefangen hat, denn zu Anbeginn haben die Menschenkinder sich schon überlassen. Sie haben sich abgegeben als eine heilige, menschliche Handlung an alle anderen. Und da wieder gar keinem Bestimmten von ihnen, sondern ihrem Geist, ihrem kollektiven Geist, der dir deine eigene Verantwortung für dich abnimmt und dich zu erleichtern scheint. Andere sagen, was du willst, was du wollen darfst, andere sagen, wer du zu sein hast und wann du tot bist und wann du noch lebst. Und du hast gleich zu Anbeginn dein Leben gelassen für diesen allmächtigen Geist, und was jetzt erhalten wird oder nicht mehr ernährt wird, ist nicht dein Leben. Das ist das Gesetz der Allgemeinheit, auf das man sich geeinigt hat, um irgendwo einen Anhaltspunkt zu haben auf diesem Spiegelball. Ausgetauscht hast du dich gegen die Beruhigung, daß andere für dich wollen und die wiederum haben sich auch ausgetauscht und so tauschen wir untereinander unsere Einsamkeiten und Möglichkeiten zu neuen Möglichkeiten aus, aber nicht, weil das unser Wille ist, sondern weil es unsere einzige Möglichkeit zu sein scheint. Und warum sollte ich das nicht gelten lassen? Woran ist da noch zu zweifeln?
Ich sehe dich jetzt immer öfter auf der Straße gehen, früher habe ich dich nie gesehen. Ich sehe jetzt immer öfter dein Gesicht und deine Kopfhaltung vor mir und deine Augen und früher bin ich vor dir gesessen und habe dich nicht bemerkt.
Sollten das schon deine Botschaften sein? Kann ich es so sehen und soll ich nicht bedauern und zweifeln und herumüberlegen über allgemeine Fragen wie Lebensverlängerung oder Sterbehilfe? Sollte mein Leben mir Aufschluß geben? Mein eigenes Leben mir Aufschluß über meinen eigenen Tod geben?
Hier und heute sehe ich das so. Ich habe keine Frage an das Ableben, ich kann dich sehen auf der Straße, jetzt, und ich weiß, daß du da bist und bloß nicht mehr mit den unverständlichen Worten des Lebens sprichst. Alle Toten sprechen zu uns, sie leben mit uns, sie sind die Lebendigeren von den Erscheinenden, sie haben nur eine andere Erscheinungsform, sowie die Wesen auf den anderen Planeten und zwischen den Planeten eine andere Erscheinungsform haben, die vielleicht in unserem Sinn keine ist, und hier ist jetzt unter uns die ganze Heerschar von Wesen mit Energie geladen, das ich Leben nenne. Und mich rührt das an, rührt an mein steinernes Herz und mir löst sich die Frage, ob man meiner Oma helfen sollte, früher zu sterben oder länger zu leben. Wenn sie keine Schmerzen ha-

ben muß, ist alles gut, ob als Mensch oder ob als etwas anderes oder ob als Schmerz selbst oder ob als Droge gegen den Schmerz anderer oder ob als mein Gedanke, ja, einer meiner Gedanken ist sie und die sind gut so, das darf ich wollen, das lasse ich mir nicht nehmen, auch wenn ich schon alles verloren habe. Ich bestehe nicht darauf, ich lebe damit, und ich stehe nicht fest in diesem Leben, sondern auch ich werde sterben, und auch an mir wird die Frage sich aufwerfen, ob mein Leben schon aus ist oder ob es noch zu erhalten ist.

Ihr könnt euch verlassen, ich werde Botschaft geben, irgendeine, und wenn es die sein sollte, daß es den Hinübergegangenen kein Anliegen mehr bedeutet, Botschaft in das Leben zu senden. Diese Erwartung ist ein Teil unseres Denkens hier, aber die Wichtigkeiten und die Werte verschieben sich etwas, wenn die Formen andere geworden sind. Aber nichts verändert sich grundlegend. Nichts gibt es zu erfahren, was wir nicht alle schon wüßten, nur nicht tun wollen, weil es uns die Angst vor dem Tod auflösen würde, und Angst ist eines der treibenden Lebensgefühle, ist ein Antrieb zu unserer Form Mensch – ist das Gehirn eines Menschenwesens unserer Zeit.

Ich habe nie einen Stundenplan aufgestellt, aber Sebastians und mein Eifer, mit der Beschäftigung an neuen Zeichen und neuen Möglichkeiten an der Umwelt teilzunehmen, ist zu einer Ordnung geworden, die jederzeit fallengelassen werden kann.

Es drängt sich ihm immer mehr die Notwendigkeit auf, alles lesen zu können, alle Schilder und Hinweise auf der Straße und in den Geschäften, es wird notwendig, mit Geld umgehen zu können beim Einkaufen, es macht Spaß, schriftliche Mitteilungen zu hinterlassen. Die Umwelt stellt Forderungen an Sebastian, und er will da mit. Er will verstehen können und reagieren in der Eigenart seiner Umgebung, und er will sich merken und alles Erworbene verwenden. Selbständig sein.

Das Eindringen in den neuen Lebensbereich hat gezeigt, daß man sich vieles merken muß von einem auf das andere Mal. Wiederholung und Übung machen das möglich, daher hat sich auch bei uns ein Stundenplan eingestellt, eine Ordnung im Lernen gebildet. Nicht zur Erfüllung des Plans, sondern zur Erfüllung des Drangs nach allgemeinem Wissen.

Unsere Interessen heißen:

Schreiben
Sowohl die Technik des Schreibens in gemischter Antiqua, als auch in einer klaren Ausdrucksform. (Deutsche Sprache.)
Lesen
Rechnen
Bildnerische Tätigkeiten (Zeichnen, Malen, Basteln)

Musik
Bewegung
Außerdem gibt es die Möglichkeit, den ganzen Tag bis in die Träume der Nacht hinein an allem Sichtbaren und Unsichtbaren zu rätseln, danach zu forschen, zu fragen und oft keine Antwort zu bekommen. Zu lernen, daß Antworten oft nichts erklären und nichts lösen.

Montag
(alles ungefähre Zeitangaben)
9–10 Uhr:
Schreiben und *Deutsch* und *Lesen* (wird ungetrennt geübt).
Nachher gebe ich eine Aufgabe aus dem eben Erlernten, die aber erst am nächsten Tag gemacht werden soll.
Bevor ich mich zu meinem täglichen Einkauf bereit mache, gehe ich noch einmal kurz die Aufgabe durch, die Sebastian im Rechnen am Vortag gegeben wurde und heute erfüllt werden soll. Im Alleingang, während ich einkaufe.
¼11–11 Uhr:
Rechenaufgabe (Aufgabe heißt, er macht alles.)
Wir kontrollieren sie zusammen gleich nach ihrer Beendigung. Ich verbessere, aber belaste das Kind nicht mit langwierigen Verbesserungsarbeiten. Ich lasse Falsches wieder ein andermal üben.
Damit ist unser Vormittagsunterricht beendet.

Zu meiner Schulzeit zählt auch, daß Sebastian schon fleißig mitkocht und auch kleine Hausarbeiten verrichtet, falls er nicht in ein Spiel vertieft ist. Manchmal allerdings ist er noch vor dem Mittagessen in weitere «Unterrichtsgegenstände» wie *Zeichnen* oder *Basteln* versunken und ich brauche mich um nichts zu kümmern, als das fertige Stück anzusehen, es zur Kenntnis zu nehmen, es in die Reihe der verwandten Werkstücke zu ordnen und vielleicht auch zu kritisieren, wenn die Größenverhältnisse auf einer Zeichnung ganz danebengegangen sind, oder mir etwas noch sorgfältiger auszuführen notwendig erscheint. Ich halte mich mit Kritik sehr zurück, denn manchmal ist der Himmel orange und oft ist die Maus größer als der Saurier. Ich lege nur Wert auf die Sammlung und die Sorgfalt, mit der etwas vollendet wird. (Wir haben auch schon allerhand weggeschmissen.) Manchmal rege ich auch zu Gestaltungsthemen an, die in unsere Arbeit mit den anderen Gegenständen zusammenlaufen. Zumeist kommt das aber ohnehin von selbst zustande, weil es Sebastian im Kopf herumgeht.
Unser Nachmittag ist nicht stundenplanmäßig fixiert. Genausogut können wir *Musik* machen, indem wir selbstgebastelte Instrumente verwenden oder Töpfe und Deckel. Ebenso spielt Sebastian allein Klavier, ob-

wohl ich nicht vorzeige, wo eine Taste zu drücken ist. Es klingt gut, muß ich sagen. Wir singen auch Lieder aus einem Kinderliederschulbuch, und wenn ich keine Zeit und keine Lust habe, macht das Sebastian allein, oder er macht Musik zu Pink Floyd oder zu den lustigen Hinterwäldlern im Radio. Wir singen unsere Gespräche wie Arien, wir singen im Dreiertakt und sprechen im Vierertakt, wir machen Lautszenen und manchmal sind die Nachbarkinder mit dabei. Manchmal habe ich für solchen Unsinn überhaupt nichts übrig und wir streiten uns lieber über unsinnige Wichtigkeiten wie alle Welt. Manchmal machen wir Konzentrationsübungen, sind ganz still und horchen oder Sebastian spielt Flöte. Zuerst klang das wie eine Pfeife. Ich forderte zum Decken der Löcher auf und zu gleichmäßigem leichtem Blaßstrom und siehe, es klingt gut. Noten zu lernen wäre ein leichtes, aber Sebastian hat kein Bedürfnis danach geäußert.

Dienstag
9–10 Uhr:
Rechnen
Danach gebe ich wieder eine Rechenaufgabe für morgen. Wir gehen gemeinsam noch einmal die Schreibaufgabe von gestern, die heute gemacht werden soll, durch, bevor ich einkaufe.
¼11–11 Uhr:
Schreibaufgabe
Wir kontrollieren sie wieder zusammen, gleich nachher. Wenn Sebastian noch lesen will, tut er es. Ansonsten bin ich diesbezüglich nicht so darauf bedacht, weil er mir fast jeden Tag am Abend, wenn ich meine Füße ausstrecke, vorliest. Flüssig oder stockend. Auch fordere ich ihn auf, manchmal beinahe für ihn unverständliche Texte wie Zeitungsausschnitte oder solches mir vorzubuchstabieren, wenn ich zu wenig Zeit dazu haben sollte. Er liest mir Kochrezepte oder Anleitungen vor zur praktischen Hilfe für mich (auch wenn es manchmal keine ist).
Sebastian geht selbst einkaufen mit selbst geschriebenen Merkzetteln, zahlt und bringt manchmal zu wenig Geld zurück, vergißt trotz Merkzettel manches, aber er bewegt sich zusehens sicherer im Straßenverkehr bei den Ampeln und Übergängen.
Dienstag nachmittag
Judo

Mittwoch
9–10 Uhr:
Schreiben und *Lesen* und *Deutsch*
Ich gebe wieder eine Aufgabe für morgen.
Danach gehen wir die Rechenaufgabe für heute noch einmal durch. Ich kaufe ein. Und er macht allein von

¼ 11–11 Uhr:
Rechenaufgabe (wir führen ein Aufgabenheft und ein Schulheft).
Wir kontrollieren wieder zusammen die Aufgabe.
Mittwoch nachmittags ist Sebastian oft ganz allein. Ich richte her, was er nicht erreichen kann. Ansonsten kümmert er sich um sich selbst. Die Uhr lernt er immer sicherer lesen. Er kann sich an den Uhrzeiten die Tageszeiten schon langsam vorstellen. (Mir wäre lieber, wir könnten alle Uhren vergessen, aber Sebastian gefallen die Uhren, er möchte sogar eine haben und wird auch eine bekommen.) Er weiß, wann er den Fernseher einschalten kann und wann er sich ausziehen, sich waschen und sein kaltes Nachtmahl essen soll. Er hebt beim läutenden Telefon ab, aber er telefoniert nicht von selbst. Wahrscheinlich ißt er das Nachtmahl immer schon vor der Zeit, wäscht sich nur sehr oberflächlich und putzt sich die Zähne gar nicht, wahrscheinlich geht er auch nicht auf die Minute ins Bett, aber wenn ich nach Hause gekommen bin, ist er immer schon gelegen, die Lampe beim Bett und hat gelesen aus seinen Bilderbüchern oder aus seinem Schullesebuch oder aus einem Mickymausheft und der Teddybär schlief immer schon neben ihm.
So nachgiebig ich in bezug auf seine Körperpflege manchmal bin, lege ich doch Wert auf das Erreichen einer gewissen Routine in bezug auf selbständiges Waschen und auch auf selbständiges Aufräumen seiner eigenen Sachen. Wenn man als Mutter immer die Fetzen der anderen aufräumen muß, auch wenn es die des eigenen Kindes sind, führt das unweigerlich zu Verdrossenheit und Streit. Daher hat der junge Mann sich selbst zu ordnen und zu richten, was seinen Bereich betrifft. Nachhelfen macht Spaß, aber immer für einen anderen da sein ist nervtötend.

Donnerstag
9–10 Uhr:
Rechnen
Ich gebe Aufgabe für morgen.
Wir gehen die Schreibaufgabe für heute durch.
¼ 11–11 Uhr:
Schreibaufgabe (Einkaufen)
Wir verbessern zusammen.
Donnerstag nachmittag
Judo.
Sebastian hat eine Blume, die er jeden zweiten Tag unaufgefordert gießt. Er trägt fast täglich den Mist aus, ohne gebeten zu werden und er reißt die Kalenderblätter ab.
Ich lege für mich Wert darauf, daß sich Sebastian in vielen Lebenslagen selbst helfen lernt. Ich erkläre nicht alles sofort und tue nicht alles für ihn.

Er nimmt Einsicht in einfache Funktionen von Geräten und Gebrauchsgegenständen, und er liebt es zu sagen, daß er dieses oder jenes repariert oder verschönert hätte. Oft bin ich damit nicht ganz einverstanden, aber darauf kommt es nicht an. Es geht um ein Größeres als um meine Bequemlichkeit oder meinen Geschmack. Es geht um meine Einsamkeit im Zusammenleben mit der Einsamkeit meines Mitbewohners zur Gemeinsamkeit mit allen und mit mir selbst.

Freitag
9–19 Uhr:
Schreiben und *Lesen*
Ich gebe die Aufgabe für Samstag.
Wir gehen die Rechenaufgabe von gestern für heute durch.
¼ 11–11 Uhr:
Rechenaufgabe (Einkaufen)
Wir verbessern zusammen.
Nachmittags nehmen wir oft den Zeichenblock oder auch den Fotoapparat ins Freie mit. Wir beobachten jahreszeitliche Veränderungen in der Natur und halten sie auf Zeichenblock oder auch im Super 8-Film fest. Wir beobachten Tiere oder auch gar nichts. Dann spielen wir Ball und oft gehen wir baden, wobei Sebastian das Schwimmen noch nicht erlernt hat, obwohl er sich mit besonderer Lust im Wasser bewegt.
Manchmal muß ich mich bei meinem Eifer, zu lehren, einbremsen, da ich entdeckt habe, daß das ganze Alltagsleben an Lehren so reich ist und Schule bedeutet und wir in diese Schule gar nicht eigens geschickt werden müßten. Es ist nicht notwendig, dem Kind alle Sinnzusammenhänge, die mir selbst auffallen, weiterzugeben, es gibt seinen eigenen Sinn. Es erweist sich, daß nicht nur Lehrgegenstände wie Musik oder bildnerische Erziehung und Sachunterricht sich im alltäglichen Leben ergeben, einfügen und Zeitvertreib sind, sondern daß auch Rechnen, Schreiben und Lesen zu einer alltäglich benützten Fähigkeit wird. Als Sebastian die Schriftzeichen beherrschte, gingen wir auf andere Übungen, wie Diktate oder Gedächtnisübungen (was wir allerdings beides auch mit geringem Buchstabenschatz betrieben) über, und das Aufschreiben von eigenen kleinen Geschichten wurde vom Kind mit Begeisterung an seinen Schul – frei – Nachmittagen betrieben. Sowie das auch ich, allerdings zugleich zu meinem Lebensunterhalt, zu tun pflege.

Samstag
9–10 Uhr:
Rechnen
Aufgabe stellen für Montag.
Wir gehen die Schreibaufgabe für heute noch durch.

Ich gehe nicht einkaufen, weil ich das Samstag nicht gern tue. Ich räume besonders sorgfältig auf und Sebastian macht seine

¼11–11 Uhr:

Schreibaufgabe

Wir verbessern zusammen. Wir schauen uns an, was wir diese Woche alles gemacht haben. Was nicht beherrscht wird und warum nicht, was wir vorhaben für die nächste Woche. Was noch zu üben sein wird.

Sonntag

Frei.

Ich halte mich nicht immer an Sonntag als freien Tag, sondern richte ihn immer so, wie ich ihn brauche oder wie ihn das Kind braucht. Im allgemeinen aber machen wir nur einen ganz freien Tag. Aber den machen wir.

Eine Regel habe ich allerdings. Wenn das Kind einmal gar nicht will, weil es mit viel wichtigerem Unsinn beschäftigt ist, oder wenn es sich nicht wohl fühlt, kann es ungeachtet unseres Stundenplans aussteigen. Ich stelle auch die Ordnung zurück, wenn es selbständig arbeiten möchte aus irgendeinem Buch mit Bildern oder ohne Bildern oder gar keinem Buch, wenn es irgendein eigenes System einsetzt, sich selbst zu lehren, was das Schulbuch und meine Lehre nicht annähernd so gut treffen könnte. Im allgemeinen kommt das Aufheben der gewohnten Ordnung selten vor, sei es immer, aus welchen Gründen.

Wenn die Begeisterung nicht hell aufflammt für die «Schulstunde», gilt das allerdings nicht als Umsturz. Auch die Begeisterung am Leben flammt nicht immer hell auf. Für solche begeisterungslahme Zeiten ist uns das Lernen eine Beschäftigungstherapie.

Zusammenfassung

Die hauptsächlichen Unterschiede zum Betrieb in Schulen:

1. Die Initiative zum Lernen geht vom Kind aus. (Der Schüler kann jederzeit den Unterricht abbrechen oder verschieben, deshalb ergibt sich der Wunsch nach Beschäftigung durch Unterricht.)
2. Aufgaben machen findet nur zur Unterrichtszeit statt. (Jeder zweite Tag ist Aufgabentag des vorherigen Lerntages. Selbständig, mit Hilfe, wenn nötig.)
3. Musik, Lesen und Bildnerische Erziehung bleiben nie auf die Schulstunde beschränkt, sondern füllen die Tage des Kindes, so wie Sachunterricht und Lebenskunde immer auf dem Tagesplan sind. (Zusätzlich verwenden wir allerdings ein Sachbuch, das uns methodisch durch die Bereiche des Lebens führt, eingegliedert in Deutsch.)
4. Es zeigt sich, daß bei weniger Unterrichtsaufwand der Schüler lieber und mehr aufnimmt und sich auch wohl fühlt.

STUNDENPLAN
(Die Uhrzeiten können auch verschoben werden, Pausen jederzeit möglich)

	9–10 Uhr	10–11 Uhr	14–15 Uhr	15–16 Uhr
Montag:	Deutsch (Schreiben und Lesen)	Rechnen (Aufgabe machen)	Musik (Singen, Rütmik, Instrumente)	
Dienstag:	Rechnen (Neues lernen)	Deutsch (Schreibaufgabe machen und Lesen)		Judo
Mittwoch:	Deutsch (Schreiben und Lesen)	Rechnen (Aufgabe machen)		
Donnerstag:	Rechnen (Neues lernen)	Deutsch (Schreibaufgabe machen und Lesen)		Judo
Freitag:	Deutsch (Schreiben und Lesen)	Rechnen (Aufgabe machen)	Bildnerische Erziehung (Zeichnen, Malen, Werken)	
Samstag:	Rechnen (Neues lernen)	Deutsch (Schreibaufgabe machen und Lesen)	(Zusammenfassung des vergangenen Wochenstoffes)	

(Gemeinsames Kontrollieren bei jedem Aufgabemachen)

GEGENSTAND	Stundenanzahl pro Woche	
Deutsch, Lesen, Schreiben	6	3 Lernstunden 3 Aufgabenstunden
Rechnen und Raumlehre	6	3 Lernstunden 3 Aufgabenstunden
Musik (Rütmik, Singen, Instrumente)	1	(jederzeit selbständig als Spiel)
Bildnerische Erziehung (Zeichnen, Malen, Werken, Foto, Film)	1	(und selbständig als Spiel)
Bewegung (Judo)	2	
	16	(bereits mit allen Aufgabenstunden)

Sachunterricht und Lebenskunde ergibt sich von selbst.

Eine verschwiegene Notwendigkeit steigt mir auf, etwas zu wenden, meinen Kopf zu wenden, nach einer Erfrischung, nach einem Hirnlauf, der mich der Regeln enthebt, auf dem Blatt zu bleiben, bei dir, Leser, im Rahmen zu bleiben.

Zum Teufel, du lahme Mülltonne mit deinem Inhalt, heute wirst du verspeist mit Blech und Nägeln, die Hirnschlangen werden verkocht, gepökelt und auf die Wäscheleine gehängt. Ich wasche meine Gedankenfetzen in Unschuld. Du hast mich herausgefordert. Du hast angefangen mir zu geben, und jetzt schäme ich mich meiner Gedankenlöcher nicht mehr. Ich nehme von dir, ich nehme alles.

Wir knien im Gewölbe der Schaffenden und raunen unsere Lügen einander zu. Wir erdenken die Gebete der Gläubigen und haben die Schlüssel zum Opferstock. Ich nehme wie jeder, wie jeder. Jeder kann sich erinnern an den Zwang, mitteilen zu müssen, was nichts bedeutet, als die Bedeutung durch das Schweigen deutlich zu machen.

In den Pausen, in den Pausen zu Unmöglichem, im Aussterben der Hirnsaurier, da weiß der Drang, der Zwang zu einer sinnvollen Arbeit oder einer Betätigung zu einer Perfektionierung der Wandlung, zu einem Bekenntnis, zur gezwungenen Aussage, von nichts. Sollte ich, wenn ich Wahres aufsagen darf, nicht auch Unwahres sagen müssen? Sonst wäre ich kein Mensch. Wenn ich glaube, ich müßte mich zwingen, auf irgendeinen Ast zu kommen, der mich zurückführt auf den Weg zu dir, mit der Sprache in den hohlen Baum des Einverständnisses mit mir und meinem Unterfangen, Worte zu setzen, Buchstaben zu ordnen, dann will ich sie lieber mit liebreicher Hand verstören. Geh, nimm einen Bleistift oder Tinte und streiche das an: «Eine verschwiegene Notwendigkeit steigt mir auf.» Geh und tu es bitte, tu du es für mich. Geh, mach dir die Mühe, auch wenn du schon im Bett liegen solltest. Ich beschwöre dich, mache es gleich, sonst ist es zu spät, ich bitte dich in meiner irrsinnigen Einfalt des Geistes, ich habe keine Waffen, um für meine Wünsche zu kämpfen. Pakke das unsinnig Unmögliche an als unsere heilige Handlung für den Lebenswillen, die Energie und für eine letzte Lebensfreude im Rahmen dieser unwandelbaren Verwandlungsstarrheit, in die wir als Menschen so verfallen.

Einem konstruierten Sinn einer Ordnung einer Vernunft einer Arbeit einem Zwang einem Beruf einer Liebe einer Mutterschaft einem Menschenhirn, verfallen in der Lebenshetze. Eine Hatz ist es, die Ordnung in der Vernunft aufrechtzuerhalten und die Finger werden schreibkrüppelig.

Hast du schon das Unsinnige für nichts getan. Ich frage nicht. Du könntest eine kleine Blume hinzeichnen oder einen kleinen Kreis oder das Nichts dort an diese Stelle, die ich zu unserem Treffpunkt vorgeschlagen habe.

Grüße nur jemanden, der nicht da ist.
Kannst du mich so erleichtern. Du kannst mich der Lüge entheben, weil du meine Lücken siehst. Es hat etwas für sich, in diese Lücken zu fallen, ohne sie vorher mit Worten zu beurteilen. Wortlos – eine wortlose Menschheit. Nur Vorsicht vor wortlosen Nachkommen, sie würden nur eine andere Sprache für dasselbe erfinden.
Und jetzt ist es für das erste und schwerste Schuljahr passiert. Am 24. Juni war die Prüfung.
Es war so lange Zeit dazwischen. Eine Endlosigkeit von Wechsel in der Energie in dem Verhältnis vom Kind zu mir, in der Freude an dieser Arbeit und ein breiter Teppich hat sich aufgerollt, langsam bewegt von vielen kleinen und großen Mustern, der fliegende Teppich, der nicht mehr zu fliegen braucht, weil es sich erübrigt hat zu glauben, daß Wissen Flügel macht. Das habe ich gelernt. Meinem Kind war das scheinbar schon vorher selbstverständlich.
Ich habe nichts aufgeschrieben, so lang, ich habe nur in Hefte diktiert, meine Sorgen in vereinfachter Form. Ich habe Rechnungen korrigiert und den Kopf geschüttelt, ich habe mich über jede korrekten i-Punkt gefreut, so als wäre das wichtig, ich habe das Gedächtnis abgehört, ich habe – ich war – ich habe völlig die Fassung verloren. Ich bin zugestürmt auf das Ziel einer Beendigung dieser luftleeren Bemühungen. Ich habe meinen Ausgangspunkt 98mal verloren, ihn in Liebe wiedergefunden und gespürt, wie frei ich mich machen kann von dem Druck, den der Zwang der Behörde auf mich legt und habe damit das Kind auch freier gelassen.
Oft mußte es sich als Mensch vor mir erheben und auf irgendeine Art mir klarmachen: Was tust du da, sei doch nicht so kleinlich, sei doch nicht so fremd, lasse es doch ein wenig sein, lege dir und mir nicht immer diese Zwangsfreiheit auf. Zwang in der Freiheit vom größeren Zwang; ich bin ein Schulkind meiner Gefühle, gezwungen in meine Zeit. Es ist alles wieder gut geworden und wir haben unsere Angst vor dem Ungewöhnlichen bis zum 24. sehr gelockert und sind dort pünktlich aufgetreten.
Die blaue Schultasche war schwer. Sebastian ist es nicht gewöhnt, solche Trümmer am Buckel zu schleppen. 3 Schulbücher, 4 Hefte, 1 Federpennal, 1 Jausensäckchen mit einem Kuchen und einem Apfel, ein Zeichenblock und Filzstifte, ein großes Kuvert mit dem Formular, das mich berechtigt, das Kind privat zu unterrichten, Impfzeugnisse, Staatsbürgerschaftsnachweise und Meldung, ein Turnsäckchen und viel Luft dazwischen, das war schwer. Die anderen Kinder sahen Sebastian das erste Mal mit einem Schulpaket am Rücken. Ich glaube, es erstaunte sie, und auch die alten tratschenden Hausbewohner und Wohnerinnen mehr, als sein sonst so verdächtig leerer Rücken.

¾8 Uhr – eine angemessene Zeit. Wir waren ordentlich, aber unauffällig gekleidet. Ich, im sportlichen Schnürlsamtkleid und er, eine flotte nicht ganz neue Hose und ein kariertes Hemd. Die Haare haben wir sogar gewaschen und auch ich und wir haben überhaupt viel zuviel Wasser gemacht um diese ganze Geschichte. Es wäre mir unehrlich erschienen, sie unter den Tisch zu kehren. Wir waren beide ganz einfach völlig aus den Socken. Ein Jahr lang sind sie immer lockerer geworden, und langsam hatten sie sich aufgelöst, und jetzt hatten wir keine mehr, aber in unseren ordentlichen Schuhen sieht man das nicht. Auch Lehrer sehen nicht durch. Wir waren nicht aufgeregt und zerfahren, wie ich das von eigenen Prüfungen kenne, so mit durchfallendem Magengefühl ins Unvermeidliche, es war eher eine stolze Erregung, die mich erfüllte. Es war mir jetzt gleichgültig, ob Sebastian «die» mit «ie» schreiben würde. Es war jede kleinliche Angst einer größerer Erregung gewichen, die auf jeden Fall ein rechtes Ergebnis zeitigen würde.
Sebastian selbst wollte eigentlich viel eher schon seinen Kuchen essen und seine Turnhose anziehen und außerdem hoffte er, nicht viel schreiben zu müssen, und dann hatte er einen Wunsch. Ich sollte dabei bleiben, irgendwo in der Ecke, nur da sein.
Wir näherten uns dem weitläufigen bunten Schulbau. Wir nahmen unseren Weg hinten bei den Eseln vorbei. Aber heute waren sie nicht zu sehen. Sebastian hätte gern seine Papiere verfüttert. Das würde er sich aber niemals getrauen. Ich bin nicht umhin gekommen, ihm Achtung und Sorgfalt vor dem unnötigen Schulpapierkram anzuerziehen, denn wenn wir etwas vorweisen müssen, ist es eben nicht unnötig und eben kein Papier und schon gar kein Kram.
Kurz vor der Zeit standen wir vor der Kanzleitür. Die Frau Direktor öffnete auch schon und empfing Sebastian mit: «Wir haben dich schon erwartet. Deine Frau Lehrerin ist schon bereit.»
Mir kribbelten die nackten Zehen in den Schuhen vor soviel Freundlichkeit, aber mir ging mein Lächeln nicht ab, und es ging überhaupt alles sehr schnell. Die Lehrerin kam in einem tief ausgeschnittenen Kleid ohne Ärmel. (Hoffentlich verführt sie mir den Sebastian nicht. Ich habe ihn ein Jahr lang zurückgehalten, damit er glaubt, seine Mutter sei die Klügste, Beste und Schönste und jetzt sollte das alles umsonst sein.) Ich merkte sofort – sie nahm ihn bei der Hand, fuhr ihm durchs Haar – ihn hatte sie gewonnen, und ich sollte so schnell wie möglich wieder gehen.
«Zuerst werden wir in Ruhe miteinander arbeiten und dann wirst du mit in die Klasse gehen und du darfst auch mitturnen und dann holt dich die Mutter wieder ab.»
Es war alles vorbereitet. Die Rechnungen, zwei Seiten, ein Diktat, das mir beim Überfliegen sehr schwierig vorkam und ein Lesetext und noch

irgend etwas. Ich weiß bis heute nicht, wie das gemeint war. Jedenfalls gab ich die Zettel wieder zurück, ich wollte sie gar nicht näher betrachten.
Sebastian hielt mich nicht zurück, er ging mit der Lehrerin weg und ich mußte daran denken, wie man mir das Kind nach der Geburt weggetragen hatte. Wir sind jetzt schon etwas abgebrühter. Sebastian ist mein unabhängig gewordenes Ich plus ein Jahr Lernen seiner Unabhängigkeit, plus, minus sein eigenes, das ergibt: 1 plus eins = 0 . . . Es würde schon irgendwie gehen.
Ich ging wieder. Ich sollte um 11 Uhr wiederkommen. (Hoffentlich denkt er an mich, wenn er den Kuchen und den Apfel ißt.) Und jetzt? Was sollte ich jetzt noch? Jetzt war er drinnen und ich draußen. Das ganze Jahr war ich die treibende Einsamkeit dieses panischen Unternehmens in eisener Verbissenheit bis lockerer Lüftigkeit im Aufdecken von Zeichen, erkennen von bisher unbemerkt gebliebenen Sinnhaftigkeiten der einfachsten Regeln der Sprache und der Zahlen bis zum Ausbruch von Heiterkeit bei wahnsinnigen Wiederholungen von Unsinn im Sinn. Und jetzt sollte dieses Spiel, das wir ein Jahr lang betrieben haben, den Anforderungen der Schulbehörde gerecht werden. Jetzt, in diesen drei Stunden von 8 bis 11 Uhr, allein, ohne mein Treiben dieses Ernstspiels.
Unabhängig von mir sollte sich jetzt weisen, ob es möglich ist, anders zu sein und doch zu leben. Leben zu dürfen. Es wird allerdings nie zutage kommen, ob wir wirklich leben dürfen, wie wir können. Was sollte ich da jetzt tun? Ich fand es hart und vielleicht so wie unerträglich für mich in meiner wehrlosen Position, aber ich bin solche Luft gewöhnt. Ich weiß, aussichtslose Situationen laufen so ab wie einsichtige Zeiten. Ich sah, ich hatte umsichtig vorgesorgt. Ich hatte meine Einkaufstasche mit. Ich würde meinen Alltag wie gewöhnlich meistern. Ich ging locker und leicht, es tat sich was. Ich spürte es an meinem Gang. Spannendes bewegt und beflügelt mich. Ich dachte kurz darüber nach, ob Sebastian das zerrissene Unterhemd anhatte, aber wahrscheinlich hing das noch naß am Haken. Ich war beruhigt, daß er sich an dem Kuchen die Hände nicht fettig machen konnte. Der war eher trocken. Durst würde er bekommen. Ich habe in meiner Klasse immer Schulmilch getrunken. An jedem zweiten Tag gab es Kakao. Die Milch wollte ich nie. Sie hat nach meinem Begriff gestunken. Sebastian hat kein Anrecht auf stinkende Schulmilch, weil er ja nicht eingezahlt hat. Es gibt allerdings immer eine Freimilch für die Armen. Vielleicht dürfte er die haben. Die Zeit verging. Sie tut das immer, dort, wo mit ihr gerechnet wird. Egal wie man fühlt. Sie vergeht immer. Ich weiß das.
Ich fühlte nicht viel. Ich war eher ausgeleert und gefaßt. (Ich habe ein Jahr lang soviel in dieser Sache gefühlt, viel zuviel in dieser Sache gefühlt, viel mehr, als nötig gewesen wäre. Ich habe ausgefühlt.)

Die Zeit verging von selbst. Ich dachte an ein Gedicht aus dem Schullesebuch. Es erzählt von einem Schneemann. Mit 2 ee und 2 nn zusammen. «Er kann nichts tun und nichts machen, nicht singen und nicht lachen. Er kann nur warten. Manchmal kommen Krähen und plaudern mit dem weißen Mann.»
(Ob du so was lesen mußt? Eigentlich fällt es mir nicht so sehr auf, aber es ist nicht fair, dich in der Gruppe zu prüfen. Darin bist du ja nicht geschult. Das wollen sie dich prüfen, ob du ihre Gesellschaftsregeln erfüllen kannst, das spüre ich. Sonst wollen sie gar nichts wissen. Deswegen sind sie so freundlich und locken dich wie einen Vogel in ihr Nest.) Ins Nest oder aus dem Nest, was weiß ich, es war schon halb zehn Uhr. (Vielleicht ißt du jetzt deinen Apfel und deinen Kuchen.)
Ich spürte, es hing der ganze Baldachin meines Andersseins über mir, teils bedrohlich, teils schützend. Ich war erschöpft, dieses Gestänge zu halten. (Die Prozession ist bald vorbei, ich brauch Luft. Ich halte alles durch, was ich mir selbst bereite. Ich kenne das schon, aber ich erlebe immer wieder Neues, und ich erlebe neuerlich, wie lang eine Stunde sein kann, wie ich es einmal bewußt als Kind erlebt habe. Irgendwann einmal zufällig habe ich es bedacht.
Wird Sebastian die Zeit vergessen. Ich weiß gar nicht, ob er die Uhr in der 1. Klasse schon lesen können muß.
Was wird er in seiner hemmungslosen Plauderlust alles erzählen? Was ich für Unterhosen trage und wann ich aufstehe und wie hart mein Wille ist, von dem auch dieses Kind dann und wann in meiner blinden Ausweglosigkeit der Nervenströme betroffen wird. Wie schwer ich bin und wie oft ich unter dem Tisch wegkehre?)
Mir war alles gleich, ich war gedämpft, aber wach. Ich hatte meine Arbeit getan und ging wieder der Schule zu. Es war dreiviertel 11 Uhr. (Hoffentlich bricht sich der Bub kein Bein beim Turnen und hoffentlich werde ich nicht noch lächerlicher in meiner kleinlichen Ängstlichkeit. Aber es ist schon alles so lächerlich und spät.) Ich stand vor der Schule und ich holte dich ab wie so viele andere Mütter ihre Kinder abholen.
Sie kamen aus dem Turnsaal. Sie brauchten so lang. So nach und nach tröpfelten die Kinder herauf. Sebastian war nicht dabei. Langsam kam mir die Idee, daß er so langsam beim Anziehen sei und wahrscheinlich der letzte wäre. So war es auch. Die Lehrerin führte ihn an der Hand. Er war ganz durcheinandergerüttelt vom Lärm, den Ansprachen und Aussprüchen, der Gemeinschaft, der Einsamkeit in der Menge, dem Ballen und dem Drängen. Durcheinander von einem Tag Schulbetrieb. Darin ist Sebastian wirklich nicht geübt, darin ist er ein Neuling, und ob er das besteht nach den Forderungen der Geübten, der geschulten Augen des Schulgesetzes?

Ich habe gehört . . . Sebastian kann alles so gut. Er soll nur ganz wenige Fehler gemacht haben. Außerdem gefiele es ihm in der Schule so gut, daß es eine ausgesprochene Gemeinheit von mir wäre, ihn von diesem Betrieb fernzuhalten. Er wäre gut für diese Gesellschaftsmaschine und die Chancen, ihn zu benützen, würden immer geringer, je länger ich ihn nicht eingliedere und ihn mitstreiten lasse an den Problemen dieser Kinder, die nicht seine Probleme sind. Er ist langsam in der Gemeinschaft. Ich soll ihn ein wenig unter Druck setzen, ein wenig antreiben zur Zeitersparnis im Leben. Er besieht alles so lang, er ist so genau, bloß geistesabwesend. Er ist sehr gut und hat alles bestanden, aber es ist bedenklich, sehr bedenklich.
Bange wollten sie uns machen, ängstlich wollten sie uns stimmen, noch ängstlicher, als wir ohnehin schon sind. Sie wollen nicht, daß wir nicht in der Gemeinschaft unsere Angst verleben und erleben und überleben.
Und jetzt spüre ich wieder ganz genau, warum ich ihn selbst unterrichte. Es ist kein sehr freundlicher Gedanke, aber ein sehr einfacher Sinn, der zu einfach ist, um ihn allein gelten zu lassen. Ich möchte nicht diese Menschen, diese alle, diese kleinen und großen, klugen und dummen in meinem Leben haben. Täglich und immer. Ich will das einfach nicht. Ich habe genug mit mir und dem Kind zu tun, ich will keine fremden Probleme zu meinen eigenen machen müssen. Niemand nimmt mich mir ab. Niemand nimmt mir das Kind ab, ich kann niemanden sich selbst erleichtern, und ich will niemandem das Leben schwermachen. Ich treffe lieber freiwillig mit anderen zusammen. Ich lehne diese tägliche Zwangsgemeinschaft ab. Ich tue es. Das ist mein Recht.
Und so sind wir entlassen. Verlassen. Bestätigt, aber verlassen und bedroht, so wie wir die anderen verlassen haben. Ein unausweichliches Spiel.
Ich bin eher erschöpft als freudig erleichtert, aber ich spüre, ich habe getan, wie ich war, und Sebastian war, wie er sein mußte. Gezwungen durch mich, gezwungen durch meinen Zwang meiner Gesellschaft über mich, frei in einem lockeren Bewußtsein über die Ausweglosigkeit aus dem Menschenzwang. Ein Lachen bereit für die Komik dieses Überlebensernstes durch die Disziplinierung der Freiheit in Weglosigkeit.
Verlassen bin ich auch von Sebastian. Er hängt in der Direktion herum, geht hierhin und dorthin. Er tut so teilnahmslos, er ist es auch. Er hat ein Recht darauf. Ich fühle mich so müde wie er auch.
Jetzt kann er die mühsam erlernten Schriftzeichen wieder vergessen. Niemand wird ihn jemals mehr fragen, ob er sie beherrscht, niemand wird je wissen, ob er die Druckschrift oder vielleicht die Blockschrift überhaupt gelernt hat. Ab nun gilt nur die Lateinschrift. Die soll er im nächsten Schuljahr erlernen, obwohl er sie schon kann.

Das Turnen hat ihm gefallen. Er ist begeistert. Die Kinder haben sich um ihn gerissen, sagt er, die Klasse war so schön eingerichtet, aber still mußten alle sein, das kam ihm sehr seltsam vor. Sehr seltsam – fast zum Lachen. Daß er langsam war in der Gemeinschaft, daß er auch unbeholfener war, sagt er nicht, das sagt die beurteilende, prüfende Lehrerin. Sebastian empfindet sich nicht anders als die anderen. Er beurteilt seinen Gemeinschaftssinn besser als die Lehrerin. Sollte er nicht recht für sich haben dürfen? Welche Regelschrauben setzt man an sein Hirn. Mit welchem Maß mißt man hier den Außenseiter. Mit dem Maß des Insiders? Das muß zu klein sein, dieses Maß, auf jeden Fall. Mit zweierlei Maß wird hier gemessen. Maßlos ist die lächerliche Geschichte der Pflicht.
Du bist nicht in die Schule gegangen und ich weiß warum. Jetzt weiß ich es mehr als am Anfang. Es liegen viel einfachere Gründe vor, als man annehmen könnte. Ich will mit Menschen nicht mehr zu tun haben, als sich ergeben muß, und ich suche niemandes Gesellschaft auf. Ich verabscheue sie nicht, aber ich scheue sie. Wie das Kind darüber denken mag, ist mir recht. Es hüpft, ob es nur so sorglos aussieht? Ich weiß, er ist es nicht. Kinder haben nicht weniger Sorgen als Erwachsene. Das Recht darauf hat jeder.
Sebastian hat auch ein Recht auf ein Zeugnis. Die Direktorin gibt es mir in die Hand. Sie ermahnt Sebastian, wie es so ihre Berufsart ist, noch:
«Lerne so brav weiter, daß du am Ende des nächsten Schuljahres wieder so gut bist.»
Jetzt noch die Sandalen angezogen, denn in der Schule hier müssen alle Hausschuhe tragen. Die Kinder sind ja dort zu Hause. Sie müssen sich dort zu Hause fühlen in wohligen Füßen. Von dort unten steigt die Heimlichkeit auf. Sebastian hat keine, er ist hier in den Socken gegangen. Der Riemen der linken Sandale will sich nicht rasch über die Ferse zwingen lassen und es dauert ein wenig. Ich spüre, es dauert schon zu lang. Wir ziehen mit dem Zeugnis und einem kleinen Zettel, auf dem die Schulbücher für das kommende Jahr angeführt sind, der Lehrstoff sozusagen, beim Tor hinaus. Es geht ein starker Wind. Der Bogen Papier knittert in den Windstößen. Ich will das Zeugnis glatt erhalten. Es sieht genauso aus wie meines. Weiß und darauf wie ein Muster blaßgrüne Wappen. Staatsgültiges Zeugnis – ganz blaß, fast wie ein Wasserzeichen, kann ich jetzt im nachhinein sehen. Eine Krone, darunter hängt ein Wappen.
Darauf steht in gestochener Schrift der Lehrerin eine verbale Beurteilung. Sebastian hätte lieber Noten gehabt, das wäre ihm erwachsener erschienen. In der ersten Klasse findet man hier eine Beurteilung in Worten angebrachter, da die Sprache eher fliegende Werte auszudrücken vermag als Zahlen. Die Beurteilung klingt gedämpfter, wenngleich niemand der Härte einer Wertung seiner Persönlichkeit entgehen kann. Einer ersten Be-

wertung für sein ganzes Leben. Ein Stoß in die Kampfbahn. Den Startschuß ins Leben.
Eine Bewertung, sei es in Worten oder in Zahlen, ist völlig unnötig, weil sie unmöglich ist. In dieser philosophischen Lücke wird jeder auf immer gefangen. Praktisch ist die Bewertung einer Persönlichkeit ein Schuß ins Hirn.
Ich lese auf der Straße das Zeugnis. Wir sind zufrieden, besser kann es nicht sein. Wir gehen wieder nach Hause.
«Bitte, Schwester, bitte, Schwester!»
So hörte ich meine Stimme sich erheben. Am Ende ein wenig in die höhere Stimmlage nachdrückend. Es dauerte so lang, ich wartete, es dauerte eine Ewigkeit.
«Schwester!»
Sie kam so langsam.
«Na, wie ist dir?»
Und ich hörte mich schon wieder zu meinem Erstaunen sagen, ganz ruhig: «Ja es geht, es geht.»
Aber es ging nichts mehr, nichts ging, überhaupt nichts mehr.
«Schwester, ich habe Angst, daß es schon kommt.»
«Nur ruhig, keine Panik. Damit hilftst du dem Kind nicht.» Ach so, das Kind, auf das hatte ich ganz vergessen.
«Drehe dich bei den nächsten drei Wehen auf die rechte Seite und bei den folgenden drei Wehen auf die linke Seite.»
Die glaubte, ich könnte noch zählen. Die Gute glaubte, ich wüßte noch, wo links und rechts sei. Aber ich konnte und ich wußte, auch wenn mich langsam alles verließ.
Eine Hilfsschwester putzte neben mir ein Nachtkästchen. Sie erzählte mir von ihrer Schwester, die in einem Kellergeschoß wohnte und viele Kinder hatte. Sie ordnete ein wenig auf meinem Nachtkästchen herum. Was da war. Ein Buch. Sollte ich das jetzt, jetzt ernsthaft lesen? Wie ich mir das vorgestellt hatte! Denn ein Glas. Ich nickte sogar noch, ich glaube, ich lächelte ihr auch noch zu, mir riß schon jedes Gefühl für Anstand ab. Mein Bett ordnete sie auch ein wenig. Es war schon zerlegen und zerknittert vom Schmerz und ich hatte den Eindruck, als läge ich noch still. Das Stilliegen wurde mühsamer und mühsamer. Es stießen mich so pulshafte, zuckende Bewegungen. Unkontrolliert, instinkthaft. Wußte ich noch – von links und rechts brannte – 2 – 3 – 5 – 1 – eine panische Unruhe erfaßte meinen Körper.
Besinnungslos – wütend – wehrlos – ohnmächtig – erschöpft – rasend – wütend – wehrlos
ausgeliefert
mir – dir – allem – nichts

wehrlos – wütend – ausgeliefert
leidenschaftlich – erschöpft – ohnmächtig – gebärend – geboren.
Da erhob sich Gott Vater mit dem weißen Bart. Weiß, vor meinen Augen, und er schenkte mir, verpaßte mir einen Orgasmus, den ich bei der Zeugung des Kindes so wütend, ohnmächtig vermißte. Du Gott du, hier im Saal schwingst du Kulminationsbogen aller Orgasmen, die die Frauen bei der Zeugung nicht haben. Du bist ein Teufel. Du hast ihn dir aufgehoben und gibst ihn hier gönnerhaft aus, aufgeladen zum Schmerz. Teufel, das Feuer brannte so in meinen Eingeweiden. Das war also seine Idee, das hatte er sich ersonnen, diesen Weg nahm das Leben, das er sich ausgedacht hat, das er erschaffen hat. Der muß wahrhaftig ein Mannsbild sein.
Meine Glieder waren so hergenommen von dem zermürbenden Spiel, das ohnehin erst ungefähr eine und eine halbe Stunde dauerte. Manche Frauen liegen tagelang in den Wehen. Sagt man. Meine Haut war so wundgearbeitet, und ich fand keine Ruhe mehr. Ich war wie erstickt von Schreien, die ich nicht ausließ. Ich konnte nicht mehr zurückkehren in den vertrauten Raum des Trostes oder der Beruhigung. Ich war aufgekratzt und mein Hirn hing in Fetzen vor dem nicht Auszudenkenden. Es war noch nichts geschehen und ich glaube, ich hatte vergessen, daß etwas geschehen sollte. Vielleicht wollte ich auch gar keine Veränderung, kein Ergebnis, keine Lösung, keine Erlösung. Sollte es in dem Grad der Erschöpfung eine Lust geben, die im Schmerz liegt? Dieser Schmerz, das wußte ich, das war mir ein ebenbürtiger Kampfgenosse, der war so wie ich. Er war ich und ich war längst geschlagen. Er wühlte mir in den Eingeweiden, und mein Bewußtsein hatte ich aufgegeben. Und trotzdem hallten die Schritte der Schwester in mein Ohr. Eine Neue wurde aufgenommen, Zellstoff am Wickeltisch nachgefüllt, ein Dienstwechsel, die Fliege wie in fernem Licht, der sollte ich in meinem Leben noch öfter begegnen, weit und groß kam das Echo meiner konzentrierten Qual.
«Komm, heb die Beine!»
Ich konnte es. Ich verstand alles. Ich wußte, worum es hier ging. Ich atmete schon schwer und unregelmäßig. Ich hatte den Schalter zur Kontrolle meines Atems und meiner Haltung auslassen müssen. Ich konnte mich nicht mehr halten. Weggerissen hatte mich die Woge und ich hörte mich in gepreßtem Ton: «Schwester, Schwester, bitte!» rufen, aber die war ja schon da. Ich konnte gar nicht mehr laut schreien. Ich hatte es verpaßt, hysterisch zu werden. Einmal verpaßt.
«Ja, das kommt noch heute abend. Brav bist du. Nicht schreien. Das hilft überhaupt nichts. Jetzt warst du so lang brav und jetzt kommt es schon. Hebe die Beine! Halt die Knie fest!»
Es ist überhaupt ein Problem der Menschengeburt gegenüber der Tiergeburt, daß die Köpfe zu groß sind für den Geburtsausgang. Die Großhirne

der Menschen nehmen ein immer stattlicheres Maß an, nur werden sie nicht mehr lang damit herauskommen können. Der Luxus des größeren Gehirns kostet ihnen den normalen Eintritt in die Welt, in der sie dieses Gehirn benützen könnten.
Mich preßte es von tief innen heraus. Mich reckte es aus einer tiefen Höhle. Ich mußte drücken. Bei den Preßwehen ist man gezwungen zu pressen und man soll es auch. Die Ärztin trat wieder an mein Bett und nahm meinen Arm.
«Luft anhalten und lang drücken, so lang sie können.»
Die werkende Hebamme war weniger sachlich: «Los, mach schon, fest, weiter, weiter, länger drücken, tu schon!!»
Ich war jetzt, wo ich etwas hätte tun können, zur Landung meines Blindflugs, schon so verlassen und erschöpft, daß mir Atem, Worte, Bange und Panik, Luft und Bemühen völlig durcheinanderkollerten. Selbst ein zappelndes Neugeborenes, aber pressen mußte ich. Ich spürte mein gesammeltes Blut sich im Kopf, im Gesicht ballen und ich wußte nicht, wie lang oder wie gut ich drückte. Die Hebamme arbeitete wie ein Uhrmacher auf einer Maschine. Auch sie schwitzte. Aus Sympathie zu mir?
Die Ärztin wachte über meinen Puls und regte sich nicht auf.
«Es kann noch etwas dauern.»
Mich treibt es wieder in das Spital zur Großmutter. Jetzt auf einmal. Ich war erst vorgestern da. Sie wird sicher wieder schlafen. Und so ist es auch. Diesmal hat die Oma wieder ein Hemd an, aber sonst fehlt alles, nur der Katheter, der ist ihr noch gelassen. Sie atmet wieder, aber nicht ganz so kräftig, nicht ganz so unnatürlich tief. Sie liegt etwas auf der Seite, das Gesicht ist erhitzt. Möglicherweise scheint es so, weil sie um den sonst so geschwollenen Hals einen dicken Verband, der eigens für solche Zwecke geschnitten und ausgepolstert ist, gewickelt hat. Ihr Gesicht prallt oben so heraus und fiebert für sich hin. Die Augen sind ruhig und es bewegt sich nichts, auch die Hände nicht, aber die Zellen treten lebendig heraus in ihrem Arbeiten, mir erscheint das zumindest so, während ich mich in den Anblick meiner Oma vertiefe. Ich bin nicht sicher, ob sie nicht die Augen geöffnet hat, wie ein Bild, das den Erlöser zeigt mit offenem und zugleich geschlossenem Blick und wo du es so siehst, wie du selbst schaust. Sie lebt mich an, ich stehe da, meine Oma sieht mich an hinter ihrem Gesicht ganz ruhig und gelassen ohne ein Zeichen von Verständigung, aber wie selbstverständlich sie selbst – mit mir – im Augenblick – ein Anblick – von Leben – fraglos – ist mir dieser Sinn, auch wenn ich weiß, daß es keinen Sinn hat, auf dieser Feststellung zu beharren, denn sie entspringt ja nur meinem eigenen Willen, so zu sehen.
Heute sind keine anderen Besucher da und die Frau mit dem Feuermal hat mich gleich bei meinem Eintritt begrüßt. Sie hat mir aber Zeit gelassen,

erst zum Bett meiner Oma zu gehen, wie sich das so gehört. Ich weiß, sie brennt darauf, mir zu berichten, und ich will alles hören. Frau Widmer hat sich schon aufgerichtet und wartet auf mich. Ich habe jetzt noch jemanden, den ich besuchen kann und der mit mir spricht. Sie ist froh über ein wenig Abwechslung und sie ist keine ausgesprochene Tratschtante, das kommt mir so vor und das ist mir lieb.
«Gestern war die Frau Großmutter ganz klar. Ich sage Ihnen, sie hat deutlich mit dem Arzt gesprochen, sie hat ihm von den Halsschmerzen berichtet und sie war so vernünftig. Stellen Sie sich vor, sie hat Hunger gehabt und sie hat Fisch gegessen mit Appetit und sie hat nicht gebrochen, alles behalten können. Ich habe nur so gestaunt und die Schwester auch, die sie gefüttert hat. Sie hat sich das Füttern gefallen lassen und hat sogar gefragt, wie spät es ist. Die Zähne, die wollte sie immer hinein, das wollte sie unbedingt erzwingen, aber man hat sie ihr seltsamerweise nicht gegeben. Ganz wund ist die Ärmste vom Liegen. Ich habe es gesehen, wie sie die Schwestern eingestaubt haben, eine fleischige Fläche», und sie legt sich ein wenig zurück und richtet sich ein Gummipolster, das sie selbst unter dem Gesäß liegen hat. Ich kenne das Geräusch, wenn Gummi auf Stoff reibt. Außerdem muß Frau Widmer nicht immer liegen, sie kann manchmal aufstehen, ich weiß eigentlich nicht, was sie hat.
«Heute allerdings hat sie Fieber. Bisher hatte sie keines. Und in der Nacht hat sie wieder geklagt, sie sei schon dreizehn Tage nicht auf der Schüssel gewesen und sie wolle ihre Zähne haben. Auf ihrem Nachtkästchen hat sie eine große Flasche Mineralwasser stehen gehabt. Und im Nachtlicht sehe ich, wie sie die schwere Flasche aufhebt, ohne Zittern an den Mund setzt und tief trinkt. Ich habe geglaubt, ich muß wieder der Schwester läuten und es wird ein Unglück geben, aber sie hat die Flasche wieder ganz sicher auf das Kästchen zurückgestellt und nichts ist passiert. Erstaunlich so ein Mensch, wozu der noch fähig ist, das würde man nie erwarten. Sie hat geweint, nie hat sie vorher geweint, nur getobt. Sie hat leise in der Nacht geweint und gegen Morgen zu hat sie dann wieder zu phantasieren angefangen. Sie muß etwas gesehen haben und sie wollte weg, sie hat aber nicht mehr viel Kraft gehabt. ‹Mein Gott›, habe ich herausgehört und auch ‹Durst›, und ‹auf, auf› wollte sie und dann hat sie in abgehackter Folge wie ein Ausländer immer wieder monoton ‹Thermometter Thermometter Thermometter› wiederholt. Ich war schon ganz betäubt von diesem ewigen Wiederholen. Ich habe kaum geschlafen in dieser Nacht. Am Morgen hat sie dann das Fieber gehabt und sie haben ihr wieder die Injektion gegeben.»
Ich sehe in die Augen der Frau Widmer und ich bin still. Was soll ich dazu schon sagen. Ich glaube, daß ich nie etwas sage, das macht es dieser Frau so leicht, mir sachlich zu berichten, und ich wiederum bin dankbar dafür,

weil ich ja sonst nicht wüßte, was meine Oma macht, wenn ich nicht hier bin. Ich gehe wieder zur Oma hinüber. Frau Widmer bekommt Besuch. Ihr Mann ist da. Ich nicke ihm kurz zu.
Dann kommt auch die Schwester wieder, dieselbe wie damals, als die Großmutter nicht ins Altersheim gebracht werden wollte, und beginnt wieder nach der Reihe etwas in die Krankengeschichten einzutragen, die an den Fußenden aufgehängt sind. Sie erkennt mich wieder, glaube ich.
«Fieber, heute hat sie Fieber. Heute nacht ist ein End», sagt diese Schwester mit einer Sicherheit, die mir Ehrfurcht vor ihrer Unauffälligkeit einflößt. Ich sehe sie gerade an, weil ich etwas erstaunt bin, daß man Angehörigen so unverblümt mit der Wahrheit über den Zustand der Kranken kommt und ich frage mit den Augen, wie sie das meint und ob sie das meint und sie sagt: «Ich sehe das, ich kenne das, heute nacht wird sie erlöst.»
Eine durchsichtige Gestalt, es könnte die meiner Großmutter sein, schwebt bei meinem Bett und sagt leise: Ja, einmal wird alles auf uns zukommen.
Ich sage: Nein, nein, es wird schon nicht so bald eintreffen.
Alle denken: Was soll ich damit, wenn es doch jetzt nicht ist, was nützt meine Angst vor dem Unvorstellbaren, jetzt ist Leben, meine Geburt, die ist gewesen, irgendwie, scheinbar ist sie ohne mich abgelaufen und der Tod, der ist jetzt nicht.
Jeder weiß: Dann brauche ich es ja auch nicht zu schreiben . . .
Keiner sagt, was er denkt, jeder denkt, was ich sage und ich sage, was wir alle denken. Daher wissen wir nichts und daher reißt uns ein Ereignis, das ans Leben will, so grausam wirklich in die Zellen. Wir leben sonst dahin, als wäre alles nicht wirklich, und wenn dann die Zeit auseinanderfällt, dann, dann hat uns die Wirklichkeit beim Schopf. Aber ordentlich. Dann steht das Leben da. Dann stehe ich da. Dann rinnt mir das Pech des Schutzverputzes aus den Ohren über den Hals, aus der Nase, über den Mund und ich kann nicht mehr sagen, daß es einmal passieren wird, ich brauche mein Hirn nicht mehr damit zu quälen, daß ich mir Unvorstellbares vorstellen möchte. Ich habe keine Probleme mehr, keine Gedanken, keine Worte.
Eingetroffen! Gnädige Frau, sie haben es ja immer gewußt. Aber ich konnte es nicht glauben, bitte. Ich habe so einen unausgegorenen Glauben, ich kann nichts dafür.
Es hat vordem nicht zu meiner Möglichkeit gehört, so dazuliegen, wirklich dazuliegen im Kreißsaal in den Wehen. Nicht vor und zurück. So völlig ausgeliefert einer Natur, die weder gut noch böse, die so unberechenbar war. Vordem hatte ich ja immer alles berechnet, ich hatte ja die Uhr der Realität, die ging sicher, aber dieses verdammte Werk war ausgerenkt

vor meinen Augen, und jetzt hatte ich nichts außer diesem höllischen Schmerz, aus dem ich keinen Ausweg erhoffte. Ich hatte die Hoffnung auf Ordnung verloren, die war mit ausgeronnen mitsamt dem Sinn, mitsamt meinen tröstenden Gedanken. Ich hatte einen schmerzenden Stein im Schädel. Und Geröll im Bauch. Ich war ein Schrei in der Luft. Und das alles nicht dann, nicht einmal, nicht jenseits meiner Vorstellung. Mitten drinnen und für Vorstellungen war da kein Platz. Für Hoffnungen oder für Vernunft kein Name. Es war – es ist. Herrgott müde.

Ich wollte schlafen, bitte nur schlafen, einschlafen, wegschlafen. Laßt mich! Ich kann das nicht leisten. Ich konnte nicht mehr in diesem Rasen ruhig bleiben und meine Gedanken zusammenhalten. Ich zerfiel, aber ich konnte nicht wegsterben. Noch nicht. Ich konnte nicht ausweichen. Und auch jetzt kann ich nicht aus. Ich habe mir vorgenommen, das aufzuschreiben, was ich weiß, aber noch nicht kenne. Würde ich es einfach nicht tun, so wäre ich es nicht los. Ich hänge mitten drinnen, jetzt, und meine Not steht zwischen Ratlosigkeit, meinen schlüpfrigen Fetzen im Kopf gegenüber, und zwischen meiner Gier, vor mir erstehen zu lassen, was ich nicht verwirklichen kann, zwischen Traum und meinen Tasten, zwischen meiner Energie zu Unsinnigem, meiner Ausdauer zu nichts und meinem Wahn als Realität.

Nicht erklären sollst du, erstehen lassen sollst du, gebären sollst du, um daß etwas sterben kann. Das ist der Energiebogen. Da fliegt dir jeder mit in das Jenseits.

Ich hatte keine Freude. Das Bett im Kreißsaal war zerwühlt. Es war nichts mehr absehbar. Ich hatte vergessen, daß ich ein Kind zur Welt bringen sollte und ich glaubte nicht an so eine Möglichkeit. Ich stellte mit einem Schrei im rechten Ohr fest, daß ich mir das auch niemals gewünscht hatte und daß ich mir darüber auch keinen Sinn geben konnte. Alles, was den Menschen zu arg erscheint, um daß sie etwas damit anfangen könnten, das belegen sie mit irgendeinem Sinn. Aber da war wirklich keiner. Ausweglos ausgeliefert einer Macht, konnte ich nichts machen, außer verharren im dauernden Zusammenbruch, der sich nicht bewegte.

Ich sah nichts mehr richtig an. Ich hörte nicht mehr richtig hin. Ich war ein Ohr für mein inneres Tosen. Ich wußte ja nicht, was das sein sollte. Das konnte doch so nicht in Ordnung sein. Diese Fliege da am Fenster, die brauste auf in ihrem sinnlosen Kreisen an der Scheibe. Sah die draußen etwas? Soviel wie ich. Ich sah die Fliege nicht, sie war mir viel zu nahe. Könnte ich weinen über die Erschöpfung meinen Gedanken gegenüber, könnte ich es jetzt tun? Weint die Fliege? Fliegen weinen nicht.

Die letzte Kraft, die preßte es mir so von tief hinter dem Herzkranz heraus. Schweiß, Schweiß – ich spürte ihn nicht, ich war mein Schweiß, zerronnen, wie mir alles jetzt zerrinnt. Ich muß das lassen, ich lasse das so.

Ich soll sein, mein Schweiß, und nicht der Gedanke an Schweiß. Ich schreibe mit Schweiß. Wo schreibe ich, in was für einer Abhalle. Abfluß. Gebärende machen alle ins Bett. Sie bemerken es nicht, weil gebären ist wie urinieren und scheißen auf einmal, nur ganz anders noch.
So weiß schien alles noch und dann war alles wie zerworfen. So unendlich ausgeleiert, die Farben, die Formen so wenig hervortretend aus dieser Bedürfnishalle. Schmerz ist Gestank, und Grimasse der Vorhänge, die da um mein Bett baumelten, aber nicht gebraucht wurden. Wozu mich verstecken in diesem Sumpf. Mein Atmen gurgelte. Die heißen Quellen brodelten in mir und um mich. Aus, aus, niemals ein, aus. Wohin aus. Was sollte aus sein. Waren das Menschen, die da in der Halle tönten. Fratzen in weißgrau und grün. Tiere einer fernen Insel auf dem hinteren Planeten. Was mir – was mir – aber keine Frage. Ich war auch satt, so satt. Fast zu müde, um einen Schmerz zu erkennen. Gepreßt aus dem Herzen, aber schon viel zu erschöpft, um das auszuschöpfen.
Langsam kamen die Menschen an mein Bett heran. So lang haben sie ferngesehen da draußen. Die Kennmelodie der Reklamesendung hat gehallt über die Wand, an der ein Holz hing. Ein Stab nach unten und ein kürzerer quer darübergenagelt. Was – dieses Wesen dort wischte am Boden mit einem Geruch aus Kaffee und Seifenlösung. Ob die Schwester Zucker in den Fernseher gestreut hat. Ich machte mir in meinem Wühlen darüber nur einen einzigen Gedanken und will es auch jetzt so halten. So öde und weit. Das ist also übriggeblieben von meinem Heroismus, ein Mensch zu sein. So eine weite Halle mit nichts drin außer meiner Fliegenarroganz im Surren der Monotonie der Sinnentleerung aus dem Reklamefernseher, der für Wehen wirbt. Wer kennt diese Melodie.
Ein Zeichen aus dem leeren Hirn! Horch! Ein Zeichen! Ist es wahr? Ich kann es nicht orten. Ich muß es rasch tun, sonst ist es vielleicht zu spät. Ich kann nicht. Ich kann es nicht halten. Ich bin viel zu kraftlos.
Ich konnte das nicht mehr leisten. Ich wollte kein Mensch mehr sein. Ich konnte das einfach nicht erfüllen. Ich kann diese Anforderung meiner Forderung nicht erfüllen. Ich konnte nichts gebären. Ich war leer. Ich hatte nichts mehr zu geben. Ich bin ausgeleert. Verstehst du, Fliege, ich kann nicht mehr. Ich will nicht mehr in einer Welt leben, die sich einen Sinn im Unsinn vor den Übersinn stellt, nur weil sie sonst trübsinnig werden könnte.
Aufwascherin, bitte, Aufwascherin, hilf meinem Sinn aus dem Kübel. Er ist gestolpert und jetzt säuft er Seifenlösung, weil er geglaubt hat, es sei Kaffee. Schau, ich bin nur eine einfache Beschreiberin, ein Surrer und kein Flügel am Kreuz an der Wand. Heilige Aufwascherin, bitte entferne die Fliege, sie geht mir so sehr auf die Nerven, sie macht mich noch ganz verrückt und bitte sag, die Schwestern sollen auf der Insel den Fernseher

abdrehen und lieber zu mir schauen, bevor der Kaffee vollends ausgekühlt ist.

Und sie kamen. Sie kamen in die Halle, von weit her. Mein Nachtkästchen war nahe. Ich stieß mir den Ellbogen daran. Dieser Schmerz tat wohl, denn ich kannte ihn. Meine Decke war so durcheinander und ich versuchte, klar zu sehen. Ich sah aber nur mehr rot und ich konnte meine Realitätsmöbel nicht mehr rücken und mich nicht daran stützen. Meine Krücken, ein Stücksinn aus Fliegenscheiße. Meine Moral, der Kaffeesud in der Leibschüssel. Um Himmels willen, diese Figuren, die sollten da mit mir jetzt etwas machen. Etwas finden? Eine Ordnung? Ein Ende? Mir geben? Mich nehmen? Sie sollten machen. Ich war wehrlos.

Aufgeworfen. Und so unendlich lange. Auf immer. Ich wußte nun, daß immer – wirklich unendlich war. Ein Bett aus Eisen. Eine Lampe. So hieß das ja. Kein Atem für diese Luft mehr. Und keine Hoffnung auf eine andere. Das war es. Aufgeworfen – und so unendlich lange.

«Beine hoch, pressen. Fester, fest. So tu doch was. So hör doch!»

Solche Stimmen an mich, die ich hörte, klingen sie auch jetzt? So war es und so ist es wieder, so war es jetzt, als das Kind kommen sollte, aber ich es lange vergessen hatte. Ich war ja selbst vergessen aus dem Sinn dieses Tales, eine Fremde meiner Realität am Schmerzkanapee. Kalt war der Schweiß. Es war Wasser aus allen Zellen. Ausgepreßt. Ausgepreßt sollte der Stein werden, und ich sah ihn nicht. Meiner Seel, ich sehe ihn noch immer nicht. Ich weiß nicht, was da heraus soll. Es dauert immer. Wer hat hier so geröchelt aus dem Nabel heraus. Wer ist mit mir?

Die Menschen, die um mich herumsummten, aber so leise, so entfernt, so geisterhaft, die bewegten sich rascher. Da war etwas. Habe ich vielleicht so gegrunzt? Welchem Stern fliegen wir denn da zu. Gestrandet im All? Die alarmieren da etwas, diese weißgrauen Wesen um mich, die sind da so wachsam geworden. Mir kommt das seltsam vor, aber ich bin zu matt, um mich darum zu kümmern. Ich kann meine Gedanken nicht hinüberheben auf die Wichtigkeitsebene. Ich bin verschoben und bringe Menschlichkeit mit allem möglichen durcheinander. Mir macht das nichts mehr aus. Ich verschiebe die Zeiten wie den Wind. Ein großer Mann flattert her. Einher. Haben sie den gerufen? Mitten im Flug auf der Bahn der Sternschnuppe hinter meinem Nachtkästchen, ein Gerufener? Der Berufene. Im weißen Mantel.

Geräte baumeln, klappern über mir. Rücken, schieben. Ein neuerliches Pressen reißt mich zusammen. Hart ist der Kern in mir, der dort alles hineinzieht. Blutig geht er auseinander in Tropfen und Tropfen und die Schar um mein Bett ist geschäftig. Ich lasse so nach. Ich lasse so sehr nach. Ich spüre es, ich sinke so ab, nichts mehr. Das Blut wird so langsam. Meine Schrift wird so still. Sie bewegt sich kaum noch. Nur eines weiß ich. Vielleicht. Noch. Jetzt ist es soweit. Jetzt habe ich begonnen. Jetzt stecke ich mitten drinnen. Das ist aus dem geworden, was ich mir vorher nicht vorstellen konnte, was ich nicht glauben konnte. Alles weist sich als viel ungeschmückter und abgeräumter, als es in der Wunschvorstellung oder in der Abwehr aufgeblinkt hat. Viel trostloser und glanzlos, aber eben eingetroffen und nicht nur vorgestellt. Eingekehrt in die Vergangenheit sind wir, zum Jetzt, um allen Tand zu verlieren und Glanz abzuputzen. Nur eines weiß ich. Vielleicht. Jetzt, wo ich schon völlig erschöpft bin vom Nichts, jetzt soll es erst beginnen. Mit dem soll ich jetzt weiterschreiben? Mit dem Weitergebären? Was soll das werden.

Werden.

Eine Erinnerung oder eine Zukunft, jetzt ein Traum? Wessen Wirklichkeit geht über in meinen Schlaf, wenn ich schon zu sehr erschöpft bin vom Glauben an ein Erwachen? Ob ein Ende wird, weil kein Anfang abzusehen ist?

Dann, wenn ich dich verloren habe in meiner Geschichte, dann soll ich dir noch weitererzählen? Gehst du da noch mit? Ich kann mich kaum selbst noch schleppen. Ich kann dich nicht tragen. Ich gehe eben. Verloren weiter. Ich kann nicht mehr zurück.

Am Weg sehe ich Pfirsiche auf einem Baum in einem Garten hängen. Ich denke: Die muß ich zu Hause noch dazuschreiben. Denn damals sind ja auch Pfirsiche mit haarigen Pelzchen auf den Ästen gehangen. Vielleicht. Pfirsiche hängen auch an den Ästen, wenn ich nicht mehr hier sein werde. Haarige, pelzige Tierchen. Ich gedenke der Pfirsiche, der saftigen, weil meine Geschichte so fruchtlos ist.

Die Bewegungen um mich beginnen dann und wann aufzuschwirren. So als wäre da etwas Unnatürliches zu bewältigen. Ich bin weit davon entfernt, etwas bewältigen zu wollen. Ich bin willenlos ausgeliefert. Ein Bündel, ein krampfiges Wesen. War da etwas geschehen? Geschieht etwas? Weißt du es vielleicht besser als ich? Es werden der Tätigen immer mehr, und da unten am Bettende, da steht der Oberarzt. Er ist nicht emsig. Er ist ein Sehen ohne Augen. Eine Bewegung in Stille. Er ist nicht wie die anderen. Eine Geschichte ohne Worte. Der Plan geht verloren. Der Plan geht aus. Der Plan ist zu Ende. Der Plan fehlt. Der Plan, den hat es nie gegeben. Hier überschlagen sich die Ordnungen. Ich weiß es lange, meine Lage ist nicht länger auf dieser Ebene zu halten, auf der die Menschen eifrig am Geburtsakt fuhrwerken.

Mich ballt ein Geist. Wirft mich herum. Schnellt sich in mir auf zur einsamen Macht und ich sehe etwas unwahrscheinliches mit blinden Augen in abgewürgten Schmerz. An der Schwelle, an der Schwelle zum Übergang in einen Abgrund, der nur ab ist, ab, dreh ab, dieses Licht, das kann nicht sein, das gibt es nicht, das ist viel zu unmenschlich. Menschlich, wo ist,

menschlich, so bleibt, Licht aus, das geht nicht, das kann ich als Menschenwesen nicht schaffen, das kann niemand von mir verlangen, nicht heute, nicht jetzt. Ich gebe alles her, aber bitte, nehmt das weg. Nehmt es weg, dieses Bild, das sich aus mir drängt. Ein Kopf, ein menschlicher Kopf. Da kann irgend etwas nicht stimmen. Ein Kopf so groß mit soviel Hirn drinnen, daß es unmöglich erscheint, ihn bei meinem kleinen Loch herauszukriegen. Mensch, wozu brauchtst du so furchtbar viel Hirn! Du unersättliches, du. Du wirst an der Größe deines Kopfes zugrunde gehen. Unermeßlich ist dein Wachstumsdrang, und du wirst sie sprengen, alle deine künftigen Mütter. Du hast es so gewollt, du hast es angestrebt seit Menschengedenken.
Der Anblick des folgenden Spiels rückt meinen Geist wieder etwas auf die Normalebene, da jetzt die Ereignisse die Verrückten waren und ich selbst dagegen völlig unwichtig wurde. Ich sah mit erstauntem Entsetzen eine mächtige Schulter sich aus mir herausdrehen, die zu diesem ausgewachsenen Kopf gehörte. Und noch eine, und einen Arm. So einen Arm hast du noch nie gesehen, außer eben den eigenen. Das war genug für mich, länger konnte ich dieser Ausgeburt nicht voll folgen. Hier war etwas geschehen, auch das Personal mußte das ein für allemal zur Kenntnis nehmen. Eine gewöhnliche Geburt war das nicht, nicht die Geburt eines Kindes. Wie war mir noch zu helfen. Wollten sie mir helfen? Mußten sie es? Konnten sie es? Sie fuhrwerkten nicht mehr so eifrig herum, das fühlte ich in meinem Sinken. Ich wußte, dieser Mensch würde mich zersprengen. Mitten durch. Aus eins mach zwei. Und das konnte für mich nichts Gutes bedeuten. Und da war noch einer, da an meinem Bettende, der mit dem weißen Mantel und mit dem Blick nach innen. Ich merke jetzt, ich sehe die ganze Zeit in seine Lichter, die nicht eigentlich leuchten, aber die mich ansaugen und in denen ich auch das Ungeheuer gesehen haben muß, dieses Monster, das aus mir sich drängen will, denn ich selbst bin blind vor Schmerz. Er sagt wahr, und jetzt rührt er sich von meinem Bettende weg, ein wenig zu mir herauf und alle treten zurück, so als wäre er der einzige, der jetzt noch Abhilfe schaffen könne. Er bewegt sich so sicher, und es geschieht, ohne daß ich dabei besonders erstaunt gewesen wäre, daß ein blinkendes Ding unter seinem Mantel hervorgeht.
Er öffnet seinen weißen Mantel. Er ist nackt darunter. Sein Glied ist eine blitzende Sense. Er beugt sich über mich und beginnt mich aufzuschneiden, so als wäre das schon oft geschehen. Er beugt sich etwas näher zu mir und nicht, daß es ein eigentlich neuer Schmerz gewesen wäre, ein vielleicht stärkerer, nein, eher in der Art einer ruckartigen Bewegung, die einen bedeutenden Einschnitt in mein Leben spürbar macht, beginnt er ganz langsam, seine Lichter tief in mich gerichtet, meine Scheide zum Bauch hin aufzuschneiden. Gerade dort, wo es zu eng ist, um das erwach-

sene Wesen herauszulassen und gerade dort, wo ich so einreißen will in wilde Fetzen, dort beginnt er mit seiner Sense vorsichtig zu schneiden.
Mehr Blut fließt, warm rinnt es. Es schneidet sich so weich und stetig und weiter immer wieder im Takt eines Mähers in brütender Sonne hebt – hebt – sinke ich zurück – zurück – zurück und das dach des Saals hebt ab und ab und ab.
Langsam, wie langsam geht der Schnitt, das geht so, ja, das ist gut so. Ist das gut? Was da jetzt geschieht. Ich weiß es, ich weiß es endlich, ich habe alle Zeit darauf zugelebt. Beharrlich, eine beharrliche Leberin war ich. Und jetzt jetzt bin ich gut, war ich gut oder böse? Großmutter, hallo, Oma, du, das ist auch dir so geschehen. So muß das auch bei dir gewesen sein. Wie? Jetzt ist es, gerade jetzt? Mein Gott und du hast nicht einmal eine Riesin zur Welt gebracht. Hallo, Oma, sag, kannst du den Gott sehen? Der sollte doch jetzt eigentlich anwesend sein. Verspätet er sich? Ich habe immer gehört, daß er dazu gehört und jetzt hört er uns nicht. Mich schaukelt der Schnitter so, fast wie eine Wiege, hinüber ist es. Hinüber und herüber, hin und her. Und was ist mit dem Film? Hallo, jetzt geht es mir auf, was ist los, keine Vorstellung heute? Ich habe immer gehört, daß da etwas ablaufen soll, so ein Leben. Oma, siehst du etwas? Ich habe mich schon ein Leben lang gefreut, daß ich mich im Film werde sehen können und jetzt spielen sie ihn mir nicht vor. Ein ganzes Leben lang habe ich fleißig geschauspielert und niemand hat mich aufgenommen. Wenn ich das gewußt hätte, hätte ich mir viel Mühe erspart. Keine Filmsaison? Sommerferien?
Na ja, heiß ist es ja. Die Sonne glüht auf das Feld, aber der Schnitter, der hat Mark in den Knochen, der schneidet stetig und fest. Mein Gott, jetzt habe ich soviel gelernt und jetzt kann ich die Ebenen nicht mehr auseinanderhalten. In Schulen bin ich gegangen, um daß ich dort weitermachen kann, wo meine Eltern aufhören mußten und jetzt kann ich nicht sehen, was daran so wichtig gewesen sein soll. Aber wer wird prüfen? Irgend jemand muß doch feststellen, ob mein Leben bedeutend war oder wie gut es war. Irgendwas Sinnvolles muß sich doch an diesem wolkenlosen Himmel abzeichnen. Der Schnitter kann doch nicht ewig so weitersensen. Wohin schneidet denn der. Und wofür. Dieser Mensch muß doch schon endlich heraus sein. Ich sehe nichts, ich kann nicht sehen, wozu ich soviel hätte lernen sollen. Dafür, daß ich dann nicht einmal den Film sehen kann. Wo ich doch so gern ins Kino gehe. Wer fragt mich jetzt? Bitte, irgend jemand soll sich doch rühren in diesen Hitzewellen. Es zittert die Luft auf dem weiten leeren Feld und es ist eigentlich alles abgemäht, nur dort, wo der Schnitter mäht, gerade dort, mäht er scheinbar etwas ab. Er schafft etwas ab, aber ich kann nicht sehen, was er abschafft.
Heiß ist es. Es zittert die Luft. Er arbeitet und schneidet, aber es geht

langsam, so langsam. Jeder Schnitt ein Atemzug. Er ist erst beim Nabel. Jetzt kurz über dem Nabel. Nicht daß es weh täte, aber es glüht. Sein Schnitt ist eigentlich eine Glut. Sein Werk ist zuversichtlich. Ein tüchtiger Mann. Irgendwie ahne ich, daß er weiß, daß er für seine Tüchtigkeit nichts bekommen wird.

Wie oft war ich glücklich in diesem Leben, wie oft war ich jähzornig, wie oft habe ich mich zwingen lassen. Welche Laster habe ich gehabt und wie sehr habe ich sie genossen und wie sehr haben sie mich gequält. Wie oft habe ich mich von meinem Hirn hineinlegen lassen und wie viele Gedanken habe ich des Nachts gewälzt, um ein besserer, leichterer Mensch zu werden. Um einer zu werden, der sich leicht beim Sterben täte. Und jetzt stellt sich heraus, daß die Bedeutungen völlig anders liegen, auf einer anderen Ebene. Jetzt passiert es, jetzt, und ein Gedanke daran ist verflogen in der Hitze, aufgesogen vom Dampf über der Ebene. Nicht daß hier etwas leicht sei oder schwer. Daß es hier Angst gäbe oder keine. Hier ist alles ausgehoben aus der Bedeutung der Regeln und sogar eine Prüfung wird hier scheinbar nicht wichtig genommen. Etwas anderes ist viel wichtiger. Nämlich, daß es jetzt geschieht und daß nichts bereitet wird und vor allem, Oma, hast du auch den Verdacht? Daß überhaupt nichts geschieht. Ich könnte nicht einmal fröhlich sein darüber, denn er schneidet noch immer so stetig in mein Fleisch. Es dörrt an den Rändern in der Hitze aus. Brandig, brandig riecht es hier. Man sollte dem fleißigen Mäher einen Weinbrand geben, ich glaube, er macht keine Pause. Ich werde mich ihm ein wenig zuwenden, vielleicht weiß er da Bescheid auf diesem Feld. Vielleicht weiß er, wohin ich mich da wenden kann zur Prüfung. Jetzt habe ich mich so geplagt, nur damit man besteht, und jetzt wird man nicht einmal zur Kenntnis genommen. Mein Fleisch empört sich. Aber auch für solche Ausbrüche ist hier kein Publikum. Ja, hier ist nicht einmal das geringste Publikum. Nichts, niemand. Sogar die Oma, die mir vorhin erschienen war, hat sich scheinbar verkrümelt. Nur wüßte ich nicht wohin, da sind nämlich keine Verstecke. Sagenhaft, diese Landschaft. Nur Stoppelfeld und auch keine Strohmännchen, gar nichts, nicht einmal Misthaufen. Es stinkt nicht einmal richtig, nur dieser leichte Brandgeruch ist hier, nicht eigentlich schlecht, sondern eher würzig, etwas mit gekochtem Blut vermengt. Na ja, bei dieser Sonne. Ich muß der Sonne hier irgendwie näher sein.

Er schneidet, so etwa meinem Brustbein zu. Das Spitalspersonal steht herum. Es plaudert auch ein wenig miteinander.

«Ja, der Helmut kommt jetzt in die dritte Klasse. Er ist wirklich sehr brav. Dafür, daß ich soviel arbeite. Er macht alles allein.»

«Geh, wirklich beachtlich. Stell dir vor, vorige Woche ist ein Bub beim Turnen in Erichs Klasse tödlich verunglückt. Er ist vom Reck gefallen

und hat sich das Genick gebrochen. Stelle dir diesen Turnlehrer jetzt vor. In dessen Haut möchte ich nicht stecken.»
«Erschütternd so etwas. Was auf dieser Welt so alles unvorhergesehen passiert.»
«Tupfer bitte.»
Hier beim Herzen ist so viel Blut, da quillt es so beim Schneiden. Wer ordnet das Blut. Wer ordnet hier in dieser Hitze mein Leben ein. Wer gibt mir hier den Sinn zurück, für den ich mich gequält habe. Wer gibt mir hier die Zeit zurück, in die ich mich gepreßt habe. Wer zeigt mir die Bedeutung, für die ich gelebt habe. Wer beweist mir endlich, daß dieses Monster geboren ist. Ich weiß nicht, wohin der Schnitt noch führen wird. Der Schnitter läßt mich nicht an sich herankommen. Er ist so konzentriert für mich in mir und er gibt nichts zu erkennen.
Rollen schriebt man mir rr – und in den Finger soll man sich nicht schneiden. Unhöflich ist man nicht – die Hefte soll man sauber halten – und die Eltern ehren. Wursthaut muß man abschälen – und das Wasser nicht unnütz laufen lassen – Rollen schreibt man mit rr.
Alles habe ich gelernt und jetzt hat es keine Bedeutung mehr. Hier wird nicht mit Pflichtzeit gespielt, hier gibt es keine Stoppuhr für die Denkgeschwindigkeit und keine Gewichte für die Energie. Ausdauer ist hier nicht vonnöten und niemand fragt mich etwas. Langsam beginne ich, das besser zu finden. Immer besser. Der Schnitt jetzt über meinem Herzen, der erleichtert mich sehr. Er ist wie eine Kenntnisnahme, eine Annahme meines Zustands auf diesem freien Feld, auf dem es keine Autos gibt, die ich stoppen könnte. Wohin wird noch geschnitten, bis wohin. Es ist nicht mehr weit. Nicht mehr weit, guter Mann. Nicht mehr weit. Ich werde dir inzwischen erzählen, auch wenn du vielleicht nicht zuhörst, wie das ist auf dem Menschenstern. Ich bin ja nichts Besonderes, nur eine Frau, die gerne Geschichten erzählt. Mir gefällt deine Beharrlichkeit. Du hast die Augen so nach innen und innen fließt ein bunter Strom aus lauterem Wasser. Wenn du aber nicht arbeitest, sind deine Augen leer. Höhlen auf die Sommerwiese, Höhlen in das Sommerfeld. Sonnen, schwarze Sonnen, die kühlen und nicht erhitzen.
Der Himmel soll ein Büro sein, in dem alles aufgeschrieben ist, was wir gemacht haben auf der Erde. Ordnen, ordnen wollen sie immer die Menschentiere. Ordnung wollen sie haben, müssen sie haben. Ordnung zwischen Tier und Mensch, zwischen gut und böse, zwischen Glück und Unglück zwischen arm und reich, zwischen Schmerz und Genuß, so daß sie sich einordnen können. Ordnung müssen sie haben und deswegen haben sie sich den Gott ausgedacht. Und deswegen haben sie sich die Prüfungen ausgedacht. Da wird eingeordnet, wie klug oder wie dumm man ist. Wie lebenswichtig oder wie unwichtig. Ordnung zwischen ihren bei-

den Gehirnhälften wollen sie schaffen. Weil, die sind immer gespalten, das ist einmal so. Die Sehnsucht nach der anderen Hälfte macht sie so wahnsinnig ordnungssüchtig, und an ihren Ordnungen gehen sie zugrunde, sowie an ihren großen Köpfen, die die Mütter sprengen. Anstatt ein einiges Gehirn haben sie immer größere Doppelgehirne und das wird langsam zu einem Problem. Und dieses Problem ist ihre Liebe und daraus entstehen immer wieder neue Menschen mit noch größeren, geteilten Gehirnen, die endlich herausfinden sollen, was die vorherige Generation nicht geschafft hat: Die gespaltenen Hirne endlich zu vereinen.
Ich plaudere so vor mich hin, und der Schnitter mäht. Bei meinen Worten ist er ein wenig freundlicher geworden. Ich glaube, er mag mich. Ich störe ihn jedenfalls nicht. Während ich erzählt habe, ist mir aus meinen Worten aufgefallen, daß er noch ein wenig zu tun haben wird. Ein wenig noch. Mir ist jetzt klar, wohin er schneidet. Wahrscheinlich habe ich so gedacht, weil ich herausfinden wollte, wie lange er noch schneiden würde. Er hat es mir nicht sagen wollen, so mußte ich es ihm erzählen dürfen, um es selbst zu erfahren. Ja, so ist das mit meinen Worten, du hast das sicher schon lange heraus.
Mir ist inzwischen aufgefallen, daß der Schnitt nicht nur auf einer Seite meines Körpers stattfindet, sondern gleich auch meine Hinterseite trennt. Ein heiserer Schrei tönt über das erhitzte Feld. Er schreckt mich auf. Doch jemand hier? Was ist für ein Aufruhr bei meinem Bett. Was, ich habe gedacht, ich könnte auf dem Feld ruhig dahinöden, und jetzt muß ich wieder zurück in dieses Bett in den Kreißsaal. Muß wieder diese Schmerzen haben. Ja, kann man sich denn auf gar nichts mehr verlassen. Die können doch nicht erwarten, daß ein fast zur Gänze aufgeschnittener Mensch da noch einmal zurück will. Auch hier ist es so heiß. Dieselbe Hitze wie am Feld, aber nicht frei. Einzig die Gestalt über mir, die hält mich im Bann. Die beruhigt mich. Ich glaube, die gibt mich nicht mehr her. Dazu hat der Schnitter schon zuviel gearbeitet an mir, und wir haben uns schon zu gut verstanden in der Öde. Vielleicht wäre er ohne mich einsam. Vielleicht braucht er mich. Ihn sollen sie mir nicht nehmen.
«Das kann doch nicht sein! Das ist in keinem Plan der Wissenschaft! Das ist unmöglich! Ein Phänomen ist das», so höre ich die Stimmen der Geschäftigen und kümmere mich nicht darum, denn ich habe eben auf dem Sommerfeld gelernt, daß die Bedeutungen dieser Erde dort nicht zählen, völlig selbstverständlich sind, sich auflösen in ihre Bestandteile und zu Hitze werden, die von der Sonne kommt.
Zwischen meinen Beinen, oder vielleicht kann ich jetzt gar nicht mehr so sagen, denn ich bin ja bereits bis unters Kinn geöffnet, da liegt, das bewegt sich, da hebt sich ein Bein, ein Frauenbein anscheinend. Muskulös, jung und seltsam, wie soll ich damit zurechtkommen, aber eigentlich ist es

ja zu erwarten gewesen, daß dieser Mädchenkopf, absolut erwachsen, und diese nackte Schulter, so rund und fleischig, auch Beine haben müßte. Fast vergessen habe ich auf dem Feld meine Geburt. In meinem Sterben habe ich meine Geburt vergessen. Mein Gott, das kann auch nur einem Menschengehirn zustoßen. Ja, es ist keine Frage mehr. Ich habe eine erwachsene Frau geboren. Und dazu mußte ich aufgeschnitten werden. Nie wäre sie sonst herausgekommen.

Und wer hat jetzt da geschrien. War sie es? Nein, es hat eher nach Ableben geklungen und nicht nach Aufleben. Oder ist da kein Unterschied. Gehen wir schon ab, wenn wir anfangen? Ich werde nicht mehr fragen. Diese Fragen haben auf dem Feld keine Bedeutung. Sie sind rein retorisch und verdammt menschlich. Sie werden nur aus Langeweile gestellt oder aus Ratlosigkeit, der man sich nicht hingeben möchte. Ich habe gelernt. Ich nehme an. Ich wundere mich nicht. Was sollte es da auch zum Erstaunen geben. Ein paar Schnitte noch, aber vorher werde ich noch verstummen müssen, weil mein Mund geöffnet wird, geschnitten mit einem sanften Streich der Sense und das erlaubt ewiges Schweigen, weil die Not der Worte ein Ende hat. Dann werden meine Gedanken sprechen, bis auch sie zum Schweigen kommen, dann wird das Schweigen in der Luft erbeben über dem Sommerfeld.

Das nackte junge volle saftige Weib erhebt sich. Nicht wie ein Neugeborenes, sondern wie ein ewiges Kind. Es trägt meine Züge. Kein Wunder, es ist meines. Es ist ich. Und es wundert sich nicht. Niemand ist über diese Welt verwundert. Sie ist ohne Bedeutung.

Die junge Frau steigt gelenkig aus mir heraus. Sie ist in der Bewegung geübt. Sie ist bewegt. Das liegt in ihrem Wesen. Sie hat einen feuchten weiten Blick auf mich. Die Sense geht zwischen meine Augen. Der Schnitt hält nicht inne. Jetzt schneidet er in Hirn. Ich spüre es auf einmal wie von fern, wie Korn im Brot, das ich ein Leben lang gegessen habe, weich, aber krustig einen Laib groß, geteilt, gebrochen für meine Brüder beim Mahl, auf daß sie noch einmal mit mir sein könnten und essen könnten meinen Leib und trinken mein Blut, so erdig ist das weiche Brot, von der Mutter gebacken mit krustiger Rinde wie von den Bäumen, so saftig wie das ganze Leben – die einzige Nahrung auf dem Felde in der Hitze, Blut und Nahrung zugleich. Es atmet seinen Genuß der Einheit mit mir in alle, die es essen – und so fühlt, so schmeckt der Schnitt durch mein Hirn. Entwei und eins im stillen Verstehen mit der jungen nackten Frau, die ruhig zusieht, wie der Schnitter seine letzten Streiche ausatmen läßt, bis er Zeit für sie hat.

Jetzt ist es vollbracht. Wer fragt noch, wie es war, bevor es geschehen ist. Es hat sich ausgearbeitet, die Vorstellung ist eingetroffen. Die Hoffnung und die Angst ist im Faden verwoben. Mich näht keiner mehr zusammen.

Mich soll nichts mehr versuchen. Vollends muß getrennt sein, was nur gespalten war. So kann ich noch, so sehe ich noch, ich sehe, ich sehe, ich fühle ein körperliches Licht auf mich zukommen. Es schweift, es nähert sich, mit dem letzten Sensenstreich leuchtet das Metall blitzstrahlend auf und ein Lichtarm schwenkt sich langsam und weit über die Halle mit dem Bett, über meinen gespaltenen Körper über meine Erinnerungen und meine Hoffnungen und Wünsche, über meine Ordnungen.
Langsam bewegt sich der Arm und er fegt weg, was mich gehalten hat, fegt mich weg, sanft und sicher verwandelt sich die Bruthitze in ein kühles Leuchten auf dem gemähten Feld wie nach einem Regen und löscht den Brandgeruch unter dem Lichtarm, löscht die Vernunft, kühlt den Kopf und die Glieder des jungen Wesens, das da sitzt und vor sich hinschaut. Guter Geist, wer fragt die Tiere, ob heute nicht auch geschaut werden kann. Sie bewegt ihre Zehen. Sie kann damit sehen. Sie kann alles. Sie ist dazu geboren im Lichtstrahl, Gedankensturz kühlt den Geist. Wie genug ist es schon? 8. Mein Kind, das ist gelacht. Sie streichelt einen Stein aus Licht. Gut so, aber das fragt er nicht. Wie gut, wie gut – ich vergesse zu fragen und zu ordnen, ob ich wohl in dieser Welt verblieben sei. Höre, höre, ein Summen, so sanft, unbekannt im Ohr. Aus dem Fall, dem Erdfall kommt ein Summen. Ihr Summen ist ihre Landschaft. Ja, sie singt. Sie ist es. Sie muß den Mund nicht bewegen. Sie schweigt mit den Augen. Sie fällt in ein dauerndes Wieder, sie bleibt nicht an mir hängen. Sie denkt an dich, wie ich. Ihr Denken ist ihr Atem. Es tut sich selbst, wie gefällt.
Landschaften, was tun sich die mir auf, wenn ich sie nicht ordnen muß. Sie, Steine kullern über die Luftpausen und die Minuten verschmelzen zu Himbeereis im Sektkübel. Liebe Frau, halt ein, ich habe einen Gedanken im Schuh, ich muß ihn erst essen, bevor ich wieder weiterfliegen kann. Komm mit, komm mit, wir steigen auf Licht und gleiten zur Erde oder in einen Suppentopf. Mit Karotten und Lauch. Sternhören, Mondsehen, die Berge sind kühl.
Hier ist Schatten. Sie setzt sich wieder. Sie ruht aus mit einem Grashalm im Mund. Eigentlich ist es ein Stoppelstroh vom Mähen. Ein Strohhalm ist es, ja, so heißt das. Es geht nicht weiter, es muß nichts geschehen. Die Erinnerungen sind zum Schicksal verwoben worden und der Faden ist abgelaufen. Eine Frau hat einen Hund gehabt und den hat sie gehalten wie ihr eigenes Kind. Jetzt ist der Hund auch schon gefallen. In meine Wiege, die steht dort hinter dem Dornbusch. Ein Salamander liegt jetzt drinnen und sonnt sich. Er hat in der Schule fleißig gelernt, aber dann ist er verhungert und seither liegt er am liebsten in der Wiege zum Sonnen. Nur wenn es regnet, dann kriecht er zur Maus ins Loch am Abhang zum Venusberg. Dort kennt er sich aus. Friedrich und Sebastian gehen dort zum Konditor und holen sich Kaugummi. Den Superweichen. An der Kreu-

zung, an der Kreuzung zu den vielen Ebenen, dort, wo sie sich schneiden und ineinander übergehen, dort dürfen sie immer an der Glocke ziehen, die vom Schriftstellerverband aufgestellt worden ist. Und die Alarm geben soll, wenn sich die Gedanken zu sehr in die Ebenen verlaufen und gefürchtet werden muß, daß die Leser diese Gedanken nicht mehr kaufen werden wollen. Die Kinder läuten und läuten, aber niemand rührt sich. Manchmal schaut ein alter Herr heraus mit lockigem Haupt und einer Weinflasche. Neuerdings hat er sich einen Bart stehen lassen und wirkt ganz wild und modern und glaubt, er kann sich alles erlauben. Er bietet den Kindern Pilzgerichte an, die irrsinnig gut schmecken sollen. Aber Sebastian mag leider Schwämme nicht. Er hat sie viel zu lieb, um sie aufzuessen, er benützt sie lieber als Regenschirm. Mir auch recht. Der Friedrich soll neulich einen gekostet haben und dann hat er darauf bestanden, daß diese Schirme nur mehr als Sonnenschirme verwendet werden dürfen.
Aber da kommt jetzt doch jemand auf diesem freien Feld daher. Ist mir der bekannt? Hergott ja, irgendwie. Nein, Gott ist es nicht. Dem konnte ich hier nicht begegnen. Ich glaube, es wird ihn schon irgendwo geben, aber er hat sich so wie alles in Unbedeutsamkeit in Einigkeit gewandelt und er legt es nicht darauf an, sich bemerkbar zu machen. Er braucht das nicht. Ein Besucher. Fast wie ein Wanderer. Er kommt aus einer Geburtsklinik am Ende seines Tagewerkes. Er ist noch so weit entfernt, aber seine Augen, die sehen jetzt schon in mich hinein, besser, ich falle in sie hinein, die sind schon hier, wo er noch nicht da ist. Mich bewegt das Nahen dieses Wesens. Wie ein Spiegel kommt er auf mich zu. So als wäre seine Gestalt in mir selbst verankert. Er ist Licht am Ende des Anfangs zum Übergang. Ich muß lächeln über mein kindliches Gesicht. Ich bin recht kräftig, ich fühle mich so. Meine Glieder sind fleischig, aber kindlich glatt und rund. Ich erhebe diesen Körper. Ein Lied, ein einfacher Klang kommt an mich heran. Er kommt aus mir heraus. Ein Dreiklang, ein Vielklang, aber eigentlich ist es ein Einklang, der schwingt in unzähligen Lichtwellen um mich herum ihm entgegen. Klarheit hängt im Ton, trägt ihn in seiner Einfachheit, füllt die Weite und saugt sie auf wie Klärung einer Wölbung meiner Stirn. Wie meine Falten zwischen meinen Augenbrauen, die ich jetzt mit Sicherheit wieder mache. Ich mache sie immer, obwohl ich jetzt gar nicht unglücklich bin und auch gar nicht angestrengt nachdenke, denn meine Tasten tippen von ganz allein und machen mir ein Lied, das davon klingt, wie ich meinen Geist spazieren lasse in Gegenden, die wir alle schon bereist haben und in denen wir nicht weniger leben als im Papierkorb.
Geboren meine Gedanken. Gut geboren, oder weniger gut. Für dich gut oder vielleicht willst du es anders. Es hat sich jedoch auf meinem Flug herausgestellt, daß es unbedeutend ist, Maßstäbe aufzurichten. Sie sind

nur dazu da, um uns am bekannten ordentlichen Leben zu erhalten. Sonst haben sie keine Bedeutung. Und die Qual, nicht entsprochen zu haben, die kann ich mir wirklich schenken. Ja, ich werde mir meinen Zwiespalt, meine Zweifel, ob du mich findest, zum Geschenk machen. Ich werde nicht wieder gebären können, denn ich bin tot. Ich muß nicht immer besseres gebären, weil ich es schon so oft nicht geschafft habe. Ich bin daran gestorben, an dem riesigen Hirn meines Kindes. Ich mache diesen Eifer, diesen Drang uns zum Geschenk. Ich mache zu unserer Verbindung, was uns trennt, wenn du meinst, daß es anders hätte gedacht werden können. Ganz anders, ganz anders noch, mein Lieber. Du gehst schon so lang daher und bist noch immer nicht da angelangt. Aber du hörst schon alles, dieses einfache Schwingen in der Luft, das dir besagen soll, daß nichts zu sagen sein wird, was nicht schon bekannt ist. Uns schon so lang bekannt. Wir haben einander immer wieder nur das alte zu bieten. Du kennst meine Schreibe und meine Worte. Hast du sie lieb? Dann sind sie dir doppelt so alt. Drei Gitarrentöne sind es. Zuerst tiefer, dann hoch und dann mittendrin. Die tragen alles. Und dazwischen liegt alles, was noch mitschwingt und nicht gespielt worden ist, weil ich es nicht fassen konnte. Meine Hand ist menschlich, die ist kein Lichterarm, der Hitze macht. Auch meine eigene nicht.
Ich war eben gestorben, und jetzt sitze ich hier als diejenige, deren Name ewig ist. Geboren – jeder, der geboren wurde, weiß, wie es ist zu gebären. Ich bin zum Gebären bestimmt. Ewige Bestimmung, kommst du wieder hier entlang? Diesen Weg. Und was soll ich jetzt mit dem Leben? Wer ist denn das? Das stirbt, indem es wird, und wird, indem es stirbt. Es ist ohne Namen. Es zeigt sich nicht, weil es verloren worden ist in einer Kosmosschlinge auf der vierundneunzigsten Universumsspirale in den Nabel der Zeitalter zurück. Der Zeiger an der Uhr ist ein Relikt der Parabel, in der es seinen Bogen zieht mit einem Atemzug der Geburt und einem Blick des Todes gerade in das Hirn hinein.
Der Sturz in den Blick des Fremden wird näher, kommt immer näher, und er ist da und er spricht nicht. Er schaut nur so, wie er gesehen hat, als er an meinem Bettende stand im Spital, als ich geboren wurde und meine Gebärerin aufgeschnitten werden mußte, weil ich zu groß war, um daß wir überleben hätten können. Er sagt nichts, aber er verständigt sich mit mir durch seine Gedanken. Ich kann seine Gedanken hören wie Worte. Es sind meine eigenen Gedanken, die ich denke. Nun sind es auch deine. Du kommst nicht aus, du weißt, wer er ist. Du kennst seine Sense, du weißt, was er für ein Mann ist. Er kann dir nicht länger verborgen bleiben. Ich falle in sein tiefes Dunkel und kehre dort ein, dort gehöre ich hin, dort bin ich. In diesen Höhlen des Erzeugers, des Entzeugers, des Zeigers an der Lebensuhr.

Er berührt meine Schulter, er grüßt mich so zurückhaltend und voll Achtung. Er stellt sich vor – in meinen Kopf hinein denkt er: «Gestatten, ich bin der Tod», und dabei neigt er sanft den knöcherenen schönen Schädel. Ein edles Nicken, und ich erwidere sein Interesse mit einem ähnlichen Gedanken: «Ich freue mich. Ich bin die Geburt.»
Hätten wir einander nicht schon so lange gekannt, ohne einander jemals wirklich begegnet zu sein, so wären wir nicht so klar füreinander gewesen. Wir sind es geworden – über alles Licht hinweg – über Erdzellen hinein – in das jenseitige Gesicht desselben Diesseits herüber – in das Allseits eines Traumes zum Wachen.
Ich Mädchen, ich bin schön, er denkt es in mich, seine Berührung zeugt davon, seine Art, mich anzufassen, sagt, wie groß seine Sehnsucht ist, sich mit mir ein letztes Mal zu verbinden. Seine Schwester, seine Mutter? Mein Vater, mein Bruder, mein anderes Geschlecht? Ein Pol meines Leibes. Ich bin rund und so frisch, ich bin saftig wie die Pfirsiche, die so lang in meiner Geschichte gefehlt haben, ich bin lustig, ich bin ein erwachsenes Kind und sehe nicht nur schön, sondern auch maßlos ulkig aus. Hast du mich schon gesehen? Dann mußt du durch die Augenhöhlen dieses Burschen sehen, dort bin ich zu Hause. Im Nichts dort drinnen ist meine Stätte. Alle Wetter, jetzt ist endlich etwas los in diesem ewigen Kreislauf von Fliegen, die so brummen, ein Kurzschluß, ein Kreiskuß ins Gehirn.
Alle Wolken in die Blitze, kennst du den direkten Weg. Den Weg der Totgeburt. Mein Herr, denke ich, ich habe gewartet und soviel mußte geschehen, ehe es einmal wirklich eintreffen konnte. Immer nur vorgestellt, immer nur gefürchtet, immer nur beschrieben und erdacht. Über dem edlen Schädel meines alten Freundes verblaßt jedes Erdenken. Alle sprechen über ihn. Alle wollen ihn bannen, alle wollen sich ihm gefällig erweisen, daß er gut mit ihnen verfahren möchte. Und er ist mein Freund geworden. Gerade er. Es ist wie ein Wunder, aber ich weiß, das Wunder bin ich.
Früchte tragen. Früchte im Herbst. Ewige Früchte. Fruchtbar. Furchtbar. Furchtbar ewig ist ein Herbst, Früchte für die Ewigkeit, die nichts beinhaltet. Keinen Rand, keinen Abgrund. Keinen Apfelberg. Äpfel im Herbst oder schon früher. Wie die Steine, wie steinerne Herzen. Wie meines. Die Nuß ist ein Hirn, wer beißt sie auf? Die Eichhörnchen, die können das auf dieser Erde. Und dort wo ich jetzt bin, da gibt es natürlich auch Hörnchen, aber niemand erwähnt sie, denn sie haben es nicht nötig, erwähnt zu werden. Zellen voller Hörnchen. Nußzellen, Apfelzellen, Hirnzellen. Samenzellen und Eizellen. Ewig, für die Ewigkeit, die nicht erwähnt werden muß, weil sie selbstverständlich ist. Gebären und sterben ist eine Frucht, die ewige Frucht.
Sein Töten gibt Leben. Durch Töten zeugt er neues altes immer wieder in

einem Kreislauf. Sein Todesstoß ist seine Befruchtung und seine Mutter ist sein Kind und die Geburt ist seine Sehnsucht, denn auch der Tod ist nur ein Lebewesen, das sich nach dem Tode sehnt. Nach einem Ende des Kreises, der ihm Schwindel macht. Vielleicht.
Wer weiß, was ich mir da in diesem Tal so alles ausdenke. Wer weiß, was er dazu sagen würde. Einmal fragen. Mich fragen. Ich habe es getan, und mir fällt es wieder ein, was ich eigentlich erzähle. Aus dem Land, in dem ich dem Tod begegne. Mit Vernunft werde ich da nicht die rechten Worte treffen. Mit Erklärungen werde ich da nicht an den Mann kommen. Es ist nicht schwer, an den Mann zu kommen. Es kommt alles von selbst, wie lange vorbereitet. Unsere Körper, vielmehr meiner, der ist so erwärmt und auch der meines Kameraden ist es. Unsere Körper tun aber wenig zur Sache, wir sind wesenhaft und berühren aneinander alle Sphären des Vorstellbaren und Unvorstellbaren. Eine wellende Bewegung geht über und über. Eine Weltbewegung bahnt sich an. Ein Prickeln in meinem Körper, das mein Herz für kurze Zeit beklemmt, das ist vorüber. Vergessen alles, völlig vergessen, abgeflogen alle Bedenken, alles Denken. Steige ich ein in die Umarmung.
Das, genau das war immer schon mein Plan, genauso ist der Zellenplan des Wachstums in die Ewigkeit, genau das ist das Ende der Rotation des Systems. Und jetzt, jetzt
Jetzt steht alles still
Alles, alle Sterne, jeder Atem, der ganze Kosmos

In zeitloser Umarmung nähern sich Geburt und Tod ineinander. Lautlos bersten Gebirge. In Stille zerfallen Herzen, brennen in Schweigen aus. So still, wie das Universum groß ist, fügen sich Geburt und Tod ineinander. Der Schnitter mäht lautlos sein letztes Feld in schwerelosem Raum. Noch einmal leuchtet die Sense auf und dringt tief in den jungfräulichen Schoß der Geburt ein. Dort, wo alle Mütter wohnen, die den Tod nicht sterben lassen können, weil er sie immer wieder befruchtet, dort liegt das zu mähende Feld, dort darf die Ewigkeit ein Ende finden. Gesammelte Energien zu der einzigen Umarmung, die im Plan der Welt gelegen ist, den sie nicht gekannt hat, bis es geschehen konnte. Es geschieht jetzt. Und niemand fragt, wie es dahin gekommen sein kann. Alles was ist, ist fraglos.
Die Augen schließen und im Innen sich schwingen, nach dem Schlag der Sense. Lichter in spiraligem, flirrendem Bogen bewegen sich aufeinander zu. Wolken spielen und Kräfte werden zu Gestalten und sie ziehen und dehnen, sie lösen sich wieder, um ein neues Spiel zu beginnen. In ein glühendes, riesiges Netz gespannt aus unzählbaren Lustfäden – so bewegt die Liebe die Leiber. Raumlos geht das Getrennte ineinander über und ist zu

einer Energie ausgeflossen, die alles füllt. Lichtbrecher, Schlagadern, Raumschiffe im Sand gestrandet steigen sie wieder, sich aus sich selbst erhebend, sie steigen in Höhen mit Strahlen begleitet von Lichtströmen, die wie Musik erklingen. Es schwingt ein Ton auf, einer von ganz unten auf, einer, der immer getragen hat, der, der die Zellen trägt, der wird Musik in den Hirnen und ein Chor um die Umarmung von Tod und Geburt. In diesem Ton ist alles gehalten, in diesem Hirnton sind die Zellen gestimmt, über geht alles in eines, das sich steigert zu einem Ende in Überfließen des ganzen Lebens. Ein letztes Ausrollen des ewigen Rades, das nie erfunden wurde, um wieder stillstehen zu können.

Langsam neigt sich der Körper der Geburt dem Boden zu, der unter ihr wegfällt, wie sie sich legen will, und die beiden schweben frei in den Lüften, und die Luft zerfällt, wie sie sich dem Flug ergeben wollen und sie stürzen in rasendem Sausen dem Anfang zu, getragen von dem Urpfiff des Ablebens an der Nabe des Rades, auf das sie immer geschmiedet waren. Das Rad zerbirst, der Ton bricht ab und übrig bleibt das Radlos. Das Kopflos. Das Klassenlos. Das Blindenlos. Das Erbarmungslos. Das Gottlos. Das Menschenlos. Denn: Dieser Fick hat auch den Tod das Leben gekostet. Diesmal bleibt nichts übrig. Aber alles, was war, kann wiederkommen.

Kann man die richtigen Fragen nur stellen, wenn man die Antworten weiß? Vielleicht denke ich nicht daran, daß es eigentlich mein Todesurteil ist, das ich mir da schreibe. Diese Innigkeit zu meiner Begeisterung an meinem Tod, und da sehe ich, daß ich es nicht bin. Ich bin es nicht, das bin ich nicht, das kann ich sagen, wenn sonst schon nichts. Fertig werden, was soll da fertig werden, die ganze Zeit über hänge ich daran und darin mit meiner Liebe und mit meinem Haß zu dieser Abfassung meiner Gedanken.

Was treibt mich, lieber zu scherzen, als zu sehen und still zu sein. Und still zu sterben und still zu leben. Soll ich da meine Großmutter fragen? Oder wäre das wieder so. Ich muß mich von einer anderen Seite hineinlassen in die Höhle, ich muß einen neuen Einstieg wagen, ich als routinierte Höhlenforscherin fange einmal ganz von neuem an, in ein unbegangenes Loch hinein, und ich muß nicht mehr herauskommen. Ich will meine Erfahrung vergessen und meine Sicht, sie behindern meinen Glauben und meine Energie, ich hänge in äußerlicher Aktivität und bilde vor mich hin meine Zeit, und ich könnte doch auch still sein, einmal eine andere sein, um dieses Leben verlieren zu dürfen.

Voller Sprichwörter und voller Bilder, voller Abwehr, voller Klagen ist sie gewesen und damit hat sie gelebt, das waren ihre Rahmen, in denen sie sich aufgehalten hat, ihre Vorhölle, in der sie das Feuer eingedämmt hat, wie ich in meinen Worten krame, um nicht zu sagen, um nicht bemerken zu müssen, was ich mir ausgedacht habe. Vielleicht ist es, weil ich es mir ausgedacht habe, so zu sehen, oder weil ich es nicht gesehen habe, sondern weil ich mir geraten habe, so zu sehen. Und ich hänge jetzt in der Pflicht, hinter meinen Augen zu wühlen und zu vergessen, daß ich nie sehen kann. Das Leben darf nie wirklich werden, es darf nie wirklich zu Ende gehen, aber es darf immer damit gespielt werden.

Es ist überhaupt ein verfahrenes Unterfangen, Wirklichkeiten aufzuschreiben. Ich mache sie damit ja wieder zu einem Spielzeug meines Geistes und werfe lässig damit herum, wo ich doch endlich ausruhen könnte auf meinem Ende, das ich mit Scherzen so oft herbeigewünscht oder belächelt habe. Hat das nun meine Oma getan oder bin ich das, wie soll ich diesem Vorhaben näher rücken, ich bin da ratlos. Und ich habe da eine unverschämte Sicherheit in mir, die mich wissen läßt, daß ich meiner Ratlosigkeit schon auf den Pelz rücken werde und sie zunichte machen werde, auch sie, und alles werde ich mit meinen Gedanken zunichte machen, alle Klarheiten und Wahrheiten, alles Schweigen und mich selbst, ich haue mit meinem Sicherheitsschwert immer hinein in mein Leben und ich werde auch den Tod spalten mitten im Schädel. Ich überhebe mich, ich kann das und wie im Lebensrausch nach dem sechsten Glas, scherze ich noch, oder ist es meine Oma, über die Herzattacke, über die Kreislaufstockung, das ist alles nicht wirklich. Krankheiten sind nicht wirklich der Tod, sie sind nicht wirklich ein Ende, solange ich klagen kann, solange ich nicht verstummen muß, solange bin ich obenauf und meine Ahnung ist nur ein schemenhaftes Etwas am Grunde meiner Ratlosigkeit, endlich zu sagen, was dazu führen könnte aufzuhören, das Unabwendbare abzuwehren.

Auch dann, wenn schon die Schatten die Lichter werden, auch dann, wenn die Vision zum Alltag wird, auch dann, wenn die Worte zerfallen und wenn der Schmerz das Gewebe auflöst, auch dann ist das Leben, ist der Scherz zum Ende dieses Anfangs noch nicht aus, auch dann schleicht noch eine Beruhigung an einer bekannten Erinnerung an einem vertrauten Bild sich schleimig über die Lippen des Hängenden und noch nicht, noch lange nicht und nie wird er sich ergeben. Eine kleine Wendung wäre es, eine kleine Neigung nur, und – ein unüberwindlicher Abgrund wäre genommen, aber der bleibt unsichtbar, solange man nicht hineinsteigt und fliegt. Im Abgrund ist es wie im Leben – nur hinein muß ich einmal, und ich habe Angst, Angst bis zuletzt und diese Angst ist mein Scherz und meine Krankheit am Leben und vorher ist es wie nachher, nur daß ich vorher Angst hatte zu fallen und mich nicht geneigt habe meiner Möglichkeit. Und schwer wird mir, davon zu schreiben, denn indem ich meine Großmutter irgendeiner Sache wegen anklagen will oder an ihr etwas feststellen will, das ich nicht haben soll oder woran ich nicht leiden soll, falle ich immer auf meine eigene Lüge hinein, in der ich mich verhänge. Was soll ich über sie berichten, was ich nicht genausogut über mich sagen könnte.

Ich weiß, wie das ist. Selbst aufgerichtet vor mir, ich in meiner schemenhaften Gestalt, mein Wissen um meinen unabwendbaren Sturz, ein Leben lang damit vertraut, nur dazu am Leben für diese Wirklichkeit, ist mir das Ableben so weit entfernt wie mein Auge meinem anderen. Beide dasselbe, beide für dasselbe und beide fremd. Mit Überlegen komme ich hier nicht heran und mit Erklärungen wird der Kampf meiner Großmutter nicht deutlicher, ich muß mich geschlagen geben. Ich kann es nicht sagen, was keiner Worte bedarf, weil es nicht groß ist, es geschieht nichts und es scheint mit mir nichts zu tun zu haben, daß nichts geschieht. Es wendet sich manchmal alles hinüber, gerade weil nichts geschieht. Darin liegt die mögliche Wendung. Und einmal hat meine Oma nichts mehr getan, einfach nichts mehr, und das scheint mir fast zuviel, um es aufschreiben zu wollen. Aus, einfach nicht mehr, dabei will ich gar nicht sagen, daß sie nichts mehr gedacht hätte oder nicht geatmet hätte, aber sie hat den Platz ein wenig verrückt und war dort, wo sie sich bis jetzt nie hinbegeben wollte. Und ich? Und ich?

Immer zu Scherzen aufgelegt und zum Weinen und alles zugleich und ein unentwirrbarer Haufen von Gefühlen herkömmlicher und ungewöhnlicher Art und eine große Unfähigkeit, still zu sein, gesegnet mit Lust und beleuchtet in Gram, lauter Spielarten der Abwehr, lauter Lebenszeichen, die bedeuten sollen:

«Noch nicht, ich noch lange nicht, ich überhaupt nie. Mich kriegt ihr überhaupt niemals, ich mache das schon, ihr werdet schon sehen, ich habe mich immer durchgeschlagen, im Krieg, in den schweren Zeiten und im Alleinsein, ich lasse mich nicht unterkriegen, mich haben alle für meinen Humor geliebt und für meinen rundlichen Körper, der immer so lebendig war, ich bin jung geblieben, ich halte mich schon noch . . . ich reiße jetzt die Decke weg und ich gehe. Hinaus, ich habe noch zu leben, ich kann noch alles gut machen, ich kann noch alles tun, was ich verabsäumt habe, ich will noch einmal leben, das erste Mal leben. Bitte, laßt mich leben, ich hatte die Ruhe nicht dazu, weil – ich habe nicht geglaubt, daß ich wirklich lebe und daß ich wirklich gehen muß und daß das so schnell und so nahe kommt, ohne viele Umschweife, ohne Zeitaufschiebung, ohne Rückhalt, ohne mein Verlangen und ohne meine Zustimmung. Ich kann meine Scherze nicht mehr unterbringen, es ist die Zeit abgelaufen dafür – vor mir ist es schwarz im Eis, mich friert in Ausweglosigkeit an der Schwelle, an der Zeitschwelle – es stockt mir der Herzschlag, ich will nicht – ich will nicht, ich muß meine Schulden noch bezahlen, nur noch das, nur noch meine Schulden! Ich habe gedacht, ich hätte noch lange Zeit dazu und ich habe nicht gerechnet mit dem, daß es wirklich werden könnte, das Leben, daß es sich weisen würde als das, was es ist. Ich will es gerne annehmen, ich muß es noch einmal aufnehmen, ich muß heraus jetzt, heraus aus dem Bett!»

«Auf – auf – aufstehen ich muß hinaus! Um Gottes willen, ich muß schnell auf, Licht machen – Licht – mehr Licht – es ist dunkel – auf – auf O Gott – O Gott», und da muß sie aus dem Bett gefallen sein, nachdem sie sich den Katheter und die Infusion herausgerissen hat im Angesicht ihres Ablebens, das sie erst jetzt zum erstenmal unter der Haut gespürt hat als Auflösung ihrer Realität, die mit dem Leben und mit ihr und eben mit ihrem Leben nie Freundschaft geschlossen hatte. Realität ist ein Ersatz für das Leben. Und jetzt hat es sich erfüllt, es ist eingebrochen in ihre Kruste, und Wirklichkeit ist so schwerelos, sinnlos über Eis, ein Gleiten hinüber in einen Freiraum von Gefühlen – zwingend – lebendig – los ist es – alles ist los – gelöst von den Zwängen, ein Mensch bleiben zu müssen, der man nie war, und das wollte sie noch einmal sein, nur einmal noch probieren, nur einmal noch, nichts tun und nur vor sich hinleben, BITTE EINMAL NOCH LEBEN, ohne zu kämpfen, es ist nicht notwendig, nur sein, noch kurz sein im Nichts des Lebens, in den alten Bildern, in ihrem Körper. Sie hat sich wieder aufgerappelt, obwohl der Leib schon am Absterben ist, er hält nicht mehr, er zerfällt bereits, er ist zu locker in seinem Gewebe, er fault schon langsam und er lebt nicht mehr, er verändert sich, er hört auf, ein Menschenkörper zu sein, er wandelt sich in seinen Ursprung und da ist noch etwas in ihm, irgendwo in seinen absterbenden Kammern ein Platz in einer Ruine, der jemandem als Wohnung dient, irgendwo da drinnen und der will nicht stürzen, obwohl er gerade gestürzt ist, und wieder hoch das Gerüst, das nur mehr mit einem Faden verbunden ist, mit diesem Wahn, der den Geist herüberzerrt an das Menschenufer. Nicht abstoßen – nicht weg – halten – halten am Ufer und die Hände der Zurückbleibenden halten nicht mehr, sie entfernen sich, sie gehen zurück. Helft!

«Hilf mir auf – auf – hilf mir» –

jetzt helfen, jetzt noch, wo ich es nie konnte, weil ich mir selber nicht helfen kann. Ein Ertrinkender – in Atemnot, in letzter Aufwallung eines Zurück, eine letzte Möglichkeit ein Sturz ein Fall ein Zusammenbruch – zurück ins Bett gelegt gepreßt gemordet ein Überschlag –

So viele Ende jeder stirbt so viele Tode und der letzte wird nicht der letzte sein. Immer wird man darauf zugehen und nie ihn wollen. Oder doch? Vielleicht fällt er dann nicht mehr heraus und fällt nicht mehr auf als solcher. Ich kann nicht mehr, ich weiß nur, daß ich weiß, daß das, was ich weiß, viel wahrer ist, als ich glaube zu wissen. Ich bin unaufhaltsam und kann doch nichts tun – und das ist ein Leben von mir – und von meinem

Vermögen Dinge zu sagen, die ich nicht sagen müßte, weil sie sich erübrigen, aber ich halte gern an und sehe nicht ungern, daß ich immer wieder ratlos bin und unvermögend, etwas oder mich zu ändern, weil ich das gar nicht will.

Am nächsten Morgen klingelt mein Telefon. Um acht Uhr. Eine Frauenstimme meldet sich aus dem Spital, in dem meine Großmutter liegt. «Ich muß ihnen leider mitteilen, daß ihre Frau Großmutter heute Nacht um ein Uhr gestorben ist. Wenn sie bitte Trauerkleidung bringen könnten und ihre Sachen abholen möchten. Alle Formulare für die Bestattung bekommen sie in unserem Büro.»

«Wissen sie, wie es meiner Großmutter am Ende gegangen ist?»

«Sie ist ruhig eingeschlafen. Sie ist nach der letzten Injektion nicht mehr aufgewacht.»

«Was ist die Todesursache?»

«Niereninsuffizienz – Urämie – und Myocardinfarkt.»

Feucht war es zwischen meinen Beinen, ich drückte etwas heraus – und da spürte ich einen sanften, aber nicht zu verkennenden Anschlag an meinen linken inneren Schenkel. Ich wußte, das war ein Zeichen des Kindes. Ich spürte dieses Antasten und einen Widerstand bieten noch lang an der Stelle des Schenkels. Es war wie Leben. Als die Hebamme das Kind hochhob, es auf den Kopf stellte und auf den Rücken schlug und es scharf zu schreien anfing, war mir das Leben des Kindes nicht bewußter oder näher als diese Erinnerung der Berührung meines Schenkels.

«Die Nabelschnur ist sehr kurz, aber es geht schon», gab die Schwester zu bedenken. Ein fester weißer Bund knapp am Nabel des Kindes. Die Nabelschnur ist ein gallertiger, mit Gefäßen bläulich durchzogener dicker Schlauch. Das Durchschneiden dieses Sulzes ging nicht mit einem Schnitt. Es war gar nicht so leicht, die Schnur war stark, aber sie wurde getrennt.

Sebastian schrie nicht wie in Panik, sondern das Schreien war sein Atem und seine Sprache. Er wurde zum Wickeltisch getragen, gebadet und in ein steriles Hemdchen gesteckt, das in den Schulen genäht wird.

Ich lag da, am Ende eines Anfangs. Einverstanden mit Gott und der Welt, dem Teufel und dem Kind. Ich hatte auch gar kein Verlangen, etwas nicht zu finden. Ich suchte nichts, aber schon gar nichts. Ich hatte eben alles genossen, was diese Welt zu bieten hat, und ich war weit ab von der Beschäftigung meines Geistes mit Zweifeln, Gedanken oder Bedenken. Weit ab von meinem Hirn in ihm drinnen, erschöpft wohlig ergeben, aber da, ich war so sehr da und ich war so gern. Meiner Seel, ich lebte gerne, und ich war so ruhig. Ich hatte alles gegeben, da war kein Zweifel. Alles, was ich hatte, alles war aufgewühlt, und ich habe alles gesehen, was ich war. Ich habe gesehen, wer ich war, und ich habe mich gern gesehen.

Man brachte mir das Bündel Mensch und keiner soll glauben, daß das kein Mensch war. Klare Augen, die aber nichts ansahen, hinweg über die Blindheit. Kleine weiße Finger, ein wenig aufgeweicht vom vielen Wasser im Fischteich der Entwicklung, rötlich, frisch und lebendig, ein wenig wie erregt im Gesicht, aber sehr klein.
«Vielleicht müssen wir das Kind zum Auffüttern die erste Woche in eine Neugeborenenstation überweisen. Es hat nur 2300 Gramm, aber machen Sie sich keine Sorgen, es ist gesund.»
Mir war auch das recht. Man trug Sebastian wieder weg, auch das war mir nicht unangenehm. Ich aalte im schmelzenden Wohlgefühl der Erschöpfung meiner suchenden Seele. Sie war so befreit von ihrem zappelnden Wesen. Die Fliege surrte noch immer unermüdlich an die Fensterscheibe, und die Dinge rückten wieder näher an mich heran, sie gewannen wieder ihre Bedeutung für mich.
Frau Novotny lag noch immer neben mir.
«Na, jetzt ist es bei ihnen auch vorbei», meinte sie freundschaftlich.
Die Schwester kam mit einer großen Schüssel warmen Wassers.
«So, jetzt noch die Nachgeburt, heb noch einmal die Beine.»
Ich tat es langsam, sie drückte auf meinen jetzt flachen Bauch und zog an der Schnur. Schmerzlos kam die Nachgeburt an der Nabelschnur zum Vorschein. Ein glattes, leberartiges Gewebe. Die Ärztin begutachtete sie auf ihre Vollständigkeit, ob nicht etwa Teilchen im Bauch zurückgeblieben seien. Das war nicht der Fall und die Nachgeburt wurde sicher weggeschmissen. Ich denke so.
Ein Bettdurchzug, mit Blut getränkt und mit Kot beschmiert, ein realistisches abstraktes Gemälde, wurde unter mir weggezogen, und ich muß sagen, ich war erstaunt über das Zeugnis dieses Schauspiels der letzten Minuten, das mir in seiner Überstürztheit wohl aufgegangen, aber in seiner Blutigkeit entgangen war. Ich war einverstanden damit und auch damit, daß mir die Innenseiten der Schenkel gewaschen wurden und eine Binde eingelegt wurde.
«Du wirst noch sehr bluten, bleib ruhig liegen. Wenn es nachgelassen hat, kommst du in einer Stunde aufs Zimmer.»
Ich war auch einverstanden mit den krampfartigen Spannungen des Muttermundes, die mich wegen der enormen Dehnung noch wochenlang nicht verließen. Es war das einzige körperliche Unwohlgefühl, das ich verzeichnen konnte, aber das zu erwähnen, scheint mir eher ein Spaß zu sein. Ich lag müde und satt, aber offen für alle Speisen dieser Welt. Ich lag da wie ein Kind im weißen Bett. Die Welt war in Ordnung. Die Binde wurde blutig. Ich spürte den Spalt noch ordentlich quellen, das war in Ordnung, es war über mich hereingebrochen. Und wie. Ich war allein. Ich hatte keine Sehnsüchte, die Zeit war mir recht, es verging eine Stunde,

ohne daß ich es bemerkt hätte. Ich glaube, ich habe auch ein wenig gedöst.
«So, jetzt nimm deine Sachen. Nicht aufstehen! Erst morgen aufstehen, wegen des Blutsturzes. Da herüber auf die Trage. Rücke dich nur herüber. Die Männer bringen dich in dein Zimmer. Auf Wiedersehn.»
«Danke», hörte ich mich sagen und die Hebamme drückte mir die Hand und ich ihre. Ihr Gesicht ist mir völlig entfallen, obwohl ich mir Gesichter so sehr merke. Sie ist mir nur durch ihre sicheren Bewegungen in Erinnerung. Auf Wiedersehn habe ich nicht gesagt. Ich glaube, ich werde sie nie mehr wiedersehen, ich habe kein Verlangen danach, obwohl sie gut zu mir war.
Ein Träger schob mich ein Stockwerk tiefer auf einer Bahre mit Rädern in das Krankenzimmer. Es war bereits Abend geworden. Nachttischlampen leuchteten, Blumen auf den Nachtkästchen, Kostbarkeiten des Lebens, Frauen in den Betten, weiß und sauber, bunte Schlafröcke, Geplauder und neugierige Blicke auf die Neue. Man ließ mich. Ich war müde. Ich hatte nichts zu erzählen.
«Mein Gott, ich nasche schon wieder, das nimmt kein Ende.»
«Mein Mann hat sich Urlaub genommen, die haben vielleicht gefeiert im Betrieb. Vater – bei Sekt und Zigarren!»
«Mein Busen wird nimmer der, der er einmal war.»
«Werden sie wieder arbeiten? Morgen gehe ich nach Hause, ich bin froh . . .»
Die Frauen gingen vor dem Schlafen noch einmal aufs Klo. Manche bewegten sich sehr mühsam. Viele waren genäht worden und die Hüfte schmerzen beim Sitzen und beim Gehen.
Ich war erschöpft, aber ganz wach für die Banalitäten der Wahrheit. Sie sind das Leben, auch ein Teil meines Lebens. Dort lag Frau Novotny, sie nickte mir zu, auch sie war noch müde. Etwa zehn Betten standen in dem Zimmer.
«Also, gute Nacht.»
Ich bekam ein wenig zu essen, jedenfalls war ich nicht gierig. Ich war auf nichts gierig, ich hatte eben die ärgste Orgie hinter mich gebracht. Die Schwester drehte das Nachtlicht auf, und die Leiber der Mütter drehten sich zur Wand und so manche sank in die Erinnerung ihrer Geburt, in die Gedanken über das Vergessen des Großen oder Kleinen. Das Kind, das Leben. Aber gesprochen wurde davon nur scheu und äußerst wenig. So als hätte man vor sich selbst alles vergessen. Ich weiß, ihr habt es alle nicht vergessen, das kann man nicht vergessen. Auch Sie, Frau Novotny, haben nichts vergessen, obwohl sie heute so tun als wäre nichts gewesen.
Im bläulichen, geheimnisvoll gedämpften Strahl des Nachtlichts bin ich in meiner Erschöpfung noch stundenlang wach gelegen. Zu müde und zu

erfüllt von nichts, ohne den Wunsch einzuschlafen, mit losen Gedanken im Kopf und mit dem Eintauchen in das Bewußtsein, das meines ist und mir ermöglicht, mich nach Jahren bis zur Erschöpfung daran zu erinnern, was ich mir vielleicht jetzt erst ausgedacht habe. Ich habe aber nicht gelogen, sowahr ich hier schreibe. Ich hatte nicht oder kaum geschlafen. Ich hatte in viel tieferer Ruhe meine Nacht verbracht.

Ich stand am Morgen frisch und kräftig auf. Ich fühlte mich gut und gespannt auf das Weitere. Nur das gedehnte Loch, das spannte, aber nicht so arg, daß ich schief oder besonders mühsam hätte gehen müssen.

Sebastian war wirklich sehr schwach. Er wurde mir am Morgen mit den Worten: «Er muß auf der Neugeborenenstation noch ein wenig aufgepäppelt werden, vielleicht eine Woche lang», gebracht. Fein säuberlich verpackt. Ich sah in diese Augen und in das rötliche Gesicht. Ich hielt ihn kurz in der Hand. Ich gab ihn wieder zurück und erst nachdem die Schwester mein Kind wieder hinausgetragen hatte, spürte ich meine leeren Hände. Dieses kleine Wesen gab ich ab, jetzt, wo ich es zur Welt gebracht hatte, jetzt sollte es nicht bei mir sein, jetzt sollte es nicht meine Sorge und meine Freude spüren, die ich ihm entgegenbrachte.

Respekt war es. Tiefen Respekt empfand ich vor dem Wesen in seiner Einsamkeit. Ich mußte es allein lassen, schon als Neugeborenes. Eine Woche lang. Und es scheint mir fast sinnig, daß ich eine Woche lang die Einsamkeit meines Kindes, die sich nie erfüllen kann, schwelen spürte und mich in meiner eigenen Ohnmacht, im Trieb, für das Kind zu sorgen, verloren fand. Ein Trieb, der keinen Ausweg hat, der warten muß, der steht im Hirn still, und im leeren Brausen der Erwartung auf nichts, zwischen Ungeduld und Geduld führt sich jede Entstehung oder Entwicklung des Lebens ins Absurde, löst sich auf zu allem und nichts. Wie die Fliege, die Fliege am Fenster.

Ich habe einem Menschen das Leben gegeben
und zugleich den Tod gegeben.

das neue buch rowohlt

Herausgegeben
von Jürgen Manthey

das neue buch rowohlt

Herausgegeben von Jürgen Manthey

Ron Padgett
Große Feuerbälle [34]

Hartmut Lange
Die Revolution als Geisterschiff
Massenemanzipation und Kunst [36]

Günter Wallraff / Jens Hagen
Was wollt ihr denn, ihr lebt ja noch
Chronik einer Industrieansiedlung [37]

Literaturmagazin 1
Für eine neue Literatur – gegen den spätbürgerlichen Literaturbetrieb [38]

Klaus Staeck
Die Reichen müssen noch reicher werden. Politische Plakate [40]

Wolfgang Harich
Jean Pauls Revolutionsdichtung
Versuch einer neuen Deutung seiner heroischen Romane [41]

Thomas Pynchon
Die Versteigerung von N° 49
Roman [42]

Gustav von Wangenheim
Da liegt der Hund begraben und andere Stücke. Aus dem Repertoire der ‹Truppe 31› [44]

John Berger
Glanz und Elend des Malers Pablo Picasso [45]

Rolf Hochhuth
Lysistrate und die Nato
Komödie [46]

Burkhard Driest
Die Verrohung des Franz Blum
Bericht [48]

Literaturmagazin 2
Von Goethe lernen?
Fragen der Klassikrezeption [49]

Proletarische Lebensläufe
Autobiographische Dokumente zur Entstehung der Zweiten Kultur in Deutschland
Band 1: Anfänge bis 1914 [50]
Band 2: 1914–1945 [61]
Hg.: Wolfgang Emmerich

Jürgen Theobaldy
Blaue Flecken. Gedichte [51]

Walter Fähnders / Martin Rector
Linksradikalismus und Literatur
Untersuchungen zur Geschichte der sozialistischen Literatur in der Weimarer Republik
2 Bde. / Bd. 1 [52], Bd. 2 [58]

Günter Seuren
Der Jagdherr liegt im Sterben
Gedichte [53]

Sozialisation der Ausgeschlossenen
Praxis einer neuen Psychiatrie
Hg.: Agostino Pirella [54]

Viktor Šklovskij
Sergej M. Ejzenštejn [55]

Literaturmagazin 3
«Die Phantasie an die Macht»
Literatur als Utopie [57]

Politische Karikatur in der BRD
Hg.: Thomas Fecht [59]

Louis-Ferdinand Céline
Rigodon. Roman [60]

Michael Schneider
Die lange Wut zum langen Marsch
Aufsätze zur sozialistischen Politik und Literatur [62]

Rolf Dieter Brinkmann
Westwärts 1 & 2. Gedichte [63]

Elfriede Jelinek
Die Liebhaberinnen. Roman [64]

Peter Rühmkorf
Walther von der Vogelweide, Klopstock und ich [65]

Literaturmagazin 4
Die Literatur nach dem Tod der Literatur
Bilanz der Politisierung [66]

das neue buch rowohlt

Herausgegeben
von Jürgen Manthey

Johannes Schenk
Jona [67]

Rolf Hochhuth
Tod eines Jägers [68]
(Neuauflage in Vorbereitung)

Harold Pinter
Niemandsland
Fünf Theaterstücke [69]

Jan Christ
Asphaltgründe. Erzählungen [70]

Hermann Peter Piwitt
Boccherini und andere Bürgerpflichten. Essays [71]

Literaturmagazin 5
Das Vergehen von Hören und Sehen. Aspekte der Kulturvernichtung [72]

Kenneth Koch
Vielen Dank. Gedichte und Spiele [73]

Thomas Pynchon
V.
Roman [74]

Rolf Haufs
Die Geschwindigkeit eines einzigen Tages. Gedichte [75]

Konrad Bayer
Das Gesamtwerk [76]

Literaturmagazin 6
Die Literatur und die Wissenschaften [77]

Jean-Paul Sartre
Der Idiot der Familie
Gustave Flaubert 1821–1857
I. Die Konstitution [78]
II. Die Personalisation 1 [89]
III. Die Personalisation 2 [90]
IV. Elbehnon oder Die letzte Spirale [114]

Louis-Ferdinand Céline
Kanonenfutter [79]

Reiner Kunze
Sensible Wege. Achtundvierzig Gedichte und ein Zyklus [80]

Tom Stoppard
Travesties. Schauspiel [81]

Günter Herburger
Ziele. Gedichte [82]

James Baldwin
Teufelswerk
Betrachtungen zur Rolle der Farbigen im Film [83]

Maria Erlenberger
Der Hunger nach Wahnsinn
Ein Bericht [84]

Wilhelm Genazino
Abschaffel
Roman [85]

Peter Schneider
Atempause
Versuch, meine Gedanken über Literatur und Kunst zu ordnen [86]

Literaturmagazin 7
Nachkriegsliteratur [87]

Elmar Buck, Leo Kreutzer, Jürgen Peters
Die schöne Leiche aus der Rue Bellechasse. Einiges über Schreiben, Spielen, Filmen [88]

Literaturmagazin 8
Die Sprache des Großen Bruders
Gibt es ein ost-westliches Kartell der Unterdrückung? [91]

Gwyn A. Williams
Goya. Mit 98 Abb. [92]

Georges Bataille
Das obszöne Werk [93]

André Breton
Die Manifeste des Surrealismus [95]

Vicente Aleixandre
Nackt wie der glühende Stein
Ausgewählte Gedichte [96]

das neue buch rowohlt

Herausgegeben von Jürgen Manthey

Niklas Stiller
Der Tod und das Flugzeug
Prosa/Essays [97]

Leonard Michaels
Trotzkis Garten [98]

Jochen Lobe
Augenaudienz. Gedichte [99]

Literaturmagazin 9
Der neue Irrationalismus [100]

Sartre. Ein Film
Von Alexandre Astruc u. Michel Contat. Unt. Mitw. von Simone de Beauvoir, Jacques-Laurent Bost, André Gorz, Jean Pouillon [101]

Pierre Klossowski
Die Gesetze der Gastfreundschaft [102]

Paul Nizan
Aden, Die Wachhunde
Zwei Pamphlete [103]

Wilhelm Genazino
Die Vernichtung der Sorgen
Roman [104]

Hugo Dittberner
Draußen im Dorf. Erzählungen [105]

Wolfgang Fietkau
Schwanengesang auf 1848
Ein Rendezvous am Louvre: Baudelaire, Marx, Victor Hugo und Proudhon [106]

Peter Rühmkorf
Strömungslehre I. Poesie [107]

Hans-Jürgen Syberberg
Hitler – ein Film aus Deutschland [108]

Christian Linder
Böll [109]

Horst Ulbricht
Kinderlitzchen
Roman [115]

Paul Léautaud
Literarisches Tagebuch
1893–1956 [117]

Heinz Ludwig Arnold
Als Schriftsteller leben
Gespräche mit Peter Handke, Franz Xaver Kroetz, Gerhard Zwerenz, Walter Jens, Peter Rühmkorf, Günter Grass [118]

Literaturmagazin 10
Vorbilder [119]

Malcolm Lowry
[Gesamtwerke in Einzelausgaben]
Hör uns, o Herr, der Du im Himmel wohnst. Erzählungen [121]

Frank-Wolf Matthies
Morgen. Gedichte und Prosa [122]

Matthias Greffrath
Die Zerstörung einer Zukunft
Gespräche mit emigrierten Sozialwissenschaftlern [123]

Maria Erlenberger
Das Erlernen der Totgeburt
Roman [124]

René Regenass
Porträt eines Portiers
Erzählung [125]

Maria Erlenberger

Der Hunger nach Wahnsinn

Ein Bericht

«Das Buch ist irritierend wie die Wirklichkeit: so ganz genau weiß man nie, womit man es zu tun hat. Auch wenn man, aus gutem wie aus schlechtem Grund, so tun kann, als wisse man Bescheid. Maria Erlenberger hat sich entschlossen, nicht Bescheid zu wissen – nicht einmal über sich selbst, das Sicherste, was sie doch hat. Darum kann sie Erfahrungen machen; davon handelt ihr Buch.
Maria Erlenbergers Sprache ist von einer Genauigkeit und Direktheit unbefangenen Hinsehens, die den Leser hineinzieht in das Abenteuer der Selbstentdeckung. Gründe, Motive, all das, womit psychologische Analyse sich beschäftigen kann, ist schon sekundär, aus zweiter Hand; was aber geschieht eigentlich ganz genau, eben jetzt? Ein radikaler Realismus ist da am Werk, der in der danz materialistisch erfaßten Subjektivität das einzig verläßliche Objektive findet und die Sprachkraft hat, es präzis zu benennen.
Ist dies die Frucht eines Verfremdungs-Erlebnisses, das der Psychiater Depersonalisation nennen mag? Ist es eine Basis, von der aus ein weiteres erzählerisches Ausgreifen in die Welt möglich ist? Das Buch von Maria Erlenberger stellt eingefahrene Weltsichten, stellt unsere Vorstellungen von dem, was als normal gelten soll, entschieden in Frage. Es ist das Buch einer bedeutenden Schriftstellerin. Wird sie weiterschreiben? Einem zweiten Buch darf man, nach der bestürzenden Treffsicherheit dieses Erstlings, mit Hoffnungen und leisem Bangen entgegensehen.»

Die Zeit

das neue buch Band 84

Rowohlt